Georg Fohrer

Geschichte der israelitischen Religion

HERDER / SPEKTRUM

Band 4144

Das Buch

Die Geschichte der israelitischen Religion ist eine Geschichte von
Macht und Ohnmacht, phantastischen Aufbrüchen und verheerenden Niederlagen, selbstherrlichen Potentaten und prophetischen
Sturmvögeln, vor allem aber von Sehnsucht und Suche nach der
bleibenden Gestalt von Gottes alternativer Gesellschaft. In diesem
Meisterwerk lebendiger Geschichtsschreibung stellt Georg Fohrer
den an Spannungen und Gegensätzen überreichen Werdegang der
israelitischen Religion von der Frühzeit bis zur nachexilischen Zeit
dar. Auf den gesicherten Ergebnissen der verschiedensten For-
schungsrichtungen fußend, führt der Autor dem Leser von heute
die mannigfaltigen Ereignisse, Gestalten und Glaubensströmungen
der Jahwereligion plastisch vor Augen. Geschichte, Politik, Kultus
und Ritus der israelitischen Religion werden begreif- und nachvoll-
ziehbar. Unverzichtbar für den wissenschaftlich Interessierten,
aber auch für den interessierten Laien und Israelreisenden.

Der Autor

Georg Fohrer, geb. 1915 in Krefeld-Uerdingen, Dr. theol., Dr.
phil., Universitätsprofessor in Wien, Erlangen, Marburg, Aberdeen
und Glasgow. Bedeutender Gelehrter der alttestamentlichen Wissenschaft. Zahlreiche Publikationen.

Georg Fohrer

Geschichte der israelitischen Religion

Herder

Freiburg · Basel · Wien

Alle Rechte vorbehalten – Printed in Germany
Verlag Herder Freiburg im Breisgau 1992
© 1968 by Walter de Gruyter & Co., Berlin 30
Herstellung: Freiburger Graphische Betriebe 1992
Umschlaggestaltung: Joseph Pölzelbauer
Umschlagmotiv: Illumination aus Raschis Bibelkommentar (1233),
Pergament, München, Bayerische Staatsbibliothek.
ISBN 3-451-04144-8

INHALTSVERZEICHNIS

VIII Inhaltsverzeichnis

VORWORT

Die im Jahre 1922 in der „Sammlung Töpelmann" erschienene „Geschichte der israelitischen und jüdischen Religion" von G. Hölscher ist seit langer Zeit vergriffen. Zunächst hatte sich F. Horst bereit erklärt, eine Neubearbeitung vorzunehmen; doch starb er, bevor er diese in Angriff zu nehmen vermochte. Auch J. Hempel, der die Neubearbeitung begann, konnte vor seinem Tode nur einen geringen Teil des von ihm geplanten Werkes verfassen. Schließlich habe ich trotz mancher anderer Pläne und Verpflichtungen die Aufgabe übernommen, um das Erscheinen einer längst erforderlichen neuen Darstellung der israelitischen Religionsgeschichte in der jetzigen Reihe „de Gruyter Lehrbuch" nicht weiter zu verzögern. Doch habe ich mich darauf beschränkt, die Darstellung bis zu dem Zeitpunkt zu führen, der durch die jüngsten Bücher des AT markiert wird; die Weiterführung in einer „Geschichte der jüdischen Religion" hat J. Maier übernommen. Ich hoffe aber, daß es mir möglich sein wird, der „Geschichte der israelitischen Religion" in einigen Jahren eine „Theologie des Alten Testaments" folgen zu lassen.

Um den Umfang des Buches in vernünftigen Grenzen zu halten, mußten viele Fragen kurz behandelt werden; weiteres Material findet der Leser in der Literatur und den Lexikonartikeln, die jeweils in möglichst großem Umfang angegeben werden. Außerdem gilt vor allem das in §14, 15 und 17 Gesagte weitgehend auch für die späte Zeit der Geschichte der israelitischen Religion; da es in den genannten Paragraphen zusammenfassend dargelegt wird, sind öfters Belegstellen aus der exilisch-nachexilischen Zeit angeführt worden.

Zu danken habe ich zunächst Frau Hildegard Hiersemann für die unermüdliche Ausdauer und Geduld beim Herstellen des Manuskripts, sodann meinen Mitarbeitern für ihre bereitwillige Hilfe, insbesondere Herrn Vikar Hans Werner Hoffmann für die genaue Durchsicht des Manuskripts, das Mitlesen der Fahnenkorrektur, sowie die Vorbereitung und Kontrolle der Register und Herrn Dr. Gunther Wanke für das Mitlesen des größten Teils der Umbruchkorrekturen sowie mancherlei andere Hilfen, schließlich Frl. stud. theol. Ulrike Engert für die Herstellung der Register. Sie alle haben erheblich dazu beigetragen, daß das Buch schnell und in einwandfreier Form erscheinen konnte.

Erlangen, im Dezember 1967   Georg Fohrer

LITERATUR- UND ABKÜRZUNGSVERZEICHNIS

In den Literaturangaben zu Beginn der einzelnen Paragraphen wird die Literatur in der alphabetischen Reihenfolge der Verfasser angeführt, mehrere Arbeiten eines Verfassers in der Reihenfolge des Erscheinens. Spezialliteratur ist in den Anmerkungen enthalten. Innerhalb der Darstellung genannte Verfassernamen verweisen entweder – sofern mit * versehen – auf die im folgenden angeführten „allgemeinen und religionsgeschichtlichen Werke" oder auf die vor dem Paragraphen erwähnte Literatur.

Es ist unmöglich, von der ungeheuer angewachsenen wissenschaftlichen Literatur mehr als eine repräsentative Auswahl zu nennen. Demjenigen, der für Einzelheiten weitere Literatur sucht, stehen dafür zahlreiche Hilfsmittel zur Verfügung, vor allem die Literaturberichte in ThR, die Zeitschriften- und Bücherschau in ZAW, der Elenchus bibliographicus biblicus in Bibl (von 1968 an als selbständige Veröffentlichung) sowie die Internationale Zeitschriftenschau für Bibelwissenschaft und Grenzgebiete.

1. Allgemeine und religionsgeschichtliche Werke

(Verweise auf diese Werke durch Nennung des Verfassernamens mit *)

Albright, W. F.: From the Stone Age to Christianity, 1940, 1946² (1957² with a new introduction, deutsch 1949).

Ders.: Archaeology and the Religion of Israel, 1942, 1953³ (deutsch 1956).

Anderson, G. W.: The History and Religion of Israel, 1966.

Baumgärtel, F.: Die Eigenart der alttestamentlichen Frömmigkeit, 1932.

Bertholet, A.: Kulturgeschichte Israels, 1920.

Budde, K.: Die Religion des Volkes Israel bis zur Verbannung, 1900.

Ders.: Die altisraelitische Religion, 1905, 1912².

Eerdmans, B. D.: De godsdienst van Israël, 1930.

Ehrlich, E. L.: Kultsymbolik im Alten Testament und im nachbiblischen Judentum, 1959.

Eißfeldt, O.: Die israelitisch-jüdische Religion, in: Saeculum-Weltgeschichte, II 1966, 217–260.

Finegan, J.: Light from the Ancient Past, 1946, 1959².

Fohrer, G.: Glaube und Welt im Alten Testament, 1948.

Graham, W. C. – H. G. May: Culture and Conscience. An Archaeological Study of the New Religious Past in Ancient Palestine, 1936.

Giesebrecht, F.: Die Grundzüge der israelitischen Religionsgeschichte, 1904.

Gray, J.: Archaeology and the Old Testament, 1962.

Hänel, J.: Die Religion der Heiligkeit, 1931.

Hempel, J.: Das Ethos des Alten Testaments, 1938, 1964².

Ders.: Die alttestamentliche Religion, in: HdO I, 8, 1, 1964, 122–146.

Hölscher, G.: Geschichte der israelitischen und jüdischen Religion, 1922.

Humbert, P.: Le génie d'Israël, RHPhR 7 (1927), 493–515.

Kaufmann, Y.: The Religion of Israel, translated and abridged by M. Greenberg, 1960.

Kittel, R.: Die Religion des Volkes Israel, 1921, 1929².

König, E.: Geschichte der alttestamentlichen Religion, 1912.

Kuenen, A.: De godsdienst van Israël tot den ondergang van de Joodschen staat, 1869f.

Lods, A.: La religion d'Israël, 1939.

Löhr, M.: Israelitische Religionsgeschichte, 1906.

Marti, K.: Geschichte der israelitischen Religion, 1897, 1907³.

Ders.: Die Religion des Alten Testaments unter den Religionen des vorderen Orients, 1906.

Matthews, I. G.: The Religious Pilgrimage of Israel, 1947.

Montet, P.: L'Égypte et la Bible, 1959 (deutsch 1960).

Mowinckel, S.: Religion und Kultus, 1953.

Muilenburg, J.: The History of the Religion of Israel, in: The Interpreter's Bible, I 1952, 292–348.

Ders.: The Way of Israel. Biblical Faith and Ethics, 1961.

Oesterley, W. O. E. – Th. H. Robinson: Hebrew Religion, 1930, 1937².

Oyen, H. van: Ethik des Alten Testaments, 1967.

Parrot, A.: Babylone et l'Ancien Testament, 1956 (deutsch 1957).

Penna, A.: La Religione di Israele, 1958.

Pfeiffer, R. H.: Religion in the Old Testament, 1961.

Renckens, H.: De godsdienst van Israël, 1963.

Ringgren, H.: Israelitische Religion, 1963.

Sellin, E.: Beiträge zur israelitisch-jüdischen Religionsgeschichte, I 1897; II 1899.

Ders.: Die alttestamentliche Religion im Rahmen der andern altorientalischen, 1907.

Ders.: Israelitisch-jüdische Religionsgeschichte, 1933.

Smend, R.: Lehrbuch der alttestamentlichen Religionsgeschichte, 1893, 1899².

Stade, B.: Biblische Theologie des Alten Testaments, I 1905.

Stedman, A. R.: The Growth of Hebrew Religion, 1949.

Vaux, R. de: Les institutions de l'Ancien Testament, I 1958, 1961²; II 1960 (deutsch I 1960, 1964²; II 1962).

Vincent, A.: La religion d'Israël, in: M. Brillant — R. Aigrain, Histoire des religions, IV o. J., 309–373.

Vriezen, Th. C.: De godsdienst van Israël, 1963.

Wardle, W. L.: The History and Religion of Israel, 1935.

Wellhausen, J.: Israelitisch-jüdische Religion, in: H. Pinneberg, Die Kulturen der Gegenwart, I, 4 1905, 1–38 (= Grundrisse zum Alten Testament, 1965, 65–109).

Wendel, A.: Säkularisierung in Israels Kultur, 1934.

2. Zeitschriften und in Abkürzung zitierte Literatur

AcOr	Acta Orientalia
AfO	Archiv für Orientforschung
AIPh	Annuaire de l'Institut de Philologie et d'Histoire Orientales et Slaves
AJA	American Journal of Archaeology
AJSL	American Journal of Semitic Languages and Literatures
ALBO	Analecta Lovaniensia Biblica et Orientalia
ANEP	J. B. Pritchard (ed.), The Ancient Near East in Pictures relating to the Old Testament, 1954
ANET	J. B. Pritchard (ed.), Ancient Near Eastern Texts relating to the Old Testament, 1950, 1955²
AnSt	Anatolian Studies
AOT	H. Greßmann (hrsg.), Altorientalische Texte zum Alten Testament, 1926²
ARM	Archives Royales de Mari
ArOr	Archiv Orientální
ARW	Archiv für Religionswissenschaft
ASTI	Annual of the Swedish Theological Institute in Jerusalem
AThR	Anglican Theological Review
BA	The Biblical Archaeologist
BASOR	Bulletin of the American Schools of Oriental Research
BEThL	Bibliotheca Ephemeridum Theologicarum Lovaniensium
BHH	Biblisch-Historisches Handwörterbuch
Bibl	Biblica
BiLe	Bibel und Leben
BiOr	Bibliotheca Orientalis
BJRL	Bulletin of the John Rylands Library
BRL	K. Galling, Biblisches Reallexikon, 1937
BZ	Biblische Zeitschrift
BZAW	Beiheft zur Zeitschrift für die alttestamentliche Wissenschaft
CBL	Calwer Bibellexikon
CBQ	The Catholic Biblical Quarterly
ChQR	The Church Quarterly Review
ChuW	Christentum und Wissenschaft
CRAI	Comptes Rendus de l'Académie des Inscriptions et Belles-Lettres
DTT	Dansk Teologisk Tidsskrift
ET	The Expository Times
EvTh	Evangelische Theologie
FF	Forschungen und Fortschritte
GThT	Gereformeerd Theologisch Tijdschrift
HdO	B. Spuler (hrsg.), Handbuch der Orientalistik
HThR	The Harvard Theological Review
HUCA	Hebrew Union College Annual
IDB	The Interpreter's Dictionary of the Bible
IEJ	Israel Exploration Journal

Interpr	Interpretation
JAOS	The Journal of the American Oriental Society
Jb	Jahrbuch
JBL	Journal of Biblical Literature
JBR	The Journal of Bible and Religion
JCSt	Journal of Cuneiform Studies
JEOL	Jaarbericht van het Vooraziatisch-Egyptisch Genootschap Ex Oriente Lux
JJS	The Journal of Jewish Studies
JMEOS	Journal of the Manchester University Egyptian and Oriental Society
JNES	Journal of Near Eastern Studies
JPOS	Journal of the Palestine Oriental Society
JR	Journal of Religion
JSS	Journal of Semitic Studies
JThSt	The Journal of Theological Studies
KAI	H. Donner – W. Röllig, Kanaanäische und aramäische Inschriften, 1962/64
KuD	Kerygma und Dogma
LA	Studii Biblici Franciscani Liber Annuus
MGWJ	Monatsschrift für Geschichte und Wissenschaft des Judentums
MUB	Mélanges de l'Université Saint-Joseph
NC	La Nouvelle Clio
NkZ	Neue kirchliche Zeitschrift
NRTh	Nouvelle Revue Théologique
NT	Novum Testamentum
NThS	Nieuwe Theologische Studiën
NThT	Nieuw Theologisch Tijdschrift
NTT	Norsk Teologisk Tidsskrift
OLZ	Orientalistische Literaturzeitung
Or	Orientalia
OTS	Oudtestamentische Studiën
OuTWP	Die Ou Testamentiese Werkgemeenskap in Suid-Afrika
PEFQSt	Palestine Exploration Fund, Quarterly Statement
PEQ	Palestine Exploration Quarterly
PJB	Palästinajahrbuch
QDAP	The Quarterly of the Department of Antiquities in Palestine
RA	Revue d'Assyriologie et d'Archéologie Orientale
RB	Revue Biblique
REJ	Revue des Études Juives
RES	Revue des Études Sémitiques
RGG[2]	Die Religion in Geschichte und Gegenwart[2]
RGG	Die Religion in Geschichte und Gegenwart[3]
RHPhR	Revue d'Histoire et de Philosophie Religieuses
RHR	Revue de l'Histoire des Religions
RSO	Rivista degli Studi Orientali
RThPh	Revue de Théologie et de Philosophie
SEA	Svensk Exegetisk Årsbok
S-F	E. Sellin – G. Fohrer, Einleitung in das Alte Testament, 1965[10]

SJTh	The Scottish Journal of Theology
StC	Studia Catholica
StTh	Studia Theologica
ThBl	Theologische Blätter
ThLZ	Theologische Literaturzeitung
ThQ	Theologische Quartalschrift
ThR	Theologische Rundschau
ThStKr	Theologische Studien und Kritiken
ThW	Theologisches Wörterbuch zum Neuen Testament
ThZ	Theologische Zeitschrift
UT	C. H. Gordon, Ugaritic Textbook, 1965
VT	Vetus Testamentum
VTSuppl	Supplements to Vetus Testamentum
WdO	Die Welt des Orients
WuD	Wort und Dienst
WZ	Wissenschaftliche Zeitschrift
WZKM	Wiener Zeitschrift für die Kunde des Morgenlandes
ZA	Zeitschrift für Assyriologie
ZAW	Zeitschrift für die alttestamentliche Wissenschaft
ZDMG	Zeitschrift der Deutschen Morgenländischen Gesellschaft
ZDPV	Zeitschrift des Deutschen Palästina-Vereins
ZEE	Zeitschrift für evangelische Ethik
ZMR	Zeitschrift für Missionskunde und Religionswissenschaft
ZNW	Zeitschrift für die neutestamentliche Wissenschaft
ZRGG	Zeitschrift für Religions- und Geistesgeschichte
ZSTh	Zeitschrift für systematische Theologie
ZThK	Zeitschrift für Theologie und Kirche
ZWTh	Zeitschrift für wissenschaftliche Theologie

3. Allgemeine Abkürzungen

AT	Altes Testament
atl.	alttestamentlich
cj.	verbesserter Text
D	deuteronomische Quellenschicht des Hexateuchs
E	elohistische Quellenschicht des Hexateuchs (Elohist)
hiph.	Hiphil
J	jahwistische Quellenschicht des Hexateuchs (Jahwist)
LXX	Septuaginta
N	nomadische Quellenschicht des Hexateuchs
NT	Neues Testament
ntl.	neutestamentlich
P	priesterschriftl. Quellenschicht des Hexateuchs (Priesterschrift)
pi.	Piel
Sam	Samaritanus

W. F. Albright, The Ancient Near East and the Religion of Israel, JBL 59 (1940), 85–112. – G. W. Anderson, Hebrew Religion, in: The Old Testament and Modern Study, 1951, 283–310. – St. A. Cook, Salient Problems in Old Testament History, JBL 51 (1932), 273–299. – Ders., The Development of the Religion of Israel, AIPh 4 (1936), 539–550. – O. Eißfeldt, Israelitisch-jüdische Religionsgeschichte und alttestamentliche Theologie, ZAW 44 (1926), 1–12 (= Kleine Schriften, I 1962, 105–114). – Ders., Werden, Wesen und Wert geschichtlicher Betrachtung der israelitisch-jüdisch-christlichen Religion, ZMR 46 (1931), 1–24 (= ebd. 247–265). – W. A. L. Elmslie, Ethics, in: Record and Revelation, 1938, 275–302. – C. Hartlich – W. Sachs, Der Ursprung des Mythosbegriffes in der modernen Bibelwissenschaft, 1952. – J. Hempel, Altes Testament und Religionsgeschichte, ThLZ 81 (1956), 259–280. – W. A. Irwin, The Study of Israel's Religion, VT 7 (1957), 113–126. – A. Jepsen, Anmerkungen zur Phänomenologie der Religion, in: Bertholet-Festschrift, 1950, 267–280. – A. S. Kapelrud, The Role of the Cult in Old Israel, in: Albright-Festschrift, 1965, 44–56. – J. Kaufmann, Probleme der israelitisch-jüdischen Religionsgeschichte, ZAW 48 (1930), 23 bis 43; 51 (1933), 35–47. – E. König, Die legitime Religion Israels und ihre hermeneutische Bedeutung, ebd. 49 (1931), 40–45. – A. Lods, Origins, in: Record and Revelation, 1938, 187–215. – Ch. C. McCown, Climate and Religion in Palestine, JR 7 (1927), 520–539. – R. F. Merkel, Zur Religionsforschung der Aufklärungszeit, in: Bertholet-Festschrift, 1950, 351–364. – R. Rendtorff, Kult, Mythos und Geschichte im alten Israel, in: Rendtorff-Festgabe, o. J. (1958), 121–129. – Ders., Die Entstehung der israelitischen Religion als religionsgeschichtliches und theologisches Problem, ThLZ 88 (1963), 735 bis 746. – C. Steuernagel, Alttestamentliche Theologie und alttestamentliche Religionsgeschichte, in: Marti-Festschrift, 1925, 266–273. – C. Westermann, Das Verhältnis des Jahweglaubens zu den außerisraelitischen Religionen, in: Forschung am Alten Testament, 1964, 189–218. – Ders., Sinn und Grenze religionsgeschichtlicher Parallelen, ThLZ 90 (1965), 489–496. – F. F. Wood, The Contribution of the Bible to the History of Religion, JBL 47 (1928), 1–19. – G. E. Wright, Archaeology and Old Testament Studies, JBL 77 (1958), 39–51. – Ders., Cult and History, Interpr 16 (1962), 3–20.

1. Die religionsgeschichtliche Erforschung der israelitischen Religion[1]

a) Die geschichtliche Erforschung der israelitischen Religion hat im Zeitalter der Aufklärung und des Rationalismus begonnen. Da man

---

[1] Im Anschluß an die Ausführungen von Eißfeldt (ZMR); vgl. ferner RGG I 1256 f.

Vernunft und Offenbarung, ewige Vernunft- und zufällige Geschichts-
wahrheiten einander gegenüberstellte und das Christentum als Ideal
der vernünftigen Religion und höchststehenden Moral zu erweisen
suchte, erhob sich einerseits die Frage nach einem Maßstab zur Unterscheidung und Abgrenzung innerhalb der Bibel und ergab sich andererseits die Notwendigkeit, die auf diese Weise erkannten Züge der
biblischen Religion, die zu jenem Ideal nicht paßten, zu erklären.
Als Maßstab benutzte man den Vergleich mit anderen Religionen, in
denen die Vernunft des „Weisen Persers" der Offenbarung voraus-
geeilt sein mochte (Lessing) und in denen man auf den Mythos als
gemeinsame Urstufe stieß. Zur Erklärung führte man die notgedrun-
gen vollzogene Anpassung an die beschränkten Vorstellungen der
Umgebung (so J. S. Semler, Abhandlung von freier Untersuchung
des Canon, 1771/75) oder Einflüsse der niedriger stehenden Nachbarreligionen an (so G. L. Bauer, Hebräische Mythologie des Alten und
Neuen Testaments, 1802; G. Ph. Chr. Kaiser, Die biblische Theologie,
1813/14).

Zwar war die Absicht, aus der Bibel die reine Vernunftreligion
zu gewinnen, nicht weniger dogmatisch bestimmt als die vom Rationalismus bekämpfte Gleichsetzung von kirchlicher Lehre und biblischer
Theologie im Supranaturalismus. Aber sie hat den Weg zu einem
geschichtlichen Verständnis der biblischen Religion gebahnt, indem
dabei die Unterschiede innerhalb der biblischen Religion mit ihren
mannigfachen religiösen Vorstellungen und Erscheinungen und des
weiteren die Unterschiede zwischen dieser und der herrschenden christlichen Frömmigkeit und Lehre erkannt wurden. Daraus ergab sich
die Forderung, die historische Betrachtung der Bibel von der dogmatischen zu trennen, wie es J. Ph. Gabler in seiner Rede über den
„eigentlichen Unterschied zwischen biblischer und dogmatischer Theologie und die richtige Bestimmung der Grenzen dieser beiden Diszipli-
nen" tat (1787), und die biblische Religion ferner im Rahmen des
allgemeinen Entwicklungsvorganges der Menschheitsreligion zu sehen,
woraus sich mancherlei Beobachtungen sowohl über ihre allmähliche
Entfaltung als auch über ihre Beeinflussung durch die Nachbarreligionen ergaben.

b) Ein weiterer Schritt erfolgte durch J. G. Herder[2]. Wie er seine
Vorstellung von dem Volksgeist als einer hinter aller Dichtung stehenden Größe auf die hebräische Poesie anwandte und sie dadurch

---

[2] M. Doerne, Die Religion in Herders Geschichtsphilosophie, 1927.

besser als zuvor erfaßte, so verstand er auch die positiven Gegebenheiten der Religion zu würdigen, anstatt sie zu übergehen oder zu
vergeistigen. Vor allem suchte er die universalgeschichtliche Entwicklung darzustellen und dabei den einzelnen Stufen gerecht zu werden
(Ideen zur Philosophie der Geschichte der Menschheit, 1784/91). Auch
das Werden der Religion mußte in diesem Zusammenhang erforscht
werden.

Der längst geäußerte Entwicklungsgedanke wurde durch G. F. W.
Hegel vertieft und wirkte auf die Erforschung der biblischen Religion
ein. Deren Betrachtung lief dadurch freilich Gefahr, in den Rahmen
einer spekulativen Geschichtsphilosophie und in das Schema eines
logischen Entwicklungsvorganges gepreßt zu werden. Dies gilt insbesondere für die von W. Vatke unter dem Einfluß Hegels dargelegte
Auffassung des Werdeganges der israelitisch-jüdischen Religion (Die
Religion des Alten Testaments, 1835)[3], der wesentlich als ein imma-
nenter Entwicklungsvorgang betrachtet wurde, während die Berücksichtigung eines Einflusses der Nachbarreligionen zurücktrat. Mit Vatkes
Werk begann zugleich die Aufteilung des Gesamtverlaufs der biblischen Religion und die Trennung zwischen der atl. oder israelitisch-
jüdischen und der ntl. oder christlichen Periode. Dies war anscheinend
durch einen praktischen Grund bedingt: durch „das Bemühen, die Darstellung quellenmäßig zu unterbauen, und das Unvermögen, für beide
Epochen dieser Notwendigkeit gerecht zu werden" (Eißfeldt).

c) Die folgenden Jahrzehnte waren durch die Erfolge der vor
allem literarkritisch arbeitenden historisch-kritischen Forschung bestimmt. Sie ist – ungeachtet der grundlegenden Erkenntnisse von
Kuenen[*4] und K. H. Graf – mit dem Namen von Wellhausen* verbunden, an den F. Bleek, Stade*, W. Robertson Smith, Smend*, C.
Steuernagel und andere anknüpften. Die aus diesem Kreise hervor-
gegangenen Darstellungen der Geschichte der israelitischen Religion
waren einerseits durch die religionsgeschichtliche Auswertung der
literargeschichtlichen Erkenntnisse, andererseits durch die Anwendung
aller Mittel der profanen Geschichtswissenschaft gekennzeichnet.
Folgerichtig begann man daher von einer israelitischen Religionsgeschichte zu sprechen (zuerst Smend* 1893). Nicht ausreichend wurde
der Einfluß der Umweltreligionen berücksichtigt, an den man nur

[3] L. Perlitt, Vatke und Wellhausen, 1965.
[4] O. Eißfeldt, Zwei Leidener Darstellungen der israelitischen Religionsgeschichte (A. Kuenen und B. D. Eerdmans), ZDMG 85 (1931), 172–195.

hinsichtlich der ursprünglichen Verwandtschaft der Israeliten mit anderen semitischen Völkern oder der Entstehung eines israelitisch-kanaanäischen Synkretismus nach der israelitischen Landnahme in Palästina dachte. Dieser Umstand ist um so auffälliger, als es an Untersuchungen über die Nachbarreligionen nicht fehlte und auch Vertreter der historisch-kritischen Forschung solche Untersuchungen lieferten.

Für die israelitische Religionsgeschichte waren vor allem Untersuchungen von zwei anderen Religionen bedeutsam: einmal der altarabischen Religion, die man der ursemitischen und damit auch der vormosaisch-israelitischen Religionsform nahestehend dachte (Wellhausen, auf breiterer Grundlage Robertson Smith), und ferner der kanaanäisch-phönizischen Religion, die die Israeliten in Palästina vorgefunden hatten und von der ihre Religion beeinflußt worden war (W. W. Graf Baudissin[5]).

d) Von größter Bedeutung für die weitere Erforschung der israelitischen Religion wurde die gegen Ende der 80er Jahre des 19. Jh. entstandene Religionsgeschichtliche Schule[6]. Als ihre wichtigsten Vertreter auf dem Gebiet des AT sind H. Gunkel und H. Greßmann, für die Spätzeit auch W. Bousset zu nennen. Während ein unmittelbarer Zusammenhang der Schule mit dem Rationalismus und der Romantik nicht bestand und nur eine Parallelität der Problematik durch das allerseits lebendige geschichtliche Fragen gegeben war, wirkten Herders Geschichtsphilosophie und seine Wertung des in Mythos und Dichtung faßbaren geistigen Lebens der Völker und des Einzelmenschen anregend auf sie ein. Ebenso wirkten außer Wellhausen besonders B. Duhm und A. Harnack, in gewissem Maße auch P. de Lagarde als Vermittler der voraufgegangenen religionsgeschichtlichen Bemühungen. Schließlich fiel die Blütezeit der Religionsgeschichtlichen Schule in eine Epoche des Aufschwungs der religionsgeschichtlichen Forschung überhaupt.

Die Religionsgeschichtliche Schule trennte klar zwischen der historischen und der dogmatischen Betrachtungsweise, gegen deren Vermischung durch A. Ritschl sie sich wandte, und erstrebte die rein historische Erforschung der israelitisch-jüdischen und der christlichen Religion, die zudem nicht um einer dogmatischen Absicht (z. B. des Erfassens einer „vernünftigen Religion"), sondern allein um ihrer

[5] O. Eißfeldt, Vom Lebenswerk eines Religionshistorikers, ZDMG 80 (1926), 89–130 (= Kleine Schriften, I 1962, 115–142).
[6] RGG V 991–994.

selbst willen mit dem Ziel einer rein historischen Synthese betrieben wurde. Dabei sah man die Zusammenhänge der israelitischen Religion mit den Umweltreligionen, vor allem mit denjenigen Mesopotamiens und Ägyptens, und verstand sie selbst als ein Stück „Geschichte", als einen nach den „Gesetzen" des geistigen und sozialen Lebens ablaufenden Prozeß, in dem bei aller Abhängigkeit von vorgegebenen Formen ihre umprägende Kraft zur Geltung kam.

Dem Erreichen der Forschungsziele diente die Erweiterung der Methodik. Die Religionsgeschichtliche Schule setzte die um 1880 geltenden Ergebnisse der Literarkritik voraus. Doch schied sie das Alter einer Idee und ihre erste schriftliche Bezeugung streng voneinander; der letzteren kann eine lange mündliche Überlieferung oder auch eine schriftliche Vorgeschichte in einer anderen Religion vorangegangen sein. Ferner wurde die literarkritische Analyse durch die Untersuchung der Rede- und Literaturgattungen ergänzt, insbesondere des Märchens und der Sage und Legende in der Prosaüberlieferung sowie der Psalmengattungen.

e) Die religionsgeschichtliche Erforschung des AT wurde gleichzeitig außerhalb der Religionsgeschichtlichen Schule betrieben, wie vor allem die Werke von Budde* und Kittel* und die Auswertung der allgemeinen Religionsgeschichte, namentlich der Naturvölker, durch A. Bertholet zeigen.

Der „Panbabylonismus"[7] stellte angesichts der in den mesopotamischen Texten zutage getretenen Parallelen zum AT das Thema „Babel und Bibel" (H. Winckler, A. Jeremias), zumal von der kanaanäischen Religion noch wenig bekannt war. Das sumerisch-babylonische Weltbild mit seiner Astralreligion, Makro- und Mikrokosmos-Idee und der in dieser einbegriffenen Ordnung erschien als so eigenartig, „daß diese astrale Weltanschauung allen Kulturen und Religionen der Welt ihr Gepräge gegeben hat, daß insbesondere auch die biblische Weltanschauung ihre Symbolsprache dieser Weltanschauung verdankt"[8]. Ungeachtet dieser starken Übertreibung und Einseitigkeit hat der Panbabylonismus auf einige religiöse Erscheinungen aufmerksam gemacht, die erst später zutreffend gewürdigt worden sind: auf den Zusammenhang zwischen Mythos und Kultus, die Rolle des babylonischen Königs am Neujahrsfest und die kultische Darstellung der religiösen Lehre.

[7] RGG V 35 f.
[8] A. Jeremias in: RGG² IV 879.

f) Zunächst bewirkte jedoch die dialektische Theologie einen weitgehenden Abbruch der religionsgeschichtlichen Erforschung der biblischen Religion. Obwohl sie die Religionsgeschichtliche Schule nicht eigentlich bekämpft hat, mit ihr vielmehr durch mannigfache Fäden verbunden war, bestand doch ein scharfer Gegensatz zwischen beiden. Für die dialektische Theologie war die religionsgeschichtliche Betrachtungsweise nebensächlich, peripher und vor allem nicht theologisch. Denn das Christentum und die anderen Religionen dürfen nach ihrer Ansicht nicht unter dem gemeinsamen Oberbegriff „Religion" zusammengefaßt und miteinander verglichen werden. Vielmehr steht den Religionen die alleinige Offenbarung Gottes in der Bibel gegenüber, die ebenso unmittelbar an die Gegenwart wie an die damalige Zeit ergeht. Daher ist die Untersuchung der Vorgeschichte und Geschichte des Christentums unnötig und überflüssig.

Diese Theologie hat gewiß die von der religionsgeschichtlichen Theologie nicht gelöste Aufgabe aufgegriffen, die besondere Art des Christentums und seines Gottes schärfer zu erfassen, dabei jedoch gerade der atl. Wissenschaft durch den Verzicht auf eine religionsgeschichtliche Betrachtungsweise, das Absehen von einer angemessenen Erfassung der Eigenart auch der israelitischen Religion und die Wiederbelebung der allegorisch-typologischen Auslegung des AT großen Schaden zugefügt. Wenn sie auch die vorangegangene Theologie ergänzt und korrigiert hat, so kann doch kein dogmatisches Postulat die von jener aufgewiesenen religionsgeschichtlichen Gegebenheiten beseitigen.

g) Seither haben zahlreiche archäologische Entdeckungen, neue Textfunde (wie diejenigen von Ugarit) und die eindringende Arbeit der Orientalistik die Notwendigkeit zu religionsgeschichtlicher Forschung verstärkt. Sie zeigen die Zugehörigkeit des palästinischen Raumes und des israelitischen Volkes zu der Welt des Vorderen Orients und des östlichen Mittelmeerbeckens. Ja, Vorstellungen anderer Religionen der Vor- und Umwelt Israels sind unbestreitbar in das AT selber eingegangen. Dies gilt nicht nur hinsichtlich der Urgeschichte der Genesis, gewisser Teile des Gesetzes, der Psalmen und der Weisheitsliteratur, sondern insofern auch für das ganze AT, als kein größerer Zusammenhang in ihm von Spuren oder Elementen außerisraelitischer Religionen völlig frei ist. Infolgedessen ist es nicht möglich, den atl. Kanon als eine unvergleichbare Größe aus der Religionsgeschichte auszusondern. Die Erforschung der israelitischen Religion im gesamten Rahmen der Religionswelt des Alten Orients ist daher ein unaufgebbarer Teil der atl. Wissenschaft und zum rechten Verständnis des AT unerläßlich. Weder die Exegese noch die Theologie des AT können sie entbehren.

So haben sich denn allmählich neue religionsgeschichtliche Schulen oder Richtungen gebildet, die auf Grund neuer Funde auch die kanaanäische Religion in zunehmendem Maße in ihre Betrachtung einbeziehen konnten. Die kultgeschichtliche Richtung entstand unabhängig voneinander in England und Skandinavien. Sie lehnt betont den Entwicklungsgedanken für die Religion ab, verbindet Religionsgeschichte und Anthropologie eng miteinander und vertritt die These eines gesamtorientalischen Schemas von Mythos und Ritus. Die skandinavische Richtung hat zudem ein ursprünglich für die germanische Religionsgeschichte entwickeltes Kultverständnis auf das AT angewendet und die „Königsideologie" als Grundlage des Kultschemas nachzuweisen gesucht (A. S. Kapelrud, Mowinckel*, Ringgren*)[9]. Demgegenüber will die frömmigkeitsgeschichtliche Richtung die Eigenart der israelitischen Religion aus der Struktur ihres seelischen Erlebens ableiten, die man etwa in der Spannung zwischen Abhängigkeits- und Verbundenheitsgefühl mit einer zu Gehorsam und Dienst zwingenden Wucht erblicken kann (Hempel*). Schließlich hat sich eine amerikanische archäologische Richtung gebildet; sie erhebt grundlegende Einwände gegen die form- und überlieferungsgeschichtliche Methode, die lediglich von inner-atl. Kriterien ausgeht, und gegen die kultgeschichtliche Methode, die den Kultus seine maßgeblichen Geschichtstraditionen schaffen läßt, und fordert statt dessen, daß die äußeren Kriterien, wie sie besonders die Archäologie liefert, herangezogen werden sollen (Albright*, Wright).

Über alledem ist nicht zu vergessen, daß andere die religionsgeschichtliche Erforschung der israelitischen Religion betreiben, ohne einer solchen Schule oder Richtung anzugehören oder nahezustehen. Sie versuchen vielfach, einen Weg zwischen einseitigen Auffassungen und Extremen zu gehen und zu einer Synthese der verschiedenen Methoden beizutragen.

2. Aufgabe und Quellen

a) Aufgabe einer Darstellung der Geschichte der israelitischen Religion ist es, den Werdegang dieser Religion als die normale Ge-

[9] K.-H. Bernhardt, Das Problem der altorientalischen Königsideologie im Alten Testament, 1961. – J. de Fraine, Les implications du "patternisme", Bibl 36 (1955), 59–73. – R. Rendtorff, Der Kultus im alten Israel, Jb für Liturgik und Hymnologie 2 (1956), 1–21.

schichte einer normalen Religion neben anderen zu schildern, ohne
theologische Wertungen vorzunehmen oder apologetische Gesichtspunkte geltend zu machen. Es geht außerdem darum, die Wandlungen
und Spannungen innerhalb der israelitischen Religion während des
Verlaufs ihrer mehr als tausendjährigen Geschichte darzulegen. Denn
diese Religion war keine in sich einheitliche und gleichbleibende
Größe. Vielmehr hat sie einmal eine geschichtliche Entwicklung mit
beträchtlichen Wandlungen und Entfaltungen durchlaufen, wobei vor
allem eigene Impulse und Anstöße von außen weiterbildend gewirkt
haben; ferner hat es öfters in ein und derselben Periode mehrere
Richtungen und Strömungen nebeneinander gegeben, zwischen denen
Spannungen oder Gegensätze bestanden. Eine Darstellung der Geschichte der israelitischen Religion muß daher jene Entwicklung und
Mannigfaltigkeit herausarbeiten. Zugleich hat sie die Frage nach dem
für die verschiedenen Perioden und Richtungen Gemeinsamen, das
schwerer als die Unterschiede wiegt und von *einer* israelitischen Religion zu sprechen berechtigt, zu beantworten. In dieser Aufgaben-
stellung unterscheidet sich eine Religionsgeschichte Israels von einer
Theologie des AT, die – wie immer sie gestaltet wird – die theologisch
entscheidenden Grundstrukturen einer Botschaft darzustellen hat, die
in aller Mannigfaltigkeit der geschichtlichen Ausprägungen sich doch
durch das ganze AT hindurchziehen und die über ihre Zeit hinaus
belangreich sind.

Eine Wandlung und Entfaltung der israelitischen Religion ist oft
zu erkennen. So führt beim Gottesbild der Jahwereligion der Weg
vom Fluchthelfer über den Kriegsgott zum Gott der Weltherrschaft
und des Weltfriedens; vom Gruppengott über den Gott eines Volkes
zum einzig existierenden Gott aller Völker; von seinem gelegentlichen
Eingreifen im Kampf über sein ständiges und fortdauerndes Handeln
im Leben und Geschick der Völker und Menschen zu seinem steten
Wirken im gesamten Bereich der Natur. Der Weg führt von der Verehrung Jahwes an beliebiger Stätte über zahlreiche lokale Heiligtümer
zu dem einen Heiligtum; von einfachen Sippenkulten über mannigfache kultische Handlungen zur Anbetung im Geist und in der Wahrheit; von Schutzmaßnahmen für die Sippe über zahlreiche kultische,
ethische und rechtliche Einzelvorschriften zu deren Zusammenfassung
in einem umfassenden Grundgebot.

Die Spannungen und Gegensätze werden besonders deutlich an den
mannigfachen Glaubensströmungen während der Königszeit – der
restaurativen, magischen, kultischen, national-religiösen, weisheit-

lichen und prophetischen Daseinshaltung – und an dem Widerstreit zwischen eschatologischer Prophetie und priesterlicher Theologie während der nachexilischen Zeit.

Doch auch die gemeinsamen Grundzüge sind erkennbar: die schon in der frühisraelitischen Sippenreligion bestehende personale Struktur des Glaubens und die Vorstellung einer Korrelation zwischen göttlichem und menschlichem Handeln und Entscheiden, sodann die Auffassung vom göttlichen Handeln im Leben und Geschick der Völker und Menschen in der jeweiligen Gegenwart, die Forderung eines Lebens und Verhaltens des Menschen nach den gottgewollten Regeln und – als Mittelpunkt der Religion – der Glaube an die Gottesherrschaft und die Gemeinschaft des Menschen mit Gott, die sich im Leben des Glaubenden, des Volkes oder der Völkerwelt verwirklichen sollen.

b) Die wichtigste Quelle für die israelitische Religion bildet das AT. Bekanntlich ist es kein einheitliches Buch, sondern eine Sammlung von Schriften, die sehr verschiedenen Alters, dazu oft in sich uneinheitlich und im Verlauf großer Zeiträume entstanden sind. Will man sie für eine Darstellung der israelitischen Religionsgeschichte verwenden, so ist es zuvor erforderlich, einerseits die Entstehungszeit der einzelnen Schriften oder ihrer Einzelteile möglichst genau zu bestimmen und andererseits auf überlieferungsgeschichtlichem Wege das Alter der in ihnen endgültig formulierten und fixierten Überlieferungen und Vorstellungen festzustellen. Dies ist Aufgabe der Exegese und der Einleitungswissenschaft; die vorliegende Darstellung der israelitischen Religion setzt die Ergebnisse von E. Sellin – G. Fohrer, Einleitung in das Alte Testament, 1965[10], voraus.

Eine weitere Quelle bilden die Ergebnisse der Archäologie Palästinas. Sie helfen vor allem die äußeren Gegebenheiten und Umstände zu erhellen und tragen zum Verständnis der primären Quelle, des AT, bei, während sie über das religiöse Glaubensgut selten etwas aussagen können.

Einen mittelbaren Quellenwert für das Verständnis religiöser Vorstellungen und Erscheinungen in Israel besitzen die textlichen und archäologischen Zeugnisse der Umweltreligionen – sei es, daß sie auf Grund auffälliger Ähnlichkeiten zu einer genaueren Erklärung israelitischer Vorstellungen und Erscheinungen verhelfen, sei es, daß sie das oft lückenhafte Bild der israelitischen Religion und ihre im AT manchmal nur angedeuteten Vorstellungen und Erscheinungen auffüllen oder besser verstehen lehren. Freilich ist dabei die Eigenart der israelitischen Religion zu beachten und festzuhalten. Was in ihr ähnlich

wie in einer anderen klingt, muß nicht die gleiche Bedeutung wie
dort besitzen. Eine religiöse Vorstellung oder ein religiöser Brauch
können in zwei verschiedenen Religionen, selbst wenn sie einander
räumlich und zeitlich benachbart sind, verschiedenen Sinn und Zweck
haben. Daher ist das altorientalische Material stets mit Vorsicht zu
verwenden.

1. Teil

RELIGIONSGESCHICHTE DER FRÜHZEIT

1. Kapitel

Die vorgegebenen religiösen Elemente

§ 2 *Das urtümliche religiöse Gut und die nomadische Sippenreligion*

A. Alt, Der Gott der Väter, 1929 (= Kleine Schriften zur Geschichte des Volkes Israel, I 1953, 1–78). – Th. Bauer, Die Ostkanaanäer, 1926. – F. M. Th. Böhl, Das Zeitalter Abrahams, 1931. – A. Causse, Du groupe éthnique à la communauté religieuse, 1937. – E. Dhorme, La religion des Hébreux nomades, 1937. – A. Dupont-Sommer, Les Araméens, 1949. – R. Dussaud, Les découvertes de Ras Shamra (Ugarit) et l'Ancien Testament, 1941[2]. – D. O. Edzard, Mari und Aramäer?, ZA NF 22 (56) (1964), 142–149. – G. Gemser, Vragen rondom de Patriarchenreligie, 1958. – H. Greßmann, Sage und Geschichte in den Patriarchenerzählungen, ZAW 30 (1910), 1–34. – Ders., Mose und seine Zeit, 1913. – J. M. Grintz, On the Original Home of the Semites, JNES 21 (1962), 186–206. – M. Haran, The Religion of the Patriarchs: an Attempt at a Synthesis, ASTI 4 (1965), 30–55. – J. Hoftijzer, Die Verheißungen an die drei Erzväter, 1956. – J. M. Holt, The Patriarchs of Israel, 1964. – K. M. Kenyon, Amorites and Canaanites, 1966. – J.-R. Kupper, Northern Mesopotamia and Syria, The Cambridge Ancient History II, 1, 1963. – V. Maag, Der Hirte Israels, Schweiz. Theol. Umschau 28 (1958), 2–28. – Ders., Malkût Jhwh, VTSuppl VII, 1960, 129–153. – J. Morgenstern, Rites of Birth, Marriage, Death and Kindred Occasions among the Semites, 1966. – S. Moscati, The Semites in Ancient History, 1959. – M. Noth, Die Ursprünge des alten Israel im Lichte neuer Quellen, 1961. – S. Nyström, Beduinentum und Jahwismus, 1946. – R. T. O'Callaghan, Aram-Naharaim, 1948. – A. Parrot, Abraham et son temps, 1962. – L. Rost, Die Gottesverehrung der Patriarchen im Lichte der Pentateuchquellen, VTSuppl VII, 1960, 346–359. – H. H. Rowley, Recent Discovery and the Patriarchal Age, BJRL 32 (1949/50), 3–38. – H. Schmökel, Geschichte des alten Vorderasien, 1957. – H. Seebass, Der Erzvater Israel und die Einführung der Jahweverehrung in Kanaan, 1966. – C. Steuernagel, Jahwe und die Vätergötter, in: Beer-Festschrift, 1935, 62–71. – R. de Vaux, La Palestine et la Transjordanie au IIe millénaire et les origines israélites, ZAW 56 (1938), 225–238. – Ders., Die hebräischen Patriarchen und die modernen Entdeckungen, 1959. – Ders., Die Patriarchenerzählungen und die Geschichte, 1965. – G. E. Wright, History and the Patriarchs, ET 71 (1959/60), 292–296. – S. Yeivin, The Age of the Patriarchs, RSO 38 (1963), 277–302.

1. Geschichtliche Grundlagen

Die Frühgeschichte der Israeliten hat sich vorwiegend im Rahmen einer der semitischen Wanderungswellen abgespielt, die von der syrisch-arabischen Wüste ausgingen und deren Ziel es war, in den langgestreckten Gürtel des fruchtbaren Kulturlandes vom Persischen Golf über Mesopotamien bis nach Syrien und Palästina vorzustoßen. Die geschichtlich bedeutsamsten Wellen der vorchristlichen Zeit, zwischen denen die Infiltration kleinerer Gruppen stattfand, waren[1]: a) die akkadisch-ägyptische Welle, die nach 3000 die Semiten nach Babylonien und Ägypten führte; ob sie auch nach Syrien kamen, ist unbekannt; b) die nicht allgemein angenommene „altamoritische" Welle etwa 2500–2300, die die Voraussetzungen für das Großreich von Akkade schuf, deren Bedeutung für Syrien jedoch wieder unbekannt ist; c) die kanaanäische Welle[2] etwa 2100–1700, die sich im Westen durch die Gründung von Staaten (Alalach, Karkemisch, Aleppo, Qatna, Ugarit u. a.) und die Entwicklung einer eigenständigen Kultur (Buchstabenschrift) und Religion fruchtbar auswirkte; d) die aramäische Welle etwa 1400–900. Außerdem haben andere Wanderbewegungen den Westen des Alten Orients berührt, vor allem die ethnisch wohl stark gemischten Hyksos[3] von 1700 an, die aus dem kretisch-ägäischen Raum über Kleinasien vordringenden „Seevölker", zu denen die Philister gehören[4], um und nach 1200 und etwa zur gleichen Zeit versprengte Reste der Hetiter nach dem Untergang ihres kleinasiatischen Reiches[5].

---

[1] BHH I 237. – RGG III 1690–1693. – IDB IV 269. – Vgl. auch die Übersicht von A. Bea, La Palestina Preisraelitica: Storia, popoli, cultura, Bibl 24 (1943), 231–260. An Stelle von Wanderungswellen nehmen andere ein kontinuierliches Eindringen mit gewissen Höhepunkten an (Moscati).

[2] Vielfach bezeichnet man die Träger dieser Welle als Amoriter, andere sprechen von Ostkanaanäern (Bauer) oder Protoaramäern (Noth). Vgl. ferner: A. Alt, Die älteste Schilderung Palästinas im Lichte neuer Funde, PJB 37 (1941), 19–49. – M. Noth, Die syrisch-palästinische Bevölkerung des zweiten Jahrtausends v. Chr. im Lichte neuer Quellen, ZDPV 65 (1942), 9–67: eine neue Herrenschicht im 19./18. Jh., die noch in nomadischer Organisationsform lebte und mit der gleichzeitigen mesopotamischen Herrenschicht nächstverwandt war. – Dagegen D. O. Edzard in: ZA 56 NF 22 (1964), 142–149.

[3] BHH I 237 f. – RGG III 498 f. – IDB II 667.

[4] BHH I 238. – RGG V 339–341. – IDB III 791–795.

[5] BHH I 238. – RGG III 299–303. – IDB II 612–615. – E. Forrer, The Hittites in Palestine, PEQ 69 (1937), 100–115: Die Hetiter in Jerusalem, Betlehem und Hebron sind schon um 1350 aus Kleinasien gekommen.

Der vierten, der aramäischen Wanderungswelle ist wenigstens ein
großer Teil der Israeliten zuzurechnen, der in jener Zeit mit anderen
verwandten aramäischen Stämmen wie den Ammonitern, Moabitern
und Edomitern, von denen die beiden erstgenannten in der jetzt so
anstößigen Erzählung Gen 19,30–38 ursprünglich als reines Vollblut
charakterisiert worden sind, aus der Wüste und Steppe in das ost- und
westjordanische Kulturland eindrang. Diese Israeliten sind demnach
in ethnischer Hinsicht als Aramäer zu bezeichnen[6]. Sprachreste im
Hebräischen weisen darauf hin, daß sie ursprünglich aramäisch
sprachen und das Hebräische als einen westsemitisch-kanaanäischen
Dialekt erst in Palästina übernommen haben; unverkennbar ist eine
aramäische Schicht in den israelitischen Personennamen. Auch alte
und zuverlässige Überlieferungen setzen Israel in Beziehung zu den
Aramäern; es glaubt von einem *zugrunde gehenden Aramäer* abzu-
stammen (Dtn 26,5) und bezeichnet in der Genesis seine östlichen
Verwandten stets als Aramäer.

Jedoch bildeten die Israeliten keine einheitliche Volksgruppe.
Fraglich ist der aramäische Ursprung der mit den Namen der Patriarchen verknüpften Gruppen, die nach der alttestamentlichen Überlieferung aus Mesopotamien nach Palästina gekommen sind und als
deren Heimat Gen 24,10 Aram-Naharaim nennt, das Aramäerland
an den beiden Flüssen (am Euphrat und einem seiner Nebenflüsse,
vielleicht dem Balichu). Wären sie Aramäer gewesen, so müßten sie
nach 1400 in Mesopotamien eingedrungen und sogleich nach Palästina
weitergewandert sein. Da jedoch Verflechtungen mit älteren mesopotamischen Traditionen dagegen sprechen, stammen sie eher aus einer
älteren Wanderungswelle[7]. Außerdem weiß die Überlieferung von der
Verwandtschaft von Israeliten mit zahlreichen arabischen Stämmen
einschließlich Midian (Gen 25,1–5. 12–18). Und die unter der Führung Moses aus Ägypten geflohene Schar war vielleicht nicht-ara-
mäischer Herkunft und hat jedenfalls im Verlauf ihrer Wanderung
andere Elemente in sich aufgenommen (vgl. Ex 12,38).

Am Anfang der Geschichte Israels steht demnach nicht eine ethnisch-
einheitliche und in sich geschlossene Gruppe von Stämmen. Vielmehr

---

[6] BHH I 119 f. – RGG I 531 f. – IDB I 190–193.
[7] Dagegen vermutet S. N. Kramer, Sumerian Literature and the Bible, in:
Studia Biblica et Orientalia, III 1959, 185–204, auf Grund der geistigen
Berührungen der beiden im Titel genannten Größen eine teilweise sume-
rische Herkunft der Ahnen Abrahams, die mehrere Generationen lang in
Ur oder in anderen sumerischen Städten gelebt haben sollen.

handelt es sich um Sippen, Gruppen und Stämme von sehr unterschiedlicher, wenn auch überwiegend aramäischer Herkunft. Aus ihnen hat sich auf dem Boden Palästinas unter Einbeziehung weiterer, nicht zuletzt kanaanäischer Elemente allmählich das israelitische Volk gebildet. Auf die äußere Lage jener Frühisraeliten läßt der Begriff 'Apiru schließen, der zuerst aus den Amarnabriefen, der Korrespondenz palästinischer Stadtkönige mit den Pharaonen, bekanntgeworden und inzwischen für den ganzen Alten Orient vom 19. bis 12. Jh. belegt ist[8]. Er bezeichnet ursprünglich im soziologischen Sinn „Personen ohne Familienzugehörigkeit", landfremde Söldner, Gefangene und Sklaven, sodann die minderberechtigten Ausländer in einem Staatsbereich. Der hebräische Ausdruck עִבְרִי ('ibrî), der damit zusammenhängt, charakterisiert die Frühisraeliten als zu den minderberechtigten Fremden gehörige Gruppen. Das trifft deswegen zu, weil sie vor ihrer Seßhaftwerdung wandernde Nomaden waren, die sich nur zeitweilig im Gebiet dieses oder jenes Staates aufgehalten haben.

2. Das Nomadentum der Frühisraeliten

Die Frühisraeliten waren weder Kamelbeduinen[9] (trotz des angeblichen Besitzes von Kamelen) oder Karawanenführer im Negeb[10]

---

[8] BHH I 296. – RGG III 105 f. – M. Astour, Les étrangers à Ugarit et le statut juridique des Ḫabiru, RA 53 (1959), 70–76. – L. Baeck, Der Ibri, MGWJ 83 (1939) (erschienen 1963), 66–80. – R. Borger, Das Problem der 'apīru („Ḫabiru"), ZDPV 74 (1958), 121–132. – J. Bottéro, Le problème des Ḫabiru à la 4ème rencontre assyriologique internationale, 1954. – M. Greenberg, The Ḫab/piru, 1955. – E.Chiera, Ḫabiru and Hebrews, AJSL 49 (1932/33), 115–124. – P. Dhorme, Les Ḫabiru et les Hébreux, JPOS 4 (1924), 162–168. – A. Jepsen, Die Hebräer und ihr Recht, AfO 15 (1945/51), 54–68. – B. Landsberger, Über die Völker Vorderasiens im 3. Jahrtausend, ZA 35 (1924), 213–238. – N. A. van Uchelen, Abraham de Hebreeër, 1964. Im einzelnen gehen die Ansichten über die Bedeutung des Begriffs und sein Verhältnis zu 'ibrî auseinander.

[9] B. Brentjes, Das Kamel im Alten Orient, Klio 38 (1960), 23–52. – W. Dostal, The Evolution of Bedouin Life, in: L'antica società beduina, 1959, 11–34. – J. P. Free, Abraham's Camels, JNES 3 (1944), 187–193. – H. Klengel, Zu einigen Problemen des altvorderasiatischen Nomadentums, ArOr 30 (1962), 585–596. – W. G. Lambert, The Domesticated Camel in the Second Millenium, Evidence from Alalakh and Ugarit, BASOR 160 (1960), 42 f. – A. Pohl, Das Kamel in Mesopotamien, Or 19 (1950), 251–253. – Ders., Nochmals das Kamel in Mesopotamien, ebd. 21 (1952), 373 f. – Ders., Zur Zähmung des Kamels, ebd. 23 (1954), 453 f. – R. Walz, Zum Problem der Domestikation der altweltlichen Cameliden,

noch fest angesiedelte Bauern, sondern Kleinviehnomaden[11] – oder
nach ihrem Trage- und Reittier: Eselnomaden[12] –, die hauptsächlich
in Halbwüsten und Steppen mit 10–30 cm³ jährlicher Regenmenge
je qcm leben, die an Gegenden und Marschrouten gebunden sind, an
denen die Wasserstellen nahe beieinanderliegen und die Weide ergiebig
genug ist, und die von der Steppe immer wieder ins Kulturland wech-
seln und zu ihm in reger Beziehung stehen[13]. In ähnlicher Weise
werden die Patriarchen überwiegend geschildert: als hin- und her-
ziehende Kleinviehbesitzer, die am Recht auf die Brunnen interessiert
sind, bei deren Aufgraben man das beschwörungsartige Brunnenlied
Num 21,17 f. gesungen haben mag, die sich gelegentlich schon Besitz-
tum an Grund und Boden sichern und sogar eine gewisse Ackerkultur
mit der Viehzucht verbinden. Unter dem Einfluß des Kulturlandes
sind sie bereits Halbnomaden auf dem Wege zum Seßhaftwerden,
was sie freilich nicht hindert, die Bewohner des Kulturlandes bei
passender Gelegenheit zu berauben (vgl. Ex 12,35 f.).

Entgegen früheren Annahmen sind die Patriarchen nicht legendäre
Gestalten, eponyme Stammväter von Sippen oder verblaßte Götter,

---

ZDMG 101 (1951), 29–51. – Ders., Neue Untersuchungen zum Domesti-
kationsproblem der altweltlichen Cameliden, ebd. 104 (1954), 48–87. –
Ders., Beiträge zur ältesten Geschichte der altweltlichen Cameliden unter
besonderer Berücksichtigung des Problems der Domestikationszeitpunktes,
in: Actes IVe Congrès Anthropologique, III 1956, 190–204.

[10] W. F. Albright, Abram the Hebrew: A New Archaeological Interpretation, BASOR 163 (1961), 36–54. – Ders., Some Remarks on the Meaning of the Word SḤR in Genesis, ebd. 164 (1961), 28. – E. A. Speiser,
The Word SḤR in Genesis and Early Hebrew Movements, ebd. 23–28. –
Wieder anders L. R. Fisher, Abraham and his Priest-King, JBL 81 (1962),
264–270. – C. H. Gordon, Abraham and the Merchants of Ura, JNES 17
(1958), 28–31.

[11] BHH II 1319. – RGG IV 1504 f. – IDB III 558–560.

[12] Vgl. R. Walz, Gab es ein Esel-Nomadentum im Alten Orient?, in: Akten
des Vierundzwanzigsten Internationalen Orientalisten-Kongresses München, 1959, 150–152: vom 19. Jh. an bezeugt.

[13] Was die Mari-Texte über die Nomaden Mesopotamiens in der ersten
Hälfte des 2. Jt. erkennen lassen, läßt Analogieschlüsse auf die Genesis-
überlieferungen zu. Vgl. J.-R. Kupper, Les nomades en Mésopotamie au
temps des rois de Mari, 1957. – A. Parrot, Mari et l'Ancien Testament,
RhPhR 35 (1955), 117–120. – Vgl. auch die Auswertung der safatenischen Inschriften durch O. Eißfeldt, Das Alte Testament im Lichte der
safatenischen Inschriften, ZDMG 104 (1954), 88–118 (= Kleine Schriften,
III 1966, 289–317).

sondern geschichtliche Personen, wenn auch von anderer Art und
Bedeutung, als sie nach den Erzählungen der Genesis erscheinen[14].
Altorientalische Namen der ersten Hälfte des 2. Jt., Sprache und
Bräuche des Wanderhirtentums im Gebiet von Mari während des
20.–18. Jh., Parallelität der Namen von angeblichen Verwandten
Abrahams mit Ortsnamen des nördlichen Mesopotamien sowie Rechts-
verhältnisse churritischen Ursprungs aus der Zeit um 1500 begegnen
in der Patriarchenüberlieferung. Ja, sie finden sich im AT nur in Erzählungen, die über jene Zeit berichten wollen[15]. Das ist doch wohl
so zu erklären, daß wirklich einzelne Erinnerungen an die Lebensverhältnisse in Mesopotamien und an bestimmte Gestalten lebendig
und in Palästina in der immer stärker anwachsenden und ausge-
schmückten Überlieferung erhalten geblieben sind.

Im einzelnen[16] weiß die Überlieferung von Abraham[17], Isaak[18]
und Jakob[19], während die Josephnovelle[20] schwerlich einen geschichtlichen Kern enthält, sondern vielleicht die israelitische Umarbeitung
einer ägyptischen Erzählung weisheitlichen Charakters darstellt. Dagegen muß Israel, der in Gen 32,29; 35,10 (vgl. 49,24) mit Jakob
gleichgesetzt wird, als ein weiterer Stammvater gelten. Es ist anzunehmen, daß es im 15. und 14. Jh. noch mehr Gestalten dieser Art
gegeben hat, daß die Überlieferungen über sie jedoch nicht gemein-
israelitisches Gut geworden und daher erloschen sind. Über das vor-
palästinische, nomadische Leben der späteren israelitischen Stämme

[14] Außer der Lit. vor § 2 vgl. H. Greßmann, Sage und Geschichte in den
Patriarchenerzählungen, ZAW 30 (1910), 1–34. – A. Jepsen, Zur Über-
lieferung der Vätergestalten, WZ Leipzig 3 (1953/54), 265–281. –
E. Meyer, Der Stamm Jakob und die Entstehung der israelitischen
Stämme, ZAW 6 (1886), 1–16. – B. Stade, Lea und Rahel, ebd. 1 (1881),
112–116. – Ders., Wo entstanden die genealogischen Sagen über den Ur-
sprung der Hebräer?, ebd. 347–350.
[15] S-F § 19,1. Demnach sind die Patriarchen zeitlich nach 1500 anzusetzen.
– Vgl. ferner J. H. Chamberlayne, Kinship Relations among the Early
Hebrews, Numen 10 (1963), 153–164. – J. C. L. Gibson, Light from
Mari on the Patriarchs, JSS 7 (1962), 44–62. – A. Malamat, Mari and
the Bible: Some Patterns of Tribal Organization and Institutions,
JAOS 82 (1962), 143–150. – Einschränkend M. Greenberg, Another Look
at Rachel's Theft of the Teraphim, JBL 81 (1962), 239–248.
[16] S-F § 19,1.
[17] BHH I 15 f. – RGG I 68–71. – IDB I 14–21.
[18] BHH II 775 f. – RGG III 902 f. – IDB II 728–731.
[19] BHH II 797 f. – RGG III 517–520. – IDB II 782–787.
[20] BHH II 886–888. – RGG III 859 f. – IDB III 981–986.

ist ebenfalls so gut wie nichts bekannt; lediglich die Stammessprüche[21] mit Tiervergleichen können teilweise der nomadischen Zeit entstammen und einige Rückschlüsse zulassen[22].

Dieses Nomadentum ist zwar nicht das grundlegende Element (Nyström), wohl aber eines der vorgegebenen Elemente der Geschichte der israelitischen Religion. Denn das Nomadenleben führt zu bestimmten gesellschaftlichen Formen und weist charakteristische Verhaltensweisen und religiöse Eigenarten auf. Zwei grundlegende Lebensgesetze sind die weitgehende Gastfreundschaft mit der darin eingeschlossenen Schutzpflicht des Gastgebers für den Gast[23], da dieser vorübergehend als Sippenmitglied gilt und die Rechte eines solchen besitzt, und die Verfolgung des zustehenden Rechtes auf dem Wege der privaten Vollstreckung, vor allem durch die Blutrache (vgl. das Lamechlied Gen 4,23 f.)[24], mittels derer die Schwächung der Lebenskraft einer Sippe infolge der Verwundung oder Tötung eines Mitgliedes durch die analoge Schwächung der schuldigen Sippe ausgeglichen wird.

3. Urtümliches religiöses Gut

Wie andere Menschengruppen und teilweise gemeinsam mit ihnen haben die Frühisraeliten urtümliche Vorstellungen, Handlungen und Haltungen gekannt, die sich in der Folgezeit behauptet haben, während solches Gut in anderen Lebensbereichen nach dem Wechsel vom nomadischen zum seßhaften Leben meistens abgestorben ist. Das religiöse Gut blieb dadurch erhalten, daß es entweder in Glauben und Kultus der späteren Zeit integriert wurde oder neben der anerkannten Religion als von ihr oft bekämpfter Aberglaube fortbestand.

a) Urtümliches Gut umgibt einschneidende Ereignisse im menschlichen Leben. Dazu gehört die Beschneidung, die operative Entfernung der Vorhaut[25]. Die Sitte findet sich bei den Israel herkunftsmäßig verwandten Ammonitern, Moabitern und Edomitern sowie – nur für Priester gefordert – in Ägypten, dagegen nicht bei Assyrern, Babyloniern und Philistern, anscheinend auch nicht bei Kanaanäern

---

[21] A. H. J. Gunneweg, Über den Sitz im Leben der sog. Stammessprüche, ZAW 76 (1964), 245–255. – H.-J. Kittel, Die Stammessprüche Israels, Diss. Berlin 1959. – H.-J. Zobel, Stammesspruch und Geschichte, 1965.
[22] S-F § 8,1.
[23] BHH I 514. – RGG II 1205. – IDB II 654.
[24] BHH I 261. – RGG I 1331 f.; IV 216 f. – IDB I 321.
[25] BHH I 223–225. – RGG I 1090 f. – IDB I 629–631.

bzw. Phöniziern (Gen 34,14 ff.; Ez 32,30)²⁶. Ursprünglich bedeutete
sie vielleicht einen Ritus der Mannbarkeit oder gar eine Weihe für die
Ehe (vgl. Gen 34,14 ff.). Doch schon die nomadischer Tradition ent-
stammende kleine Erzählung von der Beschneidung des Mosesohnes
durch die Mutter Sippora in Ex 4,24–26 soll den Übergang zur
Kinderbeschneidung begründen oder diese legitimieren. Es muß offenbleiben, ob die Erzählung sie als Schutz vor Dämonen betrachtet.

Urtümlich ist ferner ein Teil der Trauerbräuche²⁷, obwohl sich
nicht mehr feststellen läßt, welche der im AT belegten Bräuche (§ 17,3)
schon von den Frühisraeliten geübt worden sind. Ursprünglich hatten
sie den zweifachen Zweck, den Toten neue Lebenskraft zuzuführen,
z. B. durch die Tränen als das schöpferische, lebenspendende Naß²⁸,
oder die von dem Totengeist drohenden Schäden abzuwenden, z. B.
durch den Kleiderwechsel als Mittel der Täuschung. Die Totenklage
kann beides beabsichtigen: den Toten aufzuwecken oder den Totengeist zu verscheuchen.

b) Urtümlich ist das mit dem Ausdruck „Tabu" bezeichnete Verbot, das religiös bedingt ist und dessen Übertretung bestimmte Sank-
tionen nach sich zieht; auch das Heilige wird tabuiert, wenn es für
das Profane als unantastbar gilt²⁹. Es gab ein altes Fleischtabu, das
nicht nur unreine Tiere (z. B. das Schwein³⁰) oder bestimmte Teile
reiner Tiere (Blut, Fett), sondern auch das Fleisch nicht von Menschen
gejagter oder geschlachteter Tiere zu essen verbot (Lev 17,15; 22,8;

---

²⁶ Allerdings scheint Herodot die Sitte für die Phönizier zu bezeugen, vgl.
   E. Meyer in: ZAW 29 (1909), 152; vielleicht handelt es sich um späte
   Übernahme. Auf der bildlichen Darstellung aus Megiddo ANEP 332 sind
   zwei wohl nichtkanaanäische Gefangene beschnitten. – J. M. Sasson,
   Circumcision in the Ancient Near East, JBL 85 (1966), 473–476. –
   J. Schur, Wesen und Bedeutung der Beschneidung im Licht der alttestamentlichen Quellen und der Völkerkunde, 1937. – Unwahrscheinlich
   H. Zeydner, Kainszeichen, Keniter und Beschneidung, ZAW 18 (1898),
   120–135: Beschneidung als Kainszeichen.
²⁷ BHH III 2021 f. – RGG VI 998–1001. – IDB III 452–454.
²⁸ M. Canney, The Magic of Tears, JMEOS 1926, 47–54.
²⁹ RGG VI 598–600. – A. C. James, Taboo among the Ancient Hebrews,
   Diss. Univ. of Pennsylvania 1925. – E. Pax, Beobachtungen zum biblischen Sprachtabu, LA 12 (1961/62), 66–112.
³⁰ BHH III 1748 f. – IDB IV 469. – I. M. Price, Swine in Old Testament
   Taboo, JBL 44 (1925), 154–157. – R. de Vaux, Les sacrifices de porcs en
   Palestine et dans l'Ancien Testament, in: Von Ugarit nach Qumran, Eißfeldt-Festschrift, 1958, 250–265.

Ez 44,31). Damit verknüpft ist das Bluttabu[31], da das Leben *im Blut* ist (Lev 17,14), so daß erst das ausgeblutete Tier als „tot" gilt und zum Verzehr freigegeben werden kann (Gen 9,4). Die Sexualsphäre ist von Tabus umgeben; Kopulation, Pollution, Mensis und unnormale (Eiter-)Flüsse im Bereich der Geschlechtsorgane tabuieren, in gewöhnlichen Fällen bis zum Abend des laufenden Tages (Lev 15,1 ff.). Auch der „Bann"[32], die restlose Vernichtung der Kriegsbeute, der eher mit dem nomadischen Leben als mit dem seßhaften Leben zu verbinden ist, erklärt sich am besten als Folge der Tabuierung der dem Bereich einer anderen Gottheit angehörigen Beute. Ihre Vernichtung dient eigentlich ihrer „Reinigung" wie auch die Todesstrafe der Verbrennung (z. B. Gen 38,24). Gewöhnlich aber erfolgt die Reinigung durch Abwaschen mit Wasser (z. B. Lev 15,1 ff.).

c) Mannigfach sind die magischen Vorstellungen und Bräuche, die die Israeliten kannten und von denen sie manche aus ihrer Frühzeit nach Palästina mitgebracht haben, wo sie durch kanaanäische, babylonisch-assyrische und ägyptische Praktiken ergänzt wurden, so daß man für einen Teil des späteren Israel geradezu von einer magischen Daseinshaltung sprechen kann (§ 13,3). Was aus der Frühzeit stammt, ist wieder schwer zu bestimmen – wahrscheinlich die magische Verwendung der Kleidung[33] oder des Stabes (Mose, Elia, Elisa), der Glaube an den bösen Blick[34] und die magische Macht der Hand (II Reg 5,11). Am wichtigsten ist das magisch wirkungskräftige Wort, sei es aus dem Munde des gewöhnlichen Menschen als Segen oder Fluch[35], besonders in der Todesstunde (vgl. Gen 27,27 ff. 39 f.; 48,15 ff. mit Auflegung der „falschen" Hand), sei es der rhythmisch gestaltete, bisweilen der Deutung bedürftige Spruch des mit übernatürlicher Kraft erfüllten Führers (vgl. Jos 10,12), der in der ältesten Zeit zu-

[31] BHH I 259. – RGG I 1327 f.

[32] BHH I 193. – RGG I 860 f. – IDB I 838 f.

[33] A. Jirku, Zur magischen Bedeutung der Kleidung in Israel, ZAW 37 (1917/18), 109–125.

[34] BHH I 257. – RGG I 1321. – A. Löwinger, Der böse Blick, Mitteilungen zur jüdischen Volkskunde 29 (1926), 551–561.

[35] RGG V 1648–1651. – IDB I 446–448. 749 f. – H. Ch. Brichto, The Problem of "Curse" in the Hebrew Bible, 1963. – J. Hempel, Die israelitischen Anschauungen von Segen und Fluch im Lichte altorientalischer Parallelen, ZDMG 79 (1925), 20–110 (= Apoxysmata, 1961, 30–113). – F. Horst, Segen und Segenhandlungen in der Bibel, EvTh 7 (1947/48), 23–37 (= Gottes Recht, 1961, 188–202). – S. Mowinckel, Psalmenstudien V: Segen und Fluch in Israels Kult- und Psalmdichtung, 1924.

gleich der Stammeszauberer, -seher, -dichter und -priester gewesen sein mag; so soll noch die Debora ein zauberwirkendes Kampflied singen, das dem Feind eine Niederlage bereitet (Jdc 5,12). Man kann vermuten, daß die Vorstellungen vom Prophetentum in I–II Reg mit dem Glauben an die geradezu magisch-zauberische Macht der „Gottesmänner" und prophetischen Meister eine Nachwirkung jener urtümlichen Kultur sind, in der die verschiedenen Funktionen noch in einer Person vereint waren, zumal in der die ganze israelitische Prophetie durchziehenden Vorstellung von der Wirkungskraft des prophetischen Redens und Handelns – die dort mit dem Willen und der Macht Jahwes begründet wird – das magische Element der Frühzeit nachwirkt (vgl. noch Sir 48,1 ff.)[36]. Als Gegenmittel gegen magische Einwirkungen dienen seit alters Amulette, die nicht nur in Palästina, wo sie bei Ausgrabungen oft gefunden worden sind, sondern auch im nomadischen Bereich bekannt waren[37].

4. Die Sippenreligion der Frühisraeliten

Den Ausgangspunkt für die neuere Behandlung der Frage nach der Religion der Frühisraeliten hat die Untersuchung von Alt geliefert, der die Bezeichnungen Gott Abrahams, Gott Isaaks, Gott Jakobs, פַּחַד יִצְחָק (pāḥăd jiṣḥaq) und אֲבִיר יַעֲקֹב ('ᵃbîr jᵃ'ᵃqob) als wirkliche Gottesnamen betrachtete, die die Namen der Kultstifter enthalten, und der die Verehrung dieser „Vätergötter" bis zur Übernahme des Jahweglaubens andauern sah, dagegen die in der Genesis unter verschiedenen Beinamen erwähnten Elim für naturhafte Lokalgottheiten hielt. Diese Auffassung ist mehrfach abgewandelt oder bestritten worden, so daß die Darstellung von einer Übersicht über die Textbelege ausgehen muß.

Während Eißfeldt die Verehrung der Vätergötter nicht bis zur Übernahme des Jahweglaubens annimmt, sondern ihre vorherige Verdrängung durch die palästinisch-kanaanäische Elreligion für wahrscheinlich hält[38], rechnet Gemser nur mit einem einzigen Vätergott, möchte unter den verschiedenen Bezeichnungen dieselbe Gottheit je nach ihren Erscheinungsformen verstehen und betrachtet auch Vätergott- und Elreligion lediglich als zwei Ausdrücke für

[36] G. Fohrer, Prophetie und Magie, in: Studien zur alttestamentlichen Prophetie (1949–1965), 1967, 242–264.
[37] BHH I 90 f. – RGG I 345–347. – IDB I 122 f.
[38] O. Eißfeldt, El and Yahweh, JSS 1 (1956), 25–37 (deutsch = Kleine Schriften, III 1966, 386–397).

die gleiche Sache. Greßmann, Dussaud u. a. schreiben der nomadischen Zeit
überhaupt nur eine hebräische Elreligion zu. Wieder andere, so Anderson,
Lewy, May und Seebass, haben unter Heranziehung vor allem altassyrischer
Götteranrufungen die Ansicht vertreten, daß es sich bei den Göttern der
Patriarchen um Familiengötter oder um namenlose Sippengötter handle[39].

Sicher trifft Wellhausens Charakteristik des heidnischen Arabers, also des
Kamelbeduinen, als religiös gleichgültig für die Frühisraeliten nicht zu:
„Selbst ist der Mann, sein Arm hilft ihm und sein Bruder, kein Gott steht
ihm bei, keinem Heiligen empfiehlt er seine Seele. Sein höchstes persönliches
Gut ist die Ehre, um ihretwillen zwingt er die Seele zu wagen, wovor sie
zurückscheut"[40]. Die oft vertretene Auffassung, daß die Religion der Frühisraeliten eine Art von Animismus, insbesondere von Polydämonismus gewesen sei (so noch Matthews*), ist nicht mehr haltbar, zumal es – von weiteren Punkten abgesehen – schon zweifelhaft ist, ob es eine solche Art von
Religion in geschichtlicher Zeit im Alten Orient gegeben hat. Ebensowenig
wird man Pedersen beipflichten können, nach dessen Ansicht in der ungeteilten, einheitlichen Kultur des ältesten Israel der Glaube an einen persönlichen Gott fehlt und sich alles auf den Willen und die Fähigkeiten des
magischen Menschen konzentriert[41]. Gewiß hat das magische Element in dem
urtümlichen Gut eine gewisse Rolle gespielt, jedoch findet sich ebenso der
Glaube an einen persönlichen Gott, wie noch zu zeigen ist.

Freilich wird unser Wissen über die Religion der Frühisraeliten immer
begrenzt bleiben. Das ist darin begründet, daß außerbiblische Quellen
fehlen und daß die alttestamentlichen Erzählungen oder Notizen mehrfach
überarbeitet und weitergebildet worden sind. Die beiden Quellenschichten
J und N gehen so weit, daß sie Jahwe als den Gott der Patriarchen annehmen – im Gegensatz zu E und P, die zumindest dessen Namen erst in der
Mosezeit einführen, und zu Gen 35,1–7; Jos 24,2. 14 f., wo den Vorfahren
die Verehrung anderer Götter zugeschrieben wird. Die Schwierigkeiten in
der Deutung der Überlieferung sind so groß, daß die Ansichten darüber,
wie weit die Religion der Frühisraeliten sich erfassen läßt, weit auseinandergehen. Einerseits glaubt Maag, daß die Patriarchenüberlieferung noch ganz
gut wisse, was die Nomadenreligion in ihren Umrissen charakterisiert hat[42],

[39] K. T. Anderson, Der Gott meines Vaters, StTh 16 (1963), 170–188. –
J. Lewy, Les textes paléo-assyriens et l'Ancien Testament, RHR 110
(1934), 29–65. – H. G. May, The Patriarchal Idea of God, JBL 60 (1941),
113–128. – Ders., The God of my Father – a Study of Patriarchal Religion, JBR 9 (1941), 155–158. 199 f. – Dagegen A. Alt, Zum „Gott der
Väter", PJB 36 (1940), 93–104.

[40] J. Wellhausen, Reste arabischen Heidentums, 1897², 228.

[41] J. Pedersen, Israel, its Life and Culture, I–II 1926; III–IV 1940.

[42] Die Schwäche seiner Begründung liegt darin, daß er von angeblichen
Parallelen mit heutigen Hirtenvölkern ausgeht, die sich auf die Suche
nach neuen Weideplätzen machen („Transmigration"). Der zeitliche und
räumliche Abstand aber ist nicht leicht zu überbrücken; ebensowenig
lassen sich die Wanderungen der Patriarchengruppen unbefangen nach
Gen 12,1 ff. als Transmigration verstehen.

andererseits gelangt Rost zu dem Schluß, daß keine Pentateuchquelle die Unterlagen gebe, um ein geschichtlich wahrscheinliches Bild zu zeichnen, jede vielmehr für ihre Zeit ein Idealbild entworfen habe. Das Richtige liegt wahrscheinlich in der Mitte zwischen voller Zuversicht und Skepsis.

a) Die Quellen sprechen in der Tat gewöhnlich nicht vom „Gott der Väter", sondern vom *Gott meines (deines, seines) Vaters* (Gen 31,5.29; 43,23; 49,25; 50,17). Die Formel hat mesopotamische Parallelen, sowohl in altassyrischen Texten – z. B. *ich bete zu Assur, dem Gott deines Vaters; Handerhebung für das Wohlergehen der PN vor dem Gott ihres Vaters; 1 goldener Becher, den Göttern des Vaters gehörend* – als auch in einem Maritext – *durch den Gott* (oder: *den Namen des Gottes*) *meines Vaters* –, zu denen weitere Belege hinzutreten mögen. Die Formeln der Genesis weisen also lediglich auf einen namenlosen oder nicht mit Namen genannten Sippengott hin, den die Mitglieder der Sippe auf Grund des Entschlusses eines Vorfahren verehren.

b) In anderen Formeln werden die Namen der Väter genannt, und zwar mit oder ohne Hinzufügung der Bezeichnung *Vater: der Gott Abrahams* (Gen 31,53), *der Gott deines Vaters Abraham* (Gen 26,24; 28,13; 32,10), *der Gott Isaaks* (Gen 28,13), *der Gott meines/seines Vaters Isaak* (Gen 32,10; 46,1), *der Gott Nahors* (Gen 31,53). Dazu tritt die zusammenfassende Formel *Gott Abrahams, Gott Isaaks und Gott Jakobs* (Ex 3,6.15), in der einmalig von einem *Gott Jakobs* die Rede ist. In allen Fällen liegt grundsätzlich die gleiche Sachlage wie bei a vor; nur werden die Sippengötter einer bestimmten, durch den Namen ihres Ahnen gekennzeichneten Gruppe zugewiesen.

c) Ferner begegnet *El* als Gottesbezeichnung oder als Name des Hochgottes El. Außer acht bleiben müssen freilich die mit palästinischen Heiligtümern verbundenen Erwähnungen Els, in denen zu dem Namen eine nähere Bestimmung getreten ist (vgl. § 4,2). Unsicher ist auch, ob als ursprüngliche Patriarchennamen Jakob-El und Joseph-El anzunehmen sind, die als Ortsnamen in ägyptischen Listen des 15.–12. Jh. belegt sind (Tutmose III., Amenhotep III. ohne historischen Wert, Ramses II. und III.)[43]. Sicher aber trägt der Patriarch Israel ebenso wie Ismael einen Namen mit dem theophoren Bestandteil *El*. Gen 33,20 spricht vom *El Gott Israels,* allerdings in Verbindung mit Sichem, so daß es sich vermutlich schon um ein späteres Stadium handelt. Das Vorkommen von *El* in den Namen

---

[43] Vgl. die Übersicht ANET 242.

aber ist nicht eindeutig zu erklären. Es kann sich darin um eine bloße Bezeichnung für „Gott", um einen Gottesnamen als Ausdruck einer nomadischen Elreligion oder um den Namen des kanaanäischen Hochgottes El infolge eines frühen Einflusses des Kulturlandes auf die mit ihm bereits in Beziehung getretenen Nomaden handeln. Doch ist zu beachten, daß die Überlieferung die Begegnungen der Patriarchen mit El stets in Palästina und niemals in Mesopotamien oder in der syrisch-arabischen Wüste spielen läßt.

d) Am altertümlichsten sind wahrscheinlich die Bezeichnungen פַּחַד יִצְחָק (pặḥặd jiṣḥaq) und אֲבִיר יַעֲקֹב (’aᵇbîr jặ⁽ᵃ⁾qob), die herkömmlich als *Schrecken Isaaks* und *Starker Jakobs* übersetzt wurden (Gen 31,42, dazu in 31,53 *pặḥặd seines Vaters Isaak*, 49,24), richtiger aber wohl mit *Verwandter Isaaks*[44] und *Kämpe, Verteidiger Jakobs* wiedergegeben werden. Dazu tritt der אֶבֶן יִשְׂרָאֵל (’æbæn jiśra’el), der *Stein (= Fels) Israels* (Gen 49,24). Außerdem hat man auf Grund von Gen 15,1 vermutet, daß der Gott Abrahams מָגֵן אַבְרָהָם (*magen 'ặbraham*) *Schild Abrahams* genannt wurde[45]. Damit entfällt auf jede Patriarchensippe eine Gottesbezeichnung, die die jeweilige Gottheit in ihrem Verhältnis zur Sippe charakterisiert hat. Jedoch sind es keine Gottesnamen.

e) Schließlich sind Eigennamen zu beachten, die im alten Israel und bei den Nordwestsemiten gebräuchlich waren. Im AT sind sie bis ins 10. Jh. v. Chr. häufig verwendet worden, danach jedoch sehr selten, so daß es sich offensichtlich um einen alten Namentyp handelt. Sie sind mit עַם (’ặm) *Verwandtschaft, Familie (Volk)*, אָב (’ab) *Vater* und אָח (’aḥ) *Bruder* zusammengesetzt. Dabei weisen diese Elemente auf die Gottheit hin, zumal viele semitische Namen religiöse Bedeutung haben und die genannten Elemente mit dem Namen eines Gottes austauschbar sind (z. B. Abiezer-Eliezer, Abiram-Jehoram). So finden sich Abiram (Abraham)/Ahiram *Mein (göttlicher) Vater/Bruder ist erhaben*, Abiezer/Ahiezer *Mein (göttlicher) Vater/Bruder ist (mir) Hilfe*, Abimelek/Ahimelek *Mein (göttlicher) Vater/Bruder ist (mein)*

---

[44] Vgl. W. F. Albright, From the Stone Age to Christianity, 1946², 188 f. – Unwahrscheinlich ist die psychologische Deutung von N. Krieger, Der Schrecken Isaaks, Judaica 17 (1961), 193–195.

[45] E. A. Leslie, Old Testament Religion in the Light of its Canaanite Background, 1936, 37.

König, Eliab *Mein Gott ist* (mir) *Vater*, Eliṣur *Mein Gott ist* (mir) *ein Fels*, Ammiel (Der Gott) *meiner Verwandtschaft ist* (mein) *Gott*. Abgesehen davon, daß einige der Namen das Wort El als Bezeichnung und nicht als Name der Gottheit zu verwenden scheinen, sind sie wichtig, weil sie ein Licht auf die Beziehungen werfen, in denen sich die Frühisraeliten zu ihren Sippengöttern stehen wußten.

Aus alledem ergibt sich zunächst, daß in der israelitischen Frühzeit jede Sippe (und wohl auch jeder Stamm) einen jeweils eigenen Gott verehrt hat. Dies ist das älteste erkennbare Stadium. Es hat eine Vielzahl von Sippenreligionen (und Stammesreligionen) gegeben, so daß die Überlieferung mit der Feststellung recht hat, daß die Väter andere Götter verehrt haben (Gen 35,1–7; Jos 24,2.14 f.). Freilich enthält sie nur noch Hinweise auf vier von ihnen. Zumindest in diesen Fällen spielt die persönliche Beziehung zwischen der Gottheit und dem Kultstifter, der zugleich Sippengründer oder -führer gewesen sein dürfte, eine wesentliche Rolle. Durch den letzteren ist jeweils die ganze Gruppe mitsamt ihren Nachkommen zum Verehrerkreis der Gottheit ihres Ahnherrn geworden. Folgende Züge sind charakteristisch:

a) Nach den Patriarchenüberlieferungen steht an erster Stelle eine Offenbarung der Gottheit, auf die die Sippengründer oder -führer ja in irgendeiner Weise aufmerksam geworden sein müssen. Dem folgt in Wechselwirkung dazu die Wahl der Gottheit durch den Menschen, wie es praktisch das Recht jedes unabhängigen Mannes war, seinen persönlichen Gott zu wählen. Die Wahl schließt einen nachfolgenden Kultus ein. Demnach sind die Patriarchen zunächst Offenbarungsempfänger und Kultstifter der nomadischen Frühzeit Israels, bei denen die persönlichen Beziehungen zu ihren Gottheiten besonders betont werden, so daß in deren Bezeichnungen die Namen der Patriarchen erscheinen.

b) In Gen 15 erzählt J (1bβ–2.7–12.17–18), wie Abraham nach seiner Klage über seine Kinderlosigkeit auf Geheiß Jahwes aus getöteten und teilweise zerteilten Tieren eine Gasse bildet, durch die nach Einbruch der Dunkelheit ein rauchender Ofen und eine Feuerfackel hindurchfahren: *An jenem Tage gab Jahwe dem Abram eine Zusicherung und sprach: „Deinen Nachkommen will ich dieses Land geben, vom Strom Ägyptens bis zum großen Strome, dem Euphratstrom.“* Dem liegt, wenn es sich auch nicht um den ursprünglichen

Wortlaut handelt, eine alte Tradition zugrunde[46]. Die Gottheit gibt eine Verheißung, die Verheißung von Landbesitz und Nachkommenschaft, und geht zwecks ihrer Verwirklichung eine dauernde Verpflichtung ein[47]. Diese bildet die Grundlage für eine dauernde Lebensgemeinschaft, die auch durch ein Mahl vorbereitet oder hergestellt werden kann (Ex 24,1 f. 9–11) und die durch das Verwandtschaftsverhältnis ausgedrückt wird. Die Gottheit galt als das wirkliche Haupt der Sippe und konnte von deren irdischen Mitgliedern als „Vater, Bruder" bezeichnet werden, während diese sich als „Kinder, Brüder, Verwandte" der Gottheit fühlten.

c) Der Sippengott ist weder Himmelsgott, noch an ein lokales Heiligtum gebunden, sondern ein Wege- und Schutzgott der wandernden Nomaden. Diese wissen sich auf seine Leitung angewiesen, weil sie sich zwischen fremden und oft feindlichen Mächten bewegen. Sie suchen seinen Schutz, weil er die Wege und ihre Gefahren kennt und sicher hindurchführt. Er wirkt das Gedeihen der Herden, verschafft die Geneigtheit der Kulturlandbesitzer beim jährlichen Weidewechsel oder verleiht dem schwachen Nomaden die vor dem Starken rettende List. Er wird ihm schließlich zum eigenen Landbesitz verhelfen und seine Nachkommen zahlreich machen. Die Redewendung, daß die Gottheit „mit" dem Menschen ist oder sein will, drückt dies alles am besten aus.

d) Der Kultus der frühisraelitischen Sippenreligion war wohl recht einfach. Wahrscheinlich hat es Tieropfer gegeben, die gewöhnlich die Oberhäupter der Sippen darbrachten. So dürfte das Passa-Opfer ursprünglich zu Beginn der im Frühjahr erfolgenden Wanderung aus

[46] Nach A. Caquot, L'alliance avec Abram (Genèse 15), Semitica 12 (1962), 51–66, handelt es sich nur um einen Midrasch nach Art von Gen 14, der David und seine Dynastie unter Rückprojizierung des Erbkönigtums in die Patriarchenzeit verherrlichen soll. – Vgl. ferner J. Henninger, Was bedeutet die rituelle Teilung eines Tieres in zwei Hälften?, Bibl 34 (1953), 344–353. – L. A. Snijders, Genesis XV, The Covenant with Abram, OTS XII, 1958, 261–279.

[47] Zum Ritus vgl. Jer 34,17 ff. und die Stele von Sfire I A 39 f. Der Ausdruck „eine berît schneiden" ist bereits in einem Text des 15. Jh. aus Qatna belegt, vgl. W. F. Albright in: BASOR 121 (1951), 21 f.

[48] L. Rost, Weidewechsel und altisraelitischer Festkalender, ZDPV 66 (1943), 205–216 (=Das kleine Credo und andere Studien zum Alten Testament, 1965, 101–112). Dagegen ist es unwahrscheinlich, daß die Begehung mit dem „Sündenbock" am Versöhnungstag (Lev 16) ursprünglich die Rückwanderung im Herbst eingeleitet hat, ebenso die Auffassung von A. Brock-Utne, Eine religionsgeschichtliche Studie zu dem ursprünglichen Passahopfer, ARW 31 (1934), 272–278, daß das Passa das Opfer der

der Steppe in das Kulturland stattgefunden haben[48]. Altäre hat man schwerlich benutzt; sie finden sich auch bei anderen semitischen Nomaden nicht und sind für die festen Heiligtümer des Kulturlandes bezeichnend. Dagegen ist es möglich, daß man wie in Palästina heilige Steine und heilige Bäume gekannt hat, die die Gottheit repräsentierten. Für diese Annahme spricht, daß die vorislamischen Beduinen Arabiens an ihren Kultplätzen aufgerichtete Steine hatten, die sie mit dem von der gleichen Wurzel wie Maṣṣebe abgeleiteten Wort *nuṣb* benannten, und heilige Bäume kannten.

Für den Bereich der Ethik läßt sich Lev 18,7 ff. heranziehen. Nach der Analyse von Elliger[49] hat ursprünglich ein Dekalog mit apodiktisch formulierten Bestimmungen vorgelegen, der v. 7–12. 14–16 und einen jetzt ausgefallenen Satz nach v. 9 umfaßt hat. Die Urform der Sätze lautete: *Die Blöße der* (Bezeichnung der Person) *decke nicht auf!* Der Kreis der genannten Personen weist auf die Lebensverhältnisse der Sippe hin, wie sie in der nomadischen Zeit bestanden hat. Sie sollte durch Lebens- und Verhaltensregeln, die sich auf die geschlechtliche Betätigung überhaupt und nicht auf die Ehe bezogen, geschützt und umhegt werden. So ist mit einem Sippenethos zu rechnen, das der Erhaltung der eigenen Lebensform diente und sich in seinen Bestimmungen darum in persönlicher Anrede an die Mitglieder der Sippe wandte.

e) Für die Struktur der frühisraelitischen Sippenreligion ist einmal das personale Element bestimmend, wie es sich vor allem bei der Entstehung und Konstituierung dieser Religion, aber auch in der Ethik zeigt. Hinzu tritt das Element der Wechselbeziehung zwischen Gottheit und Mensch, wie das Nacheinander von Offenbarung der Gottheit – Entscheidung und Wahl des Menschen – Verheißung und Verpflichtung der Gottheit – Kultus des Menschen deutlich macht. Diese Struktur ist für die Jahwereligion gleichfalls grundlegend geworden.

---

palästinischen Bevölkerung beim Aufbruch aus den Winterquartieren in Dorf oder Stadt war. – Zu der Auffassung von J. Pedersen, Passahfest und Passahlegende, ZAW 52 (1934), 161–175, mit ihren weitreichenden Folgerungen vgl. G. Fohrer, Überlieferung und Geschichte des Exodus, 1964, 89–96. – J. B. Segal, The Hebrew Passover from the Earliest Times to A. D. 70, 1963.

[49] K. Elliger, Das Gesetz Leviticus 18, ZAW 67 (1955), 1–25 (= Kleine Schriften zum Alten Testament, 1966, 232–259). – Ders., Leviticus, 1966, 229 ff.

5. Die religionsgeschichtliche Stellung der Patriarchen

In der vorhergehenden Darstellung sind die Patriarchen, die frühisraelitischen Sippengründer oder -führer, als Offenbarungsempfänger
und Kultstifter gekennzeichnet worden. Vielleicht darf man noch einen
Schritt weitergehen und sie den inspirierten Führern zurechnen. In
der ungeteilten, nichtspezialisierten Nomadenkultur sind die Funktionen des Sippenführers, des Priesters, des Sehers, auch des Zauberers
nicht so scharf getrennt wie in den Kulturen der seßhaften Völker,
sondern fallen meist in einer Gestalt zusammen, die als inspiriert gilt;
so verhält es sich etwa beim arabischen *kāhin*. Wenn dieser auf Grund
von Träumen und Ahnungen seherische Worte spricht, so erinnern
gerade die Träume an die der Patriarchenüberlieferungen und die
seherischen Worte an die Verheißungen von Landbesitz und Nachkommenschaft, wie auch die vielfach erzählten Gotteserscheinungen
vor den Patriarchen mit einer leichten Ekstase wie beim *kāhin* zusammenhängen können. Auch priesterliche Aufgaben kann der *kāhin*
ausüben, wie sie die Kultstiftung für die Patriarchen mit sich brachte.
Schließlich kann sich der *kāhin* infolge seiner Autorität zum Sippen-
oder Stammesführer emporschwingen, also zu einer Stellung, wie sie
für die Patriarchen anzunehmen ist. Wie der *kāhin* entsprechen demnach die Patriarchen dem Typ der inspirierten Führer, die noch im
späteren Israel in spezialisierter Form immer wieder auftreten.

§ 3 Die kanaanäische Religion

J. Aistleitner, Die mythologischen und kultischen Texte aus Ras Schamra,
1964[2]. – W. F. Albright, Syrien, Phönizien und Palästina, in: Historia
Mundi, II 1953, 331–376. – Ders., The Role of the Canaanites in the His-
tory of Civilization, in: Albright-Festschrift, 1961, 328–362. – F. Baethgen,
Beiträge zur semitischen Religionsgeschichte, 1888. – W. W. Graf Baudissin,
Studien zur semitischen Religionsgeschichte, I–II 1876/78. – H. Bauer, Die
Gottheiten von Ras Schamra, ZAW 51 (1933), 81–101; 53 (1935), 54–59. –
W. Baumgartner, Ugaritische Probleme und ihre Tragweite für das Alte
Testament, ThR NF 3 (1947), 81–100. – G. Contenau, La Phénicie, in: E.
Drioton etc., Les religions de l'Orient ancien, 1957, 65–70. – St. A. Cook,
The Religion of Ancient Palestine in the Light of Archaeology, 1930. –
S. I. Curtiss, Ursemitische Religion im Volksleben des heutigen Orients,
1903. – M. Dahood, Ugaritic Studies and the Bible, Gregorianum 43 (1962),
55–79. – G. R. Driver, Canaanite Myths and Legends, 1956. – R. Dussaud,
Les découvertes de Ras Shamra (Ugarit) et l'Ancien Testament, 1941[2]. –
Ders., Les origines cananéennes du sacrifice israélite, 1941. – O. Eißfeldt,

Kanaanäisch-ugaritische Religion, HdO I, 8, 1, 1964, 76–91. – I. Engnell, Studies in Divine Kingship in the Ancient Near East, 1967². – G. Fohrer, Die wiederentdeckte kanaanäische Religion, ThLZ 78 (1953), 193–200. – Th. H. Gaster, Thespis, Ritual, Myth and Drama in the Ancient Near East, 1950. – C. H. Gordon, Ugaritic Literature, 1949. – UT. – J. Gray, The Legacy of Canaan, 1965². – A. Haldar, The Notion of the Desert in Sumero-Accadian and West-Semitic Religions, 1950. – A. Herdner, Corpus des tablettes en cunéiformes alphabétiques découvertes à Ras Shamra-Ugarit de 1929 à 1939, 1963. – F. F. Hvidberg, Weeping and Laughter in the Old Testament, 1962. – E. Jacob, Ras Shamra-Ugarit et l'Ancien Testament, 1960. – A. Jirku, Kanaanäische Mythen und Epen aus Ras Schamra-Ugarit, 1962. – Ders., Der Mythus der Kanaanäer, 1966. – A. S. Kapelrud, Temple Building, a Task for Gods and Kings, Or 32 (1963), 56–62. – Ders., The Ras Shamra Discoveries and the Old Testament, 1965. – M. J. Lagrange, Études sur les religions sémitiques, 1905². – R. de Langhe, Les textes de Ras Shamra-Ugarit et leurs rapports avec le milieu biblique de l'Ancien Testament, 1945. – M. Matthiae, Ars Syra, 1962. – S. Moscati, Die Phöniker, 1966. – M. J. Mulder, Kanaänitische goden in het Oude Testament, 1965. – D. Nielsen, Die altsemitische Muttergöttin, ZDMG 92 (1938), 504–551. – J. H. Patton, Canaanite Parallels in the Book of Psalms, 1944. – E. Pilz, Die weiblichen Gottheiten Kanaans, ZDPV 47 (1924), 129–168. – M. H. Pope – W. Röllig, Syrien, Die Mythologie der Ugariter und Phönizier, in: H. W. Haussig (hrsg.), Wörterbuch der Mythologie, 1. Abt. I 1965, 217–312. – J. B. Pritchard, Ancient Near Eastern Texts relating to the Old Testament (H. L. Ginsberg), 1955². – Cl. F.-A. Schaeffer (hrsg.), Le Palais Royal d'Ugarit, I–V 1955–1965. – Ders. (hrsg.), Ugaritica, I–IV 1939–1962. – W. H. Schmidt, Königtum Gottes in Ugarit und Israel, 1966². – A. van Selms, Marriage and Family Life in Ugaritic Literature, 1954. – W. Robertson Smith, Die Religion der Semiten, 1899. – R. C. Thompson, Semitic Magic, 1908. – A. Vanel, L'iconographie du dieu de l'orage dans le Proche-Orient ancien jusqu'au VIIᵉ siècle avant J.-C., 1965.

1. Ugarit und die kanaanäische Religion

Über die kanaanäische Religion[1] war bis vor einigen Jahrzehnten nur weniges bekannt, das zudem meist aus zweiter Hand stammt. Einiges ergab sich aus Äußerungen des AT, die eher polemisch als geschichtlich zuverlässig sind, aus den ägyptischen Ächtungstexten, den Amarnabriefen und späten phönizischen Inschriften. Weiteres ließ sich einigen griechischen oder griechisch schreibenden Schriftstellern entnehmen, von denen in erster Linie der phönizische Gelehrte Philo Byblius (aus Byblos, etwa 64–141 n. Chr.) zu nennen ist, aus dessen *Phönizischer Geschichte* (Φοινικικὴ ἱστορία oder

---

[1] BHH II 926–930. – RGG III 1106–1115; V 360–362. – IDB I 494–498; III 800–804.

Φοινικικά) Eusebius umfangreiche Stücke in seine *Praeparatio evangelica* aufgenommen hat[2]. Nach Philos Angabe stellt sein Werk die Übersetzung eines vor dem Trojanischen Krieg, d. h. im 13. oder 14. Jh. v. Chr., von Sanchunjaton verfaßten Originals dar. Dieser Sanchunjaton wird noch mehrfach erwähnt und war nach der ebenfalls von Eusebius überlieferten Notiz des Porphyrius ein Berutier, nach anderen Angaben ein Tyrier oder Sidonier. Entgegen der häufigen Anzweiflung der Richtigkeit dieser Mitteilungen kann es auf Grund der neueren Ausgrabungsergebnisse als gesichert gelten, daß er tatsächlich um oder nach der Mitte des 2. Jt. v. Chr. phönizische Schriften verfaßt hat[3]. Philo hat diese dann „übersetzt", d. h. verarbeitet, manches anderen Quellen entnommen oder aus Eigenem hinzugefügt; so beruhen Teile seines Werkes auf alten und zuverlässigen Überlieferungen.

Gewisse Grundzüge der kanaanäischen Religion ließen sich einer neuen vergleichenden Betrachtung der besser bekannten semitischen Religionen entnehmen, die jedoch noch aussteht[4]. Als ihnen gemeinsame Elemente lassen sich feststellen[5]: a) der Glaube an eine meist nicht zu große Zahl von machtvollen, menschengestaltigen Göttern, deren Handeln von ihrem persönlichen Willen und nicht von einer Idee bestimmt ist; b) astrale Götter (Sonne, Mond, Venus) als Hauptgötter, dazu wenigstens teilweise der Wettergott, der vielleicht nicht altsemitisch ist, wie auch die mögliche Annahme eines Hochgottes El über den anderen Göttern noch geklärt werden muß; c) die volle Abhängigkeit des Menschen von den Göttern, seine Sündhaftigkeit und sein Angewiesensein auf das göttliche Erbarmen; d) der Gedanke der göttlichen Gerechtigkeit und das Problem der Theodizee (wenigstens in Babylonien); e) das Fehlen der Mystik wegen des semitischen Realismus und der für unüberschreitbar gehaltenen

---

[2] C. Clemen, Die Phönikische Religion nach Philo von Byblos, 1939. – O. Eißfeldt, Art und Aufbau der phönizischen Geschichte des Philo von Byblos, Syria 33 (1956), 88–98 (= Kleine Schriften, III 1966, 398–406).

[3] O. Eißfeldt, Ras Schamra und Sanchunjaton, 1939 (vgl. FF 14, 1938, 251 f., und ThBl 17, 1938, 185–197 = Kleine Schriften, II 1963, 127–144). – Ders., Taautos und Sanchunjaton, 1952. – Ders., Sanchunjaton von Berut und Ilumilku von Ugarit, 1952. – F. Løkkegaard, Some Comments on the Sanchuniaton Tradition, StTh 8 (1955), 51–76.

[4] Vgl. einstweilen O. Eißfeldt, Götternamen und Gottesvorstellung bei den Semiten, ZDMG 83 (1929), 21–36 (= Kleine Schriften, I 1962, 194–205). – S. Moscati (hrsg.), Le antiche divinità semitiche, 1958.

[5] RGG V 1690–1693.

Grenze zwischen Gott und Mensch; f) ursprünglich anscheinend das Fehlen von Göttermythen, da die babylonische Mythologie überwiegend in der sumerischen und die phönizisch-ugaritische stark in der churritischen wurzelt.

Einige Einblicke haben die Ausgrabungen in Palästina ermöglicht. Sie brachten ägyptische Darstellungen von kanaanäischen Gottheiten zutage, die als solche durch die Kopfbedeckung oder den Namen gekennzeichnet sind[6], dazu die auf einem Löwen stehende und Schlangen in den Händen haltende Göttin Qadesch[7]. Ist bei diesen Darstellungen der ägyptische Einfluß unverkennbar, so sind daneben einheimische vergoldete oder versilberte Bronzefiguren aus mehreren Jahrhunderten der vorisraelitischen Zeit an verschiedenen Stätten gefunden worden[8].

Von besonderer Bedeutung für die Kenntnis und das Verständnis der kanaanäischen Religion ist die seit 1929 in Gang befindliche Ausgrabung der phönizischen Stadt Ugarit (auf dem *rās eš-šamra*, dem *Fenchelhügel*)[9], eines Stadtstaates und Hafens an der nordsyrischen Küste, dessen Blütezeit in die zweite Hälfte des 2. Jt. v. Chr. fällt und der um 1200 v. Chr. dem Vordringen der sog. Seevölker erlegen ist. Die dort gefundenen Urkunden und Texte, vor allem keilalphabetische und akkadische, geben neue Erkenntnisse in staatlichen, sozialen, wirtschaftlichen und künstlerischen, sodann in sprach- und schriftgeschichtlichen Fragen. Außer Urkunden aus dem profanen Leben sind religionsgeschichtliche Funde von dreierlei Art anzuführen: a) archäologische Denkmäler: Reste von Tempeln, Altäre, Kultgeräte, Darstellungen von Gottheiten aus Stein, Metall und Elfenbein, Grabanlagen mit Beigaben und Vorrichtungen für gewisse Riten; b) Dokumente des praktischen kultischen Lebens: Götter- und Opferlisten, rituelle Vorschriften, Gebete; c) als erste Reste der kanaanäischen religiösen Literatur poetisch-

---

[6] Vgl. z. B. P. Matthiae, Note sul deo siriano Rešef, Oriens Antiquus 2 (1963), 27–43.

[7] ANEP 473. 474. 476. 487.

[8] Vgl. W. F. Albright, Die Religion Israels im Lichte der archäologischen Ausgrabungen, 1956, 56 f. – The Fifth Campaign at Balâṭah (Shechem): E. F. Campbell, Jr., Field VII, BASOR 180 (1965), 24 f. – ANEP 466.

[9] BHH III 2044–2046. – RGG VI 1100–1106. – IDB IV 724–732. – Cl. F.-A. Schaeffer, Les fouilles de Ras Shamra – Ugarit, I. Campagne, und Fortsetzung in: Syria 10 (1929) usw. Die Texte werden im folgenden nach der Ausgabe von C. H. Gordon in UT zitiert.

epische Texte mit mythischem oder sagen- bzw. legendenhaftem Inhalt. So sprechen nunmehr anscheinend die Kanaanäer einer bestimmten Zeit und Gegend durch ihre Hinterlassenschaft selber zu uns.

Jedoch sind einige Einschränkungen zu machen. Einmal handelt es sich um religiöse Denkmäler, Dokumente und Texte aus einem Stadtstaat des 14./13. Jh., die zunächst nur ein örtlich und zeitlich begrenztes Bild liefern können, so daß man mit Rückschlüssen auf die kanaanäische Religion anderer Orte und Zeiten vorsichtig sein muß. Ferner war die Bevölkerung bunt gemischt: Neben einer vorwiegend in den abhängigen Landorten ansässigen kanaanäischen Grundbevölkerung lebte besonders in der Stadt Ugarit eine starke, vielleicht sogar die Mehrheit bildende nichtsemitische Bevölkerung (vor allem churritische, sodann kleinasiatische, kassitische u. a. Elemente)[10], so daß es – abgesehen von allgemeinen mesopotamischen Einflüssen – gewiß manchmal zu einem kanaanäisch-churritischen Synkretismus und zu einer starken Beeinflussung durch churritische Mythen gekommen ist[11]. Des weiteren sind die westlich-mittelmeerischen Einflüsse zu nennen, die wie auf das ganze syrisch-palästinische Küstengebiet auch auf die ugaritische Kultur und Religion eingewirkt haben, ohne freilich schöpferisch zu wirken oder die kanaanäische Eigenart brechen zu können[12]. Schließlich handelt es

---

[10] M. Noth, Die syrisch-palästinische Bevölkerung des zweiten Jahrtausends v. Chr. im Lichte neuer Quellen, ZDPV 65 (1942), 9–67. – Ders., Die Herrenschicht von Ugarit im 15./14. Jh. v. Chr., ebd. 144–164. – van Selms.

[11] So liegt dem mythischen Epos von der Heirat des Mondgottes Jerach mit der Nikkal wahrscheinlich ein churritischer Stoff zugrunde. Der Text 1 führt außer kanaanäischen Gottheiten und dem durch churritische Vermittlung übernommenen kassitischen Götterpaar Schukamnu und Schumalia (*ṯkmn wšnm*) die churritische Göttin Ischchara (*ušḥry*) an (1,13), Text 4,6–8 setzt den churritischen Gott Kumarbi dem El gleich. – O. Eißfeldt, Mesopotamische Elemente in den alphabetischen Texten von Ugarit, Syria 39 (1962), 36–41. – J. Nougayrol, L'influence babylonienne à Ugarit d'après les textes en cunéiformes classiques, ebd. 28–35.

[12] Vgl. C. H. Gordon, Before the Bible, 1962. – H. Haag, Homer und das Alte Testament, Tübinger ThQ 141 (1961), 1–24. – Ders., Der gegenwärtige Stand der Erforschung der Beziehungen zwischen Homer und dem Alten Testament, JEOL 6, Nr. 19 (1965/66) (erschienen 1967), 508–518. – J. Hempel, Westliche Kultureinflüsse auf das älteste Palästina, PJB 23 (1927), 52–92. – R. H. Pfeiffer, Hebrews and Greeks before Alexander, JBL 56 (1937), 91–101. Dagegen hat umgekehrt die kanaa-

sich in den Mythen um Dichtungen, die als solche die herrschenden religiösen Vorstellungen und Bräuche als Stoff verwenden. Es fragt sich, wie weit sie trotz der inneren Bindungen an die Tradition frei und selbständig gegenüber der ausgeübten Religion sind, wie weit deren unmittelbarer Niederschlag oder wie weit gar Fixierung von nicht mehr lebendigem religiösen Gut.

Ungeachtet dieser Einschränkungen lassen die ugaritischen Texte einige Rückschlüsse auf die kanaanäische Religion zu, auf die die Israeliten in Palästina stießen, von der sie beeinflußt wurden und mit der sie sich auseinandersetzen mußten, wenn auch die verschiedenen landschaftlichen und lokalen Ausprägungen der kanaanäischen Religion in stärkerem Maße voneinander abgewichen sind, als man unter dem Eindruck der Funde in Ugarit meist annimmt, und die ugaritische Ausprägung sicher nicht einfach mit den im AT bezeugten Formen der kanaanäischen Religion gleichgesetzt werden darf. Diese kanaanäische Religion ist das zweite vorgegebene religiöse Element, das für die Geschichte der israelitischen Religion zu berücksichtigen ist.

Sie weist zwar Berührungspunkte und Ähnlichkeiten mit anderen orientalischen Religionen bis nach Indien[13] auf, ohne daß aber deswegen ein den ganzen Alten Orient umfassendes kultisches Schema anzunehmen ist, in das sie sich eingegliedert hätte. Gegen diese Annahme spricht außer anderen Gründen die sich immer deutlicher abzeichnende Offenheit des Alten Orients zum mittelmeerisch-kleinasiatischen, kaukasisch-armenischen und indischen Raum[14]. Vielmehr hat die kanaanäische Religion durchaus ihr eigenes Gepräge, das sie von anderen Religionen unterscheidet. Sie ist eine Volksreligion mit einem in Stadtstaaten gegliederten Kulturvolk als Träger und Geltungsbereich. Ein allgemeiner Heilszustand ist vorgegeben, der zugunsten des Ganzen erhalten und immer wieder hergestellt werden muß. Inhaltlich ist sie eine Religion des sich erneuernden Lebens und

---

näische Kultur und Religion einen starken Einfluß auf das frühe Griechentum ausgeübt: Gemeinsamkeiten des kanaanäischen Pantheons mit dem homerischen Olymp, teilweise Abhängigkeit der Theogonie (Hesiod) und Kosmogonie von der kanaanäischen Mythologie, anthropomorphisierende Götterdichtung Ugarits als Vorbereitung der griechischen Religionsphilosophie. Übertrieben ist freilich M. C. Astour, Hellenosemitica, 1965.

[13] Pope in: Wörterbuch der Mythologie, 239.

[14] Vgl. ferner S-F § 2,2.

der Fruchtbarkeit, die wie alle ähnlich bestimmten Religionen sinnlich, orgiastisch und grausam ist.

2. Kanaanäische Götter

Die früheren Vorstellungen über die kanaanäische Götterwelt sind auf Grund der ugaritischen Texte weithin zu berichtigen. Diese Texte kennen keine heiligen Steine, Bäume und Quellen; deren Erwähnungen im AT können nur auf Reste alter Lokalkulte hinweisen. Man kann ebensowenig einen primitiven Polydämonismus oder zahlreiche kleine Lokalgötter annehmen. Gewiß hat man an Dämonen geglaubt und finden sich einzelne lokale Gottheiten. Doch über ihnen steht eine Schar von Hochgöttern, ein Pantheon in der Art des babylonischen oder griechischen, das in einem gut organisierten Tempelkult verehrt wird. Seine führenden Gestalten sind die aus dem AT bekannten Götter El und Baal; die mannigfachen Epitheta, die sie dort führen (z. B. El Olam, Baal-Hermon), kennzeichnen sie nicht als verschiedene Lokalgottheiten, sondern sind als Ausdruck lokaler Prägungen der Götter oder als geographische Bezeichnungen ihrer Wohnsitze bzw. Kultorte zu verstehen.

a) El[15] nimmt die bedeutsamste Stellung ein, obwohl er manchmal ein bereits ein wenig in den Hintergrund gedrängter *deus otiosus* zu sein scheint. Als König steht er an der Spitze der Götter und ist das Oberhaupt der Götterversammlung, des *Kreises* (oder: der *Gesamtheit*) *(der Söhne) Els*. Er gilt als *Vater der Götter, Vater der Menschheit* und *Schöpfer der Geschöpfe*, also als Schöpfer und Vater der Götter und Menschen, nach anderen westsemitischen Inschriften auch als *Schöpfer der Erde*. Veranschaulichen der Titel *König* und die Bezeichnung *Stier El* seine Herrschaft und Kraft, so ist er ferner der ewig Weise, *der Heilige* und *der Freundliche, El, der mit Gemüt*. Sein Wohnsitz, zu dem sich die Götter begeben, wenn sie um Rat fragen wollen, liegt *an der Quelle der* (beiden) *Ströme, inmitten der Flußbetten der* (beiden) *Abgründe* (Text 49, I, 5 f.). Damit ist wohl nicht das unterirdische oder Grundwasser gemeint (Pope), sondern das Ende der Erde, wo die Wasser der Ober- und Unterwelt zusammen-

---

[15] BHH I 386–389. – RGG II 413 f. – O. Eißfeldt, El im ugaritischen Pantheon, 1951. – F. Løkkegaard, A Plea for El, the Bull, and other Ugaritic Miscellanies, in: Pedersen-Festschrift, 1953, 219–235. – M. H. Pope, El in the Ugaritic Texts, 1955.

stoßen und wo man sich im Alten Orient in mythischer Ferne den Weltenberg dachte.

Aschera[16] ist die Gemahlin Els. Sie nimmt an seiner hohen Stellung teil, wird als *Schöpferin der Götter* verehrt, vermag wirksame Fürsprache für andere bei El einzulegen, z. B. auf Bitten der Anat für Baal, als dessen Gegnerin sie freilich auch auftritt. Sie erscheint eher als Matrone, die das Alter für Empfangen und Gebären überschritten hat, denn als lebens- und liebeskräftige Frau (Eißfeldt). Doch schließt dies bei der oft anzutreffenden Polarität im Wesen der kanaanäischen Gottheiten nicht aus, daß sie ebenso als gebärend und säugend vorgestellt werden konnte.

Baal[17] nimmt, da El praktisch stark zurücktritt, eine dominierende Stellung ein. Das Wort ist sowohl eine Gattungsbezeichnung mit der Bedeutung *Herr, Besitzer, Eheherr* als auch der Name des Gottes, der mit dem Sturm-, Regen- und Fruchtbarkeitsgott Hadad zu identifizieren ist[18]; daher heißt er oft der *Wolkenfahrer*. Das Attribut *Alijan* kennzeichnet ihn als den *Starken, Übermächtigen, Herrscher*. Seine Macht erweist auch der Titel *Fürst Baal* oder in erweiterter Form

---

[16] BHH I 136 f. – RGG I 637 f. – IDB I 250 f.

[17] BHH I 173–175. – RGG I 805 f. – IDB I 328 f. – W. F. Albright, Baal-Zephon, in: Bertholet-Festschrift, 1950, 1–14. – R. Dussaud, Le mythe de Baʻal et d'Aliyan d'après des documents nouveaux, RHR 111 (1935), 5–65. – O. Eißfeldt, Baal Zaphon, Zeus Kasios und der Durchzug der Israeliten durchs Meer, 1932. – A. S. Kapelrud, Baal in the Ras Shamra Texts, 1952. Vgl. als andere Ausprägungen der Gestalt Baals bei Pope-Röllig 270–273: Baal-Addir, Baal-Biqʻah, Baal-Chammon, Baal-Karmelos, Baal-Marqod, Baal-Qarnaim, Baal-Schamem. Zum letzteren vgl. O. Eißfeldt, Baʻalšamēm und Jahwe, ZAW 57 (1939), 1–31 (= Kleine Schriften, II 1963, 171–198). Das AT nennt mit einem Bestimmungswort, das oft eine Ortschaft oder einen geographischen Punkt bezeichnet: Baal-Berit Jdc 8,33; 9,4, Baal-Gad Jos 11,17; 12,7; 13,5, Baal-Hamon Cant 8,11, Baal-Zebub (= Zebul) II Reg 1,2 f.6.16, Baal-Chasor II Sam 13,23, Baal-Hermon Jdc 3,3; I Chr 5,23, Baal-Meon Num 32,38; Jos 13,17; Ez 25,9; I Chr 5,8, Baal-Peraṣim II Sam 5,20; I Chr 14,11 Baal-Ṣephon Ex 14,2. 9; Num 33,7, Baal-Schalischa II Reg 4,42, Baal-Tamar Jdc 20,33, außerdem Baalat-Beer Jos 19,18 und wahrscheinlich Baalat-Juda II Sam 6,2. Vgl. auch R. Hillmann, Wasser und Berg, Kosmische Verbindungslinien zwischen dem kanaanäischen Wettergott und Jahwe, Diss. Halle 1965.

[18] Gleichgesetzt in Text 76, II 4 f. 32 f.; III 8 f. u. ö. Das schließt nicht aus, daß dies erst sekundär geschehen ist und es sich ursprünglich um zwei verschiedene Götter gehandelt hat (Kapelrud). – H. Klengel, Der Wettergott von Ḫalab, JCSt 19 (1965), 87–93. – BHH II 620. – RGG III 7 f.

Fürst, Herr der Erde[19]. Obwohl El als Vater Baals bezeichnet wird (Text 51, V, 90), gilt Baal ebenfalls als *Sohn Dagans*, des Korngottes (Text 49, I, 24). Solche Unstimmigkeiten weisen auf das allmähliche Entstehen des Pantheons hin. Der Wohnsitz Baals ist der wenig nördlich von Ugarit gelegene Berg Ṣaphon. Auch Baal ist König; doch ist genauer zu sagen: Er muß sein Königtum erringen, durch den Bau eines Tempelpalastes sichern und gegen Feinde verteidigen, verliert es aber dennoch, um schließlich als König neu zu erstehen (Schmidt). Anders als El ist er nicht Schöpfer, sondern Erhalter der Schöpfung, Geber aller Fruchtbarkeit und Repräsentant der Vegetation. Wenn er in die Hände des Todesgottes fällt, siecht die Natur dahin und hört alles Wachstum auf, bis der Ruf *Alijan Baal lebt, der Fürst, Herr der Erde, ist da* sein und der Natur Wiedererstehen ankündigt. Freilich ist wie vieles andere in der Religion Ugarits unklar, ob dies jährlich, in Perioden von sieben Jahren oder in unregelmäßigen Abständen geschieht.

Anat[20] ist die Schwester und Gemahlin Baals. Daß sie als *Jungfrau Anat* bezeichnet wird, soll ihre Jugendfrische und unerschöpfliche Lebens-, Liebes- und Empfängniskraft ausdrücken. Die eine Seite ihrer Art ist also eine höchst gesteigerte Sexualität, die andere ihre Kampfeslust und ihr Blutdurst. Letztere enthüllt eine Schilderung ihres Wütens und Mordens, wobei sie bis zu den Knien, ja bis zum Halse im Blut watet, über Menschenschädel geht, während Menschenhände wie Heuschrecken um sie fliegen, bis sie schließlich ihre Hände im geronnenen Blut wäscht, bevor sie zu neuen Taten oder Untaten schreitet (*'nt* II).

Jam ist der eine Gegner Baals. Die volle Form seines Namens *Fürst Meer, Herrscher Strom* zeigt, daß das Meer sein Herrschaftsgebiet ist, da „Strom" wohl im Sinne von „Meeresströmung" zu verstehen ist. So macht er Baal das Königtum streitig, indem er mit den verbündeten oder mit ihm zu identifizierenden Meeresdrachen *Leviatan, Tannin* und der *gewundenen Schlange* in der Kraft des

---

[19] Aus diesem Titel *zbl bʻl ʼarṣ* ist I Reg 2,1 ff. der Name des Gottes von Ekron aus Baal-Zebul absichtlich zu Baal-Zebub „Herr der Fliegen" entstellt worden.

[20] BHH I 91 f. – RGG I 356. – J. Aistleitner, Die Anat-Texte aus Ras Schamra, ZAW 57 (1939), 193–211. – U. Cassuto, Die Göttin Anat, 1953 (neuhebr.). – H. Cazelles, L'hymne ugaritique à Anat, Syria 33 (1956), 49–57.

Meeres die Vegetation des Festlandes angreift, jedoch geschlagen wird.

Mot, der *Tod*, dessen Bereich das Reifen und Sterben, die Dürre und Wüste, der Tod und die Unterwelt bilden, ist der andere und schlimmste Gegner Baals, dem dieser tatsächlich für eine begrenzte Zeit unterliegt, so daß die Natur dahinsiecht.

Aschtar[21] ist in Ugarit ebenfalls verehrt worden, wenn auch die Texte nur wenig von ihm sagen: Nachdem Baal dem Mot erlegen ist, soll er Baals Nachfolger werden, ist aber seiner Aufgabe nicht gewachsen und muß zurücktreten. Soll dies vielleicht darauf hindeuten, daß er die künstliche Bewässerung repräsentiert, so scheint er daneben wie der gleichnamige südarabische Gott mit dem Venusstern in Verbindung zu stehen. Daß man ihm Menschenopfer dargebracht hat[22], ergibt sich aus der moabitischen Mescha-Inschrift, wo in Z. 17 an Stelle des sonstigen Kamosch vom Gott Aschtar-Kamosch die Rede ist[23]. Entweder ist Kamosch (in Ugarit: UT, Glossary 1263 a) eine Erscheinungsform von Aschtar, oder beide konnten ohne weiteres gleichgesetzt werden. Anscheinend haben die Ammoniter denselben Gott verehrt, da dessen Bezeichnung Milkom (auch Text 17,11; 124,17) kein Eigenname, sondern der Titel *mlk* mit dem Suffix *m* (in südarabischen Dialekten der bestimmte Artikel) ist und Jdc 11,24 für das Gebiet zwischen Arnon und Jabbok, also auch für Ammon, die Verehrung des Kamosch voraussetzt. Dann ergibt sich die Gleichsetzung Aschtar-Kamosch-Mlkm. Das ist für die Frage nach der Bedeutung des atl. Ausdrucks *molæk* wichtig (vgl. c).

Astarte[24] entspricht der babylonischen Göttin Ischtar und wird in den kultisch-liturgischen Texten von Ugarit ziemlich oft erwähnt. Sie ist eine ausgeprägte Fruchtbarkeitsgöttin mit sexuell bestimmtem Kult, während der kriegerische und astrale Aspekt der Ischtar zu-

---

[21] A. Caquot, Le dieu 'Athtar et les textes de Ras Shamra, Syria 35 (1958), 45–60. – J. Gray, The Desert God 'Attr in the Literature and Religion of Canaan, JNES 8 (1949), 72–83.

[22] Eine Episode im *Leben des St. Nilus* am Sinai (vgl. J. P. Migne, Patrologia Graeca, 79 1865, 612. 681. 684) wird als Beleg dafür freilich fälschlich angeführt. Die Erzählung ist romanhaft ohne geschichtlichen Hintergrund, und die Schilderung der Opferung eines Kamels widerspricht dem, was über die altarabischen Riten bekannt ist. Vgl. J. Henninger, Ist der sogenannte Nilus-Bericht eine brauchbare religionsgeschichtliche Quelle?, Anthropos 80 (1955), 81–148.

[23] Vgl. KAI Nr. 181.

[24] BHH I 142 f. – RGG I 661.

rücktreten. Von den zahlreichen bildlichen Darstellungen weiblicher Gottheiten mit betonten Geschlechtsmerkmalen soll wenigstens ein Teil die Astarte symbolisieren. Daß sie auch als Stadtgöttin erscheint[25], zeigt ihre große Bedeutung für die kanaanäische Religion. Dagan[26] wurde vom 3. Jt. an in Mesopotamien (Mari) und Syrien verehrt. Wenigstens in Syrien galt er als Korngott und Spender der Fruchtbarkeit (vgl. Jdc 16,23; I Sam 5,2 ff.); auf einem phönizischen Siegel ist die Ähre sein Symbol. In Ugarit ist er eifrig verehrt worden, wie ein ihm geweihter Tempel neben demjenigen Baals, seine Erwähnung in kultisch-liturgischen Texten, zwei ihm geweihte Opferstelen (Text 69; 70) und die mit ihm gebildeten Personennamen zeigen. In Palästina war er ein Hauptgott des philistäischen Gebietes mit Tempeln unter anderem in Gaza (Jdc 16,23) und Asdod (I Sam 5,1 ff.).

Rescheph[27] ist vom 3. oder 2. Jt. an besonders im kanaanäischen Bereich, aber auch weit darüber hinaus in Kleinasien und Ägypten verehrt worden, ebenso in Ugarit, wie sein Vorkommen in kultisch-liturgischen Texten und in Personennamen erweist. In ihm verbinden sich eine zerstörerische Macht, ähnlich dem babylonischen Gott Nergal, und eine heilvolle Seite als Gott des Friedens und Gedeihens (Inschriften von Karatepe).

Astrale Gottheiten sind die Sonnengöttin *Herrin Schapasch*, die in Ugarit wie im alten Südarabien als Göttin und nicht wie sonst in den semitischen Religionen als Gott gilt, der Mondgott Jerach, der *Erleuchter des Himmels*, von dessen Heirat mit Nikkal erzählt wird (Text 77), und die Götter der Morgendämmerung und des Sonnenuntergangs Schachar und Schalim, *die lieblichen und schönen Götter*, von deren Geburt der Text 52 handelt und deren zweiter ein wichtiger Gott des kanaanäischen Jerusalem war (§ 11,2).

---

[25] So in Astarot (Gen 14,5 u. a.), Askalon oder Gat (I Sam 31,10) und Sidon (I Reg 11,5.33; II Reg 23,13).

[26] BHH I 311 f. – RGG II 18 f. – IDB I 756. – H. Schmökel, Der Gott Dagan, Diss. Heidelberg 1928.

[27] G. Fohrer, Das Buch Hiob, 1963, 148 f. – B. Grdseloff, Les débuts du culte de Rechef en Égypte, 1942. – J. Leibovitch, Quelques nouvelles représentations du dieu Rechef, Annales du Service des Antiquités de l'Égypte 39 (1939), 145–160. – F. Vattioni, Il dio Reseph, Annali dell' Istituto Universitario Orientale di Napoli NS 15 (1965), 39–74. – W. D. van Wijngaarden, Karakter en voorstellingswijze van den god Rejef, Oudheidk. Med. Rijksmuseum van Oudh. te Leiden NR 10,1 (1929), 28–42.

b) Außerdem ist eine ganze Reihe weiterer Gottheiten bekannt, die entweder weniger hervortreten oder eher lokale Bedeutung besitzen oder als Diener der großen Götter ohne merkliche kultische Verehrung auftreten. Man kann sich fragen, ob der kunstfertige Gott Koschar wa-Chassis *Geschickt-und-Gescheit,* der kultisch verehrt worden ist, noch zu den großen Göttern zu rechnen ist. Niedere Götter sind jedenfalls die *rpum* (Text 122,4,12; 123,5 f.; 124,8 f.)[28], die im Palast Els sieben Tage essen und trinken (Text 121, II, 4; 122, 1–4, 8–12; 123,23; 124,21–24); falls ihr Name mit dem Verb *heilen* zusammenhängt, haben sie als Heilgötter gegolten. Als Götterbotenpaare oder Götterboten (da Doppelnamen nur eine Gestalt bezeichnen können) werden Gepen wa-Ugar *Weinberg-und-Feld* als Diener Baals und Qadesch wa-Amrar *Heilig-und-Gesegnet* als Diener der Aschera erwähnt, ferner als niedere göttliche Wesen die Kascharat-Göttinnen, die bei freudigen Anlässen, die *Weinende (bkjt)* und *Klagende (mṡspdt),* die bei Unglücks- und Todesfällen auftreten, und die Heilfee *šʿtqt,* die Krankheiten zu bannen vermag.

Andere Götter mit mehr oder weniger großer Verbreitung, die teilweise in ugaritischen Texten genannt werden, sind Betel[29], Eschmun[30], Horon[31], Jw[32], Koschar, Melqart von Tyrus[33], Mikal[34],

---

[28] A. Caquot, Les Rephaim ougaritiques, Syria 37 (1960), 75–93. – A. Jirku, Rapaʾu, der Fürst der Rapaʾuma – Rephaim, ZAW 77 (1965), 82 f. In Israel wurden sie zu einer vorisraelitischen riesenhaften Bevölkerung Palästinas historisiert (Gen 14,5 u. ö.) und dann zu Totengeistern depotenziert (Jes 14,9 u. ö.).

[29] O. Eißfeldt, Der Gott Bethel, ARW 28 (1930), 1–30 (= Kleine Schriften, I 1962, 206–233). – J. Ph. Hyatt, The Deity Bethel and the Old Testament, JAOS 59 (1939), 81–98. – Anders R. Kittel, Der Gott Beth'el, JBL 24 (1925), 123–153. – Ders., Zum Gott Bet'el, ZAW 44 (1926), 170–172. Ursprünglich ist es wohl das vergöttlichte Heiligtum; vgl. für ein anderes Beispiel A. Alt, Ein neuer syrischer Gott, ZAW 50 (1932), 87–89: „Gott der Wohnung".

[30] W. F. Albright, The Syro-Mesopotamian God Šulman-Ešmun and Related Figures, AfO 7 (1931), 164–169.

[31] J. Gray, The Canaanite God Horon, JNES 8 (1949), 27–34.

[32] J. Gray, The God *Yw* in the Religion of Canaan, JNES 12 (1953), 278–283. In dem schwer beschädigten Text ʿnt pl. X, IV, 14 mit angezweifelter Lesung; keinesfalls mit Jahwe zu verbinden, dagegen vielleicht mit dem von Philo Byblius erwähnten 'Ιευώ von Byblos. Zu Jaʾu oder Jawi vgl. § 6,1.

[33] R. Dussaud, Melqart, Syria 25 (1946/48), 205–230. – H. Seyrig, Antiquités Syriennes, ebd. 24 (1944/45), 62–80. Melqart weist einige Ähnlichkeit mit dem ugaritischen Gott Mot auf.

Ṣedeq (in Jerusalem)[35], Ṣelach[36], Ṣid[37] und der Gott des Tabor[38]. In jüngerer Zeit sind dazu weitere Götter getreten. Mit verschieden großer Wahrscheinlichkeit werden außerdem andere Gottheiten angenommen, so Bezeq für die gleichnamige Stadt (*chirbet ibzīq*)[39], Gisch (Gilgamesch)[40], Kinaru/Kinneret[41] und andere mehr.

c) In manchen Fällen handelt es sich anscheinend um Titel, bei denen nicht sicher zu erkennen ist, welchen Gottheiten sie beigelegt wurden; dazu zählen Baalat[42] und Eljon[43]. Zu der gleichen Gruppe wird man die alttestamentliche Bezeichnung *molæk* (so Lev 18,21; 20,2–5; II Reg 23,10; Jer 32,35; LXX teilweise μολοχ, daher Moloch) ziehen müssen, die Eißfeldt auf Grund von lateinischen und punischen Inschriften aus Nordafrika als Ausdruck für das Kinderopfer und nicht als Gottesnamen deuten will, so daß die Opferung erstgeborener Kinder bis zur deuteronomischen Reform ein legitimer Bestandteil der Jahwereligion gewesen wäre[44]. Jedoch die Redewendung *dem molæk nachhuren* (Lev 20,5) paßt nicht zu einer Opfer-

[34] L. H. Vincent, Le baal cananéen de Beisan et sa parèdre, RB 37 (1928), 512–543.

[35] W. W. Graf Baudissin, Adonis und Esmun, 1911, 247 f. – R. Kittel, Geschichte des Volkes Israel, I 1923[5-6], 436. Vgl. die Jerusalemer Namen Adoniṣedeq, Malkiṣedeq, Ṣadoq; zu Ṣedeq und Schalim vgl. Ps 85,11, wo Schalim zu *šalôm* geworden ist.

[36] M. Tsevat, The Canaanite God Ṣälaḥ, VT 4 (1954), 41–49.

[37] Baudissin a. a. O. 260. 275. 278. – E. Meyer, Untersuchungen zur phönikischen Religion, ZAW 49 (1931), 8.

[38] O. Eißfeldt, Der Gott des Tabor und seine Verbreitung, ARW 31 (1934), 15–41 (= Kleine Schriften, II 1963, 29–54): der Baal-Tabor.

[39] H. W. Hertzberg, Adonibesek, in: Beiträge zur Traditionsgeschichte und Theologie des Alten Testaments, 1962, 28–35 (ursprünglich in: JPOS 6, 1926, 213–221).

[40] B. Maisler, Zur Götterwelt des alten Palästina, ZAW 50 (1932), 86 f.

[41] A. Jirku, Gab es eine palästinisch-syrische Gottheit Kinneret?, ZAW 72 (1960), 69. – Ders., Der kyprische Heros Kinyras und der syrische Gott Kinaru(m), FF 37 (1963), 211.

[42] BHH I 176. – RGG I 806.

[43] R. Lack, Les origines de 'Elyôn, le Très-Haut, dans la tradition cultuelle d'Israël, CBQ 24 (1962), 44–64. – R. Rendtorff, El, Ba'al und Jahwe, ZAW 78 (1966), 277–291.

[44] O. Eißfeldt, Molk als Opferbegriff im Punischen und Hebräischen und das Ende des Gottes Moloch, 1935. Er bezeichnet in: Neue keilalphabetische Texte aus Ras Schamra-Ugarit, 1965, 14, auch den ugaritischen Text 2004 als Liturgie des *mlk*-Opfers (*dbḥ mlk*); doch ist in der folgenden Zeile sogleich von *dbḥ ṣpn* die Rede, ohne daß damit eine Opferart gemeint ist.

art. So sind denn mit Recht mancherlei Einwände gegen diese Deutung erhoben worden[45], wenn sie den Ausdruck auch nicht als Gottesnamen erweisen können. Vielmehr dürfte es sich um den Titel *mælæk König* handeln, der wie andere fremdreligiöse Wörter nach *bošæt Schande* vokalisiert worden ist[46]; der damit bezeichnete Gott könnte Aschtar, dem Kinderopfer dargebracht worden sind (vgl. a), oder eine seiner lokalen Ausprägungen sein.

d) Für die Frage nach der Eigenart der kanaanäischen Götterwelt muß zunächst das Verhältnis zwischen El und Baal, den beiden wichtigsten Göttern, betrachtet werden. Beide gelten als Könige, jedoch mit einem wesentlichen Unterschied: El ist König, Baal wird König. Das Königtum Els ist zeitlos, unverändert, statisch; das Königtum Baals ist dynamisch, denn er erwirbt es, sichert es durch einen Tempelbau, verteidigt es gegen Feinde, verliert es und ersteht von neuem als König (Schmidt). Der Kampf Baals mit seinen Feinden um das Königtum entscheidet zugleich über das Geschick des Menschen, für den die Herrschaft Jams oder Mots den Tod, diejenige Baals, des Erhalters der Schöpfung, dagegen das Leben bedeutet. El und Baal leben anscheinend in einem friedlichen Nebeneinander und nehmen gleichzeitig eine königliche Stellung ein. Weder ist El monarchisch übergeordnet, noch hat Baal ihn aus seiner Herrschaft verdrängt. Ungeachtet dessen erklären sich ihr Nebeneinander und manche Ungereimtheiten oder Widersprüche in der Religion Ugarits am ehesten geschichtlich in der Weise, daß eine dem babylonischen und südarabischen Götterkreis entsprechende ältere Gruppe um El und Aschera sowie eine jüngere westsemitische Gruppe um Baal, Anat und Mot miteinander vereinigt worden sind (Baumgartner).

Auffällig ist das starke sexuelle Element nicht nur von Göttinnen, sondern auch von Göttern – El und erst recht Baal nicht ausgenommen. Viele Gottheiten weisen zwei weit auseinanderliegende Aspekte auf oder bilden sie gemeinsam mit einer anderen Gottheit. Ist El der Schöpfer und Baal der Erhalter der Schöpfung, so Mot der Zerstörer. Anat ist gleichzeitig diejenige, die Völker gebiert und Men-

---

[45] A. Bea, Kinderopfer für Moloch oder für Jahwe?, Bibl 18 (1937), 95 bis 107. – E. Dhorme, Le dieu Baal et le dieu Moloch dans la tradition biblique, AnSt 6 (1956), 57–61. – A. Jirku, Gab es im Alten Testament einen Gott Molek (Melek)?, ARW 35 (1938), 178 f. – M. J. Mulder, Kanaänitische goden in het Oude Testament, 1965, 57–64.

[46] Vgl. schon A. Geiger, Urschrift und Übersetzungen der Bibel, 1857, 299–308.

schen vernichtet. Ein ähnliches Verhältnis von Schöpfung und Zerstörung findet sich bei indischen Gottheiten (Schiva – Kali/Durga).
Doch während sich dort beides die Waage halten soll, setzt sich in
der kanaanäischen Religion die Erhaltung der Schöpfung durch,
während im Alten Testament Jahwe schließlich als Schöpfer geglaubt
wird, die Zerstörung aber nicht inner- oder zwischengöttlich bedingt
ist, sondern wegen der Sünde des Menschen erfolgt.

Daß Baal zeitweilig in die Gewalt Mots gerät und danach wieder-
ersteht, läßt sich ebenfalls als Doppelaspekt verstehen. Daher reiht
man Baal gern in die Reihe von sterbenden und wiederauflebenden
Göttern ein, die angeblich mit dem sumerischen Tammuz (Dumuzi)
beginnen soll. Freilich sind neuerdings so erhebliche Einwände gegen
die Deutung, daß Tammuz oder Marduk sterbende und wiederauflebende Götter seien, vorgebracht worden[47] – teilweise unter Heranziehung neuer Texte –, daß eine solche Annahme auch in bezug auf
Baal als fraglich bezeichnet werden muß, zumal die Auffassungen
über Aufbau und Sinn des dafür entscheidenden Baalmythus weit
auseinandergehen. Ist die Vorstellung von sterbenden und wiederauflebenden Göttern einstweilen erst für die nachchristliche Zeit
sicher belegt, so muß die Frage nach der Bedeutung der Überwälti-
gung Baals durch Mot und seines neuen Auftretens offenbleiben.
Vielleicht kann man Baal als dahinwelkenden und wiederauflebenden
Vegetationsgott bezeichnen.

3. Kanaanäische Mythen und Legenden

a) Der größte Mythenzyklus von Ugarit handelt von Baal. Allerdings sind die Texte fragmentarisch, teilweise schlecht erhalten und
in ihrer Reihenfolge ungewiß; anscheinend handelt es sich um einen
Komplex von mehreren Mythen. Daher gehen die Auffassungen
weit auseinander[48]. Nicht anders steht es mit den übrigen ugaritischen
Texten.

[47] O. R. Gurney, Tammuz Reconsidered, JSS 7 (1962), 147–160. – F. R.
Kraus, Zu Moortgat, „Tammuz“, WZKM 52 (1953/55), 36–80. – W. von
Soden, Gibt es ein Zeugnis dafür, daß die Babylonier an die Wieder-
auferstehung Marduks geglaubt haben?, ZA 51 NF 17 (1955), 130–166. –
L. Vanden Berghe, Réflexions critiques sur la nature de Dumuzi-
Tammuz, NC 6 (1954), 298–321. – E. M. Yamauchi, Tammuz and the
Bible, JBL 84 (1965), 283–290.
[48] U. Cassuto, Baal and Mot in the Ugaritic Texts, IEJ 12 (1962), 77–86. –
J. Gray, The Hunting of Baal, JNES 10 (1951), 146–155. – V. Jacobs -

Nach einer Episode des Mythenkomplexes sucht Jam sich nach dem Bau eines Palastes zum Oberherrn der Götter zu machen und fordert von ihnen die Auslieferung Baals, der sich dem widersetzt. Er flößt den zum Nachgeben bereiten Göttern wieder Mut ein, nur El will ihn ausliefern. Da übergibt Koschar wa-Chassis ihm mit einer Verheißung des Sieges zwei magische Keulen, die Jam schlagen, so daß das Ergebnis lautet: *Jam ist tot, Baal ist König* (Text 68, 32).

In einer anderen Episode geht es um den Bau eines Tempelpalastes für Baal, der seinem Königtum dadurch Anerkennung verschaffen will. Sowohl Anat als auch Aschera bemühen sich um Els Zustimmung. Nachdem dieser den Bau gestattet hat, errichtet Koschar wa-Chassis ihn; danach wird er mit großen Opfern und einem Festgelage der Götter geweiht. Baal allein will nun herrschen, *damit Götter und Menschen fett werden, ja die Menge der Erde satt wird* (Text 51, VII, 49).

Eine dritte Episode handelt von Baals Kampf um die Herrschaft mit dem Todesgott Mot, dessen Drohungen Baal sich fügt und zu dem er in die Unterwelt hinabsteigt, von wo Boten die Meldung von seinem Tode auf die Erde bringen. Ungeachtet seines Aufenthalts in der Unterwelt sucht Anat den Leichnam und begräbt ihn auf dem Saphon. Als neuer König wird Aschtar eingesetzt, doch bewährt er sich nicht. Inzwischen wächst die Sehnsucht der Anat nach Baal. Als Mot sich weigert, ihn ihr zurückzugeben, nimmt sie an ihm Rache, indem sie ihn wie Korn spaltet, worfelt, verbrennt, mahlt und aufs Feld streut, wo die Vögel ihn fressen. Weil Baal den Regen mit sich genommen hat, geht es auf Erden schlecht. Da träumt El, daß *der Himmel Öl regnet und die Bäche von Honig überlaufen* (Text 49, III, 6 f., 12 f.) – ein Zeichen dafür, daß Baal lebt. Er erschlägt die Söhne der Aschera und ficht nach sieben Jahren einen erbitterten Kampf mit dem wieder vorhandenen Mot aus, den er besiegt.

I. Rosensohn, The Myth of Môt and 'Al'eyan Ba'al, HThR 38 (1945), 77–109. – A. S. Kapelrud, Ba'als kamp met havets fyrste i Ras Sjamra-Tekstene, NTT 61 (1960), 241–251. – F. Løkkegaard, The House of Baal, AcOr (Kopenhagen) 22 (1955), 10–27. – Ders., Baals Fald, DTT 19 (1956), 65–82. – J. Obermann, How Baal Destroyed a Rival, JAOS 67 (1947), 195–208. – Ders., Ugaritic Mythology, 1948. – S. E. Loewenstamm. The Ugaritic Fertility Myth – the Result of a Mistranslation, IEJ 12 (1962), 87 f. – W. Schmidt, Baals Tod und Auferstehung, ZRGG 15 (1963), 1–13.

b) Die Aqhat-Legende[49] erzählt zunächst, wie der König Danel auf seine Bitten hin einen Sohn (Aqhat) und später von Koschar wa-Chassis einen Bogen erhält, den er seinem Sohn schenkt. Dieser weigert sich, ihn der danach verlangenden Anat zu geben, und erzürnt sie, so daß sie ihn umbringen läßt, worüber die Erde unfruchtbar wird. Nachdem Danel die Nachricht vom Tode seines Sohnes erhalten hat, kann er Baal zur Suche nach den Mördern bewegen. Da sie ergebnislos bleibt, macht sich seine Tochter bewaffnet auf und gelangt zu dem Mörder, der sie bewirtet und sich in seiner Trunkenheit der Tat brüstet. Mit dem Verweis auf eine Fortsetzung bricht der erhaltene Text ab. Es mag sein, daß das Mädchen den Mörder getötet hat. Auf irgendeine Weise muß auch die Fruchtbarkeit auf die Erde zurückgekehrt sein.

c) Die Keret-Legende[50] erzählt, wie der König Keret, der Frau und Kinder verloren hat, eine neue Frau gewinnt, die Tochter des Königs von Udm, die ihm zahlreiche Söhne und Töchter gebiert. Dann befällt ihn eine schwere Krankheit, bis magische Riten Els die Macht des Todes brechen, so daß Keret Gesundheit und Thron zurückerhält und auf die Bitte eines Sohnes hin, zu seinen Gunsten abzudanken, einige Götter anruft, damit sie diesen bestrafen. Auch dieser Text ist wohl unvollständig. Er behandelt jedenfalls die Lage eines Königs, der scheinbar halbgöttlich und unsterblich, in Wirklichkeit aber krank und unfähig zum Regieren ist, und die Frage der Nachfolge oder der Verdrängung des Vaters durch den Sohn.

d) Andere ugaritische Texte handeln von der Heirat des Mondgottes Jerach mit der Nikkal und von der Zeugung und Geburt der Götter Schachar und Schalim. Dazu treten nicht wenige Fragmente, die teilweise unveröffentlicht sind[51]. Sicher sind in Ugarit und im übrigen kanaanäischen Bereich weitere Mythen und Legenden be-

---

[49] U. Cassuto, Daniel et son fils dans la tablette II D de Ras Shamra, REJ NS 5 (1940), 125–151. – J. Obermann, How Daniel was Blessed with a Son, 1946.

[50] K.-H. Bernhardt, Anmerkungen zur Interpretation des KRT-Textes von Ras Schamra-Ugarit, WZ Greifswald 5 (1954/55), 102–121. – U. Cassuto, The Seven Wives of King Keret, BASOR 119 (1950), 18–20. – H. L. Ginsberg, The Legend of King Keret, 1946. – J. Gray, The Krt Text in the Literature of Ras Shamra, 1964². – J. Pedersen, Die Krt-Legende, Berytus 6 (1941), 63–105.

[51] Vgl. die jüngste Übersicht von O. Eißfeldt, Neue keilalphabetische Texte aus Ras Schamra-Ugarit, 1965 (die frühere jetzt in: Kleine Schriften, II 1963, 330–415).

kannt gewesen, von denen sich manche wenigstens dem Inhalt nach
erfassen lassen. Das gilt besonders für die in der Genesis verarbeiteten Heiligtums- und Kultlegenden von der Offenbarung des El
Roi (Gen 16), vom Ersatz des Menschenopfers durch das Tieropfer
an einem nicht mehr genannten Heiligtum (Gen 22,1 ff.) und von
der Entdeckung der heiligen Stätten in Betel und Penuel am Jabbok
(Gen 28,10 ff.; 32,25 ff.). Geschichtliche Erinnerungen wie die an
einen Beutezug von Ostvölkern und an den König Malkiṣedeq von
Jerusalem sind überliefert (und in Gen 14 verarbeitet) worden. Auch
Bestimmungen wie diejenigen gegen die Verbindung von zweierlei
Verschiedenem in Lev 19,19 oder über das Ernten der Früchte von
neu gepflanzten Bäumen in Lev 19,23–25 können wenigstens der
Sache nach kanaanäisch sein.

4. Kanaanäischer Kultus und religiöses Leben

Der kanaanäische Kultus war voll ausgebildet. Er vollzog sich
einmal an den zahlreichen heiligen Stätten auf den „Höhen" mit
ihren grünen Bäumen (für Moab Jes 15,2; 16,12, für Israel I Reg 3,2;
II Reg 12,4 u. ö.), wo anscheinend auch Begräbnisbräuche ausgeübt
wurden[52]. In alter Zeit waren diese Höhenheiligtümer in Israel anerkannt (I Sam 9,12), gerieten jedoch durch die prophetische Polemik
und endgültig durch die deuteronomische Theologie in Verruf. Wichtiger waren die Tempel[53], deren Bau zur Anerkennung eines Hochgottes gehörte und in denen der Kultus mit speise- und trankfreu-
digen Festen seinen Höhepunkt erreichte (vgl. Jdc 9,27 und die
ugaritischen Beschreibungen der Göttergelage). Die Ausgrabungen
in Syrien und in den vorisraelitischen Städten Palästinas haben solche
Tempel freigelegt, deren Um- und Erneuerungsarbeiten zeigen, wie
sie im Wandel der Generationen den jeweiligen Erfordernissen angepaßt worden sind. Zur Ausstattung der Heiligtümer zählen außer
kleinen Kultgeräten, vor allem für die Darbringung der Opfer, die
Altäre[54], die Gottesbilder oder -symbole[55], die Maṣṣeben[56] als Reprä-

---

[52] BHH II 736 f. – IDB II 602–604. – W. F. Albright, The High Place
in Ancient Palestine, VTSuppl IV, 1957, 242–258. – L. H. Vincent, La
notion biblique du haut lieu, RB 55 (1948), 245–278.

[53] BHH III 1940 f. – RGG VI 681–684. – IDB IV 560–568.

[54] BHH I 63–65. – RGG I 251–253. – IDB I 96–100.

[55] BHH I 249 f. – IDB II 673–675. Aus Palästina u. a. Darstellungen des
Baal vom *tell ed-duwēr* und der Anat von Bet-Sean.

sentation einer Gottheit (in Israel teilweise offiziell anerkannt wie im Heiligtum von Arad[57]; unter Umdeutung ihres Sinnes legitimiert z. B. Ex 24,4; je länger aber, desto heftiger bekämpft z. B. Ex 23,24; Dtn 7,5), manchmal auch der Aschera genannte Holzpfahl als Symbol der gleichnamigen Göttin (vgl. Jdc 6,25; I Reg 14,23)[58].

Während nach der Aqhat- und der Keret-Legende in der heroischen Frühzeit der Vollzug des Kultus vorwiegend das Recht des Königs war, hat dieser in der geschichtlich faßbaren Zeit nur mehr geringe Aufgaben[59]. In Ugarit übte ein großer, hierarchisch gegliederter Personenkreis den Kultus aus: Oberpriester, zwölf Familien von Priestern *(khnm)*, diesen nachgeordnet die nicht genauer bestimmbare Gruppe geweihter Personen *(qdšm)*, anscheinend auch Sänger *(šrm)*. Außerdem erwähnen die Listen viele Handwerker, die offenbar im Dienste der Tempel arbeiteten. Der Ausbildung der Priester dienten eine Schreiberschule und eine Tontafel-Bibliothek, die in der Nähe des Dagan- und des Baaltempels lagen.

Die Mannigfaltigkeit der Opfer ergibt sich aus den Bezeichnungen, die teilweise mit den im AT gebrauchten übereinstimmen oder ihnen sachlich entsprechen: *šrp* Brandopfer (den meisten semitischen Kulten fremd, in Syrien–Palästina von der Vorbevölkerung übernommen), *dbḥ* Opfer (זבח), *šlm* mit wie im AT fraglicher Bedeutung (שלם Abschlußopfer?[60]), *ndr* Gelübde (נבר). Opfer scheinen auch als kollektive Sühnehandlung dargebracht worden zu sein (Text 2); man hat Unheil als die Folge von willentlich oder unwillentlich begangener ethischer oder kultischer Sünde verstanden, die bekannt und gesühnt werden mußte[61] – ähnlich wie bei den israelitischen Volksklage- und -bußfeiern. Doch ist beim Vergleich mit dem AT Vorsicht geboten,

---

[56] BHH II 1169. – IDB III 815–817. – Die Maṣṣebe ist kein heiliger Stein, der seine natürliche Form behalten hat und als solcher heilig ist, sondern ein bearbeiteter Stein, der seine Bedeutung dadurch erhält, daß er eine Gottheit repräsentiert.

[57] Israelitisches Heiligtum innerhalb der Festung mit drei Maṣṣeben; vgl. Y. Aharoni – R. Amiran, Arad, a Biblical City in Southern Palestine, Archaeology 17 (1964), 43–53.

[58] BHH I 136 f. – RGG I 637 f. – IDB I 251 f.

[59] Vgl. Malkiṣedeq von Jerusalem Gen 14,17 f.

[60] G. Fohrer in: ThW VII 1022 f.

[61] A. Caquot, Un sacrifice expiatoire à Ras Shamra, RHPhR 42 (1962), 201–211. – Gray 204–207. Vgl. ferner den Brief des Ribaddi von Byblos bei J. A. Knudtzon, Die El-Amarna-Tafeln, 1908/15, Nr. 137,33.

weil ein Teil der ugaritischen Ausdrücke und Praktiken keine Entsprechung im AT und umgekehrt dessen Kulthandlungen nicht immer Entsprechungen in Ugarit aufweisen[62].

Die häufigsten Opfertiere sind wie im AT Rind, Schaf, Ziege und Taube. Auch Wildarten wie Gazelle und Steinbock galten als opferbar; doch bleibt bei derartigen Aufzählungen in mythischen Texten die Frage, ob und wann solche Bestimmungen in Kraft waren. Die Funde in der spätneolithischen Schicht von Gezer und in der bronzezeitlichen Schicht von Tirṣa zeigen, daß in Palästina das Schwein wohl seit der vorsemitischen Zeit geopfert worden ist. Ungeklärt ist das Ausmaß, in dem in der kanaanäischen Religion das Menschenopfer gebräuchlich war[63]. Während es in Ugarit nicht erwähnt wird, setzt es das AT voraus und ist es bei den Karthagern in Nordafrika im 3. Jh. v. Chr. noch nicht ausgestorben. Zumindest die Kulte des Aschtar und verwandter Götter scheinen das Kinderopfer gekannt zu haben (vgl. 2 a); allerdings begründet Gen 22,1 ff. für ein unbekanntes Heiligtum die frühe Ersetzung durch das Tieropfer. Nicht unbekannt war die Opferung von Kindern als Bauopfer, die bei der Grundsteinlegung oder der Vollendung eines Baues dargebracht und in diesen eingefügt wurden (I Reg 16,34, davon abhängig Jos 6,26). Für die entsprechenden Funde bei Ausgrabungen fragt es sich jedoch, ob angesichts der hohen Kindersterblichkeit nicht häufig bereits gestorbene Kinder als Ersatz der Opfer beigesetzt wurden.

Die kanaanäische Religion als Fruchtbarkeitskult kannte die im Alten Orient verbreitete sakrale Prostitution[64], die aus der Art und den Notwendigkeiten einer Ackerbaureligion zu verstehen ist. In ihr diente sie dazu, die Gottheit zu stärken und die großen Mächte des Lebens in Gang zu halten. Dennoch bildete diese Sitte eine schwache Stelle der kanaanäischen Religion, zumal die Unterscheidung zwischen sakraler und profaner Prostitution sich wie in Babylonien leicht verwischte.

[62] Vgl. z. B. D. Kellermann, 'āšām in Ugarit?, ZAW 76 (1964), 319–322, und die Auseinandersetzung bei Gray 196 ff. mit Dussaud und Gaster.

[63] BHH II 1191. – RGG IV 867 f. – IDB IV 153 f. – Vgl. ferner F. M. Th. de Liagre Böhl, Das Menschenopfer bei den alten Sumerern, in: Opera minora, 1953, 163–173. – J. Henninger, Menschenopfer bei den Arabern, Anthropos 53 (1958), 721–801.

[64] BHH III 1948 f. – RGG V 643–645. – IDB III 931–934. – W. Krebs, Zur kultischen Kohabitation mit Tieren im Alten Orient, FF 37 (1963), 19–21.

Eine gewisse Rolle im Kultus hat der Tanz gespielt[65]. Das AT kennt ihn als Festtanz der Mädchen in Silo (Jdc 21,21), als Weinerntetanz der Männer (Jdc 9,27) oder als Prozessionstanz wie bei der Einholung der Lade (II Sam 6,14).

Von der Art der Gebete und Lieder geben einige ugaritische Texte einen Eindruck: ein in der Not an El gerichtetes Gebet (Text 107), ein Hymnus auf die Sonnengöttin (Text 62), außerdem die im AT verarbeiteten, ursprünglich kanaanäischen Texte Ps 19,2–7; 29 und Teile von 68. Daß solche Lieder ebenso wie die Mythen mit Musik und Gesang im Kultus vorgetragen wurden, zeigen die Anordnungen im ugaritischen Text 52; kanaanäische Sänger sind anscheinend die in I Reg 5,11 erwähnten Etan, Heman, Kalkol und Darda[66].

In alledem waren, wie es einer Fruchtbarkeitsreligion zukommt, die Riten in starkem Maße von magischen Vorstellungen bestimmt, und die Formen erscheinen manchmal roh und unfertig. Doch darüber ist nicht zu vergessen, daß die kanaanäische Religion ihre eigenen Werte besaß, die durch ihre Beziehung zur Natur gegeben waren. Sie stellte eine Vertrautheit zwischen Mensch und Natur her, die auf seßhaft gewordene Nomaden anziehend wirken mußte. Sie suchte die menschliche Existenz dadurch zu heben und zu festigen, daß sie den Menschen in den Vorgang der Erhaltung der Welt einbezog und seine Abhängigkeit von der Gottheit ausglich, indem sie ihn als deren Helfer verstand. Damit konnte sie bei den Frühisraeliten dazu beitragen, das Element der Wechselbeziehung zwischen Gottheit und Mensch zu kräftigen und das Element der Herrschaft der Gottheit als des Königs zu ermöglichen.

§ 4 Die Religion der Frühisraeliten in Palästina

A. Alt, Die Landnahme der Israeliten in Palästina, 1925 (= Kleine Schriften zur Geschichte des Volkes Israel, I 1953, 89–125). – Ders., Erwägungen über die Landnahme der Israeliten in Palästina, PJB 35 (1939), 8 bis 63 (= ebd. 126–175). – M. Noth, Gilead und Gad, ZDPV 75 (1959), 14 bis 73. – J. van der Ploeg, Les anciens dans l'Ancien Testament, in: Junker-Festschrift, 1961, 175–191. – H. H. Rowley, From Joseph to Joshua, 1950. – M. Weippert, Die Landnahme der israelitischen Stämme, 1967. – Vgl. ferner die Darstellungen der Geschichte Israels.

[65] BHH III 1931 f. – IDB I 760 f.
[66] Vgl. CBL 294 f. 491.

1. Die Landnahme und ihre Folgen

Die Landnahme der Israeliten in Palästina ist kein gesamtisraelitischer Vorgang unter einheitlicher Führung gewesen, sondern hat sich in mehreren Stadien während eines langen Zeitraums vollzogen. Die Patriarchensippen, deren Landanspruchs- und Landnahmeerzählungen den Kern der Überlieferung von Gen 12 ff. bilden, haben sich wohl schon im 14. Jh. v. Chr. allmählich im Lande festgesetzt. Überwiegend im 13. Jh. folgte der Hauptteil der Israeliten, die sich in Palästina in eine Gruppe von Stämmen gliederten. Ihre Einwanderung geschah anscheinend in vier Schüben, sozusagen in den vier nach den Frauen Jakobs und ihren Sklavinnen zu benennenden Urstämmen: Lea von Süden aus, Silpa vom südöstlichen Ostjordanland aus, ebenso Rahel, schließlich Bilha aus unbekannter Richtung. Die mehrfach bearbeitete Landnahmeerzählung der mittelpalästinischen Rahelgruppe liegt in der Josuaüberlieferung mit ihren wenigen Heldensagen und ihren zahlreichen auf die palästinische Situation bezüglichen ätiologischen Sagen vor[1]. Sie ist an die Stelle der Überlieferung vom Seßhaftwerden der Moseschar im westjordanischen Kulturland getreten; diese letzte Gruppe ist frühestens gegen Ende des 13. Jh. nach Palästina gelangt. Auf das Eindringen weiterer Nomaden weisen Num 13–14 hin, die sich auf die Besetzung der Stadt Hebron durch den Stamm Kaleb beziehen. Diese und andere Erzählungen oder Notizen bezeugen die Vielfalt der Ereignisse.

Einzelheiten sind selten zu fassen, so daß verständlich wird, warum die Frage, ob die Landnahme friedlich oder kriegerisch verlaufen sei, so oft erörtert worden ist[2]. Wahrscheinlich ist sie je nach Landschaft und Zeit verschieden zu beantworten. Ein Überblick über die späteren Wohnsitze der israelitischen Stämme zeigt, daß diese sich vielfach in den Teilen Palästinas niedergelassen haben, die damals nicht oder nur dünn besiedelt waren. Wo sie das noch nicht gerodete und also herrenlose Land in Anspruch nahmen, hat sich ihre Nieder-

---

[1] Vgl. S–F § 30.
[2] Höchst unwahrscheinlich ist die jüngste These von G. E. Mendenhall, The Hebrew Conquest of Palestine, BA 25 (1962), 66–87: keine zahlenmäßig bedeutende Invasion Palästinas, sondern Revolte der Bauern gegen das Netz der das Land überziehenden Stadtstaaten, verursacht durch die religiöse Bewegung einer kleinen Gruppe von etwa 70 Familien nach ihrer Flucht aus Ägypten. Demgegenüber richtiger J. B. Pritchard, Arkeologiens plats i studiet av Gamla Testamentet, SEA 30 (1965), 5–20.

lassung im wesentlichen friedlich vollzogen, wenn es auch gelegentlich zu kleinen Zusammenstößen mit benachbarten kanaanäischen Stadtstaaten gekommen sein mag. In anderen Landschaften müssen dagegen erhebliche Kämpfe stattgefunden haben. Als Beweis dafür ist freilich weniger die Zerstörung von Ortschaften im letzten Teil des 13. Jh. anzuführen, die wie Betel oder *tell bēt-mirsim* von Bränden vernichtet, wie Lachisch nach der Verwüstung während zweier Jahrhunderte gerade nicht wieder besiedelt wurden oder wie Chaṣor für eine kleine israelitische Gruppe zu groß und stark waren. Welche Möglichkeiten in solchen Fällen erwogen werden müssen, ergibt am besten die Untersuchung der Situation von Megiddo[3]. Wohl aber zeugt für schwere Kämpfe, daß die Stämme Ruben, Simeon und Levi fast völlig aufgerieben worden sind und daß der Stamm Dan (wahrscheinlich gleichfalls Naphtali) sich wegen der kanaanäisch-philistäischen Übermacht im westjordanischen Hügelland nicht zu behaupten vermochte und neue Wohnsitze im Norden suchen mußte.

Nach dem Seßhaftwerden war die nomadische Sippen- und Stammesorganisation überholt. In den neuen Verhältnissen wandelten Sippe und Stamm sich in den Orts- und Gauverband um. Da nicht mehr die personelle Zugehörigkeit zu Sippe oder Stamm, sondern die Niederlassung in einer Ortschaft oder einem Territorium bzw. Gau maßgeblich wurde, war die Aufnahme von Angehörigen anderer Stämme und von Kanaanäern möglich, wie umgekehrt Israeliten sich in kanaanäischen Städten niederließen. Ferner ergab sich allmählich eine neue wirtschaftlich bedingte Gliederung. Der Einfluß der Sippenältesten schwand und ging auf diejenigen über, die über den meisten Grundbesitz verfügten, die Ortsbewohner mit mittlerem oder kleinem Besitz in Abhängigkeit von sich brachten, die Ämter bekleideten und oft zu einer Art Adel erwuchsen. Sind die meisten Israeliten zunächst Bauern geworden, die in geschlossenen Ortschaften wohnten, so führte schließlich für einen Teil von ihnen der Weg weiter zu einer Stadtwirtschaft im eigentlichen Sinn[4]. Das ist ein Grund für den späteren Gegensatz zwischen Stadt und Land, sofern er nicht wie die Abneigung der judäischen Landbevölkerung

---

[3] A. Alt, Megiddo im Übergang vom kanaanäischen zum israelitischen Zeitalter, ZAW 60 (1944), 67–85.

[4] R. A. F. McKenzie, The City and Israelite Religion, CBQ 25 (1963), 60–70. – G. Wallis, Die Stadt in den Überlieferungen der Genesis, ZAW 78 (1966), 133–148.

gegen Jerusalem darin wurzelt, daß die Stadt eine vorwiegend kanaanäische Einwohnerschaft besaß.

2. Das Zusammentreffen von nomadischer und kanaanäischer Religion

Mit den israelitischen Gruppen waren ihre Sippenreligionen nach Palästina gewandert. Sicherlich wurden in oder bei den Ortschaften einfache, kleine Heiligtümer angelegt, für die das Altargesetz Ex 20,24–26 gegolten haben kann. Außerdem haben Israeliten Zugang zu einigen kanaanäischen Heiligtümern erhalten. Bald waren die Sippengötter mit diesen und nicht mehr mit den seßhaft gewordenen Sippen verbunden; aus Wegegottheiten wurden Ortsgottheiten. Infolgedessen wurde es erforderlich, auch die Überlieferungen über die früheren Offenbarungsempfänger, Kultstifter und inspirierten Führer auf den palästinischen Boden zu verpflanzen und den neuen Verhältnissen anzupassen. Da nur das von Bestand war, was in dem veränderten Dasein in Palästina fortwirkte, blieben aus der nomadischen Zeit in erster Linie die Kulte selbst und die Namen der Kultstifter lebendig, während die Kultsagen, die keine Beziehung zum Lande hatten, in Vergessenheit gerieten. Ja, allmählich starb auch ein Teil der Kulte ab, weil sie dem Dasein im Kulturlande nicht gemäß waren. Nur einige wenige blieben in der israelitischen Gesamtüberlieferung erhalten, weil sie mit wichtigen Heiligtümern verbunden waren.

An die Stelle der alten Kultsagen traten die Heiligtums- und Kultlegenden der jeweiligen kanaanäischen Heiligtümer und wurden auf die Kultstifter und ihre Götter übertragen. Es war die notwendige Folge der Mitbenutzung der Heiligtümer und zugleich die religiöse Begründung und Rechtfertigung für die Mitbenutzung.

Vor allem wurden wenigstens dort, wo es sich um heilige Stätten Els handelte, die Sippengötter mit diesem gleichgesetzt. Demgemäß ereignen sich nach der Überlieferung die Begegnungen der Patriarchen mit El stets in Palästina. Das ist nach der Verehrung der Sippengötter das zweite Stadium der frühisraelitischen Religion. Es hat bewirkt, daß Namen der lokalen Ausprägungen Els in der Überlieferung erhalten geblieben sind. Folgende Heiligtümer sind zu nennen:

Beerlachajroi im Negeb mit dem El Roi, dessen Heiligtumslegende in Gen 16,7–14 verarbeitet ist und mit dem der Gott der Isaaksippe zeitweilig verbunden war (vgl. Gen 24,62; 25,11 b).

Beerseba[5] mit dem El Olam, dessen Heiligtumslegende in Gen 21,14–19 verarbeitet ist und mit dem die Götter der Abraham- und der Isaaksippe verbunden waren (vgl. Gen 21,33; 26,23–25 als Heiligtumslegitimation)[6].

Mamre[7] galt durch den Altarbau Abrahams (Gen 13,18), vielleicht auch durch die Gotteserscheinungen von Gen 15 und 18 als legitimiert, wurde jedoch in der Folgezeit abgelehnt, so daß keine Heiligtumslegende überliefert ist. Die Ablehnung scheint zumindest teilweise mit einem besonderen Baum zusammenzuhängen, von dem der masoretische Text außer in Gen 18,4.8 mehrfach im Plural spricht und zugleich über die Ortslage in die Irre führt, indem er die Bäume mit Hebron[8] verbindet (Gen 13,18) und schließlich Mamre mit Hebron ausdrücklich gleichsetzt (Gen 23,19; 35,27). So soll das einer späteren Zeit genehmere Hebron an die Stelle von Mamre treten. Demgemäß muß man für die ursprüngliche Situation den Gott von Mamre (nicht von Hebron) im El Schaddaj (vielleicht *El der Flur*[9]) erblicken.

Betel[10] mit dem El Betel, dessen Heiligtumslegende in Gen 28,10–22 verarbeitet ist und mit dem der Gott der Jakobsippe verbunden war (vgl. Gen 31,5 b.13; 35,1 ff.).

Sichem[11] war das Heiligtum des El Israel[12].

Die ursprünglich kanaanäische Kultlegende vom Ersatz des Menschenopfers durch ein Tieropfer in Gen 22,1–14.19 hat Gunkel mit Geschick einem Heiligtum Jeruel (Jeriel) zugeordnet, das in der Wüste Juda zu suchen wäre[13].

Penuel[14] am Jabbok wird durch die neue Interpretation seiner alten Heiligtums- und Kultlegende in Gen 32,25–32 mit dem ostjordanischen Jakob in Verbindung gebracht.

---

[5] BHH I 211. – RGG I 956 f. – IDB I 375 f. – W. Zimmerli, Geschichte und Tradition von Beerseba im Alten Testament, 1932.

[6] Die Einbeziehung Jakobs durch Gen 46,1-4 ist sekundär.

[7] BHH II 1135 f. – IDB III 235. – F. Mader, Mamre, 1957.

[8] BHH II 669 f. – RGG III 110. – IDB II 575–577.

[9] M. Weippert, Erwägungen zur Etymologie des Gottesnamens 'Ēl Šaddaj, ZDMG 111 (1961), 42–62. – Anders E. C. B. MacLaurin, Shaddai, Abr-Nahrain 3 (1961/62), 99–118.

[10] BHH I 231 f. – RGG I 1095 f. – IDB I 391–393.

[11] BHH III 1781–1783. – RGG VI 15. – IDB IV 313–315.

[12] Vgl. H. Seebass, Der Erzvater Israel und die Einführung der Jahweverehrung in Kanaan, 1966.

[13] H. Gunkel, Genesis, 1964[6], z. St. Nach II Chr 20,16 ist Jeruel ein Teil der Wüste zwischen Tekoa und Engedi. Die Beziehung der Erzählung auf Moria (Gen 22,2), nach II Chr 3,1 der Tempelberg in Jerusalem, ist sekundär.

[14] RGG V 217 f. – IDB III 727.

Gilgal[15] im Jordangraben, nach Jos 4,19 östlich von Jericho gelegen, war gleichfalls ein vorisraelitisches Heiligtum, dessen Gottheit freilich weder erwähnt wird, noch wie bei Jeruel und Penuel aus dem Ortsnamen zu erschließen ist. Ferner steht nicht eine Patriarchensippe in Beziehung zu ihm, sondern die mittelpalästinische Rahelgruppe oder die Ephraimiten mitsamt den späteren Benjaminiten, die eine zunächst in Gilgal aufgestellte Lade mit sich führten (Jos 4,18 f.; 7,6; vgl. § 10,1). Der Name der Kultstätte rührt daher, daß sie durch einen *Kreis* von Steinen abgegrenzt war, während die angeblich von Josua aufgestellten 12 Steine in Wirklichkeit Stelen gewesen sein dürften, so daß Gilgal ein Stelenheiligtum war, wie es in Gezer und Chaṣor ausgegraben worden ist.

Ferner war mit der Gleichsetzung Sippengötter–El der Ansatz für die Übernahme mannigfachen religiösen Gutes aus der kanaanäischen Religion gegeben, das später infolge der weiteren Gleichsetzung El–Jahwe in die Jahwereligion überging. Es ist nicht ausgeschlossen, daß die Namen einiger israelitischer Stämme als Götternamen zu deuten sind. Gad ist als Beiname *Glück*(sgottheit) verschiedener Götter und Göttinnen in Syrien–Palästina nachweisbar[16]. Dan kann in der Bedeutung *Herrscher, Richter* der Titel einer kanaanäischen Gottheit gewesen sein und Asser (Ascher) ein männliches Gegenbild der Aschera. Sebulon erinnert an die Bezeichnung Baal-zebul. Bleibt dies auch bloße Vermutung, so hat jedenfalls der Vorgang der Assimilation und Integration sehr früh begonnen, noch bevor die Jahwereligion den palästinischen Israeliten bekannt wurde[17].

Schließlich war die Gleichsetzung Sippengötter–El noch aus einem anderen Grunde für die Folgezeit bedeutsam. Denn dadurch sind Reste der alten Sippenkulte und der mit ihnen verknüpften Vorstellungen erhalten geblieben, vor allem aber die Überlieferungen über einige Stifter der Sippenreligionen bei der Übernahme der

---

[15] BHH I 572 f. – RGG II 1577 f. -- IDB II 398 f. – K. Galling, Bethel und Gilgal, ZDPV 66 (1943), 140–155; 67 (1944/45), 21–43. – H.-J. Kraus, Gilgal, VT 1 (1951), 181–199. – J. Muilenburg, The Ancient Site of Gilgal, BASOR 140 (1955), 11–27. – E. Sellin, Gilgal, 1917.

[16] Besonders bekannt aus dem Hauran, Phönizien und Palmyra, aber auch bei Ortsnamen wie Baal-Gad Jos 11,17 und Migdal-Gad Jos 15,37.

[17] Wegen der geringen Spuren, die diese Zeit in der Überlieferung hinterlassen hat, finden sich öfters Annahmen, die wenig wahrscheinlich sind: H. G. May, The Evolution of the Joseph Story, AJSL 47 (1930/31), 83 bis 93: Joseph ursprünglich der Fruchtbarkeitsgott von Sichem. – J. Morgenstern, The Divine Triad in Biblical Mythology, JBL 64 (1945), 15–37: israelitische Verehrung der nordsemitischen Trias Eloah oder Eljon (oberer Himmel), Schaddaj (atmosphärischer Himmel) und El (Erde/See).

Sippengötter-El-Heiligtümer in die Jahwereligion eingegangen und weiter ausgebildet worden, um die Kontinuität Israels und seiner Beziehung zu Jahwe herzustellen.

2. Kapitel

Die mosaische Jahwereligion als erster Impuls

§ 5 *Traditionen, Ereignisse und Gestalten*

E. Auerbach, Moses, 1953. – G. Beer, Mose und sein Werk, 1912. – W. Beyerlin, Herkunft und Geschichte der ältesten Sinaitraditionen, 1961. – M. Buber, Moses, 1952². – W. Caspari, Neuere Versuche geschichtswissenschaftlicher Vergewisserung über Mose, ZAW 42 (1924), 297–313. – D. Daube, The Exodus Pattern in the Bible, 1963. – G. Fohrer, Überlieferung und Geschichte des Exodus, 1964. – F. Giesebrecht, Die Geschichtlichkeit des Sinaibundes, 1901. – H. Greßmann, Mose und seine Zeit, 1913. – C. A. Keller, Vom Stand und Aufgabe der Moseforschung, ThZ 13 (1957), 430–441. – S. E. Loewenstamm, The Tradition of the Exodus in its Development (neuhebr.), 1965. – E. Meyer, Die Israeliten und ihre Nachbarstämme, 1906. – Moses in Schrift und Überlieferung, 1963. – E. Osswald, Das Bild des Mose in der kritischen alttestamentlichen Wissenschaft seit Julius Wellhausen, 1962. – H. Schmid, Der Stand der Moseforschung, Judaica 21 (1965), 194–221. – F. Schnutenhaus, Die Entstehung der Mosetraditionen, Diss. Heidelberg 1958. – H. Seebass, Mose und Aaron, Sinai und Gottesberg, 1962. – E. Sellin, Mose und seine Bedeutung für die israelitisch-jüdische Religion, 1922. – R. Smend, Das Mosebild von Heinrich Ewald bis Martin Noth, 1959. – P. Volz, Mose und sein Werk, 1932. – A. S. van der Woude, Uittocht en Sinaï, o. J. (1961).

1. Traditionen über die Anfänge der Jahwereligion

Die Ansichten des AT über die Anfänge der Jahwereligion sind unterschiedlich. Die Quellenschicht J setzt ihre Entstehung bereits in der dritten menschlichen Generation an: *Damals fing man* (Sam: *fing dieser* [Enosch]) *an, Jahwe mit Namen zu nennen* (Gen 4,26)[1]. Unter diesem Namen wurde er seitdem verehrt. Auch die Quellenschicht N verwendet von Anfang an den Jahwenamen. Es bleibt dunkel, wie es zu dessen Festsetzung gekommen ist; weder wird er

---

[1] F. Horst, Die Notiz vom Anfang des Jahwekultes in Gen 4,26, in: Delekat-Festschrift, 1957, 68–74: Integration des Urhebergottes El in den Kultgott Jahwe.

geoffenbart, noch wird sein Sinn erklärt. Die Menschen jener Zeit oder Enosch haben es aus unbekannten Gründen so gehalten, und dabei ist es geblieben. So ist es bei J und N für alle folgenden Generationen selbstverständlich, daß der zu ihnen redende und an ihnen handelnde Gott Jahwe ist. Das gilt auch für Mose. Wenn J dennoch in Ex 3,16 Jahwe ausdrücklich mit dem *Gott eurer Väter,* dem *Gott Abrahams, Isaaks und Jakobs,* gleichsetzt, war ihm das durch seine Tradition vorgegeben, so daß die Brücke von den vorjahwistischen und mit El gleichgesetzten Sippengöttern zu Jahwe nicht erst vom Erzähler, sondern längst vor ihm geschlagen worden ist. Freilich ist die Angabe von J in Gen 4,26 insofern nicht richtig, als an eine Jahweverehrung seit den Anfängen der Menschheit sicherlich nicht zu denken ist. Aber sie trifft in dem Sinne zu, daß in der Mosezeit nicht ein „neuer", bislang unbekannter Gott hervortritt, sondern ein anderwärts bereits verehrter Gott nunmehr auch der Gott einer Schar von Israeliten wird.

Wesentlich stärker als die Theorie von J wiegen in der Tradition die Erzählungen von E, die den Ursprung der Jahwereligion in den Süden des Alten Orients verlegen und in einem Offenbarungsvorgang begründet sehen. In diesem erscheint ein bisher unter seinem nunmehr mitgeteilten Namen „Jahwe" den Israeliten unbekannt gewesener Gott[2], der *Gott eurer Väter, der Gott Abrahams, der Gott Isaaks, der Gott Jakobs* (Ex 3,15). Erst zu diesem Zeitpunkt wird sein Name bekannt. Dazu tritt in Ex 3,14 eine Erklärung des Sinnes seines Namens, deren Herkunft allerdings nicht eindeutig ist. Denn Ex 3,15 schließt an 3,13 an und erteilt auf die dortige Frage *Was ist sein Name?* die gewünschte Antwort, während 3,14 mit der zweimaligen Einführung der Gottesrede diesen Zusammenhang zerreißt. Daher wird man in v. 14a und v. 14b zwei – wenn auch sehr alte – Erweiterungen erblicken müssen, von denen eine vielleicht auf E selber zurückgeht. Ob die bekannte Erklärung des Jahwenamens – die einzige im AT – durch den Satz אֶהְיֶה אֲשֶׁר אֶהְיֶה (*'æhjæ 'ašær 'æhjæ*) von E oder von einer jüngeren Hand stammt, ist nicht mehr zu entscheiden. Noch deutlicher als E erklärt P in Ex 6,2ff., wieder unter Gleichsetzung Jahwes mit dem Gott der Patriarchen, daß der Jahwe-

---

[2] Anders R. Abba, The Divine Name Yahweh, JBL 80 (1961), 320–328. – J. Ph. Hyatt, Yahweh as "the God of my Father", VT 5 (1955), 130 bis 136. — S. Mowinckel, The Name of the God of Moses, HUCA 32 (1961), 121–133.

name in der Mosezeit erstmalig bekanntgegeben wurde, und benutzt aus diesem Grunde die Formel der Selbstvorstellung. Das Gewicht dieser Traditionen wird durch die Verbindung Jahwes mit der Rettung der Israeliten beim Exodus und die Ereignisse am Sinai oder Gottesberg verstärkt. Daher stellt sich die Frage nach dem geschichtlichen Hintergrund der Überlieferung über diese Ereignisse.

2. Die religionsgeschichtlichen Vorgänge

Für die alttestamentliche Überlieferung gelten die mit der Gestalt Moses verknüpften Ereignisse um den Exodus und die Annahme der Jahwereligion durch die aus Ägypten Geflohenen als für die Folgezeit grundlegende Geschehnisse. Dennoch sind sie im einzelnen oft nur bruchstückhaft oder gar nicht mehr zu erfassen. Das ist vor allem dadurch verursacht, daß sie lediglich von einem kleinen Teil des späteren Volkes Israel erlebt worden sind, die Überlieferung sie jedoch auf das ganze Volk bezogen hat, so daß Traditionen anderer Stämme zum alten Erzählungskern hinzugetreten sind. Daher gilt das Bemühen der atl. Wissenschaft seit langem den Überlieferungen der Mosezeit, um die religionsgeschichtlich wichtigen Vorgänge aufzuhellen. Allerdings hat dies in neuerer Zeit oft zu negativen Ergebnissen und zur weitgehenden Bestreitung der geschichtlichen Glaubwürdigkeit der Überlieferungen geführt.

a) Für die Exodusüberlieferung stellte sich die Frage, ob die Erzählung im Zusammenhang mit dem jährlich begangenen Passa gestaltet worden sei. So hat Pedersen den Gesamtbestand von Ex 1–15 auf Grund von 12 f. als Festlegende des Passa gedeutet, die im Verlauf der Jahrhunderte im Wechselspiel von Erzählung und dramatischer Vergegenwärtigung entstanden sein soll[3]. Diese These hat Noth für Ex 1–13 übernommen[4]; danach war das Primäre der Passaritus, dessen Erstgeburtsopfer den Ausgangspunkt für die Erzählung vom apotropäischen Schutz der israelitischen und von der Tötung der ägyptischen Erstgeborenen bildete. Diese Deutungen treffen jedoch nicht zu. Die Vorschriften über Passa, Maṣṣotfest und Weihung der Erstgeburt (Ex 12,1–20.24–27 a; 13,3–16) gehören den jungen Quellenschichten D und P an und können nicht den Ausgangspunkt für die Erzählung gebildet haben, die schon Jahrhunderte vorher bestand. Ferner

[3] J. Pedersen, Passahfest und Passahlegende, ZAW 52 (1934), 161–175. – Ders., Israel, its Life and Culture, III–IV 1940, 384–415. 728–737. – Dagegen schon S. Mowinckel, Die vermeintliche „Passahlegende" Ex 1–15 in Bezug auf die Frage: Literarkritik und Traditionskritik, StTh 5 (1951). 66–88.

[4] M. Noth, Das zweite Buch Mose, Exodus, 1959, 70–77.

ist beim Passa nicht die tierische Erstgeburt geopfert worden[5], insbesondere
da diese während der vordeuteronomischen Zeit nach Ex 22,29 am achten
Tage nach der Geburt dargebracht werden sollte; so kann der Schutz der
israelitischen und die Tötung der ägyptischen Erstgeborenen nicht aus dem
Passa hergeleitet werden. Des weiteren ist vor Dtn 16,1–8 das Maṣṣotfest
in Ex 23,15; 34,18 historisierend auf den Exodus bezogen worden, nicht
aber das Passa, das zudem einige Zeit nach der Landnahme völlig zurücktrat und erst durch die deuteronomische Kultreform erneuert wurde.
Schließlich ist der Passaritus von N für Ex 12,21 nicht aus Interesse am
Passa, sondern als ein nomadischer Blutritus gewählt worden. Ex 1–15
stellt also keine Kultlegende dar, sondern geht von geschichtlichen Erinnerungen aus.

b) Hatte Mowinckel die Sinaierzählung als „Beschreibung" oder „Wie-
dergabe" eines kultischen Festes bezeichnet[6], so hat von Rad diese These
dahin gewendet, daß die Erzählung die Festlegende der Bundeserneuerung
beim Herbstfest in Sichem sei[7]. Dann ist es freilich nicht leicht zu erklären,
warum vom Exil an Sinaierzählung und sog. „Bundesvorstellung" statt
dessen mit dem Wochenfest verbunden werden konnten. Vor allem ist ein
Fest der „Bundes"-Erneuerung nirgends belegt und kann aus Ex 19;
Jos 8,34; 24; Dtn 27; 31, also aus teilweise in junger Zeit entstandenen
(Dtn 27) oder bearbeiteten Texten (Jos 24), nicht erschlossen werden. Für
die Annahme eines jährlichen Festes jener Art läßt das AT keinen Raum[8],
erst recht nicht, wenn die sog. „Bundesvorstellung" in der vordeuteronomischen Zeit keine wesentliche Rolle gespielt hat (vgl. § 8,3).

c) Die Deutung der Exodus- und Sinaierzählungen als Festlegenden hat
zur Folge, daß man sie voneinander trennt und sowohl die Überlieferungen als auch die Erlebnisse verschiedenen israelitischen Gruppen zuschreibt.
Ein weiterer Grund liegt in der schematischen Aufteilung des Pentateuchs
in einzelne „Themen", obwohl nur das später eingefügte Siegeslied Moses
Ex 15,1–19 den Eindruck eines tiefen Einschnitts zwischen dem Exodus
und dem folgenden Geschehen erweckt und es sich, sofern man das Lied
beiseite läßt, sogleich herausstellt, daß es sich nicht um zwei „Themen",
sondern um einen Gesamtkomplex handelt. Selbst wenn Exodus- und
Sinaierzählungen in verschiedenen Zusammenhängen überliefert worden

---

[5] So mit Recht E. Kutsch, Erwägungen zur Geschichte der Passafeier und
des Massotfestes, ZThK 55 (1958), 1–35. – N. Nicolsky, Pascha im Kulte
des jerusalemischen Tempels, ZAW 45 (1927), 174–176. – de Vaux* II
390. – J. A. Wilcoxen, The Israelite Passover: some Problems, Biblical
Research 8 (1963), 13–27.

[6] S. Mowinckel, Le décalogue, 1927, 129.

[7] G. von Rad, Das formgeschichtliche Problem des Hexateuch, 1938 (=
Gesammelte Studien zum Alten Testament, 1958, 9–86). Außerdem soll
die älteste Form der Landnahmeüberlieferung in Dtn 26,5 ff. als der
Festlegende des Wochenfestes am Heiligtum von Gilgal vorliegen; vgl.
dazu § 10,3.

[8] Vgl. E. Kutsch, Das Herbstfest in Israel, Diss. Mainz 1955.

wären, brauchte dies nicht zu bedeuten, daß sie von verschiedenen Gruppen stammen und ohne geschichtlichen Zusammenhang sind. Denn manche Vorstellungs- oder Überlieferungskomplexe können nur in gewissen Lagen und zu gewissen Zeiten lebendig sein[9]. Wie sich jedoch aus der überlieferungsgeschichtlichen Untersuchung der Sinaierzählung deren ursprünglicher Zusammenhang mit der Exoduserzählung ergibt (Beyerlin), so auch umgekehrt (Fohrer). Alle wesentlichen Überlieferungselemente hängen untrennbar und von Anfang an miteinander zusammen: der midianitische Aufenthalt Moses, die Offenbarung am Sinai oder Gottesberg, die dort verheißene Rettung, die Beauftragung Moses mit ihrer Verkündigung oder Ausführung, der Hinweis auf das spätere Sinaigeschehen, der Exodus mit der wie immer zu erklärenden Rettung vor den Verfolgern, die Wanderung zum Sinai oder Gottesberg und das dortige Geschehen. Exodus- und Sinaitradition bilden einen einzigen Überlieferungskomplex[10].

d) Damit wird zugleich die Ansicht abgelehnt, nach der Mose auf Grund der überlieferungsgeschichtlichen und historischen Analyse der Einzeltraditionen als wenig bedeutungsvoll beurteilt, wenn nicht gar zu völliger Bedeutungslosigkeit verurteilt wird und etwa nur aus der Tradition eines Grabes (das im übrigen kein Mensch gekannt hat, vgl. Dtn 34,6) in der Überlieferung zu neuem Leben erwacht sein soll, um allmählich zu einer überragenden Gestalt zu werden. Für die Einzelheiten muß auf die ausführlichen Rückblicke von Osswald und Smend, für die jüngste Entwicklung auf die Darstellung von Schmid verwiesen werden. Gegenüber der Auflösung der Gestalt Moses durch die Analyse der bloßen Einzeltraditionen, aus der sich als letzte Konsequenz ergibt, daß Mose aus dem Werden der Jahwereligion ausgeschaltet wird und diese entgegen aller religionsgeschichtlichen Wahrscheinlichkeit aus Traditionsballungen und geschichtlichen Konstellationen entstanden sein soll[11], muß auch der Zusammenhang der Einzeltraditionen im Blick bleiben. Wenn Mose nach den verschiedenen Einzelanalysen mit dem Exodus[12], mit Midian, Qadesch und dem Sinaigeschehen[13] sowie mit der ostjordanischen Landnahme[14] von Anfang an

[9] Vgl. A. Hultkrantz, Configurations of Religious Beliefs, Ethnos 1956, 194 f.

[10] Man kann demgegenüber nicht geltend machen, daß manche atl. Texte nur Exodus und Landnahme, dagegen nicht das Sinaigeschehen erwähnen. Denn die Erinnerung an die Rettung aus Ägypten war so grundlegend, daß diese immer wieder angeführt wurde. Sie hat mehrere Folgen, von denen eine die Sinaiverpflichtung, eine andere die Landnahme als das Erreichen des mit dem Exodus gesetzten Zieles war. Wenn das Sinaigeschehen nicht erwähnt wird, bedeutet dies also nicht, daß die Texte es nicht kennen, sondern daß die Sinaiverpflichtung für sie nicht die Rolle gespielt hat, die man ihr in der Gegenwart zuschreibt.

[11] K. Koch, Der Tod des Religionsstifters, KuD 8 (1962), 100–123. – Dagegen F. Baumgärtel ebd. 9 (1963), 223–233.

[12] A. H. J. Gunneweg, Mose in Midian, ZThK 61 (1964), 1–9. – R. Smend, Jahwekrieg und Stämmebund, 1963.

[13] Beyerlin. – Seebass.

verknüpft war, dann liegt es am Tage, daß das Gesamte der Moseüberlieferung, das eine Synthese von Exodus-Midian-Qadesch-Sinai-Landnahme
bietet, von der geschichtlichen Wahrscheinlichkeit nicht so weit entfernt ist,
wie man manchmal vermutet.

Als geschichtlich ist zunächst der Aufenthalt einer Gruppe von
Nomaden, die wegen ihres späteren Führers der Einfachheit halber
die Moseschar heißen soll, in Ägypten anzunehmen. Von den israelitischen Stämmen, deren meiste sich damals wohl schon bei der
Landnahme befanden, ist sie zu unterscheiden, auch vom „Haus
Joseph", da die Josephnovelle ein sekundäres Bindeglied zwischen
den Patriarchen- und den Moseüberlieferungen bildet. Vielleicht war
sie nicht einmal aramäischer Abstammung; zumindest haben sich
ihr vom Exodus an allerlei fremde Elemente angeschlossen. Solche
Gruppen asiatischer Nomaden haben nach Ausweis ägyptischer Belege von 1500–1200 v. Chr. häufig in Ägypten Zuflucht gesucht,
und die Ägypter haben ʿApiru als Gefangene und Sklaven ins Land
gebracht[15]. Unverdächtig sind ferner die Mitteilungen, daß die
Moseschar ins Land Gosen (wādi eṭ-ṭumēlāt) gewiesen und nach ge-
raumer Zeit wie Ägypter zum Frondienst bei Bauten herangezogen
worden sei, zumal Ramses II. (1301–1234) die in Ex 1,11 genannten
Städte Pitom und Ramses (Tanis) erbaut und dabei ʿApiru verwendet hat. Dergleichen mußte den Nomaden als schlimmste Bedrückung
erscheinen.

Ihre Lage änderte sich durch das Auftreten Moses[16], der aus ihrer
Mitte stammte, in Ägypten geboren und mit ägyptischem Wesen
offenbar nicht unvertraut war. Sein Name ist ein Bestandteil theo-
phorer ägyptischer Namen, die den Träger als Sohn (ms) einer Gottheit bezeichnen oder ihn als ihr menschliches Abbild hinstellen
(... ist geboren, z. B. Tut-mose oder Ra-mses). Geschichtlich ist seine
Heirat mit einer stammesfremden Frau und die dadurch erfolgte
Verschwägerung mit einem midianitischen Priester Jitro[17] (J). Daß
dieser in einer anderen Tradition als Keniter Chobab ben-Reʿuel
bezeichnet wird (N), ist einer der häufigen Unterschiede in der
Benennung von Personen und Orten. Er wird darauf beruhen, daß

---

[14] M. Noth, Überlieferungsgeschichte des Pentateuch, 1960[2], 172–191. –
Ders., Geschichte Israels, 1961[5], 45 ff.
[15] Vgl. die Texte bei M. Greenberg, The Ḫab/piru, 1955, 56 f.
[16] BHH II 1239–1242. – RGG IV 1151–1155. – IBD III 440–450.
[17] BHH II 866. – IDB II 896 f.

N eine Überlieferung der Israel benachbarten und als Jahweverehrer bekannten Keniter[18] übernommen hat. In der Landschaft Midian östlich des Golfes von Aqaba[19] hat Mose sich zeitweilig aufgehalten und dort oder im weiteren Umkreis den Gott Jahwe kennengelernt, aller Wahrscheinlichkeit nach doch als einen ursprünglich midianitischen Gott. Aus Midian brachte er seinen geplagten Genossen die Verheißung eines Landes mit, *das von Milch und Honig fließt*. Da J diese Redewendung erst von Ex 3,8 an gebraucht, kann sie auf Mose oder die Moseschar zurückgehen, die ein den ägyptischen Verhältnissen ähnliches, reiches Land für sich erwarteten.

Die Verheißung war der letzte Anstoß zur Flucht der Nomaden. Da für sie auch die äußere Lage des in den Jahren 1234–1230 v. Chr. von verschiedenen Seiten bedrängten Ägypten günstig war, gelang sie. Sie ist mit der Erinnerung an ein wunderbares Erlebnis verbunden: die Rettung vor den ägyptischen Verfolgern am Sirbonischen See an der Mittelmeerküste[20]. Wie das Siegeslied der Mirjam[21] in Ex 15,21, das sicherlich aus der Zeit des Ereignisses stammt, sowohl den Vorgang der Rettung als auch seine Zurückführung auf Jahwe beglaubigt, so ist nach der gesamtisraelitischen Interpretation des Ereignisses durch die Jahrhunderte hindurch der Gott gepriesen worden, der sich Israel durch diese Tat zu seinem Volk bestimmt, der die Macht Ägyptens niedergeworfen und sich als stärker denn die anderen Götter erwiesen hat.

Der religionsgeschichtliche Vorgang beim Werden der mosaischen Jahwereligion ist grundsätzlich der gleiche wie beim Werden der Sippenreligionen in der Frühzeit (§ 2,4). Wie die sog. Patriarchen ist Mose zunächst Offenbarungsempfänger, Kultstifter und inspirierter Führer einer nomadischen (oder halbnomadischen) Gruppe, die sich um ihre neue Religion zusammenschloß und die ihr gege-

---

[18] BHH II 918. 940. – RGG III 1243. – IDB III 2. 6 f. – H. Heyde, Kain, der erste Jahwe-Verehrer, 1965. – B. Mazar, The Sanctuary of Arad and the Family of Hobab the Kenite, Eretz-Israel VII, 1964, 1–5; JNES 24 (1965), 297–303. – H. Schmökel, Jahwe und die Keniter, JBL 52 (1933), 212–229. – W. Vischer, Jahwe, der Gott Kains, 1929.

[19] BHH II 1214. – RGG IV 939 f. – IDB III 375 f. – L. E. Binns, Midianite Elements in Hebrew Religion, JThSt 31 (1929/30), 337–354. – H. St. J. Philby, The Land of Midian, 1957.

[20] O. Eißfeldt, Baal Zaphon, Zeus Kasios und der Durchzug der Israeliten durchs Meer, 1932.

[21] BHH II 1219. – RGG IV 962 f. – IDB III 402.

bene Verheißung des Landbesitzes zu verwirklichen suchte. Im Zeichen der neuen Religion geschah auch die Flucht aus Ägypten. Der Jahwe zugeschriebene Erfolg des Unternehmens ist ein wesentlicher Grund dafür gewesen, daß die mosaische Jahwereligion nicht eine Spielart der Sippenreligionen geblieben ist. In der Rettung aus Ägypten, die stets eine entscheidende Rolle spielt, wenn später vom Verhältnis zwischen Jahwe und Israel die Rede ist, hat man jenes irrationale Element gespürt, das die Jahwereligion den Weg von der Religion einer nomadischen Gruppe zur Weltreligion hat gehen lassen.

Es scheint so, als sei die Moseschar nach ihrer Flucht zur Oase Qadesch gezogen (vgl. Ex 15,22 ff.; Jdc 11,16), die etwa 80 km südlich von Beerseba liegt[22], um von dort aus nach Palästina zu wandern. Sie scheiterte jedoch infolge der Niederlage gegen die Amalekiter (Num 14,40ff.) und mußte offenbar sogar Qadesch räumen, nicht ohne einen Teil der Priesterschaft der dortigen bekannten heiligen Stätte mitzunehmen: die Leviten (vgl. Ex 32,26–29; Dtn 33,8–11)[23]. Diese Priester haben sich der Jahwereligion unmittelbar oder nach einer Gleichsetzung Jahwes mit der Gottheit von Qadesch angeschlossen. Sie brachten ihr Losorakel mit, wurden Moses Kerntruppe gegen die Feinde Jahwes und trugen in Palästina zur Verbreitung des Jahweglaubens erheblich bei.

Von Qadesch zog die Moseschar zum Berge Jahwes, der im AT als Sinai (J), Gottesberg (E) oder Horeb (besonders Dtn) bezeichnet wird[24]. Da die Tradition schon in der israelitischen Königszeit unklar gewesen ist und es keinen mit dem Berg verbundenen Kultus gab, der zur genauen Überlieferung seines Namens und seines Ortes genötigt hätte, ist es nicht möglich, ihn mit Sicherheit zu lokalisieren.

---

[22] BHH II 917 f. – IDB III 1 f.
[23] BHH II 1077–1079. – RGG IV 336 f. – IDB III 880 f. – Dazu neuerdings A. H. J. Gunneweg, Leviten und Priester, 1965. – E. Nielsen, The Levites in Ancient Israel, ASTI 3 (1964), 16–27. Eine Verbindung mit Mose wurde dadurch hergestellt, daß er manchmal als Abkömmling von Leviten (Ex 2,1) und Ahnherr der levitischen Priester (Jdc 18,30) bezeichnet wird. Vgl. dagegen Th. J. Meek, Moses and the Levites, AJSL 56 (1939), 113–120: Mose dem Stamm Levi zugehörig. Zur angeblichen Herkunft der Leviten aus Dedan vgl. H. Grimme, Der südarabische Levitismus und sein Verhältnis zum Levitismus in Israel, Le Muséon 37 (1924), 169–199. – R. de Vaux, "Lévites" minéens et lévites israélites, in: Junker-Festschrift, 1961, 265–273.
[24] BHH I 594; II 748; III 1801 f. – RGG VI 44 f. – IDB IV 376–378.

Doch jedenfalls ist dort das Verhältnis zwischen Jahwe und der Moseschar und damit die Konstituierung dieser zu seiner Verehrergemeinde endgültig festgelegt worden (vgl. § 6,2).

Die Behauptung, daß der Berg Jahwes im südlichen Teil der Sinai-Halbinsel gelegen haben[25], reicht bis in das 4. Jh. n. Chr. zurück und wird eben dadurch verdächtig, weil man damals zahlreiche heilige Stätten zu lokalisieren suchte und dies meist an falscher Stelle tat. Zudem ist es wenig wahrscheinlich, daß die Moseschar sich in die Nähe der dortigen ägyptischen Kupferminen begeben hätte, wo sie Gefahr lief, mit ägyptischen Truppen zusammenzustoßen. Ebensowenig kommt die Gegend von Qadesch in Frage[26], weil keine alte Überlieferung dorthin weist. Vielmehr weist alles auf das midianitische Gebiet hin; auch Dtn 33,2 f.; Jdc 5,4 f.; Hab 3,7; Ps 68,9 beziehen sich auf das Gebiet südöstlich und nicht südlich von Palästina. War Jahwe ursprünglich ein midianitischer Gott, so muß sein heiliger Berg im midianitischen Gebiet oder in dessen Umkreis gelegen haben. Dorthin könnte auch das in Num 33,3–49 verarbeitete Itinerar führen, wenn dessen Endpunkt der dann in Nordwestarabien liegende Sinai gewesen ist[27]. Eine Möglichkeit bietet sich in dem Chala' l-Bedr in Nordwestarabien, da sich alle Angaben der Überlieferung damit in Einklang bringen lassen[28]. Dagegen könnte die verhältnismäßig große Entfernung vom midianitischen Kerngebiet sprechen, wenn nicht J und E in Ex 18 ausdrücklich festhielten, daß der Sinai oder Gottesberg außerhalb des Hauptgebietes der Midianiter lag und von diesen besucht wurde (18,5 f. 27), und nach beiden Quellenschichten einst Mose über die Steppe hinaus dorthin gekommen ist (Ex 3,1). So spricht vieles für die letztgenannte Annahme.

Nach einem gewissen Aufenthalt am Berge Jahwes hat die Moseschar sich in Verfolgung ihres alten Planes nach Palästina aufgemacht. Der Weg führte sie durch das Ostjordanland, in dem Mose vor 1200

[25] Vgl. dazu neuerdings Y. Aharoni in: B. Rothenberg – Y. Aharoni – A. Hashimshoni, Die Wüste Gottes, 1961.

[26] Vgl. dazu neuerdings J. Gray, The Desert Sojourn of the Hebrews and the Sinai-Horeb-Tradition, VT 4 (1954), 148–154. – S. Mowinckel, Kadesj, Sinai og Jahwe, Norsk Geografisk Tidsskrift 9 (1942), 1–32.

[27] M. Noth, Der Wallfahrtsweg zum Sinai (4. Mose 33), PJB 36 (1940), 5–28.

[28] So schon W. J. Phythian-Adams, The Mount of God, PEFQSt 1930, 135–149. 192–209. – Ders., The Volcanic Phenomena of the Exodus, JPOS 12 (1932), 86–103. – Neuerdings J. Koenig, La localisation du Sinaï et les traditions du scribes, RHPhR 43 (1963), 2–31; 44 (1964), 200–235. – Ders., Itinéraires sinaïtiques en Arabie, RHR 166 (1964), 121–141. – Ders., Le Sinaï montagne de feu dans un désert de ténèbres, ebd. 167 (1965), 129–155. – Vgl. ferner H. Gese, Τὸ .δὲ ῾Αγὰρ Σινᾶ ὄρος ἐστίν ἐν τῇ ᾽Αραβίᾳ (Gal 4,25), in: Rost-Festschrift, 1967, 81–94.

gestorben ist. Die ihres Führers beraubte Gruppe ist in das West-
jordanland weitergezogen und in der mittelpalästinischen Stämmegruppe aufgegangen. Von dort aus hat sich die Jahwereligion unter
den Israeliten verbreitet.

3. Die Bedeutung Moses

Die Tradition verbindet die Anfänge der israelitischen Jahwereligion zutreffend mit der Gestalt Moses. Weder der Exodus noch
die neue religiöse Erkenntnis sind denkbar ohne ihn, der die Geschehnisse herbeiführen half, sie in überlegener Weise deutete und
die durch sie geweckten religiösen Kräfte lebendig zu halten und in
die rechte Richtung zu lenken suchte. Daher hat man sich in Israel
immer wieder bemüht, ihn dieser Bedeutung gemäß zu verstehen
und zu schildern. Doch die Beschreibung als Zauberer, Thaumaturg,
Priester oder Prophet wird dem schwerlich gerecht[29], so wenig wie
manche moderne Charakteristik, die ihn als eine der wenigen ganz
großen Stifterpersönlichkeiten der Religionsgeschichte überhaupt
hinstellt. Denn wenn die Jahwereligion den Rang einer Weltreligion
erreicht hat, ist das weniger das Werk und Verdienst Moses als
vielmehr das Ergebnis einer jahrhundertelangen Entwicklung. Umgekehrt läßt sich Moses Rolle als Religionsstifter schwerlich auf diejenige eines Urbildes für ein richterlich-prophetisches „Amt" ein-
engen oder gar unter Absehen von aller religionsgeschichtlichen
Erfahrung völlig bestreiten.

Mose ist wie die sog. Patriarchen die Gestalt einer Frühkultur, in
der das gesamte politische, rechtliche, soziale und kultische Handeln
weder spezialisiert und auf verschiedene Personen aufgeteilt noch
von der unmittelbaren Eingebung und der enthusiastischen Tat des
von der Gottheit Ergriffenen getrennt ist. Wie die Patriarchen ist
Mose als Offenbarungsempfänger, Kultstifter und inspirierter Führer
einer nomadischen (oder halbnomadischen) Gruppe zu verstehen. Als
solcher hat er eine Religion begründet, die in ihren Anfängen den
frühisraelitischen Sippenreligionen glich. Doch sie enthielt einen
schöpferischen Keim, der sich in der Folgezeit – nicht zuletzt in der
Auseinandersetzung mit den vorgegebenen religiösen Elementen
durch Ablehnung oder Integration – entfaltet hat, so daß aus dem

---

[29] Anders J. R. Porter, Moses and Monarchy, 1963: Mose in Anlehnung an
das israelitische Königtum geschildert.

Bekanntwerden mit einem ursprünglich midianitischen Berggott und aus einer nomadischen Sippenreligion ein neuer geschichtsmächtiger Glaube und eine Hochreligion erwuchsen.

§ 6 Die mosaische Jahwereligion

G. Fohrer, Das sogenannte apodiktisch formulierte Recht und der Dekalog, KuD 11 (1965), 49–74. – K. Galling, Die Erwählungstraditionen Israels, 1928. – O. Grether, Name und Wort Gottes im Alten Testament, 1934. – E. O. James, The Development of the Idea of God in the Old Testament, ET 47 (1935/36), 150–154. – E. Kutsch, Gesetz und Gnade, ZAW 79 (1967), 18–35. – V. Maag, Das Gottesverständnis des Alten Testaments, NThT 21 (1966/67), 161–207. – H. H. Rowley, Mose und der Monotheismus, ZAW 69 (1957), 1–21. C. F. Whitley, Covenant and Commandment in Israel, JNES 22 (1963), 37–48.

1. Jahwe

a) Der Name des Gottes Moses[1] ist in der Form יהוה (jhwh) sowohl im AT als auch in der moabitischen Mescha-Inschrift (9. Jh.) und in den Lachisch-Ostraka (588/87)[2] bezeugt. Die Aussprache Jahwe (nicht: Jahwo[3]) ist durch griechische Transkriptionen, wie das bei Theodoret und Clemens Alexandrinus vorkommende 'Ιαβε und 'Ιαουαι, und durch andere Belege als zutreffend erwiesen[4]. Die Kurzform Jahu ist nicht eine ältere Form, aus der Jahwe entstanden wäre; das ist philologisch nicht wahrscheinlich, während der umgekehrte Weg leicht verständlich ist[5]. So ist Jahu eine Abkürzung von Jahwe,

---

[1] RGG III 515 f. – IDB II 408–411.

[2] Mescha-Inschrift Z. 18. – Lachisch-Ostraka Nr. 2, Z. 2. 5; Nr. 3, Z. 3. 9; Nr. 4, Z. 1; Nr. 5, Z. 1. 8; Nr. 6, Z. 1. 12; Nr. 9, Z. 1.

[3] W. Vischer, Eher Jahwo als Jahwe, ThZ 16 (1960), 259–267. – L. Waterman, Method in the Study of the Tetragrammaton, AJSL 43 (1926), 1–7.

[4] B. Alfrink, La prononciation "Jehova" du tétragramme, OTS V, 1948, 43–62. – O. Eißfeldt, Neue Zeugnisse für die Aussprache des Tetragramms als Jahwe, ZAW 53 (1935), 59–76 (= Kleine Schriften, II 1963, 81–96). – G. J. Thierry, The Pronunciation of the Tetragrammaton, OTS V, 1948, 30–42.

[5] Vgl. dazu u. a. C. F. Burkitt, On the Name Yahweh, JBL 44 (1925), 353–356. – G. R. Driver, The Original Form of the Name "Yahweh"· Evidence and Conclusions, ZAW 46 (1928), 7–25. – B. D. Eerdmans, The Name Jahu, OTS V, 1948, 1–29. – M. Jastrow jr., The Origin of

wie Jah und Jô wiederum Kurzformen von Jahu sein dürften. Von ihnen begegnen Jah im AT als selbständiger Gottesname (z. B. Ex 15,2; 17,16; Jes 12,2), Jahu (Jehô) und Jô als Bestandteile von Personennamen[6].

Mehrfach hat man gemeint, daß der Name Jahwe – wenn auch in anderer Form – in altbabylonischen Urkunden, in früharamäischen Namen aus Mari oder in syrisch-aramäischen Namen des 8. Jh. vorkomme[7]. Jedoch bedeuten die Namen Ia-ú/wu-um-ilum *Mein ist der Gott* und Ia-ah-wi-ilum bzw. Ia-wi-ilum *Gott ist*[8]. Sie haben also nichts mit Jahwe zu tun.

Völlig strittig ist die Sinnerklärung des Namens Jahwe. Die Zahl der Deutungsversuche und Meinungen ist Legion, so daß es ein fast aussichtsloses Unterfangen wäre, sie sämtlich erfassen zu wollen. Dabei geht man entweder vom Wort Jahwe unmittelbar oder von der vielleicht dem E zuzuschreibenden Erklärung in Ex 3,14 aus. Erklärte man den Namen früher gern als *Der Fallende* oder *Der Fällende,* weil Jahwe ursprünglich Blitz-, Gewitter- und Sturmgott gewesen sei, so finden sich neuerdings folgende Deutungen: O *Er (ja-huwa)* als kultischer Schrei[9], *Er, der schöpft (hajā* hiph.) als Schöpfergott[10], *Der Erhalter*[11], *Ich werde leidenschaftlich lieben, wen*

---

the Form יה of the Divine Name, ZAW 16 (1896), 1–16. – E. König, Die formell-genetische Wechselbeziehung der beiden Wörter Jahweh und Jahu, ebd. 17 (1897), 172–179. – Ders., Ja-u und Jahu, ebd. 35 (1915), 45–52. – E. C. B. MacLaurin, YHWH, the Origin of the Tetragrammaton, VT 12 (1962), 439–463.

[6] Dagegen haben die Angehörigen der jüdischen Militärkolonie von Elephantine ihren Gott nie Jahu genannt. In der Zauberliteratur der ersten nachchristlichen Jahrhunderte findet sich oft 'Ιαω o. ä. als Name des jüdischen Gottes.

[7] So F. M. Cross, Jr., Yahweh and the God of the Patriarchs, HThR 55 (1962), 225–259. – Friedr. Delitzsch, Babel und Bibel, I 1902, 47. – G. R. Driver (Anm. 5). – A. Finet, Iawi-Ilâ, roi de Talḫayûm, Syria 41 (1964), 117–142. – J. Gray, The Legacy of Canaan, 1965², 181 f. – K. G. Kuhn, jw, jhw, jḥwh. Über die Entstehung des Namens Jahwe, in: Littmann-Festschrift, 1935, 25–42. – A. Murtonen, The Appearance of the Name *YHWH* outside Israel, 1951.

[8] W. von Soden, Jahwe „Er ist, Er erweist sich", WdO 3,3 (1966), 177–187.

[9] S. Mowinckel, The Name of the God of Moses, HUCA 32 (1961), 121 bis 133.

[10] C. F. Burkitt (Anm. 5). – F. M. Cross, Jr. (Anm. 7). – D. N. Freedman, The Name of the God of Moses, JBL 79 (1960), 151–156.

[11] J. Ph. Hyatt. Yahweh as "the God of my Father". VT 5 (1955), 130–136 („Erhalter des X"). – J. Obermann, The Divine Name *YHWH* in the Light of Recent Discoveries, JBL 68 (1949), 301–323.

ich liebe[12], die Betonung der Wirklichkeit Gottes[13], seiner gleichbleibenden Gegenwart[14], seiner Aktualität und Existentialität[15], der unbestimmbaren Seinsfülle[16], *Wesen*[17], das Sein im Sinne tätiger Existenz[18], *Er ist*[19], '*Ich bin*' — *das ist es, was ich bin*[20], *Er ist, Er erweist sich* als Dankname[21].

Nach der einzigen israelitischen Erklärung in Ex 3,14 drückt der Name aus, daß dieser Gott einer ist, von dem man das היה *(hajā)* in vollem Maße aussagen kann[22]. Da das Verb im Hebräischen nicht einfach ein statisches Sein, sondern ein dynamisches Wirksamsein meint, wird Jahwe eine dynamische, tatkräftige, wirksame Existenz zugeschrieben. Das durch den „Namen" ausgedrückte Wesen Jahwes ist eine Einheit von Sein, Werden und Wirken – eine wirkende Existenz, die im stetigen Werden begriffen ist und doch mit sich selbst identisch bleibt. An dieser verhältnismäßig späten israelitischen Erklärung ist sicherlich richtig, daß das Wort Jahwe vom Verb היה (הוה) hergeleitet wird. Da es ferner weder ein daraus gebildetes Substantiv noch ein Partizip noch eine kausative Hiphil-Form, sondern eine altertümliche Qal-Form darstellt[23], bedeutet es *Er ist* im Sinne der wirkenden Existenz. Es handelt sich also im strengen Sinn gar nicht um einen Eigennamen. Die Bezeichnung *Jahwe* kennzeichnet vielmehr den Gott Moses als wirkende Macht, wobei diese Wirksamkeit sich vorerst ganz auf Leben und Geschick von Völkern und Menschen und erst später auf Natur und Schöpfung bezieht. Diese Bezeichnung ist wie der Titel Baal für den Gott Hadad geradezu wie ein Eigenname verwendet worden.

---

[12] S. D. Goitein, *YHWH* the Passionate, VT 6 (1956), 1–9.
[13] J. Hänel, Jahwe, NkZ 40 (1929), 608–641. – J. Lindblom, Noch einmal die Deutung des Jahwenamens in Ex 3,14, ASTI 3 (1964), 4–15.
[14] R. Abba, The Divine Name Yahweh, JBL 80 (1961), 320–328.
[15] Th. C. Vriezen. 'Ehje 'ašer 'ehje, in: Bertholet-Festschrift, 1950, 498–512.
[16] O. Eißfeldt, 'Äheʸäh 'ašär 'äheʸäh und 'Ēl 'ôlām, FF 39 (1965), 298–300.
[17] L. Köhler (– W. Baumgartner), Lexicon in Veteris Testamenti Libros, 1953, 368 f.
[18] R. Mayer, Der Gottesname Jahwe im Lichte der neuesten Forschung, BZ NF 2 (1958), 26–53.
[19] E. Dhorme, Le nom du Dieu d'Israël, RHR 141 (1952), 5–18.
[20] W. A. Irwin, Exod. 3,14, AJSL 56 (1939), 297 f.
[21] W. von Soden (Anm. 8).
[22] C. H. Ratschow, Werden und Wirken, 1941.
[23] W. von Soden (Anm. 8), 182 f.

b) Anders als die meisten altorientalischen Gottheiten ist Jahwe ein Einzelgott. Weder steht er einem Pantheon vor oder gehört einem solchen an – nur einen himmlischen Hofstaat schreibt man ihm später zu –, noch werden ihm Gemahlin, Sohn oder Tochter beigegeben. So sehr ist dies eine Eigenart seines Wesens, daß der Versuch, ihm eine Göttin an die Seite zu stellen, erfolglos blieb (I Reg 15,13).

Jahwe ist so wenig wie die Patriarchengötter an einen festen Aufenthaltsort gebunden. Er ist kein Lokal- oder Landesgott, sondern der die ihm verbundene Menschengruppe begleitende oder zu ihr eilende Gott, später der Volksgott. Wenn in der alten Zeit an einen Aufenthaltsort gedacht ist, dann an den Himmel, von dem er auf den Gottesberg hinabfährt, um dort zu erscheinen, seine Verehrer auf der Wanderung zu begleiten oder im Kulturlande, am Meer und in der Steppe seine Taten zu wirken.

In der ihm verbundenen Gruppe duldet Jahwe keine anderen Götter neben sich, sondern beansprucht seine Verehrer für sich allein. Dazu ist er berechtigt, weil er den Zug der Moseschar begleitet und weil er mächtiger als die anderen Götter ist, wie es sich beim Exodus erwiesen hat. Gewiß haben andere Völker andere Götter, doch Jahwe überragt sie alle, und die Moseschar soll ihm allein dienen. Die mosaische Jahwereligion hat also keinen theoretischen Monotheismus gekannt, der das Dasein anderer Götter bestreitet. Ebensowenig trifft der oft verwendete Begriff Henotheismus zu, weil er einen Glauben an mehrere einzelne, abwechselnd als höchste hervortretende Götter meint[24]. Richtiger muß man von einem Monojahwismus oder praktischen Monotheismus sprechen[25].

Jahwe wird ausschließlich menschengestaltig vorgestellt – für eine spätere Theologie ist umgekehrt der Mensch nach seinem Bilde geschaffen (Gen 1,26 f.) –, während die altorientalischen Götter außerdem oder nur in Gestalten erscheinen, die von astralen bis zu tier- und pflanzenähnlichen Formen reichen. Ferner denkt man sich Jahwe mit menschenartigen Zügen wie Liebe und Haß, Freude und Sorge, Vergebung und Rache ausgestattet. Gerade dies war für den ein-

---

[24] RGG III 225.
[25] Vgl. ferner B. Balscheit, Alter und Aufkommen des Monotheismus in der israelitischen Religion, 1938. – V. Hamp, Monotheismus im Alten Testament, BEThL XII, 1959, 516–521. – W. L. Wardle, The Origins of Hebrew Monotheism, ZAW 43 (1925), 193–209.

fachen Israeliten wichtig, der konkrete Vorstellungsbilder brauchte.
Sein Gott verstand seine menschlich-allzumenschlichen Gefühle und
Handlungen, weil er selber lieben und hassen konnte. Dennoch war
in ihm keine der menschlichen Schwachheiten und Fehler verkörpert wie in den homerischen Göttern. Er konnte nicht wie diese
verspottet werden, denn er blieb stets erhabene Gottheit[26].

Auch befremdliche Züge finden sich in seinem Wesen. Er ist leidenschaftlich und grimmig, oft nicht durch das stille und verborgene
Walten, sondern durch die aufflammende Gewaltsamkeit seines Eingreifens gekennzeichnet. Darum hat man geradezu von dem „Dämonischen" in Jahwe gesprochen[27]. Treffender versteht man diese
Züge als Ausdruck des Irrationalen in Jahwe, der zugleich gegenüber dem Menschlich-Vergänglichen von der Energie der göttlichen
Selbstdurchsetzung geprägt ist.

Zugleich ist Jahwe ein Gott ethischen Willens, der unbedingtes
Vertrauen und völligen Gehorsam verlangt. Er ist ein Gott des
Rechts und der Gerechtigkeit, der Sitte und Sittlichkeit. Seine Forderungen betreffen nicht nur das Verhältnis des Menschen zu ihm
selber, sondern auch zum Mitmenschen und zum Gemeinschafts-
leben.

Nach dieser Charakteristik unterscheidet sich der Gott der
mosaischen Jahwereligion sicherlich erheblich von dem midianitischen
Berggott, den Mose einmal kennengelernt hat. Er hat mit diesem
nicht viel mehr gemeinsam als 1. die Bezeichnung Jahwe, die in
dieser oder einer ähnlichen Form neben dem nicht erhaltenen Namen
des midianitischen Gottes gebraucht worden sein mag, 2. den Ort der
ersten Offenbarung und 3. vielleicht gewisse leidenschaftliche und
gewalttätige Züge. Angesichts der Beziehungen Moses zu Ägypten
hat dieser möglicherweise an die ägyptische Religion angeknüpft[28]
1. in der Vorstellung von einem einzigen Gott für einen Menschen
oder ein Volk und 2. in der Vorstellung von einer Herrschaft Gottes,

---

[26] J. Hempel, Die Grenzen des Anthropomorphismus Jahwes im Alten
Testament, ZAW 57 (1939), 75–85.
[27] P. Volz, Das Dämonische in Jahwe, 1924.
[28] Weitergehende Annahmen sind unwahrscheinlich, so D. Völter, Die Herkunft Jahwes, ZAW 37 (1917/18), 126–133: Jahwe mit dem ursprünglichen Nomadengott Sopd identisch. – N. Walker, Yahwism and the
Divine Name "YHWH", ebd. 70 (1958), 262–265: Jahwe aus Übersetzung des ägyptischen „Mond" mit der Zufügung „eins", daher „Ein-
Jah".

die über lokale und sogar irdische Grenzen hinausreicht. Schließlich
liegen Beziehungen zur nomadisch-frühisraelitischen Religion vor:
1. die Verbindung der Gotteserscheinung mit Bergen und Unwettern,
die besonders dem Nomaden als göttliche Manifestation erscheinen
mußten, 2. die enge Verbindung zwischen der Gottheit und ihren
Verehrern, die sich z. B. in Personennamen ausdrückt, und 3. die
dauernde Beziehung zwischen der Gottheit und ihrem Verehrerkreis, die durch ein Verwandtschaftsverhältnis ausgedrückt wird.

Die Eigenart Jahwes gegenüber der altorientalischen Götterwelt
liegt nicht in den auf solchen Anknüpfungen beruhenden Zügen,
sondern 1. darin, daß Jahwe nicht im Zyklus des natürlichen Geschehens wirkt und in diesem Wirken aufgeht, sondern daß sein
Handeln sich unmittelbar auf das Geschick von Völkern und Menschen bezieht, als solches immer und nicht nur zu bestimmten Jahreszeiten erfolgen kann und dadurch den Kreislauf des Naturgeschehens
durchbricht; 2. darin, daß Jahwe ein Gott ethischer Forderungen
ist, dem der Mensch nicht im Kultus Genüge tun kann und dessen
Kräfte er nicht auf diesem Wege zu erlangen vermag, daß Jahwe
vielmehr Gehorsam und Vertrauen verlangt, auf diese Weise seinen
Anspruch erhebt und Entscheidung fordert.

2. Das Verhältnis zwischen Gott und Mensch

Nach einer verbreiteten Auffassung wurde die Beziehung zwischen
Jahwe und der Moseschar endgültig durch den „Bund" konstituiert,
der nach der Überlieferung am Berge Jahwes geschlossen worden ist.
In der Tat ist die endgültige Herstellung der Beziehung eng mit dem
Geschehen an jenem Berge verbunden, jedoch erfolgte sie nicht mittels eines „Bundes" (בְּרִית, b^{e}rît). Eher diente das kultische Mahl, von
dem N in Ex 24,9–11 erzählt, diesem Zweck. Zwar erwähnen. J im
Zusammenhang mit dem sog. kultischen Dekalog in Ex 34,10.27f.
und E im Zusammenhang mit der Verpflichtung des Volkes in
Ex 24,7 f. ausdrücklich eine בְּרִית (b^{e}rît). Aber das hebräische Wort
bedeutet nicht „Bund, Vertrag", sondern in einem solchen religiösen
Rahmen entweder die Selbstverpflichtung Jahwes in Form einer Zu-
sage oder die von Jahwe dem Menschen auferlegte Verpflichtung
(Kutsch). J und E meinen eindeutig die letztere Bedeutung: die
Israel am Berge Jahwes auferlegte Verpflichtung. Inhaltlich war die
Verpflichtung bei J durch den sog. kultischen Dekalog (Ex 34,14–26)

und bei E durch den sog. ethischen Dekalog (Ex 20,1–17, worauf sich 24,7 f. ursprünglich bezogen hat) bestimmt.

Durch diese Begriffsbestimmung wird zugleich der Hinweis auf die hetitischen Vasallenverträge hinfällig, die man neuerdings herangezogen und aus denen man auf Grund der angeblichen Parallelität zwischen ihrem Schema und alttestamentlichen Texten, besonders den Dekalogen in Ex 20 und 34, ferner Dtn 4; 29 f. und Jos 24, eine Gattung der „Bundes"-Urkunden, das „Bundesformular", erarbeitet hat[29]. Vasallenverträge und „Bundesformular" enthalten danach: Eröffnungsformel, Vorgeschichte des Vertragsschlusses, Grundsatzerklärung, Einzelbedingungen, Liste der Vertragszeugen, Segen und Fluch. Im AT erscheine diese den Vasallenverträgen analoge Form des „Bundes" gleichbleibend von der ältesten bis in die jüngste Zeit.

Auch abgesehen davon, daß die Bedeutung „Bund, Vertrag" hinfällig ist, besteht die Parallelität in Wirklichkeit gar nicht[30] und ist die Sinai-überlieferung nicht nach dem Vertragsmodell gestaltet. Wieder abgesehen davon, daß es sich nicht um eine auf das Hetiterreich beschränkte, sondern um eine dem Alten Orient gemeinsame Vertragsform handelt[31], so daß eine „Bundes"-Vorstellung auf den zeitgenössischen Verhältnissen einer viel jüngeren Zeit und etwaige Parallelen in den Sinaierzählungen auf deren Bearbeitung und Überformung beruhen könnten, ist es schwer vorstellbar, daß die Moseschar im Wüstengebiet Nordarabiens zu hetitischen, mesopotamischen oder syrischen außenpolitischen Verträgen einen Zugang gehabt haben sollte. Eine Überprüfung ergibt denn auch, daß das Vertragsschema den auf den angeblichen Sinai-„Bund" bezüglichen Texten nicht zugrunde liegt und die angeblichen Parallelen fragwürdig sind. Die Selbsteinführung *Ich bin Jahwe* (Ex 20,2) ist gattungsmäßig dem *So* (spricht) *die Sonne Murschilisch* nicht gleich, die Parallele hierzu wäre vielmehr *So spricht Jahwe*. Ebensowenig ist die Erwähnung des Exodus der Vorgeschichte des Vertragsschlusses analog (z. B. *obwohl du krank warst, habe ich, die Sonne, dich doch in die Stellung deines Vaters eingesetzt*) oder entspricht das Verhältnis Jahwe–Israel demjenigen von Oberherr–Vasall. Daß die Sinaiüberlieferung auf andere Zusammenhänge hinweist, folgt endlich daraus, daß ein Sinai-„Bund" während der folgenden Jahrhunderte in Palästina trotz der rechtlich-staatlichen Voraussetzungen für eine Vertragstheorie keine Rolle gespielt hat[32].

[29] Vor allem K. Baltzer, Das Bundesformular, 1960. – G. E. Mendenhall, Recht und Bund in Israel und im Alten Vorderen Orient, 1960. – Vgl. die Übersichten in RGG I 1513–1516 und D. J. McCarthy, Der Gottesbund im Alten Testament, 1966.

[30] Vgl. vor allem F. Nötscher, Bundesformular und „Amtsschimmel", BZ NF 9 (1965), 181–214.

[31] D. J. McCarthy, Treaty and Covenant, 1963.

[32] A. Jepsen, Berith, in: Rudolph-Festschrift, 1961, 161–179. – R. Kraetzschmar, Die Bundesvorstellung im Alten Testament in ihrer geschichtlichen Entwicklung, 1896. – J. J. P. Valeton, Bedeutung und Stellung des

Das Sinaigeschehen läßt sich nicht anders als der gleiche Akt in den frühisraelitischen Sippenreligionen verstehen, denen die mosaische Jahwereligion zunächst entsprochen hat. Es war ein einmaliges Geschehnis, das die ständige Beziehung zwischen Jahwe und der Moseschar im Sinne einer fortdauernden Lebensgemeinschaft begründen sollte. Die am Berge Jahwes konstituierte Lebensgemeinschaft galt als Verwandtschaftsverhältnis, in dem die Moseschar den עַם ('ăm) Jahwes, also seine Verwandtschaft oder Familie, darstellt. Es spricht denn auch manches dafür, daß sie eben diesen Ausdruck *Verwandtschaft, Familie (Volk)* Jahwes nach Palästina mitgebracht hat[33]. Auffälligerweise finden sich Suffixformen von עַם, in denen das Suffix Jahwe bezeichnet, in gehäuftem Maße gerade in der Exodusüberlieferung (Ex 3,7.10; 5,1.23; 7,16; 8,16 ff.; 9,1.13; 10,3).

Kennzeichnend für die Struktur des auf solche Weise konstituierten Verhältnisses zwischen Jahwe und dem Kreis seiner Anhänger sind mehrere Züge, die für die Jahwereligion während ihrer weiteren Geschichte eigentümlich geblieben sind:

a) die personale Struktur des Verhältnisses, die bereits in den Sippenreligionen begegnete und später am deutlichsten in der Prophetie erkennbar ist;

b) das Miteinander einerseits der Herrschaft Jahwes über die mit ihm verbundenen Menschen, wie sie sich in dem Anspruch seiner alleinigen Anerkennung ausdrückt und sich später zum Herrschaftsanspruch über alle Welt ausweitet, und andererseits der Gemeinschaft zwischen ihm und seinen Verehrern bzw. später mit allen, die ihn anerkennen;

c) das Handeln Jahwes im Leben der Völker und Menschen, deren Geschicke er lenkt und bestimmt, wobei schon die Deutung des Exodus seine Macht auch über Ägypten bezeugt;

d) die Korrelation oder Wechselbeziehung zwischen dem Handeln Jahwes, der danach erfolgenden Entscheidung und dem Verhalten des Menschen und den daraufhin wieder vorgenommenen Maß-

---

Wortes ברית im Priestercodex, ZAW 12 (1892), 1–22. – Ders., Das Wort ברית in den jehovistischen und deuteronomischen Stücken des Hexateuchs, sowie in den verwandten historischen Büchern, ebd. 224–260. – Ders., Das Wort ברית bei den Propheten und in den Ketubim. – Resultat, ebd. 13 (1893), 245–279.

[33] R. Smend, Die Bundesformel, 1963, 16.

nahmen Jahwes; zwischen den Absichten, Entschlüssen und Taten
beider besteht ein Einklang, da alles Handeln des einen mit Rücksicht oder im Hinblick auf den anderen geschieht, so daß die Geschichte des Menschen in seinem Verhältnis zu Jahwe eine Entscheidungsgeschichte darstellt.

3. Kultus und Ethos

a) Im Blick auf den Kultus ist eine wichtige Einschränkung an den
Anfang zu stellen: der bildlose Charakter der mosaischen Jahwereligion, der für alle Zeit einer ihrer Grundzüge geblieben ist[34]. Wie
kein Eigenname Jahwes angegeben wird, so darf es keine Darstellung in sichtbarer und greifbarer Form geben. Denn wie die Kenntnis des Namens dem Wissenden die magische Verfügungsgewalt über
seine Träger verliehe, so könnte die hantierbare Konzentration von
„Macht" in einem Gottesbild den menschlichen Interessen mittels des
Kultus dienstbar gemacht werden. Gewiß hat es in Palästina gelegentlich Abweichungen von dem Grundsatz der Bildlosigkeit gegeben wie das Bild Michas (Jdc 17), die eherne Schlange (Num 21,8 f.;
II Reg 18,4) oder die Stierbilder Jerobeams I. (I Reg 12,28 f.), die
die in die Wüstenzeit zurückprojizierte Erzählung vom goldenen
Stier am Gottesberg verurteilen sollte (Ex 32). In allen Fällen scheint
fremder, besonders kanaanäischer Einfluß wirksam gewesen zu sein,
der über kurz oder lang Widerstand geweckt hat und ausgemerzt
worden ist.

Mit weiteren konkreten Angaben über den Kultus der Moseschar
gilt es vorsichtig zu sein. Denn die Anordnungen in Ex 34,14 ff. und
das sog. Bundesbuch Ex 20,24–23,9 sind – abgesehen vielleicht von
Ex 20,24–26 (vgl. § 4,2) – in Palästina während der Königszeit, diejenigen in Dtn 27,15 ff. sogar erst in der Zeit der deuteronomischen
Theologie entstanden. Teilweise sind sie das Ergebnis eines Kompro-
misses zwischen der Jahwereligion, den Resten der Sippenreligionen
und der kanaanäischen Religion, so daß sie nichts für den mosaischen
Jahwekultus besagen.

Sicher ist das von den Leviten mitgebrachte Losorakel der Urim
und Tummim gebraucht worden, das in einer Tasche aufbewahrt

---

[34] K.-H. Bernhardt, Gott und Bild, 1956. – A. Kruyswijk, "Gen gesneden
beeld...", 1962.

wurde[35]. Es ist die einfachste Orakelform, bei der der Gottheit eine
mit Ja oder Nein zu beantwortende Frage vorgelegt werden mußte
und das Erscheinen des ersten Orakels eine negative Antwort (*'ûrîm
verflucht*), das des zweiten eine positive Antwort bedeutete (*tummîm*
vielleicht *unschuldig*).

Trotz der anderen Auffassungen in Jer 7,22 und in dem vielleicht
deuteronomistischen Fragesatz Am 5,25 sind doch wohl Opfer dargebracht worden. Denn das Opfer war ein wesentliches Mittel, um
der Gottheit eine Gabe darzubringen, ihr zu huldigen oder sich etwas
von ihr zu erbitten (vgl. im einzelnen § 16,4). Es begleitete jedes
wichtige Ereignis. In der Form des Schlachtopfers stellte es zudem
eine enge Gemeinschaft zwischen der Gottheit und dem Opfernden
her, die durch das Verzehren des Opferfleisches und das gleichzeitige
Darbringen eines Teils des Tieres für die Gottheit zustande kam.
Allerdings hat das Opfer noch nicht eine solche große Rolle wie
später in Palästina gespielt; erst dort sind weitere Opferarten wie
das Brandopfer hinzugetreten und ist das Ritual ausgebildet worden.

Obschon es mehrere Auffassungen über den Ursprung der Lade
gibt, wird sie nicht selten als ein heiliges Requisit der Moseschar
betrachtet, für dessen Schutz jenes Zelt bestimmt war, in dem sich
gerade wegen der in ihm enthaltenen Lade die Begegnungen mit
Jahwe ereigneten[36]. Jedoch hat erst P beide zusammengefaßt[37]. Zudem scheint die Lade gar kein Palladium der Moseschar gewesen,
vielmehr ganz anderen Zusammenhängen zuzuordnen zu sein (vgl.
§ 10,1). Anders verhält es sich mit dem Zelt, das als eine Art Wanderheiligtum gelten kann und nach arabischen Parallelen klein und leer
gewesen sein dürfte. Es hat in erster Linie als Offenbarungsstätte
gedient, an der man das Losorakel oder den göttlichen Entscheid in
schwer zu lösenden Fragen und Rechtsfällen einholte.

[35] BHH I 420; II 1103. – RGG IV 1664–1666; VI 1193 f. – IDB IV 739 f.
   – E. Robertson, The 'Ûrīm and Tummīm; What are they?, VT 14 (1964),
   67–74.
[36] R. de Vaux, Arche d'alliance et Tente de réunion, in: Gelin-Gedenk-
   schrift, 1961, 55–70.
[37] M. Haran, The Tent of Meeting, Tarbiz 25 (1955/56), 11–20. – Ders.,
   The Nature of the "'Ohel Mô'ēdh" in Pentateuchal Sources, JSS 5 (1960),
   50–65. – G. von Rad, Zelt und Lade, NkZ 42 (1931), 476–498 (= Gesammelte Studien zum Alten Testament, 1958, 109–129). – L. Rost, Die
   Wohnstätte des Zeugnisses, in: Baumgärtel-Festschrift, 1959, 158–165. –
   E. Sellin, Das Zelt Jahwes, in: Kittel-Festschrift, 1913, 168–192.

Zweifellos hat die mosaische Jahwereligion ein gewisses Maß an Kultus gekannt. Er trat zwar in der nomadisch bestimmten Moseschar nicht so stark hervor wie in den altorientalischen Religionen des Kulturlandes und im späteren palästinischen Israel, bot aber hinreichende Anknüpfungspunkte für die Weiterentwicklung zu einer ausgesprochenen Kultfrömmigkeit (§ 13,4).

b) Das Ethos hat man seit der Unterscheidung des apodiktisch und des kasuistisch formulierten Rechts durch Alt[38] weithin unter dem Gesichtspunkt beurteilt, daß die als apodiktisch bezeichneten Rechtssätze, die vorwiegend in kürzeren oder längeren Reihen von gleichartig aufgebauten Sätzen überliefert sind, eigentümlich und genuin israelitisch und jahwistisch seien und daß ihre kategorischen Anordnungen der strengen Bezogenheit auf den göttlichen Willen entsprechen. Manchmal bezeichnet man sie in nicht unbedenklicher Weise kurzerhand als Gottesrecht. Demgegenüber kann inzwischen als nachgewiesen gelten: 1. daß derartige Sätze nicht genuin israelitisch und jahwistisch sind, sondern sich anderwärts ebenso finden – sei es in mesopotamischen und hetitischen Texten oder sogar gemeinsemitisch als Ausdruck des Sippenethos[39], sei es überall als Urform menschlicher Anordnung; 2. daß bislang die Bildung von Reihen gleichartig geformter Gebots- oder Verbotssätze, die gern 10 Glieder enthalten, für den nomadischen (oder halbnomadischen) Lebensbereich des Alten Orients belegbar ist (vgl. Lev 18,7 ff.; § 2,4); 3. daß diese Reihen eigentlich nicht Rechtssätze, sondern Lebens- und Verhaltensregeln umfassen, so daß sie einer Eigenart der Jahwereligion entgegenkommen, die nicht eine Religion des Rechts, sondern eine

---

[38] A. Alt, Die Ursprünge des israelitischen Rechts, 1934 (= Kleine Schriften zur Geschichte des Volkes Israel, I 1953, 278–332). – K. Rabast, Das apodiktische Recht im Deuteronomium und im Heiligkeitsgesetz, 1948. – Noch weiter geht H. Graf Reventlow, Kultisches Recht im Alten Testament, ZThK 60 (1963), 267–304.

[39] G. J. Botterweck, Form- und überlieferungsgeschichtliche Studie zum Dekalog, Concilium 1 (1965), 392–401. – F. Ch. Fensham, The Possibility of the Presence of Casuistic Legal Material at the Making of the Covenant at Sinai, PEQ 93 (1961), 143–146. – Ch. Feucht, Untersuchungen zum Heiligkeitsgesetz, 1964. – E. Gerstenberger, Wesen und Herkunft des „apodiktischen Rechts", 1965. – G. Heinemann, Untersuchungen zum apodiktischen Recht, Diss. Hamburg 1958. – R. Hentschke, Erwägungen zur israelitischen Rechtsgeschichte, Theologia Viatorum 10 (1965/66), 108 bis 133. – R. Kilian, Apodiktisches und kasuistisches Recht im Licht ägyptischer Analogien, BZ NF 7 (1963), 185–202.

solche des Lebens und Verhaltens nach den geheiligten, gottgewollten Regeln ist[40].

Freilich ist es nicht möglich, dem Mose mit Sicherheit auch nur eine einzige Lebens- und Verhaltensregel in apodiktischer Form zuzuschreiben. Zwar führt man häufig den sog. ethischen Dekalog Ex 20,1–17 an, muß dann aber – abgesehen von der Ausscheidung der späteren Erweiterungen – einschneidende Textänderungen vornehmen, um einen Urdekalog mit 10 gleichmäßig gebauten Sätzen herzustellen, die entweder eine Kurzfassung aus je zwei Wörtern[41] oder eine einheitliche längere Fassung unter Erweiterung der Kurzverbote und Umwandlung der Gebote bilden[42]. Eher ist anzunehmen, daß der Dekalog sekundär, vielleicht von E, auswahlweise aus drei anderen Reihen zusammengestellt worden ist[43]. Der Mosezeit können die ersten drei Verbote entstammen:

> Du sollst keinen 'anderen' Gott haben[44].
> Du sollst dir kein Gottesbild machen.
> Du sollst den Jahwenamen nicht zu Nichtigem aussprechen.

Auf Mose können ferner Verbote von Kinderopfern, Zauberei und Sodomie als Teile religiöser Zeremonien zurückgehen. Doch muß damit gerechnet werden, daß große Teile der apodiktischen Lebens- und Verhaltensregeln nicht von der Moseschar nach Palästina gebracht worden sind, sondern entweder wie Lev 18,7 ff. aus einer nichtjahwistischen nomadischen Umwelt stammen und der Jahwereligion integriert worden oder erst nach deren Heimischwerden in Palästina als Nachbildung der alten Formen entstanden sind.

Jedenfalls ist mit derartigen Regeln ein bestimmter Weg beschritten worden, der zu einem Ziele führte, an das Mose schwerlich gedacht hat: zu einem umfassenden System von Geboten und Verboten, die das ganze Leben des Volkes und des einzelnen Menschen regeln, wie es die jüdische Gesetzesfrömmigkeit beabsichtigt.

4. Ausblick

Die mosaische Jahwereligion ist nach den beiden vorgegebenen religiösen Elementen, dem nomadischen und dem kanaanäischen

---

[40] G. Fohrer.
[41] B. Couroyer, L'Exode, 1952, 97.
[42] A. Alt und K. Rabast (Anm. 38).
[43] G. Fohrer. – S-F § 8,2.
[44] Das jetzt den Satz schließende *neben mir* bzw. *gegen mich* ist eine spätere Erweiterung.

Element, der erste Impuls für die Geschichte der israelitischen Religion geworden, der die letztere in Auseinandersetzung mit den beiden vorgegebenen Elementen geformt und sich dabei den Versuchen einer weitgehenden Assimilation an diese widersetzt hat. War sie zunächst der Glaube einer kleinen nomadischen Schar, so erwies sie sich bald als so lebendig und lebenskräftig, daß sie die israelitischen Stämme in Palästina für sich gewann.

Ihre tiefsten Kräfte haben sich allerdings langsam entfaltet. Einmal bot ihr Kultus zwar einen Ansatzpunkt für das Entstehen einer rein kultisch bestimmten Jahwefrömmigkeit, die verhältnismäßig geringe Rolle aber auch die Möglichkeit für einen Glauben, der sein Ziel nicht in der kultischen Feier erblickte, die über die Forderungen des Tages in die göttliche Sphäre hinaushebt, sondern in der Hingabe an den göttlichen Willen im Leben des Alltags gemäß dem ethischen Grundzug des Wesens Jahwes. Ferner mußte die Schaffung einer Lebensordnung durch apodiktische Regeln keineswegs notwendig zu einer Gesetzesfrömmigkeit führen, sondern konnte angesichts der meist negativen Formulierung in Verboten zur Konzentration in großen positiven Forderungen herausfordern, die das Ganze des göttlichen Willens ausdrücken. In beiden Fällen wird, nachdem vorerst kleine Gruppen die jeweils zweite Richtung verfolgen, deren Ziel erst von den großen Einzelpropheten gesehen und erreicht. Die Dynamik des weiteren Verfolgens der ihr eigenen Richtung und die Auseinandersetzung mit anderen Elementen sind für die Geschichte der Jahwereligion während der palästinisch-vorstaatlichen und der Königszeit kennzeichnend.

3. Kapitel

Die Jahwereligion
der palästinisch-vorstaatlichen Zeit

§ 7 Der geschichtliche und religionsgeschichtliche Hintergrund

J. Dus, Ein richterzeitliches Stierbildheiligtum zu Bethel? Die Aufeinanderfolge der frühisraelitischen Zentralkultstätten, ZAW 77 (1965), 268 bis 286. – G. Fohrer, Altes Testament – „Amphiktyonie" und „Bund"?, ThLZ 91 (1966), 801–816. 893–904. – C. H. J. de Geus, De richteren van Israël, NThT 20 (1965), 81–100. – S. Herrmann, Das Werden Israels, ThLZ 87 (1962), 561–574. – F. Horst, Zwei Begriffe für Eigentum (Besitz):

נְחֲלָה und אֲחֻזָה , in: Rudolph-Festschrift, 1961, 135–156. – W. H. Irwin, Le sanctuaire central israélite avant l'établissement de la monarchie, RB 72 (1965), 161–184. – M. Noth, Das System der zwölf Stämme Israels, 1930. – H. M. Orlinsky, The Tribal System of Israel and Related Groups in the Period of the Judges, Oriens Antiquus 1 (1962), 11–20. – Th. H. Robinson, Some Economic and Social Factors in the History of Israel, ET 45 (1933/34), 264–269. 294–300. – H. Seebass, Der Erzvater Israel und die Einführung der Jahweverehrung in Kanaan, 1966. – H.-J. Zobel, Stammesspruch und Geschichte, 1965. – A. H. van Zyl, The Relationship of the Israelite Tribes to the Indigenous Population of Canaan according to the Book of Judges, OuTWP 1959, 51–60.

1. Übernahme und Ausbreitung der Jahwereligion

Im Spätstadium des Seßhaftwerdens der israelitischen Stämme in Palästina gelangte die Moseschar – und mit ihr die mosaische Jahwereligion – nach Palästina, wo sie in der mittelpalästinischen Stämmegruppe des „Hauses Joseph" aufgegangen ist. Dieses scheint sich bald dem neuen Glauben angeschlossen zu haben, da er sich ihm in Landnahme- und Selbstbehauptungskämpfen bewährte und sich dadurch als der „richtige" Glaube erwies. Sowohl infolge des politisch-militärischen Übergewichts der mittelpalästinischen Stämmegruppe als auch infolge der Tätigkeit der Leviten, die die Jahwereligion missionierend im Lande verbreiteten, hat diese sich schnell unter den anderen israelitischen Stämmen Anerkennung verschafft. Bereits um die Mitte des 12. Jh. v. Chr. dürfte dieser Vorgang im wesentlichen abgeschlossen gewesen sein.

Einen Einblick in seinen Verlauf bei der mittelpalästinischen Stämmegruppe gewährt die Josuaüberlieferung. Josua[1], der erst nachträglich mit Mose verknüpft worden ist, war ein Angehöriger jener Stämmegruppe im 12. Jh. v. Chr. Aus den wenigen geschichtlichen Anhaltspunkten der Überlieferung läßt sich immerhin die große Rolle erkennen, die er in der Schlacht bei Gibeon und Ajjalon gespielt hat. Den dortigen Sieg hat er unter dem Panier des Gottes Jahwe errungen, der nach dem Glauben der Krieger selbst in das Ringen eingegriffen hat (Jos 10,1–15). Ferner scheinen die Bemerkungen Jos 17,14–18, nach denen sich die mittelpalästinische Stämmegruppe wegen der Erweiterung ihres Landbesitzes an Josua wendet,

---

[1] BHH II 894 f. – RGG III 872 f. – IDB 995 f. – A. Alt, Josua, in: BZAW 66, 1936, 13–29 (= Kleine Schriften zur Geschichte des Volkes Israel, I 1953, 176–192).

diesen als Stammesführer vorauszusetzen. So ist er wie andere „Richter" ein Stammesheld und Heerführer gewesen, der sich auf Grund seiner Erfolge zum Stammesführer aufschwingen konnte. Deswegen vermochte er schließlich seinen Stamm, wenn nicht gar die mittelpalästinische Stämmegruppe, auf die Jahwereligion zu verpflichten, wie die ursprüngliche Fassung von Jos 24 erzählt hat. Denn zwar ist die Erzählung in ihrer jetzigen Gestalt deuteronomistisch und liegt dieser eine ältere Darstellung zugrunde, die wie die anderen Sagen des Buches Josua ein Großisrael unter einheitlicher Führung durch Josua voraussetzt; letztlich aber geht sie auf eine Stammeserzählung zurück. Letztere bezog sich nicht auf ein in Sichem regelmäßig begangenes „Bundesfest", sondern schilderte einen geschichtlichen Vorgang: die einmalige Verpflichtung des eigenen Stammes oder der Stämmegruppe durch Josua auf Jahwe, in dessen Namen er seine Erfolge errungen hatte und zum Stammesführer aufgestiegen war.

Nicht viel später wiederholte sich das Bekenntnis zu Jahwe auf Grund eines Sieges: nach der Schlacht gegen die Kanaanäer in der Jezreelebene, die das mitreißende religiöse Siegeslied Jdc 5 feiert. Unter der Führung von Barak und Debora haben die bedrängten Stämme Isaschar, Naphtali, Sebulon im Bunde mit Benjamin, Ephraim und Makir – nach Jdc 4 nur Naphtali und Sebulon – den Sieg davongetragen, weil – wie man glaubte – Jahwe unter Einsatz seiner ganzen Macht zugunsten der Israeliten eingegriffen hat. Der Sieg ist als ein unmittelbarer Jahwesieg empfunden worden und hat offensichtlich auf die beteiligten, vielleicht auch auf andere israelitische Stämme einen tiefen Eindruck gemacht. Jahwe war mächtiger als die Götter der Kanaanäer – das ist die das Siegeslied durchziehende Gewißheit. Wenn die alte Erzählung Jdc 4,4a.5*.6–10.12–16 die Debora zu Recht aus Mittelpalästina stammen läßt, dann wird man ihren Aufruf an Barak aus Naphtali, auf Befehl Jahwes zu kämpfen, und den Wunsch Baraks, daß sie mitziehen möge, als eine gewisse Parallele zum Verhalten Josuas verstehen dürfen. Wie dieser im Namen Jahwes gesiegt hatte, so bot die Debora dem noch nicht jahwegläubigen Barak das gleiche an und begleitete ihn als Unterpfand der göttlichen Hilfe. Dann ist das Siegeslied Jdc 5 zugleich das Bekenntnis der gerade Bekehrten zu Jahwe.

So hat ein Stamm nach dem anderen die Jahwereligion angenommen: durch ihre Einführung als Stammesreligion wie in Mittelpalästina, infolge der plötzlich gewonnenen Überzeugung nach einem unerwarteten Sieg wie in Nordpalästina oder durch allmähliche Ver-

breitung von Sippe zu Sippe und von Ort zu Ort. Dabei ist es
keineswegs auszuschließen, daß nach der Übernahme als Stammesreligion einzelne Sippen und Familien außerdem weiterhin ihre mit
El gleichgesetzten Sippengötter verehrten.

2. Die Frage des sakralen Stämmebundes
und Israel als Volk Jahwes

Vielfach wird die Ansicht vertreten, daß die Israeliten nach der
Annahme der Jahwereligion einen sakralen Stämmebund gebildet
haben (vielleicht in Anknüpfung an kleinere vorjahwistische Bünde),
der hauptsächlich in der vorstaatlichen Zeit geblüht und mit seinen
Institutionen noch lange nachgewirkt haben soll. Teils versteht man
ihn mit einer wechselnden Zahl von zugehörigen Stämmen als einen
Kriegsbund mit Jahwe als dem Kriegsgott, dem Garanten der sozialen
Ordnungen und dem Spender des materiellen Gedeihens[2]. Teils
nimmt man nach Analogie der griechischen und italischen Amphiktyonien eine feststehende Mitgliederzahl von 12 Stämmen an und erblickt den Kern des Bundes im Kultus an einem Zentralheiligtum
und in dem den Kultus und die gegenseitigen Beziehungen der Mitglieder regelnden kodifizierten Amphiktyonenrecht und nicht-
kodifizierten Gewohnheitsrecht, während ein Krieg nur in Aus-
nahmefällen, nämlich bei Vergehen gegen eine Bestimmung des
Amphiktyonenrechts, gegen ein Mitglied geführt werden konnte[3].
Oft werden beide Auffassungen miteinander vermischt, indem man
für die letztgenannte Art lediglich 10 Stämme als Mitglieder annimmt[4], dieser Amphiktyonie zusätzlich die sakrale Institution des
heiligen Krieges auch gegen äußere Feinde zuschreibt[5] oder den Bund
zu einer politischen Organisation der Stämme mit einem Anführer
und einem Ältestenkollegium ausweitet[6].

---

[2] M. Weber, Gesammelte Aufsätze zur Religionssoziologie, III 1923[2], 90 ff.
[3] M. Noth, Das System der zwölf Stämme Israels, 1930.
[4] S. Mowinckel, Zur Frage nach dokumentarischen Quellen in Josua 13–19,
   1946, 20 ff. – Ders., „Rahelstämme" und „Leastämme", in: Von Ugarit
   nach Qumran, Eißfeldt-Festschrift, 1958, 129–150. – Ferner A. Weiser,
   Das Deboralied, ZAW 71 (1959), 96. – K.-D. Schunck, Benjamin, 1963,
   48 ff.
[5] G. von Rad, Der Heilige Krieg im alten Israel, 1965[4].
[6] J. Dus, Die „Ältesten Israels", Communio viatorum 3 (1960), 232–242.
   – Ders., Die „Sufeten Israels", ArOr 31 (1963), 444–469.

Von einem solchen sakralen Stämmebund leitet man zahlreiche andere
Erscheinungen her oder bringt sie mit ihm in Verbindung, so daß in der
ganzen Geschichte Israels nur wenig übrigbleibt, was nicht eine ursprünglich amphiktyonische Institution oder deren Folge wäre. So gelten die
sog. kleinen Richter als Vertreter eines zentralen Richteramtes oder als
politische Führer, die נְשִׂיאִם (nᵉśîʾîm) als offizielle Stammesvertreter in
der Bundesversammlung, die Propheten als Träger eines mosaisch-amphik-
tyonischen Amtes der Rechtsverkündigung und -überlieferung, das angeblich
genuin israelitisch-jahwistische apodiktische oder Gottesrecht (vgl. dazu
§ 6,3) als das amphiktyonische Recht mit Weiterbildung bis zum deuteronomischen und zum Heiligkeitsgesetz; ja, selbst die von dem Wirken
Moses gelöste Entstehung der Jahwereligion wird in Beziehung zum Stämmebund gesetzt. Angesichts dessen möchte man fast fragen, ob am Ende
nicht Jahwe eine Erfindung oder eine numinose Personifizierung des Stämmebundes ist.

Demgegenüber ist, abgesehen von einigen einschränkenden Stimmen[7], die Annahme eines sakralen Stämmebundes mehrfach grundsätzlich in Frage gestellt und aus verschiedenen Gründen abgelehnt
worden[8]. Solche Gründe sind die Fragwürdigkeit der Analogie euro-
päischer Institutionen, das enge Verständnis der Zwölfzahl, das
Postulat eines (wechselnden) Zentralheiligtums und die bestreitbare
Funktion der Lade, die anfechtbare Deutung einiger alttestamentlicher Texte und die unrichtige Einschätzung der Verhältnisse während der vorstaatlichen Zeit. Da die Einwände gegen die Annahme
eines sakralen Stämmebundes schwerer wiegen als das, was zu ihren
Gunsten vorgebracht worden ist, kann die Hypothese als unbewiesen
und unwahrscheinlich nicht als Grundlage für eine Darstellung der
Geschichte der Jahwereligion in der vorstaatlichen und der Königszeit verwendet werden.

a) Während die Griechen für den sakralen Bund den Begriff *Amphiktyonie* geprägt haben, fehlt ein hebräischer Begriff, obwohl es hebräische Ausdrücke für alle möglichen Einrichtungen und Lebensbereiche gibt und man
für eine grundlegende Institution wie einen Stämmebund erst recht eine
eigene Bezeichnung erwarten sollte. Da *Israel*, ein mit dem kanaanäischen
Gottesnamen El gebildetes Wort, als Ersatz dafür in einer auf die Jahwereligion gegründeten Einrichtung nicht in Frage kommt, läßt sogleich die
begriffliche Lücke die Existenz eines Stämmebundes bezweifeln.

[7] S. Herrmann. – B. D. Rahtjen, Philistine and Hebrew Amphictyonies,
JNES 24 (1965), 100–104. – R. Smend, Jahwekrieg und Stämmebund,
1963.
[8] O. Eißfeldt, The Hebrew Kingdom, in: The Cambridge Ancient History,
II Ch. 34, 1965, 16 f. – G. Fohrer. – H. M. Orlinsky. – Aus eigenen
Gründen: Y. Kaufmann, The Religion of Israel, 1960, 256. – M. H.
Woudstra, The Ark of the Covenant from Conquest to Kingship, 1965.

b) Die Existenz griechischer und italischer Amphiktyonien läßt keine ähnliche israelitische Institution erschließen. Jene Amphiktyonien bilden keine Analogie und kein Modell für einen israelitischen Stämmebund; ihnen würde eher die lockere Vereinigung der fünf philistäischen Stadtstaaten entsprechen[9]. Die Amphiktyonie ist eine Institution indogermanischer Völkerschaften, die man bei semitischen nicht ohne weiteres ebenfalls annehmen kann; tatsächlich ist sie im Alten Orient nicht belegt[10], nicht einmal bei den mit dem östlichen Mittelmeerraum bekannten phönizischen Stadtstaaten. Wie immer man ferner die soziologische Struktur der griechischen und italischen Stämme vor und nach ihrem Seßhaftwerden beurteilt, sie waren jedenfalls keine Nomaden oder Halbnomaden nach Art der semitischen Stämme. Die soziologischen Unterschiede aber schließen weitreichende Folgen für die gesamte Lebenshaltung ein, die einen Vergleich nahezu unmöglich machen.

c) Das AT zählt außer den 12 Ahnherren der israelitischen Stämme noch andere semitische Sechser- oder Zwölfergruppen auf: die 12 Söhne Nachors als Ahnherren von Aramäerstämmen (Gen 22,20–24), die 12 Söhne Ismaels als Ahnherren von Ismaeliterstämmen (Gen 25,13–16), die 12 (13) Ahnherren der von drei Frauen Esaus hergeleiteten Edomiterstämme (Gen 36,10–14), die 6 Söhne Abrahams und der Ketura als Ahnherren arabischer Stämme (Gen 25,2), vielleicht auch die 6 (7) Ahnherren choritischer Stämme vom Gebirge Seïr (Gen 36,20–28). Es ist höchst unwahrscheinlich, daß gerade die von Griechenland am weitesten entfernten und gerade die nicht wie dort im Kulturland, sondern außerhalb oder am Rande des Kulturlandes lebenden Stämme die griechische Institution gekannt oder selbständig gebildet haben sollten. Zudem hätte der regelmäßige Weidewechsel solcher Stämme die gleichbleibende Versorgung eines Zentralheiligtums ausgeschlossen.

d) Das Israel der vorstaatlichen Zeit hat kein wechselndes Zentralheiligtum mit der Lade als Kultsymbol in Sichem, Betel und Silo gekannt. Denn in Verbindung mit Sichem wird die Lade überhaupt nicht erwähnt[11], in

---

[9] B. D. Rahtjen (Anm. 7).

[10] W. W. Hallo, A Sumerian Amphictyony, JCSt 14 (1960), 88–114, belegt nicht eine sumerische Amphiktyonie, sondern bringt eine der Gaueinteilung Nordisraels durch Salomo parallele Lieferungsverpflichtung von Städten für die Tempel von Nippur.

[11] Zudem setzt die Episode des als Kanaanäer und nicht als Israeliten zu bezeichnenden Abimelek Jdc 9 eine kanaanäische Bevölkerung Sichems voraus. Nach der Zerstörung der Stadt durch Abimelek, die nach dem archäologischen Befund in der ersten Hälfte des 12. Jh. anzusetzen ist, scheint die Stätte längere Zeit unbesiedelt gewesen zu sein. Vgl. E. F. Campbell, Jr., Excavation at Shechem, 1960, BA 23 (1960), 102–110. – L. E. Toombs–G. E. Wright, The Third Campaign at Balâṭah (Shechem), BASOR 161 (1961), 11–54. – Dies., The Fourth Campaign at Balâṭah (Shechem), ebd. 169 (1963), 1–60. So kann man nur an ein jahwistisches Baumheiligtum östlich von Sichem denken (vgl. Gen 12,6 f.; 33,20; 35,4; Jos 24,26 f.; Jdc 9,37), das jedoch als Mittelpunkt einer israelitischen Amphiktyonie nicht gerade geeignet erscheint.

Verbindung mit Betel nur in dem späten Einschub Jdc 20,27 f., der erklären soll, warum die Israeliten in dem als Staatsheiligtum des Nordreiches verhaßt gewordenen Betel ein Jahweorakel eingeholt haben. Und wie die Erzählung Jos 24 sich in ihrer Urform nicht auf die Gründung eines Stämmebundes, sondern auf die Verpflichtung des Stammes oder der Stämmegruppe Josuas auf die Jahwereligion bezieht, so hat die der Jakobsippe zugeschriebene Wanderung von Sichem nach Betel (Gen 35,1–5) natürlich nichts mit der Verlegung eines amphiktyonischen Jahweheiligtums zu tun. Dagegen ist Silo nach Gilgal (Jos 4,18 f.; 7,6) der Standort der Lade vor dem Verlust an die Philister. Was Silo sonst als Zentralheiligtum qualifiziert hätte, ist nicht ersichtlich; es spielt bis in die Zeit kurz vor seiner Zerstörung durch die Philister (um 1050) keine wesentliche Rolle. Vor allem aber ist zu fragen, ob die Lade wirklich als Palladium eines sakralen Stämmebundes gegolten hat. Da diese Frage mit der anderen nach ihrer Herkunft und Bedeutung zusammenhängt, muß sie später erörtert werden (§ 10,1); dort wird sich zeigen, daß sie zu verneinen ist und daß auch Silo als mögliches Zentralheiligtum eines Stämmebundes ausscheidet. Ein solches Heiligtum hat nie bestanden.

e) Ebensowenig gibt es alttestamentliche Texte, die einen sakralen Stämmebund erwähnen oder von seinen Aktionen berichten. Man hat zwar das Siegeslied Jdc 5 und die Erzählung vom Feldzug gegen die Benjaminiten Jdc 19–21 dafür angeführt. Aber Jdc 5 nennt nur 10 Stämme (Jdc 4 sogar nur zwei!) und handelt von einer Schlacht gegen Kanaanäer, die kein Amphiktyonenkrieg gewesen sein kann. An den in Jdc 19–21 geschilderten Ereignissen aber waren in Wirklichkeit nur Ephraim und Benjamin beteiligt; das Vergehen Benjamins lag auf politischem Gebiet und bestand in der Auflehnung Benjamins oder einiger südephraimitischer Städte gegen das ephraimitische Kernland und in der Loslösung Benjamins von Ephraim[12].

f) Gewiß hat man die israelitischen Stämme in das Schema der Zwölfzahl gebracht. Doch weist diese nicht gleich auf eine Amphiktyonie hin, sondern findet sich z. B. auch bei den Zwölfgöttersystemen Ägyptens, Griechenlands und Italiens oder bei dem römischen Zwölftafelgesetz. Sie ist vor allem die runde Zahl einer Gesamtheit[13]. Aus der Zwölfzahl der israelitischen Stämme läßt sich daher nicht mehr ersehen, als daß dieses Schema jeweils die Gesamtheit Israels bezeichnen sollte.

g) Aus Gen 29,31 ff.; 49; Num 1; 26; Dtn 33 ergeben sich drei Formen des Zwölferschemas. Die erste ist in der Weise gegliedert, daß die Stämme in vier Gruppen nach den Frauen Jakobs und deren Sklavinnen angeführt werden. In der zweiten und dritten Form werden einzelne Namen weggelassen und neue hinzugefügt:

---

[12] O. Eißfeldt, Der geschichtliche Hintergrund der Erzählung von Gibeas Schandtat, in: Beer-Festschrift, 1935, 19–40 (= Kleine Schriften, II 1963, 64–80).

[13] Vgl. F. Heiler, Erscheinungsformen und Wesen der Religion, 1961, 171 f. (mit weiterer Lit. 161 f.).

1. Form	2. Form	3. Form
Lea: 1. Ruben,	1. Ruben,	1. Ruben,
2. Simeon,	2. Simeon,	2. Simeon,
3. Levi,	3. Levi,	
4. Juda,	4. Juda,	3. Juda,
5. Isaschar,	5. Isaschar,	4. Isaschar,
6. Sebulon,	6. Sebulon;	5. Sebulon;
7. Dina;		
Bilha: 8. Dan,	7. Dan,	6. Dan,
9. Naphtali;	8. Naphtali;	7. Naphtali;
Silpa: 10. Gad,	9. Gad,	8. Gad,
11. Asser;	10. Asser;	9. Asser;
Rahel: 12. Joseph.	11. Joseph,	10. Ephraim,
		11. Manasse,
	12. Benjamin.	12. Benjamin.

Folgt man Noth, der die erste Form nicht berücksichtigt, in der Datierung der zweiten Form in die früheste vorstaatliche Zeit und der dritten Form in deren zweite Hälfte, so stammt die erste Form aus der Periode unmittelbar nach der Einwanderung der letzten israelitischen Stämme oder Sippen. In dieser Zeit befand sich die Moseschar erst auf dem Wege nach Palästina. Da sie die Jahwereligion mitgebracht hat, war vor ihrer Ankunft – also zur Zeit der ersten Form des Schemas – die Bildung eines sakralen Stämmebundes auf dem Boden der Jahwereligion überhaupt nicht möglich.

h) Wäre das Zwölferschema eine Amphiktyonenliste, so müßte man erwarten, daß sie weitergeführt worden wäre und den Untergang von Ruben und Simeon sowie das Entstehen von Makir registriert hätte. Daß das nicht der Fall ist, zeigt erneut, daß es in Israel keine Amphiktyonie gegeben hat; vielmehr hängt es wohl mit dem Abschluß des Seßhaftwerdens zusammen, nach dem die Territorien oder Gaue die frühere Rolle der Stämme übernahmen. So entspricht das Schema letztlich den Verhältnissen der vorseßhaften Stammesgliederung, wie es auch die unter c) angeführten Sechser- oder Zwölferlisten anderer Nomadenstämme tun.

Das Schema der 12 israelitischen Stämme weist nach alledem nicht auf einen sakralen Stämmebund hin, sondern bedeutet genau das, was es nach der Meinung des AT sein soll: eine genealogische Liste zur Feststellung der Abstammungs- und Verwandtschaftsverhältnisse. Wie die verschiedenen Sippen oder Familien eines Stammes sich von einem gemeinsamen Ahnen herleiten, als dessen „Söhne" gelten, sich daher miteinander verwandt und als „Brüder" im weiteren Sinne wissen, so geschieht es auch im Verhältnis mehrerer Stämme zueinander. Ihre Beziehungen werden gleichfalls in verwandtschaftliche Kategorien gefaßt, so daß zwei Stämme ihre Gemeinsamkeit in der Weise ausdrücken, daß sie sich auf zwei Ahnen zurückführen, die wirkliche Brüder waren. Wie die jeweils lebende Generation eines Stammes sich mit ihrem angeblichen Ahnherrn verwandt weiß und darum gemeinsam lebt, so weiß sie sich mit anderen Stämmen verwandt, deren Ahnherren als Brüder des eigenen erscheinen. Dadurch ermöglichen sich das friedliche Nebeneinander mehrerer Stämme, die gemeinsame Benutzung eines Heiligtums und ein gelegentliches militärisches Zusammenwirken.

Das Schema der 12 israelitischen Stämme soll demnach die gemeinsam in Palästina lebende Gesamtheit Israels in einer genealogischen Liste erfassen, die sie als die Nachkommen von 12 miteinander verwandten Ahnen erklärt, die ihrerseits wieder von einem Ahnherrn abstammen. Anders als in den gelehrten Genealogien von P, der Chronik und des Islam[14] lebt in ihm die ältere und volkstümliche Tradition fort. Es stellt eine verkürzte und volkstümliche Genealogie dar und konstituiert die Gesamtheit Israels als eine durch Bande der Blutsgemeinschaft zusammengehaltene, vom Stammvater – Jakob/Israel, nach der genealogischen Aneinanderreihung der Patriarchen letztlich Abraham – her verwandte Gesamtheit, als den עַם ('ăm) Israels. Damit begann die Verschmelzung zum Volke, zum 'ăm Israel.

Das schließt keineswegs aus, daß die Jahwereligion nach ihrer Annahme durch die israelitischen Stämme ebenfalls als einigendes Band zwischen ihnen gewirkt hat. Vielmehr wurde der 'ăm Israel gerade durch die Aufnahme der als 'ăm Jahwes konstituierten Moseschar und die Annahme der Jahwereligion insgesamt zum 'ăm Jahwes, also in die Lebensgemeinschaft mit Jahwe einbezogen. Wurde einerseits die Moseschar in den 'ăm Israel aufgenommen, so andererseits Israel in den 'ăm Jahwes. Von da aus wird verständlich, warum Israel die Patriarchenüberlieferungen nach der Annahme der Jahwereligion bewahrt und die früheren Sippengötter in der mit den lokalen Ausprägungen Els identifizierten Gestalt mit Jahwe gleichgesetzt hat. Es stellte dadurch die Kontinuität her, so daß der von Jakob/Israel hergeleitete 'ăm Israel von Anfang an als 'ăm Jahwes erscheinen konnte. Zugleich ermöglichte dieses Verfahren die dauernde Anwendung von Verwandtschaftskategorien auf das Verhältnis zwischen Jahwe und Israel, wie sie sowohl der Sippenreligion als auch dem Selbstverständnis Israels entsprach.

---

[14] F. Wüstenfeld, Genealogische Tabellen der arabischen Stämme und Familien, 1852.

3. Die vorstaatliche Zeit

Daß es keine umfassende religiöse Institution gab, entspricht dem politisch-militärischen Eigenleben der israelitischen Stämme. Denn nach der getrennten Einwanderung und Landnahme blieb es in der vorstaatlichen Zeit, der sog. Richterzeit, beim Nebeneinander der Stämme ohne gemeinsame Führung und gewöhnlich auch bei militärischen Aktionen einzelner Stämme oder Sippen. Ausnahmen bilden die Deboraschlacht gegen die Kanaanäer und das Vorgehen einer Koalition von Silo gegen die Philister (I Sam 4), in denen weit überlegene Gegner zum gemeinsamen Handeln von Stämmegruppen nötigten. Sonst aber drohte die Konsolidierung der Stämme in Territorien oder Gaue und die Gründung von Tochtersiedlungen großer Ortschaften zur Zersplitterung zu führen. Diese Tendenz war dem Bewußtsein, die Gesamtheit des Volkes Israel und als solches das Volk Jahwes darzustellen, gerade entgegengesetzt. Daß sie sich nicht zerstörerisch auswirken konnte, lag vor allem daran, daß die Zeit von der Landnahme bis zur Staatsbildung zu kurz und zu unruhig war, als daß sich eigenständige israelitische Territorien oder Stadtstaaten hätten verfestigen können. So sind die Ansätze zu ihnen für die rückblickende Betrachtung eher als Vorstufen eines Gesamtstaates zu kennzeichnen.

a) Die Überlieferung zeigt[15], daß sich in der damaligen Lage Israels eine Reihe von Männern hervorgetan hat, die Stammeshelden, Heerbannführer von Stämmen oder nicht mehr zureichend bekannte Einzelgestalten waren: Otniel, Ehud, Samgar, Debora, Gideon, Jephta, Abimelek und Simson. Von diesen ist Samgar wohl ein Nichtisraelit churritischen Namens aus dem kanaanäischen Ort Bet-Anat in Galiläa (Jdc 3,31; vgl. Jos 19,38; Jdc 1,33), Abimelek ein kanaanäischer Abenteurer (Jdc 9), Ehud wegen der rätselhaften Grundlage der Überlieferung nicht näher zu bestimmen (Jdc 3,7–11). Wie sie werden die anderen Gestalten „Richter", d. h. *Rechtschaffer, Helfer, Herrscher* genannt, obwohl sie durchweg kriegerische Helden sind, oder als „charismatische" Führer bezeichnet, obwohl diese inzwischen im Übermaß gebrauchte Bezeichnung aus einer ganz anderen Zeit und Umwelt längst einer Überprüfung hinsichtlich ihrer Anwendbarkeit auf das alte Israel bedarf.

---

[15] BHH III 1596–1598. – RGG V 1095. – IDB II 1012–1023.

Es ist fraglich, ob man den ungewöhnlichen persönlichen Mut und das militärische Geschick jener Männer, die wenigstens eine spätere Zeit als Folge dessen verstand, daß Jahwe bei ihren Taten mit ihnen war, damals im Sinne des Begriffes „Charisma" als unmittelbare göttliche Gnadengabe gedeutet hat. Davon kann schwerlich die Rede sein, wenn die Ältesten von Gilead dem Jephta wegen seiner Fähigkeiten als Führer einer Freibeuterschar die Rolle eines zeitweiligen Anführers in einem Kriegszug seiner Landschaft anbieten (Jdc 11,6) und wenn dieser die Situation ausnutzt und durchsetzt, daß er die Würde des ständigen Heerbannführers erhält (Jdc 11,11). Daher scheint es richtig zu sein, für die kriegerischen Helden der vorstaatlichen Zeit, aber auch für andere Gestalten der späteren Geschichte Israels die Bezeichnung „charismatisch" zu vermeiden.

Die Helden der vorstaatlichen Zeit sind in innerpalästinische Kämpfe gegen Kanaanäer verwickelt (in der Deboraschlacht), müssen sich im Osten gegen neue Eindringlinge und Ansprüche zur Wehr setzen (Ehud, Gideon und Jephta) oder werden in die beginnende Auseinandersetzung mit den die Oberherrschaft über Palästina anstrebenden Philistern hineingezogen (Simson). Stets handelt es sich um Abwehr und Verteidigung, nicht um Eroberung neuen Landes.

b) Eine zweite Gruppe von „Richtern" mit kurzen Einzelangaben in der Überlieferung bilden Tola, Jaïr, Ibṣan, Elon und Abdon; ähnliche Angaben finden sich über Gideon und Jephta. Das Schema dieser Angaben ist den Notizen über Saul und die späteren Könige nachgebildet, so daß jene „Richter" dadurch als Herrscher hingestellt werden, wie ja das Verb שפט (šapāt) unter anderem *herrschen* bedeutet[16]. Eine gerichtliche Tätigkeit jener Männer wäre als Teil ihres herrscherlichen Waltens zu verstehen. Die fünf an erster Stelle aufgezählten stehen zudem in Jdc 10,1–5; 12,8–15 nicht mit Stämmen, sondern mit Ortschaften in Verbindung. Ihre angebliche Sukzession ist sekundär, so daß sie gleichzeitig oder zu verschiedener Zeit in jenen Orten, vielleicht sogar in einer ganzen Landschaft (Jaïr in Gilead) geherrscht haben können. Sie sind den kanaanäischen Stadtkönigen ähnlich und kennzeichnen den Übergang von der Stammes- zur Stadtstaatverfassung. Angesichts dessen erscheint die Notiz Jdc 8,22 f., daß dem Gideon die Königswürde angeboten worden sei, durchaus nicht übertrieben, sofern man das Angebot von den

---

[16] W. Richter, Zu den „Richtern Israels", ZAW 77 (1965), 40–72. – Zur herkömmlichen Auffassung vgl. H. W. Hertzberg, Die Kleinen Richter, ThLZ 79 (1954), 285–290 (= Beiträge zur Traditionsgeschichte und Theologie des Alten Testaments, 1962, 118–125).

Männern von Manasse und nicht von ganz Israel ausgehen läßt[17].
Vielleicht gehört auch Samuel, der als Naziräer, Priester und Prophet, dagegen in I Sam 7,2–17 in einer vordeuteronomistischen Fassung als „Richter" geschildert wird, in dem sich kriegerisches Stam-
mesführertum und Stadt- bzw. Stammesherrschertum wie in Gideon
und Jephta vereinigen, in diese Reihe.

Für die vorstaatliche Zeit ergibt sich demnach, nur von wenigen
gemeinsamen Aktionen unterbrochen, ein politisch-militärisches und
religiöses Eigenleben der sich bildenden Territorien oder Gaue und
der selbständigen Ortschaften. Wollte man ein genaues Bild der
Jahwereligion dieser Periode zeichnen, so benötigte man umfangreiche Unterlagen all jener Einzelgebiete. Jedoch wirft die Überlieferung nur einzelne Streiflichter auf die religiösen Verhältnisse der
Zeit, und die Archäologie vermag aus den ärmlichen Siedlungen nicht
viel mehr Material beizutragen. Immerhin läßt sich als wesentlicher
Zug die Auseinandersetzung der Jahwereligion mit den vorgegebenen Elementen des Nomadentums und der kanaanäischen Religion
erkennen. Dadurch und durch die veränderten Erfordernisse im
Kulturland entstand eine gegenüber der Mosezeit erweiterte Form
der Jahwereligion.

§ 8 Die Auseinandersetzung zwischen Jahwereligion und Nomadentum

C. H. W. Brekelmans, De herem in het Oude Testament, 1959. – O. Eißfeldt, Jahwe, der Gott der Väter, ThLZ 88 (1963), 481–490. – S. Nyström,
Beduinentum und Jahwismus, 1946.

1. Einwirkung des Aspekts der Gottesherrschaft

Die Auseinandersetzung zwischen Jahwereligion und Nomadentum hat naturgemäß bereits in der Moseschar begonnen und sich in
Palästina fortgesetzt, soweit Reste der nomadischen Vorstellungswelt lebendig waren.

Daß Jahwe als der erhabene und mächtige zugleich der gefährliche
Gott ist, tritt in der Jahwereligion des öfteren hervor – so noch in
der Erzählung von der Überführung der Lade nach Jerusalem, als
während des ersten Versuchs Uzza sterben mußte, weil er die Lade

[17] G. H. Davies, Judges VIII,22–23, VT 13 (1963), 151–157, denkt sogar
an eine in die demütige Form der Ablehnung gekleidete Zusage Gideons.

berührte (II Sam 6,6 f.). Wenn Jahwe durch diese gefahrbringende Seite seines Wesens in seinen Verehrern Furcht, Beben und Schaudern weckt, so müssen sie sich ihrerseits hüten, ihm nahezutreten. Daher durfte die Moseschar den Berg Jahwes nach dessen Hinabfahrt auf ihn nicht einmal berühren, weil sonst der Tod drohte (Ex 19,12 f.). Niemand kann sich dem Herrscher ohne ausdrückliche Erlaubnis ungestraft nahen. Er jagt dem Nomaden eine respektvolle Furcht ein, die ihn in gehörigen Abstand weist.

Dieser Abstand wurde durch die Bildlosigkeit der Jahwereligion vergrößert. Der Israelit konnte Jahwe in seiner Gestalt nicht sehen und ergreifen und in seinem Wesen nicht erkennen. Das Irrationale oder Numinose an Jahwe entzog sich ihm, so daß er sich in Demut beugen mußte, anstatt wie der Grieche die Achtung vor rational erfaßbaren Göttern zu verlieren. Die Demut mußte wachsen, wenn Jahwe sich mit einer über alle Vernunft gehenden Macht als ein wunderwirkender Gott erwies, wie man ihn seit der besonders eindrücklichen Rettung vor den Verfolgern beim Exodus immer wieder erfuhr.

Die verschiedenartige Erfahrung des Herrschens Jahwes hat sich gegenüber der nomadischen Daseinshaltung ausgewirkt. Der Israelit mußte lernen, was Respekt und Furcht vor Gott heißen. Er mußte lernen, seinen Platz in gebührender Entfernung vom göttlichen Herrscher einzunehmen und sich vor ihm zu beugen.

2. Einwirkung des Aspekts der Gottesgemeinschaft

Am Berge Jahwes war die Moseschar עַם ('ăm) Jahwes geworden, und in diese ursprünglich als Verwandtschaftsverhältnis gedachte Beziehung ist der genealogisch zusammengefaßte 'ăm Israel eingetreten, der dadurch zum Volke Jahwes wurde. Auf diese Weise bestand eine enge Gemeinschaft zwischen Jahwe und Israel, die noch die Propheten mit verwandtschaftlichen Ausdrücken umschrieben.

In dieser Gemeinschaft, die nicht naturgegeben, sondern durch den Willen Jahwes in einem geschichtlichen Augenblick hergestellt worden ist, wird sein Verhalten durch חֶסֶד (hæsæd) und אֱמֶת ('ᵉmæt) gekennzeichnet (Gen 24,27; Ex 34,6 u. ö.). Der erste Ausdruck[1] gibt die

---

[1] N. Glueck, Das Wort Ḥesed im alttestamentlichen Sprachgebrauch, 1961². – A. R. Johnson, HESED and HĀSÎD, in: Mowinckel-Festschrift, 1955, 100–112. – H. J. Stoebe, Die Bedeutung des Wortes ḥäsäd im Alten Testament, VT 2 (1952), 244–254.

Verbundenheit oder Solidarität an, die man einem Mitglied der Familie oder des Stammes oder einem Freunde bezeigt, der zweite Ausdruck ihr Andauern und ihre Beständigkeit. Solche dauernde Verbundenheit erweist auch Jahwe auf mancherlei Weise – für den Israeliten der vorstaatlichen Zeit am auffälligsten durch sein Eingreifen in der Schlacht, das zwar auf kurze Zeit begrenzt, aber Ausdruck der ständigen Lenkung der Geschicke Israels durch Jahwe auf Grund seiner Solidarität mit seinem Volke ist.

In dieser Gemeinschaft ist Jahwe der gebende und Israel der empfangende Teil. An die Stelle des Vertrauens auf die eigene Kraft tritt das Vertrauen auf die helfende Kraft Jahwes, an die Stelle des eigenen Willens der Gehorsam gegen den Willen Jahwes, an die Stelle des Strebens nach eigener Ehre die Ehrerbietung vor Jahwe und an die Stelle des Stolzes auf die eigene Freigebigkeit der Dank für die Freigebigkeit Jahwes. So wird das Nomadenideal durch neue Werte ersetzt.

3. Religiöse Folgen und Änderungen

a) Nicht wenige Erzählungen des AT wenden sich, gelegentlich sogar in fast polemischer Art, gegen die nomadische Daseinshaltung mit dem Vertrauen auf die eigene Kraft oder dem Streben nach eigener Ehre und fordern demgegenüber Demut, Treue und Gehorsam. In die gleiche Richtung führt es, wenn die menschliche Aktivität zurücktritt oder verschwiegen wird und Jahwe als das mehr oder weniger alleinige Subjekt des Handelns erscheint.

Einige Beispiele zeigen eindrücklich, wie nomadische Ideale durch die Jahwereligion außer Kraft gesetzt wurden. So tötete nach der Deboraschlacht die Nomadenfrau Jael den kanaanäischen Heerführer Sisera, der in ihrem Zelte Schutz gesucht hatte (Jdc 4,18 ff.; 5,24 ff.). Sie verstieß damit gröblich gegen das nomadische Gebot der Gastfreiheit und Schutzpflicht. Doch in der Pflichtenkollision zwischen diesem Gebot und der radikalen Stellungnahme für Jahwe handelte sie so, wie in dem Kampf zwischen Jahwe und seinen Feinden ihr Glaube ihr gebot. Gegenüber den Feinden Jahwes gibt es keine Schutzpflicht.

Mehrfach zeigt sich, daß das Gesetz der Blutrache keine volle Geltung mehr besaß. Die Blutrache blieb zwar bestehen, aber da Jahwes die Rache ist, entfiel für den Menschen die Notwendigkeit, sie selber auszuüben, um dadurch die eigene Ehre zu vergrößern und nicht durch die Unterlassung Schande auf sich zu laden. Das Entgegenkommen, das Blut eines Erschlagenen durch eine Geldzahlung abzulösen, wurde erleichtert. Vielleicht erklärt sich von da aus auch die Friedfertigkeit, die den Patriarchen beigelegt worden ist. Obwohl die Lage mehr als einmal dazu aufforderte, übten sie keine Rache, ja scheinen nicht einmal Rachegedanken gehegt zu haben. Offensichtlich ist ihr Bild völlig von der Jahwereligion geprägt.

Möglich ist es, daß das alte Tabugebot des „Bannes" einen neuen Sinn erhalten hat, als es zum Jahwebann wurde. Der Bann richtete sich nunmehr gegen den Feind des Gottes, der auch den Sieg gegeben hatte und dem deswegen der Feind mit seiner Habe geweiht wurde. Die Wandlung vom Tabu zur Weihung änderte äußerlich wenig oder nichts, mußte jedoch zur Folge haben, daß der Bann seltener angewendet wurde, weil die völlige Vernichtung des besiegten Feindes durch den Sieger dem Wesen der Jahwereligion nicht gemäß war, und daß eine Wurzel des Krieges fortfiel. In der Tat ist der Bann nur sehr selten vollstreckt worden (Brekelmans: Num 21,1-3; Jos 6 f.; I Sam 15) und sind die Kriege der vorstaatlichen Zeit keine Angriffs- und Eroberungs-, sondern Verteidigungs- und Abwehrkämpfe gewesen.

Schließlich wurde den Resten der Sippengötterkulte, soweit sie nach der Verschmelzung mit der Elreligion noch bestanden, der Boden entzogen, als sich die Verehrung Jahwes in Israel durchgesetzt hatte. Die Jahwereligion lagerte sich über die alten Schichten und übernahm die Überlieferungen über die Offenbarungsempfänger und Kultstifter der Kulte der Sippengötter, die inzwischen mit den lokalen Ausprägungen Els gleichgesetzt worden waren, so daß sich die Kontinuität Jahwe–Israel von Abraham an ergab. Praktisch folgte daraus ferner, daß die bereits von Israeliten benutzten Heiligtümer in Jahweheiligtümer umgewandelt wurden und daß die Jahwereligion an alten, ehrwürdigen Stätten Fuß faßte.

b) Der Abbau nomadischer Vorstellungen und Einrichtungen betraf sogar die Jahwereligion selbst, als sie sich der Situation des Kulturlandes anglich. Sie mußte sich dessen entäußern, was der neuen Lage nicht mehr gemäß war und nicht durch eine veränderte Funktion weiterbestehen konnte.

An erster Stelle ist die $b^e r\hat{\imath} t$-Vorstellung zu nennen. Gewiß wußte man in der vorstaatlichen Zeit von der Sinai-$b^e r\hat{\imath} t$ (und teilweise von der Abraham-$b^e r\hat{\imath} t$); doch nicht sie, sondern die Rettung aus Ägypten wurde für Israel grundlegend. Die Sinai-$b^e r\hat{\imath} t$ war ein Vorgang der

Vergangenheit und trat im allgemeinen Bewußtsein zurück. Die seltenen Erwähnungen in den die vorstaatliche und die Königszeit schildernden Büchern des AT wie Jdc 2,20; I Reg 19,10.14 stammen sämtlich aus jüngerer Zeit. Das Volk Jahwes, von dem das Debora-lied (Jdc 5,13 cj.) und die spätere Zeit[2] unter Gleichsetzung mit Israel reden, gab zwar die Überlieferung von der Sinai-$b^e r\hat{i}t$ weiter, so daß sie im Buche Exodus erhalten ist, lebte aber nicht mehr aus ihr, nachdem die nomadischen Lebensverhältnisse aufgehört hatten. Aus der veränderten Situation wird das völlige Zurücktreten der $b^e r\hat{i}t$-Vorstellung erklärlich. Es klafft nunmehr eine jahrhundertelange Lücke bis zur deuteronomischen Theologie. Für die Zwischenzeit galt es, das Ergebnis des Sinaiereignisses zu erhalten und zu pflegen: die dauernde Gemeinschaft zwischen Jahwe und Israel. Dem dienten der Kultus im Kulturlande und die Beibehaltung der verwandtschaft-lichen Kategorien, nach denen das durch die Genealogie konstituierte Volk Israel als Ganzes das Volk Jahwes bildet.

Ähnlich verhält es sich mit dem Passa – vorausgesetzt, daß das nomadische Fest überhaupt in der Moseschar begangen und in die Jahwereligion einbezogen worden ist. In den Jahrhunderten zwischen ihrer Ausbreitung in Palästina und der Zeit des Königs Josia scheint man es nicht gefeiert zu haben, wie II Reg 23,21 f. besagt:

Darauf gab der König dem ganzen Volke diesen Befehl: „Feiert ein Passa für Jahwe, euren Gott, wie es in diesem Gesetzbuch geschrieben steht." Denn ein solches (LXX: dieses) Passa war nicht gehalten worden seit den Tagen der „Richter", die Israel beherrscht hatten, und während der ganzen Tage der Könige von Israel und der Könige von Juda.

In der Tat wird das Passa während der angegebenen Zeit nicht erwähnt. Jos 5,10–12 ist ein sehr junger Nachtrag, der schon die deuteronomische Kombination Passa-Maṣṣotfest und den von P in Ex 12,6 genannten 14. Monatstag als Festtag kennt. Der sog. kultische Dekalog von J führt zwar in Ex 34,25 das Passa an, aber die Worte *das Opfer des Passafestes* sind wahrscheinlich deuteronomistisch[3]; darauf weist nicht zuletzt die auffällige Bezeichnung חַג (*ḥ̄äg*) *Wall-fahrtsfest* hin, die auf das Passa erst nach der deuteronomischen

---

[2] Vgl. die Belege bei R. Smend, Die Bundesformel, 1963, 19.

[3] E. Kutsch, Erwägungen zur Geschichte der Passafeier und des Massot-festes, ZThK 55 (1958), 7. Ob Ex 23,18 sich auf das Passa bezieht, ist zumindest unsicher. — Weitere Lit. zum Passa: G. B. Gray, Passover and Unleavened Bread, the Laws of J, E and D, JThSt 37 (1936), 241–253.

Verbindung mit dem Maṣṣotfest anwendbar war. So ist das alte Hirtenfest, das in der palästinischen Ackerbaukultur sinnlos geworden war, nach der Landnahme bald nicht mehr gefeiert worden. Erst das deuteronomische Gesetz ließ den alten Brauch in Verbindung mit dem Maṣṣotfest und mit der geschichtlichen Begründung durch den Exodus wieder aufleben (Dtn 16,1–8).

Ebenso wurde im Kulturlande mit seinen lokalen heiligen Stätten das Wanderheiligtum der Moseschar, das Offenbarungszelt, überflüssig. Es gibt keinen alten Beleg für seine weitere Existenz in Palästina. Das Zelt, das David für die Lade in Jerusalem aufschlagen ließ, ist mit jenem nicht identisch, und Erwähnungen wie Jos 18,1; 19,51 stammen aus sehr junger Zeit. Vor allem P hat mit der Verbindung von Offenbarungszelt und Lade eine neue Konstruktion geschaffen, die den Verfasser des chronistischen Werkes, der das Zelt in Gibeon lokalisierte, in eine gewisse Verlegenheit brachte. Das Zelt der Moseschar ist entweder im Zusammenhang mit ihrer Landnahme verlorengegangen oder bald nach ihr abgeschafft worden[4].

§ 9 *Die Auseinandersetzung zwischen Jahwereligion*
und kanaanäischer Religion

G. W. Ahlström, Aspects of Syncretism in Israelite Religion, 1963. – R. Dussaud, Les origines cananéennes du sacrifice israélite, 1941. – O. Eißfeldt, Baʻalšamēm und Jahwe, ZAW 57 (1939), 1–31 (= Kleine Schriften, II 1963, 171–198). – Ders., El and Yahweh, JSS 1 (1956), 25–37 (deutsch = ebd. III 1966, 386–397). – J. Fichtner, Die Bewältigung heidnischer Vorstellungen und Praktiken in der Welt des Alten Testaments, in: Baumgärtel-Festschrift, 1959, 24–40 (= Gottes Weisheit, 1965, 115–129). – J. Gray, Cultic Affinities between Israel and Ras Shamra, ZAW 62

– H. G. May, The Relation of the Passover to the Festival of Unleavened Cakes, JBL 55 (1936), 65–82. – N. Nicolsky, Pascha im Kulte des jerusalemischen Tempels, ZAW 45 (1927), 174–176. – L. Rost, Weidewechsel und altisraelitischer Festkalender, ZDPV 66 (1943), 205–216 (= Das kleine Credo und andere Studien zum Alten Testament, 1965, 101–112). – J. B. Segal, The Hebrew Passover from the Earliest Times to A. D. 70, 1963. – A. C. Welch, On the Method of Celebrating Passover, ZAW 45 (1927), 24–29. – Ferner H.-J. Kraus, Gottesdienst in Israel, 1962², 65 f.

4 Vgl. ferner J. Maier, Das altisraelitische Ladeheiligtum, 1965, 1 f. – de Vaux* II 114 ff. – Anders S. Lehming, Erwägungen zur Zelttradition, in: Hertzberg-Festschrift, 1965, 110–132.

(1949/50), 207–220. – Ders., The Legacy of Canaan, 1965². – R. Hillmann, Wasser und Berg. Kosmische Verbindungslinien zwischen dem kanaanäischen Wettergott und Jahwe, Diss. Halle 1965. – S. H. Hooke, The Mixture of Cults in Canaan in Relation to the History of Hebrew Religion, JMEOS 16 (1931), 23–30. – Ders., The Origins of Early Semitic Ritual, 1938. – F. F. Hvidberg, Weeping and Laughter in the Old Testament, 1962. – W. Kornfeld, Fruchtbarkeitskulte im Alten Testament, in: König-Festschrift, 1965, 109–117. – V. Maag, Jahwäs Begegnung mit der kanaanäischen Kosmologie, Asiatische Studien/Études Asiatiques 18/19 (1965), 252–269. – J. Maier, Die Gottesvorstellung Altisraels und die kanaanäische Religion, in: Bibel und zeitgemäßer Glaube, 1965, 135–158. – M. J. Mulder, Ba'al in het Oude Testament, 1962. – R. Rendtorff, El, Ba'al und Jahwe, ZAW 78 (1966), 277–292. – J. N. Schofield, The Religion of the Near East and the Old Testament, ET 71 (1959/60), 195–198. – T. Worden, The Literary Influence of the Ugaritic Fertility Myth on the Old Testament, VT 3 (1953), 273 bis 297.

1. Grundsätzliches

Schärfer, langwieriger und folgenreicher als die Auseinandersetzung mit dem im Kulturland ohnehin zum Rückgang, wenn nicht zum Absterben verurteilten Nomadentum ist diejenige mit der kanaanäischen Religion geworden; auch ihr Ergebnis lautet anders. Sie hat in der vorstaatlichen Zeit begonnen, doch über sie hinaus die innere Geschichte Israels für Jahrhunderte geprägt. Noch die großen Einzelpropheten sahen sich genötigt, in sie einzugreifen. So erstreckte sich die Fühlungnahme, Beeinflussung und Abgrenzung vom 12. bis ins 7. Jh. v. Chr.

Daß die Auseinandersetzung unvermeidlich war, ergibt sich aus dem Wesen der Jahwereligion und der palästinischen Situation der Israeliten. Einerseits erschien Jahwe als ein den Menschen ergreifender und zwingender Gott, über alles andere mächtig und erhaben, ein Gott ethischen Wollens und radikaler Gehorsamsforderung, der seine Verehrer für sich allein beansprucht. Andererseits hatte sich die Lebensweise der Israeliten nach der Landnahme im Übergang zum Ackerbau, dann auch zum Stadtleben der Lebensweise der kanaanäischen Bevölkerung angenähert. Und obwohl sie deren Wesen als fremd empfanden, ergaben sich notwendig engere Beziehungen zu dieser fremden Welt. Sie konnten die Errungenschaften des Kulturlandes wie auch die Sprache, die sie angenommen hatten, nicht ohne die Gedanken und Erfahrungen erlangen, aus denen sie gespeist wurden. Mit der neuen Lebensweise waren letztlich die Vorstellungs- und Verhaltenswelt aufs engste verquickt, die die Israeliten bei den Landesbewohnern vorfanden. Unausweichlich näherten sie sich mehr oder weniger stark der kanaanäischen Lebensweise, Kultpraxis und religiösen Vorstellungswelt an.

Aufs Ganze gesehen, kann man sich die Einflüsse der kanaanäischen Kulturwelt auf die Israeliten trotz der ebenfalls zu beobachtenden Abwehr und Ablehnung kaum stark und umfassend genug vorstellen. Das ständige Eindringen kanaanäischer Bräuche und Vorstellungen ließ sich nicht aufhalten. Gewiß lagen zwischen der entschiedenen Abwehr und der bereitwilligen Aufnahme des fremden Gutes viele Stufen der teilweisen Aneignung, der Assimilation an die eigene Art, der Integration in den eigenen Glauben, der erfolgreichen Umgestaltung oder des siegreichen Durchsetzens der eigenen Lebensordnung. Doch alles dies wirkte zusammen, um die israelitische Eigenart tiefgreifend zu wandeln. Die Jahwereligion wurde darin einbezogen. Man kann diesen Vorgang nicht einfach als ihre Kanaanisierung oder als Synkretismus bezeichnen; dergleichen findet sich in der offiziellen Religionspolitik der Königszeit. Sonst aber handelt es sich um ein notwendiges geschichtliches Werden, in dem sie sich einerseits aus ihrer inneren Lebensmitte heraus entfaltete, andererseits unter der Einwirkung des fremden Faktors der kanaanäischen Religion in einer ständigen Wandlung begriffen war. In diesem Prozeß, der also mit den Begriffen Entwicklung und Fortschritt nicht erfaßt werden kann, bildet die Jahwereligion der vorstaatlichen Zeit nicht mehr als ein Durchgangsstadium.

2. Jahwe und die kanaanäischen Götter

Israel sah seinen Gott Jahwe anderen Göttern als ebenso wirklichen Mächten gegenüberstehen. Diesen Göttern wurde volle Existenz zugestanden; wie Jahwe der Gott Israels war, so galten sie nach selbstverständlicher und unbestrittener Anschauung als die Herren der anderen Völker (vgl. Jdc 11,21 ff.; I Sam 26,19). Daß Israeliten außerdem neben Jahwe an andere göttliche Mächte glaubten, geht etwa aus der Anordnung Ex 21,6 hervor, wonach derjenige Sklave, der nach sechsjähriger Dienstzeit nicht frei werden, sondern in seiner Stellung bleiben will, von seinem Herrn *zu dem Gott* an die Tür oder den Türpfosten gebracht wird, um als Zeichen der dauernden Verbindung mit dem Hause sein Ohr durchbohren zu lassen. Bei diesem Gott handelt es sich sicherlich nicht um Jahwe, sondern um eine Türgottheit niederen Ranges. Daher ist die Anordnung in Dtn 15,17 geändert worden[1]. Es ist nicht ausgeschlossen, daß damals auch die בְּנֵי (הָ)אֱלֹהִים/אֵלִים (*benê* [*ha-*]*'ᵉlohîm/'elîm*) bei den Israeliten als eine eigene Gruppe vollwertiger Götter gegolten haben[2]. Ob sie Jahwe von Anfang an unterstanden wie ugaritische Götter dem El, muß ebenso offenbleiben wie die Frage, ob man sie wirklich neben Jahwe verehrt hat. Jedenfalls sind sie in der Königszeit als eine Jahwe untergeordnete Gruppe verstanden und dann, nachdem Jahwe mit dem Königstitel versehen worden war, als sein Hofstaat und als niedere Wesen der himmlischen Welt betrachtet worden (§ 14,2–3). Dagegen scheint der Göttin Aschera ein ständiger Kultus gegolten zu haben[3].

So nimmt es auch nicht wunder, daß der schon mit den früheren Sippengöttern identifizierte El mit Jahwe gleichgesetzt wurde und daß El- und Jahwereligion miteinander zu verschmelzen begannen. Das ist – nach der Verehrung der Sippengötter und nach ihrer Gleichsetzung mit El – das dritte Stadium in der Entfaltung des Gottesbildes. Nach außen hin trat es allerdings erst viele Jahrhunderte später, in der exilisch-nachexilischen Zeit, in Erscheinung, als Deuterojesaja den Namen El für Jahwe allein unter Ausschluß anderer beanspruchte (Jes 40,18; 43,12; 45,22), als man El unbefangen als Benennung Jahwes verwendete (Jos 22,22; Ps 104,21; Hi) und Abraham dem künstlich gebildeten El Eljon seine Verehrung bezeigen ließ (Gen 14,18 ff.)[4]. Doch die ersten Schritte sind in der vorstaatlichen Zeit getan worden. Eißfeldt nimmt an, daß damals zeitweilig El eine sogar von Jahwe anerkannte und insofern über ihm stehende Autorität gewesen sei; jedoch reichen die Belege dafür nicht aus. Dtn 32,1–43, dessen v. 8 f. angeführt wird, stammt aus der exilischen Zeit[5] und gehört zu den vorgenannten Stellen, die den Abschluß der Verschmelzung markieren. Der ebenfalls angeführte Ps 82 ist zwar vorexilisch und greift kanaanäisches mythisches Gut auf, stellt aber eine kultprophetische Gerichtsrede Jahwes in der *Gottes-*

---

[1] O. Eißfeldt, Gott und Götzen im Alten Testament, ThStKr 103 (1931), 151–160 (= Kleine Schriften, I 1962, 266–273).

[2] W. Herrmann, Die Göttersöhne, ZRGG 12 (1960), 242–251.

[3] R. Patai, The Goddess Ashera, JNES 24 (1965), 37–52.

[4] H. S. Nyberg, Studien zum Religionskampf im Alten Testament, ARW 35 (1938), 329–387, sieht in El Eljon eine von mehreren Umschreibungen für einen Gott 'Al, der ihm als der Landesgott über den ganzen westlichen Orient mit dem Hauptsitz in Jerusalem gilt.

[5] S-F § 27,4.

versammlung (nicht: *Versammlung Els*) mit Schelt-, Mahn- und Drohwort dar, setzt sich mit der kanaanäischen Götterwelt auseinander
und verkündet die Weltherrschaft Jahwes (v. 8). War Jahwe dem
El also nicht untergeordnet, so hat doch die Jahwereligion die Elreligion nicht bekämpft, sondern sich um einen Ausgleich mit ihr
bemüht. So wurde El, der mit den Sippengöttern gleichgesetzte Gott,
als eine in der Vergangenheit geschehene Offenbarung des Gottes
gedacht, der sich später als Jahwe zu erkennen gegeben hat. Damit
war der Weg dafür geebnet, daß Jahwe mancherlei von El übernahm.
Außer kultischem Gut wie Opferbräuchen und Liedern schließt dies
vor allem eine Ergänzung der – neben dem hilfreichen Zug hervor-
tretenden – gefährlichen, unheimlichen und leidenschaftlichen Züge
Jahwes durch die dem El eigentümlichen Kennzeichen der Besonnen-
heit und Weisheit, der Mäßigung und Geduld, der Nachsicht und
Barmherzigkeit ein (Eißfeldt)[6], die eine stärkere Verbindung zwischen
den polaren Zügen Jahwes herstellten. Später sind die Funktionen
des Schöpfers und Königs hinzugetreten.

Im Gegensatz zu El ist Baal allmählich als ein Rivale Jahwes aufgefaßt und bekämpft worden, was freilich nicht ausschließt, daß
einerseits manche Israeliten diesen Gott neben oder an Stelle von
Jahwe verehrt haben und daß man andererseits Züge oder Ausdrücke, die ihm eigentümlich waren, auf Jahwe übertrug, wie es sich
bis zu Elia beobachten läßt[7]. So hat man in der ersten Zeit nach Verbreitung der Jahwereligion den Namen Baal als Bezeichnung für
Jahwe und als theophoren Bestandteil in israelitischen Personennamen (Sauls Sohn Ischbaal) verwendet. Wenn Ps 68,5 Jahwe als
רֹכֵב בָּעֲרָבוֹת (*rokeb baʿarabôt*) einführt, dann erinnert dies an das
Beiwort *rkb ʿrpt Der auf den Wolken Fahrende* für Baal in den
ugaritischen Texten. Analog ist das Fahren oder Sitzen Jahwes auf
dem oder den Keruben zu verstehen, die die Gewitterwolken ver-
körpern (vgl. Ps 18,11 und die Jahwebezeichnung *Der auf den
Keruben Sitzende*). Ja, manche Israeliten haben Baal zunächst als den
Gott der Fruchtbarkeit aufgefaßt und ihn verehrt, damit er ihre
Äcker gedeihen lasse. So scheint nach Jdc 6,11–32 in Ophra ein Baal-
Schalom als Gewährer von Heil und Gedeihen bekannt gewesen zu

---

[6] F. Løkkegaard, A Plea for El, the Bull, and other Ugaritic Miscellanies,
in: Pedersen-Festschrift, 1953, 219–235.

[7] S. Linder, Jahwe und Baal im alten Israel, in: von Bulmerincq-Gedenk-
schrift, 1938, 98–107.

sein. Zugleich wird die bereits zwiespältige Haltung der Israeliten ihm gegenüber angedeutet; eine Gruppe, deren Haltung sich in 6,11–24 spiegelt, hielt diesen Baal für vereinbar mit Jahwe, eine andere forderte nach 6,25–32 dagegen die Ausrottung seines Kultus[8]. Von seltenen Ausnahmen oder Rückschlägen abgesehen, hat sich die Ablehnung und Feindschaft im Laufe der Frühzeit verschärft.

3. Kultisches

Das gleiche Nebeneinander von Übernahme und Ablehnung findet sich im kultischen Bereich (Fichtner). Unter dem Einfluß kanaanäischer Riten und Bräuche wurde der Jahwekultus in zunehmendem Maße ausgebaut. Vor allem das Opferwesen ist weithin übernommen worden, wobei auch die Vorstellung von Götterspeise und -trank eine Rolle spielte[9]. Übernommen wurde der kanaanäische Brauch, Garben auf den Äckern stehenzulassen und an den Fruchtbäumen keine Nachlese zu halten, weil diese einmal als Opfer für Baal als den Spender der Fruchtbarkeit galten[10]. Die Rahabsage in Jos 2–6* weist auf eine im israelitischen Jericho lebende Familie kanaanäischen Ursprungs hin, die am dortigen Jahweheiligtum sakrale Prostitution getrieben hat[11]. Die Reigentänze der Mädchen in den Weingärten von Silo während des Jahwefestes (Jdc 21,19 ff.) waren kanaanäischer Art und lassen vielleicht sogar einen orgiastischen Kultus vermuten (Ahlström). Die Sage von der Opferung der Tochter Jephtas lieferte die nachträgliche Begründung für ein ursprünglich kanaanäisches viertägiges Fest, an dem die Frauen von Gilead den entschwundenen Frühling beklagten (Jdc 11,40)[12]. Auch die urtümliche Anweisung Dtn 20,5–7, die festlegt, wer nicht an einem Kriegszug teilnehmen soll, scheint auf kanaanäischen Vorstellungen zu beruhen[13]. Demgegenüber steht das Verbot von Ex 34,26, ein Böckchen in der Milch

---

[8] O. Eißfeldt, Neue Götter im Alten Testament, in: Atti del XIX. Congresso Internazionale degli Orientalisti (Roma 1935), 1938, 478f. (= Kleine Schriften, II 1963, 145 f.).

[9] W. Herrmann, Götterspeise und Göttertrank in Ugarit und Israel, ZAW 72 (1960), 205–216.

[10] A. von Gall, Ein vergessenes Baalsopfer, ZAW 30 (1910), 91–98.

[11] G. Hölscher, Zum Ursprung der Rahabsage, ZAW 38 (1919/20), 54–57.

[12] G. Hölscher (Anm. 11).

[13] W. Herrmann, Das Aufgebot aller Kräfte, ZAW 70 (1958), 215–220.

seiner Mutter zu kochen, das sich gegen einen aus dem ugaritischen Text 54,14 zu erschließenden kanaanäischen Brauch richtet. Diese Beispiele lassen die allgemeine Tendenz deutlich erkennen.

§ 10 Die israelitische Religion der vorstaatlichen Zeit

W. W. Graf Baudissin, Die Geschichte des alttestamentlichen Priestertums, 1889. – H. Dreyer, Tradition und heilige Stätten, Diss. Kiel 1952. – H. Fredriksson, Jahwe als Krieger, 1945. – A. von Gall, Altisraelitische Kultstätten, 1898. – A. Jirku, Das weltliche Recht Israels, 1927. – J. Maier, Das altisraelitische Ladeheiligtum, 1965. – K. Marti, Jahwe und seine Auffassung in der ältesten Zeit, ThStKr 81 (1908), 321–333. – A. Menes, Die vorexilischen Gesetze Israels, 1928. – M. Noth, Die Gesetze im Pentateuch, 1940 (= Gesammelte Studien zum Alten Testament, 1957, 9–141). – G. Westphal, Jahwes Wohnstätten nach den Anschauungen der Hebräer, 1908.

1. Jahwe und die Lade

a) Da die Verschmelzung Jahwes mit El in der vorstaatlichen Zeit gerade begonnen hatte, konnte sie das Gottesbild noch nicht wesentlich beeinflussen. Daher blieb das Doppelseitige seines Verhaltens: hilfreich und schreckerregend (vgl. § 9,2). Jahwe bewirkt, daß alle seine Feinde zugrunde gehen müssen, diejenigen dagegen, die ihn lieben, wie die in ihrer Kraft aufgehende Sonne sind (Jdc 5,31). Letzteren gelten die heilvollen Siegestaten, die er vollbringt (Jdc 5,11) oder andere in der Kraft seines Geistes ausführen läßt (Jdc 6,34; 11,29; 14,6). Gewährt er Israel auf solche Weise tatkräftige Hilfe, so trifft er damit gleichzeitig seine Feinde. Und wie er den israelitischen Helden durch seinen Geist die benötigte Kraft verleiht, so führt er Unheil über die Kanaanäer herbei, indem er einen *bösen Geist* sendet, der sie entzweit und zum Kampf gegeneinander reizt (Jdc 9,23). In dieser Doppelseitigkeit blieb Jahwe weiterhin derjenige, der die Geschicke der Völker und Menschen lenkt. Es ist sowohl durch die Verhältnisse der vorstaatlichen Zeit als auch durch die Auswahl der Überlieferung bedingt, daß dies vornehmlich durch Kampf und Krieg geschieht und daß darum die kriegerischen Züge des göttlichen Handelns hervorgehoben werden. Auch das Element der ethischen Forderung ist geblieben. Doch wurde es in stärkerem Maße durch den im Ausbau begriffenen Kultus ergänzt und erweicht.

Denn vor allem der Kultus war es, mittels dessen Israel die Gemeinschaft mit Jahwe zu erhalten und zu pflegen sich bemühte.

Man sprach vom Kommen und Erscheinen Jahwes auf Erden und
beim Menschen[1]. Vielfach ereignete sich dies in Form von Visionen
im Wachzustande, die man halluzinatorische Erfahrungen nennen
kann (z. B. Ex 24,9 ff.; Jdc 6,11 ff.; I Sam 3,10)[2]. Vor allem enthält
das Deboralied die erste und für längere Zeit einzige Schilderung des
Kommens und Erscheinens Jahwes zum Kampf unter dem Aufruhr
der Natur (Jdc 5,4 f.), wobei es aus der Umwelt Israels stammen
dürfte, daß man besondere Naturereignisse mit der Theophanie in
Verbindung brachte. Wenigstens in diesem Falle leitet die Schilderung das Siegeslied ein und ist mit ihm aufs engste verknüpft. Man
kann dies und die Heranziehung der Naturereignisse daraus erklären,
daß tatsächlich ein Unwetter den Israeliten den Sieg über die besser
ausgerüsteten Kanaanäer ermöglicht hat.

b) Häufig nimmt man an, daß in der vorstaatlichen Zeit die Bezeichnungen *Jahwe Ṣebaot* und *Der auf den Keruben Sitzende* entstanden sind, zunächst an der Lade und sodann am Heiligtum von
Silo hafteten, wo sich die Lade befand, und schließlich mit dieser
nach Jerusalem gelangten. So stellen sich die Fragen nach der Herkunft und Bedeutung der Lade und nach dem Alter der Jahwebezeichnungen.

Herkunft, Funktion und Zweck der Lade sind stark umstritten[3].
Manches wird immer unsicher bleiben, weil sie nur viermal ins Licht

---

[1] Vgl. J. Barr, Theophany and Anthropomorphism in the Old Testament,
VTSuppl VII, 1960, 31–38. – J. Jeremias, Theophanie, 1965. – P. D.
Miller, Jr., Fire in the Mythology of Canaan and Israel, CBQ 27 (1965),
256–261. – F. Schnutenhaus, Das Kommen und Erscheinen Gottes im
Alten Testament, ZAW 76 (1964), 1–22.

[2] J. Lindblom, Theophanies in Holy Places in Hebrew Religion, HUCA
32 (1961), 91–106.

[3] BHH II 1038–1041. – RGG IV 197–199. – IDB I 222–226. – W. R. Arnold, Ephod and Ark, 1917. – C. Brouwer, De ark, 1955. – K. Budde,
Die ursprüngliche Bedeutung der Lade Jahwe's, ZAW 21 (1901), 193–197.
– Ders., War die Lade ein leerer Thron?, ThStKr 79 (1906), 489–507. –
Ders., Ephod und Lade, ZAW 39 (1921), 1–42. – L. Couard, Die religiös-
nationale Bedeutung der Lade Jahves, ZAW 12 (1892), 53–90. – M. Dibelius, Die Lade Jahves, 1906. – J. Dus, Der Brauch der Ladewanderung
im alten Israel, ThZ 17 (1961), 1–16. – Ders., Noch zum Brauch der
„Ladewanderung", VT 13 (1963), 126–132. – O. Eißfeldt, Lade und
Stierbild, ZAW 58 (1940/41), 190–215 (= Kleine Schriften, II 1963,
282–305). – Ders., Lade und Gesetzestafeln, ThZ 16 (1960), 281–284

der Geschichte tritt: als sie beim Durchzug der Israeliten durch den
Jordan mitgeführt wurde und nach der späteren Darstellung ein
ähnliches Wunder wirkte wie Jahwe bei der Rettung aus Ägypten
am Meer (Jos 3 f.); als sie nach dem ersten Teil der Ladeerzählung
(I Sam 4,1–7,1)[4] aus dem Tempel von Silo in das israelitische Heerlager geholt wurde, bei der Niederlage in die Hände der Philister
fiel und nach der Rückgabe allmählich in Vergessenheit geriet; als
David die Lade nach Jerusalem holte (II Sam 6); als Salomo sie in
den von ihm errichteten Tempel überführte (I Reg 8). Darüber
hinaus läßt sich der Überlieferung nicht viel entnehmen.

Die Tradition, daß die Lade unter Mose am Sinai hergestellt worden
sei (Ex 37,1 ff.; Dtn 10,1 ff.), ist recht jungen Datums und den alten Quellenschichten JNE unbekannt. Aus der Wanderungszeit der Moseschar
stammt die Lade nicht. Denn einerseits war das mit ihr in keinerlei Zusammenhang stehende Offenbarungszelt das mosaische Wanderheiligtum
(§ 6,3), andererseits sind Num 10,33 b und die angeblichen Ladesprüche
10,35 f. spätere Einschübe und Num 14,44 b ein Zusatz zum Text. Daher
nimmt man häufig an, daß die Lade ein Kulturlandheiligtum gewesen oder
erst im Kulturland entstanden sei: kanaanäischer Herkunft (Dibelius,
Greßmann, von Rad u. a.), ein palästinisch-benjaminitisches Jahweheiligtum (Nielsen) oder, falls nicht schon früher hergestellt, ein palästinisch-
israelitisches Symbol eines antiphilistäischen Stämmebündnisses (Maier).
Doch sind diese Annahmen recht unsicher.

Gegen eine Herstellung der Lade erst in Palästina spricht, daß sie
in den drei alten Quellenschichten JNE, die sich auch im Buche Josua

---

(= ebd. III 1966, 526–528). – H. Greßmann, Die Lade Jahves und das
Allerheiligste des salomonischen Tempels, 1920. – M. Haran, The Ark
and the Cherubim, IEJ 9 (1959), 30–38. – Ders., ʿOṭfe, Maḥmal and
Kubbe, in: Neiger Memorial Volume, 1959, 215–221. – R. Hartmann,
Zelt und Lade, ZAW 57 (1917/18), 209–244. – W. B. Kristensen, De ark
van Jahwe, 1933. – J. Maier, Das altisraelitische Ladeheiligtum, 1965. –
H. G. May, The Ark – a Miniature Temple, AJSL 52 (1935/36), 215–234.
– J. Morgenstern, The Ark, the Ephod, and the Tent of Meeting, HUCA
17 (1942/43), 153–266; 18 (1943/44), 1–52. – E. Nielsen, Some Reflec-
tions on the History of the Ark, VTSuppl VII, 1960, 61–74. – G. von
Rad, Zelt und Lade, NkZ 42 (1931), 476–498 (= Gesammelte Studien
zum Alten Testament, 1958, 109–129). – H. Schmidt, Kerubenthron und
Lade, in: Gunkel-Festschrift, I 1923, 120–144. – W. Seeber, Der Weg
der Tradition von der Lade Jahwes im Alten Testament, Diss. Kiel 1956.
– H. Torczyner, Die Bundes-Lade und die Anfänge der Religion Israels,
1930². – M. H. Woudstra, The Ark of the Covenant from Conquest to
Kingship, 1965.
[4] Vgl. zur Ladeerzählung S-F § 32,3.

finden[5], in der Erzählung vom Jordandurchzug Jos 3 f. fest verankert ist und nicht eliminiert werden kann. Gegen eine ursprüngliche Beziehung zu Jahwe spricht, daß die älteste Bezeichnung der Lade dessen Namen gar nicht enthält, sondern אֲרוֹן (הָ)אֱלֹהִים (*ᵃrôn [ha-]*ᵃlohîm) Elohim- oder Gotteslade lautet (I Sam 3,3; 4,11 u. ö.). Natürlich hat man die Beziehung zu Jahwe spätestens bei der Aufnahme der Lade in den Tempel von Silo hergestellt, d. h. in dem „Elohim" keinen anderen als Jahwe erblickt. Für die Herkunft der Lade ergibt sich aus den beiden vorgenannten Beobachtungen, daß sie außerpalästinischer und vorjahwistisch-israelitischer Herkunft war und von einer nach Palästina einwandernden Gruppe von Israeliten mitgebracht worden ist (Schmidt, Seeber u. a.) – am ehesten von der Gruppe, die die Überlieferung über die Einwanderung durch den Jordangraben bewahrt hat und mit der der Name Josuas verbunden ist: von der mittelpalästinischen Stämmegruppe oder von den Ephraimiten und den mit ihnen gemeinsam vorgehenden späteren Benjaminiten. Dies erklärt sowohl die Erwähnung der Lade in den Erzählungen des Josuabuches als auch ihren anscheinend kurzfristigen Aufenthalt in Gilgal und ihren endgültigen Standort im ephraimitischen Silo.

Oft hält man die Lade für einen leeren Gottesthron (Dibelius, Eißfeldt, Nielsen, von Rad u. a., dagegen Budde, Haran, Maier, Seeber u. a.) oder einen Thronschemel (Haran, Torczyner). Dem widersprechen sowohl die Aufstellung im Jerusalemer Tempel mit der Schmalseite zum Ausgang hin als auch und vor allem der Name Kasten, Truhe. Man muß sie doch wohl als einen Behälter verstehen, zu dem allein die quaderförmige Gestalt paßt (Ex 25,10). Was sie ursprünglich enthalten haben mag, ist freilich nicht einmal mehr zu raten: die Gottheit repräsentierende Steine (Couard), ein oder mehrere Gottesbilder (Budde, Greßmann), Dokumente (Sellin*) oder ein Orakelgerät (Arnold) – um von waghalsigeren Hypothesen abzusehen[6]. Es ist schlechthin unbekannt, wozu die Frühisraeliten den Kasten benutzt haben. In Silo scheint er, nachdem die Beziehung zu Jahwe hergestellt war, zum Symbol eines kurzzeitigen militärischen Stämmebündnisses geworden zu sein, das sich infolge der Philisternot gebildet hat; vielleicht hat er gleichzeitig als Behälter für das

---

[5] Vgl. S-F § 30.
[6] Hartmann: aus Ägypten mitgebrachter Josephsarg. — Kristensen: Sarg mit dem gestorbenen Gott und Symbol der Erde. – May: Miniaturtempel.

Bündnisdokument oder -symbol gedient (Maier). Jedenfalls war die Lade kein Kriegspalladium, da die Israeliten sie nicht von vornherein ins Heerlager mitnahmen, sondern sie erst als *ultima ratio* dorthin holten. Sie hat ebensowenig Jahwe repräsentiert, da die Aussage II Sam 7,6, Jahwe habe seit dem Exodus in keinem Hause gewohnt, dies nach dem Aufenthalt der Lade im Tempel von Silo ausschließt. Sie konnte lediglich als Symbol des gemeinsamen antiphilistäischen Unternehmens und als Unterpfand der göttlichen Hilfe gelten.

Ist also die Lade erst in Silo sekundär zu Jahwe in Beziehung gesetzt und dann als Symbol eines militärischen Bündnisses verwendet worden, so wird sogleich fraglich, ob im Zusammenhang damit die Jahwebezeichnungen *Jahwe Ṣebaot* und *Der auf den Keruben Sitzende* entstanden sein können. Daß dies tatsächlich nicht der Fall war, zeigt die Erzählung von der Überführung der Lade nach Jerusalem in II Sam 6,2:

> Dann machte sich David mit all den Leuten, die er bei sich hatte, auf den Weg nach 'Baalat' in Juda, um von dort aus die Gotteslade hinaufzubringen, die man 'dort'[7] nach dem Namen des Jahwe Ṣebaot, des auf den Keruben Sitzenden, benannte.

Daraus wird ersichtlich, daß der Behälter bis zur Einholung durch David *Gotteslade* hieß und in Baalat anders benannt wurde. Also haben die Jahwebezeichnungen, die er dort erhielt, vorher in Silo nicht an ihm gehaftet. Sie scheinen einer an die bisherige Verwendung anknüpfenden neuen Funktion der Lade zu entsprechen und sind erst in der Zeit Davids gebildet worden. Daher ist ihr Sinn an anderer Stelle zu erörtern (§ 14,1).

2. Der Kultus

a) Palästina erhielt in der vorstaatlichen Zeit zahlreiche Jahweheiligtümer. Die in der vorjahwistischen Periode mitbenutzten Heiligtümer wurden nach der Gleichsetzung Sippengötter-El-Jahwe dem letzteren geweiht. Weitere ursprünglich kanaanäische Heiligtümer wurden jahwisiert. Außerdem entstanden neue Jahweheiligtümer an bisher nicht benutzten Stätten, von denen Silo das bekannteste, aber sicher nicht das einzige war.

---

[7] An Stelle des zweifachen שֵׁם (šem) *Name* ist mit zahlreichen Handschriften einmal שָׁם (šam) *dort* zu vokalisieren.

Beerseba[8] scheint infolge seiner Lage an der Grenze zwischen Kulturland und Negeb eine gewisse Bedeutung behalten zu haben; das ergibt sich auch daraus, daß Samuel seine beiden Söhne dort als Stadtherrscher einsetzen wollte und konnte (I Sam 8,1 f.). Das Heiligtum stand vornehmlich den südjudäischen Gruppen offen, die allmählich im Stamme Juda aufgingen, besaß jedoch eine starke Anziehungskraft für die mittelpalästinischen Israeliten, die noch in der Königszeit dorthin pilgerten (Am 5,5) und beim דד (dod), beim Liebling, von Beerseba schworen (Am 8,14 cj.).

Ob man das Heiligtum von Mamre bereits abzulehnen und es durch Hebron, mit dem Gen 23,19; 35,27 es identifizieren, zu ersetzen begann, ist nicht zu ersehen[9]. Wahrscheinlich ist für die vorstaatliche Zeit ein Doppelheiligtum Hebron–Mamre anzunehmen, das den kultischen Mittelpunkt Judas bildete. Immerhin war bereits Hebron allein der Krönungsort und die erste Residenz Davids (II Sam 2,4; 5,3.5a).

Im westjudäischen Hügelland lag das zuerst danitische, dann judäische Jahweheiligtum von Zora[10], dessen Heiligtumslegende auf den Vater Simsons übertragen worden ist (Jdc 13).

Das alte Heiligtum des Sonnengottes von Bet-Schemesch[11] wird durch die Erzählung in I Sam 6,10–14 von der Opferung der den Wagen mit der Lade ziehenden Kühe auf dem großen Stein, dem dortigen Altar, als Jahweheiligtum legitimiert.

Das Höhenheiligtum von Gibeon[12], das vielleicht auf dem nebī samwīl nördlich von Jerusalem lag, blickte anscheinend auf eine lange Vergangenheit zurück und stand noch zur Zeit Salomos in Blüte (vgl. I Reg 3,4 ff.). Eine Heiligtumslegende oder -legitimation ist allerdings nicht überliefert. Da die Hinrichtung der Nachkommen Sauls 'in Gibeon auf dem Berg' Jahwes stattfand, wie II Sam 21,6 zu lesen ist, handelt es sich wohl um einen ursprünglich kanaanäischen Ritus, so daß der Jahwekultus einen älteren fortsetzte.

Ob das Baumheiligtum bei Sichem[13] eine Bedeutung besessen hat, nachdem die Stadt zerstört worden und unbesiedelt war, muß offenbleiben.

Eindeutig bestand das Heiligtum von Betel[14] weiter, das auf Wallfahrten besucht wurde (I Sam 10,3).

Gleiches gilt für Gilgal[15], das wohl von mehreren Stämmen besucht wurde – Benjamin, Ephraim, Manasse – und das in der Zeit Samuels, Sauls und Davids sowie in der Zeit Elias und Elisas in hohem Ansehen stand.

Silo[16] ist das erste Jahweheiligtum, für das ausdrücklich ein Tempel bezeugt ist (I Sam 1–3). Dieser Tempel, das im Herbst stattfindende Wall-

  8 Vgl. § 4 Anm. 5.
  9 Vgl. § 4 Anm. 7–8.
 10 IDB IV 963.
 11 BHH I 229 f. – IDB I 401–403.
 12 BHH I 568 f. – RGG II 1567. – IDB II 391–393.
 13 Vgl. § 4 Anm. 11.
 14 Vgl. § 4 Anm. 10.
 15 Vgl. § 4 Anm. 15.
 16 BHH III 1794 f. – RGG VI 35. – IDB IV 328–330. – O. Eißfeldt, Silo
     und Jerusalem, VTSuppl IV, 1957, 138–147 (= Kleine Schriften, III

fahrtsfest und die Reigentänze in den Weingärten (Jdc 21,19 ff.) zeigen, wie sehr diese anscheinend neugegründete heilige Stätte unter dem Einfluß der kanaanäischen Religion und ihres Vegetationskultes stand.

Wie Gilgal spielte das Heiligtum von Mispa in Benjamin[17], das Jdc 20 f. erwähnt wird, in der Zeit Samuels und Sauls eine größere Rolle (I Sam 7,5–12.16; 10,17 ff.). Vielleicht war es das Hauptheiligtum von Benjamin, da dort Saul durch das Losorakel zum König bestimmt wurde.

In die Auseinandersetzungen um das Bestehen eines Baal- oder Jahweheiligtums gibt Jdc 6,11–32 für Ophra[18] einen Einblick (§ 9,2). Daß der allem Anschein nach dort errichtete Jahwealtar zunächst geduldet worden ist, läßt sich auf Grund von Jdc 8,27 annehmen. Zugleich zeigt diese Notiz, daß das kleine Heiligtum einer späteren Zeit wegen des Ephod anstößig war.

Auch auf dem Tabor[19], einer alten kanaanäischen Stätte (§ 3,2), entstand ein Jahweheiligtum, das von den Stämmen Isaschar und Sebulon, an deren gemeinsamer Grenze es lag (Jos 19,22), benutzt wurde (Dtn 33,19), anscheinend auch von Naphtali, wie die dortige Versammlung vor der Deboraschlacht unter der Führung Baraks aus Naphtali vermuten läßt (Jdc 4,6).

In Dan befand sich das Heiligtum des gleichnamigen Stammes[20] nach seiner endgültigen Niederlassung im Norden Palästinas. Die Vorgeschichte seiner Entstehung erzählen Jdc 17–18, jedoch in einer dem Heiligtum übelwollenden Form: Es verdankt sein Gottesbild einem zweifachen Diebstahl! Davon war in der ursprünglichen Fassung der Erzählung, die die Tradition von der innerpalästinischen Wanderung des Stammes Dan wiedergab, natürlich nicht die Rede.

Im Ostjordanland bestanden außer Penuel[21] das Heiligtum von Machanajim nördlich des Jabbok[22], das durch die Notiz von der Erscheinung des Heerlagers Jahwes vor Jakob in Gen 32,2 f. legitimiert werden soll, und das Heiligtum von Mispa in Gilead[23], mit dem die Erinnerung an Jephta verknüpft ist (Jdc 11,11.34). Außerdem erwähnt die tiefgreifend bearbeitete Erzählung Jos 22,7 ff. in v.10f. 34 einen Altar für Ruben und Gad bei den *Steinkreisen am Jordan* auf westjordanischer Seite; darin dürfte die Erinnerung an ein zeitweilig bestehendes Heiligtum nachklingen.

Mit dieser Aufzählung ist die Zahl der Jahweheiligtümer nicht erschöpft. Im allgemeinen besaß wohl schon in der vorstaatlichen Zeit jede ganz oder überwiegend israelitische Siedlung eine Stätte,

---

1966, 417–425). – M. Haran, Shiloh and Jerusalem: the Origin of the Priestly Tradition in the Pentateuch, JBL 81 (1962), 14–24.

[17] BHH II 1228. – RGG IV 1065. – IDB III 407–409.

[18] BHH II 1353. – RGG V 1659 f. – IDB III 606 f. – S. A. Cook, The Theophanies of Gideon and Manoah, JThSt 28 (1926/27), 368–383.

[19] BHH III 1962 f. – RGG VI 598. – IDB IV 508 f.

[20] BHH I 317. – IDB I 759 f.

[21] Vgl. § 4 Anm. 14.

[22] BHH II 1123 f. – IDB III 226 f.

[23] BHH II 1228 f. – RGG IV 1065. – IDB III 407.

die Jahwe geweiht und nach dem Vorbild der kanaanäischen Kultstätten angelegt war (vgl. § 3,4). Das AT bezeichnet sie als בָּמָה
(bamā) Höhe, Höhenheiligtum[24]. Der Ausdruck besagt nicht, daß die
Stätte auf einer Anhöhe gelegen haben muß, weil sie sich auch in
Ortschaften, am Stadttor oder in Tälern befinden konnte (vgl. I
Reg 13,32; II Reg 23,8; Jer 7,31). Gemeint ist vielmehr eine kleine
Erhebung zu kultischem Gebrauch, die von Natur aus bestehen
mochte, in den meisten Fällen aber künstlich hergestellt und gebaut
wurde (I Reg 11,7 u. ö.). Einige solcher Heiligtümer sind durch Aus-
grabungen freigelegt worden: in Megiddo eine ovale Plattform mit
8 und 10 m Durchmesser aus der Mitte des 3. Jt. v. Chr., in Naharija
bei Haifa ein etwa kreisförmiger Steinhaufen mit 6 und später 14 m
Durchmesser neben einem kleinen Heiligtum des 18./17. Jh., in
Chaṣor eine Plattform aus dem 13. Jh., in den Burgen von
Chaṣor und Arad viereckige Anlagen aus der frühen israelitischen
Königszeit und dem 9./8. Jh. und auf einem Bergkamm südwestlich
von Jerusalem Anlagen bis zu einem Durchmesser von 25 m aus dem
7./6. Jh. Daraus ergibt sich deutlich die Kontinuität in der Anlage
derartiger Kultstätten in kanaanäischer und israelitischer Zeit. Gewisse
Beziehungen scheinen auch zu Steinhaufen zu bestehen, die man
gelegentlich als Grabhügel errichtete (II Sam 18,17), so daß einerseits
verlassene Höhenheiligtümer als Grabhügel der Vorzeit erklärt
(Jos 7,26; 8,29), andererseits an den Höhenheiligtümern die Begräbnisbräuche als Teil des Kultus ausgeführt wurden.

b) Die Ausstattung der Heiligtümer folgte gleichfalls dem kanaanäischen Vorbild (vgl. § 3,4)[25]. Jedes von ihnen wird Altar, Maṣṣebe,
Aschera, Libationsschalen und Wasserbecken (für kultische Waschungen) besessen haben. Für Dan ist das bereits erwähnte Gottesbild
bezeugt. Zur Ausstattung sind ferner Ephod und Teraphim zu
rechnen[26]. Der Ephod war ursprünglich wohl ein Gewand, das einem

---

[24] BHH II 736. 1021 f. – IDB II 602–604.
[25] RGG III 158; VI 686 f.
[26] BHH I 420; III 1952. – RGG II 521 f.; VI 690 f. – IDB I 118 f.;
IV 574. – P. R. Ackroyd, The Teraphim, ET 62 (1950/51), 378–380. –
W. E. Barnes, Teraphim, JThSt 30 (1928/29), 177–179. – G. Dahl, The
Problem of the Ephod, AThR 34 (1952), 206–210. – H. J. Elhorst, Das
Ephod, ZAW 30 (1910), 259–276. – K. Elliger, Ephod und Choschen,
VT 8 (1958), 19–35 (= Baumgärtel-Festschrift, 1959, 9–23). – M. Haran,
The Ephod according to Biblical Sources, Tarbiz 24 (1954/55), 380–391.
– G. Hoffmann–H. Greßmann, Teraphim, ZAW 40 (1922), 75–137. –

Gottesbild angelegt wurde; so ist es für Jdc 17–18 das nächstliegende, während das in Jdc 8,26 f. angegebene große Gewicht eher an einen Metallmantel denken läßt, der um einen Holzkern gelegt wurde (vgl. Jes 30,22). Sodann wurde ein leeres Gottesgewand vom Priester ausschließlich für Orakelzwecke verwahrt, bei Bedarf herbeigeholt und getragen (I Sam 2,28; 14,3; 23,9; 30,7). Ephod heißt außerdem der aus Leinen angefertigte Lendenschurz, der zur Amtstracht des Priesters gehörte (I Sam 2,18; 22,18; II Sam 6,14); in der nachexilischen Zeit bezeichnet das Wort einen Teil des hohepriesterlichen Ornats. In „Teraphim" handelt es sich um einen Sammelausdruck, der im verächtlichen Sinn für Gottesbilder gebraucht wurde (I Sam 15,23 neben Zauberei). Während in der Jakobgeschichte ein kleines Hausgottbild in menschlicher Form gemeint sein dürfte, bezeichnet der Ausdruck sonst wahrscheinlich eine kultische Gesichtsmaske als Gottessymbol (I Sam 19,13.16), wie sie durch die Funde in Chaṣor für die kanaanäische Zeit belegt ist und wie man sie als Zubehör des Heiligtums (Jdc 17,5; 18,17 ff.; Hos 3,4) zur Orakelerteilung benutzte (Ez 21,26; Sach 10,2).

c) Die wichtigste Gruppe des Kultpersonals waren die Priester[27]: die Eliden in Silo, die sich der Herkunft aus der Moseschar rühmten, die Aroniden im vorstaatlichen Betel, die Priesterschaft in Nob, die Saul mit Ausnahme Abjatars wegen Begünstigung Davids hinrichten ließ (I Sam 21 f.), und die sich vom Sohne Moses herleitende levitische Priesterschaft in Dan (Jdc 18,30). An anderen Heiligtümern hat es zweifellos weitere Priestergeschlechter gegeben, bei denen sich die Tätigkeit vom Vater auf den Sohn vererbte. Unsicher bleibt, in welchem Umfange kanaanäische Priester übernommen worden sind.

Leviten[28] sind lediglich für Dan als ständige Priester eines bestimmten Heiligtums bezeugt. Sonst wird in dieser Periode kein Priester als Levit bezeichnet und umgekehrt. Offensichtlich hat ein Unterschied zwischen beiden bestanden, ohne daß sich erkennen läßt, worin man ihn erblickt hat, zumal beide die gleichen Aufgaben wahrnahmen. Vielleicht waren die Leviten nicht an ein bestimmtes Heilig-

---

C. J. Labuschagne, *Teraphim* – a New Proposal for its Etymology, VT 16 (1966), 115–117. – E. Sellin, Efod und Terafim, JPOS 14 (1934), 185–193. – H. Thiersch, Ependytes und Ephod, 1936.

[27] BHH III 1486–1490. – RGG V 574–578. – IDB III 876–889.

[28] Vgl. § 5 Anm. 23. – G. R. Berry, Priests and Levites, JBL 42 (1923), 227–238.

tum gebunden, sondern zogen im Lande umher und betätigten sich an den kleinen Kultstätten, die ohne Priester waren.

Die Aufgaben der Priester und Leviten bestanden im Darbringen der Opfer am Altar, im Opfern von Räucherwerk, in der kultischen, ethischen und rechtlichen Tora-Unterweisung und im Einholen der Gottesentscheide oder -orakel durch Ephod und Urim-Tummim[29]. Daher konnten sie einen Anteil an den Opfern für sich beanspruchen. Doch ist zu beachten, daß nicht nur Priester und Leviten Kulthandlungen vornehmen durften, sondern daß zumindest jeder Familienvater berechtigt war, Opfer darzubringen (Jdc 6,25 ff.; 13,15 ff.) oder einen Kultus einzurichten (Jdc 8,27; 17,5).

Außer Priestern und Leviten hat es die frühen Formen des Prophetentums gegeben: den Seher und den Nabi, die in I Sam 9,9 von einer späteren Sicht aus miteinander gleichgesetzt werden. Von einer Verschmelzung dieser verschiedenen Prophetenformen kann in der vorstaatlichen Zeit jedoch noch keine Rede sein. Die in dieser Hinsicht entstandene Verwirrung wirkt sich darin aus, daß Samuel nicht nur als Herrscher, Priester und Naziräer, sondern auch als Seher und Nabi charakterisiert wird. Im einzelnen wird die Frühgeschichte des Prophetentums in einem größeren Zusammenhang behandelt (§ 18).

d) An den Kultstätten sind Opfer dargebracht worden, die von dieser Zeit an eine ständig wachsende Bedeutung erhalten, zumal bis zu der durch die deuteronomische Reform eingeführten Zentralisation des Kultus in Jerusalem jede Schlachtung ein Opfer war. Für die vorstaatliche Zeit wird es öfters erwähnt – als Opfer der Priester (Eli und seine Söhne I Sam 2,12 ff.), anderer Männer (Gideon Jdc 6, Manoach 13, Samuels Vater I Sam 1,21) und des mehrdeutig geschilderten Samuel (I Sam 7,9 f.; 9,12 f.).

Da das israelitische Opfer in einem späteren Zusammenhang eingehend behandelt wird (§ 16,4), sei an dieser Stelle lediglich auf die Besonderheiten in der vorstaatlichen Zeit hingewiesen. Von den Arten der Darbringung ist noch die einfachste bekannt: das Niederlegen der zur Speisung der Gottheit bestimmten Gaben an einer heiligen Stätte (Jdc 6,19), die weiterhin bei den Schaubroten üblich blieb (z. B. I Sam 21,7). Selbständig ist noch das später lediglich als Zusatzopfer verwendete Trankopfer mit Güssen von Öl (Gen 28,18; 35,14), Wein (Ex 29,40) oder Wasser (I Sam 7,6; II Sam 23,13 ff.).

---

[29] Vgl. § 6 Anm. 35. – J. Lindblom, Lot-casting in the Old-Testament, VT 12 (1962), 164–178.

Außer dem Schlachten der Tiere für das Schlacht- oder Mahlopfer findet sich das vollständige Verbrennen beim Brandopfer, das die Israeliten erst in Palästina als eine ursprünglich nichtsemitische syrisch-palästinische Sitte kennengelernt und übernommen haben.

Ist der Sinn des Speise- und Trankopfers vornehmlich die Speisung der Gottheit, so entsprechen Schlacht- und Brandopfer zwei grundlegenden Zügen der Jahwereligion. Das erste bekräftigt und erneuert die Gemeinschaft zwischen Jahwe und den Opfernden, die in einem Kultmahl das Opfer verzehren, von dem Jahwe gleichzeitig seinen Anteil erhält. Das zweite ist das Gabe- und Huldigungsopfer schlechthin und drückt die Anerkennung der Herrschaft Jahwes über die Opfernden aus.

e) Obwohl aus der vorstaatlichen Zeit kein Festkalender überliefert ist, lassen sich mehrere Feste erschließen, die in Israel begangen worden sind[30]. Die Feier des Passa zählt allerdings nicht dazu, da es im Kulturlande vorerst nicht mehr begangen worden ist (§ 8,3).

Ein Feiertag war wie überall dort, wo die Zeit nach dem Mondumlauf gemessen wurde (Monate), der Tag des Neumonds[31]. Es ist der Tag, an dessen Vorabend (der zu diesem Tage gehörte) die Mondsichel wieder sichtbar wird. Wo er im AT begegnet, ist er bereits ein Jahwefeiertag. Weil er ein Ruhetag war, wird er oft zusammen mit dem Sabbat genannt.

Der Sabbat[32] ist der letzte Tag der siebentägigen Woche, an dem Arbeitsruhe herrschte. Wenn nicht schon von Anfang an, war er doch recht bald zugleich ein Feiertag für Jahwe (Ex 20,10; Dtn 5,14 u. ö.).

---

[30] BHH I 471–474. – RGG III 910–917. – IDB II 260–264.
[31] F. Wilke, Das Neumondfest im israelitisch-jüdischen Altertum, Jb der Gesellschaft für die Geschichte des Protestantismus in Österreich 67 (1951), 1–15.
[32] BHH III 1633–1635. – RGG V 1258–1260. – IDB IV 135–141. – K. Budde, The Sabbath and the Week, JThSt 30 (1928/29), 1–15. – W. W. Cannon, The Weekly Sabbath, ZAW 49 (1931), 325–327. – J. Hehn, Siebenzahl und Sabbat bei den Babyloniern und im Alten Testament, 1907. – E. Jenni, Die theologische Begründung des Sabbatgebotes im Alten Testament, 1956. – E. J. Kraeling, The Present Status of the Sabbath Question, AJSL 49 (1932/33), 218–228. – J. and H. Lewy, The Origin of the Week, HUCA 17 (1942/43), 1–152. – J. Meinhold, Sabbat und Woche im Alten Testament, 1905. – Ders., Die Entstehung des Sabbats, ZAW 29 (1909), 81–112. – R. North, The Derivation of Sabbath, Bibl 36 (1955), 182–201. – N. H. Tur-Sinai, Sabbat und Woche, BiOr 8 (1951), 14–24. – Th. C. Vriezen, Kalender en Sabbat, NThS 23 (1940), 172–195.

Das AT enthält keine geschichtlich zutreffende Angabe über seine Entstehung. Die deuteronomistische Begründung geht vom Exodus aus (Dtn 5,15), die priesterschriftliche von Jahwes Ruhen am Ende der Schöpfung (Ex 20,11; 31,17 b), während Ez 20,12.20; Ex 31,13.17 a ihn als Zeichen der Israel von Jahwe auferlegten Verpflichtung deuten.

Mehrfach ist versucht worden, den Sabbat von außerisraelitischen Begehungen abzuleiten: ein von den Kenitern als einem Schmiedestamm übernommener Saturnstag (Budde u. a.), was jedoch aus den späten Stellen Ex 35,3; Num 15,32–36 nicht hervorgeht; ein Vollmondtag wegen der ähnlichen babylonischen Bezeichnungen *šab/pattu* für den 15. Monatstag (Meinhold), der jedoch nicht als Ruhetag bekannt ist; ein den für einige babylonisch-assyrische Monate belegten Mondphasentagen analoger Tag, obwohl jene im Gegensatz zum Sabbat als „böse" Tage galten; ein Markttag (Jenni), obwohl Arbeit und Handel gerade unterbunden waren; in Ableitung der Woche von einem angeblichen 50-Tage-Schema (Lewy) oder einem „Fünftelmonat" (Tur-Sinai), obwohl die Rechnung bei Mondmonaten nicht aufgeht. So bleibt höchstens die Hypothese, daß man wie in anderen Fällen die 7 als kleine runde Zahl auch bei der Woche zur Einteilung der Zeit in regelmäßige kleine Abschnitte verwendete, als deren letzter Tag der Sabbat hervorgehoben wurde, dessen Name von שבת (*šabät*) *aufhören* herzuleiten wäre (Kutsch: RGG).

Wie ferner Jdc 9,27 von einem kanaanäischen Lesefest im Herbst berichtet, so Jdc 21,19 ff.; I Sam 1,3 ff. von einem analogen israelitischen Fest in den Weingärten bzw. am Tempel von Silo. Das führt zu der Annahme, daß die Israeliten in der vorstaatlichen Zeit die in den späteren Festkalendern genannten drei Wallfahrtsfeste des Kulturlandes von den Kanaanäern übernommen und als Jahwefeste begangen haben. Da auf sie später einzugehen ist (§ 16,3), seien sie lediglich aufgezählt: das Maṣṣotfest im Frühjahr, das Fest der Getreideernte (Wochenfest) mit der Darbringung der Erstlinge von den Feldfrüchten und das Lesefest im Herbst (Laubhüttenfest).

Weitere Feste sind nicht bekannt und trotz der sie hervorbringenden Phantasie der Exegeten unwahrscheinlich. Wohl aber wurden mancherlei Ereignisse einmaliger oder zeitlich wechselnder Art gefeiert – überwiegend wohl am Heiligtum und unter Darbringung von Opfern. Solche Ereignisse waren in der Familie oder Sippe die Entwöhnung eines Kindes (Gen 21,8), vielleicht auch seine Beschneidung (vgl. Gen 17), die Hochzeit (Gen 29,22 ff.; Jdc 14,10 ff.) und das Begräbnis (II Sam 3,31 ff.), im Rahmen des Bauernjahres die Schafschur (I Sam 25,2 ff.; II Sam 13,23 ff.), im politischen Leben ein Sieg (vgl. I Sam 15,12 und die Lieder Ex 15,20 f.; I Sam 18,7) oder ein allgemeines Unglück (Klagefeiern mit Fasten in späterer

Zeit). Man wird annehmen müssen, daß das ganze Leben religiös durchdrungen und von Kulthandlungen begleitet war.

Diese Beobachtung gilt auch für den Krieg[33], der manchmal als „heiliger" Krieg und sakrale Institution des alten Israel betrachtet wird[34]. Trotz grundsätzlicher Zustimmung hat Ringgren* dagegen eingewendet, daß die Kriegsschilderungen teilweise durch spätere Theorien beeinflußt wurden und demnach stilisiert sind und daß der „heilige" Krieg eher mit dem nomadischen als mit dem seßhaften Leben in Palästina zusammenhängt. Nun gab es gewiß religiöse Vorstellungen und Bräuche, die auf dem Bestreben beruhten, durch göttliche Hilfe den Sieg zu erringen und eine Niederlage abzuwenden. Dabei ergaben sich auch mehr oder weniger feststehende Sprüche und Redewendungen[35]. Wie alles und jedes im Leben war die Kriegführung von religiösen Vorstellungen umwoben und von religiösen Riten begleitet. Doch dadurch wird sie ebensowenig zu einem „heiligen" Krieg und zu einer sakralen Institution wie Geburt, Entwöhnung, Hochzeit, Tod oder Schafschur, die mit religiösen Vorstellungen, Riten und Formeln umgeben waren. Ein „heiliger" Krieg als sakrale Institution der alten Zeit ist lediglich das Ergebnis einer durch religiöse Feindschaft gegen das Fremde bedingten späten Systematisierung des praktischen religiösen Verhaltens einer frühen Kulturstufe. Auch vom „Jahwekrieg" kann man nur in den Fällen sprechen, in denen die Israeliten glaubten, daß Jahwe persönlich in den Kampf eingegriffen habe. Da dies Ausnahmen waren, handelt es sich gewöhnlich um nichts anderes, als daß auch die mit der Kriegführung zusammenhängenden Maßnahmen in die allgemeine religiöse Durchdringung des Lebens einbezogen waren.

3. Geschichtsüberlieferungen und Recht

a) Obwohl keine unmittelbaren Mitteilungen vorliegen, läßt sich aus der literarischen und überlieferungsgeschichtlichen Analyse des Hexateuchs erschließen, daß die Geschichtsüberlieferungen in der vor-

---

[33] C. H. W. Brekelmans, De ḥerem in het Oude Testament, 1959. – A. Malamat, Der Bann in Mari und in der Bibel, in: Kaufmann-Festschrift, 1960, 149–158. – E. Nielsen, La guerre considérée comme une religion et la religion comme une guerre, StTh 15 (1961), 93–112. – R. Smend, Jahwekrieg und Stämmebund, 1963.

[34] G. von Rad, Der Heilige Krieg im alten Israel, 1965⁴.

[35] S-F § 8,1.

staatlichen Zeit erheblich weitergebildet ~ᴏrden sind[36]. Von den ursprünglich selbständigen Landanspruchs- und Landnahmeerzählungen der verschiedenen Sippen, Gruppen und Stämme erlangten einige eine gemeinisraelitische Bedeutung und wurden allmählich zu einer ersten Grunderzählung zusammengeschlossen, die in mündlicher Überlieferung umlief. Auf ihre Formung haben besonders kultische und didaktische Kräfte, ebenso die Freude am Ausgestalten des Erzählten eingewirkt, während ein Interesse an der Darstellung des Gesamtverlaufs der Geschichte noch nicht vorherrschte.

Einen wichtigen Schritt stellte die Verknüpfung der Patriarchenüberlieferungen in genealogischer Art dar, durch die Abraham, Isaak und Jakob/Israel jeweils in ein Vater-Sohn-Verhältnis gebracht wurden. Ferner verband man Patriarchen- und Moseüberlieferungen miteinander. Dies geschah zunächst ohne Verzahnung durch die Josephnovelle, so daß man anscheinend unmittelbar von der Wanderung Jakobs und seiner Familie nach Ägypten erzählt hat, wie noch Dtn 26,5 voraussetzt. Endlich hat man die Josuaüberlieferung in einer alten, einfachen Form angefügt, so daß nunmehr diese mit der Patriarchen-Mose-Überlieferung eine fortlaufende Erzählung bildete. Während in ihr die Patriarchenüberlieferung das Element der Landverheißung betonte, sollte die Josuaüberlieferung in erster Linie die Verwirklichung der Verheißung schildern. Die Moseüberlieferung erhielt den Sinn, in Ergänzung von Verheißung und Verwirklichung den Anspruch Jahwes auf Israel zu begründen und dessen Verpflichtung gegenüber Jahwe darzulegen.

Weder die Landnahmeüberlieferung noch gar der ganze Hexateuch sind aus einem kultischen Credo erwachsen, wie es als sog. kleines geschichtliches Credo (als Festlegende des Wochenfestes in Gilgal) in Dtn 26,5 ff. vorliegen soll[37]. Dies ist mehrfach als Ergebnis neuer Untersuchungen von Dtn 26,5 ff. und ähnlicher Stellen dargelegt worden[38]. In Dtn 26,1 ff. ist für die Ablieferung der Erstlinge aller Ackerfrüchte, bei der das sog. Credo zu sprechen ist, von einem Fest keine Rede; wegen der wechselnden Ernte-

[36] S-F § 19,4–5.

[37] G. von Rad, Das formgeschichtliche Problem des Hexateuch, 1938 (= Gesammelte Studien zum Alten Testament, 1958, 9–86).

[38] C. H. W. Brekelmans, Het "historische Credo" van Israël, Tijdschrift voor Theologie 3 (1963), 1–10. – L. Rost, Das kleine geschichtliche Credo, in: Das kleine Credo und andere Studien zum Alten Testament, 1965, 11–25. – Th. C. Vriezen, The Credo in the Old Testament, OuTWP 1963, 5–17. – A. Weiser, Einleitung in das Alte Testament, 1963[5], 79 ff. – A. S. van der Woude, Uittocht en Sinaï, 1961. – Vgl. S-F § 18,5.

tage ist dies auch kaum möglich. Ferner ist der Text eher ein Gebet oder
ein Katechismus, der den Ackerbauritus nicht mehr nur jahwistisch legitimieren, sondern darüber hinaus in die geschichtlichen Überlieferungen der
Jahwereligion einbeziehen soll, d. h. ein Vorgang der jüngeren Zeit, wie
das anloge Verfahren beim Maßsotfest und Passa lehrt. Außerdem setzt
der Text die Geschichtsüberlieferungen schon als bekannt voraus; er ist
nicht ihre Keimzelle, sondern ihre nachträgliche Zusammenfassung, die zum
Lehren und Lernen bestimmt ist.

Auf dem Wege zur Bildung der ersten Grunderzählung sind mannigfache andere alte Überlieferungen aufgenommen worden: Listen
(Gen 22,20–24; 25,1–6; 36,31–39), Erzählungen stammes- und volks-
geschichtlichen Charakters (Gen 16,4–14; 19,30 ff.; 21,8–21; 25,21
bis 26 a. 29–34; 29 f.; 34; 38,27–30), Natursagen (Gen 19; Ex 16 f.;
Num 11; 20), novellenhafte Erzählungen (Gen 12,10 ff.; 20; 24; 26),
Sprüche und Lieder (Gen 9,6; 25,23; 27,27–29.39 f.) und die ursprünglich meist kanaanäischen Heiligtums- und Kultlegenden.
Außerdem entstanden neue Erzählungen, die teilweise aus dem vorhandenen Überlieferungsbestand herausgesponnen oder als Erweiterungen hinzugefügt wurden (z. B. Ex 5,5–21; 7,14–10,29; 32; 34,29 ff.;
Num 11,14 ff.; 16 f.).

Die erste Grunderzählung des Hexateuchs hat in großen Zügen
das Folgende erzählt: Abrahams (und Lots) Auszug aus der Heimat,
Verheißung von Land und Nachkommen an ihn, Sodoms Unter-
gang und Lots Rettung, Ankündigung der Geburt Isaaks, Gefährdung
der Sara, Vertreibung der Hagar, Geburt Isaaks, Verheißung an ihn,
Jakob-Esau, Jakob-Laban, Jakobs Rückkehr und Aufenthalt in
Sichem bzw. Betel, Esaus Frauen und Nachkommen, Auswanderung
Jakobs nach Ägypten, Bedrückung der Israeliten, Einführung Moses,
sein Aufenthalt in Midian und Heirat, seine Berufung in Midian und
Rückkehr nach Ägypten, Tötung der ägyptischen Erstgeburt und
Abzug der Israeliten, Verfolgung und Rettung am Meer, Marsch zum
Berge Jahwes, Sinaigeschehnis, Zwischenfall und Aufforderung zum
Abzug, Weitermarsch, Wasserspenden, Manna und Wachteln, Em-
pörung Arons und Mirjams bzw. Datans und Abirams, Erkundung
des Landes (Kaleb) und Folgen, Edom verweigert den Durchzug,
Weitermarsch und Sieg über die Amoriter, mehrfaches Murren und
Abfall des Volkes, Tod Moses, Notizen und Erzählungen über Er-
folge und Mißerfolge der Israeliten in Palästina (Jdc 1 und Kern von
2,1–5) und Kern der Josuaüberlieferung. Diese Darstellung ist in der
davidisch-salomonischen Zeit weitergebildet worden (§ 11,6).

b) Da das frühisraelitische nomadische Recht den Verhältnissen im Kulturlande weithin nicht mehr gemäß war und für sie nicht ausreichte, haben die Israeliten während der palästinisch-vorstaatlichen Zeit kanaanäisches Recht übernommen, das dem Recht der anderen semitischen Völker verwandt war. Es wurde, soweit erforderlich, den israelitischen Verhältnissen angepaßt und weiterentwickelt. So standen nunmehr die apodiktisch formulierten und in Reihen zusammengefaßten Lebens- und Verhaltensregeln, deren Wurzel im Nomadentum liegt (§ 2,4) und zu denen in Palästina neue hinzutraten, und die überwiegend die einzelnen Rechtsfälle behandelnden und also kasuistisch formulierten Rechtssätze nebeneinander. Beide wurden in der Folgezeit mit der Autorität Jahwes und Moses begründet. War die Jahwereligion einstweilen noch eine Religion des Lebens und Verhaltens nach den geheiligten, gottgewollten Regeln, so begann mit der Aufnahme der Rechtssätze der Weg, der in späteren Jahrhunderten zu einer Religion des Rechts führte.

Im einzelnen läßt sich kaum mehr feststellen, welche Rechtssätze der vorstaatlichen Zeit zugewiesen werden können. Jedenfalls entstammt ihr nicht das sog. Bundesbuch als ganzes (Ex 20,24–23,9)[39]. Wohl aber wird man dies für das altertümliche Material in ihm annehmen können, so im Abschnitt über die Körperverletzungen (21,18–36) für die Talionsformel mit dem Grundsatz der genauen Vergeltung (21,23–25)[40], die Tabu-Auffassung des stößigen Rindes (21,28)[41] und die Wertung des Sklaven als sachlichen Besitz (21,32)[42]; für einiges im Abschnitt über die Eigentumsvergehen (21,37–22,16), in dem 22,8 eine altertümliche Anschauung verrät; vielleicht auch für die Sätze über das Rechtsprechungswesen (23,1–9). Wenigstens inhaltlich und im Kern stammen aus alter Zeit die Bestimmungen über das Verfahren bei einem Mord, dessen Täter unbekannt ist (Dtn 21,1–9), und das Gemeindegesetz (23,2–9)[43]. Überwiegend hat es sich um

---

[39] S-F § 20,2.
[40] A. Alt, Zur Talionsformel, ZAW 52 (1934), 303–305 (= Kleine Schriften zur Geschichte des Volkes Israel, I 1953, 341–344). – A. S. Diamond, An Eye for an Eye, Iraq 19 (1957), 151–155.
[41] A. van Selms, The Goring Ox in Babylonian and Biblical Law, ArOr 18,4 (1950), 321–330.
[42] P. Heinisch, Das Sklavenrecht in Israel und im Alten Orient, StC 11 (1934/35), 201–218.
[43] K. Galling, Das Gemeindegesetz in Deuteronomium 23, in: Bertholet-Festschrift, 1950, 176–191.

mündlich überliefertes Gewohnheitsrecht gehandelt, das nicht mehr zu erfassen ist.

4. Auswirkungen

Wie ist im Blick sowohl auf die mosaische Jahwereligion als auch auf den weiteren geschichtlichen Werdegang das Durchgangsstadium der Religion der vorstaatlichen Zeit zu verstehen? Es war Entfaltung aus der inneren Lebensmitte heraus unter Beibehalten der Grundgedanken der Gottesherrschaft und Gottesgemeinschaft, des Handelns Jahwes im Leben der Völker und Menschen und des Nachdrucks auf den ethischen Forderungen nach einem Verhalten gemäß den gottgewollten Regeln. Die Jahwereligion war in Assimilation und Integration kanaanäischer Vorstellungen und Bräuche gleichzeitig in einer Wandlung begriffen, die die nomadische Jahwereligion der Mosezeit im Kulturlande lebensfähig machte und erhielt. So begann sich eine neue Kulturlandform der Jahwereligion zu bilden, die den veränderten Verhältnissen angepaßt und in ihnen praktizierbar war. Allerdings zeichnen sich in der Betonung des kultischen Elements, mittels dessen man das Verhältnis zu Jahwe in zunehmendem Maße darstellte und pflegte, und in der Aufnahme des kanaanäischen Rechts, das man später von Jahwe herleitete, erste Gefahrenmomente für eine Aufweichung des Kerns der Jahwereligion und eine Fehlentwicklung ab.

2. Teil

RELIGIONSGESCHICHTE DER KÖNIGSZEIT

1. Kapitel

Das Königtum als zweiter Impuls

§ 11 Ereignisse und Gestalten

G. W. Ahlström, Aspects of Syncretism in Israelite Religion, 1963. – A. Alt, Jerusalems Aufstieg, ZDMG 79 (1925), 1–19 (= Kleine Schriften zur Geschichte des Volkes Israel, III 1959, 243–257). – Ders., Die Staatenbildung der Israeliten in Palästina, 1930 (= ebd. II 1953, 1–65). – Ders., Das Königtum in den Reichen Israel und Juda, VT 1 (1951), 2–22 (= ebd. II 1953, 116–134). – Ders., Die Weisheit Salomos, ThLZ 76 (1951), 139–144 (= ebd. II 1953, 90–99). – Ders., Der Anteil des Königtums an der sozialen Entwicklung in den Reichen Israel und Juda, in: Kleine Schriften zur Geschichte des Volkes Israel, III 1959, 348–372. – S. Amsler, David, roi et messie, 1963. – W. Caspari, Aufkommen und Krise des israelitischen Königtums, 1909. – A. Causse, La crise de la solidarité de la famille et du clan dans l'ancien Israël, RHPhR 10 (1930), 24–60. – O. Eißfeldt, Der Gott Bethel, ARW 28 (1930), 1–30 (= Kleine Schriften, I 1962, 206–233). – Ders., Baʻalšamēm und Jahwe, ZAW 57 (1939), 1–31 (= ebd. II 1963, 171–198). – G. Fohrer, Israels Staatsordnung im Rahmen des Alten Orients, Österr. Zeitschrift für Öffentliches Recht 8 (1957), 129–148. – Ders., Zion-Jerusalem im Alten Testament, ThW VII, 292–318. – K. Galling, Die israelitische Staatsverfassung in ihrer vorderorientalischen Umwelt, 1929. – M. J. Mulder, Baʻal in het Oude Testament, 1962. – Ders., Kanaänitische goden in het Oude Testament, 1965. – E. Neufeld, The Emergence of a Royal-Urban Society in Ancient Israel, HUCA 31 (1960), 31–53. – E. Nicholson, The Centralisation of the Cult in Deuteronomy, VT 13 (1963), 380–389. – M. Noth, Jerusalem und die israelitische Tradition, OTS VIII, 1950, 28–46 (= Gesammelte Studien zum Alten Testament, 1957, 172–187). – J. van der Ploeg, Les anciens dans l'Ancien Testament, in: Junker-Festschrift, 1961, 175–191. – H. H. Rowley, Hezekiah's Reform and Rebellion, BJRL 44 (1961/62), 395–431 (= Men of God, 1963, 98–132). – J. N. Schofield, Religion in Palestine during the Monarchy, JMEOS 22 (1938), 37–52. – J. Schreiner, Sion-Jerusalem, Jahwes Königssitz, 1963. – R. B. Y. Scott, Solomon and the Beginnings of Wisdom in Israel, VTSuppl III, 1955, 262–279. – J. A. Soggin, Das Königtum in Israel, 1967. – E. W. Todd, The Reforms of Hezekiah and Josiah, SJTh 9 (1956), 288–293. – E. Voegelin, Order and History, I: Israel and Revelation, 1956. – G. Wallis, Die An-

fänge des Königtums in Israel, WZ Halle-Wittenberg 12 (1963), 239–247. –
M. Weinfeld, Cult Centralization in Israel in the Light of a Neo-Baby-
lonian Analogy, JNES 23 (1964), 202–212. – A. Weiser, Samuel, 1962. –
H. Wildberger, Samuel und die Entstehung des israelitischen Königtums,
ThZ 13 (1957), 442–469.

1. Das Königtum Sauls

Mit der Erhebung Sauls[1] zum König ist in Israel ein entscheidender
Schritt getan worden, der nicht nur politische, volkliche, kulturelle,
wirtschaftliche und militärische Folgen hatte, sondern sich auch auf
die Geschichte der Jahwereligion erheblich ausgewirkt hat. Daher
muß nach der mosaischen Jahwereligion das Königtum wegen seiner
positiven und negativen Einflüsse auf die sich bildende Kulturlandform der Jahwereligion als ein zweiter Impuls bezeichnet werden[2].
Freilich bildete das Königtum Sauls erst ein Übergangsstadium von
der Stammes- oder Stadtstaatverfassung der sog. Richterzeit zur
wirklichen Staatsbildung. Denn Saul herrschte nicht in einem in sich
geschlossenen Territorialstaat und übte anscheinend keine innen-
politischen Funktionen aus, sondern war in erster Linie ein in kriegerischer Notzeit berufener Heerkönig. Er ist darin den kriegerischen
Stammesführern der vorstaatlichen Zeit vergleichbar; jedoch führte
er nicht einen, sondern mehrere Stämme an, die ihn nacheinander
erkoren haben (I Sam 8; 10,17–27 Bestimmung durch Loswahl in
Mispa, 9,1—10,16 Salbung zum *nagîd* in Ephraim[3], 11 Akklamation
zum König in Gilgal). Ob und wieweit Samuel dabei mitgewirkt
hat, bleibt angesichts der Überlieferung über ihn, die ihn sowohl als
Naziräer, Priester und Prophet wie als „Richter" schildert, ganz ungewiß[4]; es mag sein, daß er an der Unterstellung seines eigenen
Stammes Ephraim unter die Führung Sauls beteiligt gewesen ist.

Die Eigenart der atl. Überlieferung erlaubt es nicht, religionsgeschichtlich klare Tatsachen zu erheben. Einerseits ist der Erzählungskranz von Sauls Aufstieg und Ende in I Sam 9,1–10,16; 11;
13–14 (ohne 13,7 b–15 bα); 31 von der Verehrung für den König,
vom Wissen um die Schwierigkeit seiner Aufgabe und von der Achtung vor seinen zeitweiligen Erfolgen getragen. Andererseits steht
die Erzählung von seiner Erhebung zum König in I Sam 8; 10,17–27

[1] BHH III 1677 f. – RGG V 1375–1377. – IDB IV 228–233.
[2] BHH II 978–981. – RGG III 1709–1714. – IDB III 11–17.
[3] W. Richter, Die *nägîd*-Formel, BZ NF 9 (1965), 71–84.
[4] BHH III 1663 f. – RGG V 1357 f. – IDB IV 201 f.

in ihrer jetzigen Form dem Königtum kritisch gegenüber und sind die Erzählungen von der Verwerfung Sauls in I Sam 15 wegen der unvollständigen Ausübung des Kriegsbannes und in I Sam 13,7 b–15 ba wegen des unrechtmäßigen Vollzuges des Opfers sowie die Erzählung von Sauls Besuch bei der Totenbeschwörerin von Endor in I Sam 28 von einer ablehnenden oder feindseligen Haltung gegenüber dem König geprägt. Diese kritischen oder ablehnenden Stimmen aber stammen nicht aus der Zeit Sauls, sondern sind für eine von späteren prophetischen und priesterlichen Kreisen vertretene theologische Geschichtsbetrachtung kennzeichnend; sie hat sich am Widerspruch gegen ein Königtum entzündet, das seinen eigenen nationalen und machtpolitischen Interessen folgte, und rückt den Konflikt zwischen weltlicher und göttlicher Macht in den Vordergrund. Die Zeit Sauls selbst scheint in dessen Königtum keine Gefahr für die Jahwereligion erblickt, es vielmehr in der gefährdeten Situation der Israeliten zur Erhaltung des Volkes und der Jahwereligion als geboten betrachtet zu haben. Das Königtum ist zweifellos nicht gegen die Jahwereligion durchgesetzt worden, sondern in ihrem Interesse und unter der Förderung ihrer Vertreter entstanden.

2. David und Salomo

a) Bereits infolge der Maßnahmen Davids[5] begann sich das Königtum in anderer Weise zu entwickeln und andere religiöse Folgen herbeizuführen, als seine ersten Befürworter und Anhänger geahnt haben mögen. Gewiß war David trotz vieler bedenklicher oder verurteilenswerter Handlungen (z. B. II Sam 8,2.4; 11) ein frommer Verehrer Jahwes im Sinne einer kultischen Daseinshaltung (vgl. § 13,4) und unterstellte sich bei seinen Unternehmungen gern dessen Leitung mittels Priesterorakel und Kultprophetenspruch. Es besteht ferner kein Grund, an der Tradition zu zweifeln, daß er seine künstlerische Begabung in den Dienst des Kultus gestellt und Psalmen gedichtet habe, auch wenn es höchst fraglich ist, ob von diesen – zahlenmäßig wahrscheinlich nur wenigen – Liedern überhaupt eines erhalten ist[6]. Des weiteren hat er nach der Eroberung Jerusalems die den Philistern in die Hände gefallene und von ihnen wieder abge-

---

[5] BHH I 324–329. – RGG II 48–50. – IDB I 771–782.

[6] Wohl aber stammen die Klagelieder auf Saul und Jonatan II Sam 1,19–27 und auf Abner 3,33 f. von David.

schobene Lade, das Symbol eines antiphilistäischen Stämmebündnisses und das Unterpfand göttlicher Hilfe (§ 10,1), *nach dem Namen des Jahwe Şebaot, des auf den Keruben Sitzenden* benannt und in seine Hauptstadt Jerusalem überführt (II Sam 6). Sie galt zumindest später als Palladium des allen sonstigen Wesen der göttlichen Sphäre übergeordneten Gottes und als Symbol der Erwählung Davids, erhielt also eine theologische und dynastische Bedeutung[7]. Ihre Beziehung zu Jahwe schloß ein, daß dieser, der ferne Gott, an die Residenz des Königs gebunden wurde; das bildete die Grundlage und Voraussetzung dafür, daß er als Staatsgottheit gelten konnte.

Zugleich aber verband sich mit der Einholung der Lade anderes, das doch wohl kanaanäischen Einfluß verrät: Abgesehen von Opfern, die dargebracht wurden, fand eine feierliche Prozession mit Musik und Kulttanz statt, wobei der König selbst in priesterlicher Funktion den Kulttanz anführte. Und nachdem David die Lade zunächst in einem von ihm errichteten Zelt an der Gichonquelle untergebracht hatte, beabsichtigte er später, nach kanaanäischem Beispiel einen Tempel zu bauen, wie es Vorrecht und Aufgabe siegreicher Könige war[8], um die Lade dort unterzubringen. Jedoch dem heftigen Widerspruch, der sich im Namen Jahwes dagegen erhob und David durch den Seher Natan vorgetragen wurde (II Sam 7,1–7.17), mußte der König sich beugen; für diesen Schritt war die Zeit noch nicht reif[9].

Trotz dieses Erfolges, den die Vertreter einer unverfälschten Jahwereligion errangen, setzte sich der kanaanäische Einfluß in Jerusalem in starkem Maße durch. Die alte kanaanäische Stadt, die von

---

[7] Anders J. Maier, Das altisraelitische Ladeheiligtum, 1965, 63 f.: Palladium der beiden unter David so erfolgreichen Heerbanne Judas und Israels und Symbol der Erwählung Davids, also mit gesamtisraelitischer und dynastischer Bedeutung.

[8] A. S. Kapelrud, Temple Building, a Task for Gods and Kings, Or 32 (1963), 56–62.

[9] G. W. Ahlström, Der Prophet Nathan und der Tempelbau, VT 11 (1961), 113–127. – H. van den Bussche, Le Texte de la Prophétie de Nathan sur la Dynastie Davidique, ALBO II,7, 1948. – H. Gese, Der Davidsbund und die Zionserwählung, ZThK 61 (1964), 10–26. – E. Kutsch, Die Dynastie von Gottes Gnaden, ebd. 58 (1961), 137–153. – S. Mowinckel, Natanforjettelsen 2 Sam. kap 7, SEA 12 (1947), 220–229. – E. S. Mulder, The Prophecy of Nathan in II Samuel 7, OuTWP 1960, 36–42. – M. Noth, David und Israel in II Samuel 7, in: Mélanges Bibliques Robert, 1957, 122–130. – M. Simon, La prophétie de Nathan et le Temple (Remarques sur II Sam 7), RHPhR 32 (1952), 41–58. – A. Weiser, Die Tempelbaukrise unter David, ZAW 77 (1965), 153–168.

den Jebusitern bewohnt war und blieb, zu denen erst allmählich eine
größere Zahl von Judäern trat, befand sich seit der Eroberung durch
David in dessen und seiner Dynastie Eigenbesitz und nahm eine
staatsrechtliche Sonderstellung neben Juda und Israel ein. David trat
in die Rechte und Pflichten der früheren kanaanäischen Stadtkönige
ein und übernahm damit auch die in der kanaanäischen Tradition
wurzelnden priesterlichen Funktionen – vielleicht als Nachfolger des
letzten Stadtkönigs Malkiṣedeq (vgl. Gen 14,18–20; Ps 110,4)[10]. So
hat er in Anknüpfung an die Gestalt des sakralen Königs der altorientalischen Kulturen eine besondere Stellung im Jerusalemer
Kultus eingenommen. Als Folge dessen wurden für diesen die kanaanäischen Formen übernommen und angewendet; ja, es scheint
geradezu zu einer Verschmelzung des Jerusalemer kanaanäischen
Kultus – sei er nun El, Ṣedeq oder Schalim gewidmet – mit der
Jahwereligion gekommen zu sein. Dafür spricht vielleicht schon die
Tatsache, daß gegenüber den Namen derjenigen Söhne, die dem
David in Hebron geboren worden waren, diejenigen der 11 oder 12
in Jerusalem geborenen in keinem Falle Jahwe, wohl aber in mehreren Fällen El als theophores Element aufweisen (vgl. II Sam
5,14–16) und daß Davids Sohn Jedidja *Liebling Jahwes* den Namen
Salomo erhielt oder annahm, der ebenso wie der Name des Davidsohnes Absalom mit dem im Namen Jerusalem enthaltenen Gottesnamen Schalim zusammenhängt. Ein unübersehbarer Hinweis liegt
darin vor, daß die kanaanäische Priesterfamilie Ṣadoq[11] zunächst
neben dem von David mitgebrachten Abjatar[12], später allein als
Jahwepriester amtierte.

Damit war die Tür für das Einströmen weiterer kanaanäischer
Gedankengutes geöffnet, dessen Aneignung vielfach die offizielle

[10] S-F § 27,1. – Vgl. ferner BHH II 1185 f. – RGG IV 843–845. – IDB III
343. – H. W. Hertzberg, Die Melkisedek-Traditionen, JPOS 8 (1928),
169–179 (= Beiträge zur Traditionsgeschichte und Theologie des Alten
Testaments, 1962, 36–44). – G. Levi della Vida, El ʿElyon in Genesis
14,18–20, JBL 63 (1944), 1–9. – R. Rendtorff, El, Baʿal und Jahwe,
ZAW 78 (1966), 277–291.
[11] BHH III 2200. – RGG VI 1860. – IDB IV 928 f. – E. Auerbach, Die
Herkunft der Ṣadoḳiden, ZAW 49 (1931), 327 f. – K. Budde, Die Herkunft Ṣadoḳ's, ebd. 52 (1934), 42–50. – Ders., Noch einmal: Die Herkunft
Ṣadoḳ's, ebd. 160. – H. H. Rowley, Zadok and Nehushtan, JBL 58
(1939), 113–141. – Ders., Melchizedek and Zadok (Gen 14 and Ps 110),
in: Bertholet-Festschrift, 1950, 461–472.
[12] BHH I 360. – IDB I 6 f.

staatliche Religionspolitik der Königszeit bestimmte[13]. Neben den Prozeß des geschichtlichen Werdens der Jahwereligion im Kulturlande als eigenständige Entfaltung und als Wandlung unter kanaanäischer Einwirkung (§ 9,1) trat von der Zeit Davids an eine zweite Strömung mit der Tendenz zum Synkretismus, zum gewollten Zusammenwachsen der Jahwereligion mit den kanaanäischen Kulten. Diese Tendenz war politisch bedingt, weil im davidisch-salomonischen Großreich und danach in den Teilreichen die in ihnen lebenden Israeliten und Kanaanäer einander gleichgestellt sein mußten, um unnötige Spannungen zu vermeiden. Dies zog weiter den Versuch nach sich, eine allen gemeinsame ideologische Grundlage, also eine Staatsreligion, durch die Verschmelzung von Jahwereligion und kanaanäischer Religion zu schaffen – ein Versuch, der durch die sog. Reformen einiger Könige nur zeitweilig unterbrochen oder zurückgedrängt wurde. Die politisch bedingte tolerante Haltung gegenüber den Kanaanäern hatte religiöse Folgen, die vielen bedenklich erscheinen mußten. Gleichzeitig wurde durch die Erhebung Jerusalems zur Residenz der davidischen Dynastie, die Übertragung der Gegenwart Jahwes dorthin und die Erweiterung der Jahwereligion durch Aneignung kanaanäischen Vorstellungsgutes die Grundlage für die allmählich wachsende Bedeutung der Stadt gelegt, die ihre Krönung allerdings erst viele Jahrhunderte später erfuhr[14].

b) Einen beachtlichen Schritt weiter führte die Regierung Salomos[15]. Da dieser von David in einer Art Staatsstreich und ohne vorheriges Übereinkommen mit Vertretern des Volkes zum Mitregenten und Nachfolger erhoben worden war (I Reg 1)[16], suchte er nach einer anderen offiziellen Legitimation: Im Rahmen einer dem ägyptischen Vorbild entlehnten Königsnovelle leitete er sie von Jahwe selbst her (I Reg 3,4–15)[17]. Die Erzählung, mit der Salomo seine Einsetzung zum König eigentlich begründete und die darum an den Anfang der Schilderung seiner Regierung gestellt worden ist,

---

[13] J. A. Soggin, Der offiziell geförderte Synkretismus in Israel während des 10. Jahrhunderts, ZAW 78 (1966), 179–204.

[14] BHH II 820–850. – RGG III 593–596. – IDB II 843–866.

[15] BHH III 1651–1653. – RGG V 1336–1339. – IDB IV 339–408.

[16] G. Fohrer, Der Vertrag zwischen König und Volk in Israel, ZAW 71 (1959), 1–22.

[17] S. Herrmann, Die Königsnovelle in Ägypten und in Israel WZ Leipzig 3 (1953/54), 51–62. – H. Brunner, Das hörende Herz, ThLZ 79 (1954), 697–700.

geht von dem Augenblick der ägyptischen Königsnovelle aus, in dem am Krönungstage dem neuen Herrscher in einer Gottesbegegnung die Titel und Namen seines Königtums verliehen worden sind. Die göttliche Legitimation trat bei Salomo damit an die Stelle einer politischen Anerkennung durch einen Königsvertrag, bezog sich allerdings lediglich auf seine Person, so daß die Legitimation unter seinen Nachfolgern erneuert oder erweitert werden mußte. Auf diese Weise kam es zur göttlichen Anerkennung und Garantie für den Herrscher und die davidische Dynastie.

Was ferner David versagt geblieben war, gelang Salomo: der Tempelbau. Unmittelbar nördlich der alten Jebusiter- und Davidstadt errichtete er einen neuen Stadtteil, der den Bau einer neuen Residenz ermöglichte und die Raumnot der wachsenden Bevölkerung behob. Dort wurden nach der Art der Residenztempel des ägyptischen Neuen Reiches die Palast- und Tempelbauten in einem geschlossenen Komplex zusammengefaßt. Der Bau des Tempels war von größter Bedeutung für die Folgezeit. Da Palast und Tempel in derselben Stadt angelegt und von einer Mauer umschlossen waren, kam deutlich zum Ausdruck, daß der Tempel das Eigentum der davidischen Dynastie und Staatsheiligtum war, in dem sowohl die privaten Opfer des Königs dargebracht als auch der offizielle Staatskultus ausgeübt wurden. Dadurch wurden Jahwe zur Staatsgottheit für das vor allem von Israeliten und Kanaanäern bewohnte Herrschaftsgebiet Salomos und seiner Nachfolger und Jerusalem zur obersten und hervorragendsten Kultstätte erklärt. Da nun der Bau mit phönizischer Hilfe nach kanaanäischem Vorbild errichtet wurde und sich mit ihm die im Kulturland herrschende Sitte fester lokaler Kultstätten endgültig durchsetzte, wurde das Heiligtum selbst zur eigentlichen heiligen Stätte, die als solche ein Eigengewicht erhielt und die Möglichkeit zum Einströmen weiterer kanaanäischer Vorstellungen und Bräuche bot. Zwar wurde die Lade in den Tempel überführt und wohl noch zur Zeit Salomos die sog. Ladeerzählung (I Sam 4,1–7,1; II Sam 6; 7,1–7.17) aus den ursprünglichen Einzelerzählungen zusammengefaßt und erweitert, um die Legitimität Jerusalems als ihres Standortes zu begründen, und im Zusammenhang damit die Macht der Lade eindrücklich hervorgehoben[18]. Aber dennoch verlor die Lade schnell ihre frühere Bedeutung, während der Tempelkultus weithin nach kanaanäischem Vorbild ausgestaltet wurde. Dadurch verstärkte

[18] S-F § 32,3.

sich einerseits die Tendenz zum Synkretismus, während andererseits nach den Anfängen zur Zeit Davids ein neuer Gestaltwandel der Jahwereligion einsetzte, der sich vor allem in einer kultischen und in einer national-religiösen Richtung ausprägte (§ 13,4–5). Auch für die weitere geschichtliche Rolle Jerusalems bedeuteten der Bau des Tempels und die Verlegung des Kultus aus der Davidstadt dorthin eine Steigerung. Die Gegenwart Jahwes, der als „König" nun über ein „Haus" verfügte, wurde mit dem Tempel verbunden, so daß sich vom Tempelweihspruch Salomos an (I Reg 8,12 f.) die Vorstellung vom „Wohnen" Jahwes in Jerusalem findet. Sie haftete zunächst am Tempel selbst, später auch am Tempelberg (Jes 8,18).

Außer der toleranten Haltung gegenüber den zu seinem Reiche gehörigen Kanaanäern und dem aus politischen Gründen geförderten Ausgleich mit der kanaanäischen Religion ergab sich für Salomo im Zusammenhang mit seinen diplomatischen und wirtschaftlichen Beziehungen zur internationalen Welt des Alten Orients auch die Pflege des geistigen und kulturellen Austausches, in dessen Verfolg vor allem aus Ägypten die Weisheitslehre übernommen wurde. Diese diente in Jerusalem sodann der Schulung der königlichen Beamten, die mit dem Ausbau der Staatsverwaltung benötigt wurden. An der Schule, die seit der Zeit Salomos in Jerusalem wie in anderen Städten und Residenzen des Alten Orients bestanden haben dürfte[19], wurden unter anderem zwei Formen der Weisheit gelehrt, die sich aus I Reg 5,12 f. erschließen lassen:

Er (Salomo) dichtete 3000 Sprüche und seiner Lieder waren 1005. Er redete über die Bäume – von der Zeder, die auf dem Libanon steht, bis zum Ysop, der an der Mauer wächst – und redete über das Vieh, die Vögel, das Kriechgetier und die Fische.

Berücksichtigt man die Übertreibung der höfischen Darstellung, die alle Errungenschaften dem Herrscher selbst zuschreibt, und die falsche Verbindung der hohen Zahlen mit Sprüchen und Liedern, so ergeben sich daraus zwei Formen von Weisheitslehre oder Wissenschaft: die in Listen gefaßte Bildungsweisheit und die sich in Sprüchen oder Liedern ausdrückende Lebensweisheit. Letztere hat nach ihren Anfängen zur Zeit Salomos besonders während der Regierung Hiskias eine Rolle gespielt und sich zu einer eigenen Daseinshaltung entfaltet (§ 13,6). Wie das übernommene kanaanäische Recht wurde sie benötigt, als beim Übergang zur Stadtkultur und beim Ausbau

[19] Vgl. K. Galling, Die Krise der Aufklärung in Israel, 1952.

des Staatswesens die Selbstverständlichkeit von Brauch und Sitte des Nomaden- und Bauerntums zerbrach und sich neue Bereiche öffneten, zu denen das bisherige Brauchtum nichts beitragen konnte. Allmählich wurde die Lebensweisheit mit ihren klugen Lebens- und Verhaltensregeln auch in die Jahwereligion integriert, weil diese eine Religion des Lebens und Verhaltens nach den geheiligten, gottgewollten Regeln war.

Schließlich ist zu beachten, daß Salomo fremde Kulte für seine aus anderen Völkern stammenden Frauen zuließ und anscheinend den Bau von Heiligtümern anderer Götter gestattete (I Reg 11,7). So konnten die Jerusalemer andere Kulte unmittelbar kennenlernen.

3. Bis zum Beginn der assyrischen Vorherrschaft

Das geschichtliche Bild von der Reichsspaltung nach dem Tode Salomos bis gegen 750 v. Chr., also von rund zwei Jahrhunderten, läßt sich kurz zusammenfassen: In den Städten drangen kanaanäische Elemente in wachsendem Maße in die Jahwereligion ein, bis diese um 750 nicht viel anderes als eine Spielart der kanaanäischen Kulte war und der Synkretismus sich praktisch durchgesetzt hatte. Die Reaktionen dagegen – in Juda unter Asa und Josaphat, in beiden Staaten unter Joas und Jehu – wirkten lediglich verzögernd und aufschiebend. Dagegen blieb es auf dem Lande, dessen Bewohner sich oft in einem klaren Gegensatz zu ihrer jeweiligen Hauptstadt oder offiziellen Kultstätte wußten, wenigstens in der ersten Zeit beim bloßen Ausbau des Jahwekultes, bis sich schließlich auch dort der Synkretismus Bahn brach.

a) In Jerusalem setzte sich nach der Reichsspaltung der Synkretismus zunächst unter Rehabeam und Abia in starkem Maße fort, nicht zuletzt als Folge der Heiratspolitik des Königshauses. Die Mutter Rehabeams war eine Ammoniterin, deren Name auf die Verehrung einer fremden Göttin hinweist. Die Mutter Asas, die aus der Familie des mit einer aramäischen Prinzessin aus dem nördlichen Ostjordanland verheirateten Davidsohnes Absalom stammt, errichtete ein *Schandbild* (מִפְלֶצֶת, *miplæṣæt*), nach dem sonstigen Gebrauch derartiger Ausdrücke ein sexuelles Symbol, für die Göttin Aschera (I Reg 15,13)[20].

---

[20] Zur Stellung der Königsmutter vgl. H. Donner, Art und Herkunft des Amtes der Königinmutter im Alten Testament, in: Friedrich-Festschrift,

Eine Abkehr von der Jahwereligion beabsichtigte die davidische Dynastie jedoch nicht. Vielmehr behauptete sie ihre göttliche Legitimation durch die Erweiterung von II Sam 7 um den Grundbestand von 7,8–16.18–29, nach dem Jahwe die künftige Existenz des Königshauses garantiert. Was in I Reg 3,4–15 lediglich die Person Salomos betroffen hatte, wurde nunmehr auf die gesamte Dynastie ausgedehnt. Am ehesten ist dies in der Zeit Rehabeams geschehen; für den einzelnen König konkretisierte sich die Legitimation im Krönungsritual. Etwas jünger, weil prophetisch gefärbt, ist die Legitimierung der davidischen Dynastie gegenüber anderen Ansprüchen mittels der Erzählung von der Salbung Davids durch Samuel (I Sam 16,1–13). Zudem erstrebte man in Jerusalem zeitweilig wieder die Reinheit der Jahwereligion, so unter Asa[21], der unter anderem die männlichen Tempelprostituierten, die es neben den weiblichen gab[22], aus Jerusalem entfernte, und unter Josaphat[23], schließlich ein drittes Mal unter Joas[24] nach einer Zeit starker synkretistischer Neigungen infolge der Abhängigkeit Judas von der nordisraelitischen Dynastie Omri und des Vorherrschens des Baalkultus während der Regierung der Königin Atalja.

b) In der Landschaft Juda waren an den Heiligtümern anscheinend vorwiegend levitische Priester tätig. Diese Landpriester waren in der Übernahme fremder Elemente viel zurückhaltender als die Jerusalemer. Sie haben nur das in Glaube und Kultus einzufügen gesucht, was dem Wesen der Jahwereligion nicht widersprach, dabei freilich deren Weiterbildung zu einer Kultreligion durchaus gefördert. Damals hat auch die Festlegung ritueller Ordnungen begonnen. So können die im sog. kultischen Dekalog des Jahwisten enthaltenen Anordnungen für besondere Tage des Jahres (Ex 34,18aα.21a.22aα. 26a) und für Fragen des Opferwesens (34,20bβ.25a.25b.26b) ju-

---

1959, 105–145. – G. Molin, Die Stellung der Gᵉbira im Staate Juda, ThZ 10 (1954), 161–175. Am ehesten erklärt sich die Bedeutung der Königsmutter aus der Rechtssitte, den Übergang der Herrschaft auf einen neuen König dadurch zu dokumentieren, daß dieser den Harem seines Vorgängers offiziell in Besitz nahm (vgl. II Sam 16,21 ff.); dabei legitimierte die Königsmutter als dessen wichtigste Person die Hoheitsrechte ihres Sohnes.

[21] BHH I 133 f. – IDB I 243 f.
[22] BHH III 1948 f. – RGG V 642 f. – IDB III 932 f.
[23] BHH II 886–888. – RGG III 858 f. – IDB II 815 f.
[24] BHH II 868. – IDB II 909 f.

däischen Heiligtumsregeln entstammen, die die palästinisch-kanaanäische Situation voraussetzen.

Freilich sind die Grenzen zwischen der kultisch bestimmten Jahwereligion und den kanaanäischen Kulten nicht immer und überall klar erhalten geblieben. Manchmal wurden sie verwischt, so daß die kultische Richtung dann nahe an den Synkretismus heranrückte und die Unterscheidung zwischen einer baalisierten Jahwereligion und einer jahwistisch getönten Baalreligion schwer gewesen sein mag.

c) Im Nordreich Israel gründete der erste König Jerobeam I.[25] nach der Reichsspaltung die beiden Staatsheiligtümer in Betel und Dan; von diesen setzte das erste eine lange Tradition heiliger Stätten fort, die schon seit der vorisraelitischen Zeit bestand, während das zweite sich an die Heiligtumsgründung des Stammes Dan anschloß, von der einmal die ursprüngliche Form der Erzählung Jdc 17–18 berichtet hat, bis sie in der ausgehenden Königszeit eine jerusalemische Bearbeitung erfuhr, die das Heiligtum auf den unrühmlichen Umstand eines zweifachen Diebstahls zurückführte[26]. In diesen Heiligtümern, nicht aber in Jerusalem, sollten die Nordisraeliten den Gott verehren, der Israel aus Ägypten geführt hatte und auf den goldene Stierbilder hinwiesen (I Reg 12,28 f.). Angesichts der gegen solche Symbole polemisierenden Erzählung vom Stierbild am Gottesberg (Ex 32) und den ebenso scharfen Worten Hoseas (Hos 8,4b–6; 10,5–6a; 13,2) ist dabei nicht an Kultstandarten[27], sondern an einen Stier darstellende Holzskulpturen mit einem Mantel aus Goldblech zu denken, die nicht ein Piedestal für den unsichtbar darauf stehenden Gott bildeten, sondern ihn tiergestaltig repräsentierten[28].

Ist darin kanaanäischer Einfluß erkennbar, so verstärkte dieser sich während der Regierung der Dynastie Omri[29], die einerseits gegenüber ihren israelitischen und kanaanäischen Untertanen eine auf Gleichberechtigung zielende paritätische Politik betrieb, die praktisch auf eine Förderung des im Nordreich bis dahin benachteiligten Kanaanäertums hinauslief, andererseits als Folge ihrer

---

[25] BHH II 819 f. – RGG III 591 f. – IDB II 840–842.
[26] M. Noth, The Background of Judges 17–18, in: Muilenburg-Festschrift, 1962, 68–85.
[27] O. Eißfeldt, Lade und Stierbild, ZAW 58 (1940/41), 190–215 (= Kleine Schriften, II 1963, 282–305).
[28] Vgl. M. Weippert, Gott und Stier, ZDPV 77 (1961), 93–117.
[29] BHH II 1341 f. – RGG IV 1630. – IDB III 600 f.

engen Beziehungen zum phönizischen Tyrus den Kultus des tyrischen Baal übernahm und propagierte.

Einen zeitweiligen Gegenschlag bildete die Revolution Jehus[30], der den kanaanäischen Kultus geradezu ausrottete und verbot, es jedoch bei den äußerlichen politischen Maßnahmen beließ, so daß die Spannungen nicht gelöst wurden und die innere Kanaanisierung anhielt. Zur Zeit Jerobeams II.[31] durfte der Kultus des Baal und anderer kanaanäischer Gottheiten anscheinend sogar wieder öffentlich ausgeübt werden (vgl. Hos 2,15; 8,4b–5; 10,5; Am 3,14; 8,14 cj.), obwohl die Jahwereligion der Staatskultus blieb. Freilich war sie durch die Verschmelzung mit kanaanäischen Elementen dermaßen verändert, daß sie sich fast nur noch durch den Namen vom Baalkultus unterschied (vgl. z. B. Hos 4,12–14). Bezeichnend für die Situation sind israelitische Personennamen auf Ostraka, die vielleicht aus der Zeit Jerobeams II. stammen: Nur ein Drittel weisen Jahwe als theophores Element auf, dagegen sind zwei Drittel mit Baal gebildet. Das bedeutet, daß entweder lediglich die Eltern des einen Drittels der Namensträger wirkliche Jahweverehrer waren oder daß die Bezeichnung Baal bedenkenlos auch für Jahwe verwendet wurde.

d) In jedem Falle war für die Jahwereligion die Lage bedenklich. So ist es verständlich, daß in bewußt jahwistischen Kreisen aus religiösen Gründen eine ablehnende und intolerante Haltung gegen die Kanaanäer gepflegt wurde. Sie kommt beim Jahwisten und Elohisten, später auch im Deuteronomium zum Ausdruck, die die Vertreibung oder Vernichtung der Kanaanäer fordern, so der Jahwist in Ex 34,11 f. und der Elohist in Ex 23,28.32 f. Am klarsten ist der Jahwist, bei dem Jahwe spricht:

Beachte wohl, was ich dir heute gebiete! Siehe, ich vertreibe vor dir die Amoriter, die Kanaanäer, die Chittiter, die Perizziter, die Chiwiter und die Jebusiter. Hüte dich, den Bewohnern des Landes, zu dem du hinziehst, Zusicherungen zu geben, damit sie dir nicht in deiner Mitte zum Fallstrick werden!

Form- und motivgeschichtlich lassen sich darin drei Glieder erkennen: 1. Vertreibung der Kanaanäer durch Jahwe, damit die Zusage des Landbesitzes verwirklicht wird; 2. Warnung an die Israeliten, durch Zusicherungen und sie bekräftigende Verträge Ausnahmen

[30] BHH II 808–810. – RGG III 574 f. – IDB II 817–819.
[31] BHH II 820. – RGG III 592 f. – IDB II 842.

von der Vertreibung zuzulassen; 3. Begründung durch die sonst
drohende Verführung zum Abfall von Jahwe. Nicht formal, wohl
aber sachlich ist das dritte Motiv maßgeblich: die religiöse Gefährdung. Sie wäre nach Ansicht der Erzähler vermieden worden, wenn
Israel den Kanaanäern keine Zusicherungen gegeben hätte, die sie
zum Bleiben berechtigten, sondern wenn es sie bis zum letzten Mann
vertrieben hätte. Das zeigt, daß der durch die tolerante politische
Haltung geförderte Synkretismus die Ursache für die entgegengesetzte feindliche religiöse Haltung gegenüber den Kanaanäern gewesen ist.

4. Die Zeit der assyrischen Vorherrschaft

Während das Nordreich Israel den Assyrern bald erlag, der Jahwekultus im wiedererrichteten Heiligtum von Betel allerdings auf ihre
Veranlassung hin für die im Lande zurückgelassene israelitische Un-
terschicht länger als ein Jahrhundert erneut ausgeübt wurde[32], bestand das Reich Juda weiter. Da sein König Ahas[33] assyrischer
Vasall geworden war, mußte er als Zeichen der Ergebenheit assyrische Götterkulte in Jerusalem einführen. Von dieser Zeit an wurden im Gegensatz zur Lage während der Regierung der Dynastie
Omri, die den Kultus des tyrischen Baal freiwillig zur Förderung des
Bündnisses mit Tyrus ausgeübt hatte, fremde Kulte assyrischer,
später auch babylonischer und ägyptischer Gottheiten zwangsweise
im Gefolge der unumgänglich zu befolgenden oder sogar aufgenö-
tigten Politik in Juda eingeführt, meist als Ausdruck der Abhängigkeit von der herrschenden Großmacht. Es ist wenig sinnvoll, die
judäischen Könige deswegen mit der deuteronomischen Theologie
zu verurteilen; sie hatten gewöhnlich nur die Wahl zwischen der
Vasallität, mit der die Einführung der Kulte des Oberherrn verbunden war, und der schlimmeren der Eingliederung in das assyrische oder babylonische Provinzsystem und der Deportation der
Oberschicht. So ist die Zeit zwischen etwa 735 und 587 v. Chr. durch
den wiederholten Einfluß ausländischer Kulte bestimmt. Er hatte zur
Folge, daß nicht nur die kanaanäischen Elemente ungehindert

---

[32] Er wurde nach dem Untergang des assyrischen Reiches unterbrochen, als
   Josia das Gebiet annektierte und ihn zugunsten von Jerusalem untersagte, unter babylonischer Herrschaft bis zur Zerstörung des Heiligtums
   in der Zeit zwischen 555–540 wieder aufgenommen.
[33] BHH I 49 f. – RGG I 190. – IDB I 64–66.

wuchern konnten, sondern auch weitere fremde Elemente in die Jahwereligion eindrangen. Daß allerdings die Periode des alleinigen kanaanäischen Einflusses beendet war, zeigte sich sogleich bei Ahas daran, daß er nach seiner Huldigung vor dem assyrischen König in Damaskus nach dem Modell eines dortigen aramäischen Bronze-altars einen ebensolchen für den assyrischen Kultus im Jerusalemer Tempel herstellen ließ.

Sein Nachfolger Hiskia[34] suchte noch einmal eine nationale Politik mit dem Ziel der Unabhängigkeit Judas von Assyrien einzuschla-gen. In diesen Rahmen gehört seine Kultusreform, die den jerusa-lemischen Kultus von allen nichtisraelitischen Elementen säubern und an Stelle des Synkretismus eine mit der Jahwereligion zu verein-barende Kultfrömmigkeit setzen sollte. Dem dienten die Entfernung des ehernen Schlangenbildes (Symbol eines Heildämons), der Masse-ben und Ascheren, wahrscheinlich auch des von Ahas aufgestellten neuen Altars. Es handelte sich darin um eine politische Maßnahme, um ein Teilmoment der Loslösung von fremder Oberherrschaft und des Strebens nach eigener Souveränität. Wie Hiskia sich zu den ju-däischen Landheiligtümern verhalten hat, läßt sich nicht sicher fest-stellen. Keinesfalls hat er sie radikal beseitigt, wie der deuterono-mistische Verfasser der Königsbücher behauptet (II Reg 18,4); man kann höchstens an eine Reinigung ihrer Kulte von fremden Elemen-ten denken.

Jedoch die beiden antiassyrischen Aufstände, an denen Hiskia sich beteiligte, scheiterten und führten sogar zur zeitweiligen Abtren-nung großer Teile der Landschaft Juda. Ja, Sanherib hatte im Jahre 701 versucht, Jerusalem in seine Gewalt zu bringen; wider Erwarten wurde es durch seinen plötzlichen Abzug gerettet (vgl. II Reg 18 f.; Jes 36 f.). Obwohl die Einzelheiten nicht zu durch-schauen sind, da mehrere Gründe für den Abzug angegeben werden oder anklingen (II Reg 19,7.8f.35), diente das Ergebnis dazu, die Bedeutung Jerusalems mit seinem Tempel erheblich zu steigern: An ihm, so deutete man das Geschehen in der Folgezeit, war der fast allmächtige Assyrer gescheitert. Die Jesajalegenden mitsamt den in ihnen enthaltenen Prophetensprüchen, die keinesfalls von Jesaja herrühren, sondern aus einer viel jüngeren Zeit stammen, zeigen,

[34] F. L. Moriarty, The Chronicler's Account of Hezekiah's Reform, CBQ 27 (1965), 399–406. – Vgl. ferner BHH II 729 f. – RGG III 366–368. – IDB II 598–600.

daß die Rettung zu dem schließlich wie ein Dogma geltenden Glauben an die Uneinnehmbarkeit Jerusalems geführt hat (vgl. Jer 7,4).

Infolge des Scheiterns Hiskias ergab sich auf religiösem Gebiet der gleiche mißliche Zustand wie zuvor. Unter Manasse[35] wurden assyrische und andere nichtjahwistische Kulte wieder in Jerusalem ausgeübt. Man verehrte Baal, Astarte und die bocksgestaltigen Feldgötter, Maßseben und Ascheren erstanden von neuem, für Kinderopfer wurde im Tale Hinnom[36] eine eigene Stätte eingerichtet, im Tempel ein Symbol der Göttin Ischtar errichtet, zu ihren Ehren sakrale Prostitution getrieben und sogar ein besonderes Haus dafür gebaut; in den Vorhöfen standen Altäre für die assyrischen Gestirngötter und ein Thronwagen für die Prozession des Sonnengottes Schamasch; auch die Verehrung des ursprünglich sumerischen Gottes Tammuz wurde für Jahrzehnte in Jerusalem heimisch. In diesem religiösen Mischmasch drohte die Eigenart der Jahwereligion fast völlig zu ersticken.

Zur gleichen Zeit formierte sich die Opposition gegen ein Königtum und eine Politik, die dergleichen zuließen. Manasse hat gegen erhebliche Widerstände in Juda regieren müssen und die Opposition durch Gewaltmaßnahmen lediglich äußerlich zum Schweigen bringen können. Der Widerstand ging insgeheim weiter und mündete schließlich in die politischen und religiösen Reformen Josias, auf die an anderer Stelle einzugehen ist (§ 21). Nach dem jähen Tode dieses Königs haben freilich fremde Kulte erneut ihren Einzug in Jerusalem gehalten (vgl. Jer 7,16–20; Ez 8).

Dennoch haben all diese Einflüsse im Gegensatz zu den älteren kanaanäischen keine dauernden Spuren hinterlassen. Das ist einmal darin begründet, daß sie vorwiegend politisch bedingt waren, so daß sie je nach der politischen Lage mit verschiedener Intensität wirkten und vielfach auf Abneigung oder Haß stießen. Anders als die kanaanäischen Kulte bestimmten sie nicht die Atmosphäre, in der die Israeliten lebten und der sie nicht entrinnen konnten. Ferner hatten die nicht vom Synkretismus erweichten Strömungen der Jahwereligion sich so gefestigt, daß sie sich durch fremde Einflüsse nicht

---

[35] BHH II 1137. – RGG IV 707 f. – IDB III 254 f. – M. Haran, The Disappearance of the Ark, IEJ 13 (1963), 46–58. – E. Nielsen, Politiske forhold og kulturelle strømninger i Israel og Juda under Manasse, DTT 92 (1966), 1–10.
[36] BHH II 723. – IDB II 606.

mehr grundlegend wandeln ließen. Dabei ist vor allem auf die seit dem 8. Jh. wirksame Prophetie hinzuweisen, die zu ihrem Teil beigetragen hat, daß sich gegenüber der älteren Königszeit der Widerstand vervielfachte.

5. Beginn der Diaspora

Während sich über die weitere Existenz der von den Assyrern deportierten Oberschicht des Nordreiches Israel kein einigermaßen klares Bild gewinnen läßt[37], scheint zur Zeit Manasses der Grundstein für die israelitischen Militärkolonien in Ägypten gelegt worden zu sein. Sie sind vor allem durch die aus späterer Zeit stammenden Papyri von der Nilinsel Elephantine bekanntgeworden. Auf dieser Insel ist auch ein Tempel errichtet worden (vor 525 v. Chr.), in dem außer Jahwe der Gott Betel in dreifacher Form verehrt wurde (vgl. § 14,2).

6. Literarische Auswirkungen

a) Die in mündlicher Überlieferung umlaufende erste Grunderzählung der Hexateuchtraditionen wurde in der frühen Königszeit zu einer zweiten Grunderzählung weitergebildet und lag bei der Reichsspaltung nach dem Tode Salomos wahrscheinlich in schriftlicher Fassung vor. Damals sind vor allem folgende Stücke hinzugetreten: die Werbung um Rebekka, Jakobs Versöhnung mit Esau, die Josephnovelle, Moses erste Verhandlung mit dem Pharao, die vorläufigen ägyptischen Plagen, die Einführung einer Gerichtsordnung auf den Rat von Moses Schwiegervater, die Bileamgeschichte, die Zuweisung von Wohnsitzen an Gad und Ruben sowie die Einsetzung Josuas zum Nachfolger Moses. Die Bearbeitung ist vielleicht in Jerusalem erfolgt, wo sie dem beginnenden Nationalgefühl der davidisch-salomonischen Zeit mit seinem wachsenden Geschichtsbewußtsein entspricht. Nach der Reichsspaltung hat die zweite Grunderzählung sich in eine süd- und eine nordisraelitische Form gegabelt. Aus der ersteren ist schließlich um 850–800 v. Chr. die Quellenschicht des Jahwisten (J), aus der letzteren vor der Mitte des 8. Jh. die Quellenschicht des Elohisten (E) entstanden. Rechnet man mit einer dritten alten Quellenschicht (J^1, L, N), so ist anzunehmen, daß diese um

---

[37] W. F. Albright, An Ostracon from Calah and the North-Israelite Diaspora, BASOR 149 (1958), 33–36.

800 v. Chr. oder bald danach aus der ersten Grunderzählung entwickelt worden ist. Bei der Schaffung dieser Quellenschichten sind
vor allem zwei Motive wirksam gewesen: die Absicht, einen bestimmten geschichtlichen Zeitraum, der für Israel belangreich war,
zu überblicken und darzustellen, und das Bestreben, diese Darstellung religiös zu durchdringen und die Ereignisse theologisch zu verstehen.

In der frühen oder mittleren Königszeit sind ferner die Überlieferungen über die Heldengestalten der vorstaatlichen Zeit, die aus
Einzelerzählungen und Erzählungskränzen bestanden und schon auf
ganz Israel bezogen waren, zu einem vordeuteronomistischen Richterbuch, einer losen und lockeren Sammlung, vereint worden. Auch
die wesentlichen Überlieferungen über Saul und David sind bereits
in der frühen Königszeit entstanden: die Erzählungen von Sauls
Aufstieg und Ende, von Davids Aufstieg und von seiner Thronfolge.
Während die erstgenannte Erzählungsreihe von volkstümlicher Art
ist, dürften die Verfasser der beiden anderen Erzählungen am davidisch-salomonischen Hof gelebt haben. Dazu traten in der Folgezeit
weitere Erzählungen, in denen sich das prophetische und priesterliche Denken mit der frühen Königsgeschichte auseinandersetzte, so
daß sie manchmal im Gegensatz zur älteren Überlieferung stehen:
die sog. Jugendgeschichte Samuels, der Kern der Erzählung von
Israels Bekehrung und Samuels Philistersieg, eine Erzählung von der
Erhebung Sauls zum König, die ursprüngliche Form der Abschiedsrede Samuels, die beiden Versionen der Verwerfung Sauls und die
Erzählung von Sauls Besuch bei der Totenbeschwörerin. In erster
Linie an den Königshöfen, seltener an den Tempeln, entstanden die
Annalen, die amtliche Aufzeichnungen über wichtige Vorgänge in
den einzelnen Jahren enthalten, die Chroniken, die die Daten der
Könige und Bemerkungen über ihre Taten und Schicksale überlie-
fern, und die in den Königsbüchern ausdrücklich genannten Schriften
*Buch der Begebenheiten von Salomo, Buch der Begebenheiten der Tage
der Könige Israels* bzw. *Judas*, die offenbar Auszüge aus den Hof-
annalen gebracht haben und allgemein zugänglich gewesen sein müssen. Außerdem überlieferte oder verarbeitete noch in später nachexilischer Zeit der Chronist eine Reihe von Notizen über
Wehrbauten und Kriegführung der judäischen Könige, die zweifellos einer alten Quelle entstammen[38].

[38] S-F § 31–35.

b) Die Institution des Königtums wirkte sich naturgemäß auf dem Gebiete des Rechts aus. So sind das sog. Bundesbuch (Ex 20,24–23,9) und das Urdeuteronomium (Dtn 4,44–11,32*; 12; 14–26*; 27,1–10; 28,1–68) nach anderen altorientalischen Parallelen als königliche Rechtsbücher zu bezeichnen, die nicht das geltende Gewohnheitsrecht darbieten, sondern eine Rechtsreform begründen sollten, indem neue Bestimmungen oder in Satzform gebrachte Urteile ältere Entscheidungen änderten. Das sog. Bundesbuch ist am ehesten im Nordreich Israel während des 9. Jh. entstanden, vielleicht im Zusammenhang mit der Revolution Jehus, das Urdeuteronomium ebendort während der ersten Hälfte des 8. Jh., vielleicht unter der Regierung Jerobeams II.

c) Ferner ist die an den königlichen Schulen gelehrte Lebensweisheit allmählich gesammelt und überliefert worden. In der Sammlung Prov 10–22,16 dürfte ein Teil der Sentenzen und Kleinsammlungen, vielleicht sogar der Grundstock der beiden Teilsammlungen (10–15; 16–22,16) aus der Königszeit selber stammen; und die Überschrift der Sammlung Prov 25–29, nach der diese während der Regierungszeit Hiskias entstanden ist, wirkt durchaus glaubhaft.

d) Schließlich sind Königslieder religiös-kultischer Art gedichtet und teilweise im Psalter überliefert worden. Manche haben zum Krönungsritual des Königs gehört[39]. Bezeichnend ist, daß mehrfach von der Macht Jahwes die untergeordnete Macht des Königs abgeleitet wird. In einigen Liedern spielt das Orakel eine Rolle, so in dem Thronbesteigungslied Ps 2, in der Orakelsammlung Ps 110 und in dem Hochzeitslied Ps 45. Andere sind ihrer Art nach Klage- oder Danklieder, die sich auf einen Krieg beziehen, so Ps 18B; 20; 44; 89B und 144. Außerdem sind zu erwähnen: Ps 21 für eine jährliche Gedenkfeier, 72 mit der Bitte um Segen für den König, 101 mit der Darlegung der Regierungsgrundsätze und 132 für den Stiftungstag des Jerusalemer Tempels.

§ 12 Die religiöse Auffassung und Bedeutung des Königtums

A. Alt, Das Königtum in den Reichen Israel und Juda, VT 1 (1951), 2–22 (= Kleine Schriften zur Geschichte des Volkes Israel, II 1953, 116 bis 134). – B. Balscheit, Gottesbund und Staat, 1940. – K.-H. Bernhardt, Das

[39] G. von Rad, Das judäische Königsritual, ThLZ 72 (1947), 211–216 (= Gesammelte Studien zum Alten Testament, 1958, 205–213).

Problem der altorientalischen Königsideologie im Alten Testament, 1961. –
W. Beyerlin, Das Königscharisma bei Saul, ZAW 73 (1961), 186–201. –
G. Cooke, The Israelite King as Son of God, ZAW 73 (1961), 202–225. –
I. Engnell, Studies in Divine Kingship in the Ancient Near East, 1967[2]. –
K. F. Euler, Königtum und Götterwelt in den altaramäischen Inschriften
Nordsyriens, ZAW 56 (1938), 272–313. – G. Fohrer, Der Vertrag zwischen
König und Volk in Israel, ZAW 71 (1959), 1–22. – J. de Fraine, L'aspect
religieux de la royauté israélite, 1954. – Ders., Peut-on parler d'un véri-
table sacerdoce du roi en Israël?, BEThL XII, 1959, 537–547. – H. Frank-
fort, Kingship and the Gods, 1948. – K. Galling, Die israelitische Staats-
verfassung in ihrer vorderorientalischen Umwelt, 1929. – J. Gray, Canaanite
Kingship in Theory and Practice, VT 2 (1952), 193–220. – R. Hallevy,
Charismatic Kingship in Israel, Tarbiz 30 (1960/61), 231–241. 314–340. –
Ders., The Place of the Monarchy in Israelite Religion, ebd. 32 (1962/63),
215–224. – S. H. Hooke (ed.), Myth, Ritual and Kingship, 1958. – E. O.
James, Aspects of Sacrifice in the Old Testament, ET 50 (1938/39), 151
bis 155. – A. R. Johnson, The Rôle of the King in the Jerusalem Cultus,
in: S. H. Hooke (ed.), The Labyrinth, 1935, 75–111. – Ders., Sacral Kingship in Ancient Israel, 1967[2]. – A. A. Koolhas, Theocratie en Monarchie
in Israël, 1957. – H.-J. Kraus, Die Königsherrschaft Gottes im Alten
Testament, 1951. – E. Kutsch, Salbung als Rechtsakt im Alten Testament
und im Alten Orient, 1963. – R. Labat, Le caractère religieux de la
royauté assyro-babylonienne, 1939. – F. M. Th. de Liagre Böhl, Nieuw-
jaarsfeest en Koningsdag in Babylon en Israël, 1927. – A. Lods, La divini-
sation du roi dans l'Orient méditerranéen et ses répercussions dans l'ancien
Israël, RHPhR 10 (1930), 209–221. – C. R. North, The Old Testament
Estimate of the Monarchy, AJSL 68 (1931/32), 1–19. – Ders., The Religious
Aspects of Hebrew Kingship, ZAW 50 (1932), 8–38. – M. Noth, Gott,
König und Volk im Alten Testament, ZThK 47 (1950), 157–191 (= Ge-
sammelte Studien zum Alten Testament, 1957, 188–229). – H. Ringgren,
König und Messias, ZAW 64 (1952), 120–147. – C. S. Rodd, Kingship and
Cult, London Quarterly and Holborn Review 1959, 21–26. – E. I. J. Rosen-
thal, Some Aspects of the Hebrew Monarchy, JJS 9 (1958), 1–18. – The
Sacral Kingship, 1959. – H. Schmidt, Der Mythos vom wiederkehrenden
König im Alten Testament, 1925. – J. A. Soggin, Zur Entwicklung des
alttestamentlichen Königtums, ThZ 15 (1959), 401–418. – Ders., Charisma
und Institution im Königtum Sauls, ZAW 75 (1963), 54–65. – Ders., Das
Königtum in Israel, 1967. – T. C. G. Thornton, Charismatic Kingship in
Israel and Judah, JThSt NS 14 (1963), 1–11. – R. de Vaux, Le roi d'Israël,
vassal de Yahvé, in: Mélanges E. Tisserant, I 1964, 119–133. – G. Widengren, The King and the Tree of Life in Ancient Near Eastern Religion,
1951. – Ders., Sakrales Königtum im Alten Testament und im Judentum,
1955. – Ders., King and Covenant, JSS 2 (1957), 1–32.

1. Auswirkung des Königtums

Es wurde bereits gesagt, daß das Königtum wegen seiner erheb-
lichen Auswirkung auf die Geschichte der Jahwereligion als ein

zweiter Impuls bezeichnet werden muß (§ 11,1). Zu dieser Auswirkung zählt zunächst die Rolle, die der Jahwereligion im Rahmen
des Staatsgefüges zugewiesen wurde: Sie war die Staatsreligion, daher
einerseits eine Tempelreligion mit dem jerusalemischen Tempel als
der Wohnung Jahwes, neben dem andere mögliche Tempel – vor
allem im Nordreich Israel – geringere Bedeutung besaßen, andererseits eine die israelitischen und kanaanäischen Staatsangehörigen verpflichtende und zusammenhaltende Ideologie. Zu diesem Zweck des
Ausgleichs zwischen Israeliten und Kanaanäern wurde sie bis in das
8. Jh. v. Chr. trotz aller Widerstände und Rückschläge zum Synkretismus geführt.

Im Zusammenhang damit wuchs die Bedeutung Jerusalems weit
über diejenige einer Hauptstadt und Königsresidenz hinaus. Nicht
nur der Tempel, sondern allmählich auch der Tempelberg und die
Stadt als ganze galten als Gottessitz und darum als heilig (Jes 31,4;
48,2; Ps 15,1; 24,3; 46,5; 48,2 f.; 87). In der eschatologischen Prophetie und der chronistischen Theologie wird sich diese Wertschät-
zung nochmals steigern (§ 26,1–2; 27,4).

Des weiteren hat die davidische Dynastie eine religiöse Rolle gespielt. Infolge der göttlichen Legitimation und Garantie, auf die sie
sich berief, und der Loyalität zu ihr, die die jerusalemische Priesterschaft im Volke einzupflanzen suchte, konnte sie sich bis zum Untergang des Staates Juda an der Macht halten, während im Nordreich
Israel mehrere Dynastien und einzelne Könige in schnellem Wechsel
aufeinanderfolgten. So ergab sich eine besonders enge Verbindung
zwischen der Jahwereligion und der davidischen Dynastie, die sich
vor allem in der messianischen Erwartung der nachexilischen Zeit
auswirkte (§ 26,3). Außerdem haben die davidischen Könige nicht
nur die Aufsicht über den Kultus im jerusalemischen Tempel, der der
Eigentempel der Dynastie war, ausgeübt (de Fraine), sondern in ihrer
Eigenschaft als Stadtkönige von Jerusalem und für die Ausübung
des Kultus bei besonderen staatlichen Anlässen sicherlich auch priesterliche Funktionen besessen (Hallevy u. a.). So bezeichnet Ps 110,4
den König als Priester im Sinne des kanaanäischen Königs Malkiṣedeq,
bringt Ahas die Opfer zur Einweihung seines neuen Altars dar
(II Reg 16,12 f.) und scheinen sogar die Prinzen priesterliche Aufgaben gehabt zu haben (II Sam 8,18).

Ferner sind in der Zeit des davidisch-salomonischen Großreiches
die Grundlagen für zwei religiöse Strömungen und Daseinshaltungen
gelegt worden, die sich in der Folgezeit schärfer ausprägten. Unter

Ablehnung des Synkretismus und mit feindseliger Haltung gegenüber den Kanaanäern bildete sich bei Vertretern einer möglichst unverfälschten Jahwereligion eine national-religiöse Strömung heraus, die besonders in den Quellenschichten J und E zu Worte kommt (§ 13,5). Sie wäre ohne das zeitweilige Bestehen des Großreiches und die in ihr erfolgte Zusammenfassung aller israelitischen Stämme nicht denkbar. Außerdem begann der Einfluß der Weisheitslehre, die allmählich in die Jahwereligion integriert wurde (§ 13,6). Auch sie verdankt Existenz und Wachstum in Israel in erster Linie dem Bestehen von Königtum und Staat.

Schließlich hat das Königtum mittelbar und unmittelbar die Entstehung und Gestaltung der geschichtlichen Überlieferungen, des Rechts und der Dichtung gefördert. Ein nicht geringer Teil des alttestamentlichen Schrifttums ist als Auswirkung des Königtums entstanden (§ 11,6).

Hat das Königtum also mancherlei Anstöße gegeben, und haben diese der Jahwereligion sowohl Gewinn als auch Gefahr gebracht, so konnte das Königtum sogar die Grundkonzeption der Jahwereligion antasten. Der Synkretismus und die sonstige Einführung fremder Kulte bedrohten den Anspruch Jahwes auf alleinige Verehrung und den Grundsatz der Gottesherrschaft. Dem Glauben an das Handeln Jahwes im Leben und Geschick der Völker stellte sich öfters das politisch-militärische Planen der Könige entgegen, wie vor allem die Auseinandersetzungen Jesajas mit den Maßnahmen der Könige Ahas und Hiskia im syrisch-ephraimitischen Krieg und in den beiden antiassyrischen Aufständen und das Ringen Jeremias mit dem König Zedekia und antibabylonischen Kreisen zeigen. Schließlich konnten der König und seine Beamten geneigt sein, den ethischen Ansprüchen der Jahwereligion, die ein Leben und Verhalten nach den gottgewollten Regeln forderte, andere kluge Lebensregeln entgegenzustellen und dadurch das alltägliche Verhalten des Menschen von seiner religiösen Grundlage zu lösen; dagegen wenden sich Jes 5,20.21; 10,1–3. Doch war die Jahwereligion bereits so gefestigt, daß solche Bedrohungen sogleich die Kräfte des Widerspruchs und des Widerstandes wachriefen.

2. Die Eigenart des israelitischen Königtums

Trotz der verhältnismäßig langen Dauer des Königtums, seiner Auswirkung, der Berichte über es und der Kritik an ihm ist es schwierig, seine Eigenart gegenüber den altorientalischen Auffassungen des Königtums und entsprechend den – möglicherweise unterschiedlichen – Auffassungen in den beiden israelitischen Teilstaaten zu erfassen. Die Diskussion darüber ist von zwei gegensätzlichen Meinungen beherrscht, deren eine das israelitische Königtum ganz in den Rahmen des altorientalischen Königtums überhaupt stellt und deren andere es als charismatisches Jahwekönigtum versteht.

a) Die erstgenannte Meinung geht von der Annahme eines altorientalischen Gottkönigtums mit einem kultischen Schema von weitester Verbreitung aus und leitet die Göttlichkeit des Königs vor allem daraus ab, daß er der Repräsentant eines sterbenden und auferstehenden Gottes im Kultus sei (Engnell, Hooke, Widengren u. a.). Teils betrachtet man das damit verbundene Ritual als einen der zentralen Kulte in den altorientalischen Religionen, teils trennt man bei grundsätzlicher Anerkennung der These zwischen den vorderasiatischen und den davon grundverschiedenen ägyptischen Vorstellungen vom Königtum (Frankfort, Labat). Gelegentlich wird auch die Idee des Urmenschen als einer kosmisch-mythischen Gestalt mit der Königsideologie verbunden[1]. In Weiterführung einer einseitig kultischen Psalmendeutung bezieht man auch das israelitische Königtum in den altorientalischen Vorstellungskreis ein und betrachtet es lediglich als einen Einzelfall der altorientalischen Auffassung vom Gottkönigtum (Widengren u. a.). Dies gründet sich insbesondere auf folgende drei Elemente: 1. die hervorragende Stellung des Königs in den Psalmen, wobei es sich nicht um einmalige, sondern um typische Situationen des Königs handelt; 2. das nach dem altorientalischen kultischen Schema gestaltete Jerusalemer Königs- oder Thronfestritual innerhalb des Neujahrsfestes als „Sitz im Leben" der Psalmen; 3. den König als die zentrale Gestalt des in dramatischen Aufführungen vergegenwärtigenden Rituals, in denen er nicht nur als Repräsentant des Volkes auftrat, sondern auch die Rolle Jahwes spielte.

Während manchmal die Grundgedanken dieser Thesen bejaht werden, der Umfang der Stellung und Funktion des Königs jedoch bestritten und an der Verschiedenheit der Jahwereligion festgehalten wird (Rodd, Rosenthal), ist mehrfach eine grundsätzliche Kritik geübt worden (Bernhardt, Gray, McCullough, Noth). In weitgehender Übereinstimmung mit dieser Kritik ist zu sagen:

1. Innerhalb des Alten Orients bestanden erhebliche Unterschiede in der Auffassung des Königtums[2]. Ägypten kannte das Gottkönigtum als Institution. Dort stand der König als Gott Horus oder Sonnengott Re bzw. dessen Sohn zuerst über anderen Göttern, sank zwar seit der 5. Dynastie im Rang, blieb aber Gott von Geburt an, wurde nach dem Tode in Toten-

---

[1] Nach Schmidt vor allem A. Bentzen, Messias, Moses redivivus, Menschensohn, 1948. Zur Kritik vgl. S. Mowinckel, Urmensch und „Königsideologie", StTh 2 (1948), 71–89.

[2] Im Anschluß an W. von Soden in: RGG III 1712–1714.

tempeln verehrt und war auf der Erde zugleich Priester der Götter und
Schenker der Fruchtbarkeit. Seine Göttlichkeit war von seiner politischen
Macht unabhängig.

In Mesopotamien sind die kultische Königsvergöttlichung der Sumerer
und die Selbstvergottung des akkadischen Königs zu unterscheiden. Bei den
Sumerern war der König nur *großer Mensch (lú-gal)* und Beauftragter der
Götter. Die Kulte in den Städten unterstanden den Stadtfürsten *(ensi)*. Ein
besonderer Kult des Königs war wahrscheinlich der Nachvollzug der Hochzeit von Tammuz und Inanna, durch den er seit der 3. Dynastie von Ur
zum Gott wurde. Tempel wurden ihm gebaut und Hymnen an ihn gerichtet. Dagegen identifizierten sich die semitischen Könige von Akkade aus
übersteigertem Machtgefühl mit dem Stadtgott. Göttliche Stiftung des
Königtums nahmen auch Babylonier und Assyrer an, jedoch wurden ihre
Könige nie vergöttlicht, auch wenn die assyrischen Sargoniden einzelne
göttliche Prädikate in säkularer Abwertung für sich gebrauchten. Ebensowenig war das Neujahrsfest ein Thronbesteigungsfest.

Die Könige der Hetiter waren zwar oberste Priester, für das Ergehen
des Landes religiös verantwortlich und mit mehr kultischen Pflichten als
sonst im Alten Orient versehen, so daß viele Feste nur bei ihrer Teilnahme
gefeiert werden konnten, galten aber zu Lebzeiten trotz des aus Ägypten
entlehnten Titels *Meine Sonne* nicht als Götter. Erst nach dem Tode wurden sie vergöttlicht und empfingen Ahnenopfer; der König *starb* nicht,
sondern *wurde Gott*.

Für ein Gottkönigtum in Syrien-Palästina fehlen eindeutige Belege. Die
ugaritischen Legenden von Aqhat und Keret besagen für die geschichtliche
Zeit nichts, und die Amarnabriefe verleihen nur dem ägyptischen König
göttliche Prädikate. Offensichtlich hat das kanaanäische Königtum sich in
eigener Weise entwickelt (vgl. auch Gray).

Ebensowenig kannte Israel ein Gottkönigtum. Seinem Königtum fehlen
dafür alle kennzeichnenden Züge: die Identität von Gott und König oder
die nachträgliche bzw. Selbstvergöttlichung des Königs, der König als
Objekt des Kultus und seine Gewalt über die Kräfte der Natur. Statt
dessen findet sich in verschiedener Weise mehrfach die Ablehnung des
Königtums, die umgekehrt in den altorientalischen Kulturen fehlt und in
einer Gottkönigideologie keinen Platz hätte.

2. Gegen die Annahme eines einheitlichen kultischen Schemas, das wei-
teste Verbreitung gefunden hätte, sprechen mehrere Gründe: Vom heutigen
Standpunkt aus kann die altorientalische Kultur ebenso als eine Einheit
erscheinen wie späteren Betrachtern die jetzige europäische Kultur. Wie
diese aber in Wirklichkeit sehr differenziert und teilweise gegensätzlich ist,
so besaßen auch die altorientalischen Einzelkulturen ihre Eigenarten, Unterschiede und Gegensätze. Ein Vergleich dieser Kulturen miteinander zeigt
dies in aller Deutlichkeit[3]. Ferner wird die Voraussetzung der These, daß
nämlich der Alte Orient ein in sich geschlossener, einheitlicher Block gewesen ist, immer stärker in Frage gestellt. Schon die Hetiter fügen sich
nicht wirklich ein. Vor allem die Auswertung der Ausgrabungen von Uga-

---

[3] Vgl. z. B. H. Schmökel (hrsg.), Kulturgeschichte des Alten Orient, 1961.

rit ergibt, daß der Orient zum östlichen Mittelmeerraum hin offen war. Ähnliches gilt für das Verhältnis der östlichen Gebiete zu Indien. Des weiteren ist das angebliche kultische Einheitsschema in keiner altorientalischen Einzelkultur voll nachweisbar; in jeder finden sich nur einige Merkmale, die von überall her zusammengetragen werden müssen, um das ganze zu erhalten. Außerdem werden die miteinander verglichenen Texte vorschnell parallelisiert, während die gleichen Wörter bei verschiedenen Völkern und in verschiedenen Kulturen abweichenden Sinn und Wert haben können. Schließlich setzt man insbesondere beim Israeliten religionsgeschichtliche Kenntnisse von unglaubwürdigem Ausmaß voraus, wenn man gerade in jungen Texten des AT eine Fülle von Ober- und Untertönen des angeblichen kultischen Schemas zu finden meint.

3. Die Einengung des „Sitzes im Leben" der atl. Psalmen auf den vorexilischen Tempelkultus und sein Festritual bedeutet eine ungerechtfertigte Einschränkung, selbst wenn man die große Rolle des Kultus für die offizielle Jahwereligion berücksichtigt. Weder ein ursprünglicher Haftpunkt der Psalmen in einem Königsritual noch eine danach erfolgte „Demokratisierung" zu ihrer jetzigen Gestalt lassen sich auch nur annähernd wahrscheinlich machen, ebensowenig eine Zusammenfassung der angenommenen Situationen des Königsrituals in einem großen Herbst- oder Neujahrsfest, bei dem die immer wiederholte Thronbesteigung des Königs mit derjenigen Jahwes verbunden war und der König als Repräsentant Jahwes im Mittelpunkt stand[4].

b) Der Parallelisierung mit dem altorientalischen Königtum steht die andere, in erster Linie von Alt geprägte Meinung gegenüber, daß das israelitische Königtum aus dem charismatischen Führertum der vorstaatlichen Zeit erwachsen ist, daß sich – aufs Ganze gesehen – die Idee des charismatischen Königtums im Nordreich am besten gehalten hat, in Juda dagegen durch das dynastische Prinzip verdrängt worden ist, daß aber auch dieses dynastische Königtum durch die Anschauung vom ewigen „Bund", den Jahwe mit David schloß und der die Herrschaft des Davidhauses für alle Zukunft legitimierte (II Sam 7,8 ff. u. ö.), eine religiöse und theologische Bedeutung erhalten hat und daß die Abweichung vom charismatischen zum dynastischen Königtum – unter Omri und Jehu auch im Nordreich – durch den königlichen Eigenbesitz einer Hauptstadt verursacht war, in der der König sich nicht an die israelitische Volksordnung halten mußte[5]. Diese Auffassung ist vielfach übernommen worden. Allerdings erscheint Soggin das charismatische Element als Grundlage zu schmal und die Annahme von zwei weiteren Elementen – des „demokratischen" Prinzips der Königswahl durch die Volksversammlung und der institutio-

---

[4] Im einzelnen vgl. E. Kutsch, Das Herbstfest in Israel, Diss. Mainz 1955. Seine Einschränkungen gelten auch gegenüber dem von Kraus postulierten „königlichen Zionsfest" als Verbindung eines vorköniglichen amphiktyonischen Bundesfestes mit dem königlichen Kultus in Jerusalem.

[5] Dagegen möchte Thornton die Königsämter auf die politischen Verhältnisse zurückführen, die nur in dem kleinen und homogenen Juda die Entwicklung einer dynastischen Mystik gestatteten.

nellen Tendenz – in Spannung und Gegensatz zueinander erforderlich und
betrachtet Hallevy nur die beiden ersten Könige als Charismatiker, während von Salomo an das individuelle Talent an die Stelle des Charismas
trat und in der vierten Generation des Königtums der charismatische Charakter ganz verlorenging.

In der Tat hält es schwer, die judäischen und israelitischen Könige als
von einem Charisma, von einer unmittelbaren göttlichen Gnadengabe,
getragen zu sehen; das prophetische und das deuteronomistische Urteil
lautet denn auch völlig anders. Ebensowenig scheint das Selbstverständnis
der Könige und ihrer Höfe in dieser Richtung zu liegen. Daher ist es
richtiger, die Bezeichnung „charismatisch" für die israelitischen Könige
wie für die kriegerischen Helden der vorstaatlichen Zeit zu vermeiden
(§ 7,3), zumal die Vorstellung vom Machtbesitz des Königs nicht in einem
Charisma, sondern darin wurzelt, daß der König ursprünglich als eine
Mana-haltige Person, d. h. als von einer unpersönlich aufgefaßten, außergewöhnlichen Macht erfüllt, galt[6]. Man kann lediglich sagen, daß ein Teil
Israels das Königtum, eine Dynastie oder einen einzelnen König als gottgewollt und gegebenenfalls als göttlich legitimiert betrachtet hat. Was darüber hinausgeht, findet in der Überlieferung des AT keine Stütze.

Die israelitische Auffassung des Königtums läßt sich in drei Aspekten darstellen, die in dieser Form für das Großreich und zumindest
für den Teilstaat Juda gelten.

a) Die Auffassung vom Königtum der davidischen Dynastie wird
durch die dem König beigelegten Bezeichnungen *Sohn* Gottes und
Gesalbter Jahwes umschrieben, während die nordisraelitische Auffassung unklar bleibt[7].

Dreimal bezeichnet das AT den König als Sohn Gottes (II Sam 7,14;
Ps 2,7; 89,27 f.)[8]. In der Erweiterung der Natanweissagung, in der
Jahwe der davidischen Dynastie ihren unerschütterlichen Fortbestand
garantiert (§ 11,3), erklärt er der Nachkommenschaft Davids: *Ich
will ihr zum Vater werden, und sie soll mir zum Sohn werden* (II
Sam 7,14 a), so daß sie bei Verfehlungen zwar gezüchtigt, aber nicht
verstoßen wird (7,14 b–15). Dabei ist zunächst an das menschliche
Vater-Sohn-Verhältnis als Beispiel oder Vorbild gedacht, doch geht

---

[6] Vgl. W. Eichrodt, Theologie des Alten Testaments, I 1959[6], 296.

[7] Sie könnte in Ps 45,7 zum Ausdruck kommen, falls der König dort wirklich mit אלהים (*'ᵉlohîm*) Göttlicher angeredet wird. Doch bleibt dies
ungewiß, weil אלהים für ein aus יְהְיֶה verlesenes יהוה eingesetzt
worden sein und v. 7 eine abgekürzte Redeweise *dein Thron ist (wie)
der (Thron) Gottes* enthalten oder אלהים zu כסא *dein göttlicher
(machtvoller) Thron* gezogen werden kann.

[8] Vgl. ferner den verderbten Text von Ps 110,3. Nicht auf den König beziehen sich Ps 22,11; 27,10.

es in II Sam 7,8–16.18–29 vor allem um die göttliche Legitimation der davidischen Dynastie als ganzer. Wie ein Vater (oder dessen Hauptfrau) das Kind einer Nebenfrau oder Sklavin als legitim anerkennen konnte, so legitimiert Jahwe außer dem dynastischen Grundsatz den jeweiligen einzelnen König, indem er ihn als seinen Sohn bezeichnet, und räumt ihm einen Anteil an seinem als des Vaters Herrschaftsrecht ein.

Ps 89,4–5.20–38 umschreiben diese göttliche Legitimation dichterisch; die folgende Klage bittet um die Behebung einer Not und um die Rettung des Königs vor den Feinden. In diesem Zusammenhang sagen v. 27–28 über David, was gleicherweise für seinen Nachfolger gilt:

> Er rufe mich an: Mein Vater bist du,
>   mein Gott und der Fels meines Heils.
> Ja, ich setze ihn zum Erstgeborenen ein,
>   zum Höchsten unter den Königen der Erde.

Da der Gedanke an eine leibliche Abstammung des Königs von Jahwe durch die Betonung seines Menschendaseins in v. 20 ausgeschlossen ist, entsprechen die Sätze der Legitimationszusage von II Sam 7, jedoch mit dem Unterschied, daß der judäische König als der Erstgeborene vor anderen Herrschern hervorgehoben wird. Dies betont seinen Anspruch auf Vorrang und richtet sich gegen die Ansprüche anderer. Der Psalm benutzt die Vorstellung von der Legitimation des judäischen Königs durch Jahwe dazu, dessen Hilfe für den legitimen König zu erbitten.

Die grundsätzliche rechtliche Legitimation, die von einer Adoption wohl zu unterscheiden ist[9], hat sich im judäischen Krönungsritual konkretisiert[10]. Der König konnte seine Herrschaft antreten, nachdem Jahwe ihn als seinen Sohn anerkannt, seinen vollen königlichen Namen festgesetzt (II Sam 7,9; I Reg 1,47), ihm eine erste Bitte gewährt (vgl. Ps 2,8; 20,5; 21,3.5) und ihm den Stirnreif verliehen hatte (II Reg 11,12; Ps 21,4; 110,2). Im Sinne des Rituals ist Ps 2,7 zu verstehen:

> Er sprach zu mir: Mein Sohn bist du,
> ich selbst habe dich heute gezeugt.

---

[9] Vgl. G. Fohrer, υἱός κτλ., B. Altes Testament, ThW VIII, 340–354.
[10] G. von Rad, Das judäische Königsritual, ThLZ 72 (1947), 211–216 (= Gesammelte Studien zum Alten Testament, 1958, 205–213). – K. H. Rengstorf, Old and New Testament Traces of a Formula of the Judaean Royal Ritual, NT 5 (1962), 229–244

Obschon der Psalm wohl in eine ähnliche Notsituation wie Ps 89 gehört und die Ermächtigung des Königs gegenüber anderen Völkern begründet, weist v. 7 mit der Formulierung *Er sprach* auf die göttliche Deklaration bei der Krönung zurück. Ihr erster Teil *Mein Sohn bist du* ließe sich zwar als Adoptionsformel verstehen, aber das *heute gezeugt* fügt sich dem nur gezwungen ein. Daher ist eher anzunehmen, daß dem Satz die Anerkennung des von der Sklavin stellvertretend für die Ehefrau geborenen Kindes durch diese zugrunde liegt: „Mein Sohn bist du, ich selbst habe dich heute geboren". Diese erschlossene Formel ist für den Vater abgewandelt und dann im Krönungsritual verwendet worden.

Demnach war nach judäischer Auffassung der König weder von Natur Sohn Gottes, noch trat er durch seine Thronbesteigung wie von selbst in die Sphäre des Göttlichen ein. Vielmehr wurde er durch eine Willenserklärung Jahwes als Sohn anerkannt und erhielt auf diese Weise einen Anteil an Herrschaftsrecht, Besitz und Erbe Jahwes. Daß zum Ausdruck dessen gerade der Sohnbegriff verwendet worden ist, liegt einmal in der Abhängigkeit des judäischen Krönungsrituals vom ägyptischen begründet, in dem die Gottessohnschaft des Pharao proklamiert wurde; nur hat das Jerusalemer Ritual die ägyptische Vorstellung von der physischen in diejenige von einer rechtlich legitimierten Sohnschaft abgewandelt. Dies wurde dadurch ermöglicht oder erleichtert, daß die Bezeichnung des Königs als Sohn Gottes eine weitere Wurzel in der Redewendung von Israel als Sohn Gottes hatte (§ 15,3). Wie die Erwählung Israels und die Zusicherungen Jahwes an es in den Geschehnissen um Exodus und Sinai die Form und Grundlage für die Gedanken der Erwählung Davids und seines Hauses sowie der Zusicherungen für sie bildeten, so eignete sich die Vorstellung von Israels Sohnschaft dazu, als Muster für die Beziehung zwischen Jahwe und den Davididen zu dienen.

Die Bezeichnung *Gesalbter Jahwes* wird unter den israelitischen Königen außer Saul (I Sam 24,7.11; 26,9 ff.; II Sam 1,14.16) überwiegend David und seinen Nachkommen verliehen: David (I Sam 16,6; II Sam 19,22; 23,1), Salomo (II Chr 6,42) und nicht namentlich Benannten (I Sam 2,10.35; II Sam 22,51 = Ps 18,51; Hab 3,13; Ps 2,2; 20,7; 28,8; 84,10; 89,39.52; 132,10.17). Es ist jedoch auffällig, daß der Vorgang der Salbung selbst einerseits vom Volk oder seinen Repräsentanten ausgeführt wurde. Daß die Salbung andererseits durch Jahwe oder in seinem Auftrag durch einen Propheten vorgenommen wurde, wird bei Saul (I Sam 9,16; 10,1; 15,1), David (I Sam 16,12 f.; II Sam 12,7), Jehu (II Reg 9,3 ff.; II Chr 22,7) und in Ps 45,8 gesagt. Den Sachverhalt hat Kutsch so geklärt: Die Mitteilungen über die Salbung der Könige durch das Volk, die hetitischem Brauch entspricht, finden sich in historisch zuverlässigen Annalennotizen, diejenigen über die Salbung durch Jahwe, die dem ägyptischen Brauch der Salbung von hohen Beamten und von Vasallenfürsten durch den Pharao entspricht, dagegen in historisch unsicheren Prophetenlegenden, in denen höchstens die Salbung Jehus einen geschichtlichen Hintergrund aufweisen dürfte.

Da demnach von einer Salbung durch Jahwe oder im Auftrage Jahwes keine Rede sein kann, ist der Ausdruck *Gesalbter Jahwes* nicht vom Vorgang, sondern von der Wirkung der Salbung aus zu verstehen. Er bezieht sich auf das aus der Salbung folgende Verhältnis des Königs zu Jahwe und ist ein theologischer Begriff, der die Beauftragung mit der Königsherrschaft durch Jahwe ausdrückt.

b) Der König galt als Weltherrscher (Galling). Darin liegen Nachwirkungen universaler Art aus der Zeit des davidisch-salomonischen Großreiches vor. So wünschen Ps 72,8–11 dem König:

> Er herrsche von Meer zu Meer,
>   vom Euphratstrom bis an die Enden der Erde!
> Seine Widersacher sollen vor ihm knien
>   und seine Feinde Staub lecken,
> die Könige von Tarsis und den Inseln
>   Geschenke bringen,
> die Könige von Scheba und Saba
>   Tribut entrichten!
> Ihm sollen alle Könige huldigen,
>   ihm alle Völker dienen!

Wo derartige Ansprüche laut werden, beruhen sie nicht einfach auf einem übertreibenden altorientalischen Hofstil. Vielmehr spricht aus ihnen eine national-religiöse Hoffnung, die von der Erinnerung an das einstige Großreich zehrt.

c) Der König ist Sozialherrscher (Galling) und verkörpert die göttliche Gerechtigkeit. So sagt Ps 45,7 f. von einem nordisraelitischen König:

> Du führst ein gerechtes Zepter,
> du liebst das Recht, hassest den Feind,
> darum hat dich 'Jahwe', dein Gott, gesalbt.

Dem judäischen König wird in Ps 101 bei der Thronbesteigung eine
Proklamation in den Mund gelegt, in der es in v. 2 a.5.7 heißt:

> Ich will auf makellosen Wandel achten,
>   'die Treue hat bei mir ihr Heim'.
> Wer heimlich einen anderen verleumdet,
>   den bringe ich zum Schweigen.
> Wer stolze Augen und ein hochmütiges Herz hat,
>   den kann ich nicht ertragen.
> In meinem Hause darf nicht weilen,
>   wer Trug verübt.

Selbst wenn der Dichter wie in Ps 72 vom Weltherrscher redet, unter-
bricht er sich doch zweimal, um die königliche Hilfe für die Armen
und Elenden zu erwähnen (v. 4.12). Daher lautet die elementare
Forderung an den König stets, daß er gerecht herrscht und Recht
schafft. Und neben der Warnung vor Ungerechtigkeit findet sich
diejenige vor Anhäufung großen Reichtums aus den Abgaben der
ausgeplünderten Untertanen (Prov 29,4).

3. Begrenzung und Ablehnung

Das komplexe Bild des Königtums, das der Jahwereligion zu seiner
Legitimation und Stütze bedurfte, das für sie wiederum sowohl Gewinn wie Gefahr bedeutete, wäre unvollständig, wenn nicht noch
die Begrenzung und die Ablehnung oder zumindest Kritik erwähnt
würden, die unter anderem seitens der Jahwereligion erfolgten.

a) Die Begrenzung des Königtums war – abgesehen vom Mit-
spracherecht des Volkes bei der Einsetzung eines Königs und den
dabei ausgehandelten vertraglichen Bedingungen (Fohrer), die unter
Josia schließlich zu einer Art Staatsverfassung führten (Galling) –
in erster Linie durch den Anspruch der Gottesherrschaft gegeben.
Die einzigartige Stellung Jahwes schloß jede Vergöttlichung des
Königs aus und beließ lediglich die Möglichkeit der Legitimation als
Sohn Gottes analog der Legitimation des Sohnes einer Nebenfrau
oder Sklavin. Dem entspricht es, daß Ezechiel den erhofften künfti-
gen Herrscher nicht mehr als eigenständigen König betrachtet, son-
dern als den von Jahwe abhängigen נָשִׂיא *(naśî) Fürsten* niederen
Ranges, der als Unterhirt unter dem göttlichen Oberhirten steht
(Ez 34,23 f.). Ebenso fehlten in Israel der Ich-Bericht des Königs, der

im übrigen Alten Orient die Hauptrolle in der geschichtlichen Überlieferung spielte, und die Lieder zur Verherrlichung oder zum Selbstruhm des Königs, denen gegenüber in den Königsliedern des Psalters Jahwe und nicht der König im Vordergrund steht und weniger von der Kraft und den Leistungen des Königs die Rede ist als vielmehr davon, was ihm von Jahwe verheißen wird, was er von Jahwe erbittet oder wofür er ihm dankt. Daß dem Königtum auch auf anderen Gebieten im Namen Jahwes Schranken gesetzt werden konnten, zeigen bereits das Auftreten Elias nach dem Justizmord an Nabot (I Reg 21) und das Auftreten Jeremias beim Palastbau Jojakims (Jer 22,13–19).

b) Für Israel eigentümlich ist die mehrfache grundsätzliche Ablehnung des Königtums, wobei sich nomadisch-freiheitliche und religiöse Beweggründe manchmal vermischen. So wurde das Königtum als unrechtmäßige Gewaltherrschaft eines einzelnen abgelehnt, z. B. im Spott der Jotamfabel über das unnütze und schädliche Königtum (Jdc 9,8–15) und im „Königsrecht" der Saulüberlieferung (I Sam 8,11 ff.). Oder es wurde als Abfall von Jahwe betrachtet und deswegen verurteilt, z. B. im Gideonspruch (Jdc 8,23), in einer der Erzählungen über Sauls Erhebung zum König (I Sam 8,7.9 f. 19–22), vielleicht auch in der Polemik Hoseas, wenn auch nicht sicher zu entscheiden ist, ob die über die Könige seiner Zeit gefällten Urteile sich nur auf jene beziehen oder grundsätzlichen Charakter tragen (vgl. Hos 8,4; 10,3; 13,11).

Anders verhält es sich in der Folgezeit. Jesaja und Jeremia wandten sich lediglich gegen einzelne unwürdige Vertreter des Königtums, nicht aber gegen die Institution selbst. Den Wegfall der Staatsordnung mit dem Königtum erwartete Jesaja gerade als das in Untergang und Tod führende Strafgericht Jahwes (Jes 3,1–9), während er die Regierungszeit Davids als die ideale Zeit betrachtete (Jes 1,21–26). Ebenso galt die deuteronomische und deuteronomistische Kritik nicht dem davidischen Königtum als solchem, sondern nur einzelnen Vertretern, die den deuteronomischen Forderungen (besonders der Kultuszentralisation in Jerusalem) nicht entsprachen, während andere Könige, in erster Linie Hiskia und Josia, positiv beurteilt wurden. Erst aus der größeren Distanz der nachexilischen Zeit hat sich die kritische Haltung in stärkerem Maße gemildert. Wesentlich ist, daß überhaupt eine Kritik und Ablehnung des Königtums aus religiösen Gründen entstehen konnte.

2. Kapitel

Die Jahwereligion der Königszeit

§ 13 Die Glaubensströmungen

W. F. Albright, Some Canaanite-Phoenician Sources of Hebrew Wisdom, VTSuppl III, 1955, 1–15. – A. Alt, Die Weisheit Salomos, ThLZ 76 (1951), 139–144 (= Kleine Schriften zur Geschichte des Volkes Israel, II 1953, 90–99). – J. J. van As, Skuldbelydenis en Genadeverkondiging in die Ou Testament, Diss. Utrecht 1961. – J. Barr, Revelation through History in the Old Testament, Interpr 17 (1963), 193–205. – A. Causse, Sagesse égyptienne et sagesse juive, RHPhR 9 (1929), 149–169. – J. B. Curtis, A Suggested Interpretation of the Biblical Philosophy of History, HUCA 34 (1963), 115–123. – B. Duhm, Die Gottgeweihten in der alttestamentlichen Religion, 1905. – O. Eißfeldt, Jahwe-Name und Zauberwesen, ZMR 42 (1927), 161–186 (= Kleine Schriften, I 1962, 150–171). – J. Fichtner, Die altorientalische Weisheit in ihrer israelitisch-jüdischen Ausprägung, 1933. – Ders., Die Bewältigung heidnischer Vorstellungen und Praktiken in der Welt des Alten Testaments, in: Baumgärtel-Festschrift, 1959, 24–40 (= Gottes Weisheit, 1965, 115–129). – G. Fohrer, Die zeitliche und überzeitliche Bedeutung des Alten Testaments, EvTh 9 (1949/50), 447–460. – H. Gese, Lehre und Wirklichkeit in der alten Weisheit, 1958. – J. de Groot, De Palestijnsche achtergrond van den Pentateuch, 1928. – M.-L. Henry, Jahwist und Priesterschrift, 1960. – H.-J. Hermisson, Sprache und Ritus im altisraelitischen Kult, 1965. – P. Humbert, Recherches sur les sources égyptiennes de la littérature sapientiale d'Israël, 1929. – F. James, Some Aspects of the Religion of Proverbs, JBL 51 (1932), 31–39. – A. Jirku, Die Dämonen und ihre Abwehr im Alten Testament, 1912 (= Von Jerusalem nach Ugarit, 1966, 1–107). – Ders., Mantik in Altisrael, Diss. Rostock 1913 (= ebd. 109–162). – Ders., Materialien zur Volksreligion Israels, 1914 (= ebd. 163–318). – A. Lods, Magie hébraïque et magie cananéenne, RHPhR 7 (1927), 1–16. – B. Luther, Die Persönlichkeit des Jahvisten, 1906. – J. Meinhold, Die Weisheit Israels, 1908. – S. Mowinckel, Psalmenstudien, I. Awän und die individuellen Klagepsalmen, 1921. – Ders., Psalms and Wisdom, VTSuppl III, 1955, 205–224. – R. E. Murphy, The Concept of Wisdom Literature, in: J. L. McKenzie (ed.), The Bible in Current Catholic Thought, 1962, 46–54. – N. Nicolsky, Spuren magischer Formeln in den Psalmen, 1925. – N. W. Porteous, Royal Wisdom, VTSuppl III, 1955, 247 bis 261. – G. von Rad, „Gerechtigkeit" und „Leben" in den Psalmen, in: Bertholet-Festschrift, 1950, 418–437 (= Gesammelte Studien zum Alten Testament, 1958, 225–247). – H. H. Schmid, Wesen und Geschichte der Weisheit, 1966. – H. Schmökel, Die jahwetreuen Orden in Israel, ThBl 12 (1933), 327–334. – R. B. Y. Scott, Solomon and the Beginnings of Wisdom in Israel, VTSuppl III, 1955, 262–279. – H. W. Wolff, Heilsgeschichte – Weltgeschichte im Alten Testament, Der evangelische Erzieher 14 (1962), 129–136. – Ders., Das Kerygma des Jahwisten, EvTh 24 (1964), 73–98 (= Gesammelte Studien zum Alten Testament, 1964, 345–373). – W. Zimmerli, Zur Struktur der alttestamentlichen Weisheit, ZAW 51 (1933), 177 bis 204. – Ders., Ort und Grenze der Weisheit im Rahmen der alttestamentlichen Theologie, in: Les Sagesses du Proche-Orient ancien, 1963, 121–137 (= Gottes Offenbarung, 1963, 300–315).

1. Grundsätzliches

Die Königszeit ist nicht nur dadurch gekennzeichnet, daß die Jahwereligion vor allem an den königlichen Heiligtümern als Staatsreligion gepflegt und als solche zum Zweck des Ausgleichs mit dem kanaanäischen Bevölkerungsteil für lange Zeit in wechselnd starkem Maße in einen verderblichen Synkretismus geführt wurde (§ 12). Vielmehr bestanden oder entfalteten sich daneben eine Reihe weiterer Glaubensströmungen von sehr verschiedener und teilweise gegensätzlicher Art. Suchten manche israelitischen Kreise die mosaische Jahwereligion in möglichst unverfälschter Form zu erhalten, so setzten andere auf mehreren Wegen die in der vorstaatlichen Zeit begonnene Wandlung der Jahwereligion in eine Kulturlandform durch Assimilation und Integration kanaanäischen Gutes und gleichzeitige Entfaltung aus der eigenen Lebensmitte heraus fort. Außerdem sind weitere Strömungen zu beobachten, die der Jahwereligion widersprachen oder erst allmählich in sie einbezogen werden konnten. So ergibt sich ein buntes und vielgestaltiges Bild, und dies sogar in größerem Maße, als die folgende Darstellung es schildern kann. Denn einerseits waren die Übergänge zwischen den Glaubensströmungen fließend, andererseits konnten sich zwei Strömungen wie die kultische und die national-religiöse miteinander zu einer Mischung verbinden.

2. Das Weiterleben der alten Jahwereligion
und die restaurative Daseinshaltung

a) Manche Traditionen, Gestalten und Institutionen der vorstaatlichen Zeit wie das Deboralied (z. B. Jdc 5,4 f.), Samuel und zeitweilig das Heiligtum von Silo, dessen Priesterschaft sich anscheinend aus der Moseschar herleitete (vgl. I Sam 2,27), weisen darauf hin, daß die Jahwereligion neben der sich bildenden Kulturlandform von anderen Kreisen in unveränderter Form beibehalten worden ist. Diese Tendenz setzte sich in der Königszeit fort. Das Auftreten Natans gegen den von David geplanten Tempelbau ist ein Zeichen dafür. Es hat weiterhin größere und kleinere Gruppen von Israeliten ge-

geben, die an der alten Form des Glaubens hingen[1]. Sie gehörten in
erster Linie den Kreisen an, die auch der alten Lebensweise treu
blieben und Viehzüchter waren. Denn zweifellos sind nicht alle
Israeliten gleichmäßig vom alten nomadischen zum neuen bäuerlichen
Leben übergegangen und haben unter denjenigen, die es taten, nicht
alle zugleich die Folgerung des Übergangs zur neuen Form der
Jahwereligion daraus gezogen. Sie waren an einer Ackerbaureligion
nicht interessiert, daher auch nicht an den Heiligtümern mit ihren
Gottessymbolen und ihrem reichhaltig werdenden Kultus, die jener
dienten. Statt dessen blieben sie dem Jahwe vom Sinai und von der
Wüste treu. Auch wenn sie nur gelegentlich in Erscheinung traten
und geringen Einfluß auf das Ganze des Volkes besaßen, waren sie
doch vorhanden. Ihre Kritik an den religiösen Zuständen im Lande
wird später in neuer Weise und verschärfter Form von den großen
Einzelpropheten aufgenommen, deren erster – Amos – bemerkens-
werterweise ebenfalls Viehzüchter war.

b) Der Nazir oder Naziräer[2] war ursprünglich ein Mann, der als
einzelner sich Jahwe weihte und sein ganzes Leben in dessen Dienst
stellte. Später ist das Gelübde umgebildet und an die Stelle der
lebenslänglichen Weihung eine zeitweilige Verpflichtung vorwiegend
asketischen Charakters gesetzt worden, die sich an priesterliche Vorschriften anlehnte (Num 6,1–21). Das ursprüngliche Betätigungsfeld
des Naziräers war der Jahwekrieg, in dem er im Zustand einer
kriegerischen Ekstase heldenhafte Taten vollbrachte (vgl. Gen
49,23 ff.; Dtn 33,16 f.; Jdc 15,14); später scheint er sich auch an den
Heiligtümern aufgehalten zu haben. Sein Dasein ist einerseits durch
ständigen Kampf für Jahwe, andererseits durch die Ablehnung der
Kultur Kanaans bestimmt. Die Ablehnung des Genusses von Wein
(Am 2,11 f.)[3] ist ein Symbol für die Ablehnung der Bauernkultur
und des mit ihr verbundenen Kultus. Aus alter Zeit stammt ferner
das Verbot des Haarschneidens, das nicht mit einem Toten- oder
Sonnenkultus zusammenhängt, sondern ein Merkmal nomadischer
Lebensweise ist. Durch derartige Maßnahmen, zu denen vermutlich
weitere gehört haben, über die nichts berichtet wird, gaben die
Naziräer kund, daß sie die kanaanäische Kultur für unvereinbar mit

[1] RGG III 365 f.
[2] BHH II 1288 f. – RGG IV 1308 f. – IDB III 526 f.
[3] RGG VI 1572 f.

der alten Form der Jahwereligion hielten. Für sie gehörten Jahwereligion und nomadische Lebensweise zusammen.

Die Zeit ist über die Naziräer hinweggegangen. Ihre ursprüngliche
Art verlor während der Königszeit durch die Aufstellung eines
Söldnerheers, die Verpflichtung der freien Männer zum Dienst im
Heerbann und die neuen technischen Mittel der Kriegführung die
Lebensberechtigung. Allmählich sind die Naziräer zu Gestalten ge-
worden, mit denen das Volk Spott trieb, indem es sie betrunken zu
machen suchte (Am 2,12).

c) Die Rekabiten[4], die im Zusammenhang mit der Revolution
Jehus (841 v. Chr.) erstmalig erwähnt werden und sich bis zur Eroberung Jerusalems (587 v. Chr.) gehalten haben, vertreten ebenfalls eine restaurative Haltung. Sie bildeten eine Genossenschaft, die
man als eine Art Jahweorden bezeichnen kann. Begründet wurde sie
wohl von Jonadab ben Rekab[5], seiner Zeit als Haupt des Ordens
bekannt, ihre Aufgabe war das „Eifern für Jahwe." Über ihre
Lebensregeln erfahren wir aus Jer 35, daß sie auf den Besitz von
Äckern und Weingärten verzichteten, kein Land bestellten und keinen
Wein tranken, keine Häuser bauten, sondern in Zelten lebten. Daraus
geht hervor, daß sie an der Einfachheit des Nomadenlebens festhalten oder zu ihr zurückkehren wollten – auch im Kulturlande. Nur
auf diese Weise glaubten sie ihrem Gott treu bleiben zu können.

Die Rekabiten wollten also die Jahwereligion mit einer bestimmten Kulturform verbinden, obwohl diese überholt war und sich nicht
mehr herstellen ließ. Sie wehrten sich ferner gegen die Erfahrung,
daß jeder Glaube sich weiterbildet und entfaltet und daß er nach
neuen Antworten auf neue Fragen suchen muß, um lebendig zu
bleiben. Statt dessen suchten sie die Kultur- und Glaubensform der
Wanderungszeit beizubehalten.

d) Konservative und restaurative Vorstellungen klingen schließlich
in der dritten älteren Quellenschicht des Hexateuchs an, deren Existenz man mehrfach nachzuweisen gesucht hat[6]. Schon die Urgeschichte dieses Erzählungsfadens zeigt die Ablehnung oder gar
Feindschaft gegenüber den Errungenschaften des Kulturlandes. Der
wahrhafte Mensch und der wahrhaft Glaubende ist der Nomade.
Darum hätte Israel eigentlich beim Gottesberg in der Wüste, von

[4] RGG V 951 f. – IDB IV 14–16.
[5] BHH III 1559.
[6] S-F § 24.

dem Jahwe es wegen seiner Zügellosigkeit unwillig entlassen hat, bleiben sollen. Denn das Kulturland mit seinen Heiligtümern ist nur ein unvollkommener Ersatz für die wirkliche Heimat Israels: die Wüste mit dem Gottesberg[7]. Darum sind die Israeliten auch sogleich von Jahwe abgefallen, als sie mit dem Kulturland in Berührung kamen (Num 25,1–5). Daraus klingt deutlich die nomadisch-restaurative Kritik an der von der kanaanäischen Religion beeinflußten Kulturlandform der Jahwereligion.

3. Die magische Daseinshaltung[8]

Im palästinischen Israel ist die magische Haltung besonders durch die kanaanäischen Vegetations- und Fruchtbarkeitskulte geformt worden, die weitgehend auf magischer Grundlage beruhten. Nur in einem von der Magie bestimmten Denken und Vorstellen kann der Mensch erwarten, mittels sexueller Riten die Gottheit zu stärken und die geheimnisvollen Kräfte des Lebens in Gang zu halten oder durch die Riten um die dahinwelkende und wiederauflebende Gottheit den Rhythmus der Natur in jedem Jahre aufs neue hervorzurufen und die Erde fruchtbar zu machen. Daher haben die Israeliten viele kanaanäische magische Praktiken übernommen. Zudem hatten sie andere aus ihrer eigenen nomadischen Vorzeit mitgebracht (§ 2,3); das erleichterte das Eindringen der kanaanäischen Magie, wie umgekehrt das altisraelitische Erbe in dieser Umgebung erneut auflebte. Verstärkt wurde dies alles schließlich durch die Aufnahme ausländischer Kulte, vor allem infolge der Bündnispolitik oder Vasallenstellung Judas in der späteren Königszeit (§ 11,4), da diese Kulte teilweise oder völlig von der Magie durchsetzt waren. Zwar

---

[7] O. Eißfeldt, Einleitung in das Alte Testament, 1964[3], 259.

[8] BHH I 9–11. 19. 52. 90 f. 209. 225 f. 598 f.; III 1867 f. 1894 f. 2204 f. 2209 f. – RGG I 1321; IV 258. 595–601. 727–729. 1628 f.; VI 604 f. 1525 f. 1871–1875. – IDB III 223–225. – J. Döller, Die Wahrsagerei im Alten Testament, 1923. – H. J. Elhorst, Eine verkannte Zauberhandlung (Dtn 21,1–9), ZAW 39 (1921), 58–67. – F. Ch. Fensham, Salt as Curse in the Old Testament and the Ancient Near East, BA 25 (1962), 48–50. – P. Humbert, La "terou'a", analyse d'un rite biblique, 1946. – S. Iwry, New Evidence for Belomancy in Ancient Palestine and Phoenicia, JAOS 81 (1961), 27–34. – S. Reinach, Le souper chez la sorcière, RHR 88 (1923), 45–50. – I. Trencsényi-Waldapfel, Die Hexe von Endor und die griechisch-römische Welt, AcOr (Budapest) 11 (1960), 201–222. – F. Vattioni, La necromanzia nell' Antico Testamento, Augustinianum 3 (1963), 461–481.

verfemte die Jahwereligion magische Praktiken (vgl. Ex 20,7; 22,17; I Sam 28,9, in späterer Formulierung Lev 20,27; Dtn 18,10 ff.), aber im täglichen Leben war die Abwehr oft gering.

Wie die Kanaanäer witterte der Israelit überall Dämonen – nicht nur in der Wüste, so daß ein jährliches Abwehropfer für einen von ihnen erforderlich schien (Lev 16), sondern auch im Kulturlande, wo die Fruchtbarkeit der Felder, die Sicherheit des Hauses und die Gesundheit des Menschen wenigstens teilweise von ihnen abhingen (vgl. § 14,3). Es gab Männer und Frauen, die sich auf das gefährliche Handwerk verstanden, auf solche Mächte Einfluß zu gewinnen oder sie sich dienstbar zu machen. Die zahlreichen Namen, die das AT für sie verwendet, zeigen die Vielgestaltigkeit dieser Gruppe. Sie konnten Krankheiten beschwören, Menschen bannen und lösen, Unglückstage herbeiführen, Regen machen und Totengeister befragen. Das Volk hielt von magischen Praktiken wahrscheinlich mehr, als man gewöhnlich annimmt. Man fürchtete sich vor der ständigen Bedrohung durch die Dämonen und die zauberischen Kräfte des Nachbarn. Daher nahm man magische Handlungen vor, um sich selbst zu schützen und dem anderen zu schaden. In manchen Psalmen scheint noch die Ansicht durchzuschimmern, daß das über einen Menschen hereingebrochene Unheil aus einem Zauber stammt, der durch einen Gegenzauber gebrochen werden muß. Auch Ausgrabungen haben mancherlei zutage gefördert: Fluchtafeln, die Verwünschungen des Feindes enthalten; kleine Figuren mit umwickelten Händen und Füßen, wodurch der damit gemeinte Feind durch Gefängnis, Krankheit oder Tod gebunden werden sollte; zahlreiche Amulette wie blaue Perlen gegen den bösen Blick, silberne Händchen zur Bewahrung der Kinder und Symbole von Göttern oder Dämonen zur Versicherung ihres Schutzes. Und wie in der Frühzeit galten die magische Kraft des Wortes in Segen und Fluch sowie die magische Kraftwirkung der Leiche, gegen die man sich durch Trauergebräuche schützte, weiter.

So war das tägliche Leben der Israeliten von einer großen Zahl magischer Handlungen erfüllt, auch wenn die Überlieferung deren Charakter manchmal verwischt hat. Die Frau suchte mit ihrer Hilfe die Abneigung des Mannes zu überwinden (Gen 30,14), der Hirt den Wurf der Schafe zu beeinflussen (Gen 30,37 f.). Man wollte mit Salz schädliche Quellen gesund und mit Mehl giftige Speisen unschädlich machen (II Reg 2,19 ff.; 4,38 ff.). Man deutete Träume und Gestirne (Dtn 13,2 ff.; Jer 10,2) oder sagte aus Vorzeichen die Zukunft voraus (Lev 19,26; Dtn 18,10; II Reg 17,17; 21,6), so aus dem Wasser durch die Beobachtung von Wasserblasen und Lichtbrechung (Gen 44,5), aus Pfeilen, die aus einem Behälter gezogen oder geschüttelt wurden, und aus der Untersuchung von Farbe und Merkmalen der Leber von Opfertieren (Ez 21,26). Auf diese Weise glaubte man die großen Mächte des Lebens erkennen, beeinflussen oder lenken zu können, um des eigenen Lebens Herr zu werden, es gegen Gefahren zu sichern und zu seinem Höhepunkt zu führen.

4. Die kultische Daseinshaltung

a) Im Unterschied vom Synkretismus und von der magischen Daseinshaltung ist die kultische Daseinshaltung dadurch gekennzeichnet, daß sie kanaanäische Vorstellungen und Praktiken nicht unbesehen übernahm, sondern nur die lebensfähigen und der Jahwereligion nicht widersprechenden Elemente in diese einzubeziehen suchte. Dieser mittlere Weg zwischen der radikalen Ablehnung der kanaanäischen Religion einerseits und der völligen Anpassung der Jahwereligion an sie andererseits weist daher ein Nebeneinander von Verbot und Kompromiß auf.

Verboten und scharf bekämpft wurden Magie und Zauberei samt allem, was unmittelbar mit ihnen zusammenhing. Da Zauberei die alleinige Verehrung Jahwes als Anerkennung der Gottesherrschaft in Frage stellte, stand darauf gewöhnlich die Todesstrafe. Verboten wurden ebenso Einzelheiten wie magisch bestimmte Trauergebräuche (Lev 21,1 ff.; Dtn 14,1 f.) und Opfersitten (Ex 34,26; vgl. § 9,3). Außer einigen Königen hat der Oberpriester Jojada eine Kultusreform in Jerusalem eingeleitet, als er gegen den Baalkult der Königin Atalja vorging (II Reg 11).

Daneben wurde das, was in der neuen Lage im Kulturlande erforderlich und annehmbar zu sein schien, übernommen und assimiliert. Nach kanaanäischem Vorbild entstanden Heiligtümer und Tempelgebäude und wurden deren Ausstattung und Kultus geregelt (vgl. § 9,3; 16). Im Kultus, in dem die Gemeinschaft zwischen Jahwe und Israel gepflegt wurde, nahm Jahwe die Züge der Landesgötter an und wurde nach ihrer Art verehrt. Der starke ethische Wille des alten Gottesbildes trat zugunsten der geheimnisvollen Lebensmacht der Gottheit und ihres Wirkens im Bereich der Natur zurück. An Stelle der schrecklichen Erhabenheit Jahwes wurde die Übermittlung heiliger Segensmacht betont. Nach diesem Glauben schützte er sein Volk nicht mehr wie einst nur bei den besonderen Gelegen-

heiten kriegerischer Ereignisse, wenn er in Sturm und Wetter in die
Schlacht eingriff, sondern schenkte dem Volke ständig seinen Segen,
damit die Viehherden und die Ackerfrüchte gediehen. Allmählich
wurden daher alle Ereignisse des bäuerlichen Lebens auf Jahwe bezogen.

Nach der Auffassung der kultischen Daseinshaltung konnte der
Mensch im Kultus an der göttlichen Sphäre Anteil erhalten und von
ihr in gefühlsmäßigem Überschwang oder ekstatischer Erhebung umfaßt werden. Dieser Kultus war jedoch weder durch eine göttliche
Offenbarung begründet noch von den Israeliten selbst geschaffen
worden, sondern schloß sich an denjenigen des in Besitz genommenen
Landes an; denn er mußte den Erfordernissen dieses Landes gerecht
werden. Demgemäß versammelten sich die kultfähigen Männer an
den Heiligtümern, um für und mit dem göttlichen Segensspender die
großen Ackerbaufeste des Jahres zu feiern (§ 16,3). Gewährte
Jahwe dem Bauern seinen Segen, so brachte dieser ihm dafür sein
Opfer als Dank und Bitte dar. Er saß mit Jahwe zu Tisch und war
fröhlich in der Gewißheit, daß er auch im folgenden Jahre wieder
reichen Segen erlangen könne, wenn er seinen Gott gnädig stimmte.
Darauf, von Jahwe etwas zu erlangen, war der Kultus in erster Linie
abgestimmt. Und da sich dies auf die Erhaltung der bestehenden
Ordnung richtete, war die kultische Daseinshaltung wesenhaft konservativ.

b) Die priesterlich-kultische Theologie verband mit der Pflege der
Gottesgemeinschaft durch den Kultus das dem Grundsatz der Gottesherrschaft entsprechende Abstandsbewußtsein des Menschen gegenüber der Unnahbarkeit Jahwes. Um den Abstand äußerlich sichtbar
zu machen, wurden die heiligen Bezirke und geweihten Gegenstände
vom profanen Lebensgebiet ausgegrenzt. Um Israel von anderen
göttlichen oder dämonischen Mächten, deren Bereich als unrein ge-
mieden werden sollte, zu scheiden, wurden Reinheits- und Enthalt-
samkeitsregeln aufgestellt, die das ganze Leben durchzogen. Damit
waren die Grundlagen für die in der späteren Zeit immer stärker
betonte absolute Transzendenz Gottes einerseits und Absonderung
des heiligen Volkes andererseits gelegt.

Um eine wirkliche Beziehung zwischen beiden Größen festzuhalten,
betonte die priesterlich-kultische Theologie stärker als die mosaische
Jahwereligion die Bedeutung des Gesetzes. Gerade das Priestertum
hat das schon bestehende Gesetz gepflegt und weitergebildet, so daß
sich daraus in der nachexilischen Zeit eine eigene Glaubensströmung

entwickelte. Im Gesetz konkretisierte sich der Herrscherwille Jahwes und trat aus der göttlichen Sphäre in die irdische Welt ein. Als Gesetzgeber erwies Jahwe seine Macht über den Menschen, indem er die Ordnung seines Daseins regelte und ihn in dauernder Abhängigkeit von sich hielt.

Die Kultgesetze folgten dem Leitgedanken, daß im Bereich Israels alles Jahwe zu eigen ist. Dem mußte die Art und Weise des Kultus entsprechen, so daß Feste, Opfer und sonstige Riten der Anerkennung der Verfügungsgewalt Jahwes dienten und dem Israeliten vor Augen führten, daß sein Leben diesem Gott geweiht war und sich auch äußerlich als von ihm bestimmt erwies. Dabei wollten die kultischen Formen manchmal zu ethischer Lebenshaltung erziehen, z. B. die priesterliche Unterweisung über die Grundsätze mitmenschlichen Verhaltens in Ps 15; 24,3–6. Oder sie dienten als Ausdrucksmittel für das Verhältnis des Volkes und des einzelnen zu Jahwe wie Tempelgesang und -gebet, Jahwespruch und Segen.

Auch das tägliche Leben und das Verhalten in ihm wurden in den Bereich des Gesetzes einbezogen. Da das gesamte Recht als konkrete Festsetzung des göttlichen Willens galt, leistete derjenige, der sein Leben nach solchen Anordnungen richtete, den Forderungen Jahwes selber Gehorsam. Dabei war das tatsächliche Handeln des Menschen entscheidend, weil es als sichtbarer Ausdruck einer entsprechenden inneren Haltung, die als solche nicht wahrgenommen werden kann, betrachtet wurde. Daher war der Gerechte, der den göttlichen Forderungen gehorchte, zugleich der Fromme.

Freilich war dies alles nur priesterlich-kultische Theologie und daher Theorie. Die Wirklichkeit sah vielfach anders aus, wie der religionsgeschichtliche Verlauf der Königszeit (§ 11) und die prophetischen Anklagen (§ 20,2) erkennen lassen.

5. Die national-religiöse Daseinshaltung

Wie die magischen Vorstellungen und Praktiken der Volksreligion forderte die volkstümliche Überlieferung der Erzählungen aus der Vorzeit Israels eine gewisse Kritik heraus. Ihr Ergebnis ist die letzte Verarbeitung der zweiten Grunderzählung des Hexateuchs[9] durch die großen Sammler und Gestalter der Quellenschichten J und E[10].

---

[9] S-F § 19.
[10] S-F § 21–23.

Sie vertraten zugleich eine jeweils eigene, fest geprägte theologische Auffassung.

J bejahte die palästinische Ackerbaukultur und den ihr gemäßen Jahwekultus als untrennbare Einheit, wie besonders der sog. kultische Dekalog zeigt (Ex 34,1–28). Er bejahte die nationale Macht, den Staat und das Königtum (Gen 27,29; Num 24,3–9.15–19). Dem entspricht es, daß Israel den Sinai gern verläßt und erwartungsvoll in das Land zieht, das *von Milch und Honig fließt* (Ex 3,8 u. ö.), und daß Jahwe es begleitet, um in diesem Lande zu wohnen. Freilich stellte J durch den Vorbau der Urgeschichte in Gen 1–11[11] das gesamte Geschehen auch warnend unter den Gesichtspunkt der Sünde als Aufhebung der Gottesgemeinschaft und des Gerichtes als Durchsetzung der Gottesherrschaft gegenüber dem Sünder. Dadurch erhält die gesamte Geschichte den Charakter einer Entscheidungsgeschichte.

E weist ebenfalls ein starkes israelitisches Selbstbewußtsein auf; ja, ein gewisser universaler Anflug bei J, nach dem die anderen Völker an Israels Segen teilhaben können, fiel bei ihm der religiös-nationalen Konzentration zum Opfer. Die Gottesherrschaft und -gemeinschaft wurden im wesentlichen auf Israel beschränkt. Dennoch sind das nationale und das religiöse Element nicht so selbstverständlich wie bei J miteinander verbunden, vielmehr tritt das religiös-theologische gegenüber dem nationalen Element hervor. Entscheidend sind die religiöse Seite der Erwählung Israels durch Jahwe und die mit dieser Aussonderung verbundene Absonderung (Num 23,9 b). Der Nachdruck liegt auf Israels religiösem Besitz und religiöser Aufgabe: ein aus der übrigen Völkerwelt herausgenommenes und zum Dienste Jahwes bestelltes Volk. Dies geht über den bloß national-materiellen Gedanken hinaus. In der Erzählung vom goldenen Stierbild am Gottesberg kann E sich sogar dagegen wenden: Im Gegensatz zu J endet das dortige Geschehen mißtönend und drohend, da Israel vom Gottesberg weggewiesen und das Gericht über die Wüstengeneration angekündigt wird (Ex 32,34).

Ungeachtet solcher Unterschiede vertraten J und E eine Form der Jahwereligion, die sich von der kultischen Daseinshaltung abhob. Für sie war die Verbindung des religiösen Elements mit dem nationalen

---

[11] Vgl. dazu W. G. Lambert, New Light on the Babylonian Flood, JSS 5 (1960), 113–123.

im Sinne der Volksbezogenheit und -gebundenheit bezeichnend. Wie die kultische Daseinshaltung war sie konservativ, da sie die bestehende Ordnung erhalten wollte.

Grundlegend ist der Glaube an die Erwählung Israels aus den Völkern oder der Menschheit durch Jahwe, obschon der deuteronomische Begriff בחר *(baḥăr)* noch fehlt. Dementsprechend beginnt die Darstellung von E erst mit Abraham und seiner Erwählung. Auch bei J, in dessen Schilderung die Urgeschichte den dunklen Hintergrund vor der Erwählung der Väter bildet, galt das Interesse in erster Linie dem erwählten Volk. Die Nebenglieder wurden schnell ausgeschieden und die Hauptlinie weiterverfolgt. Manche Erzählungen sprechen von der zeitweiligen Gefahr des Erlöschens der erwählten Sippe infolge der Unfruchtbarkeit einer Ahnfrau (Sara, Rahel) oder ihrer Gefährdung durch einen Fremden (Gen 20; 26,1–11), während andere zeigen sollen, wie Jahwe seine Absicht trotz der angeordneten Opferung Isaaks, der Flucht Jakobs und der Bedrohung Josephs zu einem glücklichen Ende geführt hat. Die mehrfachen göttlichen Landverheißungen an die Väter begründen den nationalen Anspruch auf das besetzte Kulturland.

Ein weiterer Zweck, zu dem die Vätertradition betont wurde, war der großisraelitische Gedanke. In der Zeit der geteilten Staaten verankerten J und E das nur im davidisch-salomonischen Reich verwirklichte Ideal eines alle Israeliten umfassenden Volkes und Staates in der Vorzeit: eine Ahnenreihe – ein Volk. Darum fallen Volks- und Glaubensgrenzen zusammen. Jahwe überschreitet wohl die Grenzen des Landes, nicht aber diejenigen des Volkes. J läßt den Namen Jahwe, den er von Anfang an gebraucht, demgemäß vor oder von Nichtisraeliten nicht aussprechen.

Auf diese Weise wurde Jahwe nicht nur in die Schranken des Kultus, sondern auch in diejenigen des Volkes eingeschlossen. Der Israelit glaubte sein Dasein nicht nur durch die Ausübung des Kultus gesichert, sondern auch durch seine Zugehörigkeit zum erwählten Volk. Hat die kultische Daseinshaltung allmählich dazu geführt, daß Ritual und Gesetz immer stärker wucherten, so die national-religiöse Daseinshaltung dazu, daß Israel die göttliche Hilfe für die Durchsetzung eines eigenen Staates und seiner Souveränität erhoffte, bis die Aufstände in der Zeit der römischen Herrschaft zur endgültigen Katastrophe führten.

6. Die weisheitliche Daseinshaltung

Seit der Zeit Salomos war die Weisheitslehre in Israel heimisch[12]. Sie wurde am Königshof und in den Kreisen der zahlreich werdenden Beamtenschaft gepflegt und war darüber hinaus die zeitgenössische Form der geistigen Bildung und Erziehung überhaupt. Wo ihr Einfluß außerhalb des Beamtentums zu bemerken ist wie bei einigen Propheten, besagt dies nichts anderes, als daß es sich um gebildete Männer mit gesundem Menschenverstand handelt. Doch zeigt die Kritik Jesajas an den „Weisen" mit ihren scheinbar klugen, in Wirklichkeit aber verderblichen Plänen und Maßnahmen[13], daß die Weisheitslehre noch in der zweiten Hälfte des 8. Jh. v. Chr. im wesentlichen die Bildung und Moral des hohen Beamtentums im weiteren Sinne darstellte. Erst Belege vom Ende des 7. Jh. zeigen eine erweiterte Basis. Dtn 1,13.15; 16,19 beziehen auch kleinste Vorgesetzte und alle Rechtspfleger in den Kreis der „Weisen" ein, Jer 8,8 f. nennt den Priester als Verwalter der Tora weise, während 18,18 von einem eigenen Stand der Weisen spricht, deren Aufgabe es ist, Rat zu erteilen. So entfaltete sich die Weisheitslehre vom ausgehenden 7. Jh. an aus einer Beamtenbildung und -moral zu einer sozial und soziologisch nicht mehr eingeengten Anschauung breiter Kreise.

Daneben hat es ein praktisches, auf Erfahrung gegründetes Kundigsein von bestimmten Gesetzen der Welt und Tätigkeiten des Lebens immer gegeben, da der Mensch sich nun einmal vor der Aufgabe sieht, sich seiner Umwelt zu bemächtigen und sein Leben in ihr zu meistern. Doch sollte man von einer alten Sippenweisheit als einer besonderen Weisheitsform nicht sprechen. Überall ist es notwendig,

---

[12] BHH III 2153–2155. – RGG VI 1574–1577. – IDB IV 852–861. – E. G. Bauckmann, Die Proverbien und die Sprüche des Jesus Sirach, ZAW 72 (1960), 33–63. – L. Dürr, Das Erziehungswesen im Alten Testament und im antiken Orient, 1932. – J. Fichtner, Zum Problem Glaube und Geschichte in der israelitisch-jüdischen Weisheitsliteratur, ThLZ 76 (1951), 145–150 (= Gottes Weisheit, 1965, 9–17). – G. Fohrer, σοφία κτλ., B. Altes Testament, ThW VII, 476–496. – A. Lods, Le monothéisme israélite a-t-il eu des précurseurs parmi les "sages" de l'ancien Orient?, RHPhR 14 (1934), 197–205. – P. A. Munch, Die alphabetische Akrostichie in der jüdischen Psalmendichtung, ZDMG 90 (1936), 702–710. – Ders., Die jüdischen „Weisheitspsalmen" und ihr Platz im Leben, AcOr (Kopenhagen) 15 (1936), 112–140. – W. Richter, Recht und Ethos, 1966.
[13] J. Fichtner, Jesaja unter den Weisen, ThLZ 74 (1949), 75–80 (= Gottes Weisheit, 1965, 18–26).

in der Vielfalt der Erscheinungen und Geschehnisse nach einer Ordnung und Gesetzmäßigkeit zu suchen, in die man sich einschalten und
die man sich zunutze machen kann. Dies vollzieht sich vor allem in
den volkstümlichen Sprichwörtern, die Erkenntnisse und Erfahrungen einfach feststellen und es dem Menschen überlassen, daraus die
Folgerung für sein Verhalten zu ziehen (I Sam 24,14; Prov 11,2 a;
16,18; 18,22), wobei die Feststellung paradoxen oder gegensätzlichen
Charakter tragen kann (Prov 11,24; 20,17; 25,15; 27,7), ohne daß
man jedoch nach einem allgemein gültigen Grundsatz fragt oder ein
System schaffen will. Obwohl man solche Sprichwörter in der Weisheitsliteratur überliefert und später oft um eine zweite Zeile erweitert hat, die ein den Menschen betreffendes Entsprechungsverhältnis feststellt (Prov 25,23; 26,20; 27,20), ist es zweckmäßig, den
Begriff „Weisheit" der Beamtenbildung und -moral vorzubehalten,
wobei zwischen Bildungsweisheit und Lebensweisheit unterschieden
werden kann.

Dieser Lehre liegt ein Ideal der Bildung und Formung des ganzen
Menschen zugrunde, da sie nicht allein die Ordnungen und Gesetzmäßigkeiten in Welt und Leben festzustellen, sondern auf dieser
Grundlage bewußt den Menschen zu erziehen sucht. Ihr Ideal ist
ähnlich den ägyptischen Lehren *der Kaltblütige* (Prov 17,27) im
Gegensatz zum *Hitzkopf* (Prov 15,18; 22,24; 29,22), *der Langmütige*
im Gegensatz zum *Jähzornigen* (Prov 14,29), der Mensch mit *gelassenem Sinn*, der der verzehrenden *Leidenschaft* nicht nachgibt
(Prov 14,30), sondern seine Affekte und Triebe beherrscht.

Die Bildungsweisheit begegnet im Alten Orient in der Form der
Listenwissenschaft, für die mangels eines israelitischen Beispiels das
Onomastikon des Amenope (um 1100 v. Chr.) als Beispiel genannt
sein mag. Soweit es erhalten ist, bietet es eine Liste mit 610 Stichwörtern: eine Aufzählung von Wesen und Dingen des Himmels,
des Wassers und der Erde, von göttlichen und königlichen Personen,
Hofleuten, Beamten, Berufen, Klassen, von Stämmen und Menschentypen, von Städten, Gebäuden und ihren Teilen, von Ländereien,
Getreidearten und ihren Produkten, von Speisen und Getränken,
von Teilen eines Rindes und Fleischarten. Es handelt sich also um
eine Enzyklopädie alles Wissens in der Form eines sachlich gegliederten Lexikons. Derartige Listen hat es auch in Israel gegeben; sie
sind in Gen 1; Ps 104; 148 sowie in Prov 6,16–19; 30 und anderen
Zahlensprüchen verwendet worden, weitere Dichtungen folgen in

ihrem Aufbau anscheinend solchen Listen (Hi 24,5–8.14–16 a; 28; 30,2–8; 36,27–37,13; 38,4–39,30; 40,15–24; 40,25–41,26).

Wichtiger war die Lebensweisheit mit Lebensregeln in der Form von Sprüchen oder Liedern. Sie bot Wahrheiten dar, die für das Leben des Menschen gelten und nach denen dieser sein Verhalten richten kann. Sie war stets klar und nüchtern, manchmal hausbacken, auf das Nützliche bedacht und ausgesprochen praktisch ausgerichtet. Es ging ihr darum, wie der Mensch am besten seines Lebens Herr wird; sie lehrte, daß es möglich sei, alle Anstöße zu vermeiden und allen Gefahren zu entkommen, wenn man die bewährten weisen Lebensregeln beachtet. Denn auch die Gottheit hält sich an die Weltgesetze und garantiert ihre Geltung, so daß der Weise sich in Wesen und Gefüge dieser Weltordnung einzugliedern vermag. Demgemäß ist der Vertreter dieser optimistischen Daseinshaltung klug, rechtschaffen, in frommer Scheu vor Gott, aber in guter Zuversicht, daß er das Leben meistern und sein menschliches Verlangen zu sättigen vermag, scharf und verachtungsvoll sich vom Toren abgrenzend, der solche Einsicht nicht besitzt[14].

Die Angleichung an das israelitische Leben und die Anpassung an die Jahwereligion haben ihre Spuren in der Weisheitslehre hinterlassen. Obwohl zunächst Beamtenmoral, gab sie sich nicht so stark als Standesmoral wie vor allem in Ägypten, sondern hatte einen mehr allgemeinmenschlichen Charakter. Von daher rühren die Betonung der Kindespflichten gegenüber den Eltern, die höhere Wertung der Frau, die schärfere Verurteilung von Unzucht und Ehebruch, die Schätzung der Freundschaft und die Sorge für die Armen und Schwachen. Im Rahmen der Jahwereligion als einer Religion des Lebens und Verhaltens des Menschen nach bestimmten Regeln wurde die Weisheitslehre anthropologisiert; nicht mehr die Welt, sondern das Ich des Menschen wurde für sie der entscheidende Faktor. Vor allem wurde allmählich der Begriff „Weisheit" so umgeprägt, daß Weisheit, Gerechtigkeit und Gottesfurcht einen untrennbaren Zusammenhang bildeten und daß die Lebensregeln auf den Gott Israels bezogen und in ihm begründet wurden. In diesem Zusammenhang gewann dann der Gedanke an die gerechte Vergeltung, die Jahwe zu Lebzeiten des Menschen übt, an Bedeutung.

[14] W. Zimmerli, Die Weisheit des Predigers Salomo, 1936, 11.

7. Gemeinsames

So stark die skizzierten Daseinshaltungen sich voneinander unterscheiden, weisen sie doch zwei gemeinsame Züge auf, die die außerprophetische Jahwereligion der Königszeit kennzeichnen:

a) Das Heil des Volkes oder des einzelnen ist vorgegeben und nicht erst zu erringen oder von Jahwe zu erhalten. Es ist vorgegeben im nomadisch-jahwistischen Leben analog demjenigen der Mosezeit, im Kultus mit seinen Festen, in denen man an der göttlichen Sphäre Anteil erhält, in Ackerbaukultur und staatlichem Leben oder in den weisen Lebensregeln, nach denen sich das Leben erfolgreich gestalten läßt. Auch die magische Daseinshaltung beruht ohne Bindung an Jahwe auf einer ähnlichen Grundlage.

b) Dieses Heil kann für die Gesamtheit oder den einzelnen durch konkrete Verfehlungen infolge bestimmter Taten oder Unterlassungen gestört werden. Jedoch wird es durch sie nicht zunichte gemacht, sondern läßt sich wiedererlangen oder wiederherstellen, vor allem mittels entsprechender Sühnemaßnahmen.

Dieser allgemein herrschenden Auffassung, daß Israel in einem vorgegebenen grundsätzlichen Heilszustand lebe, der zwar zeitweilig gestört, aber jederzeit wiederhergestellt werden könne, haben die großen Einzelpropheten vom 8. Jh. v. Chr. an scharf widersprochen (§ 20,1).

§ 14 Jahwe und die göttliche Welt

K.-H. Bernhardt, Gott und Bild, 1956. - T. Canaan, Dämonenglaube im Lande der Bibel, 1929. - G. Cooke, The Sons of (the) God(s), ZAW 76 (1964), 22–47. - E. Dhorme, La démonologie biblique, in: maqqél shâqédh, Hommage à W. Vischer, 1960, 46–54. - H. Duhm, Die bösen Geister im Alten Testament, 1904. - H. Fredriksson, Jahwe als Krieger, 1945. - G. W. Heidt, Angelology of the Old Testament, 1949. - A. Jirku, Die Dämonen und ihre Abwehr im Alten Testament, 1912 (= Von Jerusalem nach Ugarit, 1966, 1–107). - H. Kaupel, Die Dämonen im Alten Testament, 1930. - A. Kruyswijk, "Geen gesneden beeld ...", 1962. - C. J. Labuschagne, The Incomparability of Yahweh in the Old Testament, 1966. - E. Langton, The ministries of the Angelic Powers, 1937. - Ders., Essentials of Demonology, 1949. - J. Rybinski, Der Mal'ak Jahwe, 1930. - F. Stier, Gott und sein Engel im Alten Testament, 1934. - M. T. Unger, Biblical Demonology, 1952. - A. S. van der Woude, mal'ak Jahweh: een Godsbode, NThT 18 (1963/64), 1–13.

1. Jahwe und seine Erscheinungsformen

a) Während der Königszeit ist das Gottesbild auf mannigfache Weise erweitert und ergänzt worden, wie sich zunächst aus neuen Bezeichnungen und Titeln ergibt, die man Jahwe beilegte. An erster Stelle sind die nach II Sam 6,2 (vgl. § 10,1) geschaffenen Ausdrücke *Jahwe Ṣebaot* (volle Form: *Jahwe, Gott der Ṣebaot*) und *Der auf den Keruben Sitzende* zu nennen. Von diesen ist *Jahwe (Gott der) Ṣebaot* schwer deutbar, da das AT wie so häufig keine Erklärung liefert. Diese wird in drei Grundrichtungen gesucht: Gemeint sind 1. die Heerscharen Israels bzw. die vereinigten Heerbanne von Juda und Israel[1] oder 2. die himmlischen Heerscharen, seien es nun die Sterne, die Engel bzw. andere himmlische Wesen, das degradierte kanaanäische Pantheon oder die unterworfenen Dämonen[2], oder 3. die „Mächte" in einer nicht konkreten Bedeutung bzw. im Sinne eines Abstraktplurals die Ṣebaothaftigkeit als Allmacht[3]. Für die erste Auffassung könnte sprechen, daß Jahwe einmal *der Gott der Schlachtreihen Israels* genannt wird (I Sam 17,45); doch gehört dies zur späteren Ausgestaltung der Erzählung. Eine Beziehung auf den judäischen und den israelitischen Heerbann war nur für die Zeit des davidisch-salomonischen Großreiches möglich. Für die Folgezeit nach der Reichsteilung legt sich die zweite Auffassung nahe, zumal Jos 5,14 ein überirdisches Heer Jahwes (Singular) voraussetzt, dessen Führer dem Josua erscheint, und Jes 24,21 von einem *Heer in der Höhe* spricht, das Jahwe zur Verantwortung ziehen will. Doch ist eine enge Begriffsbestimmung nicht möglich. Die *Heere* können das göttliche Kriegsheer (Jos 5,13–15), die zum himmlischen Hofstaat ge-

---

[1] So E. Kautzsch, Die ursprüngliche Bedeutung des Namens יהוה צבאות, ZAW 6 (1886), 17–22.

[2] So A. Alt, Gedanken über das Königtum Jahwes, in: Kleine Schriften zur Geschichte des Volkes Israel, II 1953, 354 f. – V. Maag, Jahwäs Heerscharen, Schweiz. Theol. Umschau 20 (1950), 27–52. – Unwahrscheinlich sind die Auffassungen von J. P. Ross, Jahweh Ṣeḇā'ōṯ in Samuel and Psalms, VT 17 (1967), 76–97, daß der Ausdruck Ṣebaot ursprünglich einen kanaanäischen Gott bezeichnet habe, und von M. Tsevat, Studies in the Book of Samuel, IV, HUCA 36 (1965), 49–58, daß er Jahwe als den Heerbann Israels charakterisiere.

[3] So O. Eißfeldt, Jahwe Zebaoth, Miscellanea Academica Berolinensia II, 2 (1950), 128–150 (= Kleine Schriften, III 1966, 103–123). – B. N. Wambacq, L'épithète divine Jahvé Sébaot, 1947. – G. Wanke, Die Zionstheologie der Korachiten, 1966, 40–46.

hörigen Wesen (I Reg 22,19; Hi 1,6), die Himmelswesen als Führer
oder Richter irdischer Völker (Dan 4,14; 10,13.20 f.; 12,1) oder die
Gestirne (Jes 40,26) als von Menschen verehrte Gestirngottheiten
(Dtn 4,19; Jer 19,13) bezeichnen. Wie aber die Grenze zwischen den
Sternen und den Sterngeistern oder -gottheiten fließend war, so
daß man sich die Gestirne als Lebewesen vorstellen konnte (Jdc 5,20),
so konnten sie nach babylonischem Vorbild mit den Himmelswesen
gleichgesetzt werden (Hi 38,7). In jedem Falle drückt *Jahwe (Gott
der) Ṣebaot* eine erhebliche Machterweiterung Jahwes aus, da ihm
damit die Himmelswesen unterstellt wurden. Im weiteren Gebrauch
hat die Bezeichnung jedoch diese konkrete Bedeutung verloren; für die
in der vorexilischen Prophetie beliebte Verwendung dürfte am
ehesten die an dritter Stelle erwähnte Auffassung als Hinweis auf die
ganze Machtfülle Jahwes zutreffen.

Daß Jahwe ferner *Der auf den Keruben Sitzende* genannt wurde,
entspricht seiner Bezeichnung als Wolkenfahrer (§ 9,2). Denn die
als geflügelte Sphingen dargestellten Keruben galten entweder allgemein als Trägergestalten (auch für Throne) oder als Verkörperung
der Gewitterwolke[4]. Der auf ihnen einherfahrende Jahwe (Ps 18,11)
war in der davidischen Zeit der im Gewitter zum Kampf herbei-
eilende Gott. Nach dem Bau des salomonischen Tempels wurde die
Vorstellung neu interpretiert. Das Kerubenpaar im Allerheiligsten
symbolisierte den Gottesthron, auf dem man sich Jahwe als den
Kerubenthroner dachte. Die Deutung hängt also mit der Verwendung
des Königstitels für Jahwe zusammen.

Über den Ursprung und vor allem über den Zeitpunkt der Verwendung des Titels *König* für Jahwe gehen die Ansichten auseinander[5].

Während Buber eine urtümliche Theokratie in Israel und ein seit Anbe-
ginn geglaubtes Königtum Jahwes annimmt, versteht Alt dieses als die
Vorstellung von Jahwes königlichem Thronen inmitten einer Schar unter-

---

[4] Vgl. aber auch P. Dhorme – H. Vincent, Les Chérubins, RB 35 (1926),
328–358. 481–495.
[5] A. Alt (Anm. 2). – M. Buber, Königtum Gottes, 1956³. – O. Eißfeldt,
Jahwe als König, ZAW 46 (1928), 81–105 (= Kleine Schriften, I 1962,
172–193). – J. Gray, The Hebrew Conception of the Kingship of God,
VT 6 (1956), 268–285. – Ders., The Kingship of God in the Prophets
and Psalms, ebd. 11 (1961), 1–29. – V. Maag, Malkût Jhwh, VTSuppl
VII, 1960, 129–153. – L. Rost, Königsherrschaft Gottes in vorköniglicher
Zeit, ThLZ 85 (1960), 721–724. – W. H. Schmidt, Königtum Gottes in
Ugarit und Israel, 1966².

geordneter göttlicher Wesen, die in die vorstaatliche Zeit in Palästina zu
datieren sei; ebenso Weiser auf Grund des Namens Malkischua (Sohn
Sauls) und von Ex 15,18; Num 23,21; Dtn 33,5[6]. Dagegen hat nach Rost
der von ihm in die davidisch-salomonische Zeit datierte J den Gedanken
eines Königtums Jahwes noch abgelehnt; auch nach von Rad ist er wenigstens erst nach der Entstehung des israelitischen Königtums aufgekommen[7].

Obwohl die älteste ausdrückliche literarische Bezeugung (Jes 6,5;
vgl. Num 23,21 E) erst aus dem 8. Jh. v. Chr. stammt, ist der
Gebrauch des Königstitels für Jahwe zweifellos älter und kanaanäisches Erbe. Er vereint die Vorstellungen vom zeitlosen, unveränder-
lichen, „statischen" Königtum Els und vom zu erwerbenden, zu
sichernden, zu verteidigenden, „dynamischen" Königtum Baals
(Schmidt). Wie in Jes 6,5 besteht in Jer 46,18; 48,15; 51,57; Ps 24,9 f.
ein Zusammenhang zwischen dem Königstitel und der Bezeichnung
Jahwe Ṣebaot und somit auch mit der Lade (§ 10,1). Während die
Beziehung zwischen den beiden letzteren zur Zeit Davids hergestellt
worden ist, liegt es am nächsten, die Übernahme des Königstitels
spätestens nach der Errichtung des salomonischen Tempels als irdisches Abbild des göttlichen Himmelspalastes und der Überführung
der Lade in ihn anzunehmen. Jedenfalls wird der Königstitel Jahwes
mehrfach im Blick auf Jerusalem gebraucht (z. B. Jes 52,7; Jer 8,19)
und das davidische Königtum mit dem göttlichen geradezu gleichgesetzt (I Chr 17,14; 28,5; 29,23; II Chr 9,8; 13,8). Doch schließt eine
solche offizielle Verwendung nicht aus, daß der Titel schon vorher
und anderwärts in mehr oder weniger privater Form gebraucht
worden ist (I Sam 14,49). Wesentlich ist bei alledem, daß der Königstitel sich nicht auf Jahwes Herrschaft über die Götter bezieht wie bei
El und Baal, sondern auf seine Herrschaft über Israel. Freilich bleibt
der Bereich dieser Herrschaft nicht konstant, sondern wird in der
Folgezeit immer weiter ausgedehnt, bis er alle Völker und die ganze
Welt umfaßt.

Insbesondere Schutz und Hilfe kündigte die Bezeichnung *Hirt* an.
Allerdings ist sie in Israel nur zögernd für Jahwe gebraucht worden,
weil sie durch die ursprüngliche Verwendung für den sumerischen
Dumuzi (Tammuz) und den altorientalischen König vorbelastet war.

---

[6] A. Weiser, Samuel und die Vorgeschichte des israelitischen Königtums,
   I Sam 8, ZThK 57 (1960), 141–161. Jedoch sind die drei Belegstellen
   wesentlich jünger und enthalten keine Traditionen der vorstaatlichen
   Zeit.
[7] G. von Rad in: ThW I, 567.

Erst im 8. Jh. v. Chr. findet sie sich in bezug auf Jahwe in Gen 48,15 (E) und Hos 13,5 f. (cj.) und wird seit dem Ende des 7. Jh. häufiger (Jer 23,1 ff.; Ez 34; Ps 23 u. ö.).

b) Für den Aufenthaltsort Gottes hat Israel nicht an den Sinai gedacht; nicht einmal die Ausdrücke *Der vom Sinai* (Jdc 5,5; Ps 68,9) und *Gottesberg* lassen sich in diesem Sinne verstehen. Es ist lediglich von einem Kommen oder Herabfahren Jahwes auf den Berg, nicht von einem dauernden Wohnsitz die Rede. Der Berg dient als zeitweilige Offenbarungsstätte oder als Ausgangspunkt für das Weitereilen Jahwes nach Palästina (Jdc 5,4 f.; Dtn 33,2; Hab 3,3 ff.; Ps 68,18). Ebensowenig galten die Heiligtümer und Kultstätten Palästinas als Orte dauernden Wohnens Jahwes. Er wurde lediglich für die Augenblicke seiner sich offenbarenden Kundgabe dort gegenwärtig geglaubt. Eine Ausnahme bildete für eine nicht genau bestimmbare Zeit der Jerusalemer Tempel, der nach dem Weihespruch Salomos ein Wohntempel sein sollte (I Reg 8,12 f.). Doch fragt es sich, ob damit nicht ein abbildhaftes Wohnen gemeint ist, wie der Tempel selbst als Abbild des Himmelspalastes galt[8]. In diesem Palast, über der festen Wölbung des Himmels und über dem Himmelsozean gebaut, dachte man sich Jahwe weilend (z. B. Gen 11,5; 19,24; 21,17; 22,11; 24,7; 28,12; Ex 19,18; Ps 2,4; 18,7), obschon auch dazu eine spätere Stimme einschränkend bemerkt, daß selbst der Himmel ihn nicht fassen könne (I Reg 8,27). Immerhin ist es die herrschende Vorstellung. Jedoch das Interesse haftet weniger an der Lokalisierung als solcher als vielmehr an der dadurch symbolisierten Allwissenheit (Ps 11,4; 14,2; 33,13 ff. u. ö.) und Allmacht Jahwes (Jes 40,22 ff.).

Vom Himmel aus, auf dem Wege über den Sinai oder an den Heiligtümern erscheint Jahwe in verschiedenen Formen. Von der mythisch-anthropomorphen Form (z. B. Gen 18) und dem Erscheinen im Traum (z. B. Gen 46,2) abgesehen, die weiterer Erläuterung nicht bedürfen, ist zunächst die Theophanie zu erwähnen[9]. Ihre Schilderungen in alter Form enthalten die beiden Motive des Kommens Jahwes und der Wirkung seines Kommens (z. B. Jdc 5,4 f.; Mi 1,3 f.). Die Wirkung kann sich einerseits in der Furcht von Menschen (Sinaitheophanie), andererseits im Aufruhr der Natur zeigen. Da diese zweite Art der Wirkung anscheinend außerjahwistischen altorienta-

---

[8] Außerdem schränkt die spätere Zeit es auf das Wohnen des *kabôd* oder des Namens Jahwes ein.

[9] RGG VI 841–843. – IDB IV 619 f. – J. Jeremias, Theophanie, 1965.

lischen Schilderungen entlehnt ist, muß die erste Art, die zudem
der personbezogenen Jahwereligion entspricht, als ursprünglich
betrachtet werden. Als Ausgangspunkt der Theophanieschilderungen
kann daher die Sinaitheophanie gelten. Daß ein Jerusalemer Festkult
dafür nicht in Frage kommt, hat Jeremias neuerlich gezeigt, doch auch
das von ihm als Sitz im Leben angenommene Siegeslied scheidet wohl
aus, weil Jdc 5 eine zu schmale Grundlage bildet und schon die
jüngere Art der Wirkung des Kommens Jahwes in der Natur aufweist.

Gelegentlich sprach man vom *Angesicht* Jahwes (פָּנִים, *panîm*) als
seiner Erscheinungsform[10], also weder im ursprünglichen Sinn eines
Gottesbildes noch im übertragenen Sinn der Teilnahme am Kultus
im Heiligtum (*das Angesicht Jahwes sehen*). Vielmehr ist damit gemeint, daß seine Gegenwart sicher verbürgt und gewährleistet, zugleich aber für die Menschen erträglich ist. In diesem Sinne gebrauchte
man den Ausdruck vor allem in bezug auf die Führung Israels durch
Jahwe in der Wüste (Ex 33,14 f.; Dtn 4,37; Jes 63,9; vgl. Ps 21,10;
80,17; Thr 4,16).

Ferner hat כָּבוֹד (*kabôd*)[11] neben anderen Bedeutungen in der
priesterlichen Theologie diejenige einer Erscheinungsform Jahwes
erlangt – als Abglanz des jenseitigen Gottes, sichtbare Seite des Unsichtbaren und nicht bloß einmalige oder kurzfristige, sondern ständige Nähe der Gottheit. Sie tut sich symbolisch in ihrer *Herrlichkeit*
kund, ohne daß Jahwe selber an eine irdische Stätte gebunden wird.

Schließlich konnte der *Geist* (רוּחַ, *rûᵃḥ*)[12] als eine – wenn auch
unpersönliche – Erscheinungsform Jahwes betrachtet werden, die den
Menschen mit Kraft erfüllt, belebt und mit religiösen Gaben versieht
und die insbesondere den Propheten inspirieren, zum Verkündigen
nötigen und zur Übermittlung der Offenbarung an andere veran-
lassen kann (Num 24,2; II Sam 23,2; Jes 42,1; 61,1; Ez 11,5; Mi 3,8;
Sach 7,12 u. ö.).

[10] E. Gulin, Das Antlitz Gottes im Alten Testament, 1923. – A. R. Johnson, Aspects of the Use of the Term פָּנִים in the Old Testament, in:
Eißfeldt-Festschrift, 1947, 155–159. – F. Nötscher, „Das Angesicht Gottes
schauen" nach biblischer und babylonischer Auffassung, 1924.
[11] H. Kittel, Die Herrlichkeit Gottes, 1934. – B. Stein, Der Begriff Kᵉbod
Jahweh und seine Bedeutung für die alttestamentliche Gotteserkenntnis,
1939.
[12] J. Hehn, Zum Problem des Geistes im Alten Orient und im Alten
Testament, ZAW 43 (1925), 210–225.

c) Die Frage nach dem Aussehen Jahwes scheint Israel sich selten gestellt zu haben. Zwar bedeuten die Aussagen, daß kein Mensch ihn sehen kann (Ex 33,20) und daß er Geist und nicht Fleisch sei (Jes 31,3), zweifellos nicht, daß er gestaltlos oder unsichtbar sei, sondern besagen, daß der Mensch seinen Anblick nicht ertragen kann (vgl. Jdc 13,22) und daß er im Gegensatz zum vergänglichen „Fleisch" eine ewige Lebenskraft besitzt. Aber das Verbot, ein Gottesbild herzustellen (Ex 20,4)[13], hat entscheidend dazu beigetragen, alle Spekulationen über das Aussehen Jahwes zu unterbinden. Weder die Stierskulpturen der Heiligtümer Betel und Dan, die ihn tiergestaltig symbolisierten und repräsentierten (§ 11,3), noch die bildhaften Vergleiche mit anderen Tieren[14], die sich auf die Art und Weise seines Handelns beziehen (z. B. Dtn 32,11; Hos 5,14; 11,10; 13,7; Thr 3,10), besagen etwas über seine Gestalt. Vielmehr hat man sich Jahwe nach allen Hinweisen von Anfang an menschenähnlich vorgestellt (vgl. § 6,1), wie ja der Mensch für eine spätere Theologie umgekehrt ein ihm ähnliches Bild ist (Gen 1,26 f.): Er ergeht sich im Gottesgarten und redet mit den Menschen (Gen 3), schließt die Tür der Arche hinter Noah (Gen 7,16), steigt zur Prüfung des Turm- und Stadtbaus hinab (Gen 11,5) und besucht Abraham (Gen 18). Auch die Berufungsvisionen Jesajas und Ezechiels setzen ein menschenförmiges Aussehen Jahwes voraus (Jes 6,1; Ez 1,26 f.). Diese Auffassung hat es ermöglicht, im Reden von Jahwe Anthropomorphismen und Anthropopathismen zu verwenden.

d) Viel wichtiger war die Vielgestaltigkeit, in der Israel die Eigenart des göttlichen Wesens und Handelns erfuhr. So war Jahwe *heilig* und *der Heilige Israels*. Obschon der Gedanke aus dem kanaanäischen Bereich zu stammen scheint[15], wurde er grundlegend wichtig, wie sich vor allem an dem dreifachen Aspekt in Jes 6 zeigt: Er bezeichnet die Erhabenheit und Unnahbarkeit Jahwes, seine schlechthinnige Weltmächtigkeit (כָּבוֹד , *kabôd* als die Welt erfüllende *Wucht*) und seine religiös-ethische Willensmacht (6,5). Personen oder Sachen heißen heilig, weil sie zu ihm in Beziehung stehen und ihm als Eigentum gehören. Wird der Mensch dazu aufgefordert, sich zu heiligen oder

---

[13] K.-H. Bernhardt, Gott und Bild, 1956. – A. Kruyswijk, "Geen gesneden beeld...", 1962.

[14] Vgl. J. Hempel, Jahwegleichnisse der israelitischen Propheten, ZAW 42 (1924), 74–104 (= Apoxysmata, 1961, 1–29).

[15] W. Schmidt, Wo hat die Aussage: Jahwe „der Heilige" ihren Ursprung?, ZAW 74 (1962), 62–66.

heilig zu sein, so kann dies sowohl die kultische Reinheit als auch die Befolgung ethischer Gebote meinen (vgl. Lev 19,2 ff. u. ö.).

Jahwe ist ein gerechter Gott (vgl. § 6,1). Der hebräische Begriff צדק *ṣdq* bezieht sich dabei auf das herrscherliche und das richterliche Walten. Jahwe ist *gerecht*, wenn er seine Feinde schlägt und Heil für Israel schafft, wenn er den Gerechten belohnt und den Sünder bestraft – oder schont. Für eine spätere Zeit wirkt dieses Regiment sich auch in der Ordnung der Natur aus (Joel 2,23; Ps 85,12 f.).

Jahwe kann ein zorniger Gott sein[16], der seinen Unwillen ohne besondere Begründung äußert, so daß den Menschen ein plötzlicher *Schlag* als Folge des Unwillens trifft. Manchmal ist der Zorn Jahwes geradezu unbegreiflich; so vermutet David, daß Jahwe den Saul gegen ihn aufgereizt hat (I Sam 26,19), und führt II Sam 24,1 die verhängnisvolle Volkszählung Davids darauf zurück, daß Jahwes Zorn gegen die Israeliten entbrannt war (vgl. dagegen I Chr 21,1: Satan verführte David!). Meist aber wird das Zürnen religiös-ethisch begründet und seine Ursache in der menschlichen Sünde erblickt, wobei es sich in der außerprophetischen Auffassung auf einzelne Verfehlungen bezieht und daher vorübergehend ist, in der prophetischen Auffassung dagegen wegen der sündigen Gesamtbeschaffenheit des Menschen erregt wird und daher in furchtbarer Schärfe entbrennt.

Doch steht daneben die Aussage, daß Jahwe gütig ist: *ein barmherziger und gnädiger Gott, langmütig und voller Verbundenheit und Treue* (Ex 34,6). Zu seiner Güte und Verbundenheit nahm man in schwieriger Lage Zuflucht (Gen 24,12; I Reg 3,6), wünschte sie dem Scheidenden oder für treu Befundenen (II Sam 2,6; 15,20) und erwähnte sie in liturgischen Formeln der Bitt- und Dankgebete: *Dankt Jahwe, daß er gütig ist, daß seine Verbundenheit ewig währt* (Ps 106,1; 107,1).

Jahwe ist aber auch ein eifernder Gott (אֵל קַנָּא, *'el qănnā'*)[17], d. h. nach der Grundbedeutung von קנא: einer, der das eigene Recht unter Ausschluß anderer und gegenüber anderen behauptet. Der Ausdruck kennzeichnet Jahwe also als einen Gott, der auf die Anerkennung seines Herrschaftswillens dringt und seine Herrschaft mit

---

[16] H. M. Haney, The Wrath of God in the Former Prophets, 1960.

[17] H. A. Brongers, Der Eifer des Herrn Zebaoth, VT 13 (1963), 269–284. – F. Küchler, Der Gedanke des Eifers Jahwes im Alten Testament, ZAW 28 (1908), 42–52. – B. Renaud, Je suis un Dieu jaloux, 1963. – G. D. Richardson, The Jealousy of God, AThR 10 (1927), 47–55.

niemandem teilen will (vgl. Ex 20,5; 34,14); er ist zwar nicht die
älteste, aber wohl die treffendste Formulierung für den Anspruch
auf alleinige Verehrung.

Selbstverständlich ist Jahwe ein mächtiger Gott. Seine Macht hat
Israel zunächst und am eindrücklichsten im kriegerischen Handeln
Jahwes sinnenfällig zu erleben geglaubt (Fredriksson). Daher besang
man sie in den älteren Liedern (Ex 15,21; Jdc 5) und legte Jahwe entsprechende Attribute bei: *ein Kriegsheld, gewaltig und hoch erhaben,
furchtbar und herrlich in Heiligkeit, machtvoll und ein Wundertäter.*
Denn seine Macht erlebte der Israelit ferner als schöpferische und
lebenspendende Wunderkraft – von den Naturwundern der Wüstenzeit bis zu dem erhofften naturhaften Glück der eschatologischen
Heilszeit. Vor allem aus dem Einfluß der kanaanäischen Religion
rührte die Erkenntnis des wunderbaren göttlichen Waltens in der
stillen Regelmäßigkeit der Naturvorgänge, im Wechsel der Jahreszeiten, im Lauf der Gestirne und in der Entstehung neuen Lebens.
Wie Jahwe seine Macht in der Erhaltung der Welt und des Lebens
erwies, so auch in der Schöpfung. Die Schöpfungserzählung in Gen
2,4b ff. (J) lehrt, daß dieser Glaube zumindest seit dem 9. Jh. lebendig
war. Schließlich glaubte man Jahwe mächtig als Retter und Erlöser
Israels, der dem Volk und dem einzelnen aus der Not hilft und der
nach der Verkündigung einiger Propheten sogar das schuldige und
dem Tode verfallene Dasein des Menschen erlöst (§ 20,1).

Jahwe ist ein lebendiger Gott, nicht an Zeit oder Raum gebunden
und nicht ein dahinwelkender und wiederauflebender Vegetationsgott, sondern ständig wirkend und für den Menschen erreichbar. Er
ist nicht vom Leben als einer übergeordneten Kategorie abhängig,
sondern Herr über alles Leben und die Quelle allen Lebens (Ps 36,10).

In alledem ist Jahwe ein ewiger Gott. Die Vorstellung von einer
Theogonie ist dem AT stets undenkbar gewesen; die Welt hat einen
Anfang gehabt, nicht aber Jahwe (Ps 90,2). Zwar wird seine Ewigkeit besonders in der nachexilischen Literatur betont (z. B. Ps 9,8;
10,16; 29,10; 33,11; 92,9; 93,2; 102,13; 145,13), aber vor der erkennt-
nismäßigen Erfassung dessen war schon früh die Erfahrung lebendig,
daß die einzigartige Wirklichkeit Jahwes zeitlich nicht begrenzt,
sondern ewig ist.

2. Jahwe und die Götter

Bereits die mosaische Jahwereligion ging davon aus, daß Jahwe in
Israel ausschließliche Verehrung beanspruchen konnte. Dieser Grund-

satz ist weiterhin verfochten worden, auch wenn er praktisch oft
genug durchbrochen wurde und in der offiziellen Verehrung der
Gottheiten fremder Oberherren im jerusalemischen Tempel not-
gedrungen durchbrochen werden mußte (§ 11,4). Doch der israelitische
Monojahwismus oder praktische Monotheismus schloß nicht aus, daß
man die Existenz anderer Götter für andere Völker oder Länder
lange Zeit unbefangen angenommen hat; einen theoretischen Monotheismus hat nach vorbereitenden Schritten bei Jeremia und Ezechiel
erst Deuterojesaja vertreten[18]. In der älteren Zeit dagegen wurden
die Moabiter als Volk des Kamosch bezeichnet (Num 21,29) und
wurde ihr Besitz als von Kamosch gegeben von dem Besitz der
Israeliten als von Jahwe gegeben unterschieden (Jdc 11,23 f.). II
Reg 3,27 setzt voraus, daß jedes Volk und Land seine eigene Schutz-
gottheit hat, so daß man in einem fremden Lande einem fremden
Gott dienen muß (I Sam 26,19). Ungeachtet dessen galt Jahwe als
der größte und mächtigste Gott (Ps 89,6–9), der im Machtbereich
anderer Götter wirksam handeln kann – sowohl in Palästina (Gen
20,1 ff.) als auch in Ägypten (Gen 12,10 ff.; Ex 7,8 ff.). Erst recht ist
dies für die universale prophetische Auffassung der Fall.

Israel hat des weiteren, besonders aus seiner kanaanäischen Umwelt, die Vorstellung von einem Pantheon und einer Götterversammlung übernommen. Danach existierte eine Reihe göttlicher
Wesen (vgl. § 9,2), unter denen man zeitweilig wenigstens teilweise
die Götter anderer Völker verstand, unter Jahwe als dem höchsten
Gott. Dies läßt sich aus einigen Psalmen erschließen, in denen diese
Auffassung der בְּנֵי הָאֱלֹהִים (bᵉnê haʾᵉlohîm) und ähnlicher Ausdrücke als der einzelnen Götter hinter der jetzigen Auffassung als
der dienstbaren Himmelswesen erkennbar ist (vgl. 3 zu Ps 29,1;
82,1.6 f.; 89,6–8).

Schließlich sind einzelne oder Gruppen von Israeliten in der Anerkennung anderer Götter neben Jahwe so weit gegangen, daß sie
sie aus eigenem Antrieb angenommen und verehrt haben. Neben El
und Baal, für die dies allgemein bekannt ist, waren die Kulte der
Muttergöttinnen verbreitet, vor allem der Aschera[19], auf die die
häufige Erwähnung der Ascheren, der als Symbol der Göttin dienen-

---

[18] Anders neuerdings wieder B. Hartmann, Es gibt keinen Gott außer
Jahwe. Zur generellen Verneinung im Hebräischen, ZDMG 110 (1960),
229–235: wenigstens seit dem 9. Jh.

[19] R. Patai, The Goddess Ashera, JNES 24 (1965), 37–52.

den Holzpfähle, hinweist, und der Astarte, wie die zahlreichen Funde von bildlichen Darstellungen belegen (vgl. § 3,2). Außerdem ist die Rede von der Verehrung des Betel (Am 3,14)[20], der *Himmelskönigin* (Ischtar Jer 7,18; 44,17 ff.), des Tammuz (Ez 8,14), des Sonnengottes (II Reg 23,5.11; Jer 8,2; Ez 8,16) und der Gestirne (II Reg 21,3; Jer 8,2) sowie von Lokalgottheiten wie der Aschima von Samaria und des Dod von Beerseba (Am 8,14 cj.), von denen die erstgenannte in II Reg 17,30 als Gott von Hamat erwähnt wird. Doch war die Verehrung anderer Götter außer Jahwe stets heftiger Kritik ausgesetzt[21].

Nur in der israelitischen Militärkolonie auf der Nilinsel Elephantine verehrte man offiziell in dem – jedenfalls vor 525 v. Chr. errichteten – Tempel ein jahwistisch-kanaanäisches Pantheon, nämlich außer Jahwe die Götter *ḥrm-betel*, *'nt-betel* und *'šm-betel*[22]. Doch ist dies eine Ausnahme geblieben.

3. Himmelswesen und Dämonen[23]

a) Mit der Vorstellung von Jahwe als dem Himmelsgott ist diejenige von Gestalten der himmlischen Welt verbunden, die nach ihrer Zugehörigkeit בְּנֵי הָאֱלֹהִים (*benê ha'elohîm*) *Göttliche* (oder ähnlich) und nach ihrer Funktion מַלְאָכִים (*mäl'akîm*) *Boten* hießen. Ihre Gemeinschaft wurde als עֲדַת אֵל (*'adät 'el*) *Gottesversammlung* (Ps 82,1), als קָהָל (*qahal*) *Versammlung* und סוֹד (*sôd*) *Vertrautenkreis* der קְדֹשִׁים (*qedošîm*) *Heiligen* als derjenigen, die *rings um ihn* (Jahwe) *herum sind* (Ps 89,6.8), bezeichnet. Ursprünglich der Jahwereligion fremde Götter, sind sie in ihr allmählich zu Wesen geworden, die Jahwe völlig unterstellt sind, einen Teil seines Hofstaates und seiner Heere bilden.

In Gen 6,1–4 liegt das jahwistisch bearbeitete Fragment einer ursprünglich mythischen Erzählung vor, wonach die Göttlichen sich mit Menschen-

---

[20] Vgl. im einzelnen O. Eißfeldt, Der Gott Bethel, ARW 28 (1930), 1–30 (= Kleine Schriften, I 1962, 206–233).

[21] Verharmlost wird die Kritik durch R. H. Pfeiffer, The Polemic against Idolatry in the Old Testament, JBL 43 (1924), 229–240.

[22] Die Deutung der Namen ist schwierig. Der erste bedeutet vielleicht die (hypostasierte) *Heiligkeit des Betel*, der zweite *Zeichen* (der tatsächlichen Gegenwart) bzw. *Wille des Betel* oder die (Göttin) *Anat des Betel*, der dritte den *Namen des Betel* oder *Aschim-Betel*.

[23] BHH I 315 f. 410 f. – RGG II 1301–1303. – IDB I 128–134. 817–824.

frauen gepaart haben. Während es sich im Mythus einmal um Götter gehandelt hat, zeigt das Eingreifen Jahwes (v. 3), daß der jetzige Erzähler
an untergeordnete Himmelswesen dachte.

Im Hintergrund von Ps 29,1; 89,6–8 steht die Vorstellung eines Pantheons unter der Führung eines obersten Gottes, dem die untergeordneten
Götter huldigen und der schrecklich und furchtbar über sie herrscht, zumal
Ps 29 offenbar auf einem kanaanäischen Hymnus beruht, in den Jahwe als
thronender Himmelskönig eingesetzt worden ist. In Ps 29,1 schimmert die
ursprüngliche Auffassung der Himmelswesen als Götter stärker durch;
Ps 89,6–8 läßt ihre Entmachtung durch Jahwe erkennen.

Noch eindeutiger sind die kanaanäischen Vorstellungen in Ps 82 erkennbar, der die Gotteswesen in v. 1 als עֲדַת אֵל (*'ªdăt 'el*) *Gottesversammlung*
(ursprünglich: *Versammlung Els?*) und אֱלֹהִים (*'ªlohîm*) *Götter* und in v. 6
als בְּנֵי עֶלְיוֹן (*bªnê 'æljôn*) *Eljonsöhne* oder *-zugehörige* bezeichnet; ihr in
v. 7 angedrohtes Ende geht vielleicht auf eine mythische Episode vom Fall
eines Gliedes der Götterversammlung zurück (vgl. Jes 14,12). Aber an die
Stelle des Eljon ist Jahwe als höchster Richter im himmlischen Rat getreten.

Gewöhnlich werden die Himmelswesen ausgesandt, um Aufträge
Jahwes auszuführen; im Traum an heiliger Stätte mag ein Mensch
schauen, wie sie dazu auf einer Treppe, die Himmel und Erde miteinander verbindet, hinab- und hinaufsteigen (Gen 28,12). Zu ihren
Aufgaben kann es gehören, die Menschen zu schützen und zu bewahren (Ps 34,8; 91,11 f.). Doch können sie auch als Unheils- und
Würgeengel kommen (Ps 78,49; Ex 12,23; II Sam 24,16), wie auch
ein böser oder Lügengeist von Jahwe ausgehen kann (Jdc 9,23 f.;
I Sam 16,14; I Reg 22,21 ff.). Die Vorstellung von solchen Himmelswesen hat vornehmlich dazu gedient, das Wirken Jahwes an vielen
Orten zur gleichen Zeit zu erklären.

Mehrfach ist vom מַלְאַךְ יהוה (*măl'ăk jhwh*), vom *Jahweboten*,
die Rede. Obwohl es nicht ganz klar ist, ob es sich um eine besondere
Gestalt handelt, wie man meist annimmt, oder um ein beliebiges
Himmelswesen (van der Woude), dürfte mehr für die erste als für
die zweite Auffassung sprechen. Dieser Bote tritt einmal offenbarend
und helfend auf. So rettet er die geflohene Hagar (Gen 16,7 ff.), offenbart sich Mose als Feuerflamme aus dem Dornstrauch (Ex 3,2), beruft
Gideon zur Rettung der Israeliten (Jdc 6,11 ff.), kündigt die Geburt
Simsons an (Jdc 13,3 ff.), stärkt den Elia (I Reg 19,7) und schlägt
das assyrische Heer (II Reg 19,35). Dabei bleibt er in bezug auf Jahwe
stets untergeordnet und dienend, obwohl er manchmal mit Jahwe
geradezu identisch zu sein scheint und die Ausdrücke *Jahwebote* und

Jahwe miteinander abwechseln. In anderen Fällen nähert er sich der altorientalischen Vorstellung vom himmlischen Wesir, der als Beauftragter des obersten Gottes dessen Willen auf der Erde ausführt. So soll er die Israeliten sicher nach Palästina führen (Ex 23,20 ff.), tritt dem Josua als Führer des göttlichen Heeres gegenüber (Jos 5,13), fordert zur Verfluchung derer auf, die Jahwe nicht geholfen haben (Jdc 5,23), und kennzeichnet diejenigen, die die ihm folgenden Himmelswesen nicht erschlagen sollen (Ez 9,2 ff.).

Niedere dienende Aufgaben haben die Keruben und Saraphen[24]. Die Keruben galten einerseits als Trägergestalten oder als Verkörperung der Gewitterwolke (vgl. 1), aus der der Blitz zucken kann (Gen 3,24), andererseits in Ez 1 und 10 als menschlich-tierische Mischwesen, wie sie vor allem aus babylonischen Darstellungen bekannt sind. Ähnliche Mischwesen sind die in Jes 6 erwähnten Saraphen; sie haben menschliche Stimmen, Hände und wohl auch Gesichter, dazu Flügel und einen Schlangenleib (vgl. Num 21,6; Jes 14,29; 30,6).

All diese Himmelswesen besaßen in der Jahwereligion keine selbständige Bedeutung, sondern sind in sie als eine Art Hilfsvorstellung aufgenommen worden. Je nach ihrem Auftreten symbolisieren sie Jahwes Erhabenheit, hilfsbereite Macht oder richtendes und strafendes Eingreifen.

b) Der Glaube an Dämonen war der echten Jahwereligion wesensfremd. Unter dem Eindruck der göttlichen Ausschließlichkeit erkannte sie keine anderen Mächte an, sondern trug entweder das Unheimliche, Grauenvolle und Schreckerregende in das Gottesbild selbst ein oder verband es mit einem von Jahwe ausgesandten Himmelswesen oder Geist. Sie nahm dabei in Kauf, daß Jahwe „dämonische" Züge erhielt (Gen 32,23–32; Ex 4,24–26)[25] – oder richtiger: in irrationalem und numinosem Lichte erschien – und daß die Grenze zwischen Himmelswesen und Dämonen fließend wurde. Daher werden Dämonen nur selten erwähnt. Opfer für sie waren untersagt (Lev 17,7) und Beziehungen zu ihnen verpönt, ohne daß ihre Existenz bestritten wurde.

Doch haben Dämonen für weite Kreise Israels das Unheimliche der Welt symbolisiert und im Volksglauben sicherlich eine beachtliche Rolle gespielt. Die als unheimlich empfundenen Trümmerstätten und Wüstengebiete erschienen als ihre Aufenthaltsorte,

[24] BHH I 298 f.; III 1776 f.
[25] Vgl. P. Volz, Das Dämonische in Jahwe, 1924.

abgesunkene fremde Götter wurden zu ihnen gezählt, und Dämonen aus anderen Religionen drangen in die israelitische Vorstellungswelt ein. Manches war schließlich so fest verankert, daß es nicht mehr beseitigt, sondern nur im Rahmen der Jahwereligion uminterpretiert werden konnte, so Vorstellungen und Bräuche in bezug auf das Geschlechtsleben (Lev 12,1 ff.; Dtn 23,10 ff.; 24,1–4; 25,11 f.; Cant 3,8), die Krankheiten (Lev 13; Num 21,9), den Ackerbau (Lev 19,9. 23; Dtn 22,9), die Türschwelle (I Sam 5,5; Zeph 1,9) und andere Anlässe (Dtn 20).

Die wichtigsten im AT erwähnten Dämonen sind (ohne Unterscheidung zwischen vor- und nachexilischer Zeit): 1. die *haarigen*, bocksgestaltigen Felddämonen (שְׂעִירִים , *śeʿîrîm:* Lev 17,7; II Reg 23,8 cj.; Jes 13,21; 34,14; II Chr 11,15); 2. die *Schwarzen* (שֵׁדִים *šedîm*), d. h. die Unheimlichen, wohl abgesunkene heidnische Götter (Dtn 32,17; Ps 106,37); 3. die *Trockenen* (צִיִּים, *ṣijjîm*) an den wasserlosen Plätzen (Jes 13,21; 34,14; Jer 50,39), wobei die gleichzeitig genannten Wüstentiere anscheinend als Dämonen in Tiergestalt gedacht sind; 4. Azazel, ein in der Wüste hausender Dämon, der als Empfänger des Sündenbocks im Ritual des großen Versöhnungstages galt (Lev 16); 5. die bei Tag und Nacht wirkenden Krankheitsdämonen (Ps 91,5 f.)[26]; 6. Lilit, die ursprünglich wohl ein assyrischer Sturmdämon war und dann wegen des Anklangs an das hebräische Wort „Nacht" als Nachtdämon betrachtet wurde. Größere Bedeutung als im AT hat der Dämonenglaube im späteren Judentum gewonnen.

§ 15 Jahwe und die irdische Welt

P. Altmann, Erwählungstheologie und Universalismus, 1964. – K.-H. Bernhardt, Zur Bedeutung der Schöpfungsvorstellung für die Religion Israels in vorexilischer Zeit, ThLZ 85 (1960), 821–824. – S. G. F. Brandon, History, Time and Deity, 1965. – R. C. Dentan (ed.), The Idea of History in the Ancient Near East, 1955. – W. Eichrodt, Das Menschenverständnis des Alten Testaments, 1947. – I. Engnell, Israel and the Law, 1946. – G. Fohrer, Prophetie und Geschichte, in: Studien zur alttestamentlichen Prophetie (1949–1965), 1967, 265–293. – K. Galling, Die Erwählungstraditionen Israels, 1928. – H. Gese, Geschichtliches Denken im Alten Orient

[26] R. Caillois, Les démons du midi, RHR 115 (1937), 142–173; 116 (1937), 143–186.

und im Alten Testament, ZThK 55 (1958), 127–145. – H. Gunkel, Schöpfung und Chaos in Urzeit und Endzeit, 1921². – J. Haspecker, Religiöse Naturbetrachtung im Alten Testament, BiLe 5 (1964), 116–130. – Ders., Natur und Heilserfahrung in Altisrael, ebd. 7 (1966), 83–98. – J. Hempel, Gott, Mensch und Tier im Alten Testament mit besonderer Berücksichtigung von Gen 1–3, ZSTh 9 (1931), 211–249 (= Apoxysmata, 1961, 198 bis 229). – Ders., Das Ethos des Alten Testaments, 1964². – M.-L. Henry, Das Tier im religiösen Bewußtsein des alttestamentlichen Menschen, 1958. – F. Hesse, Erwägungen zur religionsgeschichtlichen und theologischen Bedeutung der Erwählungsgewißheit Israels, in: Vriezen-Festschrift, 1966, 125–137. – E. Jacob, La tradition historique en Israël, 1946. – A. Jirku, Das weltliche Recht Israels, 1927. – R. Knierim, Die Hauptbegriffe für Sünde im Alten Testament, 1965. – K. Koch, Zur Geschichte der Erwählungsvorstellung in Israel, ZAW 67 (1955), 205–226. – L. Köhler, Der hebräische Mensch, 1953. – N. Lohfink, Freiheit und Wiederholung. Zum Geschichtsverständnis des Alten Testaments, in: Die religiöse und theologische Bedeutung des Alten Testaments, o. J., 79–103. – A. Menes, Die vorexilischen Gesetze Israels, 1928. – C. R. North, The Old Testament Interpretation of History, 1946. – M. Noth, Die Gesetze im Pentateuch, 1940 (= Gesammelte Studien zum Alten Testament, 1957, 9–141). – G. Östborn, Yahweh's Words and Deeds, 1951. – W. Pangritz, Das Tier in der Bibel, 1963. – G. Pidoux, L'homme dans l'Ancien Testament, 1953. – G. von Rad, Das theologische Problem des alttestamentlichen Schöpfungsglaubens, in: Werden und Wesen des Alten Testaments, 1936, 138–147 (= Gesammelte Studien zum Alten Testament, 1958, 136–147). – H. H. Rowley, The Biblical Doctrine of Election, 1964². – R. Smend, Die Bundesformel, 1963. – J. M. P. Smith, The Chosen People, AJSL 45 (1928/29), 73–82. – W. Staerk, Zum alttestamentlichen Erwählungsglauben, ZAW 55 (1937), 1–36. – W. Zimmerli, Das Gesetz im Alten Testament, ThLZ 85 (1960), 481–498.

1. Natur, Schöpfung und urzeitliches Geschehen

a) Seit alters hat Israel geglaubt, daß Jahwe bestimmte Naturgaben schenken und sich in seinem Handeln der Naturkräfte und Naturvorgänge bedienen könne. Zu den Gaben gehört zunächst das Land, dessen Besitzzusage in der Patriarchen- und Moseüberlieferung eine so bedeutsame Rolle spielt und dessen Eroberung und Behauptung im Mittelpunkt der Josua- und Richterüberlieferung stehen[1]. Jahwe kann ferner die natürlichen Güter gedeihen lassen. So wuchsen die Herden Abrahams und Lots stärker an, als der Weideraum es zuließ (Gen 13,2 ff.). Isaak konnte sogar im Hungerjahr hundert-

[1] G. von Rad, Verheißenes Land und Jahwes Land im Hexateuch, ZDPV 66 (1943), 191–204 (= Gesammelte Studien zum Alten Testament, 1958, 87–100). – H. Wildberger, Israel und sein Land, EvTh 16 (1956), 404–422.

fältig ernten, weil Jahwe ihn segnete (Gen 26,1–3. 12). Auch Jakob führte seinen aus dem Nichts gewonnenen Besitz auf Jahwe zurück (Gen 32,11; 33,11). Das entspricht dem Segen Isaaks über ihn:

> Siehe, der Geruch meines Sohnes
> ist wie der Geruch des Feldes,
>   das Jahwe gesegnet hat.
> Gott gebe dir
>   vom Tau des Himmels
>   und vom Fettgefilde der Erde,
> Korn und Wein die Fülle.   (Gen 27,27–28)

Wie Jahwe nach der Sintflut die regelmäßige Fruchtbarkeit des Ackerlandes zugesichert hat (Gen 8,21–22), so hat er bei besonderen Anlässen wunderbare Naturgaben geschenkt: Das durch die Wüste wandernde Israel erhielt Manna und Wachteln als Nahrung und Wasser als Trank.

Ebenso kann Jahwe die Naturkräfte verwenden, um seine Absicht oder seinen Willen durchzusetzen. Die ägyptischen Plagen stellte man sich vor allem als Naturkatastrophen vor, die Ägypten trafen, weil der Pharao nicht in die Freilassung der Israeliten einwilligte. Auch die Vernichtung der ägyptischen Verfolger der schließlich doch entlassenen oder entflohenen Israeliten vollzog sich mittels eines Naturvorganges, wenn die einzelnen Quellenschichten auch verschiedene Vorstellungen davon besitzen.

Für die palästinische Jahwereligion lautete die entscheidende Frage, wem der israelitische Bauer die Fruchtbarkeit seines Ackers verdanke: dem kanaanäischen Gott Baal oder Jahwe. Haben besonders in der älteren Zeit manche Israeliten unbefangen an den ersteren gedacht, so zeigt sich die endgültige Entscheidung an den in die Frühzeit Israels zurückgetragenen Aussagen über die Segnung der Patriarchen: Jahwe und nicht Baal gewährt oder versagt die Fruchtbarkeit. Erstmalig scheint Elia dies vertreten zu haben, indem er eine übermäßig lange Dürre als Strafe Jahwes deutete und auch das erneute Einsetzen des Regens auf ihn zurückführte (I Reg 17,1; 18,1 f.). Es war ein bedeutsamer Schritt, als der Prophet die für das Leben in Palästina wichtige Fähigkeit des Regenspendens für Jahwe in Anspruch nahm oder zumindest diese Auffassung für berechtigt erklärte, falls er sie schon vorgefunden haben sollte. Er weitete das Gottesbild der Jahwereligion aus und wies die Ansprüche der kanaanäischen Kulte zurück: Das Volk verdankt die natürlichen Güter des Landes allein seinem Gott Jahwe, der nicht nur im Notfalle Hilfe und Schutz vor den Feinden gewähren, sondern zudem ständig seinen Segen walten lassen kann.

Die von Elia vertretene Auffassung hat sich schnell durchgesetzt. Ein Jahrhundert später war sie für die Quellenschicht J (Gen 2,5 u. ö.) wie für die Propheten Amos und Hosea (Am 4,6–12; Hos 2,10 f.23–25) selbstverständlich. Die spätere Theologie hat darüber hinaus die Herrschaft Jahwes über die Natur mit seinem Reden verknüpft[2]. Das göttliche Wort wurde zum Prinzip von Weltschöpfung, Welterhaltung und Naturgeschehen: Es schafft die Welt und ihre Grundgesetze (Gen 1,1–2,4 a; Jes 44,24; 48,13; Ps 33,6. 9; 104,7) wie das Manna (Dtn 8,3); es erhält oder ändert die Welt (Jes 40,26; 50,2; Ps 147,4.15–18; 148). So wurde die Eingliederung des göttlichen Wirkens in der Natur in die Schöpfungstheologie vollzogen.

b) Der Glaube, daß Jahwe der Schöpfer von Welt und Mensch sei[3], bedeutete gleichfalls eine Erweiterung des Gottesbildes mittels der Übernahme nichtjahwistischer Anschauungen. Denn der Schöpfungsglaube ist keine Eigenart der Jahwereligion. Daß die Gottheit die Welt geschaffen hat, war vielmehr zunächst ein allgemeiner altorientalischer Glaubenssatz[4]; sogar die Vorstellung von der Schöpfung durch das Wort der Gottheit findet sich. Im babylonischen Schöpfungsepos Enuma eliš spielt sie freilich nur eine Nebenrolle, da der Gott Marduk diese Fähigkeit an einem Gegenstand vorführte, um seine göttliche Macht zu erweisen. Wichtig war sie für die altägyptische Theologie von Memphis, nach der der Allgott Ptah mit Hilfe von *Herz und Zunge* – mit seinem Wort – als Schöpfer tätig

---

[2] L. Dürr, Die Wertung des göttlichen Wortes im Alten Testament und im antiken Orient, 1938. – M.-L. Henry, Das mythische Wort als religiöse Aussage im Alten Testament, in: D. Müller-Festschrift, 1961, 21–31. – K. Koch, Wort und Einheit des Schöpfergottes in Memphis und Jerusalem, ZThK 62 (1965), 251–293. – Ganz unwahrscheinlich ist die Annahme von W. Gerhardt, Jr., The Hebrew/Israelite Weather-Deity, Numen 13 (1966), 128–143, daß Jahwe ein Wettergott gewesen sei.

[3] BHH III 1710–1714. – RGG V 1473–1476. – IDB I 725–732.

[4] R. Amiran, Myths of the Creation of Man and the Jericho Statues, BASOR 167 (1962), 23–25. – G. J. Botterweck, Die Entstehung der Welt in den altorientalischen Kosmogonien, BiLe 6 (1965), 184–191. – S. G. F. Brandon, Creation Legends of the Ancient Near East, 1963. – Die Schöpfungsmythen, 1964.

war[5]; der in Ps 104 erkennbare Einfluß des ägyptischen Atonhymnus zeigt die Übernahme ägyptischer Schöpfungsaussagen. Ebenso hat die kanaanäische Religion, die vielleicht an eine Erzeugung der Erde durch den Gott El[6], sicher aber an ihre Entstehung durch einen Chaoskampf dachte, einen gewissen Einfluß ausgeübt[7].

Der älteste israelitische Beleg für den Schöpfungsglauben ist die Erzählung der Quellenschicht J in Gen 2,4b–25[8]. Sie spricht nicht von der Schöpfung des Himmels und der Erde, sondern setzt das Bestehen einer trockenen Wüstenlandschaft voraus, in die zunächst Wasser gebracht und in der dadurch Leben ermöglicht wurde. Dann schuf Jahwe den Menschen (אָדָם, ’adam) *als Staub vom Ackerboden* und machte ihn durch den ihm eingeblasenen Lebensodem zu einem Lebewesen. Er pflanzte für ihn einen Garten in Eden mit allerlei Bäumen und versetzte ihn dorthin, damit er den Garten bebaue und bewache. Danach suchte Jahwe für ihn *eine Hilfe als sein Gegenüber*, d. h. einen Partner, und schuf zu diesem Zweck die Tiere und die Vögel, die der Mensch benannte und sich dadurch dienstbar machte[9]. Doch da sie sich als untauglich erwiesen, entnahm Jahwe dem in einen Tiefschlaf versetzten Menschen eine Rippe. Aus ihr bildete er die Frau (אִשָּׁה, ’iššā), die der übriggebliebene Mann (אִישׁ, ’iš) mit einer Verwandtschaftsformel als den ihm gemäßen Partner anerkannte (Gen 2,23).

Der Schöpfungsglaube ist in der Spätzeit weiter ausgebaut worden (vgl. § 28,2). Doch setzte er von Anfang an das dem Alten Orient

---

[5] Vgl. W. Erichsen – S. Schott, Fragmente memphitischer Theologie in demotischer Schrift, 1954. – H. Junker, Die Götterlehre von Memphis, 1940. Jedoch dachte man sich in Ägypten die Schöpfung als eine Emanation der Gottheit, in Mesopotamien als eine Evolution.

[6] Zur Einschränkung auf die Erde vgl. R. Rendtorff, El, Ba‘al und Jahwe, ZAW 78 (1966), 277–291.

[7] Vgl. u. a. O. Eißfeldt, Gott und das Meer in der Bibel, in: Pedersen-Festschrift, 1953, 76–84. – F. Hvidberg, The Canaanite Background of Genesis I–III, VT 10 (1960), 285–294. – O. Kaiser, Die mythische Bedeutung des Meeres in Ägypten, Ugarit und Israel, 1962².

[8] Sowohl die Erzählung in Gen 1,1–2,4a als auch die meisten der ohnehin schwer zu datierenden Psalmen, die von Jahwe als Schöpfer reden, und die Doxologien Am 4,13; 5,8; 9,5 f. stammen aus jüngerer Zeit oder sind in ihr übernommen worden. Zu Gen 14,19 vgl. den in Anm. 6 genannten Aufsatz von R. Rendtorff.

[9] Zur Bedeutung des Benennens vgl. W. Schulz, Der Namenglaube bei den Babyloniern, Anthropos 26 (1931), 895–928.

gemeinsame Weltbild voraus[10]. Das Weltgebäude galt als ein in sich geschlossenes Ganzes, das man sich in Israel zunächst zweiteilig (Himmel–Erde) und dann unter mesopotamischem Einfluß dreiteilig dachte (Himmel–Erde–Urflut). Der Himmel stellt eine riesige feste Glocke dar, die über die Erde gestülpt ist; über ihr befinden sich die himmlischen Wasser und der Himmelspalast der Gottheit, an ihrer Unterseite ziehen die Gestirne einher. Die Erde ist eine flache, entweder viereckige oder wegen des Horizonts runde Scheibe, die auf Säulen oder Pfeilern ruht. Diese sind in den Wassern der Urflut unter der Erdscheibe verankert; aus dem Urflutwasser werden die Quellen und Wasserläufe auf der Erde gespeist, bis sie vielleicht wieder dorthin zurückfluten. In oder unter dem Urflutwasser liegt die Totenwelt, die gewöhnlich zum dritten Teil des Weltgebäudes gerechnet wurde.

c) Jahwe hat in das auf die Schöpfung folgende urzeitliche Geschehen entscheidend eingegriffen. Der Vorbau dieser sog. Urgeschichte der Genesis, der in den Grunderzählungen des Pentateuchs fehlte, war das Werk der Quellenschicht J. Sie ließ den Weg des Menschen nach der Schöpfung sogleich in Sünde und Gericht abwärts führen[11]: von Fall und Fluch über den Mörder Kain und seine Bestrafung bis zu der fast völligen Ausrottung der sündigen Menschheit durch die Sintflut, nach der sie sich ohne Aussicht auf Besserung von neuem vermehrte und ausdehnte. Wenn die Darstellung in ihrem Aufbau auch dem mesopotamischen Vorbild des Atrachasis-Epos folgte[12], führte sie auf diese Weise doch die Geschichte bis an ihre Anfänge zurück und stellte alles Geschehen unter den Gesichtspunkt der Sünde als Aufhebung der Gottesgemeinschaft und des Gerichts als Durchsetzung der Gottesherrschaft gegenüber dem Sünder.

Einen besonderen Rhythmus weist die Urgeschichte der Quellenschicht N auf. Da gerät der Mensch immer wieder in die Situationen

[10] BHH III 2161–2163. – RGG III 1615–1618.

[11] P. Humbert, Études sur le récit du paradis et de la chute dans la Genèse, 1940. – Th. C. Vriezen, Onderzoek naar de Paradiesvorstelling bij de oude semitische volken, 1937. – A. Weiser, Die biblische Geschichte vom Paradies und Sündenfall, Deutsche Theologie 1937, 9–37 (= Glaube und Geschichte im Alten Testament, 1961, 228–257).

[12] S–F § 12,2. – Vgl. J. Laessøe, The Atraḫasis Epic: a Babylonian History of Mankind, BiOr 13 (1956), 90–102. – W. G. Lambert, New Light on the Babylonian Flood, JSS 5 (1960), 113–123.

des Kulturlandes oder erzielt entsprechende Errungenschaften: Er lebt im Gottesgarten, schafft das Nomadentum mit Musikanten und Schmieden, entdeckt den Weinbau und baut Stadt und Tempelturm. Immer wieder vermißt sich das ungebärdige Geschöpf oder sieht sich in die Lage versetzt, seine Grenzen zu überschreiten, sich göttliche Kräfte anzueignen oder den Himmel zu stürmen: durch den Lebensbaum im Gottesgarten, die Ehen von göttlichen Wesen mit Menschenfrauen, den Stadt- und Turmbau. Immer wieder muß darum Jahwe eingreifen und sein Geschöpf in die Schranken weisen, indem er es aus dem Garten vertreibt, sein Lebensalter begrenzt und die zahlreich gewordenen Menschen zerstreut.

So besteht seit der Schöpfung das Wechselspiel zwischen göttlichem und menschlichem Handeln. Wie Reihenfolge und Aufbau des urzeitlichen Dramas bei J dem Vorbild eines mesopotamischen Mythus entsprechen, so sind einzelne Erzählungen wie die Sintfluterzählung oder Erzählungsmotive wie das Nichterlangen der Gottgleichheit durch den Menschen von anderen Mythen beeinflußt oder ihnen entnommen worden. Jedoch sind sie dabei nicht unverändert geblieben. Ihre Eingliederung in die Jahwereligion zog eine Abwandlung nach sich; sie wurden vom Polytheismus gelöst und auf den einen Gott Israels bezogen, ferner aus dem zwischengöttlichen Bereich auf den Schöpfungsglauben und das Verhältnis Jahwes zu Leben und Geschick der Menschheit übertragen. Sie dienten dazu, die jeweilige Beziehung zwischen Gott und Mensch zu schildern. Daher ist in der Jahwereligion weder der Mythus „historisiert"[13] noch die Geschichte „mythologisiert" (Ringgren*)[14], das ursprüngliche mythische Element vielmehr durch die Übertragung auf die personale Beziehung Gott–Mensch entschärft worden.

---

[13] M. Noth, Die Historisierung des Mythus im Alten Testament, ChuW 4 (1928), 265–272. 301–309.

[14] Vgl. ferner J. Barr, The Meaning of „Mythology" in Relation to the Old Testament, VT 9 (1959), 1–10. – K.-H. Bernhardt, Elemente mythischen Stils in der alttestamentlichen Geschichtsschreibung, WZ Rostock 12 (1963), 295–297. – B. S. Childs, Myth and Reality in the Old Testament, 1960. – G. H. Davies, An Approach to the Problem of Old Testament Mythology, PEQ 88 (1956), 83–91. – J. Hempel, Glaube, Mythos und Geschichte im Alten Testament, ZAW 65 (1953), 109–167. – J. L. McKenzie, Myth and the Old Testament, CBQ 21 (1959), 265–282. – Ders., Myths and Realities, 1963.

2. Jahwe als Lenker der Geschicke

Von Anfang an ist für die Jahwereligion ein Zug kennzeichnend gewesen, der mit drei anderen alten Zügen – der personalen Struktur, dem Miteinander von Gottesherrschaft und -gemeinschaft und der Korrelation zwischen Gott und Mensch – eng zusammenhängt: das Handeln Jahwes im Leben der Völker und Menschen, deren Geschicke er lenkt und bestimmt (§ 6,2). Sogar das Wirken Jahwes in Natur, Schöpfung und urzeitlichem Geschehen wurde unter diesem Gesichtspunkt betrachtet: Er gewährt oder versagt die Naturgaben bestimmten Menschen und bedient sich der Naturkräfte in seinem Handeln an ihnen; er hat das, was sich auf der Erde vorfindet, eigentlich um des Menschen willen geschaffen, der sein erstes und vornehmstes Geschöpf ist, und sich in der Urzeit ständig mit der sündigen oder ungebärdigen Menschheit befassen müssen. Seither hat er weiterhin die Geschicke der Völker und Menschen, in erster Linie selbstverständlich das Geschick Israels, gelenkt und bestimmt. Dies zu zeigen, ist das hauptsächliche Ziel der verschiedenen Geschichtserzählungen der Königszeit.

Man bezeichnet diesen Zug der Jahwereligion häufig als das Geschichtshandeln Jahwes. Ja, daß die Jahwereligion geschichtstheologisch bestimmt sei, daß sich alle wesentlichen Glaubens- und Bekenntnisaussagen des AT auf die Geschichte als den Ort des Handelns Jahwes beziehen und daß seine Offenbarung oder sein Handeln sich in der oder durch die Geschichte ereignen, scheint der für die sog. Geschichtsbücher des AT und für die Prophetie charakteristische Grundsatz zu sein. In dieser Geschichtsgebundenheit scheint sich der wahre Unterschied der Jahwereligion von den anderen Religionen mit ihrer zeitlosen oder ungeschichtlichen Grundlage und damit ihr Offenbarungscharakter erfassen zu lassen. In Wirklichkeit ist diese Auffassung lediglich ein Beitrag zu den apologetischen Erfordernissen des 19. Jh. gewesen, mittels dessen man die materialistischen, skeptischen und immanenten Geschichtsphilosophien, die den biblischen Glauben zu relativieren drohten, zurückwies, weil ja niemand die Geschichte so ernst nehme wie die Bibel[15]. Ihr gegenüber erheben sich mehrere Bedenken:

a) Die Auffassung von Jahwes Handeln in der oder durch die Geschichte ist einseitig und erfaßt lediglich einen Teilaspekt der Gesamtheit und Fülle der Jahwereligion. Abgesehen davon, daß sie für die Weisheitsliteratur, einen großen Teil der Psalmen und das spätere Gesetz, vielleicht auch für die Apokalyptik nicht zutrifft, stößt man in den sog. Geschichtsbüchern auf schwerwiegende Probleme. So finden sich zahlreiche mythische Vorstellungen und Motive von durchaus nichtgeschichtlicher Art, die keineswegs

[15] J. Barr, Revelation through History in the Old Testament, Interpr 17 (1963), 193–205.

„historisiert" worden sind. Den Rahmenstücken des Richterbuches, die die Einzelepisoden umschließen und zusammenfassen, liegt eine zyklische Betrachtungsweise zugrunde, die einem an den Kreislauf der Jahreszeiten gebundenen naturhaften Denken entspricht. Schließlich muß man den Begriff „Geschichte" überdehnen, um so verschiedenartige Erzählungen wie diejenigen von der Schöpfung, der Sintflut, dem Traum Jakobs in Betel, dem Exodus oder dem Untergang des Nord- und des Südreiches darunter vereinigen zu können. Man muß dazu die übergreifende Einheit der Erzählungen aufspalten, weil jede Einzelerzählung in einem unterschiedlichen Verhältnis zu dem steht, was man „Geschichte" nennen kann, und erhält sodann den bekannten Konflikt zwischen dem atl. und dem historisch-kritischen Geschichtsbild. Dagegen entgeht man diesen Schwierigkeiten, wenn man dem Text des AT entsprechend sagt, daß die Erzählungen Jahwe als handelnd und gegebenenfalls den Menschen als antwortend darstellen.

b) Die Auffassung vom Geschichtshandeln ist begrifflich ungenau, weil Jahwe ja nicht rückwirkend in die Vergangenheit hinein handelt. Richtiger wäre es, von seinem Handeln in der jeweiligen Gegenwart zu sprechen – sei es in bezug auf eine inzwischen vergangene Gegenwart, sei es in bezug auf den gegenwärtigen Zeitpunkt oder auf eine künftige Gegenwart. Dabei bleibt freilich zu beachten, daß Jahwe nach einer im AT verbreiteten Anschauung nicht ständig, pausenlos und kontinuierlich handelt, sondern daß er vielleicht zunächst ruhig zuschaut, um dann „plötzlich" einzugreifen (Jes 18), daß er anscheinend gar nicht unmittelbar eingreift, sondern den Verlauf der Dinge fast unmerklich bestimmt (Jes 8,5–8), oder daß er die Herzen der Menschen zu einem bestimmten Tun bewegt (Gen 24).

c) Vor allem erfaßt man in alledem nicht den einen Zug der Jahwereligion, der sie von den altorientalischen Religionen unterschiede. Auch in der Umwelt Israels hat man geschichtliche Ereignisse als göttliche Taten interpretiert, sie manchmal auf das Wirken des göttlichen Wortes zurückgeführt, die Gottheit absichts- und zielvoll in den Geschehnissen handeln geglaubt und solche Geschehnisse sogar als göttliche Offenbarung verstanden.

d) Schließlich sind mit dem Glauben an Jahwes Wirken in der Natur und mit dem Schöpfungsglauben Momente hinzugetreten, die dem Begriff „Geschichte" nicht mehr eingeordnet werden können. Vielmehr handelt Jahwe im gesamten Bereich der Welt und des Lebens, so daß sich jede Aufsplitterung in Geschichte und Natur, Mensch und Tier, Israel und die Völker, um einen dieser Aspekte zu verabsolutieren, verbietet. Für Hosea, der durchaus „geschichtlich" denkt und argumentiert, ist es selbstverständlich, daß er gleichzeitig das Verhältnis zwischen Jahwe und Israel im Rahmen einer über Himmel, Erde und Naturgaben reichenden Segenskette sehen (Hos 2,23–25) und als ein naturhaftes, pflanzengleiches Wachsen und Gedeihen schildern kann (Hos 14,2–9). Es sind verschiedene Aspekte des gleichen Lebens, die zusammengehören.

Das Handeln Jahwes im Leben und Geschick von Völkern und Menschen in der jeweiligen Gegenwart ist das Thema der Geschichtserzählungen, die in der Königszeit entstanden sind oder ihre endgültige Formulierung gefunden haben (vgl. § 11,6; 13,5). So zeigen

es die Erzählungen und Erzählungskränze des späteren Richterbuches an den von Jahwe erweckten Heldengestalten der vorstaatlichen Zeit, so die Erzählungen von Sauls Aufstieg und Ende, von
Davids Aufstieg und von seiner Thronfolge, so auch die vom prophetischen und priesterlichen Denken geformten kritischen Erzählungen über die frühe Königszeit in jeweils ihrer Art. Nicht anders
verhält es sich mit den zusammenfassenden Darstellungen der Frühzeit in den vorexilischen Quellenschichten des Hexateuchs, die von
der Schöpfung bzw. der Berufung Abrahams bis zur Landnahme in
Palästina reichen. Auch die Propheten spielen auf Ereignisse der
Vergangenheit an. Die beiden hauptsächlichen Faktoren zum Verstehen dieser Zeit sind für sie einerseits Israels Sünde und andererseits Jahwes mahnende und warnende Plagen sowie seine sonstigen
Bemühungen um Israel. Doch da diese sich als vergeblich erwiesen
haben, erklären die Propheten unter Hinweis auf das damalige
Handeln Jahwes, daß und warum er in ihrer Gegenwart erneut handeln, radikal durchgreifen und vernichtend strafen muß und will,
falls Israel nicht zu ihm umkehrt, oder – seltener – daß und warum
er dennoch vergebend und erlösend handeln will. Was in der Vergangenheit nach einem ersten glücklichen Beginn trotz des göttlichen
Helfens, Mahnens und Strafens verfehlt worden ist – die Durchsetzung und Annahme der Gottesherrschaft und die Herstellung
und Hinnahme der Gottesgemeinschaft –, wird auf Grund der Entscheidung in der Gegenwart – Vollzug der Umkehr oder Hoffen
und Harren auf die Erlösung bzw. die endgültige Ablehnung Jahwes – in der unmittelbar bevorstehenden Zukunft mittels eines
Handelns Jahwes in der Vernichtung der Widerspenstigen als endgültig verfehlt besiegelt oder in der Beseitigung aller Widerstände
durch göttliches Eingreifen dennoch in wunderbarer Weise verwirklicht. Freilich sahen die vorexilischen großen Einzelpropheten überwiegend ihren Gott genötigt, über Israel als letztes und unausweichliches Geschick den Untergang und die Vernichtung zu verhängen.
In jedem Falle ist er es, der handelnd in die Geschicke eingreift.

3. Jahwe und Israel

a) In der Königszeit hat vor allem die national-religiöse Daseinshaltung den Erwählungsglauben vertreten (§ 13,5)[16]. Danach war

---

[16] BHH I 435 f.; III 2051 f. – RGG II 610–613; VI 1160–1162. – IDB II
76–82.

Jahwes besonderes Handeln an Israel in der Erwählung des Volkes
begründet, die zunächst mit der Rettung aus Ägypten in der Mosezeit und sodann mit den Patriarchen in Zusammenhang gebracht
wurde. Die Erwählung wurde dabei stets in dem universalen Rahmen der Völkerwelt gesehen, in dem sie sich zwischen den drei
Größen Jahwe–Israel–Völker abgespielt hat[17]. Jahwe, der weltmäch-
tige Gott, hat Israel durch die Erwählung aus den übrigen Völkern
ausgesondert und zu einem besonderen Volk gemacht. Israel hat als
das erwählte Volk des weltmächtigen Gottes eine einzigartige Stellung inne.

J verdeutlichte dies durch die Aussagen, daß Abraham zu einem
großen und starken Volk werden soll, in dem sich alle Völker der
Erde segnen werden (Gen 18,18), und daß die Nachkommen Jakobs
zahlreich wie der Staub der Erde werden und sich nach allen Richtungen ausdehnen sollen und daß sich in ihm und seinen Nachkommen alle Geschlechter der Erde segnen werden (Gen 28,14)[18]. Durch
Israels Erwählung kann und soll also zwar den anderen Völkern
Segen erwachsen, aber Israel ist das von ihnen allen gesegnete Volk.
Das nationale Selbstbewußtsein, das daraus spricht, ist unüberhör-
bar: Israel ist das entscheidende Element in der Völkerwelt; das
Geschick der anderen Völker hängt von ihrem Verhalten zu ihm ab.

E weist ein etwas anderes Verständnis der Erwählung auf, wie
sich aus der Neuinterpretation der Verheißung ergibt: Jahwe will
Abraham segnen und seine Nachkommen sehr zahlreich machen;
während sie das Tor ihrer Feinde besetzen, werden sich alle Völker
der Erde mit diesen Nachkommen Segen wünschen (Gen 22,17 f.;
vgl. 26,4 f.). Die Einschränkung auf das Sichwünschen zeigt, daß
Israels Erwählung keine unmittelbare Bedeutung für die Völkerwelt
besitzt, wie auch die Aussonderung Israels zur Absonderung wird
(Num 23,9 b). Das ist die Folge der religiös-nationalen Konzentration bei E.

Daß der Erwählungsglaube in der Königszeit schon vor der deuteronomischen Theologie, die dafür den Begriff בחר *(bahăr)* einführte,

---

[17] Zum Verhältnis Jahwe-Völker vgl. M. Peisker, Die Beziehungen der
Nichtisraeliten zu Jahve nach der Anschauung der altisraelitischen Quel-
lenschriften, 1907. – A. Rétif – P. Lamarche, Das Heil der Völker, 1960. –
H. Schmökel, Jahwe und die Fremdvölker, 1934.

[18] Dieser Gedanke ist in erweiterter Form in Gen 12,3 als Zusatz zu N eingetragen worden. In dieser Quellenschicht sagt Jahwe zu Abraham lediglich *Sei ein Segen!*, während die Beziehung zu den anderen Völkern fehlt.

eine gewichtige Rolle gespielt haben muß, folgt aus der prophetischen Kritik. Amos lehnte die Berufung auf ein Erwählungsbewußtsein, das man ihm entgegenhielt, ironisch ab:

> Gewiß, ihr seid mein „auserwähltes Volk"
> auf Erden.
> Drum – straf ich ja auch an euch
> alle eure Sünden[19].   (Am 3,2)

Er behandelte den Anspruch Israels, der „Erstling der Völker" zu sein, ebenso ironisch (Am 6,1–7) und leitete aus der Rettung aus Ägypten keinen Vorrang Israels her, weil Jahwe andere Völker in gleicher Weise geführt habe (Am 9,7). Dem entspricht bei Hosea die Verurteilung eines an der Patriarchentradition orientierten Erwählungsverständnisses (Hos 12,3 ff.). Und Micha wandte sich heftig gegen die aus der Erwählung gezogene falsche Folgerung, daß Jahwes Wege mit Israel grundsätzlich gut seien (Mi 2,6–9). Wie dem Erwählungsglauben die Grundlage entzogen wurde, so fiel auch die Vorstellung von einer einzigartigen positiven Stellung Israels dahin. Es erschien vielmehr in negativer Hinsicht als das Schlüsselvolk der Völkerwelt, das Jahwe vor einem universalen Forum zur Rechenschaft ziehen wird (Jes 1,2 f.; Mi 1,2 ff.) und an dem die anderen Völker das Urteil vollstrecken werden (Jes 7,18 f.; 5,26 ff.; Hos 10,10; Am 6,14; Zeph 1,7).

b) Das Verhältnis zwischen Jahwe und Israel wurde in der Königszeit nicht, wie meist angenommen wird, im Sinne eines „Bundes" verstanden. Abgesehen davon, daß das Wort בְּרִית (berît) diese Bedeutung wahrscheinlich gar nicht besitzt, spielte die berît-Vorstellung in den Jahrhunderten zwischen der nomadischen Frühzeit und der deuteronomischen Theologie überhaupt keine Rolle (§ 8,3). Vielmehr hat man die alten Vorstellungen von Israel als עַם (ʿăm) Jahwes und die Verwendung verwandtschaftlicher Kategorien beibehalten und weiterentwickelt.

Obwohl die volle Zusammengehörigkeitsformel, daß Jahwe der Gott Israels und Israel das Volk Jahwes ist, noch nicht begegnet, drückt man die Zusammengehörigkeit beider durch Teilformeln aus (Smend): *Ich bin Jahwe, dein (euer) Gott; Jahwe, unser Gott; Jahwe,*

---

[19] Übersetzung nach E. Balla, Die Botschaft der Propheten, 1958, 85. Das Verb יָדַע (jādăʿ) wird dabei im Sinne der dem Amos entgegengehaltenen Vorstellung umschrieben (vgl. auch Jer 1,5); darüber geht freilich der mitschwingende Ton der engen Gemeinschaft verloren.

der Gott Israels; unser (euer) Gott; mein Volk; mein Volk Israel; das Volk Jahwes usw. (vgl. Ex 20,2; I Sam 9,16 f.; 13,14; 15,1; II Sam 5,2; 6,21; 7,8; I Reg 14,7; 16,2; II Reg 9,6). Geradezu als Titel wurde die Formel *Gott Israels* verwendet, namentlich in feierlicher Rede: beim Schwur (I Sam 20,12; 25,34; I Reg 1,30; 17,1), in der Gebetsanrede (I Sam 23,10 f.; II Sam 7,27; II Reg 19,15), im Lobpreis (I Reg 1,48) und in den Einleitungsformeln von Jahweworten (I Sam 2,30; II Sam 12,7; I Reg 11,31; 17,14; II Reg 9,6). Demnach läßt sich sagen, daß Israel in der Königszeit Jahwe als seinen Gott und sich selbst als Jahwes Volk, beide also als zusammengehörig wußte. Auch bei Amos gebraucht Jahwe die Redewendung *mein Volk*, jedoch in Zusammenhang mit der Gerichtsdrohung gegen es (Am 7,8.15; 8,2); ähnlich verhält es sich bei Jesaja (Jes 1,3; 5,25), der jedoch ein abschätziges *dieses Volk da* vorzog (Jes 6,9; 8,6.11; 28,11; 29,13 f.). Bei Hosea finden sich wieder beide Formeln: *dein, unser, ihr Gott; mein Volk* (Hos 4,6.8.12; 5,4; 11,7; 12,7.10; 13,4; 14,2.4). Ja, bei ihm bereitet sich die volle Zusammengehörigkeitsformel vor, wenn der Befehl Jahwes zur Benennung des dritten Kindes des Propheten mit dem Satz begründet wird *Denn ihr seid nicht mein Volk, und ich bin nicht 'euer Gott'* (Hos 1,9) und die Drohung später durch den Satz *Ich werde zu Nicht-mein-Volk sagen: mein Volk bist du, und es wird sagen: mein Gott* wieder aufgehoben wird (Hos 2,25). Zwar ist es nicht in allen Fällen klar, ob עַם *('ăm)* noch den alten Sinn *Verwandtschaft, Familie* besitzt oder *Volk* bedeutet; überwiegend ist wohl das letztere anzunehmen.

Doch sind daneben weiterhin verwandtschaftliche Kategorien benutzt worden, um das Verhältnis zwischen Jahwe und Israel zu beschreiben. War Jahwe für Jesaja der Liebhaber oder Bräutigam, der für seinen „Weinberg" alles vortrefflich bereitet hatte (Jes 5,1 ff.), und klingt in dem Verb ידע *(jadă')* in Am 3,2 die Vorstellung von einer intimen, eheartigen Gemeinschaft in bezug auf das Verhältnis zwischen Jahwe und Israel mit, so betrachteten Hosea und Jeremia dieses Verhältnis vor allem als ein solches der Ehe (Hos 1; 2,18; 3; Jer 2,2; 3,6 ff.), wobei Hos 1,2 in naturhafter Art sogar das Land und nicht das Volk in ihm als Ehefrau Jahwes nennt. Häufiger wird die Vater-Sohn-Beziehung verwendet[20]. Jahwe spricht von Israel als seinem erstgeborenen Sohn (Ex 4,22; Jer 31,9), den er als sein Lieb-

[20] BHH III 2071 f. – RGG VI 1233 f.

lingskind (Jer 31,20) aus Ägypten gerufen (Hos 11,1) und unter den
Völkern als den übrigen Söhnen hervorgehoben hat (Jer 3,19) –
wobei dies alles nicht mit der „Erwählung" Israels, sondern gemäß
der personhaften Lebensbeziehung mit der Liebe Jahwes begründet
wird. Analog wird dieser als der Vater Israels bezeichnet (Jer 3,4;
dann Dtn 32,6.18) und gilt die Gesamtheit der Israeliten als seine
Söhne und Töchter (so in jüngerer Zeit: Dtn 14,1; 32,5.19; Jes 43,6;
45,11; Hos 2,1), die die Frau Israel (Hos 2,4) oder Jerusalem
(Ez 16,20) ihm geboren haben. Obschon in Ex 4,22 und im Bild der
Ehe zwischen Jahwe und Israel, als deren Abkömmlinge die Israeliten
bezeichnet werden können (Hos 2,4), der Gedanke physischer Sohnschaft anklingt, soll das Vater-Sohn-Verhältnis doch in keinem Fall
eine naturhaft entstandene und von Natur unlösliche Verbindung
zwischen Jahwe und Israel ausdrücken. Israel oder die Israeliten sind
nicht Sohn oder Söhne Jahwes in physischer Art, sondern auf Grund
einer freien göttlichen Entscheidung und Vollmacht von Jahwe als
ihm zugehörig anerkannt und legitimiert worden. Dabei diente das
Vater-Sohn-Verhältnis dazu, zwei Seiten der Beziehung zwischen
Jahwe und Israel zu kennzeichnen. Einerseits wurden der Abstand
zwischen beiden und die Unterwerfung Israels unter Jahwe betont,
sofern das Moment der Herrschaft und der Eigentums- und Verfügungsgewalt des Vaters sowie das entsprechende Moment der Unterordnung des Sohnes mitklingen. Andererseits sollte die Güte und
Liebe Jahwes ausgedrückt werden, da dergleichen zum pflichtmäßigen
Verhalten des Vaters gehört (Ps 103,13); auf diese Weise steht neben
dem Gedanken der Herrschaft derjenige der Verbundenheit und
Gemeinschaft.

c) Insgesamt wirkten im Verhältnis zwischen Jahwe und Israel
die maßgeblichen Züge der ursprünglichen Jahwereligion weiter
(§ 6,2): die personale Struktur des Verhältnisses, das Miteinander
von Gottesherrschaft und -gemeinschaft, das Handeln Jahwes im
Geschick Israels und die Wechselbeziehung zwischen dem Handeln
Jahwes und dem Verhalten Israels.

4. Der Mensch vor Jahwe

a) Die für das Verhältnis zwischen Gott und Mensch grundlegende Doppelvorstellung von Gottesherrschaft und Gottesgemeinschaft hat die Stellung des Menschen vor Jahwe in religiöser Hin-

sicht dahingehend bestimmt, daß jeweils zwei Verhaltensweisen oder
Vorstellungen einander entsprechen und zusammengehören: Furcht
und Liebe, unterwerfendes Vertrauen und Gemeinschaft, Abhängigkeit und Teilhabe an der Herrschaft

Ist Jahwe der Herr, so der Mensch sein *Sklave, Knecht* (עֶבֶד, *'æbæd*),
der zu *dienen* hat (עבד, *'abăd*)[21]. Die richtige Haltung, in der dieses
Dienen geschehen soll, ist *Furcht, Ehrfurcht (*יִרְאָה*, jir'ā)*[22], so daß
beides mehrfach miteinander genannt wird (Dtn 6,13; 10,12 f.;
Ps 2,11). Dazu tritt der Gehorsam gegenüber dem gebietenden
Herrn; so wird Abraham *gottesfürchtig* genannt, als er auf den Befehl Jahwes hin seinen Sohn zu opfern bereit ist (Gen 22,12). Die
Furcht ist manchmal Ehrfurcht vor dem weltmächtigen Herrscher,
manchmal wirkliches Sichfürchten, Zittern und Beben, insbesondere
infolge des Erscheinens Jahwes in der Theophanie (Ex 20,18 f.; vgl.
Ps 76,8 f.), so daß die Rede des erscheinenden Gottes gewöhnlich
beruhigend beginnt *Fürchte dich nicht!* (z. B. Jdc 6,23). Außerdem
kann der Begriff die religiöse Einstellung im allgemeinen bezeichnen,
vor allem in der Weisheitsliteratur (Prov 1,7; 9,10; Hi 1,1). – Die
Liebe zu Jahwe ist erst in jüngerer Zeit stärker hervorgehoben worden, besonders in den paränetischen Reden des Deuteronomiums
(Dtn 6,5; 10,12), seltener in den Psalmen (Ps 18,2), in denen andere
Ausdrücke und Redewendungen bevorzugt worden sind (vgl.
Ps 90,14 f.).

Das Vertrauen des Menschen steht wieder mit Jahwes weltmäch-
tiger Herrschaft in Zusammenhang. Dafür werden besonders die
Ausdrücke הֶאֱמִין *(hæ'ᵉmîn)* und בטח *(batăḥ)* verwendet. Wie Abraham der umfassenden Verheißung Jahwes glaubte und dies als die
angemessene Haltung anerkannt wurde (Gen 15,6 E), so forderte
Jesaja solches Glauben an das allein helfende Eingreifen Jahwes an
Stelle des Sichverlassens auf militärische Kraft und Bündnispolitik
(Jes 7,9; 30,15). Wer sich auf den vergänglichen Menschen anstatt
auf die ewige Macht Jahwes verläßt, der fällt sogar von diesem ab
(Jer 17,5; vgl. Ps 62,9 f.; 118,8 f.). – Dem sich unterwerfenden Vertrauen entspricht die enge Gemeinschaft des Menschen mit Gott, die

---

[21] C. Lindhagen, The Servant Motif in the Old Testament, 1950.
[22] J. Becker, Gottesfurcht im Alten Testament, 1965. – S. Plath, Furcht
Gottes, 1963.

besonders durch חֶסֶד (ḥæsæd) *Verbundenheit*[23] und ידע (jadāʿ) *vertraut sein, Gemeinschaft haben*[24] umschrieben wird:

> Verbundenheit will ich und kein Schlachtopfer,
> Gottesgemeinschaft, kein Brandopfer!   (Hos 6,6)

Der entscheidende Mangel Israels bestand für Hosea darin, daß es solche treue, bleibende Verbundenheit und Gemeinschaft nicht besaß (Hos 4,1.6). Manche Psalmen weisen darauf hin, daß diese enge Gemeinschaft, die von einem mystischen Aufgehen in Gott wohl zu unterscheiden ist, auch zwischen Jahwe und dem Einzelmenschen bestehen konnte (z. B. 25,14; 63,9; 73,23 ff.; 91,14)[25].

Schließlich soll der Mensch sich seiner völligen Abhängigkeit von Jahwe bewußt sein. Das folgt aus dem Schöpfungsglauben. Jahwe hat dem „staubernen" Menschen bei der Schöpfung den Lebensodem gegeben und ihn dadurch erst zum Lebewesen gemacht (Gen 2,7). Ohne diesen Lebensodem ist man tot, mit ihm lebendig (Ps 104,29 f.). Der Mensch ist unendlich gering und vergänglich gegenüber Jahwe (Ps 8,5; 90,4–6) und darum völlig abhängig von ihm. – Diesem Grundzug, der das ganze AT durchzieht, entspricht der andere, daß der Mensch dem Schöpfergott näher steht als alle anderen Wesen, durch die ihm erteilte Herrschaftsbefugnis an der göttlichen Herrschaft teilhat und infolge dieser Hoheit über allen anderen Geschöpfen steht. Das wird in Gen 1,27 f.; Ps 8,6–9 besonders deutlich ausgesprochen; doch schon J erklärt in Gen 2,20 den Menschen infolge des Benennens der Tiere und in Gen 3,20 den Mann infolge des Benennens der Frau zu je ihrem Herrn. So ist der Mensch einerseits dem Schöpfer weit unterlegen und in allem von ihm abhängig, andererseits ihm verbunden und an seiner Herrschaft beteiligt.

b) Von Anfang an galt Jahwe als ein Gott ethischen Willens, der völligen Gehorsam verlangt, und war die Jahwereligion eine Reli-

---

[23] Vgl. die Lit. § 8 Anm. 1.
[24] E. Baumann, ידע und seine Derivate, ZAW 28 (1908), 22–40. – G. J. Botterweck, „Gott erkennen" im Sprachgebrauch des Alten Testaments, 1951. – S. Mowinckel, Die Erkenntnis Gottes bei den alttestamentlichen Propheten, 1941. – Anders H. W. Wolff, „Wissen um Gott" bei Hosea als Urform von Theologie, EvTh 12 (1952/53), 533–554 (= Gesammelte Studien zum Alten Testament, 1964, 182–205). Vgl. dazu die Auseinandersetzung mit E. Baumann ebd. 15 (1955), 416–425. 426–431.
[25] Diese Beziehung kann sich auch in der Anrede *mein Gott* ausdrücken, vgl. O. Eißfeldt, „Mein Gott" im Alten Testament, ZAW 61 (1945/48), 3–16 (= Kleine Schriften, III 1966, 35–47).

gion des Lebens und Verhaltens nach den gottgewollten Regeln. Zu diesen Regeln, in denen der göttliche Wille sich ausdrückte und konkretisierte, gehören zunächst die apodiktisch formulierten Lebens- und Verhaltensregeln (vgl. § 6,3), die gern in Zehner- oder Zwölferreihen zusammengefaßt wurden. Als solche sind zu nennen[26]:

1. die ursprünglich vorjahwistische Reihe über das Verbot des Geschlechtsverkehrs mit bestimmten weiblichen Personen (§ 2,4), die sodann als Jahweordnung über das Verbot bestimmter Verwandtschaftsgrade für die dauernde Verbindung der Ehe und schließlich als allgemeines Gesetz gegen die Unzucht zwecks Sicherung der Heiligkeit und Kultfähigkeit der Gemeinde uminterpretiert wurde;

2. der aus drei Reihen zusammengesetzte sog. ethische Dekalog in Ex 20,3–17 (fünf längere Verbote, drei kürzere Verbote, zwei Gebote), von dem höchstens die drei ersten Verbote aus der Mosezeit stammen können (§ 6,3)[27]:

    I Du sollst keinen 'anderen' Gott haben.
    II Du sollst dir kein Gottesbild machen.
    III Du sollst den Jahwenamen nicht zu Nichtigem aussprechen.
    IV Gedenke an den Tag des Sabbats.
    V Ehre deinen Vater und deine Mutter.
    VI Du sollst nicht töten.
    VII Du sollst nicht ehebrechen.
    VIII Du sollst nicht stehlen.
    IX Du sollst nicht als Lügenzeuge gegen deinen Nächsten aussagen.
    X Du sollst nicht nach dem Haus deines Nächsten trachten.

3. der sog. kultische Dekalog in Ex 34,14–26, der – abgesehen von den beiden ersten Verboten, die denjenigen von Ex 20 entsprechen – aus zwei Reihen über die besonderen Tage des Jahres (Gebote) und über Opferbestimmungen (Verbote) zusammengesetzt ist (davon abhängig ist die Reihe in Ex 23,10–19):

[26] Vgl. G. Fohrer, Das sogenannte apodiktisch formulierte Recht und der Dekalog, KuD 11 (1965), 49–74. – E. Auerbach, Das Zehngebot – allgemeine Gesetzesform in der Bibel, VT 16 (1966), 255–276.

[27] BHH I 331 f. – RGG II 69–71. – IDB IV 569–573. – A. Jepsen, Beiträge zur Auslegung und Geschichte des Dekalogs, ZAW 79 (1967), 277–304. – R. Knierim, Das erste Gebot, ZAW 77 (1965), 20–39. – J. Meinhold, Der Dekalog, 1927. – S. Mowinckel, Le décalogue, 1927. – E. Nielsen, Die Zehn Gebote, 1965. – H. Graf Reventlow, Gebot und Predigt im Dekalog, 1962. – H. Schmidt, Mose und der Dekalog, in: Gunkel-Festschrift, I 1923, 78–119. – J. Schreiner, Die Zehn Gebote im Leben des Gottesvolkes, 1966. – J. J. Stamm with M. E. Andrew, The Ten Commandments in Recent Research, 1967.

I Du sollst nicht vor einem anderen Gott niederfallen.

II Du sollst dir nicht gegossene Gottesbilder machen.

III Das Maṣṣotfest sollst du halten.

IV 'Du sollst nicht' mit leeren Händen vor mir erscheinen.

V Du sollst sechs Tage arbeiten, aber am siebten Tage ruhen.

VI Du sollst dir das Wochenfest halten.

VII Du sollst nicht das Blut meines Opfers zu Gesäuertem schlachten.

VIII Es soll nicht das Schlachtopfer über Nacht bis zum Morgen bleiben.

IX Du sollst das Beste der Erstlinge des Ackers in das Haus Jahwes bringen.

X Du sollst nicht das Böckchen in der Milch seiner Mutter kochen.

4. der pluralische Dekalog in Lev 19,3–12, der wegen des vorangestellten Elterngebotes vielleicht als ein häuslicher „Katechismus" bezeichnet werden kann;

5. der jüngere singularische Dekalog in Lev 19,13–18 mit sozialethischen Forderungen zum Schutz des Schwachen und des Nächsten überhaupt vor Übergriffen im täglichen Leben und vor Gericht;

6. mehrere Kurzreihen, von denen die Sätze über die Tabu-Personen in Ex 22,17–21.27 und über die Befreiung vom Kriegsdienst in Dtn 20,5–8 zumindest inhaltlich recht alt sein dürften.

Ferner konnte sich der göttliche Wille in der konkreten mündlichen *Tora* oder *Weisung, Belehrung* (תּוֹרָה, *tôrā*) aussprechen, die der Priester oder Kultprophet erteilte[28]. Die kultische Weisung belehrte über Fragen, die das kultische Verhalten betrafen, z. B. die Unterschiede von rein und unrein, heilig und profan (vgl. Hag 2,10–14). Die rechtliche Weisung belehrte den Unwissenden über allgemeine Rechtsfragen oder löste einen an den Priester herangetragenen schwierigen und unklaren Rechtsfall. Die Einzugsbelehrung oder -liturgie prüfte, ob die für den Einlaß ins Heiligtum gestellten Bedingungen erfüllt waren, und konnte dafür einen „Beichtspiegel" verwenden[29], wie es in Ps 15 und 24,3–6 (meist ethische Bedingungen) offenbar geschehen ist[30]. Auch sonstige einzelne göttliche Anordnungen oder Gebote konnten Tora heißen (vgl. Ex 16,28; 18,16; Hos 8,12 cj.). Schließlich wurde das Wort zum Sammelbegriff für alle Anweisungen Jahwes, einschließlich der ju-

---

[28] BHH III 1494 f. – RGG VI 950 f. – IDB IV 673.

[29] BHH I 213.

[30] Nach diesem Vorbild sind die in liturgieartigem Rahmen erteilten Weisungen für das Verhältnis zwischen Jahwe und Israel in Ps 50; 81; 95 geschaffen worden. Prophetische Nachahmungen liegen in Jes 33,14–16; Mi 6,6–8 vor.

ristischen Bestimmungen des kasuistischen Rechts und der in apodiktische Formulierung gebrachten Rechtssätze (die sog. Mot-jumat-Reihe, ursprünglich vielleicht in Ex 22,19; Lev 24,16; Ex 21,12.16.17; Lev 20,10–13.15, und die Fluchreihe in Dtn 27,15–26)[31]. Aus dem allen entstand die Tora als „Gesetz", wie zunächst das deuteronomische Rechtsbuch (Dtn 1,5; 4,8; 17,18 usw.) und in späterer Zeit der ganze Pentateuch genannt wurde[32].

Die Prophetie hat den Versuch unternommen, über die Vielzahl der Anordnungen und die meist negative Formulierung in Verboten hinauszukommen und das Ganze des göttlichen Willens in einer umfassenden positiven Forderung auszudrücken: *Sucht Gutes und nicht Böses* (Am 5,14), *hört auf, Böses zu tun, lernt Gutes tun* (Jes 1,16 f.), *Recht üben, Verbundenheit lieben und demütig vor deinem Gott wandeln* (Mi 6,8). Diese Versuche entsprachen dem Impuls der ursprünglichen Jahwereligion.

Der Mensch, der den göttlichen Willen tut, übt *Recht* (מִשְׁפָּט, *mišpaṭ*) und *Gerechtigkeit* (צְדָקָה, *ṣᵉdaqā*)[33]. *Recht* schließt sowohl die soziale Gerechtigkeit als auch die unparteiische Rechtspflege ein und meint das Verhalten, das man als Angehöriger eines Volkes dessen Gott gegenüber zu beobachten hat, die Richtschnur, nach der das Verhalten der Menschen untereinander und ihre Stellung zu ihrem Gott gemessen und beurteilt wird, und den verpflichtenden Anspruch der Forderungen Jahwes an seine Verehrer. *Gerechtigkeit* bezeichnet das Rechthaben und die Schuldlosigkeit in einem Rechtsstreit, das Leben gemäß der in einer Gesellschaft herrschenden Norm, das gemeinschaftstreue Verhalten, das die Harmonie des Lebens der Gesellschaft voraussetzt und schafft, den Gehorsam gegenüber Jahwe in Erfüllung der Pflichten gegen diesen und gegen den Nächsten[34]

---

[31] Vgl. ferner BHH III 1559–1561. – RGG V 820 f. – IDB III 77–89. – F. Horst, Recht und Religion im Bereich des Alten Testaments, EvTh 16 (1956), 49–75 (= Gottes Recht, 1961, 260–291).

[32] BHH I 559 f. – RGG II 1513–1515.

[33] K. H. Fahlgren, צְדָקָה nahestehende und entgegengesetzte Begriffe im Alten Testament, 1932. – H. W. Hertzberg, Die Entwicklung des Begriffes משפט im AT., ZAW 40 (1922), 256–287. – K. Koch, Wesen und Ursprung der „Gemeinschaftstreue" im Israel der Königszeit, ZEE 5 (1961), 72–90.

[34] J. Fichtner, Der Begriff des „Nächsten" im Alten Testament, WuD NF 4 (1955), 23–52 (= Gottes Weisheit, 1965, 88–114).

und die der Welt und dem Menschenleben von der Gottheit verliehene Ordnung, in die der Weise sich eingliedert. Letztlich handelt es sich in der von Jahwe auf Grund seines Willens gesetzten Ordnung und Norm im Weltenlauf und ethischen Leben, in der Einordnung und im Verhalten des Menschen gegen Gott und den Nächsten und im Urteil Jahwes darüber um verschiedene Aspekte von Recht und Gerechtigkeit.

c) Das AT ist überwiegend der Meinung, daß der Mensch sich frei für das rechte religiöse und ethische Verhalten entscheiden und nach dieser Entscheidung leben kann. Er vermag Gott zu fürchten und zu lieben, ihm zu vertrauen und in Gemeinschaft mit ihm zu leben, Gehorsam zu üben und das Gute zu tun. *Denn dieses Gebot, das ich dir heute gebiete, ist für dich nicht zu schwer und nicht zu fern ... Sondern ganz nahe ist dir das Wort, in deinem Munde und in deinem Herzen, daß du danach tun kannst* (Dtn 30,11.14). Wie Ezechiel voraussetzt, daß der Mensch imstande ist, Gerechtigkeit zu üben (Ez 18,21–32), so erklärt Hiob sich immer wieder für sünd- und schuldlos und leistet darauf sogar einen Eid (Hi 31).

Die Entscheidungsfreiheit bedeutet freilich nicht, daß der Mensch sich tatsächlich richtig entscheidet. Das AT behauptet eher das Gegenteil. Wenn J in Gen 3 den Ursprung der Sünde schildert – von der Schlange verlockt, essen die Menschen von der verbotenen Frucht des Erkenntnisbaumes, um alles, vom Guten bis zum Bösen, zu wissen und damit Jahwe gleich zu werden –, dann will er mit diesem Vorgang, der sich in der Bewußtwerdung jedes Menschen wiederholt, das fast notwendige Sündigwerden des Menschen beschreiben, das sich gerade dann ergibt, wenn er seinen Herrschaftsauftrag erfüllen will. So ist *das Gebilde des menschlichen Herzens böse von Jugend an* (Gen 8,21). Wie es keinen Menschen gibt, der sich nicht vergeht (I Reg 8,46; vgl. Ps 130,3; Prov 20,9), so ist der einzelne Mensch ganz und gar ein Sünder (Jer 17,9; Ps 51,7). Das gleiche nehmen die vorexilischen großen Einzelpropheten von Israel insgesamt an[35].

Von den Begriffen für Sünde gehen das Verb חטא (*ḥaṭaʾ*) und seine Ableitungen von einem Gemeinschaftsverhältnis aus, das man *verfehlt,* an dem man vorbeigeht und gegenüber dem man sich vergeht. Das Wort פֶּשַׁע (*pæšäʿ*) bezeichnet konkrete Untaten und rechtlich zu ahnende Delikte, so daß es sich am treffendsten mit *Ver-*

---

[35] BHH III 1890–1892. – RGG VI 478–482. – IDB IV 361–367.

brechen wiedergeben läßt. Das Wort עָוֹן (*'awôn*) schließlich bedeutet sowohl die *Abweichung, Verkehrung* und *Verkehrtheit* als auch das Ergebnis dieses Ablaufs: die *Schuld*. Doch darf man die Unterschiede zwischen diesen Begriffen nicht zu stark betonen, weil oft zwei oder sogar alle drei Wörter in solcher Weise nebeneinander gebraucht werden, als seien sie gleichbedeutend.

Wichtiger ist, daß man allmählich zwischen bewußten Vergehen einerseits und unbewußten Sünden (vgl. Ps 19,13) bzw. unbeabsichtigten Sünden (Lev 4,2.13.22) andererseits zu unterscheiden begann[36]. Außerdem hat sich neben einem sachlichen Verständnis der Versündigung durch eine bewußte oder unbewußte Verletzung eines konkreten göttlichen Gesetzes ein persönliches Verständnis entwickelt, das neben dem Wissen um die Übertretung eines Gebotes das Gefühl der Verantwortung dafür in sich schloß.

d) Das richtige oder falsche religiöse und ethische Verhalten des Menschen zieht in jedem Falle bestimmte positive oder negative Folgen nach sich – sowohl für den einzelnen als auch für die Gesamtheit[37]. Die Entscheidung, die der Mensch zu treffen hat, bedeutet die Wahl zwischen Segen und Fluch, Leben und Tod (vgl. Dtn 28; 30,15 ff.)[38].

Folgen des rechten Verhaltens sind ein langes und erfülltes Leben (Ex 20,12; Ps 34,13 ff.; 91,16), שָׁלוֹם (*šalôm*) als unversehrte Ganzheit und Harmonie, als Glück, Heil und Friede, endlich Segen, wozu alles gehören kann, was den Reichtum eines erfolgreichen und glücklichen Lebens ausmacht. Folge des falschen Verhaltens ist Unheil – Strafe Jahwes für die Sünde; diese Strafe trifft den Menschen in Krankheit[39] und Leiden aller Art. Auch dieses Geschick, das dem Tun des Menschen oft in der Art der Spiegelstrafe entspricht, beruht auf gött-

[36] BHH II 774 f.

[37] Z. W. Falk, Collective Responsibility in Bible and Aggada, Tarbiz 30 (1960/61), 16–20. – K. Koch, Gibt es ein Vergeltungsdogma im Alten Testament?, ZThK 52 (1955), 1–42. – H. G. May, Individual Responsibility and Retribution, HUCA 32 (1961), 107–120. – E. Pax, Studien zum Vergeltungsproblem der Psalmen, LA 11 (1960/61), 56–112. – G. Sauer, Die strafende Vergeltung Gottes in den Psalmen, Diss. Basel 1957. – M. Weiss, Some Problems of the Biblical "Doctrine of Retribution", Tarbiz 31 (1961/62), 236–263; 32 (1962/63), 1–18.

[38] BHH I 487 f.; III 1757 f. – RGG V 1649–1651. – IDB I 446–448. 749 f.

[39] BHH II 997–999. – IDB I 847–851.

licher Vergeltung. Stets hat man Heil und Unheil als von Jahwe bewirkt verstanden (vgl. Ex 20,5 f.; Dtn 28,1 ff. 15 ff.; Hi 34,11). Jedoch ist eine zeitliche Einschränkung zu machen. In der Königszeit war dieser Vergeltungsglaube fast ausschließlich nach der negativen Seite hin ausgeprägt. Die strafende Vergeltung Jahwes wurde betont (z. B. Gen 18 f.; Jdc 9,23 f.; I Sam 15,2 f.; II Reg 1), während der Gedanke an die Belohnung für das rechte Verhalten wenig hervortrat. Erst die deuteronomische Theologie hat den Glauben an eine zweiseitige Vergeltung klar ausgeprägt: Jahwes Segen als Lohn für den menschlichen Gehorsam, vernichtende Strafe für den Ungehorsam. Dieser Glaube ist außerdem besonders für die Lebensweisheit kennzeichnend geworden, die immer wieder einschärfte, daß der Fromme Lohn, der Frevler dagegen Strafe zu erwarten hat (z. B. Prov 11,21.31; 19,17). Das ist in ihr nicht nur ein Erbe der allgemeinen atl. Auffassung von der Stellung des Menschen vor Jahwe, sondern liegt auch in ihrer Herkunft aus der altorientalischen Lebensweisheit begründet, in der der Vergeltungsgedanke eine entscheidende Rolle spielte. Erst in der nachexilischen Zeit hat der Hiobdichter solchen Ansichten kräftig widersprochen.

Immerhin bleibt zu beachten, daß die außerprophetische Jahwereligion von einem vorgegebenen grundsätzlichen Heilszustand ausging, der durch Verfehlungen zwar gestört, aber mittels entsprechender Sühnemaßnahmen wiederhergestellt oder wiedererlangt werden konnte. Solche Sühnemaßnahmen waren vor allem kultischer Art.

§ 16 Der Kultus

A. Arens, Die Psalmen im Gottesdienst des Alten Bundes, 1961. – E. Auerbach, Die Feste im alten Israel, VT 8 (1958), 1–18. – G. A. Barton, A Comparison of some Features of Hebrew and Babylonian Ritual, JBL 46 (1927), 79–89. – W. Graf Baudissin, Die Geschichte des alttestamentlichen Priestertums, 1889. – A. Bertholet, Zum Verständnis des alttestamentlichen Opfergedankens, JBL 49 (1930), 218–233. – F. M. Th. Böhl, Priester und Prophet, NThS 22 (1939), 298–313. – Th. A. Busink, Les origines du temple de Salomon, JEOL 17 (1963), 165–192. – R. E. Clements, God and Temple, 1965. – E. Dhorme, Prêtres devins et mages dans l'ancienne religion des Hébreux, RHR 108 (1933), 111–143. – G. Fohrer, Zion-Jerusalem im Alten Testament, ThW VII, 292–318. – L. Gautier, Prêtre ou sacrificateur?, 1927. – J. van Goudoever, Biblical Calendars, 1961². – G. B. Gray, Sacrifice in the Old Testament, 1925. – A. H. J. Gunneweg, Leviten und

Priester, 1965. – F. Jeremias, Das orientalische Heiligtum, Angelos 4 (1932), 56–69. – H.-J. Kraus, Gottesdienst in Israel, 1962². – E. Kutsch, Das Herbstfest in Israel, Diss. Mainz 1955. – A. Lods, Israelitische Opfervorstellungen und -bräuche, ThR NF 3 (1931), 347–366. – J. C. Matthes, Die Psalmen und der Tempeldienst, ZAW 22 (1902), 65–82. – K. Möhlenbrink, Der Tempel Salomos, 1932. – J. L. Myres, King Solomon's Temple and other Buildings and Works of Art, PEQ 80 (1948), 14–41. – C. R. North, Sacrifice in the Old Testament, ET 47 (1935/36), 250–254. – W. O. E. Oesterley, Sacrifices in Ancient Israel, 1937. – A. Parrot, Der Tempel von Jerusalem, 1956. – O. Plöger, Priester und Prophet, ZAW 63 (1951), 157 bis 192. – G. Quell, Das kultische Problem der Psalmen, 1926. – H. Ringgren, Sacrifice in the Bible, 1962. – H. H. Rowley, The Meaning of Sacrifice in the Old Testament, BJRL 33 (1950/51), 74–110 (= From Moses to Qumran, 1963, 67–107). – J. Schreiner, Sion-Jerusalem, Jahwes Königssitz, 1963. – J. B. Segal, The Hebrew Festivals and the Calendar, JSS 6 (1961), 74–94. – N. H. Snaith, Worship, in: Record and Revelation, 1938, 250 bis 274. – Ders., Sacrifices in the Old Testament, VT 7 (1957), 308 bis 317. – A. Szörényi, Psalmen und Kult im Alten Testament, 1961. – R. de Vaux, Les sacrifices dans l'Ancien Testament, 1964. – H. Vincent, Le caractère du temple salomonien, in: Mélanges Bibliques Robert, 1957, 137 bis 148. – A. Wendel, Das Opfer in der altisraelitischen Religion, 1927. – G. Widengren, Aspetti simbolici dei templi e luoghi di culto del Vicino Oriente Antico, Numen 7 (1960), 1–25.

1. Allgemeines

Obschon die atl. Überlieferung nur wenig davon erkennen läßt, war der Jahwekultus der Königszeit von großer Vielfalt. Er spielte sich an den Staatsheiligtümern in Jerusalem, Betel und Dan, an den durch ehrwürdige Traditionen ausgezeichneten Heiligtümern der Frühzeit und an den vielen kleinen Ortsheiligtümern ab. Er fand in sehr verschiedener Art statt: als offizieller Staatskultus, in dem neben den üblichen Kulthandlungen auch besondere Ereignisse des staatlichen Lebens wie die Einsetzung eines Königs (vgl. Ps 2; 72; 101; 110) oder Bitte, Dank oder Klage in Zusammenhang mit einem Krieg (Bitte: Ps 20; 44; 144; Dank: Ps 18 B; Vorwürfe: Ps 89 B) begangen wurden; als Begehung des ganzen Volkes wie anläßlich eines in einer Notlage ausgerufenen Klage- und Bußtages (vgl. Jer 36,9); als Kulthandlung der Einwohner einer Ortschaft, wenn diese einen Anlaß für das Darbringen von Opfern zu haben meinten (vgl. I Sam 9,12 ff.); als Sippen- oder Familienfest (vgl. I Sam 20,6) oder als Begehung eines einzelnen, der Bitte oder Dank vor seinen Gott bringen, eine Weisung oder ein Orakel einholen wollte. Des weiteren konnte das Heiligtum als Gerichtsstätte (vgl. Ex 22,7), als Asylstätte (vgl. I Reg 1,50 ff.)[1] und zum Einholen einer Traumoffenbarung (Inkubation, vgl. I Sam 21,8)[2] aufgesucht werden.

Der Kultus diente der Pflege der Gemeinschaft zwischen Jahwe und Israel als dem Volke Jahwes. Er gewährte den Besuchern des Heiligtums einen Anteil an der göttlichen Sphäre, so daß sie in gefühlsmäßigen Überschwang oder ekstatische Erhebung versetzt wurden. Er gab dem Bauern an den großen Ackerbaufesten des Jahres die Gelegenheit, sich mit Dank und Bitte an Jahwe zu wenden, um weiterhin seinen Segen zu erlangen. Er ermöglichte schließlich durch seine Sühnemaßnahmen für das Volk oder den einzelnen die Wiederherstellung der Heilssituation, falls diese durch ein Vergehen gestört worden war. Alles dies läßt sich darin zusammenfassen, daß der Kultus die Anerkennung der Gottesherrschaft fördern und die Gemeinschaft mit Gott festigen und vertiefen sollte.

Eine Einsetzung oder Stiftung des Kultus durch Jahwe hat Israel für lange Zeit nicht behauptet[3]. Dies ist erst in später Zeit und auch dann nur teilweise geschehen (P: Einsetzung des Sabbats Gen 2,1–3 und der Beschneidung Gen 17). Zunächst galt der Kultus lediglich als durch göttliche Weisung geregelt, nachdem er vorhanden war, wie die Anordnungen der Jahwe in den Mund gelegten Dekaloge zeigen (vgl. § 15,4). Immerhin scheint gegen Ende der Königszeit schon ein gewisser Offenbarungsanspruch vertreten worden zu sein, wie die ablehnende Stellungnahme in Jer 7,22 vermuten läßt. Vielleicht hat die deuteronomische Theologie den Weg dazu gebahnt.

2. Kultstätten

a) Ein großer Teil der Heiligtümer der Frühzeit (§ 4,2; 10,2) bestand während der Königszeit weiter. Außerdem haben die meisten,

---

[1] BHH I 143 f. – RGG I 666–668. – IDB IV 24. – L. Delekat, Katoche, Hierodulie und Adoptionsfreilassung, 1964. – M. Greenberg, The Biblical Conception of Asylum, JBL 78 (1959), 125–132. – M. Löhr, Das Asylwesen im Alten Testament, 1930.

[2] E. L. Ehrlich, Der Traum im Alten Testament, 1953. – E. Preuschen, Doeg als Inkubant, ZAW 23 (1903), 146. – A. Resch, Der Traum im Heilsplan Gottes, 1964. – W. Richter, Traum und Traumdeutung im Alten Testament, BZ NF 7 (1963), 202–220.

[3] Noch weniger läßt sich allgemein der Kultus als Stätte der göttlichen Offenbarung bezeichnen, wie R. Gyllenberg, Kultus und Offenbarung, in: Mowinckel-Festschrift, 1955, 72–84, es tut.

wenn nicht sämtliche Ortschaften eine lokale Kultstätte besessen[4]. Sie alle haben ebensowenig eine archäologisch faßbare Spur hinterlassen wie die für die Staatsheiligtümer bezeugten oder vorauszusetzenden Tempelgebäude. Erst an einer Stelle – in Arad, östlich von Beerseba – haben die Ausgrabungen das Heiligtum der dortigen judäischen Festung zutage gebracht[5].

Das Heiligtum scheint zumindest seit dem 9. Jh. v. Chr. bestanden zu haben und in der zweiten Hälfte des 8. Jh. v. Chr. zerstört worden zu sein. Es war ein größeres Gebäude, das aus drei aufeinanderfolgenden Räumen bestand, wie es gewöhnlich für den salomonischen Tempel in Jerusalem angenommen wird. Wie bei diesem befanden sich der Eingang an der Ost- und das „Allerheiligste" an der Westseite. Drei Stufen führten zu dem Eingang des letzteren; er war von zwei Steinaltären flankiert, zwischen denen eine Rinne verlief. In dem Raum selber war eine erhöhte Plattform aus Stein angelegt בָּמָה (bamā), um die herum drei Stelen oder Maṣṣeben standen. Allem Anschein nach handelte es sich um ein königliches oder staatliches Heiligtum; daher stellt sich die Frage, ob nicht alle judäischen (und israelitischen) Festungen dergleichen aufgewiesen haben.

b) Wegen seiner geschichtlichen Bedeutung erregt der jerusalemische Tempel das meiste Interesse[6]. Das Älteste, was erhalten ist, stammt allerdings erst vom herodianischen Tempel; vom nachexilischen Tempel ist genauso wenig übriggeblieben wie vom salomonischen. Lediglich der heilige Fels, die natürliche Grundlage des Ganzen, über dem sich einst der Hinterraum oder das Allerheiligste erhob[7], ist noch als Mittelpunkt des islamischen Felsendomes sichtbar. Der salomonische Tempel stellte also einen „umbauten Felsen" dar, doch so, daß der Fels in den Unterbau eingeschlossen war[8].

---

[4] BHH II 1121 f. – RGG III 156–160. – IDB II 602–604. – Vgl. auch W. F. Albright, The High Place in Ancient Palestine, VTSuppl IV, 1957, 242–258.

[5] Y. Aharoni – R. Amiran, Arad, a Biblical City in Southern Palestine, Archaeology 17 (1964), 43–53.

[6] BHH III 1940–1947. – RGG VI 684–686. – IDB IV 534–547. – H. Mayer, Das Bauholz des Tempels Salomos, BZ NF 11 (1967), 53–66.

[7] H. Schmidt, Der heilige Fels in Jerusalem, 1933. Das ist nach II Sam 24,18 ff. wahrscheinlicher als die Annahme, daß der Brandopferaltar auf dem Felsen gestanden habe. Noch anders H. W. Hertzberg, Der heilige Fels und das Alte Testament, JPOS 12 (1932), 32–42 (= Beiträge zur Traditionsgeschichte und Theologie des Alten Testaments, 1962, 45–53): im AT nur ein Ansatzpunkt für die Sonderstellung des Felsens.

[8] Vgl. H. Bruns, Umbaute Götterfelsen, Jb des Deutschen Archäologischen Instituts 75 (1960), 100–111, und den römischen Tempel auf der qalʿa von Amman.

Für die Kenntnis des zur Zeit Salomos erbauten und bis zum Ende der Königszeit benutzten Tempels stehen ausschließlich literarische Nachrichten zur Verfügung, zunächst die anscheinend mehrfach bearbeitete und erweiterte Beschreibung in I Reg 6–7, sodann der Visionsbericht in Ez 40–42, der weithin ein Erinnerungsbild des Propheten an den Bauzustand der letzten vorexilischen Zeit darstellt. Ergibt ein Vergleich zwischen beiden Beschreibungen, daß im Verlauf der Königszeit bauliche Veränderungen vorgenommen worden sind[9], zu denen in erster Linie die Errichtung des dreistöckigen Umbaus mit seinen Kammern gerechnet werden muß (in I Reg 6,1–10 sind wohl nur 6,2–4.9 ursprünglich), so ist besonders I Reg 6–7 in manchen Punkten so wenig eindeutig, daß die Ansichten über Anlage und mögliches Vorbild des Tempels weit auseinandergehen: Stellte er ein dreiräumiges Langhaus oder eine Halle mit offenem Vorbau und eingebautem Holzkasten (für Lade und Keruben)[10] dar? War er nach syrisch-palästinischen Vorbildern – entweder dreiräumigen oder einräumigen mit offener Vorhalle – hergestellt worden, oder war er eine eigentümlich israelitische Schöpfung[11]?

Wahrscheinlich ist daran festzuhalten, daß der Tempel wie das Heiligtum von Arad ein Langhaus mit den drei Teilen Vorhalle, Heiliges und Hinterraum (später: Allerheiligstes) darstellte und daß er nach dem Muster dreiteiliger Tempel konstruiert war. Solche Tempel sind das – allerdings nicht-axiale – frühbronzezeitliche Heiligtum von *et-tell* (Ai)[12], der mittel- bis spätbronzezeitliche Tempel von Chaṣor[13], der Tempel vom *tell taʿjīnāt* aus dem 9./8. Jh. v. Chr.[14], die räumlich und zeitlich weiter entfernten Tempel vom *tell ḫuēra* in Nordost-Syrien[15], die teils eine offene, teils eine geschlossene Vor-

---

[9] Vgl. dazu auch L. A. Snijders, L'orientation du Temple de Jérusalem, OTS XIV, 1965, 214–235.

[10] So H. Schult, Der Debir im salomonischen Tempel, ZDPV 80 (1964), 46 bis 54. – Vgl. dazu A. Kuschke, Der Tempel Salomos und der „syrische Tempeltypus", in: Rost-Festschrift, 1967, 124–132.

[11] So J. Brand, Remarks on the Temple of Solomon, Tarbiz 34 (1964/65), 323–332.

[12] J. Marquet-Krause, Les fouilles de 'Ay, 1949, Pl. XCIII–XCIV. – ANEP 730.

[13] Vgl. IEJ 8 (1958), 11–14; 9 (1959), 81–84.

[14] Vgl. C. W. McEwan in: AJA 41 (1937), 9 ff. – D. Ussishkin, Salomos Tempel und die Tempel von Hamat und Tell Tainat (neuhebr.), Yediot 30 (1966), 76–84.

[15] A. Moortgat, Tell Chuēra in Nordost-Syrien, 1962.

halle aufweisen; ferner ist auf den späteren „syrischen Tempeltypus" zu verweisen[16].

Die Vorhalle des salomonischen Tempels war rund 5 m tief und 10 m breit. Man betrat sie von Osten – falls es sich um eine geschlossene Vorhalle gehandelt haben sollte, durch einen offenen Durchgang. Zu dessen beiden Seiten standen die ehernen Säulen Jachin und Boas[17], deren Namen ein Gebet sein können: *Er* (Gott) *möge festmachen* (den Tempel, die Dynastie) *in Kraft* oder sich auf eine mögliche architektonische Funktion der Säulen beziehen: *Sie* (die Säule) *möge Festigkeit geben – in ihr ist Stärke*. Von der Vorhalle aus gelangte man durch eine Flügeltür aus Zypressenholz in das Heilige, das eine Tiefe von rund 20 m, eine Breite von 10 m und eine Höhe von 15 m aufwies und in das durch Fenster in der oberen Hälfte der Wände Licht fiel. In ihm befanden sich der Räucheraltar, der sog. Schaubrottisch mit dem vor Jahwe aufliegenden Brot und die zweimal fünf Leuchter. Eine weitere Flügeltür aus Zedernholz verschloß den erhöht liegenden Hinterraum[18], der die Form eines Würfels von 10 m Kantenlänge hatte. In ihm befanden sich zwei als Thronträger zu verstehende Kerubenfiguren und die Lade, die keine sakralarchitektonische Aufgabe hatte (als Thron oder Thronschemel), sondern die Bindung Jahwes an die Residenz der Davididen und deren Legitimation durch ihn symbolisierte[19]. Die Türen und die getäfelten Wände des Tempels waren mit Flachreliefs von Keruben, Palmen und Blumengirlanden geschmückt. Im inneren Vorhof, den eine Mauer gegen den äußeren Vorhof abschloß, standen der Brandopferaltar, das gewaltige Eherne Meer[20] – ursprünglich

---

[16] A. Alt, Verbreitung und Herkunft des syrischen Tempeltypus, PJB 55 (1939), 83–99 (= Kleine Schriften zur Geschichte des Volkes Israel, II 1953, 100–115).

[17] W. Kornfeld, Der Symbolismus der Tempelsäulen, ZAW 74 (1962), 50 bis 57. – H. G. May, The Two Pillars before the Temple of Solomon, BASOR 88 (1942), 19–27. – R. B. Y. Scott, The Pillars of Jachin and Boas, JBL 58 (1939), 143–149.

[18] K. Galling, Das Allerheiligste in Salomos Tempel, JPOS 12 (1932), 43–46. – H. Schult (Anm. 10).

[19] J. Maier, Das altisraelitische Ladeheiligtum, 1965. – M. Noth, Jerusalem und die israelitische Tradition, OTS VIII, 1950, 28–46 (= Gesammelte Studien zum Alten Testament, 1957, 172–187). – R. de Vaux, Les chérubins et l'arche d'alliance, les sphinx gardiens et les trônes divins dans l'ancien Orient, MUB 37 (1961), 93–124.

[20] BHH I 372. – A. Segré, Il mare fusile del Tempio di Salomone, RSO 41 (1966), 155.

offenbar ein Abbild der Urflut, später als Waschbecken gedeutet (II Chr 4,2 ff.) – und die zehn Kesselwagen[21] – ursprünglich in Beziehung zum Ehernen Meer stehend, später als Behälter zum Abspülen des Opferfleisches gedeutet (II Chr 4,6).

Der Tempel galt als irdisches Abbild des himmlischen Palastes Jahwes und als Herrschersitz des „Königs", als Anteil an dem Lande, über das er herrschte und das er Israel verliehen hatte, und als das Staatsheiligtum für ganz Israel und später für Juda, in dem Jahwe wohnte, weil er dort im Kultus seine Gegenwart manifestierte. Der Berg aber, auf dem der Tempel im Rahmen der Palastbauten errichtet worden war, übernahm wegen des umbauten Gottesfelsens allmählich die Bedeutung des nach altorientalischer Auffassung sonst im Norden der Erde vermuteten Gottesberges. Jerusalem erhielt durch den Tempel im Laufe der Zeit den Nimbus des Gottessitzes und der Gottesstadt, des Kultusortes und der Tempelstadt (Fohrer; vgl. ferner § 11,2).

Darüber hinaus hat man das frühe Bestehen einer Jerusalemer Kulttradition angenommen, die durch die Übertragung einer Reihe von Elementen der vorisraelitischen El-Religion auf Jahwe zustande gekommen sein und ihren Niederschlag in einer Anzahl von Psalmen und Prophetensprüchen gefunden haben soll. Rechnete Schmid[22] zu diesen Elementen die Vorstellung von El als Schöpfer, Götterherrn und Weltengott, die Gottesbergvorstellung und die Chaoskampftradition, so nahmen andere die Motive des Völkerkampfes[23], der Völkerwallfahrt[24] und der Unverletzlichkeit Jerusalems[25] hinzu.

Demgegenüber hat Wanke[26] nachgewiesen, daß zwar die von Schmid genannten Vorstellungen oder Motive ein hohes Alter für sich beanspruchen können und in außerisraelitischer Literatur wurzeln, daß es sich aber nicht um eine in sich geschlossene Tradition, sondern um einzelne Vorstellungen oder Motive handelt, die in das israelitische Denken und Vorstellen erst sehr spät Eingang gefunden haben, und daß die zusätzlich genannten Motive überhaupt keinen außerisraelitischen Ursprung haben. Da die alten mythischen Motive in Israel erst in junger, nachexilischer Zeit aufgenommen worden und im AT daher erst für diese Zeit belegt sind und da vor

---

[21] BHH II 944.
[22] H. Schmid, Jahwe und die Kulttraditionen von Jerusalem, ZAW 67 (1955), 168–197.
[23] E. Rohland, Die Bedeutung der Erwählungstraditionen Israels für die Eschatologie der alttestamentlichen Propheten, Diss. Heidelberg 1956.
[24] H. Wildberger, Jesaja, 1965 ff., 80.
[25] J. L. Hayes, The Tradition of Zion's Inviolability, JBL 82 (1963), 419 bis 426.
[26] G. Wanke, Die Zionstheologie der Korachiten, 1966.

allem das Völkerkampfmotiv nichtmythisch und in ebenfalls junger Zeit
entstanden ist, läßt sich die Hypothese von einer eigenen Jerusalemer Kulttradition nicht halten. Ihre angeblichen Elemente haben erst bei der vor
allem in der nachexilischen Zeit zu beobachtenden Ausgestaltung der an
Zion-Jerusalem haftenden Vorstellungen eine Rolle gespielt. Für die gesamte Königszeit fehlt jeder Beleg für das Bestehen einer solchen Tradition.

3. Feste und Feiern

a) Daß es im Israel der Königszeit Festkataloge gegeben hat, die
die regelmäßig zu begehenden Feste aufzählten, läßt sich aus
Ex 34,14–26 erschließen (vgl. § 15,4). Dort sind vier Sätze aus einer
Reihe mit Anordnungen für die besonderen Tage des Jahres aufgenommen worden. Sie erwähnen den Sabbat, das Darbringen der
Erstlinge des Ackers, das Maṣṣotfest und das Wochenfest (Ex 34,18a.
21a.22aa.26a). Später sind das Lesefest als das dritte Ackerbaufest
(v. 22b) und von deuteronomistischer Hand das Passa (v. 25b) hinzugefügt worden. Der von Ex 34 abhängige Text Ex 23,10–19 führt außer
allen erwähnten Begehungen – von denen das Wochenfest hier das
Fest der Getreideernte heißt – noch das Brachjahr an. Weitere Kultordnungen stammen aus der deuteronomischen, exilischen und nachexilischen Zeit (vgl. § 22,2; 23,3; 28,4).

b) Zu den regelmäßig stattfindenden Begehungen[27] gehörten außer
dem Sabbat und dem Neumondtag (§ 10,2) die drei Ackerbaufeste,
dagegen nicht das erst in der deuteronomischen Zeit wiederbelebte
Passa (§ 8,3).

Das Maṣṣotfest[28] war ursprünglich ein kanaanäisches Ackerbaufest,
das die Israeliten übernommen haben. Sie gliederten es in die Jahwereligion ein, indem sie es auf Jahwe bezogen und mit dem Auszug
aus Ägypten in Verbindung brachten (Ex 23,15; 34,18). Es fand zu
Beginn der Gerstenernte im Monat Abib (1. Monat) statt und
dauerte sieben Tage; da es einen *Tag nach Sabbat* begann (Lev 23,11.
15), fiel es genau mit einer Woche zusammen. Ein genaueres Datum
konnte nicht angegeben werden, weil das Fest von der Reife des
Korns abhängig war. Es war ein Wallfahrtsfest wie auch die beiden
anderen Ackerbaufeste. Die Bauern wanderten zu den Heiligtümern,

---

[27] BHH I 471–474. – RGG II 910–917. – IDB II 260–264.
[28] H.-J. Kraus, Zur Geschichte des Passah-Massotfestes im Alten Testament,
EvTh 18 (1958), 47–67. – E. Kutsch, Erwägungen zur Geschichte der
Passafeier und des Massotfestes, ZThK 55 (1958), 1–35. – BHH II
1169 f.

um dort das Brot zu genießen, das aus neuem Korn ohne Sauerteig hergestellt war, d. h. ohne Zutaten aus der alten Ernte. Gewiß sind dabei der Gottheit weitere Dankgaben und Opfer dargebracht worden.

Das Fest der Getreideernte oder Wochenfest[29] wurde sieben Wochen nach dem Beginn des Maṣṣotfestes begangen und fiel also in den 3. Monat. Eigentlich war es das – ursprünglich kanaanäische – Fest der Weizenernte, wie Ex 34,22 erläutert. Bei diesem Wallfahrtsfest wurden die Erstlinge der Ernte dargebracht (Ex 23,16; 34,22), später auch ein Speiseopfer von zwei Broten aus neuem Mehl, mit Sauerteig gebacken (Lev 23,16 f.; Num 28,26). Obwohl es ein fröhliches Fest voll Jubel und Freude war, scheint es in der Königszeit keine große Bedeutung erlangt zu haben. Dem entspricht, daß es lange Zeit nicht mit einem bestimmten Handeln Jahwes in Verbindung gebracht worden ist. Erst P, die die Sinaiereignisse auf das Wochenfest legte (vgl. Ex 19,1), stellte eine Verbindung her.

Das Fest der Lese[30] ist das dritte kanaanäische Fest, das Israel übernommen und zu Jahwe in Beziehung gesetzt hat. Es fand, wie das Maṣṣotfest mit einer Woche zusammenfallend, *am Ende des Jahres* (Ex 23,16) bzw. *an der Wende des Jahres* (Ex 34,22) statt, wenn die letzten Früchte geerntet und die Arbeiten auf der Tenne und in der Kelter beendet waren. Es war das bedeutendste Fest des Jahres, daher als *das Jahwefest* (Jdc 21,19; Lev 23,39) oder *das Fest* schlechthin bekannt (I Reg 8,2.65; 12,32 u. ö.), und von Erntedank und Festfreude bestimmt. Jerobeam I. soll es nach einer jungen Notiz um einen Monat verschoben haben (I Reg 12,32 f.); doch noch nach der Eroberung Jerusalems (587 v. Chr.) wallfahrteten Leute aus dem Gebiet des früheren Nordreiches im 7. Monat, d. h. zum Lesefest, nach Jerusalem (Jer 41,4 f.). Seit der deuteronomischen Gesetzgebung hieß es Laubhüttenfest (Dtn 16,13.16), weil als wichtigster Brauch das siebentägige Wohnen in Laubhütten galt. Ob dieser Brauch von Anfang an befolgt oder erst im Verlauf der Königszeit eingeführt wurde, ist nicht ersichtlich. Auf jeden Fall ist er von den Hütten herzuleiten, die man während der Obst- und Weinlese in

---

[29] H. Grimme, Das israelitische Pfingstfest und der Plejadenkult, Studien zur Geschichte und Kultur des Altertums, I, 1 1907. – E. Lohse in: ThW IV, 45 f. – BHH II 1440f.

[30] Kutsch. – BHH II 1052 f. – Gegen R. Kittel, Osirismysterien und Laubhüttenfest, OLZ 27 (1924), 385–391, ist das Fest nicht mit einem kanaanäischen Osiris-Adonis-Fest in Verbindung zu bringen.

den Obst- und Weingärten errichtete. Später benutzte man diesen Brauch, um eine Verbindung zur Wüstenzeit herzustellen: Wie damals sollen die Israeliten während des Festes in Hütten wohnen (Lev 23,42 f.). Jedoch verwendete man in der Wüste nicht Laubhütten, sondern Zelte. Daran wird ersichtlich, daß es sich um eine junge Erklärung handelt.

Eine weitere regelmäßige Begehung war die jährliche Feier des Weihetages des Jerusalemer Tempels. Da nach I Reg 8,1 f. das Lesefest die Gelegenheit für die Weihe des salomonischen Tempels geboten hatte, fiel die jährliche Feier, auf die sich wohl Ps 132 bezieht, mit dem Lesefest zusammen.

Anders verhält es sich mit der Anordnung über die siebenjährliche Verlesung des Gesetzes am Laubhüttenfest in Dtn 31,10 f. Denn 31,1–13 gehört zu den Nachträgen zum zweiten, jüngeren Abschluß des Buches, die frühestens in exilischer, wahrscheinlich erst in nachexilischer Zeit angefügt worden sind[31]. Daß eine solche Begehung tatsächlich stattgefunden hat, ist zu bezweifeln; vielleicht ist die Anordnung im Anschluß an die Verlesung des Gesetzes durch Esra entstanden, um sie zu legitimieren.

Ebensowenig kann das siebenjährliche Brachjahr[32], das Ex 23,10 f. anordnet, als eine tatsächliche Begehung betrachtet werden. Die Einbeziehung von Wein- und Ölgarten und die sozialkaritative Bestimmung sind sicher nicht ursprünglich. Ferner kann man die neuere bodenwirtschaftliche und kultische Erklärung bezweifeln; ebenso ist es unklar, ob man den Brauch aus der nomadischen oder der kanaanäischen Umwelt herleiten soll. Die tatsächliche Durchführung scheint erst in I Macc 6,49.53 für das 2. Jh. v. Chr. bezeugt zu sein. So stellt sich die Frage, ob nicht die deuteronomische Anordnung des siebenjährlichen Schuldenerlasses (Dtn 15,1 ff.) primär und die Anordnung des Brachjahres sekundär ist.

Angesichts des Fehlens weiterer Nachrichten über israelitische Feste der Königszeit hat eine einseitige kultgeschichtliche Betrachtungsweise, die den Kultus als den Mittelpunkt der Religion überhaupt versteht, dazu geführt, eine Reihe von Festen zu postulieren, von denen die atl. Überlieferung nichts weiß: so ein dem babylonischen Neujahrsfest paralleles „Neujahrsfest Jahwes" am Beginn des Herbstjahres zur Feier der Macht Jahwes in Schöpfung und Volksgründung[33], das „Thronbesteigungsfest Jahwes" im Zusammenhang mit dem Neujahrsfest, bei dem Jahwe alljährlich von

---

[31] S-F § 25.

[32] Es ist auch unter den Namen Erlaßjahr und Sabbatjahr bekannt. – BHH I 429 f. – RGG II 568 f. – IDB II 263. – F. Horst, Das Privilegrecht Jahwes, 1930, 56 ff. (= Gottes Recht, 1961, 79 ff.). – Ders., Das Eigentum nach dem Alten Testament, in: Kirche im Volk 2, 1949, 87–102 (= ebd. 203–221). – R. North, Maccabean Sabbath Years, Bibl 34 (1953), 501–515.

[33] P. Volz, Das Neujahrsfest Jahwes, 1912.

neuem nach seinem Sieg über die Chaosmächte die Königsherrschaft über sein Volk und die ganze Schöpfung ergriff[34], das teilweise damit in Zusammenhang gesehene „Bundeserneuerungs-" oder „Bundesfest", vielleicht mit einer „Kulttheophanie" als Höhepunkt[35], das „königliche Zionsfest" zur Feier der Erwählung Jerusalems und der davidischen Dynastie (nachexilisch zum Thronbesteigungsfest Jahwes umgestaltet)[36] und ein „Erwählungsfest" nach Ex 19,3–8[37]. Jedoch sind all diese Hypothesen höchst unwahrscheinlich. Das Herbstfest (Fest der Lese) war ein Ernte- und kein Neujahrsfest; mit ihm waren keine mythischen Vorstellungen wie Chaoskampf, Weltschöpfung usw. verbunden, während die Beziehung zur Wüstenzeit erst in nachexilischer Zeit hergestellt worden ist. Die sog. Thronbesteigungspsalmen sind von Deuterojesaja abhängige monotheistische Hymnen[38], in denen die Redewendung יהוה מלך (jhwh maläk) *Jahwe ist es, der als König herrscht* bedeutet. Erst recht kann keine Rede von der manchmal vermuteten Einbeziehung des israelitischen Königs und seiner „heiligen Hochzeit" sein, zumal die Annahme, daß das Hohelied eine Sammlung zersungener Lieder für eine derartige Begehung darstelle, abwegig ist. Das „Bundes-" oder „Bundeserneuerungsfest" fällt mit der Erkenntnis, daß *berît* überhaupt nicht „Bund" bedeutet; die statt dessen anzunehmende Zusicherung Jahwes oder Verpflichtung Israels aber brauchte nicht jährlich erneuert zu werden. Zudem wurde die Sinaitradition gerade nicht mit dem Herbstfest, sondern mit dem Wochenfest verbunden. Und wie die exegetischen Grundlagen für das angenommene Zionsfest unsicher sind, so gründet sich das angebliche Erwählungsfest auf einen Text der nachdeuteronomischen, ausgehenden Königszeit in Juda[39].

c) Zu den unregelmäßig stattfindenden öffentlichen Begehungen gehörte die rituelle Inthronisation des Königs (vgl. I Reg 1,32–48; II Reg 11,12–20)[40]. Der kultische Akt spielte sich im Heiligtum ab: Übergabe des Stirnreifs und des Königsprotokolls, durch das Jahwe den König als seinen Sohn anerkannte, ihn mit der Herrschaft beauftragte, seine Thronnamen nannte usw., ferner in manchen Fällen Salbung des Königs, endlich zustimmende Akklamation der Anwe-

---

[34] S. Mowinckel, Psalmenstudien, II 1922. – Ders., The Psalms in Israel's Worship, I 1962, 106–192. – H. Schmidt, Die Thronfahrt Jahves am Fest der Jahreswende im alten Israel, 1927.

[35] S. Mowinckel (Anm. 34). – G. von Rad, Das formgeschichtliche Problem des Hexateuch, 1938 (= Gesammelte Studien zum Alten Testament, 1958, 9–86). – A. Weiser, Die Psalmen, 1955[4]. – Ders., Zur Frage nach den Beziehungen der Psalmen zum Kult, in: Bertholet-Festschrift, 1950, 513–531 (= Glaube und Geschichte im Alten Testament, 1961, 303–321).

[36] H.-J. Kraus, Die Königsherrschaft Gottes im Alten Testament, 1951.

[37] H. Wildberger, Jahwes Eigentumsvolk, 1960.

[38] S-F § 39,2.

[39] S-F § 27,3.

[40] G. von Rad, Das judäische Königsritual, ThLZ 72 (1947), 211–216 (= Gesammelte Studien zum Alten Testament, 1958, 205–213).

senden (vgl. § 12,2). Ein weltlicher Akt folgte im Palast: Nieder-
lassen auf dem Thron, Antrittsrede des Königs, Huldigung der
Beamten und ihre Bestätigung im Amt.

An heiliger Stätte fanden ferner Sieges-, Bitt- und Klagefeiern
statt, die nach Anlaß und Situation in verschiedener Weise gestaltet
wurden. Zeitlich festgelegt wurden Volksklagefeiern erst in oder
nach dem Exil; vorher rief man solche und andere Feiern je nach
Bedarf aus (vgl. I Reg 21,9 f.; Jer 36,9)[41]. Aus nachexilischer Zeit
liegen in Joel 1 und 2 kultprophetische Sprüche zu Klage- und Buß-
tagen vor[42].

4. Ausübung des Kultus

a) Die kultischen Begehungen geschahen nach bestimmten Regeln
und Ordnungen[43]. Daher haben die einzelnen Heiligtümer sicher
schon früh ihren Kultus in Regeln gefaßt, die von allen Besuchern
und Kultteilnehmern sorgfältig beachtet wurden. Erst recht hat ein
Staatsheiligtum wie dasjenige von Jerusalem eine anerkannte Kult-
regel besessen. Es wäre allerdings falsch, daraus auf eine große Einheitlichkeit der Riten zu schließen. Denn zweifellos haben sich sehr
verschiedenartige Kultregeln entwickelt; je mehr Heiligtümer, desto
größere Verschiedenheit der Riten.

In den Büchern Leviticus und Numeri sind bestimmte Kultordnungen verarbeitet: Dienstanweisungen für den Priester, die über
seine Tätigkeit belehren oder die Maßstäbe festlegen, nach denen er
urteilen sollte. Sie enthalten u. a. Vorschriften über die Opferarten
(z. B. Lev 1–3). Man kann oft die ursprüngliche Form wiederherstellen, indem man die Einleitungsformeln entfernt und die Anrede
bzw. die 2. Person in die 3. Person umwandelt. Diese Ordnungen
rühren in ihrem Kern wenigstens teilweise aus der Königszeit her.

Andere Belehrungen und Anweisungen, die ebenfalls für den
Priester bestimmt waren, enthalten Ausschnitte aus dem priester-
lichen Berufswissen (z. B. Lev 15). Sie unterscheiden sich von den
Kultordnungen dadurch, daß sie kleine Einzelstücke darstellen und

---

[41] BHH I 290–292. – IDB II 261 f. – Vgl. ferner H. W. Wolff, Der Aufruf
zur Volksklage, ZAW 76 (1964), 48–56.
[42] S-F § 62.
[43] K. Koch, Die Priesterschrift von Exodus 25 bis Leviticus 16, 1959. – R.
Rendtorff, Die Gesetze in der Priesterschrift, 1954.

ohne formalen oder sachlichen Zusammenhang zu Sammlungen an-
einandergereiht worden sind.

b) Die wichtigste Kulthandlung war das Opfer[44], für das sich die
Fragen nach den Opferarten, der Häufigkeit der Darbringung und
den Zwecken stellen.

Das seit alters bekannte Schlachtopfer (זֶבַח, *zæbăḥ*) war ein Ge-
meinschaftsopfer, für das Rind, Schaf oder Ziege als opfer- und
genußfähige Tiere verwendet wurden und zu dem eine Mahlgemein-
schaft zusammentrat[45]. Das Opfertier wurde zwischen Jahwe und
den Opfernden, von einer nicht zu bestimmenden Zeit an auch dem
Priester, geteilt. Jahwe erhielt die wertvollsten Teile des geschlach-
teten Tieres, die Fettstücke, die auf dem Altar verbrannt wurden.
Nachdem er auf diese Weise an der Speise seinen Anteil erhalten
hatte, konnte das Mahl beginnen, bei dem der Opfernde die Fleisch-
stücke – nach Abzug der Brust und der rechten Keule als Anteil des
Priesters – mit seiner Familie und den Eingeladenen verzehrte, die
rituell rein sein mußten. Da jedes Schlachten ein Opfern war und
man im täglichen Leben so gut wie kein Fleisch aß, erhielt eine solche
festliche Mahlzeit am Heiligtum einen besonderen Charakter. Vor
allem bewirkte diese Opferart Gemeinschaft: Gemeinschaft der
Mahlteilnehmer untereinander und Gemeinschaft der Mahlgruppe
mit Jahwe.

Eine derartige Opfermahlzeit war ferner mit derjenigen Opferart
verbunden, die שֶׁלֶם (*šælæm*) bzw שְׁלָמִים (*šelamîm*) hieß. Im Anschluß
an die zweifache Übersetzung der LXX wird es meist als *Heilsopfer*
oder *Friedensopfer* verstanden, seltener in anderer Weise[46]. Doch
dürfte die Ableitung von שׁלם (*šalăm*) pi. in der freilich seltenen
Bedeutung *vollenden* mit dem Sinn *Abschlußopfer* sachgemäßer sein.
Das Opfer wird in der Aufzählung in Reihen stets an letzter Stelle
genannt (z. B. II Reg 16,13) und scheint ursprünglich den Abschluß
einer aus Brandopfern bestehenden Feier gebildet zu haben (Ex 20,24;
Jdc 20,26; 21,4; I Sam 13,9; II Sam 6,17 f.; 24,25; I Reg 8,64), um
durch seine Opfermahlzeit den Gemeinschaftsgedanken hinzuzu-
fügen. Wegen dieses Ritus ist es verhältnismäßig früh mit dem

---

[44] BHH II 1345–1350. – RGG IV 1641–1647. – IDB IV 147–159.

[45] Anscheinend bezieht sich der Ausdruck *Feueropfer* I Sam 2,28 auf diese
Opferart. – RGG IV 607 f.

[46] Vgl. im einzelnen G. Fohrer in: ThW VII, 1022 f. – R. Schmid, Das
Bundesopfer in Israel, 1964: Bundesopfer.

Schlachtopfer zusammengefaßt worden, so daß man *Schlachtopfer, die Abschlußopfer sind,* erwähnt findet (Ex 24,5; I Sam 11,15). In der späteren, vor allem der nachexilischen Zeit ist das Schlachtopfer, das immer mehr an Bedeutung verloren hat, durch das im Ritus ähnliche Abschlußopfer zuerst neutralisiert und dann ersetzt worden.

Das Brandopfer (עֹלָה, 'olā), das nichtsemitischen Ursprungs ist (vgl. § 10,2), war ein Ganzopfer[47]. Der Opfernde, der rituell rein sein mußte, führte das Opfertier (auch Vögel) dem Priester zur Begutachtung vor und legte seine Hand auf den Kopf des Tieres – entweder als Bestätigung dafür, daß es wirklich vom Opfernden gegeben wurde oder zwecks Übertragung von Sünde, Fluch usw. auf es[48]. Der Opfernde schlachtete es sodann, der Priester vergoß das Blut um den Altar und verbrannte die Teile des zerlegten Tieres auf dem Altar, so daß sein Rauch zu Jahwe *aufstieg* (עלה, 'alā); weder der Opfernde noch der Priester erhielten einen Anteil. Solche Brandopfer ehrten Jahwe und huldigten ihm (I Sam 6,14); darum brachte man sie bei den großen Jahresfesten im Tempelkultus dar (I Reg 9,25). Aber auch die Bitten der Gemeinde (Jer 14,12) und des Königs (Ps 20,4 f.) wurden zu Brandopfern vorgetragen.

Beim Dankopfer (תּוֹדָה, tôdā) durfte im Unterschied von den anderen Opfern Gesäuertes dargebracht werden (Am 4,5). Dieses Opfer fand vor allem bei den Dankfeiern statt, in denen die Gesamtheit oder ein einzelner für die Rettung aus einer Notlage dankte.

Anscheinend ist das Schuldopfer (אָשָׁם, 'ašam) wenigstens gegen Ende der Königszeit bekannt gewesen, da das Heiligkeitsgesetz, das es in Lev 19,20 ff. erwähnt, auf eine vorexilische Grundlage zurückzuführen ist[49]. Dieses Opfer sollte leichtere Vergehen oder Verunreinigungen sühnen.

Seit alters waren das Speise- und das Trankopfer (Libation) üblich; dazu sind die Schaubrote zu rechnen (vgl. schon I Sam 21,3–7). Hatte

[47] L. Rost, Erwägungen zum israelitischen Brandopfer, in: Von Ugarit nach Qumran, Eißfeldt-Festschrift, 1958, 177–183. – W. H. Stevenson, Hebrew 'olah and zebach Sacrifices, in: Bertholet-Festschrift, 1950, 488–497.
[48] S. H. Hooke, The Theory and Practice of Substitution, VT 2 (1952), 2–17. – P. Volz, Die Handauflegung beim Opfer, ZAW 21 (1901), 93 bis 100. – Anders J. C. Matthes, Der Sühnegedanke bei den Sündopfern, ZAW 23 (1903), 97–119.
[49] P. D. Schötz, Schuld- und Sündopfer im Alten Testament, 1930. – N. H. Snaith, The Sin-offering and the Guilt-offering, VT 15 (1965), 73–80.

der Ausdruck *Gabe (מִנְחָה, minḥā)* ursprünglich die gesamten tierischen und vegetabilischen Darbringungen einer Opferhandlung bezeichnet, so beschränkte man ihn allmählich auf die letzteren, die Getreide, Pflanzen, Öl und Wein umfassen konnten. In diesem Sinne steht der Ausdruck neben dem Schlachtopfer (I Sam 2,29; 3,14; Jes 19,21), dem Abschlußopfer (Am 5,22) und dem Brandopfer (Jer 14,12; Ps 20,4).

Das Räucheropfer ist durch die Erwähnung und den Fund von Räucheraltären für die ganze Königszeit belegt[50]. Zwar wird der aus Südarabien eingeführte Weihrauch erstmalig in Jer 6,20 genannt, aber das besagt nicht, daß er nicht schon früher verwendet worden wäre. Außerdem standen andere Harze zur Verfügung[51].

Aus der kanaanäischen Religion hat Israel die Weihe der Erstgeburt an die Gottheit übernommen[52]. Wie die Erstlinge der Feldfrüchte bei den Erntefesten, so sollte die männliche Erstgeburt des Viehs dargebracht werden (Ex 34,19). Wie weit dies ursprünglich für die menschliche Erstgeburt gegolten hat, ist nicht ersichtlich; jedenfalls scheint schon die kanaanäische Vorform der Erzählung von Abrahams Opfergang zur Schlachtung seines Sohnes (Gen 22) den Ersatz des Menschenopfers durch ein Tieropfer begründet zu haben. Die Darbringung der tierischen Erstgeburt diente in Israel sodann der Anerkennung des Herrschafts- und Besitzrechtes Jahwes und drückte die Abhängigkeit von ihm und den Dank an ihn aus.

Die kultische Abgabe des Zehnten[53] ist während der Königszeit nur für das Nordreich belegt. Am 4,4 erwähnt sie für Betel und Gilgal, Gen 28,22 (E) begründet sie für Betel durch die Zurückführung auf Jakob. Die in Gen 14,20 vorliegende Begründung für Jerusalem stammt erst aus wesentlich späterer Zeit. Genauere Regelungen scheinen erst durch das Deuteronomium und in nachexilischer Zeit getroffen worden zu sein.

Der Opferkultus war eine selbstverständliche Übung. Daher ist über die Zahl und Regelmäßigkeit der Opfer fast nichts überliefert. Es ist unbekannt, ob man sich darauf beschränkte, zu bestimmten

---

[50] M. Haran, The Use of Incense in the Ancient Israelite Ritual, VT 10 (1960), 113–129. – M. Löhr, Das Räucheropfer im Alten Testament, eine archäologische Untersuchung, 1927.

[51] Vgl. BRL 265 f.

[52] BHH I 434. – RGG II 608–610. – IDB II 271.

[53] BHH III 2208 f. – RGG VI 1878 f. – O. Eißfeldt, Erstlinge und Zehnten im Alten Testament, 1917.

Terminen und aus bestimmten Anlässen zu opfern, oder ob es regelmäßig, vielleicht sogar täglich, oder nach Belieben geschah. Lediglich II Reg 16,15 erwähnt für den Jerusalemer Tempel ein regelmäßiges Brandopfer am Morgen und Speiseopfer am Abend.

Mit der Darbringung der Opfer konnten verschiedene Zwecke verfolgt werden; doch hängen alle mit dem Grundgedanken der Gottesherrschaft und Gottesgemeinschaft zusammen. Daß die Schlacht- und Abschlußopfer dazu dienten, die Gemeinschaft der Teilnehmer an der Opfermahlzeit untereinander und mit Jahwe herzustellen, wurde bereits erwähnt. Ein anderer Zweck, vor allem der Brandopfer, bestand darin, Jahwe eine Gabe vorzulegen; dadurch erkannte man die Hoheit des göttlichen Herrschers an, huldigte ihm und bezeugte die Verehrung für ihn. Das Opfer konnte ferner eine Bitte unterstützen oder den Dank für erfahrene Hilfe ausdrücken. Doch auch die Beschwichtigung des göttlichen Zornes oder die Sühnung menschlicher Vergehen gegen Jahwe konnten Zwecke des Opfers sein[54]. Es verschaffte Jahwe einen Beschwichtigungsgeruch (רֵיחַ נִיחֹחַ, *rêaḥ niḥoaḥ*), der seinen Zorn besänftigte (Gen 8,21; I Sam 26,19), oder war eine sühnende Gabe an Stelle des eigentlich verwirkten Menschenlebens (vgl. Mi 6,7)[55]. Schließlich war es möglich, daß ein einzelner – vielleicht während eines Festes – eine freie Stiftung ausrief (Am 4,5), wobei sogar ein verkrüppeltes Tier gegeben werden durfte (Lev 22,23).

c) Obschon das Darbringen der Opfer eine bedeutsame Rolle spielte, erschöpfte sich der Kultus nicht darin. Vielmehr sind eine Reihe von weiteren kultischen oder im kultischen Bereich vorgenommenen Handlungen bekannt, zu denen auch urtümliches religiöses Gut gehörte (§ 2,3). Ein Weiheritus ist das Gelübde[56], das meist für den Fall der Erfüllung einer Bitte oder eines Wunsches (Gen 28,20–22; Jdc 11,30 f.; I Sam 1,11; II Sam 15,8), seltener zur Bezeigung des Dankes (Jon 1,16) abgelegt wurde. Im Laufe der Zeit

---

[54] RGG VI 507–511. – IDB I 310; IV 16 f. – S. Herner, Sühne und Vergebung in Israel, 1942. – J. J. Stamm, Erlösen und Vergeben im Alten Testament, 1940.

[55] L. Moraldi, Espiazione sacrificiale e riti espiatori nell'ambiente biblico, 1956. – R. J. Thompson, Penitence and Sacrifice in Early Israel outside the Levitical Law, 1963.

[56] BHH I 541 f. – RGG II 1322 f. – IDB IV 792 f. – W. H. Gispen, De gelofte, GThT 61 (1961), 4–13. 37–45. 65–73. 93–107. – A. Wendel, Das israelitisch-jüdische Gelübde, 1931.

wurde es mitsamt seiner Erfüllung immer stärker in den Kultus
einbezogen und auch der Priester eingeschaltet (vgl. Lev 7,16; 22,21;
27,2–8; Num 6,2–21; 15,8).

Riten der Reinigung oder Entheiligung wurden erforderlich, wenn
jemand mit dem Unreinen oder mit dem Heiligen in enge Berührung geraten war[57]: die Frau durch die Entbindung, die sie unrein
machte, oder der Priester durch das Opfer, das ihn heilig machte.
Dann war es erforderlich, sich zu reinigen oder zu entheiligen, um
in das alltägliche Leben zurückzukehren. Dazu dienten entweder
Opfer wie bei der Wöchnerin (Lev 12,1–8), dem Aussätzigen
(Lev 14,10–32) und einem Fall sexueller Unreinheit (Lev 15,14 f.29 f.)
oder Waschungen mit Wasser wie bei der Reinigung von Gefäßen,
Kleidern oder Personen, die durch Berührung mit Unreinem befleckt
waren (Lev 11,24 f. 28. 32. 40; 15). Vielfach handelt es sich um urtümliche Sitten oder Vorstellungen, die im kultischen Bereich unter ge-
wandeltem Verständnis weiterlebten.

Segen und Fluch wurden mit besonderer Vollmacht vom Priester
erteilt; indem dieser während einer Kulthandlung den Namen Jahwes *auf die Israeliten* legte, wurde der göttliche Segen wirksam
(Num 6,27). Allgemein wurde die ursprünglich magische Segens- und
Fluchformel zu einem auf Jahwe bezogenen Wunsch: *Gesegnet (verflucht) von* (oder *vor*) *Jahwe*. Daneben diente das Orakel dazu, die
das Geschick bestimmende göttliche Antwort einzuholen[58]; ein kult-
prophetisches Orakel anläßlich einer Königshochzeit liegt in Ps 45
vor. Mittels des Ordals wurden verdächtige Handlungen oder Personen geprüft (vgl. Num 5,11 ff.)[59]. Auch kultprophetische Sprüche
konnten zu einer Kulthandlung gehören. So stellt Ps 82 eine kultprophetische Gerichtsrede Jahwes mit Schelt-, Mahn- und Drohwort
zur Auseinandersetzung mit der kanaanäischen Götterwelt dar. Die
Kultpropheten Nahum und Habakuk dürften ihre Drohungen gegen

---

[57] BHH III 1578 f. 2052 f. – RGG V 942–944. 947 f.; VI 1549. – IDB I
     648. – W. H. Gispen, The Distinction between Clean and Unclean, OTS
     V, 1948, 190–196.
[58] BHH I 598–600. – RGG IV 1664–1666. – F. Küchler, Das priesterliche
     Orakel in Israel und Juda, in: Baudissin-Festschrift, 1918, 285–301. –
     J. Begrich, Das priesterliche Heilsorakel, ZAW 52 (1934), 81–92 (= Ge-
     sammelte Studien zum Alten Testament, 1964, 217–231).
[59] BHH I 600. – RGG II 1808 f. – R. Preß, Das Ordal im alten Israel,
     ZAW 51 (1933), 121–140. 227–255.

das assyrische Reich am ehesten ebenfalls im Kultus des Jerusalemer Tempels vorgetragen haben[60].

Mit den Kulthandlungen waren Lieder und Gebete verbunden[61]. Die wenigen mit einiger Wahrscheinlichkeit aus der Königszeit herzuleitenden Psalmen sind freilich – abgesehen von den recht unterschiedlichen Königsliedern – überwiegend kultische Gebete des einzelnen: Klage- und Dankgebete (Ps 31,1–9; 31,10–25; 56), Klagegebete (Ps 3; 27,7–14; 28; 42/43; 54; 57; 59; 61) und Dankgebete (Ps 30; 63). Von anderer Art sind nur die beiden kultischen Einzugsliturgien (Ps 15; 24) und die nichtkultischen Vertrauenslieder des einzelnen (Ps 11; 27,1–6). Die Klagegebete, die auffällig stark vertreten sind, setzen voraus, daß ein vorgegebener Heilszustand normal sein sollte, jedoch durch menschliches Versagen oder göttlichen Zorn gestört war. Das Gebet war die Bitte an Jahwe, die Störung zu beseitigen und den Heilszustand wiederherzustellen[62]. Das Gebet wurde manchmal stehend gesprochen (vgl. I Sam 1,26; I Reg 8,22; Jer 18,20), häufiger auf den Knien (vgl. I Reg 8,54), die Hände zum Himmel erhoben (I Reg 8,22.54; Jes 1,15) oder die Stirn zur Erde gesenkt (Ps 5,8; 99,5.9). Es ist die gleiche Haltung, die man vor dem König oder einer zu ehrenden Person einnahm (vgl. I Sam 24,9; II Sam 9,8; I Reg 2,19; II Reg 1,13; 4,37).

Schließlich sind Tanz (II Sam 6,5) und Prozession (Jes 30,29; Ps 42,5) zu nennen, während die Aufführung von kultdramatischen Handlungen nicht belegt und unwahrscheinlich ist.

5. Kultpersonen

Der Priester[63] wurde in sein Amt nicht wie ein Prophet berufen, sondern übernahm seine Tätigkeit als Angehöriger einer Priesterfamilie. Er wurde ursprünglich nicht mittels eines Ritus geweiht, sondern trat sein Amt ohne dergleichen an; seine Tätigkeit selbst heiligte ihn (für das andersartige spätere Verfahren vgl. Ex 28,41). Er wurde dadurch vom profanen Bereich und Leben aus-

---

[60] Vgl. S-F § 67 f.

[61] BHH I 518–522. 554 f.; II 1258–1262. – RGG II 1213–1217; IV 1201 bis 1205. – IDB III 857–862.

[62] D. R. Ap-Thomas, Some Notes on the Old Testament Attitude to Prayer, SJTh 9 (1956), 422–429. – A. Wendel, Das freie Laiengebet im vorexilischen Israel, 1932.

[63] BHH III 1486–1489. – RGG V 574–578. – IDB III 876–889.

gesondert, mußte davon getrennt bleiben und wurde darum man-
chen Verboten und Reinheitsvorschriften unterworfen, die sich im
Laufe der Zeit verschärften (vgl. Ex 28,42 f.; 30,17–21; 40,31 f.;
Lev 8,6; 10,8–11; 21,1–7; Num 8,7)[64]. Durch seine Abstammung von
einer bestimmten Priesterfamilie war er für den Dienst desjenigen
Heiligtums eingesetzt, zu dem jene gehörte, und teilte mit seiner
Familie dessen Schicksale. Wie also der Jerusalemer Tempel die Vor-
herrschaft über die anderen Heiligtümer erlangte, so gewann seine
Priesterschaft den Vorrang vor den Priestern der Landschaft.

Zu den Aufgaben des Priesters gehörten vor allem das Einholen
von Orakel und Ordal, das Erteilen von Weisungen und von Segen
oder Fluch, während seine Betätigung beim Opfer zunächst gering
war und nur das Ausgießen des Blutes, das Niederlegen der für
Jahwe bestimmten Tierteile auf den Altar und das Räucheropfer
umfaßte. Später jedoch traten die erstgenannten Aufgaben stark
oder völlig zurück, die Opferhandlung dagegen wurde mehr und
mehr dem Priester vorbehalten und ein priesterliches Monopol. In
seinen verschiedenen Aufgaben vertrat der Priester einerseits Jahwe
vor den Menschen (Orakel, Ordal, Weisung, Segen und Fluch), andererseits den Menschen vor Jahwe (Opfer). So wirkte er in seinem
Amt als Mittler.

Der für die Einsetzung des Priesters verwendete alte Ausdruck
seine Hand füllen (Jdc 17,12) umschreibt wahrscheinlich sein Recht
auf einen Teil der Opfergaben und der Einkünfte des Heiligtums.
Allgemein galt, daß der Priester vom Altar lebt: Er erhielt mit
Ausnahme der Brandopfer einen Teil der Opfertiere, wahrscheinlich
auch einen Teil der vegetabilischen Gaben und Erstlinge sowie des
Zehnten. Daß Mißbräuche vorkamen, geht aus I Sam 2,12–17;
Hos 4,8 hervor.

In Jerusalem hat sich das Priestertum der Sadoqiden bis zum Exil
gehalten[65], wenn auch die Liste der Nachfolger Sadoqs in I Chr
5,34–41 ein künstliches Gebilde darstellt, das – falls sich aus dem
Text wirklich Zwölferlisten ergeben – den 12 Generationen seiner
Vorfahren vor dem Tempelbau (I Chr 5,29–34) in beabsichtigter
Symmetrie 12 Priestergenerationen vom Bau des salomonischen

---

[64] W. Falk, Endogamy in Israel, Tarbiz 32 (1962/63), 19–34.
[65] A. Bentzen, Zur Geschichte der Ṣadokiden, ZAW 51 (1933), 173–176.

Tempels bis zur Wiedererrichtung nach dem Exil gegenübergestellt[66]. Die Jerusalemer Priester waren königliche Beamte; ihre Oberen gehörten zu den hohen Beamten (I Reg 4,2), wurden vom König ein- und abgesetzt (I Reg 2,27.35) und erhielten von ihm Anordnungen (II Reg 12,5–17; 16,10–16). Allerdings gab es auch Konflikte, da die Priester versuchten, die Verfügungsgewalt des Königs über den Tempel und seinen Kultus einzuschränken.

Die Priesterschaft in Jerusalem – wahrscheinlich auch an anderen großen Heiligtümern (vgl. Am 7,10) – war hierarchisch gegliedert. An der Spitze stand *der Priester* (I Reg 4,2 u. ö.), der *Ober-* oder *Hauptpriester* (II Reg 25,18), der die anderen Priester beaufsichtigte und seinerseits dem König verantwortlich war. Nach ihm folgte der *Zweitpriester* (II Reg 23,4; 25,18), der in Jer 29,24 ff. den Titel *Tempelaufseher* trägt und die Tempelpolizei befehligte. Höhere Priesterämter bekleideten auch die *Schwellenhüter* (II Reg 23,4), deren Zahl nach II Reg 25,18 drei betrug. Eine Folge der Verzweigung der Priesterschaft sind die *Ältesten der Priester,* die Häupter der Priesterfamilien (II Reg 19,2; Jer 19,1).

Von den Leviten[67] ist während der Königszeit kaum die Rede. Nur gegen Jerobeam I. wird der Vorwurf erhoben, daß er im Staatsheiligtum Betel nichtlevitische Priester eingesetzt habe (I Reg 12,31; 13,33). Doch wird man weiterhin annehmen dürfen, daß Leviten an den Landheiligtümern tätig waren (vgl. § 10,2; 11,3).

Des weiteren konnten an den Heiligtümern Kultpropheten auftreten, die mit diesen aber nur in loser Verbindung standen. Auf sie ist in einem anderen Zusammenhang einzugehen (§ 19,1).

Als Hilfspersonal kann man die Sänger und Torhüter bezeichnen. Da in Esr 2,41 f. ihre Rückkehr aus dem Exil erwähnt wird, muß es solche Personen schon vor der Zerstörung des Jerusalemer Tempels gegeben haben. Auch für das Nordreich werden sie vorausgesetzt (Am 5,23). Auf die frühe Übernahme der Tempelsänger aus den kanaanäischen Kulten weisen die Namen Etan, Heman und Jedutun hin (in Psalmenüberschriften, I Reg 5,11; I Chr 6,18–32; 25,1), die

---

[66] Anders H. J. Katzenstein, Some Remarks on the Lists of the Chief Priests of the Temple of Solomon, JBL 81 (1962), 377–384. – Vgl. ferner J. Bowman, La Genealogioj de la Ĉefpastroj en la Hebrea kaj la Samaritana Tradicioj, Biblia Revuo 5 (1966), 1–16.

[67] BHH II 1077–1079. – RGG IV 336 f. – K. Möhlenbrink, Die levitischen Überlieferungen des Alten Testaments, ZAW 52 (1934), 184–231.

nicht israelitisch sind; sie galten als Künstler (*Weise*), teilweise werden sie als Ezrachiter, d. h. als Einheimische bzw. Kanaanäer, und als Angehörige einer Musiker- oder Chorgilde מָחוֹל *(maḥôl)* bezeichnet.

Schließlich gehörten Sklaven zum Jerusalemer Tempel, die die einfachen Arbeiten verrichteten; nach Jos 9,27 sind die Gibeoniten zum Holzhacken und Wassertragen verurteilt worden. Die in Esr 2,43 ff.; 8,20 unter den Heimkehrern aus dem Exil angeführten נְתִינִים *(nᵉtînîm)* sind solche Tempelsklaven gewesen.

Zwar werden singende und tanzende Frauen bei religiösen Festen erwähnt (Ex 15,20; Jdc 21,21; Ps 68,26), auch hat es in Israel Prophetinnen (II Reg 22,14; Jes 8,3) und gelegentlich entgegen den Grundsätzen der Jahwereligion sakrale Prostituierte gegeben, weibliches Kultpersonal im eigentlichen Sinn des Wortes aber fehlte.

6. Ausblick und Kritik

Der tiefe Einschnitt, den zuerst die deuteronomische Kultuszentralisation und -reform und danach die Zerstörung des Jerusalemer Tempels und das Exil darstellten, hat sich auf dem Gebiet des Kultus erheblich ausgewirkt. In mancher Hinsicht bietet der nachexilische Kultus ein vom vorexilischen mehr oder weniger stark abweichendes und eigenes Bild (vgl. § 28,4). Wie aber der Kultus der Jahwereligion keine statische Größe, sondern in steter Wandlung begriffen war, so war er auch nicht unangefochten, sondern zumindest seit dem 8. Jh. v. Chr. der Kritik ausgesetzt. Es handelt sich um die teilweise grundlegende Kultuskritik der großen Einzelpropheten, insbesondere des Amos, Hosea, Jesaja und Jeremia, in geringerem Maße des Micha und Zephanja; auf sie ist an anderer Stelle einzugehen (§ 20,2).

§ 17 Leben und Tod

A. Bertholet, Die israelitischen Vorstellungen vom Zustand nach dem Tode, 1914². – E. Dhorme, L'idée de l'au-delà dans la religion hébraïque, RHR 123 (1941), 113–142. – L. Dürr, Die Wertung des Lebens im Alten Testament und im antiken Orient, 1926. – A. F. Fey, The Concept of Death in Early Israelite Religion, JBR 32 (1964), 239–247. – G. Fohrer, Das Geschick des Menschen nach dem Tode im Alten Testament, KuD 14 (1968), Heft 4. – A. R. Johnson, The Vitality of the Individual in the Thought of Ancient Israel, 1964². – R. Martin-Achard, De la mort à la résurrection d'après l'Ancien Testament, 1956. – G. Quell, Die Auffassung des Todes im Alten Testament, 1925. – J. Scharbert, Fleisch, Geist und Seele im Pentateuch, 1966. – J. Schreiner, Geburt und Tod in biblischer Sicht, BiLe 7 (1966), 127–150. – F. Schwally, Das Leben nach dem Tode nach den Vorstellungen des alten Israel und des Judentums, 1892. – L. Wächter, Der Tod im Alten Testament, 1967.

1. Der Mensch als Lebewesen und im Diesseits

a) Als Jahwe den Menschen *als Staub* bildete, hauchte er ihm Lebensodem ein; dadurch wurde er ein *lebendiges Wesen* (Gen 2,7)[1]. Das von J verwendete Wort נֶפֶשׁ (*næpæš*) *Wesen* bedeutete ursprünglich *Kehle*, sodann den durch die Kehle gehenden *Atem* und das an diesem erkennbare *Leben*, das im Blute ist, von da aus *Mensch, Persönlichkeit, Ich*, aber auch die *Seele* als Sitz und Träger von Stimmungen und Empfindungen (z. B. *Verlangen*). Daran wird deutlich, daß meist der ganze Mensch gemeint ist. Jahwe hat nicht den Körper gebildet und eine „Seele" hinzugefügt; vielmehr ist der Mensch eine lebendige Ganzheit und nicht dicho- oder trichotomisch zu verstehen.

Einerseits ist dieser Mensch, der אָדָם (*'adam*), von der אֲדָמָה (*'adamā*), dem *Ackerboden*, genommen; während diese Erklärung von J wohl mit der Ähnlichkeit der beiden Wörter spielt, liegt der Nachdruck darauf, daß der Mensch *Staub* ist (Gen 2,7; 3,19) oder aus Lehm geschaffen wurde (Hi 10,9; 33,6) und daß er darum zum Staube zurückkehren muß (Ps 90,3). Dadurch wird seine Vergänglichkeit und Sterblichkeit ausgedrückt. Der Mensch ist ferner *Fleisch* (בָּשָׂר, *baśar*)[2], Jahwe dagegen Geist (Gen 6,3; Jes 31,3). Diese Gegenüberstellung bezieht sich nicht auf den Gegensatz zwischen dem Materiellen und dem Geistigen, sondern bezeichnet den schwachen Menschen gegenüber dem starken Gott (Jer 17,5; Jes 31,1–3) oder den vergänglichen Menschen gegenüber dem ewig lebendigen Gott (Gen 6,3; Jes 40,6.8).

Was andererseits den staubernen, schwachen und vergänglichen Menschen zu einem Lebewesen macht, ist die göttliche Lebenskraft, die ihm als Odem (נְשָׁמָה, *neśamā*) oder Geist (רוּחַ, *rûªh*)[3] gegeben

---

[1] BHH II 1055–1057. – IDB III 124–126. – J. H. Becker, Het begrip nefesj in het Oude Testament, 1942. – D. Lys, Nèphèsh, 1959.

[2] RGG II 974 f. – IDB II 276.

[3] J. Hehn, Zum Problem des Geistes im Alten Orient und im Alten Testament, ZAW 43 (1925), 210–225. – P. van Imschoot, L'esprit de Jahvé,

wird. Ohne Odem oder Geist gibt es kein Leben und daher keine
Stimmungen, Empfindungen und Gefühle. Außer der „Seele" gelten
als Sitz und Träger der Gemütsbewegungen das Herz als Organ des
Denkens und Fühlens, das Eindrücke aufnimmt, Pläne macht, Mut
und Willen entfacht und religiöse Erkenntnis entwickelt, ferner die
Nieren, Leber und Eingeweide wie auch sonst im Alten Orient.

b) Der Mensch ist ganz und gar im diesseitigen Leben verhaftet
und die Jahwereligion durch ihre volle und uneingeschränkte Dies-
seitigkeit gekennzeichnet. Wie das Reden und Handeln Jahwes sich
in der jeweiligen Gegenwart ereignen, so ist das menschliche Dasein
mit seinen Beziehungen zu Gott und zur Mitwelt ausschließlich an
das Diesseits gebunden. Nur in ihm ist eine sinnerfüllte menschliche
Existenz möglich. Daher muß der Mensch sein gegenwärtiges Leben
in solcher Weise gestalten, daß es seinen vollen Sinn hier und jetzt
erhält. Denn das Leben dient nicht der Vorbereitung auf ein Jenseits
und wird auch nicht durch eine jenseitige Existenz ergänzt, sondern
erlangt seinen Wert durch den gegenwärtigen, unwiederbringlichen
Augenblick, in dem allein der Mensch erleben und erfahren kann,
was es zu erleben und zu erfahren gibt.

Daher wünschte der Israelit sich, *in schönem Alter* oder *alt und
lebenssatt* zu sterben (Gen 15,15; 25,8; 35,29; Jdc 8,32; Hi 42,17;
I Chr 23,1; 29,28), d. h. nach einem ungestörten Durchmessen der
dem Menschen möglichen Lebenszeit (Gen 6,3; Ps 90,10) und nach
einem erfüllten, gesättigten Leben. Es war schlimm, wenn einer den
frühen Tod des Gottlosen sterben mußte (II Sam 3,33) und *in der
Mitte seines Lebens* dahingerafft wurde (Ps 102,25), zumal der vor-
zeitige und plötzliche Tod als göttliche Strafe galt (I Sam 25,38; 26,10;
Jer 17,11; Ps 26,9).

Ebenso beschränkte sich die Beziehung des Menschen zu Jahwe
auf das Diesseits. Denn er ist ein Gott der Lebenden, nicht der
Toten. Die Toten sind von ihm getrennt, darum hält er sich an die
Lebenden, die ihm dienen und seine Herrschaft anerkennen, sich von
ihm gewinnen lassen und in der Gemeinschaft mit ihm leben sollen.
Umgekehrt halten nur die Lebenden sich an Jahwe:

source de vie, dans l'Ancien Testament, RB 44 (1935), 481–501. – D.
Lys, Rûach, 1962. – J. H. Scheepers, Die gees van God en die gees van
die mens in die Ou Testament, 1960. – P. Volz, Der Geist Gottes und
die verwandten Erscheinungen im Alten Testament und im anschließenden
Judentum, 1910. – M. Westphal, La ruach dans l'Ancien Testament, Diss.
Genf 1958.

> Denn die Unterwelt dankt dir nicht,
> der Tod kann dich nicht preisen.
> Die in die Grube erst gefahren, hoffen nicht (mehr)
> auf deine Treue. (Jes 38,18)

Daran dachte der Beter, der Jahwe sein Leid klagte und ihn um Hilfe bat, damit er ihn nicht sterben lassen möge. Wenn er seiner Krankheit erlag, hatte er nichts mehr zu erwarten. Es blieb nur ein schattenhaftes Dasein in Dunkel und Vergessen:

> Kannst du an Toten Wunder tun,
> stehen die Schatten auf, um dich zu preisen?
> Rühmt man im Grab deine Verbundenheit,
> im Totenreich deine Treue?
> Wird deine Wundermacht im ewigen Dunkel kund,
> im Lande des Vergessens dein gerechtes Walten? (Ps 88,11–13)

Abweichungen von diesen Vorstellungen sind äußerst selten (Ps 22,30).

2. Verhältnis von Leben und Tod

Trotz ihrer Gegensätzlichkeit waren Leben und Tod für den Israeliten keine streng gegeneinander abgegrenzten Bereiche, sondern bewegliche und bewegte Kraftfelder, die auf- und ineinander wirken konnten: Die Macht des Todes vermag in das menschliche Lebensfeld einzudringen und dort um sich zu greifen. Dann wird die Lebenskraft schwächer, bis sie schließlich vielleicht ganz erlischt oder aber in neuem Aufschwung die Kraft des Todes überwindet.

So schildert Jes 3,1–9, wie nach der angedrohten Deportation der jerusalemischen Oberschicht unter den Zurückgebliebenen als weitere Folge Chaos und Anarchie einreißen werden. Dadurch wird das Leben, das sich sonst auf dem herkömmlichen Recht und der herkömmlichen Ordnung aufbaut, aufs schwerste bedroht. Es gerät aus dem Gleichtakt, weil alle Bande gebrochen und alle Ordnungen aufgelöst werden, und entartet zu einem wilden und anarchischen Leben, das nur mehr geringe Kraft besitzt und allmählich abstirbt. Auch die Frauen, die nach dem Schlachtentod der meisten Männer alles Schamgefühl beiseite schieben, sich dem erstbesten Mann an den Hals werfen und sogar auf ihr Versorgungsrecht verzichten, werden in den Untergang hineingerissen (Jes 3,25–4,1). Ebenso verhält es sich beim einzelnen Menschen, für den die Krankheit oder die Bedrängnis durch Feinde einen Einbruch des Todes in sein Dasein und eine Vorform des Todes darstellen, so daß er sich schon in der Unterwelt sehen kann (Jes 38,10; Ps 18,5 f.; 88,4–6). Solche klagenden Schilderungen sind nicht dichterischer Überschwang, sondern drücken das allgemeine atl. Verständnis des Verhältnisses von Leben und Tod aus. Genauso ernsthaft ist die Bitte an Jahwe gemeint, dem Beter das Leben wiederzugeben und ihn aus den Erdentiefen hinaufzuführen (Ps 71,20), und wird die erfolgte Rettung aus Krankheit oder Feindesnot als eine Rettung aus Grab und Unterwelt gepriesen (Ps 30,4; 86,13)[4].

3. Nach dem Tode

a) Viele der mit einem Todesfall verbundenen Vorstellungen und Bräuche sind urtümlich und teilweise von ursprünglich magischer Bedeutung (vgl. § 2,3). So galt die Leiche als unrein, und wer sie berührte, wurde ebenfalls unrein; es ist möglich, daß dies auf alten Tabuvorstellungen beruht.

Die Trauerbräuche[5], die ursprünglich entweder dem Toten neue Lebenskraft zuführen oder die von ihm drohenden Schäden abwenden sollten, haben allmählich den Sinn von „Selbstminderungsriten"[6] erhalten. Man setzte oder legte sich auf die Erde (Jes 3,26; 47,1; Jer 6,26), weinte und fastete (II Sam 1,12), zerriß das Gewand (Gen 37,29.34) und legte das aus dunklem Ziegen- oder Kamelhaar angefertigte Trauergewand, den „Sack", an (Gen 37,34; II Sam 3,31; 21,10), ging barfuß, löste den Kopfbund und verhüllte den Bart (Ez 24,17), schlug sich an Hüften und Brust (Jes 32,12; Jer 31,19), streute sich Erde oder Asche aufs Haupt (I Sam 4,12; II Sam 1,2; Ez 27,30). Ferner scherte man das Haar und stutzte den Bart (Jes 22,12; Jer 7,29; Am 8,10) oder ritzte sich die Haut ein (Jer 16,6; 41,5); obwohl diese letzteren Bräuche, denen ihre kanaanäische Herkunft offenbar zu stark anhaftete (vgl. I Reg 18,28; Jer 47,5), mehr-

---

[4] Ch. Barth, Die Errettung vom Tode in den individuellen Klage- und Dankliedern des Alten Testaments, 1947.

[5] BHH III 2021 f. – RGG VI 1000 f. – IDB III 452–454. – H. J. Elhorst, Die israelitischen Trauerriten, 1914. – P. Heinisch, Die Trauergebräuche bei den Israeliten, 1931. – N. Lohfink, Enthielten die im Alten Testament bezeugten Klageriten eine Phase des Schweigens?, VT 12 (1962), 260 bis 277. – J. C. Matthes, Die israelitische Trauergebräuche, 1905.

[6] E. Kutsch, „Trauerbräuche" und „Selbstminderungsriten" im Alten Testament, in: K. Lüthi – E. Kutsch – W. Dantine, Drei Wiener Antrittsreden, 1964, 25–42.

fach verboten wurden (Lev 19,27 f.; 21,5; Dtn 14,1), haben sie sich doch lange Zeit halten können.

Ausdruck der Trauer waren die dumpfe Klage (Am 5,16) und die Weherufe wie *Ach, mein Bruder; Ach, Schwester; Ach, Herr* (I Reg 13,30; Jer 22,18; 34,5), die ursprünglich im Totenkultus oder im Kultus der Vegetationsgottheiten beheimatet waren[7]. Zur Totenklage gehörte außerdem das Leichenlied[8], das von den Angehörigen des Toten oder von berufsmäßigen Klagefrauen beim Klang der Flöte gesungen wurde. Zwei solcher Lieder, die von David stammen, beklagen Saul und Jonatan (II Sam 1,19–27) und Abner (II Sam 3,33 f.). Jeremia will die Klagefrauen ein neues Leichenlied lehren (Jer 9,19–21).

Eine Totenverehrung[9] hat die Jahwereligion abgelehnt (indirekt aus Lev 19,31; 20,6.27; Dtn 18,11 zu entnehmen). Anzeichen für einen Kultus wie die Befragung von Totengeistern, vor denen man sich verehrend niederwarf (I Sam 28,13 f.; vgl. II Reg 21,6; Jes 8,19), ihre Versorgung mit Gaben (zu erschließen aus Dtn 16,14) oder Opfermahlzeiten (Ps 106,28) sind spärlich. Dergleichen hat durchweg als Abfall von Jahwe gegolten. Auch die Vorstellung von einem Totengericht ist unbekannt[10].

Das Begräbnis[11], zu dem die Leiche auf einer Bahre getragen wurde (II Sam 3,31), fand meist am Sterbetag statt. Im Anschluß daran beobachtete man eine siebentägige strenge Trauer (I Sam 31,13), die in besonderen Fällen auf eine längere Zeit ausgedehnt werden konnte (Gen 50,3; Dtn 34,8).

b) Gewöhnlich nimmt das AT an, daß der Mensch nach dem Tode nicht völlig ausgelöscht ist, sondern in einer gewissen Weise weiterhin existiert. Natürlich ist es nicht als ein Leben im vollen Sinn des Wortes, sondern eher als ein Vegetieren zu bezeichnen. Wichtig dabei ist, daß es sich wieder um den ganzen Menschen und nicht um seine „Seele" oder einen anderen Teil handelt. Ein Schattenbild seiner Person löst sich im Tode los und vegetiert in der Unterwelt weiter. Seine Existenz hängt offensichtlich von der Leiche und nach deren Verwesung von den Gebeinen ab. Sie bilden in einem nicht genauer zu bestimmenden Maße das irdische, reale Substrat für das Schatten-

[7] S-F § 40,6.
[8] P. Heinisch, Die Totenklage im Alten Testament, 1931. – H. Jahnow, Das hebräische Leichenlied, 1923.
[9] J. Frey, Seelenglaube und Seelenkult im alten Israel, 1898. – A. Lods, La croyance à la vie future et le culte des morts dans l'antiquité israélite, 1902. – Vgl. RGG VI 961 f.
[10] H. Cazelles in: Le jugement des morts, 1961, 103–142.
[11] BHH I 211 f. – IDB I 474–476.

bild. Daher gab es keine Leichenverbrennung und galt das Verbrennen der Gebeine als Frevel (Am 2,1). Daher bewahrte man auch in den Grabkammern, die oft während vieler Generationen benutzt wurden, die Gebeine in einer Sammelgrube, in späterer Zeit in Ossuarien auf.

Für das Geschick des Menschen nach dem Tode war also das Grab als Aufbewahrungsort von Leiche und Gebein als des Substrats des Schattenbildes von entscheidender Wichtigkeit. Daher wird man in den Erwähnungen von Grab und Unterwelt weder einen Entwicklungsvorgang noch einen Widerspruch erblicken dürfen. Für die Annahme einer Entwicklung, die den Weg Einzelgrab – viele Gräber – große Grabhöhle – Unterwelt gegangen wäre, finden sich keine Hinweise. Ebensowenig ist das Nebeneinander vom Grab als Ort der Aufbewahrung und der Vereinigung mit den Vätern und von der Unterwelt als *Sammelplatz alles Lebendigen* (Hi 30,23) ein nicht ausgeglichener Widerspruch. Vielmehr enthält das Grab das Substrat des Schattenbildes, das in der Unterwelt vegetiert.

Diese Unterwelt[12] ist weder dem Hades der Griechen noch der Hölle und dem Fegefeuer vergleichbar. Der hebräische Ausdruck Scheol (שְׁאוֹל, *še'ôl*) bedeutet wahrscheinlich das *Nicht-Land*, das *Un-Land*, den Bereich, in dem es nichts Wirkendes, Aktives, Dynamisches gibt und der daher im israelitischen Sinne nicht „ist". Man dachte sie sich als einen in sich geschlossenen Raum innerhalb des Ozeans unter der Erdscheibe oder sogar unter diesem Wasser (Hi 26,5). In diesen Bereich der völligen Kraftlosigkeit, der mit Tor und Riegel abgeschlossen ist (Jes 38,10; Ps 9,14; Hi 38,17), geht das Schattenbild ein, das sich vom Gestorbenen loslöst, um dort jenes gespensterhafte Dasein zu führen, das herkömmlich das Geschick des Menschen nach dem Tode kennzeichnet. Der Ausdruck רְפָאִים (*rᵉpa'îm*) *Totengeister*, der an das Verb רפה (*rapā*) *schlaff werden, in sich zusammenfallen* anklingt, soll wohl die völlige Ohnmacht der Schattenbilder kennzeichnen. In Schweigen, Stille und Kraftlosigkeit spielt sich etwas dem einstigen Leben Ähnliches ab. Rang und Stand gelten weiter. Man befindet sich in dem Zustand, in dem einen der Tod ereilt hat oder in dem man begraben worden ist. Die Könige thronen mit dem Zeichen ihrer Würde (Jes 14,9 ff.), die Krieger treten in voller Rüstung auf, der Prophet trägt seinen Mantel (I Sam 28,14). Nur

---

[12] BHH III 2014 f. – RGG III 403 f.; VI 912 f. – IDB I 787 f.

wem ein ehrenvolles Grab versagt worden ist, muß sich auf Maden ausstrecken und mit Würmern zudecken (Jes 14,11.19f.). Wie ferner Fehlgeburten und Unbeschnittene, Ermordete und Hingerichtete auf eine von den Grabanlagen gesonderte Stätte geworfen oder dort eingescharrt wurden, so erhalten ihre Schattenbilder in der Unterwelt einen gesonderten unreinen, unrühmlichen und schmachbeladenen Aufenthaltsort zugewiesen[13].

Doch auch das normale Geschick ist hart und schwer. Die Kraftlosigkeit der Schattenbilder schließt jedes wirkliche und wirkende Leben aus. Daher können die Toten nur zirpen (Jes 8,19; 29,4). Es gibt keine Gemeinschaft untereinander, so daß man nicht auf ein Wiedersehen mit anderen hoffen kann. Nicht einmal von den Ereignissen in der Welt der Lebenden weiß man etwas (Hi 14,21).

Nicht zuletzt sind die Schattenbilder der Menschen von Gott getrennt. Die Herrschaft Gottes über den Menschen und die Gemeinschaft zwischen Gott und Mensch finden mit dem Tode des Menschen ein Ende und setzen sich in bezug auf das Schattenbild in der Unterwelt nicht fort. Ungeachtet dessen, daß sich die göttliche Macht auch auf die Unterwelt erstrecken mag (Jes 7,11; Am 9,2; Ps 139,8; Hi 26,5 f.), ist das Geschick des Menschen nach dem Tode ein gottloses Geschick. Obwohl die Gedanken der Gottesherrschaft und Gottesgemeinschaft einen Grundzug der Jahwereligion bilden, bezog diese Religion sie länger als ein Jahrtausend ausschließlich auf die Lebenden und verneinte jedes Verhältnis zwischen Jahwe und dem Geschick des Menschen nach dem Tode. Sie war ein Diesseitsglaube von eindrucksvoller Geschlossenheit und Folgerichtigkeit. Daß man sich dadurch das Geschick nach dem Tode noch trüber und aussichtsloser vorstellen mußte, als es ohnehin der Fall war, wurde in Kauf genommen. Es überwog das Bewußtsein, der Gottesherrschaft und Gottesgemeinschaft im Diesseits in solcher Fülle teilhaftig werden zu können, daß alle Einschränkungen für jenes Vegetieren in der Unterwelt nicht ins Gewicht fielen.

Obwohl es keine Wiederkehr aus der Unterwelt gibt, war doch ein gewisses Nachleben und Weiterwirken des Toten auf Erden denkbar. Er mochte wie Gilgamesch, dem es nicht gelungen war, das Lebenskraut für sich zu gewinnen, in einem großen, dauerhaften

---

[13] A. Lods, La mort des incirconcis, CRAI 1943, 271–283. – O. Eißfeldt, Schwerterschlagene bei Hesekiel, in: Studies in Old Testament Prophecy, Th. H. Robinson-Festschrift, 1950, 73–81 (= Kleine Schriften, III 1966, 1–8).

Werk – der Stadtmauer von Uruk – fortleben, weil das Werk bleibt und mehr als der todgeweihte Mensch ist. Er mochte in seinen Nachkommen fortleben – erst recht, wenn sie sog. Ersatznamen trugen, d. h. solche Personennamen, in denen sich die Anschauung ausdrückte, daß der Namensträger ein verstorbenes Familienglied neu verkörpere oder daß dieses in jenem wieder erschienen bzw. wieder lebendig geworden sei[14]. Darum war es so schlimm, wenn die Söhne ausgerottet wurden und der Name der Familie erlosch (Jes 14,20 f.; Ps 109,13). Nur den frommen Eunuchen gab der Prophet im Namen Jahwes zum Trost einen vollgültigen Ersatz (Jes 56,4 f.). Doch alles dies blieb nur ein schwacher und unzulänglicher Trost angesichts des unausweichlichen Geschicks der Schattenbilder in der Unterwelt, dem selbst ein Mann wie der völlig verzweifelte Hiob nur für kurze Zeit eine gute Seite abzugewinnen vermochte (Hi 3).

c) Abweichungen von der herkömmlichen Vorstellung vom Geschick des Menschen nach dem Tode finden sich in der Königszeit selten; dies hat sich auch weiterhin nicht geändert.

Eine vorübergehende Wendung des Geschicks nach dem Tode geschah nach dem Glauben der Legenden um die Propheten Elia und Elisa durch das Wiedererwecken eines Toten zum Leben. So erzählen I Reg 17,17–24 die Neubelebung des Sohnes der Witwe von Zarpat durch Elia und II Reg 4,18–37 diejenige des Sohnes der Frau von Sunem durch Elisa. Dabei weist die zweite Legende die altertümlichsten Züge auf: Der Prophet ließ zunächst seinen Stab dem Toten aufs Gesicht legen, um ihn durch dessen zauberhafte Kraft ins Leben zurückzurufen. Als dies nicht gelang, streckte er sich selbst zweimal über ihn – Mund auf Mund, Augen auf Augen, Hände auf Hände, um ihm die eigene Lebenskraft zu übermitteln. Beim ersten Mal wurde der Leib des Knaben warm, beim zweiten Mal nieste er, schlug die Augen auf und war voller Leben. In der Elialegende sind die zauberhaften Züge gemildert: Elia streckte sich dreimal über das tote Kind und rief Jahwe an, der daraufhin das Leben in den Toten zurückkehren ließ. Selbst die Gebeine eines solchen Propheten können noch auf wunderbare Weise lebendig machen (II Reg 13,20 f.). Diese und andere merkwürdige Züge begegnen in der Schilderung von Propheten in den Königsbüchern, die den Propheten offensichtlich das gleiche zutrauen wie Mantikern und Magiern. Es mag sein, daß

[14] Vgl. dazu mit vielen Beispielen J. J. Stamm, Hebräische Ersatznamen, in: Landsberger-Festschrift, 1965, 413–424.

in dieser Vorstellung von der geradezu magisch-zauberischen Macht der „Gottesmänner" und prophetischen Meister die urtümliche, ungeteilte und nicht spezialisierte nomadische Kultur nachwirkt, in der der Stammesprophet, -dichter und -priester gleichzeitig der Stammeszauberer war (vgl. § 2,5). Jedenfalls weisen die ersten Erzählungen von Totenerweckungen einen altertümlichen Hintergrund magischen Weltgefühls auf, wenn auch durch die Einbeziehung in die Jahwereligion gemildert. Immerhin erklärt dieses Nachwirken des verpönten magischen Elements, warum die Hoffnung auf eine wenigstens zeitweilige Abwendung des Unterweltgeschicks bis zum erneuten und unabwendbaren Tode außerhalb der genannten Prophetenlegenden im AT keine Rolle spielt.

Eine andere Möglichkeit bietet das Streben nach Unsterblichkeit, der nach dem mesopotamischen Epos schon Gilgamesch nachgejagt ist. Doch wie er ist nach der Darstellung der Quellenschicht N auch die frühe Menschheit gescheitert. Bevor sie vom Lebensbaum zu essen und dadurch ewiges Leben zu erlangen vermochte, vertrieb Jahwe sie von ihm und ließ ihn seither streng bewachen (Gen 3,22b. 24). Und als durch die Ehen der Gotteswesen mit menschlichen Frauen der volle göttliche Lebensgeist in die Menschheit einzuströmen begann, begrenzte Jahwe das menschliche Lebensalter auf 120 Jahre, damit seine Lebenskraft nicht ewig in den Menschen herrsche (Gen 6,1–4).

Die Vorstellung schließlich von der Entrückung der noch lebenden Menschen zu Gott, die nach der atl. Überlieferung nur Henoch und Elia zuteil geworden ist (Gen 5,24; II Reg 2,11) und ohnehin keine allgemeine Erwartung sein konnte, scheint auf fremden Gedanken zu beruhen. Die gesamte Lebensdauer Henochs beträgt 365 Jahre und entspricht der Zahl der Tage eines Sonnenjahrs. Er ist ferner dem siebten mesopotamischen König vor der Flut parallel: Enmeduranna, dessen Hauptstadt das alte Zentrum des Sonnengottes von Sippar war: Wie sich daraus die Sonnenjahr-Zahl der Lebensjahre Henochs erklärt, so vermutlich auch seine Entrückung. Jedenfalls ist der Feuerwagen mit Feuerpferden, auf dem Elia im Sturm zum Himmel fährt, offensichtlich der Sonnenwagen mit Sonnenrossen, auf dem der Sonnengott am Himmel seine Bahn zieht. Dieser Wagen trägt Elia davon. Man könnte fragen: Ist es die Entrückung durch den Sonnengott, zum Sonnengott oder gar als Sonnengott? Im AT handelt es sich sicher nicht mehr darum, sondern um die Entrückung in die göttliche Sphäre. Doch der mythische Hintergrund ist unverkennbar.

Ob jedoch Totenerweckung, Unsterblichkeit oder Entrückung – stets waren es lediglich einige wenige, die über diese möglichen Hoffnungen nachgedacht haben oder von denen die Überlieferung dergleichen erzählt. An der grundlegenden Vorstellung vom Vegetieren des Schattenbildes in der Unterwelt hat sich dadurch nichts geändert.

3. Kapitel

Die Prophetie als dritter Impuls

§ 18 Prophetie im Alten Orient und in Israel bis zum 9. Jh. v. Chr.

E. Balla, Die Botschaft der Propheten, 1958. – W. Caspari, Die israelitischen Propheten, 1914. – A. Causse, Les prophètes d'Israël, 1913. – K. H. Cornill, Der israelitische Prophetismus, 1912[7]. – B. Duhm, Israels Propheten, 1916. – G. Fohrer, Neuere Literatur zur alttestamentlichen Prophetie, ThR NF 19 (1951), 277–346; 20 (1952), 192–271. 295–361. – Ders., Zehn Jahre Literatur zur alttestamentlichen Prophetie, ebd. 28 (1962), 1–75. 235–297. 301–374. – Ders., Die Propheten des Alten Testaments im Blickfeld neuer Forschung, in: Studien zur alttestamentlichen Prophetie (1949 bis 1965), 1967, 1–17. – Ders., Prophetie und Magie, ebd. 242–264. – F. Giesebrecht, Die Berufsbegabung der Propheten, 1897. – A. Guillaume, Prophecy and Divination among the Hebrews and other Semites, 1938. – H. Gunkel, Die Propheten, 1917. – A. Haldar, Associations of Cult Prophets in the Ancient Near East, 1945. – J. Hempel, Worte der Propheten, 1949. – G. Hölscher, Die Profeten, 1914. – A. Jepsen, Nabi, 1934. – A. R. Johnson, The Cultic Prophet in Ancient Israel, 1962[2]. – H. Junker, Prophet und Seher, 1927. – C. Kuhl, Israels Propheten, 1956. – J. Lindblom, Prophecy in Ancient Israel, 1962. – F. Nötscher, Prophetie im Umkreis des alten Israel, BZ NF 10 (1966), 161–197. – J. Pedersen, The Rôle played by Inspired Persons among the Israelites and the Arabs, in: Th. H. Robinson-Festschrift, 1950, 127–142. – R. Rendtorff, Erwägungen zur Frühgeschichte des Prophetismus in Israel, ZThK 59 (1962), 145–167. – N. H. Ridderbos, Israëls profetie en "Profetie" buiten Israël, 1955. – H. H. Rowley, The Nature of Old Testament Prophecy in the Light of Recent Study, HThR 38 (1945), 1–38 (= The Servant of the Lord, 1965[2], 95–134). – J. Scharbert, Die Propheten Israels bis 700 v. Chr., 1965. – W. R. Smith, The Prophets of Israel, 1895[2]. – B. Vawter, Mahner und Künder, 1963.

1. Prophetie im Alten Orient

Obschon in der israelitischen Prophetie, wie sie sich in Elia und von Amos an in den großen Einzelpropheten darstellt, eine Erscheinung eigener Art und eine neue, besondere Glaubensströmung und

Daseinshaltung begegnen, die für die Geschichte der Jahwereligion – und sogar weit darüber hinaus – von erheblicher Bedeutung waren, ist die Prophetie als solche keine israelitische oder jahwistische Besonderheit. Vielmehr sind Propheten in vielen Religionen und Kulturen aufgetreten, auch in solchen des Alten Orients[1]. Zwar sind die bisherigen Belege zahlenmäßig gering, aber das dürfte – abgesehen von der Zufälligkeit archäologischer Funde – vor allem dadurch bedingt sein, daß der Prophet sein Wort mündlich ergehen ließ und daß es gewöhnlich ebensowenig wie die Tora des Priesters aufgezeichnet wurde. Daher sind die wenigen Erwähnungen und Überlieferungen von altorientalischen Propheten um so wichtiger, lassen sie doch das Auftreten solcher Gestalten mit Sicherheit erschließen. Genauer läßt sich sagen, daß entsprechend den vorgegebenen religiösen Elementen, der nomadischen und der Kulturlandreligion, mit zwei verschiedenen Formen von Prophetie zu rechnen ist: dem Sehertum und dem Nabitum.

a) Eine Form der Prophetie war im nomadischen Bereich beheimatet. Auf Grund von späteren arabischen Beispielen ist anzunehmen, daß bei den altorientalischen Nomaden die Gestalt des Sehers eine wichtige Rolle gespielt hat (Pedersen). Freilich gibt es für die Frühzeit nur wenige Hinweise und keine unmittelbaren Überlieferungen. Aber die Beständigkeit nomadischer Lebensformen im Beduinentum macht es wahrscheinlich, daß das Sehertum die Form war, in der Gottesmänner oder inspirierte Personen beim Nomaden auftraten und vor allem unter Berufung auf Träume und vorahnende Schau göttliche Weisungen verkündeten. So mögen dem arabischen *kāhin* die Patriarchen oder Bileam (Num 22–24) entsprechen.

Der Seher war nicht notwendig mit einem Heiligtum verbunden, wie es für andere prophetische Gestalten bezeichnend war. Allerdings bestand auch kein Gegensatz zwischen dem Seher und dem Wärter des Heiligtums, weil beide über gleichartige Kräfte verfügten. Ja, in der urtümlichen nomadischen Kultur konnten die Tätigkeiten des Priesters, des Zauberers und des Sippenführers mit derjenigen des Sehers in einer als inspiriert geltenden Person zusammenfallen.

---

[1] RGG V 608–613. – A. F. Puukko, Ekstatische Propheten mit besonderer Berücksichtigung der finnisch-ugrischen Parallelen, ZAW 53 (1935), 23 bis 35. – H. H. Rowley, Prophecy and Religion in Ancient China, 1956. – W. Zimmerli, Le prophète dans l'Ancien Testament et dans l'Islam, 1945.

Der Seher erhielt, wie das Wort schon sagt, in erster Linie durch das Schauen, in zweiter Linie durch das Hören mit der anderen, höheren Welt Verbindung. Meist wurden Orakel dem entnommen, worauf das Auge fiel und was der Seher wahrnahm. So verhielt es sich bei Bileam, der die Israeliten sehen mußte, wenn er sie verfluchen wollte. Wie ein *kāhin* in anderen überlieferten Fällen öffnete er Seele und Geist und war bereit, den ersten Eindruck aufzunehmen, den äußere Erscheinungen ihm brachten.

Schließlich ist vielleicht die poetische Form der atl. Prophetensprüche eher durch das überlegte und dichterisch gestaltete Reden des Sehers als durch das ekstatische Stammeln des Nabi bedingt. Es scheint sich doch so zu verhalten, daß kein israelitischer Prophet, der im Namen Jahwes reden wollte, Gehör finden konnte, wenn er nicht in Versform sprach. Während sich im AT keine Erklärung dafür findet, war der *kāhin* mit einer Gottheit oder einem Dämon oft so eng verbunden, daß das Zitieren eines metrisch geformten Seherspruchs als das Kennzeichen einer Person galt, die mit den Mächten der Überwelt in Verbindung stand. Die Fähigkeit, in Versform zu sprechen, war ein Überbleibsel dieser Verbindung.

b) Eine andere Form der Prophetie war im altorientalischen Kulturland beheimatet und offenbar mit den erregenden Vegetations- und Fruchtbarkeitskulten verknüpft. Es handelt sich um ein ekstatisches Prophetentum an Heiligtümern oder Königshöfen, für das sich am besten der atl. Ausdruck Nabi (נָבִיא, *nabi'*) verwenden läßt. Das AT selber erwähnt die in ekstatisch erregter Weise auftretenden Propheten des Gottes Baal (I Reg 18,19 ff.; II Reg 10,19) und setzt Propheten als international bekannte Erscheinung voraus (Jer 27,9).

Da der bis vor kurzem älteste Beleg für das Auftreten solcher Propheten aus der Zeit um 1100 v. Chr. stammt, hat man manchmal angenommen, daß es sich in Palästina um die Folge einer großen ekstatischen Bewegung gehandelt habe, die rund ein Jahrhundert früher im Verlauf der ägäischen Wanderung entstanden sei. Von der thrakisch-phrygischen Völkergruppe und von Kleinasien als ihrem Herd habe diese Bewegung in den übrigen Alten Orient und nach Südeuropa ausgestrahlt und überall die seelische Disposition für ein ekstatisches Prophetentum geschaffen. Jedoch gibt es inzwischen wesentlich ältere Belege für ein solches Prophetentum, das um 1100 im Alten Orient längst bekannt war.

Schon in der sumerischen Zeit kannte man eine Bezeichnung für Ekstatiker, die wahrscheinlich *der Mann, der in den Himmel eingeht* bedeutet². Im 18. Jh. v. Chr. erwähnte ein Gesandter des Königs Zimrilim von Mari in einem Brief aus Aleppo einen *āpilum*, den *Antwortenden*, zu dem es ein weibliches Gegenstück gab und dessen normaler Wirkungsbereich das Heiligtum war³. Für die Zeit um 1700 bezeugt eine Reihe von Briefen aus Mari am mittleren Euphrat das Auftreten solcher als *āpilum* oder *muḫḫûm* und *muḫḫûtum* bezeichneten männlichen und weiblichen Prophetengestalten⁴. Sie gehörten zu einem Stand von Männern und Frauen, die Aufträge der Gottheit, zu deren Tempel sie in Beziehung standen, aus Omina, Träumen oder Gesichten und ekstatischen Erlebnissen entnahmen und als Orakel weitergaben. Auch in der Folgezeit⁵ kannte man in Babylonien Priester und Priesterinnen, die den König durch einen „Sprechtraum" stärkten. Für Assyrien ist eine andere Art von ekstatischer Prophetie durch einzelne, dem Namen nach bekannte Priesterinnen besonders am Ischtar-Tempel von Arbela belegt. Im 15. Jh. v. Chr. nannte ein Brief des Rewašša von Taanak einen *ummânu* der Astarte, der der Magie und Zukunftsschau kundig war⁶. Der Ägypter Wen-Amon (Un-Amun) berichtete von seiner Seefahrt entlang der syrisch-palästinischen Küste (um 1100) aus der Stadt Byblos: *Als er (der König von Byblos) seinen Göttern opferte, ergriff der Gott einen seiner großen Knaben und machte ihn rasend, und er sagte: Bring den Gott herauf, bring den Boten, der ihn bei sich hat;*

---

² V. Christian, Sum. lú-an-ná-ba-tu = akkad. maḫḫû „Ekstatiker", WZKM 54 (1957), 9 f.

³ A. Malamat, History and Prophetic Vision in a Mari Letter, Eretz-Israel V, 1958, 67–73.

⁴ A. Lods, Une tablette inédite de Mari, interéssante pour l'histoire ancienne du prophétisme sémitique, in: Studies in Old Testament Prophecy, Th. H. Robinson-Festschrift, 1950, 103–110. – A. Malamat, "Prophecy" in the Mari Documents, Eretz-Israel IV, 1956, 74–84. – Ders., Prophetic Revelations in New Documents from Mari and the Bible, VTSuppl XV, 1966, 207–227. – M. Noth, Geschichte und Gotteswort im Alten Testament, 1949 (= Gesammelte Studien zum Alten Testament, 1960², 230 bis 247). – H. Schult, Vier weitere Mari-Briefe „prophetischen" Inhalts, ZDPV 82 (1966), 228–232. – W. von Soden, Verkündigung des Gotteswillens durch prophetisches Wort in den altbabylonischen Briefen aus Mâri, WdO 1,5 (1950), 397–403. – C. Westermann, Die Mari-Briefe und die Prophetie in Israel, in: Forschung am Alten Testament, 1964, 171–188.

⁵ AOT 281–284.

⁶ W. F. Albright, A Prince of Taanach in the Fifteenth Century B. C., BASOR 94 (1944), 12–27.

Amon ist es, der ihn gesandt hat, er ist es, der ihn kommen ließ[7]. Schließlich spricht die Inschrift des Königs Zakir von Hamat (um 800) von Sehern und Zukunftskundigen[8]. Nur für Ägypten ist das Auftreten von Propheten nicht sicher nachweisbar; es ist nach wie vor fraglich, ob die herangezogenen Texte dergleichen belegen[9]. Immerhin berichtete Plinius in der Historia naturalis VIII, 185, daß Jünglinge während der Kultzeremonie um den Apisstier von Raserei ergriffen wurden und zukünftige Dinge vorhersagten.

Die Briefe aus Mari verdienen besondere Beachtung. In ihnen wird jeweils von einem Mann oder einer Frau berichtet, die unaufgefordert zu einem Statthalter oder einem anderen hohen Beamten des Königs kamen, um eine Forderung oder Mitteilung der Gottheit zwecks Weitergabe an den König zu überbringen. In den meisten Fällen handelt es sich um den Gott Dagan, in einem Fall um den Wettergott Hadad (vgl. § 3,2). Mehrfach wird erwähnt, daß die Ekstatiker die Anweisung (einmal: die Orakel) der Gottheit im Traum erhalten haben; die ebenfalls genannte Vision *(Gesicht)* wird davon nicht unterschieden. Die Forderungen der Gottheit betrafen den König und bezogen sich auf sehr verschiedene Anliegen: die Unterrichtung der Gottheit über die Kriegslage in den Kämpfen des Königs, den Bau eines Stadttors, die Lieferung von Opfertieren und die Einhaltung von Opferterminen. Zwei Briefauszüge sollen dies beispielhaft erläutern:

1. Zu meinem Herrn sprich: So sagt dein Diener Itūr-asdu: An dem Tage, an dem ich diesen meinen Brief an meinen Herrn abschickte, kam Malik-Dagan, ein Mann aus Sakka, zu mir und berichtete mir folgendermaßen: „In meinem Traum wollten ich und ein Mann mit mir vom Distrikt von Sagarātum im oberen Bezirk nach Mari gehen. In meinem Gesicht ging ich nach Terqa hinein und trat gleich nach meinem Hineinkommen in den Tempel des Dagan ein und warf mich vor Dagan nieder. Während ich auf den Knien lag, öffnete Dagan seinen Mund und sprach folgendes zu mir: „Haben die Scheichs („Könige") der Benjaminiten und ihre Leute mit den Leuten des Zimrilim, die heraufkamen, Frieden geschlossen?' Ich sagte: ‚Sie haben keinen Frieden geschlossen.' Als ich im Begriff war, hinauszugehen, sagte er (noch) folgendes zu mir: ‚Warum halten sich die Ab-

---

[7] AOT 71–77. – ANET 25–29.

[8] AOT 443 f. – ANET 501 f. – KAI Nr. 202.

[9] G. Lanczkowski, Ägyptischer Prophetismus im Lichte des alttestamentlichen, ZAW 70 (1958), 31–38. – Ders., Altägyptischer Prophetismus, 1960. – C. C. McCown, Hebrew and Egyptian Apocalyptic Literature, HThR 18 (1925), 357–411. – Dagegen S. Herrmann, Prophetie in Israel und Ägypten, VTSuppl IX, 1963, 47–65.

gesandten des Zimrilim nicht ständig vor mir auf, und warum erstattet er nicht vollständig (über alles) vor mir Bericht? Ich hätte doch sonst schon seit vielen Tagen die Schechs der Benjaminiten in die Hand des Zimrilim gegeben! Jetzt geh! Ich habe dich geschickt, zu Zimrilim wirst du folgendermaßen sprechen: Schicke deine Abgesandten zu mir und erstatte mir vollständigen Bericht! Dann will ich auch die Schechs der Benjaminiten in einem Fischerfangkorb zappeln lassen und vor dir hinstellen!'" Dieses sah jener Mann in seinem Traum und sagte es mir.

2. In Orakeln (sprach) Hadad, der Herr von Kallassu, folgendermaßen: „Bin ich nicht [Had]ad, der Herr von Kallassu, der ich ihn (d. h. Zimrilim) auf meinem Schoß großzog und ihn auf den Thron seines Vaters zurückführte? Als ich ihn auf den Thron seines Vaterhauses zurückgeführt hatte, gab ich ihm außerdem noch eine Wohnstätte (d. h. seinen Palast). Jetzt so, wie ich ihn auf den Thron seines Vaterhauses zurückführte, will ich (den Ort) Neḫlatum aus seiner Hand nehmen. Wenn er nicht geben will, so bin ich der Herr von Thron, Erde und Stadt: Ich werde, was ich gab, wegnehmen! Ist es nicht so und will er das von mir Gewünschte geben, werde ich Thron über Thron, Haus über Haus, Erde über Erde, Stadt über Stadt ihm geben. Auch werde ich das Land von Sonnenaufgang bis -untergang ihm geben!"

Ein weiterer Briefauszug ist von anderer Art, da der *āpilum* in diesem Falle anscheinend ohne eine besondere Bedingung dem König den Sieg und die Herrschaft über andere Völker ankündigte. Er gab ein Fremdvölkerorakel über den bevorstehenden Untergang des Feindes und verhieß auf diese Weise dem eigenen Volke indirekt Heil, so daß man von einer nationalen Heilsprophetie sprechen kann:

3. Zu meinem Herrn sprich: So (sagt) Mukanniŝum, dein Diener: Die Opfer dem Dagan für das Leben meines Herrn hatte ich geopfert. Der „Antwortende" des Dagan von Tuttul erhob sich; so sagte er, nämlich: „Babylon, was tust du immer wieder? In das Fangnetz (?) werde ich dich (zusammen-)treiben („versammeln") ... Die Häuser/Familien der sieben Partner und was auch immer ihr Besitz (ist) in die Hand des Zimrilim will ich füllen ..."

Die Parallelen zu einer bestimmten Art der israelitischen Prophetie sind unübersehbar. Der *āpilum* oder *muḫḫûm* entspricht ganz dem Nabi und benutzte wie dieser die Form des kurzen Prophetenspruchs. Er verlangte die Weitergabe der göttlichen Forderung an den König ohne Rücksicht darauf, ob sie diesem angenehm war. Er übte am Verhalten des Königs Kritik ohne Rücksicht darauf, daß diese auch Untertanen des Königs bekannt wurde. Er mahnte oder warnte, erwartete im Falle einer bedingten Verheißung (1. Beispiel) den Gehorsam des Königs gegenüber der göttlichen Forderung,

konnte aber auch eine unbedingte Verheißung erteilen (3. Beispiel,
Insgesamt ist dies der israelitischen Berufsprophetie sehr ähnlich.

2. Altisraelitische Prophetie[10]

a) Daß beide Formen der altorientalischen Prophetie im alten
Israel vertreten waren, zeigt die Notiz in I Sam 9,9: *Was man heute
Nabi nennt, das nannte man früher Seher.* Davon haben die ursprünglich nomadischen Israeliten das Sehertum, wie es in der vorjahwistischen Zeit von den Patriarchen vertreten wurde (vgl. § 2,5), nach
Palästina mitgebracht, das Nabitum dagegen in Palästina vorgefunden und übernommen. Darüber hinaus weist I Sam 9,9 darauf hin,
daß die beiden getrennten Formen miteinander zu verschmelzen
begannen und etwas Neues im Werden war. Doch ist das atl.
Prophetentum zweifellos nicht die bloße Zusammenfassung und
Fortsetzung der beiden ursprünglichen Formen, sondern hat das aus
ihnen Übernommene und Beibehaltene zu etwas Besonderem und Ein-
zigartigem umgebildet. Dies geschah unter der Einwirkung der Jahwereligion, die zu den vorgegebenen Elementen als entscheidender Impuls
hinzutrat – wie auf dem gesamten religiösen Gebiet, so auch bei der
Bildung der Prophetie. Damit setzte ein langer und verwickelter
Prozeß ein, der um 1000 v. Chr. noch in vollem Gange war. In dieser
Zeit haben ein jahwistisches Sehertum (Natan) und Nabitum (I Sam
10,5) noch als getrennte Erscheinungen nebeneinander bestanden. Allmählich verschmolzen sie zum eigentlichen atl. Prophetentum, zunächst
in schwer zu fassenden Übergangsformen, klarer in Elia und Elisa. Dabei wirkte das Sehertum darin nach, daß solche Propheten als einzelne
Gestalten, unabhängig von Heiligtum und Kultus sowie ohne er-
schütternde ekstatische Erlebnisse auftreten konnten. Das Nabitum
wirkte darin nach, daß Propheten zu mehreren oder in Gruppen, in
Verbindung mit einem Heiligtum und dem Kultus sowie mit absichtlich herbeigeführten ekstatischen Erlebnissen auftreten konnten.

b) Einige Vertreter der Übergangsform des Prophetentums sind
von der Überlieferung festgehalten worden. Teilweise ist die Überlieferung allerdings nachträglich überarbeitet worden, so daß manchmal zu fragen bleibt, welche wirklichen Erinnerungen ihr zugrunde
liegen.

[10] BHH III 1496–1512. – RGG V 613–618. – IDB III 896–910.

Ahia von Silo[11] hat in der Zeit Salomos dem aufsässigen Jerobeam mittels einer symbolischen Handlung die Herrschaft über die zehn nördlichen Stämme Israels zugesichert (I Reg 11,29–31) und später den Tod des erkrankten Kindes des inzwischen zum König Erhobenen angekündigt (I Reg 14,1–18*).

Semaja[12] soll Rehabeam nach der Reichsteilung vom Krieg gegen das Nordreich abgehalten haben (I Reg 12,21–24; vgl. jedoch 14,30).

Ein ungenannter Prophet aus Juda soll eine Drohung gegen den Altar in Betel ausgestoßen haben (I Reg 12,32–13,10); jedoch setzt diese Erzählung schon die Kultusreform Josias voraus. Der Prophet soll sodann, weil er gegen den Befehl Jahwes der Einladung eines anderen Propheten in Betel folgte, auf seiner Rückkehr von einem Löwen getötet und in Betel begraben worden sein (13,11–32).

Unter den vom israelitischen König wegen eines Feldzuges gegen die Aramäer befragten Propheten wird Ṣedeqia[13] hervorgehoben, der sich eiserne Hörner machte und dem König den Sieg verhieß (I Reg 22,11).

Micha ben Jimla[14] dagegen, der bei der gleichen Gelegenheit herbeigeholt wurde, kündigte dem König Niederlage und Tod an (I Reg 22,13–28).

Schließlich enthält II Reg 21,10–15 eine anonyme prophetische Drohung gegen Manasse und Jerusalem, die jedoch ein späterer Zusatz im Text ist.

Sicherlich hat es mehr Propheten der Übergangsform gegeben, als die Überlieferung erwähnt. Darauf lassen mehrfache summarische Hinweise schließen, wenn auch die angegebenen Zahlen nicht wörtlich zu nehmen sind (vgl. I Reg 18,4; 22,6; II Reg 21,10; Elisalegenden).

3. Elia[15]

a) In I Reg 17–19; 21 und II Reg 1,1–17 sind sechs ursprünglich selbständige Eliaerzählungen, die über sein Auftreten berichten, mit

---

[11] BHH I 50 f. – IDB I 67 f. – A. Caquot, Aḥiyya de Silo et Jéroboam Ier, Semitica 11 (1961), 17–27.

[12] BHH III 1769 f. – IDB IV 322.

[13] BHH III 2206. – IDB IV 947 f.

[14] BHH II 1210. – IDB III 372.

[15] BHH I 396 f. – RGG II 424–427. – IDB II 88–90. – G. Fohrer, Elia, 1968². – H. Gunkel, Elias, Jahve und Baal, 1906. – C. A. Keller, Wer

mehreren legendarischen Anekdoten zusammengefaßt worden. Sie
erzählen von Dürre und Regenspenden, vom Gottesurteil auf dem
Karmel, von der Begegnung mit Jahwe auf dem Horeb, von der
Berufung Elisas, vom Justizmord an Nabot und von der Orakel-
befragung Ahazjas. Danach ist Elia während der Zeit der Könige
Ahab und Ahazja, d. h. zwischen 874 und 852 v. Chr., im Nordreich
Israel aufgetreten. Er vertrat den Typ des wandernden Propheten,
der weder mit einem Heiligtum verbunden war, noch als Glied einer
Prophetengenossenschaft lebte. Offenbar war er stärker vom Seher-
tum als vom Nabitum bestimmt.

Sein Wirken spielte sich hauptsächlich vor dem Hintergrund der
Politik Ahabs ab, der das Problem des Nebeneinanders von Kanaanäern und Israeliten in seinem Reiche durch eine neutrale und paritätische Politik, die beiden Gruppen die gleichen Rechte zukommen
ließ, zu bewältigen suchte. Da das Kanaanäertum vorher zurück-
getreten oder zurückgedrängt worden war, bedeutete diese Politik
allerdings praktisch seine nunmehrige Förderung und begünstigte
das Vordringen kanaanäischer religiöser Vorstellungen und Bräuche.
Ferner wollte Ahab, der sich als altorientalischen dynastischen Herrscher betrachtete, die israelitische Auffassung des Königtums durch
das absolute Königtum des Alten Orients ersetzen und das damit
verbundene Königs- und Staatsrecht in Israel einführen.

Elia ist Ahab in beiden Punkten entgegengetreten. Er hat durchgesetzt, daß das gemischt bevölkerte Karmelgebiet als israelitisch
und nicht als kanaanäisch besiedelte Landschaft zu bewerten und daß
daher allein Jahwe dort zu verehren sei. Er hat sich ferner im Falle
Nabots für die Geltung des alten israelitischen Bodenrechts eingesetzt und die Verfügungsgewalt des Königs über Leben und Eigentum seiner Untertanen abgelehnt. Er bestand schließlich darauf, daß
in den Fragen, wer dem Lande den Regen spende und an wen ein
Kranker sich wegen seiner Heilung zu wenden habe, allein das Ver-
fügungsrecht Jahwes und nicht des Baal anzuerkennen sei.

b) Die Botschaft Elias war erstens durch die Behauptung her-
kömmlicher Elemente der Jahwereligion bestimmt, die in Palästina
weiterhin gelten sollten. Er trat für die Anerkennung des alleinigen
Herrschaftsanspruchs Jahwes in Israel ein und erwies sich als ein

energischer Wächter der religiös-ethischen Lebensordnung, die selbst dem König untersagte, die grundlegenden Rechte des Menschen zu verletzen und gegen die göttliche Forderung der Gerechtigkeit zu verstoßen, und die gebot, sich in der Sorge um Gesundheit und Leben an Jahwe zu wenden und nicht in den kanaanäischen Vitalismus zu flüchten.

Elia hat zweitens neue Elemente in den Glauben eingeführt, um die Jahwereligion im Kulturland und Staatswesen lebensfähig zu erhalten, ohne in Synkretismus zu verfallen. So verkündete er, daß Jahwe und nicht der Baal den Regen und damit die Fruchtbarkeit des Landes gewähre oder versage (vgl. § 15,1), und wandte sich von der Vorstellung Jahwes als Schlachten- und Kriegsgott einem Gottesbild zu, nach dem das Handeln Jahwes sich nicht in furchtbaren Ausbrüchen und in gewitterhaftem Wüten darstellt, sondern durch ein stilles Walten gekennzeichnet und der leisen Windstille vergleichbar ist, wie Jahwe sich auch durch das Wort offenbart (I Reg 19,11 ff.). Es ist verständlich, daß die Überlieferung ihn wegen dieser Impulse in vielen Einzelheiten mit Mose parallel gesetzt und als einen neuen, zweiten Mose geschildert hat.

Elia unterscheidet sich zwar von den späteren großen Einzelpropheten dadurch, daß für ihn noch eine grundsätzliche Heilssituation für Israel als vorgegeben galt, die das Volk erhalten oder nach einer Störung wiederherstellen mußte. Aber er hat jenen Propheten den Boden bereitet, indem er den Herrschaftsanspruch Jahwes neu erfaßte und begründete, so daß sie das Versagen und die Schuld Israels daran messen konnten.

4. Elisa[16]

Die Elisaüberlieferung liegt ziemlich geschlossen in II Reg 2; 3,4–27; 4,1–8,15; 9,1–10; 13,14–21 vor. Einen ersten Strang bildet ein Erzählungskranz von volkstümlichen Wundergeschichten, der durch die Beziehung auf Gilgal zusammengehalten wird, wo Elisa gewöhnlich lebte (II Reg 4,38). In ihm sind ursprünglich selbständige Anekdoten vereinigt, die wirkliche Kraftwirkungen Elisas widerspiegeln oder verbreitete Motive auf ihn anwenden. Eine zweite Gruppe bildet eine Reihe von Einzelerzählungen, die unterschied-

[16] BHH I 399–401. RGG II 429–431. – IDB II 91 f. – W. Reiser, Eschatologische Gottessprüche in den Elisa-Legenden, ThZ 9 (1953), 321 bis 338.

lichen Charakter tragen; jedoch ist allen gemeinsam, daß sie auf die
politischen und zeitgeschichtlichen Verhältnisse hinweisen, in denen
Elisa eine Rolle gespielt hat.

Die Anekdoten und Erzählungen lassen zwei Seiten der Wirksamkeit Elisas erkennen. Einerseits zeigen sie die Wirkungen, die im
täglichen Leben und Geschehen von ihm ausgegangen sind und sich
im Umkreis seiner Prophetengenossenschaft und der kleinen Leute
abspielten, mit denen er in Berührung kam. Andererseits beziehen
sie in weitem Ausblick die maßgeblichen Personen der politischen
Welt ein und entsprechen in der Auseinandersetzung Israels mit den
Aramäern und im Verhalten Elisas gegenüber der jeweils regierenden israelitischen Dynastie den zeitgeschichtlichen Verhältnissen.
Diejenigen Erzählungen, nach denen der Prophet der regierenden
Dynastie feindlich war (II Reg 3,4–27; 8,7–15), weisen in die Zeit
Jorams, des letzten Königs der Dynastie Omri. Den Wendepunkt
bildete die Revolution Jehus, zu deren geistigen Urhebern Elisa gehörte (II Reg 9,1–10), obwohl er nach ihrem Beginn völlig zurücktrat. Nach den übrigen Erzählungen war er der regierenden Dynastie
freundlich und Feind der Aramäer (II Reg 5; 6,8–23; 6,24–7,20;
13,14–19); diese Ereignisse spielten in der Zeit der Dynastie Jehu.

Anders als Elia hat Elisa eine Prophetengenossenschaft um sich
geschart, mit der er gewöhnlich an einem bestimmten Ort lebte.
Obwohl von einer festen Bindung an ein Heiligtum keine Rede ist,
liegt darin doch eine Annäherung an ein Kultprophetentum vor.
Wie dieses war Elisa zudem mit dem nationalen und politischen
Leben verbunden und stand dem König, den er sogar auf einem
Feldzug begleitete (II Reg 3,11), zur Erteilung von Orakeln zur
Verfügung. Er besaß daher politischen Einfluß, den er nicht zuletzt
zur Hilfe für Notleidende geltend machen konnte (II Reg 4,13).
Außer in dieser Sorge für die Bedürftigen, die dem Wollen der späteren Propheten entsprach, lag die Bedeutung Elisas in dem Geist
des Eiferns für die Jahwereligion, der ihn – obschon nicht in der
Reinheit und Tiefe des Denkens und Handelns wie Elia – erfüllt
hat. Der ihm zugesprochene Ehrenname (II Reg 13,14) faßte die Erfahrungen zusammen, die die Dynastie Jehu mit ihm gemacht hat.

5. Urtümliche Züge

a) In den Erzählungen über die behandelten frühen Propheten
begegnen nicht selten urtümliche Züge, die erkennen lassen, daß

zumindest für die volkstümliche Überlieferung eine gewisse Beziehung der Prophetie zur Magie bestanden hat.

So erwähnen die Prophetenlegenden mehrfach Züge, die an die Mantik erinnern, ob sie den Propheten nun zu Recht zugeschrieben werden oder nicht: Die verkleidete Frau Jerobeams ging zu dem erblindeten Propheten Ahia, um ein Orakel über ihren kranken Sohn einzuholen; sobald er ihre Tritte hörte, wußte Ahia, wer zu ihm kam (I Reg 14). Elia ahnte den baldigen Tod Ahazjas (II Reg 1,2 ff.). Elisa erkannte, wo in der Wüste Wasser zu finden war (II Reg 3,16 f.), daß Gehasi hinter Naeman hereilte (II Reg 5,25 f.), wo die Aramäer im Hinterhalt lagen (II Reg 6,9), daß der König den Auftrag erteilt hatte, ihn umzubringen (II Reg 6,32), was der König von Damaskus in seiner Schlafkammer sprach (II Reg 6,12) oder daß er sterben und Hazael sein Nachfolger werden sollte (II Reg 8,10–13).

Ferner weisen die Prophetenlegenden öfters krasse wunderhafte Züge auf, die nicht selten von geradezu magischer Art sind. Es ist dabei unwichtig, ob und wieweit dergleichen auf tatsächlichen Vorgängen oder Ereignissen beruht. Die Überlieferung macht deutlich, daß man zeitweilig eine derartige Wirksamkeit vom Propheten erwarten und als eines seiner Kennzeichen betrachten konnte. So nahm Naeman an, daß Elisa unter Anrufen Jahwes seine Hand schwingen und ihn auf diese Weise von seiner Krankheit heilen werde (II Reg 5,11). Ein Prophet konnte äußerlich sichtbare Mittel verwenden, um ein wunderhaftes Geschehen zu bewirken, indem er mit Salz das Wasser einer Quelle gesund (II Reg 2,19–22), mit Mehl eine gefährliche Speise unschädlich machte (II Reg 4,38–41), mit einem zurechtgeschnittenen Stück Holz den Eisenteil einer Axt wie mit einem Magneten aus dem Fluß holte (II Reg 6,1–7) oder einem Toten seinen Stab aufs Gesicht legen ließ, um jenen durch dessen zauberhafte Kraft ins Leben zurückzurufen (II Reg 4,29). Gelang dies nicht, so streckte er sich selbst über den Toten, um ihm die eigene Lebenskraft zu übermitteln (I Reg 17,21; II Reg 4,34 f.). Sogar seine Gebeine konnten noch auf wunderbare Weise lebendig machen (II Reg 13,20 f.). Ebenso vermochte er, mit geringen Vorräten zahlreiche Menschen zu sättigen (II Reg 4,42–44), das Öl einer einzigen Flasche viele Krüge füllen (II Reg 4,1–7) und Mehl und Öl nicht aufhören zu lassen (I Reg 17,14–16). Aber er schlug auch Menschen mit Krankheit und Blindheit (II Reg 5,27; 6,18), ließ sie

von Bären zerreißen (II Reg 2,23–25) oder vom Blitz zerschmettern
(II Reg 1,9–12). Sogar einen Altar konnte er mittels Wort und
Zeichen zerstören (I Reg 13,1–5).

Schon den frühen Propheten werden einige symbolische Handlungen zugeschrieben, die von den späteren Propheten häufiger vorgenommen worden sind: Ahia von Silo zerriß seinen Mantel in 12
Teile und ließ Jerobeam 10 davon nehmen (I Reg 11,29–31), Elia
warf seinen Mantel über Elisa (I Reg 19,19–21), Şedeqia machte sich
eiserne Hörner (I Reg 22,11), Elisa ließ den König Joas einen Pfeil
nach Osten schießen und mit einem Pfeilbündel auf den Boden
schlagen (II Reg 13,14–19). Auch darin wirken magische Elemente
nach (§ 19,2).

Schließlich eignet dem Jahwewort, wie ein Prophet es verkündigte,
nach allgemeinem Glauben eine bestimmte Wirkungskraft, wie sie
sonst dem magisch-zauberischen Wort zugeschrieben wurde. Darin,
daß Jehus Pfeil den fliehenden König traf, verwirklichte sich das
Wort Jahwes, das Elia und der Bote Elisas verkündet hatten
(I Reg 21,19; II Reg 9,25). Kündigte ein Prophet im Namen Jahwes
Tod und Verderben an, so war der Frevler ihnen unausweichlich
verfallen (vgl. I Sam 2,27–34; 4,11 und I Reg 2,26 f.; II Sam
12,11–18; I Reg 13,20–24; 14,12–18 u. a.), wie sich umgekehrt das
angekündigte Heil verwirklichte (vgl. I Reg 11,31 f. und 12,20;
II Reg 19,6 f. 35; 20,5 ff. u. a.).

Angesichts dessen kann man fragen, ob diese Vorstellungen vom
Prophetentum und dieses Wissen um die geradezu magisch-zauberische Kraft der „Gottesmänner" und prophetischen Meister nicht
eine Nachwirkung der urtümlichen, ungeteilten und nichtspezialisierten nomadischen Kultur war. Daraus ließe sich mancherlei erklären: die besondere Kleidung von Propheten, die nomadischer
Sitte zu entsprechen scheint, die mögliche rituelle Tonsur (II Reg
2,23), die auf der Vorstellung von der Machthaltigkeit des Haares
beruht, die Bezeichnung אִישׁ (הָ)אֱלֹהִים (ʾîš [ha]ʾᵉlohîm), die dem Träger
El-Kräfte, übermenschliche, göttliche Kräfte, zuerkennt, und die
Unverletzlichkeit dieser Männer, zumindest der großen Meister, die
anzutasten den Tod herbeiführen konnte (II Reg 1,9–12; 2,23–25).

Auffallend häufig ist es der Prophet selber, der in den genannten
Beispielen der durch Wort oder Handlung Wirkende war. Manchmal
jedoch beginnt sich eine gebrochene oder dialektische Art der Be-

ziehung zur Magie abzuzeichnen. Dann war es nicht der Prophet selber, der Unbekanntes erahnte oder wußte, sondern Jahwe, der es ihm kundtat (I Reg 13,2; 14,5; II Reg 3,16 f.). Er handelte nicht aus eigener Vollmacht, sondern auf Jahwes Befehl (I Reg 13,3) oder unter Berufung auf seinen Willen (II Reg 4,43). Er wirkte durch das Aussprechen eines Jahwewortes (I Reg 17,14 ff.), oder Jahwe handelte selber (II Reg 6,15 ff.; 7,1 ff.). Oder das Wunder ereignete sich nach einem Gebet oder während eines Gebetes zu Jahwe (I Reg 17,20 ff.; II Reg 4,33). Darin zeichnet sich ab, worin das magische Element nachwirkte und worin seine Bedeutung für die Prophetie lag: Es ist die Vorstellung von der Wirkungskraft des prophetischen Redens und Handelns — einer Wirkungskraft, die mit dem Willen und der Macht Jahwes begründet wurde.

b) Ebenso beruhte die im Nabitum häufigere Ekstase auf urtümlichen Vorstellungs- und Verhaltensweisen[17]. Sie war durch eine starke motorische Erregung, eine Art „Raserei", gekennzeichnet, mit lebhaftem Reden verbunden und gegebenenfalls von dem Gefühl begleitet, von der Gottheit erfüllt und „besessen" zu sein. Absichtlich versetzten die frühen Propheten — oft nach Vorbereitung durch Askese und in Einsamkeit, mittels Musik, Tanz oder anderer rhythmischer Bewegungen (vgl. I Sam 10,5 f.; I Reg 18,26 ff.) — sich selbstsuggestiv in einen Zustand getrübten, eingeengten Bewußtseins; manchmal wurden wohl auch Rauschgifte zu Hilfe genommen[18]. Um so leichter konnten sich dann urtümliche Mechanismen einstellen: Sichwälzen, Sichbäumen, Anfälle und Zuckungen — alles als Ausdruck höchsten Affektrausches gemeint und gewollt. Weitere Automatismen, die bei intensivem Bewußtsein, wenn das Ich ganz „bei sich" ist, nicht zustande kommen, traten ein: dunkle Reden, „Weissagungen", Zungenreden. Vorbilder für diese Art von Ekstase sind in alten Zeiten als

---

[17] Zum Folgenden vgl. W. Lange-Eichbaum – W. Kurth, Genie, Irrsinn und Ruhm, 1967[6], 209 f. – Ferner B. Baentsch, Pathologische Züge in Israels Prophetentum, ZWTh 50 (1907), 77–85. – H. Hackmann, Die geistigen Abnormitäten der alttestamentlichen Propheten, NThT 23 (1934), 26 bis 48. – H. Heimann, Prophetie und Geisteskrankheit, 1956. – W. Jacobi, Die Ekstase der alttestamentlichen Propheten, 1920. – F. Maass, Zur psychologischen Sonderung der Ekstase, WZ Leipzig 3 (1953/54), 297 bis 301.

[18] A. H. Godbey, Incense and Poison Ordeals in the Ancient Orient, AJSL 46 (1929/30), 217–238. – J. Hempel, Mystik und Alkoholekstase, 1926.

heilig geltende Psychotische oder Epileptiker gewesen. Manchmal hat
man sogar die Propheten selbst als „verrückt" bezeichnet. So mußte
Hosea sich gegen den Einwand wehren:

> Ein Narr ist der Prophet,
> verrückt der Geistesmann.   (Hos 9,7 b)

Und Semaja schrieb an einen Jerusalemer Priester, der dazu bestellt
war, im Tempel die Aufsicht über *jeden Verrückten und Verzückten*
zu führen (Jer 29,26). Tatsächlich mögen sich gelegentlich Geistes-
kranke in den Prophetengenossenschaften befunden haben oder als
Propheten aufgetreten sein. Die Ekstase aber ist zunächst nur das
Freisetzen urtümlicher Elemente, die künstlerisch und dichterisch
überhöht werden können, ohne daß sie in jedem Fall Symptom einer
Geisteskrankheit sein muß.

§ 19 Die israelitische Prophetie im 8.–7. Jh. v. Chr.

L. Dürr, Wollen und Wirken der alttestamentlichen Propheten, 1926. –
H. Gunkel, Die Propheten, 1917. – F. Häußermann, Wortempfang und
Symbol in der alttestamentlichen Prophetie, 1932. – J. Hempel, Prophet
and Poet, JThSt 40 (1939), 113–132 (deutsch = Apoxysmata, 1961, 287 bis
307). – S. H. Hooke, Prophets and Priests, 1938. – E. Jenni, Die alttesta-
mentliche Prophetie, 1962. – W. C. Klein, The Psychological Pattern of
Old Testament Prophecy, 1956. – S. Mowinckel, "The Spirit" and the
"Word" in the Pre-Exilic Reforming Prophets, JBL 53 (1934), 199–227. –
Ders., Die Erkenntnis Gottes bei den alttestamentlichen Propheten, 1941. –
O. Plöger, Priester und Prophet, ZAW 63 (1951), 157–192. – N. W. Por-
teous, Prophecy, in: Record and Revelation, 1938, 216–249. – A. C. Welch,
Prophet and Priest in Old Israel, 1953[2]. – G. Widengren, Literary and
Psychological Aspects of the Hebrew Prophets, 1948. – Vgl. ferner die Lit.
zu § 18.

1. Zur weiteren Geschichte der vorexilischen Prophetie[1]

Wie die Prophetie eine wesentlich ältere Geschichte hat, als früher
vermutet wurde, so ist auch die israelitische Prophetie des 8.–7. Jh.
v. Chr. eine umfassendere und verwickeltere Erscheinung, als es der
irreführende Ausdruck „Schriftpropheten", der für die Propheten
von Amos an weithin gebräuchlich ist, annehmen läßt.

a) Aus den prophetischen Übergangsformen hat sich eine große
und umfassende Gruppe gebildet, die den tragenden Stand der Pro-

[1] RGG V 618–627.

phetie darstellte. Sie war in sich keine Einheit, sondern so mannig-
faltig und reich gegliedert, wie es das Leben mit sich bringt und
Möglichkeiten dazu bietet. Als ganze bezeichnet man sie am besten
als kultisch-populäre Berufsprophetie. Außer ungebundenen Propheten, die im Lande herumzogen, lassen sich zwei weitere Formen
unterscheiden, obwohl sie praktisch weitgehend zusammenfallen. Es
sind zunächst die Kultpropheten, die überall im Lande neben den
Priestern oder Leviten an den Heiligtümern im Rahmen kultischer
Handlungen auftraten. Sprüche solcher Kultpropheten finden sich in
einigen Psalmen oder Psalmversen (Ps 2; 21; 81; 110; 132) und Pro-
phetenbüchern (Nahum, Habakuk). Ferner gab es die Hofpropheten,
die am Königshofe – und wohl auch bei anderen Großen des Landes
– tätig waren. Soweit sie mit einem königlichen Heiligtum verbunden waren, sind sie mit den Kultpropheten identisch. Sie mochten
dem König vor einem Feldzug den erwünschten Sieg verheißen
(I Reg 22) oder wie Chananja die königliche Politik gegen Anders-
denkende vertreten (Jer 28). Zu dieser großen Gruppe der Berufspropheten gehören diejenigen, die im AT als falsche Propheten verurteilt werden.

Da es Berufspropheten noch in der nachexilischen Zeit gegeben
hat, handelt es sich um einen Berufsstand, der mehrere Jahrhunderte
bestanden und in Israel eine bedeutsame Rolle gespielt hat. Die Aufgabe dieser Propheten bestand vor allem darin, einerseits auf An-
fragen hin oder ungefragt, wenn der „Geist" Jahwes über sie kam,
göttliche Orakel zu erteilen und darin den Willen oder die Weisung
Jahwes zu verkünden, andererseits als Vertreter des Königs, des
Volkes oder eines Einzelmenschen vor Jahwe Fürbitte zu üben. In
dieser Tätigkeit waren sie wie die Priester Mittler zwischen Gottheit
und Mensch.

Theologisch sind die Berufspropheten weitgehend durch die kultische und die national-religiöse Daseinshaltung bestimmt (§ 13,4–5),
obschon man sie nicht in ein starres Schema pressen darf und die
Akzente verschieden gesetzt wurden. Bei Nahum überwog das nationale Element, bei Habakuk dagegen trat es hinter dem kultischen
und dem echt prophetischen zurück. Grundlegend ist jedoch, daß
diese verschiedenen Glaubensströmungen bei den Berufspropheten
zu einer neuen Einheit verschmolzen sind; die einzelnen Elemente
lassen sich zwar durch eine exegetische Analyse bestimmen, nicht
aber aus dem ganzen Zusammenhang ausscheiden, falls sie theolo-

gisch bedenklich erscheinen, um einen gereinigten berufsprophe-
tischen Spruch zu erzielen. Denn diese Propheten haben nicht nur
gelegentlich kultischen oder nationalen Gedanken zugestimmt, sondern diese völlig in ihre Auffassungen integriert.

b) Wichtiger als die Berufsprophetie, ja neben Mose am wichtigsten in der Geschichte der Jahwereligion ist die zahlenmäßig kleine
Gruppe der großen Einzelpropheten, zu denen Amos und Hosea,
Jesaja und Micha, Zephanja und Jeremia, Ezechiel und teilweise
Deuterojesaja zu rechnen sind. Sie übten ihre prophetische Tätigkeit
nicht berufsmäßig aus, sondern auf Grund ihrer besonderen Berufung, die sie aus ihrem ursprünglichen Beruf herausgerissen hat. In
ihnen hat die israelitische Prophetie ihren Gipfel erreicht; und obwohl sie mit den anderen Formen unter dem einen Begriff „Prophetie" zusammengefaßt werden, überwog bei ihnen doch das Tren-
nende. Sie traten in ihrem Volk nicht als Glieder einer Gilde oder
eines Standes, nicht als Vertreter eines Stammes oder einer Sippe,
nicht als Beamtete eines Heiligtums oder Königs auf, sondern wußten
sich als Vertreter und Botschafter ihres Gottes.

Es muß demgemäß stets bedacht werden, daß sich für den Israeliten der Königszeit die Prophetie anders darstellte als im Rückblick
vom heutigen Standpunkt aus. Der Israelit dachte in erster Linie an
die Berufspropheten als den prophetischen Stand, neben dem die
großen Einzelpropheten als Sondergestalten nur vereinzelt und teilweise in großen zeitlichen Abständen in Erscheinung traten. Diese
Sicht hat sich vom babylonischen Exil an zu ändern begonnen, als
man einsah, daß jene wenigen Recht gehabt hatten und alle Berufspropheten Unrecht. Daher hat die Kultprophetie in der nachexilischen Zeit zunehmend an Bedeutung verloren, während die
Sprüche und Berichte der großen Einzelpropheten so weit wie möglich gesammelt wurden und diese Sammlungen allmählich den Charakter heiliger Schriften erhielten. Dagegen sind nur verhältnismäßig
wenige Sprüche von Berufspropheten erhalten geblieben.

Demnach ergibt sich aus der bisher betrachteten Geschichte der
Prophetie, daß die großen Einzelpropheten lediglich einen kleinen
Teilausschnitt der Gesamtprophetie bilden, der theologisch freilich
am wichtigsten ist. Wenn im Folgenden von „Propheten" die Rede
ist, sind daher gewöhnlich jene großen Einzelpropheten gemeint.

2. Prophetisches Erleben und Auftreten[2]

a) Die prophetische Wirksamkeit begann nach dem Berufungserlebnis des Propheten (vgl. Jes 6; Jer 1,4–10; Ez 1,1–3,15)[3] und konnte – ungeachtet der Ablehnung oder Bestreitung durch die Zuhörer (z. B. Hos 9,7 b; Ez 12,21 ff.) – stetig weitergeführt, infolge äußeren Zwanges aufgegeben (Am 7,10 ff.) oder vom Propheten wegen seines Mißerfolges (Jes 8,16–18) oder wegen seiner inneren Umstellung auf eine neue Botschaft (Ez 3,22–27; 24,25–27; 33,21 f.) zeitweilig unterbrochen werden. Gewöhnlich richtete sich die Verkündigung unmittelbar an diejenigen, denen eine Botschaft übermittelt werden sollte. Daher waren die prophetischen Sprüche in erster Linie für den mündlichen Vortrag bestimmt; die schriftliche Aufzeichnung und Überlieferung ist meistens nachträglich erfolgt. Außerdem haben die Propheten öfters symbolische Handlungen ausgeführt, die neben dem Prophetenspruch eine zweite Form der Verkündigung bildeten.

b) Der Prophetenspruch ist gewöhnlich in einem längeren Vorgang mit wenigstens vier Stufen entstanden.

Die erste Stufe und also die letzte Quelle prophetischer Tätigkeit war ein Augenblick persönlicher Gottergriffenheit. In ihm kamen der „Geist" oder das „Wort" Jahwes über den Propheten. Der Geist war im frühen Nabitum und in der Kultprophetie die treibende, aber unbestimmte und inhaltlich fließende Kraft. Dagegen war diese Geistbegabung dem großen Einzelpropheten gewöhnlich verdächtig, weil aus ihr eben die Worte der Kultpropheten stammten, die so oft zu beanstanden waren. Daher berief er sich statt dessen auf das Wort Jahwes, das sich als eine dem Propheten fremde Macht einstellte, sich gegen seine persönlichen Wünsche und Neigungen durchsetzte und als göttliches Wort durch seinen überzeugenden Inhalt und seine folgerichtigen Forderungen auswies, die die typische menschliche Daseinshaltung erschüttern und in Frage stellen und eine neue

---

[2] J. Hempel, Prophetische Offenbarung, ZSTh 4 (1926), 91–112. – F. Horst, Die Visionsschilderungen der alttestamentlichen Propheten, EvTh 20 (1960), 193–205. – J. Lindblom, Die Gesichte der Propheten, StTh 1 (1935), 7–28. – S. Mowinckel, Ecstatic Experience and Rational Elaboration in the Old Testament Prophecy, AcOr (Leiden) 10 (1935), 264 bis 291. – I. P. Seierstad, Die Offenbarungserlebnisse der Propheten Amos, Jesaja und Jeremia, 1965[2].

[3] BHH I 222 f. – RGG I 1084–1086.

Daseinshaltung erstehen lassen, die von der bisherigen nicht nur gradweise, sondern grundsätzlich verschieden ist. In einem solchen Augenblick göttlicher Ergriffenheit machte der Prophet eine „geheime Erfahrung" (Gunkel). Abgesehen vom Traum[4], der wie die Geistbegabung verdächtig erschien (Jer 23,25 ff.), lassen sich vier solcher Erfahrungen erkennen, die sich wenigstens teilweise in psychischen Ausnahmezuständen ereigneten: die Vision (innere Schau, z. B. Jes 6)[5], die Audition (inneres Hören, z. B. Jer 4,5–8.13–16. 19–22), die plötzliche Eingebung (z. B. Jes 7,10–17) und das wunderbare Wissen (z. B. der „Feind aus dem Norden" in der Anfangszeit Jeremias). Dabei sind Vision und Audition oft miteinander verbunden.

Manchmal waren die geheimen Erfahrungen auch der großen Einzelpropheten offensichtlich von ekstatischen Erlebnissen begleitet, die am besten bei Ezechiel zu beobachten sind. Jedoch hatte die Ekstase keine Bedeutung für sich allein und war keine isolierte Erscheinung, sondern begleitete lediglich die geheime Erfahrung; ferner konnte sie in Zusammenhang damit auftreten, mußte es jedoch nicht zwangsläufig. Sie war also als mögliche Begleiterscheinung geheimer Erfahrungen vorhanden, die den Propheten einer mehr oder weniger starken Erregung und Erschütterung aussetzte. Dann krampfte sich das Herz im Schrecken zusammen, Zittern und Beben befiel den Menschen, seine Haare sträubten sich, und seine Füße versagten den Dienst (Jes 21,1–10).

Die zweite Stufe war die Deutung und Auslegung der einzelnen Erfahrung durch den Propheten. Sie war ganz von dem Gottesglauben beherrscht, in dem der Prophet lebte und der nun durch die Wucht der neuen Erfahrung wieder eine Steigerung und Neufärbung erlebte. Denn die neue Erfahrung wurde so gedeutet, daß das Einzelerleben sich dem schon bestehenden Gesamtbild vom Wesen und Willen Jahwes eingliederte und es aufs neue vergegenwärtigte.

Als dritte Stufe trat die verstandesmäßige Bearbeitung des Erlebnisses hinzu. Wenn das in der geheimen Erfahrung Erlebte ausgesprochen werden mußte, wie es der göttliche Zwang erforderte, damit es nach außen wirksam werden konnte, mußte es in vernünftige und verständliche Worte übersetzt werden und durfte nicht im Lallen des Zungenredens bleiben. Diese Übersetzung geschah so

---

[4] BHH III 2023–2025. – RGG VI 1001–1005. – IDB I 1868 f.
[5] BHH III 2109 f. – RGG VI 1409 f. – IDB IV 791.

selbstverständlich, daß oft aus dem Glauben des Propheten selbst die sachgemäße Begründung hinzugefügt wurde oder verstandesmäßige Folgerungen aus dem Erlebten in das Jahwewort selbst eingingen.

Dem lief als vierte Stufe die Bearbeitung durch künstlerische Ausformung parallel, die sich ebenfalls ganz selbstverständlich vollzog. Nach damaligem Verständnis mußte jedes Orakel, gerade auch das prophetische, grundsätzlich in poetisch gebundener Rede erteilt werden. Daher gibt es kein wirkliches Prophetenwort, das nicht in Versform gehalten ist.

Daraus läßt sich folgern, wie die Erscheinung entstand, die als falsche Prophetie bezeichnet wird[6]. Entweder lag überhaupt keine geheime Erfahrung zugrunde, so daß alles Gesagte völlig in der Luft hing, oder die geheime Erfahrung wurde vom Propheten in falscher Weise gedeutet, ausgelegt oder verstandesmäßig bearbeitet.

c) Die Propheten haben folgende symbolische Handlungen ausgeführt[7]:

Hos 1,2–9	erste Ehe Hoseas und Benennung der Kinder,
Hos 3	zweite Ehe Hoseas,
Jes 7,3	vorausgesetzte Benennung eines Kindes Jesajas,
Jes 8,1–4	Benennung eines anderen Kindes Jesajas,
Jes 20	Umhergehen in der Kleidung von Gefangenen,
Jer 13,1–11	Verbergen eines Gürtels,
Jer 16,1–4	Verzicht Jeremias auf Ehe und Kinder,
Jer 16,5–7	Verzicht Jeremias auf Trauerbräuche,
Jer 16,8–9	Verzicht Jeremias auf Teilnahme an Festen,
Jer 19,1.2a.10–11a.14–15	Zerbrechen eines Kruges,
Jer 27,1–3.12b	Tragen der Jochstange,
Jer 28,10–11	Zerbrechen der Jochstange (Chananja),
Jer 32,1.7–15	Kauf eines Ackers,
Jer 43,8–13	Vergraben von Steinen in Tachpanches,
Jer 51,59–64	Versenken eines Blattes mit Unheilsworten im Euphrat,
Ez 3,16a; 4,1–3	Darstellung der Belagerung einer Stadt,
Ez 4,4–8	Stilliegen Ezechiels,
Ez 4,9–17	Backen von Brot,

[6] E. Osswald, Falsche Prophetie im Alten Testament, 1962. – G. Quell, Wahre und falsche Propheten, 1952. – G. von Rad, Die falschen Propheten, ZAW 51 (1933), 109–120.

[7] G. Fohrer, Die symbolischen Handlungen der Propheten, 1968². – Ders., Die Gattung der Berichte über symbolische Handlungen der Propheten, in: Studien zur alttestamentlichen Prophetie (1949–1965), 1967, 92–112.

Ez 5,1–14	Abscheren, Aufteilen und Vernichten von Haar,
Ez 12,1–11	Auszug wie Gefangene und Deportierte,
Ez 12,17–20	zitterndes Essen und Trinken,
Ez 21,11–12	Zusammenbrechen und Seufzen,
Ez 21,23–29	Zeichnen und Kennzeichnen von Wegen,
Ez 24,1–14	Kochen und Ausglühen eines Kessels,
Ez 24,15–24	Unterlassen der Trauerbräuche,
Ez 3,22–27; 24,25–27;	
33,21–22	Verstummen und neues Reden,
Ez 37,15–28	Zusammenfügen von zwei beschrifteten Stäben,
Sach 6,9–15	Krönung Serubbabels.

Diese Handlungen sind tatsächlich ausgeführt worden, wie die gelegentlichen Bemerkungen über den Vollzug, die erstaunten Fragen des Volkes und die Antwort der Propheten zeigen. Sie sind bewußt und mit klarem Verstand ausgeführt worden und nicht unwillkürliche und unbewußte Triebhandlungen, weil sie sich manchmal über mehrere Jahre erstreckten. Sie sind absichtlich und zu einem bestimmten Zweck ausgeführt worden und nicht einer Stimmung oder Laune des Propheten entsprungen.

Diese Handlungen standen neben dem Wort der mündlichen Verkündigung als deren zweite Art, die durch ein Tun, durch ein prophetisches Handeln erfolgte. Sie betonten in viel stärkerem Maße, als es durch das Wort geschehen konnte, daß die prophetische Verkündigung eine wirksame Verkündigung sein wollte. Das wird deutlich, wenn nach dem Ursprung der symbolischen Handlungen gefragt wird. Es ergibt sich dann, daß ihnen magische Handlungen zugrunde lagen, d. h. solche Handlungen, durch deren Ausführung man etwas Bestimmtes erreichen wollte und nach alter Vorstellung eben durch die Ausführung der Handlung auch erreichte. So lassen sich für alle prophetischen Handlungen oft verblüffende Beispiele aus dem Bereich der Magie beibringen. Doch zeigen sie nicht nur die ursprünglich nahe Verwandtschaft zwischen magischen und prophetischen symbolischen Handlungen, sondern ebenso deutlich den Unterschied zwischen beiden. Die prophetische Handlung bewirkte das Eintreffen des symbolisch dargestellten Geschehens nach dem Glauben der Propheten nicht mechanisch durch die Ausführung der Handlung und die ihr innewohnende Kraft. Die Gewißheit, daß es sich ereignen werde, lag für den Propheten vielmehr in der Macht Jahwes und in seinem Willen, das durch die Handlung Verkündete wahr und wirklich werden zu lassen. Deswegen finden sich in den Berichten über symbolische Handlungen oft der Befehl Jahwes zur Ausführung der Handlung und seine Zusage zur Verwirklichung des durch sie Verkündeten.

Für den Propheten galt die symbolische Handlung also zwar als wirksam, aber nicht infolge magisch zwingender Kraft, sondern als Ankündigung des göttlichen Handelns durch ihn als Bevollmächtigten. Ja, der Prophet kündigte nicht nur an, sondern führte durch sein Tun das angekündigte Geschehen mit herbei. Und jeder seiner Zeitgenossen, die wohl alle von solchen Handlungen wußten, hat sie als solche wirksame Ankündigung verstanden.

d) Über die Gattungen der prophetischen Verkündigung unterrichtet die Einleitungswissenschaft[8]. Sie lassen sich in den drei Gruppen der Prophetensprüche, der Prophetenberichte und der nachgebildeten Redeformen anderer Bereiche zusammenfassen.

Zu den Prophetensprüchen, die den Willen Jahwes mitteilen wollen, wie er sich infolge der gegenwärtigen menschlichen Daseinshaltung für die Gestaltung der Zukunft auswirkt, gehören:

das prophetische Orakel,
der unheilkündende Spruch oder das Drohwort,
der heilverkündende Spruch oder das Heilswort,
das Scheltwort,
die Mahnung oder Warnung.

Zu den Prophetenberichten, die keine jüngere Formgruppe darstellen, sondern teilweise alte, in späterer Zeit zurückgetretene Urformen aufweisen, gehören:

der berichtende Seherspruch,
der Bericht über eine Vision,
der Bericht über eine Audition,
der Bericht über Vision und Audition (Berufungsbericht),
der Bericht über eine symbolische Handlung.

Die nachgebildeten und teilweise weiterentwickelten Redeformen sind vor allem den Bereichen des täglichen Lebens, des Kultus, der Weisheitslehre, der Geschichtserzählung und des Rechtslebens entnommen worden. Daß sie sich in erstaunlich großem Maße finden, macht die veränderte Verkündigungssituation der sie verwendenden Propheten deutlich: Die überkommen, rein prophetischen Redeformen reichten besonders für die großen Einzelpropheten und die späteren eschatologischen Propheten nicht mehr aus, um ihre Botschaft zu verkünden, so daß sie zu bislang ungebräuchlichen Formen greifen mußten.

[8] S-F § 53,4.

e) Schon die vorherige Erwähnung von Ekstase und symbolischer Handlung zeigt, daß urtümliche Züge auch bei den großen Einzelpropheten nachgewirkt haben. Von da aus ist auch der Glaube an die Wirksamkeit des Wortes zu verstehen, das Jahwe durch den Propheten ausrufen ließ. Sogar das von diesem selbst formulierte und nicht von Jahwe hergeleitete Wort konnte dergleichen für sich in Anspruch nehmen. Anders als die wirkungslosen Träume wirkt das göttliche Wort wie ein Hammer, der Felsen zerschlägt (Jer 23,29). Es haut wie ein Schwert drein und tötet (Hos 6,5), es schlägt in Israel ein, daß das ganze Volk es fühlt (Jes 9,7 f.), es wird im Prophetenmund zu Feuer, das das Volk wie Brennholz verzehrt (Jer 5,14); daher kann das Land dieses Wort nicht beliebig lange ertragen (Am 7,10). Denn wenn Jahwe seine Stimme erhebt und brüllt, verdorren die Viehweiden und die Wälder des Karmel (Am 1,2).

Urtümliche Vorstellungen wirkten in der Übernahme von Redeformen mit ursprünglich magischem Hintergrund (Spott- und Leichenlied; Gedanken, Bilder und Ausdrücke der altorientalischen Verfluchungen), in der geographischen Anordnung der Fremdvölkersprüche in Abwandlung des Schemas der ägyptischen Ächtungstexte und in der schriftlichen Aufzeichnung und Überlieferung des gesprochenen Wortes zwecks Erhaltung seiner Wirkungskraft nach.

Freilich war das ursprüngliche magische Element durch die völlige Beziehung des prophetischen Redens und Tuns auf Jahwe grundsätzlich überwunden. Nur hinter der Vorstellung von der Wirksamkeit dieses Redens und Tuns, in der Zukunftskenntnis und vor allem in der Zukunftsmächtigkeit des Propheten ist es noch erkennbar – doch diese Wirkungskraft wurde mit dem Willen und der Macht Jahwes begründet.

3. Amos[9]

a) Amos stammte aus Tekoa, das etwa 20 km südlich von Jerusalem im Grenzgebiet zwischen Kulturland und Steppe lag. Dort hatte er als Klein- oder Rindviehzüchter gelebt (1,1; 7,14) und sich an-

---

[9] K. Cramer, Amos, 1930. – J. L. Crenshaw, The Influence of the Wise upon Amos, ZAW 79 (1967), 42–52. – F. Dijkema, Le fond des prophéties d'Amos, OTS II, 1943, 18–34. – R. Fey, Amos und Jesaja, 1963. – P. Humbert, Quelques aspects de la religion d'Amos, RThPh NS 17 (1929), 241–255. – A. S. Kapelrud, Central Ideas in Amos, 1956. – L. Köhler, Amos, 1917. – V. Maag, Text, Wortschatz und Begriffswelt des Buches

scheinend außerdem mit der Zucht von Maulbeerfeigenbäumen befaßt (7,14), so daß er vielleicht sogar über Grundbesitz verfügt hat. Jedenfalls hatte er einen selbständigen, durchaus „bürgerlichen" Beruf ausgeübt, bis er sich durch seine persönliche Berufung durch Jahwe daraus gerissen wußte (7,15). Es besteht kein Anlaß, Amos wegen des scheinbar mehrdeutigen Satzes 7,14a oder auf Grund formgeschichtlicher Analysen als einen zeitweiligen oder dauernden Kultpropheten oder -funktionär zu verstehen[10]. Denn in 7,14a erklärt Amos dem ihn zum Geldverdienen nach Juda verweisenden Oberpriester Amaṣja lediglich, daß er infolge seines Berufes, aus dem heraus Jahwe ihn nach Israel gesandt hat, über einen ausreichenden Lebensunterhalt verfüge und auf Einkünfte aus seiner Prophetentätigkeit nicht angewiesen sei. Die formgeschichtliche Untersuchung erlaubt keine weiterreichenden Folgerungen für das Verständnis des Amos; allein aus der Verwendung bestimmter Redeformen ergibt sich sehr wenig, da sie jeweils eine völlig andere Funktion erhalten können, als ihrem ursprünglichen Sitz im Leben entspricht.

Amos war während der Regierungszeit Jerobeams II. (786/82 bis 753/46) als Prophet tätig (1,1; 7,9 ff.). Dem Inhalt seiner Sprüche läßt sich entnehmen, daß Israel sich damals in einer politischen, wirtschaftlichen und kulturellen Blüte befand und beachtliche Erfolge aufzuweisen hatte (6,1.13). Das führt in die Mitte oder gegen das Ende der Regierungszeit Jerobeams, so daß die Wirksamkeit des Amos zwischen 760–750 v. Chr. anzusetzen ist.

Obwohl er Judäer war, hatte sein Auftrag ihn ins Nordreich Israel gewiesen. Dort ist er wahrscheinlich zunächst in der Hauptstadt Samaria aufgetreten (vgl. 3,9 ff.; 4,1 ff.; 6,1 f.), sodann und vor allem während eines Festes am königlichen Heiligtum von Betel. Doch hat seine Wirksamkeit nur kurze Zeit gedauert. Da seine Worte einschlugen, wurde er vom Oberpriester wegen Anstiftung zum Aufruhr beim König angezeigt und des Landes verwiesen (7,10–17). Daraufhin ist er wohl in seine Heimat zurückgekehrt, ohne weiter als Prophet aufzutreten.

Amos, 1951. – A. Neher, Amos, 1950. – H. Graf Reventlow, Das Amt des Propheten bei Amos, 1962. – H. Schmidt, Der Prophet Amos, 1917. – R. Smend, Das Nein des Amos, EvTh 23 (1963), 404–423. – S. Terrien, Amos and Wisdom, in: Muilenburg-Festschrift, 1962, 108–115. – J. D. W. Watts, Vision and Prophecy in Amos, 1958. – A. Weiser, Die Profetie des Amos, 1929. – H. W. Wolff, Amos' geistige Heimat, 1964.
[10] Vgl. im einzelnen S-F § 63,1.

Von Amos sind 5 Visionsberichte, 1 große Spruchreihe (1,3–2,16) und 27 meist kurze Sprüche überliefert, die überwiegend scheltenden und drohenden Charakter tragen. Zu ihnen sind einige spätere Worte hinzugetreten, die aus der exilischen oder nachexilischen Zeit stammen (1,2.9–12; 2,4 f.; 3,7; 4,13; 5,8 f.; 8,8; 9,5 f. 8–15)[11].

b) Grundlegend für die Verkündigung des Amos ist sein „Nein" zum sozialen Verhalten in Israel, zu seinem Kultus, seinem Geschichtsverständnis und seiner Existenz überhaupt. Wie Israel nicht in einer vorgegebenen grundsätzlichen Heilssituation lebt, so kann es aus der Berufung auf eine Erwählung durch Jahwe (3,2) oder aus der Rettung aus Ägypten keinen Anspruch auf Vorrang herleiten (9,7), es sei denn den auf Ahndung seiner Frevel. Denn Jahwe hat andere Völker genauso geführt wie Israel:

> Seid ihr mir nicht soviel wert wie die Kuschiten,
>   ihr Israeliten?
> Gewiß, ich habe Israel
>   aus dem Lande Ägypten heraufgeführt,
> aber auch die Philister aus Kaphtor
>   und die Aramäer aus Kir.   (9,7)

Darum bestehen für das Zusammenleben der Völker gottgewollte Grundregeln, deren Verletzung Jahwe ahndet, auch wenn Israel dadurch gar nicht betroffen ist:

> Wegen dreier oder vierer Frevel Moabs
>   will ich es nicht wenden,
> weil sie zu Kalk die Gebeine
>   des Königs von Edom verbrannt haben[12].   (2,1)

Genauso wird Jahwe die Sünden Israels ahnden, das entgegen der Verpflichtung zum Gehorsam – etwa wegen des Erweckens von Naziräern und Propheten (2,11) – von ihm abgefallen ist. Das zeigte Amos in erster Linie an den sozialen und kultischen Vergehen, die seine hauptsächlichen Angriffspunkte bilden:

> Wehe den Sorglosen in „Zion"[13],
>   den Sicheren auf dem Berg Samarias,

---

[11] Vgl. im einzelnen S-F § 63,3-4.

[12] Zu diesem im Alten Orient sonst unbekannten Verfahren vgl. den Fund im nabatäischen (früher edomitischen) Gebiet nach G. and A. Horsfield, Sela-Petra, the Rock of Edom and Nabatene III, The Excavations, QDAP 8 (1938), 87–115.

[13] Zion bezieht sich nicht auf Jerusalem, sondern steht als allgemeine Bezeichnung für die Lage einer Hauptstadt dem Berg Samarias parallel.

den Vornehmen des „Erstlings der Völker",
  'den „Herren"' des Hauses Israel!
Sie wähnen den Unglückstag fern
  und bringen 'Verheerung und' Gewalt gerade herbei.
Sie liegen auf Elfenbeinbetten
  und räkeln sich auf ihren Ruhelagern,
sie essen junge Widder aus der Herde
  und Kälber mitten aus der Mast,
sie plärren zum Klang der Harfe
  und dichten wie David 'allerlei' Lieder,
sie trinken den Wein aus Schalen
  und versalben nur das beste Öl.
Darum werden sie an der Spitze der Deportierten dahinziehen,
  dann ist es aus mit dem Gelage der Sichräkelnden!   (6,1–7)

                     *   *   *

Ich hasse, ich verwerfe eure Feste
  und mag eure Festversammlungen nicht riechen.
Eure Gaben gefallen mir nicht,
  das Abschlußopfer eures Mastviehs blicke ich nicht an.
Fort mit dem Lärm 'eurer' Lieder,
  das Klimpern 'eurer' Harfen will ich nicht mehr hören.
Statt dessen ergieße sich das Recht wie Wasser
  und Gerechtigkeit wie ein unversieglicher Bach!   (5,21–24)

Einen dritten, selteneren Angriffspunkt bildete die Verehrung fremder Götter:

      Ihr habt einhergetragen den 'Sakkut'
        und den 'Kewan', eure Bilder,
          die ihr euch gemacht habt.
      So will ich euch hinwegführen
        weit über Damaskus hinaus,
        hat Jahwe gesagt.   (5,26 f.; vgl. 3,14; 8,14 cj.)

Zwar hat Jahwe immer wieder versucht, Israel zur Einsicht zu
bringen. Wie alles Unheil von ihm kommt (3,3–6), so hat er verschiedene Plagen verhängt, die als leicht verständliche Mahnungen
zur Umkehr aufforderten – freilich vergeblich (4,6–11). Darum steht
nunmehr die Vernichtung am *Tag Jahwes* bevor, dessen herkömm-
liche heilvolle Auffassung Amos ins Gegenteil verkehrte (5,18–20).
Israel wird völlig untergehen, falls sich die verweigerte Umkehr, die
Amos als Aufsuchen Jahwes (5,4) und Tun des Guten (5,14) inter-
pretierte, nicht noch in letzter Minute ereignen sollte. Selbst für
diesen Fall bleibt die Freiheit Jahwes gewahrt, den eine Umkehr
Israels nicht zur Vergebung verpflichtet:

Sucht das Gute und nicht das Böse,
    damit ihr leben bleibt!
Dann sei Jahwe mit euch,
    wie ihr's (jetzt) wähnt.
Haßt das Böse, liebt das Gute,
    bringt das Recht zur Geltung!
Vielleicht ist Jahwe dann
    dem Rest von Joseph gnädig.   (5,14–15)

4. Hosea[14]

a) Hosea war wie Amos im Nordreich Israel tätig, im Unterschied von ihm wahrscheinlich auch dort beheimatet. Sonst läßt sich über seine Herkunft lediglich vermuten, daß er zur Schicht der Gebildeten gehörte; darauf lassen seine Kenntnis der Vergangenheit, sein Urteil über Geschichte und Gegenwart und seine Ausdrucksweise schließen. Da seine Sprache zudem weisheitlichen Einfluß zeigt, dürfte er an einer entsprechenden Schule, die der Erziehung vor allem zum königlichen Beamten diente, ausgebildet worden sein.

Einen weiteren Einblick in seine persönlichen Verhältnisse könnten die Berichte über Ehe und Kinder gewähren, wenn ihr Verständnis nicht so umstritten wäre. Nach dem ersten Bericht (1,2–9) sollte Hosea *eine unzüchtige Frau* mit Namen Gomer bat Diblajim heiraten und mit ihr Kinder zeugen, die die symbolischen Namen *Jesreel, Nicht-Begnadigte* und *Nicht-mein-Volk* erhielten. Nach dem zweiten Bericht (3,1–5 a) sollte er *nochmals* heiraten, diesmal *eine ehebrecherische Frau*, um sie für lange Zeit von der Umwelt abzuschließen und nicht einmal selber aufzusuchen. Allein die Anstößigkeit dieser Vorgänge hat zu mancherlei Deutungsversuchen geführt[15], von denen der folgende die größte Wahrscheinlichkeit haben dürfte: Die Be-

---

[14] F. Buck, Die Liebe Gottes beim Propheten Osee, 1953. – A. Caquot, Osée et la royauté, RHPhR 41 (1961), 123–146. – W. Eichrodt, "The Holy One in Your Midst", the Theology of Hosea, Interpr 15 (1961), 259 bis 273. – E. Jacob, L'héritage cananéen dans le livre du prophète Osée, RHPhR 43 (1963), 250–259. – Ders., Der Prophet Hosea und die Geschichte, EvTh 24 (1964), 281–290. – H. G. May, The Fertility Cult in Hosea, AJSL 68 (1931/32), 73–98. – H. S. Nyberg, Studien zum Hoseabuche, 1935. – G. Östborn, Yahweh and Ba'al, 1956. – N. H. Snaith, Mercy and Sacrifice, 1953. – Th. C. Vriezen, Hosea: profeet en cultuur, 1941. – H. W. Wolff, Hoseas geistige Heimat, ThLZ 81 (1956), 83–94 (= Gesammelte Studien zum Alten Testament, 1964, 232–250).

[15] Vgl. im einzelnen S-F § 61,2. – G. Fohrer, Die symbolischen Handlungen der Propheten, 1968².

richte beziehen sich auf zwei Ehen Hoseas mit zwei verschiedenen
Frauen und stehen mit symbolischen Handlungen des Propheten in
Zusammenhang. Zuerst hat er eine Dirne, am ehesten eine sakrale
Prostituierte, geheiratet und mit ihr Kinder gezeugt, deren symbolische Namen das künftige unheilvolle Geschick Israels ankündigen
sollten. Später hat er eine zweite Ehe mit einer anderen Frau geschlossen, die an Stelle eines Vernichtungsgerichts ein gnädiges Verfahren Jahwes ankündigen sollte. Der Unterschied zwischen den
beiden symbolischen Handlungen zeigt, wie aus dem Gerichtspropheten der Prophet der Hoffnung und Erlösung wurde. Von da
aus lassen sich zwar keine abgrenzbaren Tätigkeitsperioden Hoseas,
wohl aber eine allmähliche Wandlung seiner Verkündigung erschließen.

Die prophetische Tätigkeit Hoseas hat sich über nahezu drei Jahrzehnte erstreckt. Sie begann noch zur Zeit der Dynastie Jehu, wahrscheinlich während der Regierung Jerobeams II. (vgl. 1,1.4), und
erstreckte sich nach deren Sturz über die Periode der inneren Wirren
und Königsmorde sowie des syrisch-ephraimitischen Krieges (736 bis
733) bis in die Tage des letzten nordisraelitischen Königs Hosea (vgl.
7,11 f.; 12,2), hat jedoch vor dem Untergang des Nordreiches ge-
endet. Als Zeit der Wirksamkeit Hoseas sind daher etwa die Jahre
755/50–725 v. Chr. anzunehmen. Außer in Samaria mag er gelegentlich an einem Heiligtum wie Betel oder Gilgal aufgetreten sein.

Der Text der Sprüche Hoseas, die nach dem Untergang des Nordreiches nach Juda gerettet und dort überarbeitet worden sind, hat
im Verlauf der Überlieferung oft schwer gelitten. Außerdem ist
seine Abgrenzung schwierig, weil Einleitungs- oder Schlußformeln
vielfach fehlen. Daher schwankt das Urteil zwischen der Annahme
zahlreicher sehr kleiner und weniger größerer Sprüche oder Spruch-
komplexe. Die verwendeten Redeformen sind mannigfach; außer den
herkömmlichen prophetischen Sprüchen sind die prophetische Gerichtsrede, geschichtsbetrachtende Sprüche, die prophetische Liturgie
und Diskussionsworte zu nennen. Auch die Hoseaüberlieferung hat
spätere Zusätze erhalten (abgesehen von kleinen Glossen: 2,1–3.6 f.
8 f.12.14.; 4,15; 5,5; 7,13 b–14; 11,11; 12,1; 14,10)[16].

b) Die Verkündigung Hoseas ist von der starken Spannung zwischen
dem Handeln Jahwes an Israel und dem Verhalten des palästinischen

---

[16] Vgl. im einzelnen S-F § 61,3-4.

Israel gegenüber Jahwe, zwischen dem einst ungetrübten und dem seit Jahrhunderten nahezu zerstörten Verhältnis zwischen beiden beherrscht. Die Israeliten sind Jahwes Söhne, die er als Vater aus Ägypten gerufen hat (11,1). Die Beziehung zwischen Jahwe und Israel ist eine solche der Ehe (1,2 ff.; 2,18; 3). Dieses Verhältnis, das auf die Rettung aus Ägypten zurückgeführt wird (12,10; 13,4), wird nicht mit einer „Erwählung" Israels, sondern gemäß den Bildern und Vergleichen aus dem Familienleben und dem personhaften Lebensverhältnis mit der Liebe Jahwes begründet (11,1). Jedoch hat dieses in der Mose- und Wüstenzeit ungetrübte Verhältnis seit dem Bekanntwerden mit der kanaanäischen Religion und dem Wohlleben im Kulturlande aufgehört – nicht weil Israel seither im Bereich der bäuerlichen und städtischen Kultur lebte, sondern weil es im Bereich dieser Kultur dem Baal verfiel:

> Wie Trauben in der Wüste
>   habe ich Israel gefunden,
> wie eine frühe Frucht am Feigenbaum
>   habe ich 'ihre' Väter erblickt.
> Kaum kamen sie nach Baal-Peor,
>   da weihten sie sich dem 'Baal'
> und wurden abscheulich wie ihr Liebhaber.   (9,10)

* * *

> Ich 'weidete sie' in der Wüste,
>   im Land der Fieberschauer.
> 'Als ich sie weidete', wurden sie satt;
>   sie wurden satt, da überhob sich ihr Herz.   (13,5 f.)

Die ganze seitherige Geschichte Israels in Palästina ist durch den Abfall von Jahwe und die Treulosigkeit ihm gegenüber gekennzeichnet. Trotz der Warnungen seitens der Propheten und des Wortes Jahwes (6,5) blieb das Volk bis in die Gegenwart Hoseas abtrünnig (1,4; 9,9; 10,9). Die Frau Israel trieb Ehebruch und Unzucht; um dies und die Folgen daraus zu zeigen, begann Hosea seine Tätigkeit mit der symbolischen Handlung der Heirat mit einer Dirne und der Benennung der Kinder mit Unheilsnamen (1,2–9).

Verwarf Amos den Kultus als Heilsmittel vor allem aus ethischen Gründen und setzte ihm das rechte Tun im täglichen Leben entgegen, so bekämpfte Hosea ihn, weil er in Wirklichkeit gar nicht dem Gott Israels, sondern einem baalisierten Jahwe oder dem Baal selber gelte und Sünde sei:

Viele Altäre hat Ephraim sich errichtet,
    sie dienen ihm nur zum Sündigen.
Schreibe ich ihm auch noch 'soviel Gebote' auf,
    werden sie (bloß) wie die eines Fremden geachtet.
'Schlachtopfer lieben sie, also schlachten sie',
    Fleisch, also essen sie es.   (8,11–13a)

Der zweite Angriffspunkt des Propheten war die innere und
äußere Politik. Die politischen Erschütterungen seiner Zeit haben
tiefe Spuren bei ihm hinterlassen, und seine Sprüche hallen davon
wider. Er kündigte das Ende des Königtums an, das zum Spielball
in den Händen der pro- und antiassyrischen Machtgruppen geworden
war, und betrachtete die Großmächte seiner Zeit – Assyrien und
Ägypten – als die Gewalten, denen Israel erliegen werde:

'Wo' ist denn dein König, daß er dir helfe,
    'und all deine Beamten', daß sie dir Recht verschaffen?
Ich gebe dir ja einen König in meinem Zorn
    und nehme ihn in meinem Grimm wieder.   (13,10 f.)

* * *

Ephraim ist wie eine Taube,
    leicht verführbar und dumm.
Ägypten riefen sie um Hilfe an,
    nach Assur liefen sie.
Sooft sie hingehen, werfe ich
    mein Netz über sie aus;
Wie Vögel des Himmels hole ich sie herunter
    'und fange sie' 'mit dem Wurfholz'.   (7,11 f.)

Nach alledem erwartete Hosea zunächst nichts anderes als das
göttliche Gericht: den Untergang wie Adma und Şeboim (11,8) oder
das Rückgängigmachen des Exodus und neue Knechtschaft (9,1–6;
11,1–7):

Aus der Gewalt der Unterwelt sollte ich sie loskaufen,
    sie vom Tode auslösen?
'Wo' bleiben deine Seuchen, Tod,
    'wo' dein Stachel, Unterwelt?
Mitleid ist vor mir verborgen!   (13,14)

Eine Möglichkeit der Rettung bietet nur die Umkehr zu Jahwe
(5,15–6,6), die dessen Gnade nach sich zieht (10,12–13 a; 14,2–9):

Kehre zu deinem Gott um, Israel,
    denn du bist über deine Schuld gestrauchelt!
Nehmt Worte mit euch
    und kehrt zu Jahwe um!

Sprecht zu ihm:

> 'Du kannst doch jede Schuld vergeben',
>   'so daß wir' Gutes 'empfangen'.
> Assur soll uns nicht mehr helfen,
>   auf Rossen wollen wir nicht mehr reiten
> und nicht noch einmal „unser Gott"
>   zum Machwerk unserer Hände sagen!

*

> Ich will wie Tau für Israel sein,
>   wie eine Lilie soll es blühen
> und Wurzeln schlagen wie 'der Storaxbaum'.
>   Seine Ranken sollen sich ausbreiten,
> seine Hoheit wie die des Ölbaums werden,
>   sein Duft wie der des Libanon.
> Was hat Ephraim noch mit Götzenbildern zu tun,
>   ich bin nun 'seine Anat' und 'Aschera',
> ich bin wie ein grüner Wacholder,
>   von mir stammt 'seine Frucht'.   (14,2–9)

Doch als Hosea einsehen mußte, daß der Mensch sich nicht selber aus dem Unheil befreien kann, in das er sich verstrickt hat (5,3 f.; 13,12 f.), ja daß die Schuld sogar für Jahwe eine Schranke bildet (6,11 b–7,2), wagte er einen entscheidenden Schritt zum Erlösungsglauben[17]: Die göttliche Gnade ist nicht erst nach der vom Menschen vorzunehmenden Umkehr wirksam, sondern umgekehrt als erste am Werk, während Entscheidung und Tat des Menschen auf sie folgen. Dieser Erlösungsglaube Hoseas bahnte sich zunächst in der Erwartung an, daß Israel auf die vorpalästinischen Verhältnisse und damit ganz konkret zu den Quellen seines Glaubens zurückgeführt werden wird, um einen neuen Anfang zu machen (12,10; 3). Jahwe wird es geradezu umwerben, damit es sich helfen läßt, und es danach wieder nach Palästina zurückführen, damit es wie in seinen Jugendtagen in enger, unverbrüchlicher Gemeinschaft mit Jahwe lebt – diesmal im Kulturlande (2,16–25):

> Sieh doch, ich will sie betören,
>   sie in die Wüste führen und ihr zu Herzen reden.
> Dann gebe ich ihr ihre Weingärten zurück
>   und mache das Akortal zur Hoffnungspforte.
> Sie wird 'hinaufziehen' wie in Jugendtagen,
>   wie einst, da sie heraufzog aus Ägyptenland.   (2,16 f.)

---

[17] G. Farr, The Concept of Grace in the Book of Hosea, ZAW 70 (1958), 98–107. – G. Fohrer, Umkehr und Erlösung beim Propheten Hosea, in: Studien zur alttestamentlichen Prophetie (1949–1965), 1967, 222–241.

So wird am Ende der Segen stehen, begründet durch die erlösende Gnade Jahwes, der die völlige Wandlung Israels ermöglicht:

> An jenem Tage will ich den Himmel erhören,
> und er wird die Erde erhören.
> Die Erde wird Korn und Most erhören,
> und sie werden „Jesreel" erhören.
> Ich werde ihn wieder im Lande einsäen,
> die „Nicht-Begnadigte" begnadigen
> und zu „Nicht-mein-Volk" sprechen: Mein Volk bist du!,
> so daß er rufen wird: Mein Gott!   (2,23–25)

5. Jesaja[18]

a) Jesaja stammte aus Jerusalem und ist dort aufgewachsen; anscheinend war er vornehmer Abstammung (vgl. 7,3; 8,2; 22,15 f.). Daß er eine entsprechende Schulbildung erhalten hat, läßt sich aus dem Gebrauch von weisheitlichen Redeformen und -wendungen erschließen. Er war mit einer ausdrücklich als *Prophetin* bezeichneten Frau verheiratet (8,3). Seine Söhne *Der Rest, der umkehrt* (7,3) und *Eilebeute-Plünderschnell* (8,3) wurden durch ihre symbolischen Namen in seine prophetische Tätigkeit einbezogen.

Seine Berufung zum Propheten erlebte Jesaja im Todesjahr des Königs Uzzia (Azarja) 746 oder 740 v. Chr. (6,1). Er war während der Regierungen der Könige Jotam, Ahas und Hiskia in einer politisch bewegten Zeit tätig; seine letzten Sprüche stammen aus dem Jahre 701. In der ersten Periode dieser Wirksamkeit, von der Berufung bis vor Beginn des syrisch-ephraimitischen Krieges (746/40 bis 736), setzte er sich hauptsächlich mit den inneren Verhältnissen in Juda nach einer Zeit politischen und wirtschaftlichen Aufschwungs auseinander. Die zweite Periode umfaßt die Zeit des syrisch-ephraimitischen Krieges, in dem Damaskus und das Nordreich Israel versuchten, Juda in ihr antiassyrisches Bündnis zu zwingen (736–733).

---

[18] S. H. Blank, Prophetic Faith in Isaiah, 1958. – K. Budde, Über die Schranken, die Jesajas prophetischer Botschaft zu setzen sind, ZAW 41 (1923), 154–203. – Ders., Jesajas Erleben, 1928. – B. S. Childs, Isaiah and the Assyrian Crisis, 1967. – R. Fey (Anm. 9). – J. Fichtner, Jahves Plan in der Botschaft des Jesaja, ZAW 63 (1951), 16–33 (= Gottes Weisheit, 1965, 27–44). – S. M. Gozzo, La dottrina teologica del Libro di Isaia, 1962. – G. Hölscher, Jesaja, ThLZ 77 (1952), 683–694. – O. St. Virgulin, La "Fede" nella profezia d'Isaia, 1961. – Th. C. Vriezen, Essentials of the Theology of Isaiah, in: Muilenburg-Festschrift, 1962, 128–146. – Ders., Jahwe en zijn stad, 1962. – F. Wilke, Jesaja und Assur, 1905.

Jesaja trat sowohl diesem Bündnis als auch der Politik des judäischen Königs Ahas entgegen, der sich zum Vasallen der Assyrer erklären und sie gegen die Angreifer zu Hilfe rufen wollte. Als dies tatsächlich geschah, hat Jesaja sich nach seinem Mißerfolg lange Jahre zurückgezogen (8,16–18). Erst beim ersten Versuch des Königs Hiskia, sich im Bunde mit anderen Staaten von der Vasallität zu befreien (716 bis 711), trat Jesaja in einer dritten Periode mit neuen Warnungen vor der eingeschlagenen Politik auf, um nach dem Scheitern des Aufstandes wieder zu schweigen. Die vierte Periode fällt in die Jahre des zweiten Versuchs Hiskias, durch einen umfassenden palästinischen Aufstand mit Unterstützung Ägyptens die Selbständigkeit Judas wiederherzustellen (705–701). Der Versuch führte jedoch zur Verwüstung Judas, Abtrennung großer Landesteile, Bedrohung Jerusalems und völligen Unterwerfung Hiskias. Nach einer apokryphen Legende soll Jesaja unter dem nächsten König Manasse den Märtyrertod erlitten haben.

Die Jesajaüberlieferung macht lediglich einen Teil des eigentlichen Jesajabuches (Kap. 1–39) aus, das zu einem Sammelbecken für jüngere, anonyme Prophetensprüche geworden ist[19]. Die Sprüche und Berichte Jesajas sind, teilweise in fragmentarischer Form, in folgenden Abschnitten enthalten: 1,2–31; 2,6–4,1; 5,1–24 + 10,1–3; 6,1–8,22; 9,7–20 + 5,25–29; 10,5–15.27 b–32; 14,24–32; 17,1–6; 18; 20; 22,1–19; 28,1–32,14 (abzüglich der später eingefügten Sprüche 3,10 f.; 7,23–25; 8,9 f.; 29,17–24; 30,18–26; 32,1–8).

Die wichtigsten großen Komplexe mit Sprüchen aus jüngerer Zeit sind die Fremdvölkersprüche in 13,1–14,23; 15–16; 19; 21 und 23, die sog. Jesaja-Apokalypse in 24–27, die prophetischen Liturgien in 33, die Ausführungen über die Endzeit in 34–35 und die ungeschichtlichen Jesajalegenden in 36–39 (aus II Reg 18,13.17–20,19 übernommen, teilweise geändert und erweitert). Wichtige jüngere Einzelsprüche sind 2,2–4 (= Mi 4,1–3); 9,1–6; 11,1–9.10.11–16; 17,12–14.

b) In den ersten Jahren seiner Tätigkeit hat Jesaja sich vornehmlich mit den sozialen und ethischen Verhältnissen in Juda bzw. Jerusalem auseinandergesetzt und sogar gegen den König und die Staatsführung schwere Vorwürfe erhoben:

> Mein Volk – 'sein Gewalthaber ist ein Kind',
> 'Wucherer' herrschen über es.
> Mein Volk, deine Leiter führen dich irre
> und verwirren deine Wege.

*

[19] Vgl. im einzelnen S-F § 56,3–5.

> Jahwe steht bereit, den Rechtsstreit zu führen,
>   und tritt auf, um 'seinem Volke' Recht zu schaffen.
> Jahwe geht ins Gericht
>   mit den Ältesten seines Volkes und seinen Beamten:
>   *
> Ja, ihr habt den Weingarten niedergebrannt,
>   was ihr den Armen raubtet, ist in euren Häusern.
> Was fällt euch ein! Ihr zerschlagt mein Volk
>   und zermalmt das Gesicht der Armen!   (3,12–15)

Ebenso wandte er sich gegen die Oberschicht, z. B. gegen die Großgrundbesitzer:

> Wehe denen, die Haus an Haus reihen
>   und Feld an Feld fügen,
> bis kein Raum mehr ist
>   und ihr allein ansässig seid
>   im Lande.   (5,8)

Dem deswegen drohenden Gericht wird sich niemand entziehen
können. Alle werden von ihm betroffen (2,12–17; 3,1–9), sogar die
Frauen (3,16–24; 3,25–4,1). Der Kultus ist kein Heilmittel dagegen,
denn Jahwe mag ihn nicht (1,10–17). Nur eins könnte helfen: Gutes
tun, willig und gehorsam sein (1,17.19 f.).

Doch mit der zweiten Periode der Tätigkeit Jesajas änderte sich
die Thematik. Von dieser Zeit an spiegeln sich in seiner Wirksamkeit die Eingriffe der Assyrer in das syrisch-palästinische Staaten-
system und die Abwehrversuche dieser Staaten wider. Demgemäß
waren die ständig wiederkehrenden Themen seiner Sprüche das Handeln Jahwes in der Völker- und Menschenwelt und das Verhältnis
von Religion und Politik: Jahwe lenkt das Geschehen in der Welt
und handelt in ihm, obzwar in einer sachten und stillen Art (8,5–8).
Diesem Handeln soll der Mensch nicht unbeteiligt zuschauen, noch soll
er eigenmächtig vorgehen, vielmehr in der Spannung und Ungewiß-
heit im Vertrauen auf die Weltmächtigkeit Jahwes ausharren. Das
gilt auch für die Politik. Daher riet Jesaja im syrisch-ephraimitischen
Krieg vom Hilferuf an Assyrien ab und forderte ausschließlich ver-
trauenden Glauben:

So spricht Jahwe:

> Es kommt nicht zustande und wird nicht geschehen!
> Denn Haupt von Aram ist (nur) Damaskus
> und Haupt von Damaskus Reṣin.
> Haupt von Ephraim ist (nur) Samaria
> und Haupt von Samaria der Remaljasohn.
> Glaubt ihr nicht,
> so bleibt ihr nicht!   (7,7–9)

Als Ahas jedoch seinen eigenen politischen Weg gehen, nicht auf Jesaja hören wollte und ein ihm angebotenes Zeichen zur Vergewisserung über die Macht Jahwes ablehnte, brach der Prophet los und kündigte ein Unheilszeichen Jahwes an:

> Siehe, eine junge Frau ist schwanger,
> wird einen Sohn gebären
> und ihm den Namen geben:
> „Gott mit uns!"
> Butter und Honig wird er essen (müssen)
> (zur Zeit), da er versteht, Böses zu verwerfen
> und Gutes zu wählen.
>
> *
>
> Denn bevor der Knabe versteht,
> Böses zu verwerfen
> und Gutes zu wählen,
> ist der Ackerboden verödet!
> Jahwe wird Tage bringen,
> die nicht gekommen sind seit dem Tage,
> da Ephraim sich von Juda getrennt hat.   (7,14 b–17)

Später betrachtete Jesaja den Assyrerkönig zunächst als den von Jahwe beauftragten Knecht und mahnte Hiskia zu Treue und Ergebenheit ihm gegenüber, während er gleichzeitig die „weisen" Politiker Judas vor einer selbstherrlichen Machtpolitik und einem Bündnis mit Ägypten warnte. Statt dessen empfahl er – allerdings wieder vergeblich – Stillesein und Vertrauen auf Jahwe, der im Unterschied von Ägypten wirklich helfen kann (31,1–3):

> Gesprochen hatte
>   der Herr Jahwe,
>   der Heilige Israels:
> „Bei Abkehr (vom Kriege) und Vertragstreue
>   kann euch geholfen werden,
> im Stillehalten und Vertrauen
>   liegt eure Kraft."
> Doch ihr habt nicht gewollt,
>   habt Nein gesagt.
> „Sondern auf Rossen wollen wir fliegen!" –
>   darum werdet ihr fliehen!
> „Auf Rennern wollen wir reiten!" –
>   darum werden eure Verfolger hinter euch herrennen!
> Wenn bloß fünf drohen,
>   werdet ihr fliehen,
>   bis ihr übrigbleibt
> wie die Stange auf dem Gipfel eines Berges,
>   wie ein Signal auf einem Hügel.   (30,15–17)

Als jedoch der Assyrerkönig in Palästina eingefallen war, mußte Jesaja feststellen, daß er sich durchaus nicht als Werkzeug Jahwes verstand, sondern seine eigenen Machtpläne verwirklichen wollte (10,5–15). Daher kündigte er ihm nunmehr das Gericht an, während er Juda erneut zum vertrauensvollen Ausharren auf den unsichtbaren Gott mahnte:

Jahwe Ṣebaot hat geschworen:

> „Wie ich mir's ausgedacht habe, so geschieht's;
> wie ich's plane, so kommt's zustande.
> Ich werde Assur in meinem Land zerschlagen
> und auf meinen Bergen zertreten!"   (14,24 f.)

Jerusalem wurde im Jahre 701 zwar vor den Assyrern gerettet, aber nicht als Folge seines Gottvertrauens. Da hielt Jesaja der triumphierenden Stadt ihren Jubel als Sünde vor: Weil sie keinen Bußtag gehalten hat und nicht zu Jahwe umgekehrt ist, werden alle es mit dem Tode büßen müssen (22,1–14).

In alledem ist die Verkündigung Jesajas grundlegend durch sein Berufungserlebnis geprägt worden. In ihm wurde er Jahwes als des Heiligen inne (6,3), der anders- und eigenartig gegenüber allem Irdischen ist, mit seiner Herrlichkeit die Welt durchdringt und beherrscht und als persönliche Willensmacht dem Menschen gegenübertritt, so daß dieser sich seiner todeswürdigen Sündhaftigkeit bewußt wird (6,5). Dieser Gott will seine alleinige Herrschaft durchsetzen. Wer ihr widerstrebt, verfällt dem Gericht am *Tag Jahwes*, an dem dieser sich als über alles andere erhaben erweisen wird (2,12–17). Darum bedrohte Jesaja in seinem Namen das die eigene Herrschaft anstrebende Assyrerreich, aber auch die sozialen und politischen Sünden Judas als Auflehnung gegen Jahwe (1,2–3): die Bedrückung der Armen (3,12–15), den Luxus (3,16–24) und das Prassen (5,11–13. 22), die Ungerechtigkeit (5,1–7.23) und den Landraub (5,8–10), das Buhlen um die Gunst der Großmächte (8,5–8; 30,1–5.6 f.; 31,1–3. 4–9) und das Vertrauen auf die eigene Kraft (30,15–17). Jesaja verurteilte die scheinbar klugen Politiker (5,21; 28,14–22; 29,15) und die ihn verspottenden Priester und Kultpropheten (28,7–13). Er wandte sich ebenso gegen die Selbstgerechtigkeit und Überheblichkeit (2,6–22) wie gegen die ungläubige Verzagtheit (7,1–9). Denn darin blickt man nur auf Mächte, die irdisch-vergänglich (*Fleisch*) und nicht göttlich (*Geist*) sind (31,3), hält sich selbst gegenüber dem

allein weisen Gott für klug (31,2) und lehnt sich gegen ihn auf
(10,15).

Darum droht das Gericht als Untergang des sündigen Daseins,
das dem heiligen Gotteswillen widerstrebt. Diese Drohung durchzieht die gesamte Verkündigung Jesajas von der Berufung (6,11) bis
zu seinen letzten Sprüchen (22,1–14; 32,9–14). Er kündigte es zeitweilig als Läuterungsgericht an (1,21–26), gewöhnlich als Vernichtungsgericht mittels Krieg (3,25–4,1), Versklavung (3,24) und
Anarchie (3,1–9). Nur die völlige Wandlung Israels und das Befolgen des göttlichen Willens, nur Gehorsam und die durch den
Namen des Prophetensohnes geforderte und angebotene Umkehr
könnten retten (1,17.18–20; 7,3). Umkehr aber bedeutet Glauben,
d. h. unbedingtes Vertrauen auf die Zusagen des unsichtbar die Welt-
geschicke lenkenden Gottes, obwohl ihre Verwirklichung noch nicht
zu erblicken ist (7,9), Stillbleiben und vertrauensvolles Harren auf
das Eingreifen Jahwes (30,15). So war Jesaja während seiner ganzen
Tätigkeit ein Prophet der Umkehrforderung. Doch stets ist er ent-
täuscht worden, so daß noch sein letzter Spruch eine Drohung war:

> Ihr sorglosen Frauen,
>   hört meine Stimme!
> Ihr arglosen Mädchen,
>   vernehmt mein Wort!
> Über Jahr und Tag
>   werdet ihr Arglosen zittern,
> denn mit der Weinlese ist's dann aus,
>   keine Obsternte kommt mehr.

> *

> Zittert, ihr Sorglosen,
>   erbebt, ihr Arglosen!
> Reißt euch die Kleider vom Leib,
>   schlagt klagend die Brüste
> über das prächtige Feld,
>   den fruchtbaren Weinstock,
> über alle Häuser voll Jubel,
>   die ausgelassene Ortschaft!

> *

> Denn die Wohntürme sind dann verlassen,
>   das Getümmel der Stadt verödet,
> Burghügel und Wartturm
>   kahle Felder für immer,
> eine Freude der Wildesel,
>   eine Weide der Herden.   (32,9–14)

6. Micha[20]

a) Micha stammte aus der kleinen Ortschaft Moreschet-Gat im judäischen Hügelland südwestlich von Jerusalem. Er war wohl ein freier Bauer, der die Mißstände, deren Ausgangspunkt die Hauptstadt war, genau kannte und vielleicht sogar selbst unter ihnen leiden mußte. Mit Sicherheit ist er während der Regierungszeit Hiskias aufgetreten (vgl. Jer 26,18). Da 1,2–9 sich gegen das noch bestehende Samaria richtet, muß Michas Wirksamkeit vor dessen Untergang begonnen haben, während die assyrischen Feldzüge von 711 und 701 offenbar unbekannt sind. So dürfte sein Auftreten in der Zeit nach 725 bis vor 711 v. Chr. anzusetzen sein.

Die Michaüberlieferung ist umfangmäßig gering; sie liegt in acht Sprüchen der Kap. 1–3 des Buches vor (Zusätze: 1,16; 2,4 f.10.12 f.). Die weiteren Abschnitte des Buches stammen wahrscheinlich aus nachexilischer Zeit[21].

b) Obwohl Micha in 1,10–15 und 2,1–3 von Jesaja beeinflußt zu sein scheint, war er doch eine kraftvolle und markante Gestalt eigener Prägung. Aus seiner persönlichen Anschauung kannte er die Mißstände, gegen die er sich wandte, insbesondere die von Jerusalem ausgehende Auflösung des alten Bodenrechts zugunsten der Großgrundbesitzer. Die ungewöhnliche Schärfe und Bitterkeit seiner Anklagen und Drohungen erklären sich aus dem Mitgefühl mit den Leiden der Bauern und aus der Verachtung für die Berufspropheten, die den Reichen nach dem Munde redeten, um daran zu verdienen:

> Hört doch, ihr Häupter Jakobs,
>   ihr Führer des Hauses Israel!
> Solltet ihr nicht das Rechte kennen?
>   Aber sie hassen das Gute und lieben das Böse.
> Sie fressen das Fleisch meines Volkes
>   und ziehen ihm das Fell über die Ohren,
> zerstückeln es 'wie Fleisch' im Topf,
>   wie Fleisch im Kessel. (3,1–3)

* * *

[20] W. Beyerlin, Die Kulttraditionen Israels in der Verkündigung des Propheten Micha, 1959. – B. A. Copass – E. L. Carlson, A Study of the Prophet Micah, 1950. – E. Hammershaimb, Einige Hauptgedanken in der Schrift des Propheten Micha, StTh 15 (1961), 11–34 (englisch = Some Aspects of Old Testament Prophecy from Isaiah to Malachi, 1966, 29–50).

[21] Vgl. im einzelnen S-F § 66,2-6.

So spricht Jahwe über die Propheten:

> Sie führen mein Volk irre,
>> denn wenn sie etwas zu beißen haben,
>>> rufen sie: „Heil!"
> Gibt einer ihnen aber nichts zu essen,
>> so weihen sie den Krieg gegen ihn. (3,5)

Demgegenüber kennzeichnete Micha sein eigenes Sendungsbewußt-
sein: Mit Kraft, Recht und Stärke sollte er Israel seine Sünde vor-
halten (3,8). Aus dem Wissen um die gottgewollte Gerechtigkeit
wandte er sich gegen die falsche Sicherheit derer, die sich vor Jahwe
in einer Heilssituation und deswegen vor allem Unheil geschützt
wähnten. Der Berufung darauf, das Volk Jahwes zu sein, hielt er
kurz und ablehnend entgegen: *'Ihr seid gar nicht „mein Volk"!'*
(2,6–8). Darum hat Micha lediglich die unausweichliche Vernichtung
angekündigt:

> Deswegen wird der Zion euretwegen
>> wie ein Feld umgepflügt,
> Jerusalem zum Trümmerhaufen,
>> der Tempelberg eine bewaldete Höhe. (3,12)

7. Zephanja[22]

a) Zephanja war Judäer und vermutlich in Jerusalem beheimatet;
die lange Ahnenreihe in 1,1 sollte wohl dem Mißverständnis wehren,
als handle es sich bei seinem Vater Kuschi um einen Äthiopier. Der
Prophet ist während der Zeit Josias aufgetreten. Da in Jerusalem
noch fremde Götter verehrt wurden (1,4 f.), ist an die Jahre vor der
deuteronomischen Reform zu denken. Da ferner in 1,8 lediglich die
königlichen Prinzen genannt werden und nicht der König selbst,
muß sogar die Zeit der Minderjährigkeit des Königs für wenigstens
einige Sprüche Zephanjas erwogen werden. Man kann seine Tätigkeit um 630 v. Chr. ansetzen.

Von Zephanja sind sechs Sprüche gegen und über Juda und Jerusalem in 1,4 f.7–9.12 f.14–16; 2,1–3; 3,11–13 und drei Sprüche gegen
andere Völker in 2,4.13 f.; 3,6–8 überliefert. Die übrigen Sprüche des
kleinen Buches stammen aus wesentlich späterer Zeit[23].

b) In seiner Verkündigung hat Zephanja sich an Amos, Jesaja und
Micha angeschlossen und besonders die von den beiden ersten ver-

---

[22] G. Gerleman, Zephanja, 1942.
[23] Vgl. im einzelnen S-F § 69,2-3.

tretene Deutung des *Tages Jahwes* weiter ausgeführt und gesteigert. Er wandte sich gegen den Götzendienst, die Nachahmung fremd-religiös bestimmter Sitten und die selbstsicheren Zweifel am Zorne Jahwes. Das furchtbare Gericht, das Zephanja so eindrücklich an-gekündigt hat, daß es in der lateinischen Nachdichtung von 1,14–16 *dies irae, dies illa* weiterklingt, wird die sündige Oberschicht von Juda und Jerusalem, aber auch anderer Völker treffen:

> Nahe ist der große Tag Jahwes,
>   nahe und eilt schnell herbei.
> 'Der Tag Jahwes ist schneller als ein Läufer'
>   und rascher als ein Held.
> Ein Tag des Grimms ist jener Tag,
>   ein Tag der Not und Drangsal,
> ein Tag des Tosens und Tobens,
>   ein Tag der Finsternis und Dunkelheit,
> ein Tag der Wolken und des Dunkels,
>   ein Tag des Hörnerschalls und Kampfgeschreis –
> wider die befestigten Städte
>   und die hochragenden Zinnen!   (1,14–16)

Nutzt man allerdings die Zeit, sich der Gebote Jahwes zu er-innern, erfolgt die Umkehr zu Gerechtigkeit und Demut (2,1–3), so wird sich nur ein Läuterungsgericht ereignen. In ihm wird ein Teil von Israel wie der einer schweren Niederlage entronnene Rest eines Heeres übrigbleiben und wie in den Tagen der Väter demütig und niedrig, aber gläubig auf dem Zionsberg wohnen, recht handeln und in Frieden leben:

> Du wirst dich wegen all deiner Taten nicht mehr schämen müssen,
>   die du an mir verübt hast.
> Denn einst entferne ich aus deiner Mitte
>   die hochmütig Jubelnden.
> Da wirst du nicht mehr hochmütig sein
>   auf meinem heiligen Berg.
> Ich werde in deiner Mitte übriglassen
>   ein armes und geringes Volk.
>   *
> Dann wird beim Namen Jahwes Zuflucht suchen
>   der Rest Israels.
> Sie werden nicht mehr Unrecht tun
>   und keine Lügen reden,
> man findet keine trügerische Zunge mehr
>   in ihrem Munde.
> Sie werden sich lagern und weiden,
>   und niemand schreckt sie auf.   (3,11–13)

8. Jeremia[24]

a) Jeremia stammte aus einer Priesterfamilie, die in dem nordöstlich von Jerusalem gelegenen Anatot ansässig war. Seine Berufung zum Propheten erlebte er im Jahre 626 v. Chr. (vgl. 1,2; 25,3); die neuerlich mehrfach vertretene Annahme, daß er erst nach dem Tode Josias, also rund zwei Jahrzehnte später, Prophet geworden sei, scheitert an der ausdrücklichen Datierung der Berufung, der Herleitung von 3,6–13 aus der Zeit Josias und der in 2,18 vorausgesetzten Existenz des im Jahre 612 zusammengebrochenen Assyrerreichs. Da Jeremia sich bei der Berufung als jungen Mann bezeichnete (1,6), dürfte er um oder nach 650 geboren worden sein. Daß er unverheiratet geblieben ist, ergibt sich aus 16,1 f. Über sein Geschick und seine Persönlichkeit unterrichtet die Überlieferung in wesentlich größerem Ausmaße als bei allen anderen Propheten.

Jeremia ist mehr als vier Jahrzehnte lang mit Unterbrechungen als Prophet aufgetreten. Seine Tätigkeit läßt sich in vier Perioden gliedern, deren Verkündigung ebenso die inneren Verhältnisse Judas wie die einschneidenden weltpolitischen Ereignisse, die auch das persönliche Ergehen Jeremias bestimmt haben, widerspiegelt. Die erste Tätigkeitsperiode umfaßte die Zeit von der Berufung bis kurz vor dem Abschluß der Reform Josias (626–622 v. Chr.). Nach einer anscheinend kurzen Tätigkeit in Anatot ist Jeremia nach Jerusalem gegangen und hat die Sünden seines Volkes auf den Gebieten des Kultus, des Ethos und der Politik angeprangert. Als er den Mißerfolg seiner Verkündigung feststellen mußte, hat er seinen Auftrag als beendet angesehen (vgl. 6,10 f.27–29) und lange Jahre geschwiegen. Die zweite Tätigkeitsperiode fiel in die Regierungszeit Jojakims; sie brachte dem Propheten schwere Konflikte (608–597). In den ersten Jahren griff er vor allem Tempel und Kultus an und mahnte wie schon früher zur Umkehr, weil das Gericht bevorstehe. Doch fand er erbitterte Gegner, insbesondere den König und die Priester, die ihn bedrohten und angriffen: Anklage wegen Gotteslästerung,

---

[24] S. H. Blank, Jeremiah, 1961. – H. W. Hertzberg, Prophet und Gott, 1923. – J. Ph. Hyatt, Jeremiah, 1958. – J. W. Miller, Das Verhältnis Jeremias und Hesekiels, 1955. – A. Neher, Jeremias, 1961. – H. Ortmann, Der alte und der neue Bund bei Jeremia, Diss. Berlin 1940. – H. Graf Reventlow, Liturgie und prophetisches Ich bei Jeremia, 1963. – P. Volz, Der Prophet Jeremia, 1930[2]. – A. C. Welch, Jeremiah, 1928. – H. Wildberger, Jahwewort und prophetische Rede bei Jeremia, 1942.

hinterlistige Anschläge und Mordversuche, Geißelung und Ausschluß
vom Tempelbesuch. Nachdem Jeremia als letzte Warnung seine
bisherigen Sprüche durch Baruch hatte aufschreiben und im Tempel
vorlesen lassen, mußte er sich schließlich vor einem Haftbefehl des
Königs bis zu dessen Tode verbergen. Die dritte Tätigkeitsperiode
umfaßte die Jahre von der Thronbesteigung Şedeqias nach der ersten
Deportation bis in die Zeit nach dem Untergang von Juda und
Jerusalem (597–586). Trotz der Geneigtheit des Königs vermochte
Jeremia sich gegen die nationale antibabylonische Richtung und die
nationalen Heilspropheten nicht durchzusetzen. Ja, nach der Belagerung Jerusalems durch die Babylonier geriet er wieder in Lebens-
gefahr und entging dem Tode im letzten Augenblick (37 f.). Nach dem
Fall Jerusalems blieb er in Palästina, wurde jedoch nach der Ermordung
des von den Babyloniern eingesetzten Kommissars Gedalja durch
eine Gruppe von Flüchtlingen genötigt, mit ihnen nach Ägypten zu
ziehen (42 f.). Dort spielte die kurze vierte Tätigkeitsperiode, und
dort ist Jeremia verschollen; nach der Legende hat er den Märtyrertod erlitten.

Einen beachtlichen Teil der Jeremiaüberlieferung[25] hat die Rolle
enthalten, die Jeremia dem Baruch diktierte und nach der Vernichtung durch den König erneut schreiben ließ. Ihr Hauptteil steht in
2–9 und 11 noch recht geschlossen und allgemein chronologisch geordnet zusammen; einige Sprüche sind in Kap. 13–14; 18; 25 und 46
aufgenommen worden. Weitere Sprüche außerhalb der Rolle sind die
Klagelieder oder Konfessionen Jeremias (auf Kap. 11–20 verteilt),
Worte über die Dynastie und einzelne Könige (in 21,1–23,2), über
Propheten (in 23,9–40) und über künftiges Heil (in 30 f.); dazu
treten einzelne, auf das Buch verteilte Sprüche und Berichte. Außerdem hat Baruch eine Reihe von Erzählungen über Jeremia niedergeschrieben, um die schließliche Verwirklichung der Ankündigungen
Jeremias, deretwegen er so viel leiden mußte, nachzuweisen (19*+
20,1–6; 26; 27*–28; 29; 34*; 36–45; 51,59–64). Über das ganze
Jeremiabuch verteilt, findet sich eine sehr große Zahl von Sprüchen
anderer Verfasser, die sich nicht aufzählen lassen; nur die Fremdvölkersprüche bilden einen geschlossenen Abschnitt (46,13–51,58).

b) Es gibt keine Hinweise darauf, daß Jeremia zu Beginn seiner
Tätigkeit zunächst als völkerbedrohender Nabi oder später gelegent-

[25] Vgl. im einzelnen S-F § 59,3-6.

lich als vorbetender oder fürbittender Kultprophet oder gar dauernd als Träger eines liturgischen Amtes aufgetreten wäre. Ebensowenig ist er völlig durch die Traditionen bestimmt; vielmehr ist gerade seine Verkündigung am stärksten durch seine Persönlichkeit geprägt. Ferner hat er sich zwar der theologischen Ausdrucksweise seiner Zeit bedient, wenn er die deuteronomische $b^e rît$-Vorstellung (31,31–34) und für das Verhältnis Jahwe-Israel die Zusammengehörigkeitsformel (11,1 ff.; 24,7) verwendete. Daneben aber hat er an der älteren prophetischen Beschreibung dieses Verhältnisses als eines personhaften Lebensverhältnisses durch verwandtschaftliche Ausdrücke festgehalten und die Beziehung wie Hosea als eine solche der Ehe (2,2; 3,6 ff.) oder die Israeliten als Jahwes Söhne gekennzeichnet (3,19.22; 4,22). Wie Hosea hat er das Verhältnis auf die Rettung aus Ägypten zurückgeführt (2,6), diese jedoch nicht wie die deuteronomische Theologie mit der „Erwählung" Israels, sondern mit der Liebe Jahwes begründet. Wie Hosea hat er die Zeit der ungetrübten Beziehung Israels zu Jahwe auf die Mose- und Wüstenzeit beschränkt (2,2), in der es noch keine Opfer gab (7,22). Im Kulturland begann der Abfall von Jahwe (2,7), den Jeremia gern mit naturhaften statt geschichtlichen Bildern beschrieb (8,4–7) und in geradezu klassischer Weise schilderte (3,19 f.):

> Geh und verkündige öffentlich in Jerusalem:
>   So hat Jahwe gesprochen:
> Ich denke noch an die Hingabe in deiner Jugend
>   und an die Liebe in deiner Brautzeit,
> wie du mir in der Wüste folgtest,
>   im unbesäbaren Lande.
> Ein heiliger (Besitz) war Israel für Jahwe,
>   der Erstling seiner Ernte.
> Wer sich an ihm vergriff, der wurde schuldig;
>   Unheil kam über ihn.
>
> *
>
> Dann brachte ich euch in ein fruchtbares Land,
>   seine Früchte und Güter zu genießen.
> Als ihr gekommen wart, entweihtet ihr mein Land
>   und machtet mein Eigentum zum Greuel.
> Die Priester fragten nicht:
>   „Wo ist Jahwe?"
> Die Ausleger des Gesetzes kannten mich nicht,
>   die Hirten fielen von mir ab,
> und die Propheten ließen sich von Baal ergreifen;
>   so folgten sie den Nichtsnutzen.   (2,2 f. 7 f.)
>
> * * *

Ich hatte gedacht:
>Wie will ich dich hervorheben unter meinen Söhnen
und dir ein köstliches Land geben,
>den prächtigsten Besitz.
Ich dachte, 'du' würdest mich „Vater" nennen
>und 'dich' nicht von mir wenden.
'Jedoch wie' eine Frau die Treue wegen ihres Freundes bricht,
>so wurdet ihr mir untreu, Haus Israel.   (3,19 f.)

Der Abfall von Jahwe dauert bis in die Gegenwart fort. Jeremia sah die Sünden seiner Zeit, die er angriff, auf dem politischen, dem kultischen und dem ethischen Gebiet:

Was hast du nach Ägypten zu laufen,
>um Nilwasser zu trinken?
Was hast du nach Assur zu laufen,
>um Euphratwasser zu trinken?   (2,18)

* * *

Wie kannst du sagen: „Ich verunreinigte mich
>im Baaldienste nicht."
Betrachte doch dein Treiben im Tal,
>erkenne, was du getan hast —
eine schnelle Kamelstute, die ihre eigenen Spuren kreuzt
>'und in die Steppe ausbricht'.
In 'ihrer' Brunst schnappt sie nach Luft,
>wer kann ihre Begierde stillen?
Die sie begehren, haben keine Mühe,
>sie finden sie in ihrem Brunstmonat.
Gib acht, daß du dir nicht die Sohle abläufst
>und dir die Kehle nicht durstig rennst!
Aber du sagst: „Vergeblich! Nein!
>Ich liebe die Fremden
>und muß ihnen nachlaufen!"   (2,23–25)

* * *

Was sollen mir denn der Weihrauch
>und das Gewürzrohr aus fernem Lande?
Eure Brandopfer sind nicht wohlgefällig
>und eure Schlachtopfer mir nicht angenehm.   (6,20)

* * *

Streift durch die Gassen von Jerusalem,
>seht und forscht,
sucht auf seinen Plätzen,
>ob ihr einen einzigen findet,
der Recht übt
>und Redlichkeit sucht!
Selbst wenn sie „beim Leben Jahwes!" sagen,
>schwören sie 'bestimmt' einen Meineid.

> Schlugst du sie, so empfanden sie keinen Schmerz;
> sie weigerten sich, Zucht zu lernen.
> Sie machten ihr Gesicht härter als Fels
> und weigerten sich umzukehren.   (5,1–3)

Wegen all dieser Sünden steht das Vernichtungsgericht bevor; nicht einmal die Fürbitte eines Mose oder Samuel würde Jahwe noch erhören (15,1). Jerusalem und Juda leben eben nicht in einer Heilssituation, deren Störung sich schnell und leicht beheben ließe, sondern in einer grundsätzlichen Unheilssituation:

> Vom Kleinsten bis zum Größten
> machen sie alle ihren Schnitt.
> Vom Propheten bis zum Priester
> verüben sie alle Trug.
> Sie heilen den Schaden meines Volkes
> nur oberflächlich und rufen:
> „Heil, Heil!"
> Dabei gibt es kein Heil!   (6,13 f.)

Wie seine Vorgänger erblickte Jeremia die einzige Rettungsmöglichkeit vor dem drohenden Verderben zunächst in der Umkehr zu Jahwe, die er eindringlich forderte (z. B. 3,6–13; 3,21–4,2; 4,3 f.):

> Macht euch einen Neubruch urbar
> und sät nicht in die Dornen!
> Beschneidet euch für ‘euren Gott’,
> entfernt die Vorhaut eures Herzens,
> sonst fährt mein Grimm wie Feuer los,
> brennt und läßt sich nicht löschen
> wegen der Bosheit eurer Taten!   (4,3 f.)

Im Jahre 605 konnte Jeremia sogar seine ganze bisherige Verkündigung als Forderung der Umkehr zusammenfassen:

> Vom 13. Jahre
> Josias, des Sohnes Amons,
> des Königs über Juda,
> bis zum heutigen Tag,
> nunmehr 23 Jahre,
> hab' ich zu euch gesprochen
> früh und spät:
>   *
> Kehrt jeder um von seinem bösen Wandel
> und von der Bosheit eurer Taten,
> so werdet ihr auf diesem Boden wohnen bleiben,
> den Jahwe euch
> und euren Vätern gab,
> von Ewigkeit zu Ewigkeit.
> Doch ihr habt nicht auf mich gehört.   (25,3. 5. 7)

Als sich solche Umkehr aber als unmöglich erwiesen und das Gericht über Juda mit der ersten Deportation begonnen hatte, setzte sich bei Jeremia die Erwartung eines helfenden und erlösenden Eingreifens Jahwes an den vom Unheil schon betroffenen judäischen und früheren nordisraelitischen Deportierten durch (24; 30–31*). Seine Zukunftshoffnung war freilich nüchtern und vom Überschwang der späteren eschatologischen Propheten weit entfernt (vgl. 31,6; 32,15; 35,18 f.). Entscheidend wird sein, daß Jahwe dem Volk ein Herz gibt, ihn zu erkennen, und nach dem Bruch der Verpflichtungen vom Sinai diese nicht erneuert, sondern den Menschen den göttlichen Willen in ihr Inneres gibt und in ihr Herz schreibt, so daß sie ihn kennen und wie selbstverständlich tun:

> Es kommt die Zeit,
> da gebe ich dem Hause Israel
> eine neue Verpflichtung –
> nicht wie die Verpflichtung für ihre Väter,
> als ich sie bei der Hand nahm
> und aus Ägypten führte,
> meine Verpflichtung, die sie gebrochen haben.
>
> *
>
> Sondern dies wird die Verpflichtung sein,
> die ich Israel geben will
> nach dieser Zeit:
> Ich lege meine Weisung in ihr Inneres
> und schreibe sie in ihr Herz.
> Dann werde ich ihr Gott sein,
> und sie werden mein Volk sein.
>
> *
>
> Dann braucht nicht mehr jeder seinen Nachbarn
> und jeder seinen Bruder zu belehren:
> „Seid mit Jahwe vertraut!"
> Vielmehr werden alle mit mir vertraut sein,
> vom Kleinsten bis zum Größten.
> Denn ich werde ihre Schuld vergeben
> und ihrer Sünde nicht mehr gedenken.   (31,31–34)

Insgesamt hat Jeremia die Verkündigung seiner Vorgänger in eigener Art weitergeführt: aus der Spannung zwischen Gott und Mensch hervorgehend eine ganz persönliche Gottesbeziehung, eine Gemeinschaft mit Gott in Wechselwirkung, die ihren Ausdruck vor allem im Gebet findet, eine tiefe Hingabe des ganzen Menschen an Gott, die in der Krise geläutert wird; eine grundsätzliche Erfassung der Sünde nicht als Einzelverfehlung, sondern als verkehrte Grundhaltung der menschlichen Existenz; daher desto drängender der Ruf zur Umkehr und dann, da Gott nicht nur Gerechtigkeit, sondern vor allem Liebe ist, die Hinwendung zum Erlösungsglauben, der eine echte Gottesgemeinschaft mit Gott erhofft, wobei zugleich die Gottesherrschaft zum Ziel gelangt.

c) Aus der Zeit Jeremias sind einige weitere Propheten bekannt, von denen drei kurz erwähnt werden müssen.

Nahum[26] hat sich vor allem drohend gegen die assyrische Hauptstadt Ninive gewandt (bald nach 626). Seine Verkündigung wies zwar echt prophetische Einsichten auf, wenn er Jahwe als den Herrn der Völker bekannte, von einem Strafauftrag Assyriens gegen Juda wußte und die Widergöttlichkeit der assyrischen Politik schalt, deretwegen dem Reich das Ende drohte. Aber in erster Linie war er ein Vertreter der Heilsprophetie mit einem starken nationalen Pathos, das gegenüber dem kultischen Element überwog. Für ihn handelte Jahwe ausschließlich an und zugunsten von Juda, um die großisraelitische Hoffnung zu verwirklichen. In mancher Hinsicht hat Nahum sich der Grenze zur falschen Prophetie bedenklich genähert.

Habakuk[27], der ebenfalls den Untergang Assyriens ankündigte, ist ein wenig später als Nahum, aber noch vor 622 anzusetzen. Für ihn, den Kultpropheten, war Juda der „Gerechte" (2,4), dem er Hilfe zusagte, ihn jedoch nicht zur Beugung und Umkehr aufforderte. Die Gerechtigkeit Jahwes sah er nicht als Forderung an sein Volk, sondern einseitig gegen die frevlerische Weltmacht gerichtet. Besonders im Vergleich mit den gleichzeitigen Sprüchen Jeremias (Jer 1–6) ist ein gewisses Maß nationaler Heilsverkündigung nicht zu übersehen. Allerdings bildete nicht wie bei Nahum das nationale Element die Grundlage, sondern die Bestürzung über das ethische Unrecht der Weltmacht und die Frage nach dem rechten Handeln Jahwes im Weltgeschehen. Habakuk teilte die echt prophetische Erkenntnis der Majestät Jahwes, der für die Unterdrückten eintrat, über alle Völker Macht besitzt, sie erhöht oder stürzt und als Werkzeuge seines Willens verwendet. Diesen Einsichten entspricht die Aufforderung an die Glaubenden zum vertrauensvollen Ausharren entgegen dem Augenschein (2,1–4).

[26] A. Haldar, Studies in the Book of Nahum, 1946. – S-F § 67.
[27] P. Humbert, Problèmes du livre d'Habacuc, 1944. – S-F § 68.

Chananja[28] trat Jeremia entgegen, als dieser mittels der symbolischen Handlung des Jochtragens zur bleibenden Unterwerfung unter die Babylonier aufforderte (Jer 27). Nach einem Heilswort, in dem er das Zerbrechen des babylonischen Jochs und die Rückkehr der Deportierten und Tempelgeräte ankündigte, und der Rückweisung dessen durch Jeremia zerbrach er dessen Joch in einer symbolischen Gegenhandlung. Jeremia ging zunächst geschlagen seines Weges und kehrte erst später mit einem Drohwort gegen Chananja zurück. Die Schilderung Baruchs (Jer 28) zeigt die Härte der Auseinandersetzung zwischen Propheten mit gegensätzlicher Verkündigung im Namen Jahwes.

§ 20 Die Daseinshaltung der großen Einzelpropheten

E. L. Allen, Prophet and Nation, 1947. – M. Buber, Der Glaube der Propheten, 1950. – J. Hänel, Das Erkennen Gottes bei den Schriftpropheten, 1923. – E. W. Heaton, Die Propheten des Alten Testaments, 1959. – A. J. Heschel, The Prophets, 1962. – J. Hessen, Platonismus und Prophetismus, 1956[2]. – P. Humbert, Les prophètes d'Israël ou les tragiques de la Bible, RThPh 24 (1936), 209–251. – J. Ph. Hyatt, Prophetic Religion, 1947. – J. Lindblom, Die Religion der Propheten und die Mystik, ZAW 57 (1939), 65–74. – S. Mowinckel, Die Erkenntnis Gottes der alttestamentlichen Propheten, 1941. – A. Neher, L'essence du prophétisme, 1955. – Th. H. Robinson, Prophecy and the Prophets in Ancient Israel, 1953[2]. – R. B. Y. Scott, The Relevance of the Prophets, 1947. – G. F. Whitley, The Prophetic Achievement, 1963. – W. G. Williams, The Prophets, Pioneers to Christianity, 1956. – Vgl. ferner die Lit. zu § 18 und 19.

1. Der Inhalt der prophetischen Botschaft[1]

Der Glaube der großen Einzelpropheten (§ 19,1) war auf Grund der nachwirkenden Impulse der mosaischen Jahwereligion in einem

---

[28] H.-J. Kraus, Prophetie in der Krisis, 1964. – W. Staerk, Das Wahrheitskriterium der alttestamentlichen Prophetie, ZSTh 5 (1927), 76–101.

[1] E. Balla, Der Erlösungsgedanke in der israelitisch-jüdischen Religion, Angelos 1 (1925), 71–83. – R. E. Clements, Prophecy and Covenant, 1965. – W. Cossmann, Die Entwicklung des Gerichtsgedankens bei den alttestamentlichen Propheten, 1915. – E. K. Dietrich, Die Umkehr (Bekehrung und Buße) im Alten Testament und im Judentum, 1936. – J. Fichtner, Die „Umkehrung" in der prophetischen Botschaft, ThLZ 78 (1953), 459–466 (= Gottes Weisheit, 1965, 44–51). – J. H. Grønbaek, Zur Frage der Eschatologie in der Verkündigung der Gerichtspropheten, SEA 24

neuen Verstehen Jahwes begründet, geboren aus dem Geheimnis persönlicher Erfahrung, die nach der Meinung der Propheten jedem Menschen in irgendeiner Weise zuteil werden kann. Dann erfährt er Gott als heilige Leidenschaft und lodernde Glut, der alles der Vernichtung anheimgibt, was seinem Willen widerstrebt. Wenn er spürt, wie dieser Wille in sein Dasein eingreift und es erschüttert, scheint nur der demütige Verzicht auf alles eigene Handeln und die völlige Unterwerfung unter Jahwe übrigzubleiben. Aber die Propheten erlebten tatsächlich, daß die heilige Gottesmacht den Menschen nicht willenlos knechtet und in den Staub wirft, sondern ihn vor eine persönliche Entscheidung stellt – vor die Entscheidung, ob er zu Jahwe und zu seinem Willen Ja oder Nein sagen, ob er ganz ein Neuer werden oder ganz der Alte bleiben will.

Von da aus setzten sich die Propheten mit der gewöhnlichen menschlichen Daseinshaltung auseinander: dem Verlangen nach Sicherheit, Ruhe und Sattheit an Stelle des freudigen Vertrauens und der restlosen Hingabe, die Jahwe will. Vor solchem Dasein und seinen Folgen warnten sie und riefen zur Entscheidung für das neue Dasein auf, in dem sie schon lebten und das jedem offensteht, der es begehrt.

Die Propheten warnten vor dem alten Dasein, weil es durch die Schuld des Menschen vor Jahwe und in der Welt gekennzeichnet ist und die Quelle weiterer falscher Gedanken, Worte und Taten darstellt. Da sie keine Philosophen oder Dogmatiker waren, verfuhren sie so, daß sie zunächst die einzelnen Sünden rügten, die ihnen in die Augen fielen. Sie haben dabei den verschiedenen Ständen und Schichten ihres Volkes mit unerhörtem Freimut Worte entgegengeschleudert, wie man sie nie zuvor zu hören bekommen hatte. Sie wandten sich gegen alle, bei denen ihnen die Schuld begegnete: König und Regierung, Reiche und Vornehme, Richter und Älteste, Großgrundbesitzer und Kaufleute, Priester und Kultpropheten, aber

---

(1959), 5–21. – S. Herrmann, Die prophetischen Heilserwartungen im Alten Testament, 1965. – J. Lindblom, Gibt es eine Eschatologie bei den alttestamentlichen Propheten?, StTh 6 (1952), 79–114. – H.-P. Müller, Zur Frage nach dem Ursprung der biblischen Eschatologie, VT 14 (1964), 276–293. – A. Neher, Fonction du prophète dans la société hébraïque, RHPhR 28/29 (1948/49), 30–42. – E. Rohland, Die Bedeutung der Erwählungstraditionen Israels für die Eschatologie der alttestamentlichen Propheten, Diss. Heidelberg 1956. – H. W. Wolff, Das Thema „Umkehr" in der alttestamentlichen Prophetie, ZThK 48 (1951), 129–148 (= Gesammelte Studien zum Alten Testament, 1964, 130–150).

auch die einfachen und armen Leute. Das ganze Volk ist auf dem falschen Wege, den es eingeschlagen hat, verdorben und verkommen.

Alle einzelnen Vergehen aber haben ihre Ursache in einer bestimmten Grund- und Gesamthaltung des Menschen, aus der die einzelnen Übertretungen erst folgen. Es ist die Verweigerung des freudigen Vertrauens und der restlosen Hingabe, die Jahwe fordert, die Auflehnung gegen ihn und der Abfall von ihm. Darin ist die Schuld des Menschen zutiefst zu fassen. Amos erblickte sie in Undankbarkeit, Hosea in innerer Abneigung und Feindschaft gegen Jahwe, Jesaja in Hochmut und Selbstüberhebung, Jeremia in verlogener Bosheit und Schlechtigkeit. Das alles übt eine solch gewaltige Macht über den Menschen aus, daß manchmal jede Hoffnung auf Änderung aussichtslos erscheint. Aus dem Verschließen gegen den göttlichen Willen wird eine tätige Feindschaft gegen Jahwe.

Damit stellten die Propheten sich gegen die traditionelle Frömmigkeit und Theologie, die sich des Heils sicher fühlten. Sie erkannten die tiefe Schuld des Menschen gegen Jahwe, die nicht durch die Zusage des Heils behoben werden konnte, weil es kein Heil gab (Jer 6,14). Sie mußten selber lernen, daß Jahwe nicht nur vorübergehend züchtigt, wie man behauptete, sondern daß er vernichtet (Jes 6,11). Daher erblickten sie den Menschen in einer grundsätzlichen Unheilssituation, in der er aber doch noch vor einem entscheidenden Entweder-Oder steht, wie es Jer 22,1–5 für den König von Juda und Jes 1,19 f. für das ganze Volk formuliert haben: Entweder geschehen Recht und Gerechtigkeit, denen Heil folgen wird, oder sie geschehen nicht, so daß sich Unheil ergibt.

Da jedoch nach der Meinung der Propheten die Sünde vorherrschte, erwarteten sie ein gewaltiges Strafgericht über ihr Volk. Es kommt allerdings nicht unversehens, weil viele Mahnungen, Warnungen und kleinere Schicksalsschläge vorausgegangen sind. Da sie aber vergeblich waren, ist in Kürze das bittere Ende zu erwarten, dem niemand entrinnen kann. Die Propheten beschrieben dieses Gericht in verschiedener Form; sogar beim einzelnen Propheten finden sich mehrere Anschauungen. Das Gericht wird durch Naturkatastrophen vollzogen, durch verheerenden Krieg und Deportation, durch Revolution und Anarchie oder durch den *Tag Jahwes*. Jedenfalls wird es so sicher eintreffen, daß man schon jetzt die Totenklage anstimmen kann und soll, weil später niemand mehr da sein wird, der sie anheben und die letzten Leichen seines Volkes bestatten kann.

Zwei Ausdrücke und Vorstellungskreise bedürfen besonderer Betrachtung: *Tag Jahwes* und *Rest Israels*.

a) Im AT bezeichnet der Ausdruck *Tag Jahwes*[2] den großen kommenden Gerichtstag, an dem Jahwe sich sichtbar offenbart und Israel oder die Völker zur Rechenschaft zieht. Derselbe Tag wird auch *Tag der Rache* (Jes 34,8), *des Unheils* (Jer 17,16 f.), *des Verderbens* (Jer 46,21) und *der Heimsuchung* (Jer 50,27; Mi 7,4) oder einfach *der Tag* (Ez 7,7) genannt. Davon unabhängig, aber wohl nicht unbeeinflußt, ist der Ausdruck *sein Tag* als der Tag des Menschen, besonders des Frevlers, an dem sich sein Geschick vollendet (I Sam 26,10; Ez 21,30; Ps 37,13; Hi 18,20).

Die Erwartung des Tages Jahwes hat eine lange Geschichte. Ihre Wurzel liegt im Glauben der alten Zeit, daß Jahwe am Tag der Schlacht zugunsten Israels eingriff und ihm half (Jdc 5). Doch ist dieser Glaube schon vor der ältesten ausdrücklichen Erwähnung des Tages Jahwes bei Amos zu einer umfassenderen Hoffnung erweitert worden, die gleichfalls eine Heilserwartung für Israel einschließt: Man glaubte, daß an einem solchen Tag Jahwes ein großes Licht aufstrahle, weil Jahwe in seinem wunderbaren Glanz sichtbar werde; dazu zählte man die herkömmlichen Begleiterscheinungen der Theophanie. Man erwartete diesen Tag als ein herrliches und glückseliges Ereignis, da die Katastrophe die Feinde Israels treffen, ihm selbst aber die heilvollen Wirkungen der Jahweerscheinung zugute kommen würden.

Die Propheten haben diese Erwartung umgewandelt. Amos verkündete, daß der *Tag Jahwes* für das sündige Israel nicht *Licht* (Heil), sondern *Finsternis* (Unheil) bedeutet (Am 5,18–20). Jesaja sah als Folge der glanzvollen Theophanie am Tag Jahwes gleichfalls Verderben für Juda, wenn der Gewittersturm von den Bergen und Wäldern an der Nordgrenze Palästinas bis zum Roten Meer im Süden dahintobt und gleichzeitig das Erdbeben wütet, so daß der stolze und hochmütige Mensch mit seinen Werken vergeht (Jes 2,12–17). Nach Zephanja werden die Sünder in Jerusalem bei der Theophanie am *Tag Jahwes* das Jahwe gebührende Opfer sein (Zeph 1,7–9); in immer neuen Wendungen beschreibt er das furchtbare Gericht (vgl. Zeph 1,14–16), das auch Ez 7,5 ff. 10 ff. für Juda und Ez 30,1–9 für Ägypten und seine Hilfsvölker androhten.

An diese Drohung haben die späteren Propheten angeknüpft, die die Vorstellung vom *Tag Jahwes* eschatologisch uminterpretiert haben. Nachdem sie das angedrohte Gericht im Untergang Judas und im Exil vollzogen sahen, erwarteten sie für die bevorstehende Endzeit neues Heil für den

---

[2] L. Černý, The Day of Yahweh and some relevant Problems, 1948. – R. Largement – H. Lemaître, Le Jour de Yahweh dans le contexte oriental, BEThL 12, 1959, 259–266. – S. Mowinckel, Jahwes dag, NTT 59 (1958), 1–56. – G. von Rad, The Origin of the Concept of the Day of Yahweh, JSS 4 (1959), 97–108. – K.-D. Schunck, Strukturlinien in der Entwicklung der Vorstellung vom „Tag Jahwes", VT 14 (1964), 319–330. – M. Weiss, The Origin of the "Day of the Lord" Reconsidered, HUCA 37 (1966), 29–71.

Rest Israels und Unheil für die gottfeindliche Weltmacht oder ein umfassendes Endgericht über die Völker. Zur Beschreibung dessen diente unter anderem die Erwartung des Tages Jahwes (Jes 13; 24; 34; Joel; Ob 15 ff.; Sach 14). Danach wird sich ein grundlegender Umbruch der Zeiten ereignen, der zwar nicht das Ende der Welt überhaupt, wohl aber das Ende der durch eine gottfeindliche Macht bestimmten Weltzeit bedeutet. Dieser Umbruch bildet mit dem eschatologischen Endgericht die Voraussetzung für den Anbruch einer neuen endzeitlichen Welt.

b) *Rest*[3] bezeichnete ursprünglich dasjenige, was als weniger wichtiger Teil nach der Vernichtung übriggeblieben ist (vgl. Ex 10,12; Lev 5,9; Jos 11,22). Genauso verhielt es sich in der vorexilischen Prophetie; in ihr verband sich der Restgedanke nicht mit einer Heilserwartung, sondern gehörte zur Gerichtsdrohung und Umkehrmahnung. So hat Jesaja ihn in der Bedeutung des einer Schlacht entronnenen kläglichen Überrestes verwendet, der lediglich die Schwere der Katastrophe bezeugt (Jes 1,8; 6,11 f.; 17,3. 5 f.; 30,14. 17); ebenso ganz deutlich Am 5,3. Nicht anders war es bei Jeremia und Ezechiel (vgl. Jer 24,8 f.; 42,2 f.; Ez 9,8; 17,21). Ist vom Rest in einer Mahnung die Rede, so kann das ganze Volk einbezogen sein. In diesem Sinne meinte der Name des Jesajasohnes *Der Rest, der umkehrt* (Jes 7,3), daß Juda, sobald das Gericht Samaria und Damaskus als die Schuldigen ereilt haben wird, wie die einer Schlacht Entronnenen bestehen bleiben wird, falls die Judäer umkehren.

Der Gedanke an einen heiligen Rest, der das künftige Volk Jahwes bilden und neues Heil erfahren soll, war den großen Einzelpropheten der vorexilischen Zeit unbekannt. Er findet sich erst in der eschatologischen Prophetie von der ausgehenden exilischen Zeit an. Damals ist unter den Deportierten im Exil die Vorstellung vom Rest dahin interpretiert worden, daß es sich um den für ein neues Volk Jahwes ausersehenen Teil Israels handle. Der Ausdruck wurde zur demütig-stolzen Bezeichnung der im göttlichen Gericht am Leben Gebliebenen, die aber nicht mehr als unwerte Entronnene, sondern als ausersehene Träger der Heilszukunft galten, umgeprägt (Jes 4,3; 10,20 f.; 11,11. 16; 28,5; 46,3 f.; Mi 7,18; Hag 2,2; Sach 8,6). In welchem Ausmaß sich die Bedeutung des Ausdrucks änderte, zeigen die Gleichsetzungen mit *zahlreichem Volk* (Mi 4,7) und der Vergleich mit dem raubenden Löwen (Mi 5,7), die der ursprünglichen Bedeutung widersprechen.

Die Propheten haben das angekündigte Gericht Jahwes nicht einfach als die juristisch festgelegte Strafe für die Schuld, erst recht nicht als göttliche Willkür, Launenhaftigkeit und Brutalität betrachtet. Denn die Schuld ist ja in dem falschen Streben des Menschen nach Sicherheit begründet und besteht darin, an Stelle von Vertrauen

---

[3] S. Garofalo, La nozione profetica del "Resto d'Israele", 1942. – W. E. Müller, Die Vorstellung vom Rest im Alten Testament, Diss. Leipzig 1939. – R. de Vaux, Le "Reste d'Israël" d'après les prophètes, RB 42 (1933), 526–539.

und Hingabe an den göttlichen Willen ein gesichertes Dasein aus dem Geschaffenen, Irdisch-Natürlichen und Vergänglichen heraus zu leben. Darum führt die Schuld mit Notwendigkeit zu Untergang und Katastrophe, weil das Irdische als Geschaffenes vergänglich ist. Das in falsche Bahnen gelenkte Dasein muß mit innerer Folgerichtigkeit zerbrechen. Gelegentlich sind Sünde und Gericht so eng miteinander verbunden, daß die Schuld eigentlich schon das Gericht ist, z. B. in Jesajas Bild vom Riß in der Mauer, die schließlich zusammenbricht (Jes 30,8–14).

Die Propheten sind aber stets in einer Stunde zu der Erkenntnis gelangt, daß das Gericht nicht das ist, was Jahwe eigentlich will. Ezechiel hat es in klassischer Weise ausgedrückt:

Habe ich denn Gefallen an dem Tode des Frevlers,
    nicht daran, daß er von seinem Wandel umkehrt und leben bleibt?

(Ez 18,23)

Daher kann das Gericht nicht unvermeidlich sein, so wenig die falsche Daseinshaltung unüberwindlich ist. Deswegen schauten die Propheten auch die Möglichkeit eines neuen Heils: die Möglichkeit eines Menschen, der den Willen Jahwes vollkommen erfüllt, so daß Jahwe tatsächlich in der Welt herrscht.

Freilich ist zu berücksichtigen, daß sich bei den vorexilischen großen Einzelpropheten zwar eine Reihe von Heilsworten findet, daß diese zahlenmäßig aber doch geringer als die scheltenden und drohenden Sprüche sind. Viele Heilsworte sind erst später in die Prophetenbücher eingefügt worden. Wo die Propheten aber das Heil für möglich hielten, haben sie es in erster Linie in der inneren Erneuerung des Menschen erblickt. Sie haben keinen äußeren Glanz erwartet, sondern wie Zephanja sogar von einem armen und geringen Volk gesprochen, das aber in echtem Glauben leben wird. Wie sie selbst durch ihre Berufung zu ihm geführt wurden, kann es in entsprechender Weise allen anderen ergehen. Dann kommt es dazu, daß Jahwe seinen Willen in das Innere der Menschen legt, so daß diese ihn wie von selbst erfüllen (Jer 31,31–34).

Dabei griffen die Propheten fast niemals in die fernere Zukunft. Was sie erwarteten, erwarteten sie meist in allerkürzester Zeit, selbst noch die nachexilischen Propheten. Es war alles schon im Begriff, sich zu ereignen, und sie hatten gerade noch etwas Zeit, um darauf hinzuweisen und um aufzufordern, daraus die richtigen Folgerungen für die Gegenwart zu ziehen. Insbesondere die Heilsworte der großen

Einzelpropheten wiesen keineswegs in fernere Zukunft, sondern bildeten das großartige Oder zum Entweder der Gerichtsdrohung und sollten sich genauso gut unmittelbar verwirklichen können wie diese. Die prophetische Botschaft sprach vom baldigen Geschehen und von den nächsten Dingen. Und sie sprach auch von der nächsten Zukunft lediglich, um die Gegenwart zu bestimmen. Um diese ihre Gegenwart ging es den Propheten eigentlich.

Der erste entscheidende Satz für das Verständnis der großen Einzelpropheten lautet demnach: Die Propheten wollten nicht die ferne Zukunft voraussagen, sondern ihre Gegenwart bestimmen und formen. Darum rügten sie die Schuld, warnten vor dem ihretwegen drohenden Untergang und riefen zu einem neuen heilvollen Dasein auf.

Daraus folgt der zweite entscheidende Satz: Das Thema der prophetischen Botschaft war die mögliche Rettung des schuldigen und eigentlich dem Tode verfallenen Menschen.

Die erste Antwort auf die Frage, wie es zu solcher Rettung kommen könne, war der Ruf zur Umkehr, der sich bei allen großen Einzelpropheten findet. Kehrt um, das bedeutet: weg vom falschen sündhaften Dasein, hin zu jenem besonderen Dasein des Vertrauens und der Hingabe des Lebens unter der Gottesherrschaft und in der Gottesgemeinschaft! Vollzieht der Mensch solche Umkehr, so wird Jahwe ihm gnädig sein. An die Gegenwart des Propheten erging dieser Ruf zur Umkehr, und seine Gegenwart wurde vor die Entscheidung gestellt, ganz ein Neues zu werden oder ganz das Alte zu bleiben – mit allen Folgerungen, die sich daraus ergeben.

Daneben läuft eine zweite Linie von Hosea (vgl. § 19,4) über Jeremia (vgl. § 19,8) und Ezechiel bis zu Deuterojesaja und weiterhin. Ihr Stichwort lautet nicht Umkehr, sondern Erlösung. Alles wurde zunächst von der erlösenden Tat Jahwes erwartet, auf die das Handeln des Menschen als zweites zu folgen hätte. Es galt, sich dafür zu entscheiden, das vergebende und erlösende Angebot Jahwes anzunehmen und sich von ihm in ein neues Dasein hineinnehmen zu lassen. So verhieß Ezechiel ein neues fleischernes Herz an Stelle des steinernen, verbunden mit der Begabung des göttlichen Geistes, der das neue Leben des Menschen formt und bestimmt (Ez 36,25–27).

Freilich sind Umkehr und Erlösung nicht streng voneinander zu scheiden und erst recht keine sich ausschließenden Gegensätze. Denn beide meinen eine Wandlung des Menschen und sind nur zwei verschiedene Darstellungen dieser Wandlung. In ihnen liegt der Nachdruck entweder mehr auf dem Tun des Menschen oder auf dem Tun Jahwes. Umkehr bedeutet etwa, daß der Mensch in sich das Schuldverfallene erlöst und von sich aus das schuldige Dasein aufgibt und daß er allem, was sich in ihm regt, die rechte Richtung auf Jahwe verleiht. Erlösung bedeutet, daß Jahwe im Menschen alles von ihm Wegführende umkehren läßt und umkehrt und daß er allem, was sich im Menschen regt, die rechte Richtung verleiht.

Angesichts dessen forderten die Propheten die rechte Entscheidung des Menschen, weil Jahwe in Korrelation dazu handelt – falls er nicht ausdrücklich einmal davon absieht und etwas tut oder unterläßt um seiner Ehre oder Liebe willen. Gewöhnlich aber vollzieht sich das göttliche Handeln nicht ohne Absehen vom Menschen, obschon Jahwe gewiß nicht davon abhängig ist. So ging Jesaja mehrfach von dem Einklang aus, der zwischen dem Tun Jahwes und des Menschen herrscht (vgl. Jes 1,19; ferner z. B. Jer 7,1–15; 18,1–11; 22,1–5). Die Vergebungsbereitschaft Jahwes und die Willigkeit des Menschen gehören zusammen und bilden letztlich zwei Aspekte oder Teile eines einzigen Vorgangs: der Rettung des sündigen und todverfallenen Menschen, der die Möglichkeit der Umkehr oder das Angebot der Erlösung ergreift. Umgekehrt herrscht ein solcher Einklang in der tödlichen Krise des Nichtglaubenden und Nichtwollenden: Die Unwilligkeit des Menschen und die von Jahwe gewirkte Verblendung und Betäubung lassen den zur Umkehr Unwilligen sich immer tiefer ins Verderben verstricken (vgl. Jes 6,9 f.; 29,9 f.).

Von da aus läßt sich die prophetische Botschaft in ihrem inneren Zusammenhang in wenigen Punkten zusammenfassen. Sie geht 1. von der notwendigen Wandlung des Menschen durch Umkehr oder Erlösung aus. Diese bewirkt 2. die Verwirklichung der Herrschaft Gottes im Leben des Umgekehrten oder Erlösten. Sie führt 3. zur Herstellung einer wirklichen Gottesgemeinschaft in einem neuen Dasein. Sie gestaltet 4. das ganze Leben des Menschen um, der ja nunmehr den göttlichen Willen erfüllt. Es kommt 5. dahin, daß die einzelnen Glaubenden sich zu einer Gemeinschaft zusammenfinden, die das wahre Gottesvolk ist. Die Aufgabe jedes einzelnen und der Gemeinschaft der Glaubenden ist es, die Gottesherrschaft und Gottesgemeinschaft auf dieser Erde hier und jetzt durch ihr Leben zu verwirklichen.

2. Die prophetische Kritik

a) Die Propheten haben sich eingehend mit der Geschichte ihres Volkes auseinandergesetzt[4]. Dabei unterschied sich freilich schon der Ausgangspunkt von der herkömmlichen Auffassung. Denn grundsätzlich erblickten sie im Handeln Jahwes in und an Israel lediglich einen Ausschnitt aus seinem Handeln im Leben und Geschick aller Völker und Menschen – wenn auch einen Sonderfall seines weltumfassenden Wirkens, der durch sein enges Verhältnis zu Israel bedingt ist. Noch größer war der Unterschied der prophetischen Sicht gegenüber der Tradition, wenn die Geschichte selbst ins Auge gefaßt wird: Sie hat gewiß mit einer von Jahwe gebotenen heilvollen Anfangsmöglichkeit und einer begrenzten Zeit des ungetrübten Verhältnisses zwischen Jahwe und Israel, das Hosea und Jeremia in der Mose- und Wüstenzeit, Jesaja noch in der Zeit Davids und Salomos erblickten, begonnen. Doch darauf folgte eine völlige und absolute Sündengeschichte. Israel fiel von Jahwe ab und blieb durch die Jahrhunderte hindurch bis in die prophetische Gegenwart abtrünnig. Und da Jahwe dies nie ruhig hingenommen hat, war die Geschichte Israels zugleich eine Geschichte voller gottgesandter Plagen, die zur Umkehr mahnen und vor dem vernichtenden Strafgericht warnen sollten. So sah Jesaja in der Geschichte des Nordreichs Israel von den Philister- und Aramäerkriegen bis zu einem schweren Erdbeben in der unmittelbaren Vergangenheit das Zorneswort und die Zorneshand wüten, weil das Volk immer wieder nicht umkehrte zu dem, der es schlug (Jes 9,7–20; 5,25–29). Israels Sünde einerseits und Jahwes mahnende und warnende Plagen sowie seine sonstigen Bemühungen andererseits waren für die Propheten die beiden haupt-

---

[4] G. F. Allen, The Prophetic Interpretation of History, ET 51 (1939/40), 454–457. – G. H. Davies, The Yahvistic Tradition in the Eight-Century Prophets, in: Studies in Old Testament Prophecy, Th. H. Robinson-Festschrift, 1950, 37–51. – G. Fohrer, Prophetie und Geschichte, in: Studien zur alttestamentlichen Prophetie (1949–1965), 1967, 265–293. – J. Hempel, Die Mehrdeutigkeit der Geschichte als Problem der prophetischen Theologie, 1936. – O. Procksch, Die Geschichtsbetrachtung bei den vorexilischen Propheten, 1902. – A. F. Puukko, Die Geschichtsauffassung der alttestamentlichen Propheten, in: Actes du XX Congrès International des Orientalistes, 1940, 296. – J. Rieger, Die Bedeutung der Geschichte für die Verkündigung des Amos und Hosea, 1929. – H. W. Wolff, Das Geschichtsverständnis der alttestamentlichen Propheten, EvTh 20 (1960), 218–235 (= Gesammelte Studien zum Alten Testament, 1964, 289–307).

sächlichen Faktoren zum Verstehen der palästinischen Geschichte Israels.

Die Geschichte Israels war also keine „Heilsgeschichte". Dieser häufig anzutreffende Begriff wird in der Theologie gewiß in verschiedener Bedeutung gebraucht; doch keine Bedeutung trifft für die prophetische Auffassung zu. Nicht einmal der angebliche Gedanke an einen urewigen „Plan" Jahwes in bezug auf Gericht und Heil läßt sich dafür anführen. Die in diesem Sinne interpretierten Ausdrücke begegnen bei Jesaja nur in den Gerichtsdrohungen und niemals in Heilsverheißungen; und konstruiert man dennoch einen Heilsplan unter Zuhilfenahme von Sprüchen späterer Propheten in Jes 1–35, so weist er mancherlei Spannungen auf. Zudem wäre ein solches „Planen" offensichtlich stark veränderlich gewesen. Wie Jesaja die Assyrer zunächst als Werkzeug Jahwes betrachtete, danach aber als solches verworfen sah, so bot er den zum Sodom-Gomorra-Schicksal verurteilten Judäern doch immer wieder die Rettung und Bewahrung im Falle der Umkehr an, um sie schließlich beim Versagen nach dem Abzug der Assyrer von Jerusalem im Anschluß an die Tributzahlung Hiskias endgültig zu verdammen (Jes 22,1–14; 32,9–14). Angesichts dessen kann nicht von einem urewigen „Plan" im Zusammenhang einer „Heilsgeschichte", sondern muß von einer „Absicht" oder einem „Entschluß" die Rede sein, die von Fall zu Fall gefaßt und gegebenenfalls umgestoßen werden können.

Wohl kann man von einem zielstrebigen Handeln Jahwes sprechen, das für die älteren Quellenschichten des Hexateuchs mit der Landnahme Israels, für die Priesterschrift mit der endgültigen Festsetzung der sakralen Ordnungen sowie – zwecks ihrer Verwirklichung – mit der Verteilung Palästinas, für die Eschatologie gerade mit einem „geschichtslosen" Zustand endet. Diesem zielstrebigen Handeln mit einem jeweils begrenzten positiven Ziel steht aber ein ebensolches Handeln mit negativen Ergebnissen (vgl. das deuteronomistische Urteil über die Königszeit und das prophetische Urteil über die Geschichte Israels) oder gar mit negativem Ziel, dem angedrohten Vernichtungsgericht Jahwes, gegenüber. Heilsgeschichte und Sünden- oder Unheilsgeschichte halten einander zumindest die Waage. Genauer gesagt, sind heil- und unheilvolles Handeln Jahwes und überwiegend sündhaftes Handeln des Menschen ineinander verflochten.

Ob zum Heil oder zum Unheil tendierend, immer war die Geschichte eine Entscheidungsgeschichte, war die jeweilige Gegenwart

nach der prophetischen Gesamtbeurteilung der Widerfahrnisse Israels
eine Entscheidungssituation für Volk und Mensch – Entscheidung
zwischen dem weiteren oder erneuten Abfall von Jahwe und der
Rückkehr zu ihm. Dabei werden die bisherigen Entscheidungen –
abgesehen von der manchmal angenommenen Zeit eines ungetrübten
Verhältnisses zwischen Jahwe und Israel – durchweg als falsch getroffen bezeichnet, so daß Israel sich sein Glück verscherzt hat:

> Ach, hättest du meinen Geboten doch gehorcht!
> Dann wäre dein Heil wie ein Strom gewesen
> und dein Gedeihen wie des Meeres Wellen.   (Jes 48,18)

Aber Israel war ungehorsam, so daß sich die Verheißungen nicht
verwirklichen konnten. Die Abfall- und Sündengeschichte, die sich
daraus ergeben hat, bestimmt nun einerseits die dem Vernichtungsgericht zudrängende Situation der Gegenwart und fordert andererseits eben deswegen eine neue, gegenwärtige Entscheidung, die wieder die Zukunft bestimmen wird:

> Wenn ihr willig seid und gehorcht,
>   werdet ihr das Gut des Landes essen (dürfen);
> wenn ihr euch weigert und widerspenstig seid,
>   werdet ihr 'vom' Schwert gefressen.   (Jes 1,19 f.)

b) Selten ist eine religiöse Einrichtung einer derart scharfen, ja
fast maßlosen Kritik unterzogen worden wie der israelitische Kultus
durch die Propheten[5]: Der volkstümliche Kultus ist Abfall von
Jahwe und Sünde, darum geradezu die Ursache für das bevorstehende
Strafgericht (Hos 2,15). Sünde sind die Altäre, Maṣṣeben und
Schlachtopfer (Hos 8,11–13; 10,1 f.). Sünde sind die als Symbol der
Gottheit aufgestellten Stierstatuen (Hos 8,4 b–6). Dieser Kultus ist

---

[5] R. Dobbie, Sacrifice and Morality in the Old Testament, ET 60
(1958/59), 297–300. – Ders., Deuteronomy and the Prophetic Attitude
to Sacrifice, SJTh 12 (1959), 68–82. – R. Hentschke, Die Stellung der
vorexilischen Schriftpropheten zum Kultus, 1957. – H. W. Hertzberg,
Die prophetische Kritik am Kult, ThLZ 75 (1950), 219–226 (= Beiträge
zur Traditionsgeschichte und Theologie des Alten Testaments, 1962, 81–90).
– J. Ph. Hyatt, The Prophetic Criticism of Israelite Worship, 1963. –
R. Rendtorff, Priesterliche Kulttheologie und prophetische Kultpolemik,
ThLZ 81 (1956), 339–342. – K. Roubos, Profetie en cultus in Israël, 1956.
– H. H. Rowley, Ritual and the Hebrew Prophets, JSS 1 (1956), 338–360
(= From Moses to Qumran, 1963, 111–138). – Ders., Sacrifice and Mora-
lity: a Rejoinder, ET 60 (1958/59), 341. – M. Schmidt, Prophet und
Tempel, 1948.

Ehebruch und Unzucht; da ist es nicht verwunderlich, wenn der unzüchtige Sinn auf das ganze Leben und Verhalten übergreift und wenn Frauen und Mädchen sich preisgeben, verführt durch die Männer, die verständig sein müßten und doch mit den sakralen Prostituierten beiseite gehen (Hos 4,12–14). Nicht weniger Schuld tragen die Priester, die die Leute mittels des Kultus verführen und ausplündern und ihn darum fördern (Hos 4,7–10; 5,1 f.).

Die Propheten haben den Kultus nicht nur bekämpft, weil kanaanäische Elemente in ihm lebendig waren, weil Jahwe an das Greifbare gebunden und der Zugang zu ihm auf sinnlich-magischem Wege gesucht wurde, sondern auch deswegen, weil er dazu verleitete, daß das Volk sich auf den Vollzug der kultischen Pflichten beschränkte und in ihrer Ableistung seinen Dienst an Jahwe erfüllt glaubte: Es befolgt das angelernte Ritual auf äußerliche Weise und wähnt, damit vollen Gehorsam geleistet zu haben (Jes 29,13 f.). Die häufige Teilnahme am Kultus, die reichliche Spende von Gaben und Opfern gewähren ein Gefühl der Sicherheit und Befriedigung, gegen das sich schon Amos erbittert gewandt hat (Am 4,4 f.).

Den Zorn der Propheten gegen den kultischen Betrieb hat vor allem ihre Feststellung erregt, daß das Volk die ethischen Forderungen Jahwes nicht ernst nahm, sondern im Kultus oder im Tempel die Nähe und den Schutz Jahwes zu finden meinte (Jer 7,1–15). Darum haben die Propheten dem Kultus die ethischen Forderungen entgegengehalten, die das Leben des Alltags formen und bestimmen sollen (Am 5,21–24)[6], und den Kultus als Heilsmittel schroff abgelehnt (Jes 1,10–17). Damit haben sie nicht allen Kultus grundsätzlich und von vornherein beiseite geschoben. Vielmehr wollten sie ausdrücken, daß es frevlerisch ist, im Alltag entgegen dem Willen Jahwes zu handeln und doch Opfer darzubringen, daß dieser Frevel zum Untergang führen muß und daß in dieser Lage der Kultus wieder nicht dazu benutzt werden kann, um das Gericht abzuwenden. Jahwe soll man nicht am Heiligtum, sondern durch das Tun

---

[6] E. Hammershaimb, On the Ethics of the Old Testament Prophets, VT Suppl VII, 1960, 75–101 (= Some Aspects of Old Testament Prophecy from Isaiah to Malachi, 1966, 63–90). – N. W. Porteous, The Basis of the Ethical Teaching of the Prophets, in: Studies in Old Testament Prophecy, Th. H. Robinson-Festschrift, 1950, 143–156. – C. Tresmontant, Sittliche Existenz bei den Propheten Israels, 1962. – U. Türck, Die sittliche Forderung der israelitischen Propheten des 8. Jahrhunderts, Diss. Göttingen 1935.

des Guten suchen (Am 5,4–6.14 f.), ihm nicht durch den Kultus, sondern durch Recht und Gerechtigkeit dienen (Am 5,21–24).

Man hat diese Haltung zeitweilig dahingehend verstanden, daß die Propheten eine kultfreie ethische Religion gefordert hätten – jedoch zu Unrecht. Zwar haben sie den Kultus kritisiert und bekämpft, ihm aber nicht einfach das Ethos entgegengesetzt. Diese Gegenüberstellung war vielmehr für die Weisheitslehre bezeichnend, als deren Ideal vielfach eine kultfreie moralische Religiosität gelten kann. Die Propheten dagegen haben die ethischen Forderungen nicht betont, weil sie an sich und durch sich wertvoll oder gesetzlich geboten wären, sondern weil sich darin der Anspruch des göttlichen Willens an den Menschen ausdrückt, hinter ihnen der Wille Jahwes steht und ihre Befolgung ein Merkmal des glaubenden Menschen ist.

Der gleichen Grundhaltung entsprang die prophetische Kritik am Kultus. Die Propheten eiferten gegen ihn, weil er ihnen als ein Betrug an Jahwe erschien. Denn das Volk nahm seinen Gott ja nicht ernst und ließ ihn nicht die bestimmende Macht des Lebens sein, sondern führte einen dem göttlichen Willen entgegengesetzten Wandel. Der Kultus könnte nur dann bestehen, wenn das ganze Verhalten recht wäre. Da sich die Frömmigkeit jedoch auf ihn beschränkte und das übrige Leben ihr widersprach, verdammten die Propheten den Kultus als Sünde und forderten Umkehr, Recht und Gerechtigkeit.

Für die Propheten waren nicht Kultus oder Ethos an sich, sondern der sich an Jahwe haltende und der von ihm gehaltene glaubende Mensch entscheidend. Darum haben sie den Kultus bekämpft, weil in ihm der ungläubige Mensch Rechte gegenüber Jahwe beanspruchte, anstatt seinen Willen anzuerkennen und zu befolgen. Sie haben zum Tun des Guten, zu Recht und Gerechtigkeit aufgerufen, weil sich darin in erster Linie die Ergriffenheit des Menschen durch Jahwe ausdrückte. Hätten Gottesherrschaft und Gottesgemeinschaft das ganze Leben bestimmt und sich in Gerechtigkeit und Liebe zum Mitmenschen erwiesen, so wäre auch ein gewisser Kultus als Ausdruck dieses Glaubens und als Verehrung der erhabenen Majestät Jahwes berechtigt gewesen. Nur der Kultus des Glaubenden, dessen ganzes Leben durch den göttlichen Willen geformt ist, wäre Jahwe angenehm gewesen.

Jedoch keiner der vorexilischen Propheten deutete an, wie denn ein rechter Kultus der Glaubenden beschaffen sein müsse. Offenbar hielten sie dies für irreal und sinnlos, solange ihr Volk nicht durch die Beachtung der ethischen Forderungen bewiesen hatte, daß es zu Jahwe umgekehrt war. Auf solche Umkehr kam es in erster Linie an. Darum wollten die Propheten nicht den Kultus verbessern, sondern eine Wandlung im ganzen Leben durch die Hingabe an den göttlichen Willen herbeiführen. Erst nachdem das Gericht an Juda und Jerusalem tatsächlich vollstreckt war und ein Teil des Volkes im Exil lebte, wußte Ezechiel sich beauftragt, programmatisch einen neuen Kultus festzulegen, der für das durch Gericht und Deportation geläuterte Israel gültig sein sollte.

c) Die prophetische Stellungnahme in Fragen der Rechtsordnung[7] ist vor allem dadurch gekennzeichnet, daß die Propheten die Mißachtung und Übertretung des Rechts angeprangert haben. Denn dergleichen mußte gerade für die Vertreter der Jahwereligion als ein deutliches Kennzeichen nicht nur des politischen und ethischen Verfalls, sondern darüber hinaus der Mißachtung des das Recht legitimierenden Jahwe und des Abfalls von ihm gelten. Das Recht wird mißachtet, wo man sich innerlich von Jahwe losgesagt hat und nichts mehr von Gottesherrschaft und Gottesgemeinschaft wissen will.

Vor allem die Vergehen der oberen und besitzenden Schichten haben die Propheten schonungslos bloßgelegt: Sie betrügen beim Handel und können es kaum erwarten, nach einem Feiertag von neuem zu beginnen (Am 8,4–7). Sie verabscheuen das Recht und verüben Bluttaten und Frevel (Mi 3,9 f.). Sie hassen denjenigen, der vor Gericht wahrheitsgemäße Beweise erbringen kann, die ihren Interessen widersprechen (Am 5,7.10 f.). Sie lassen sich bestechen, um Schuldige freizusprechen, und verurteilen Unschuldige (Jes 5,23).

Demgegenüber ist es nicht damit getan, daß man sich an die geltende Rechtsordnung hält. Vielleicht hat schon Amos dies gemeint, als er den Vorwurf erhob, daß man mitleidlos das gepfändete Gewand des Armen, das ihm nachts als Decke dienen sollte, für das eigene Wohlergehen benutze, den an Stelle von Geld eingezogenen Wein trinke und den Armen wegen einer Kleinigkeit in die Sklaverei verkaufe (Am 2,6–8). Obwohl das geltende Recht dergleichen vor-

---

[7] A. Causse, Les prophètes et la crise sociologique de la religion d'Israël, RHPhR 12 (1932), 93–140. – H. Donner, Die soziale Botschaft der Propheten im Lichte der Gesellschaftsordnung in Israel, Oriens Antiquus 2 (1963), 229–245. – E. Gillischewski, Die Wirtschaftsethik der israelitischen Propheten, Jb für jüdische Geschichte und Literatur 25 (1923/24), 32–61.

sehen mag, ist es doch Sünde, wenn man in jedem Falle hartherzig nach seinem Buchstaben verfährt und weder nach dem Sinn und Geist eines Gesetzes fragt, noch gegenüber einer äußerlichen und mechanischen Anwendung das eigene Herz sprechen läßt (Jes 29,13). Auch im Bereich des Rechts ist der ganz von Jahwe beanspruchte Mensch gefordert, der an Stelle einer sachlichen Leistung und äußerlichen Gesetzesbefolgung in persönlicher Hingabe und gemäß einer dem göttlichen Willen entsprechenden Grundhaltung handeln soll. Dem Satze *fiat iustitia, pereat mundus* ist auf Grund dessen das gottgewollte und gottergebene Recht des Menschen entgegenzuhalten. Die Propheten sind denn auch die Hüter der Rechte des Menschen gewesen, längst bevor diese Rechte für das Staatsleben entdeckt wurden.

Ein Beispiel für das rechte Verhalten des Menschen gemäß einer umfassenden Grundforderung bietet Jes 1,16 b–17:

> Hört auf, Böses zu tun,
> lernt Gutes zu tun!
> Trachtet nach Recht,
> leitet 'den Unterdrückten'!
> Schafft der Waise Recht,
> führt den Rechtsstreit der Witwe!

Solches Eintreten für das Recht der Unterdrückten, Waisen und Witwen war ursprünglich eine Pflicht des Königs, wie der Kodex Hammurabi (Rev. XXIV, 60 f.), die ugaritischen Texte (I Aqht I, 23–25; II Aqht V,7 f.; 127,33 f.45–47) und für Israel Ps 72,2.4 zeigen. Dann aber ist es zur Pflicht jedes Israeliten erklärt worden (Ex 22,20–23; vgl. später Dtn 10,18; 24,17; 27,19). Jesaja ging einen Schritt in anderer Richtung weiter. Seine erste und grundlegende Forderung lautete: Tut Gutes und nicht Böses! Die Einzelforderungen, die darauf folgen, dienten dazu, die Grundforderung zu erläutern, und bildeten die beispielhafte und praktische Anwendung des umfassenden Grundsatzes. An die Stelle der einzelnen Anordnungen des alten Rechts, die in der prophetischen Interpretation zu bloßen Beispielen wurden, trat nun eine konzentrierte, den ganzen Menschen beanspruchende Grundforderung: Gutes tun. Die damit gekennzeichnete Grundhaltung sollte sich im Einzelverhalten des täglichen Lebens erweisen und auswirken.

Wo Israel sich diesem grundsätzlichen Anspruch verschloß, da blieb es nicht aus, daß die Propheten sich im Gegensatz zu der bloß äußerlichen oder unrichtigen Anwendung der Rechtssätze und dem Absehen von der genannten Grundforderung und Grundhaltung erblickten. Und infolge der Gefahr, die mit dem falsch verstandenen Recht verknüpft war, ergab sich schließlich ein Gegensatz gegen dessen Inhalt selbst. Der wahre Wille Jahwes, den der Griffel der Schreiber in Lüge verwandelt hat, wurde dem geschriebenen Gesetz gegenübergestellt (Jer 8,8). Die vielen Rechtsvorschriften des Staates, die die Beamten im Namen des Königs nimmermüde erlassen, wurden verurteilt, weil sie dem Volke lediglich neue Lasten auferlegen und es seiner Rechtsansprüche berauben (Jes 10,1–3). Demgegenüber steht der lebendige göttliche Wille für die jeweilige Gegenwart, der die volle Hingabe des ganzen Menschen verlangt. Aus dieser Hingabe folgen die Erkenntnis der konkreten Grundforderung und deren Anwendung in Auseinandersetzung mit der geltenden Rechtsordnung in persönlicher Entscheidung und Verantwortung. Dabei muß, wie die weitere Verarbeitung der prophetischen Verkündigung im Deuteronomium und anderwärts lehrt, neben die Grundforderung des Rechts als weiterer, davon nicht abzulösender Grundsatz das Gebot der Liebe treten. Nicht das Recht allein kann und soll herrschen, sondern Recht und Liebe müssen gemeinsam das menschliche Zusammenleben bestimmen und formen.

d) Die prophetische Kritik hat sich schließlich gegen den Staat und seine Politik gerichtet[8], zunächst gegen das Königtum, das der Repräsentant des Staates und der Exponent seiner Politik war. Da es Jahwe verantwortlich und ihm strenge Rechenschaft schuldig ist, muß es scharfe Angriffe über sich ergehen lassen, wenn das Unheil von ihm auszugehen droht. Läßt es sich nicht zurechtweisen, so droht ihm selber und infolgedessen dem ganzen Volke Unheil. Dann wird das Königtum aus einem Segen zum Fluch, aus einer Gabe Jahwes zu einer Strafe, so daß das Volk von ihm nichts Gutes erhoffen kann. Ja, Jahwe benutzt es sogar als Zuchtrute für das Volk. Er setzt die Könige zu diesem Zweck ein, er nimmt sie fort und er-

[8] H. Donner, Israel unter den Völkern, 1964. – K. Elliger, Prophet und Politik, ZAW 53 (1935), 3–22 (= Kleine Schriften zum Alten Testament, 1966, 119–140). – N. K. Gottwald, All the Kingdoms of the Earth, 1964. – J. Hempel, Politische Absicht und politische Wirkung im biblischen Schrifttum, 1938. – E. Jenni, Die politischen Voraussagen der Propheten, 1956. – H.-J. Kraus, Prophetie und Politik, 1952. – F. Weinrich, Der religiös-utopische Charakter der „prophetischen Politik", 1932.

setzt sie durch andere, wenn sie nicht schlimm genug hausen (Hos 13,9–11), so daß das Königtum ein Mittel seines Gerichts wird. Der Staat bot den Propheten zahlreiche Ansatzpunkte für ihre Kritik. So verurteilten sie manchmal die üblen Methoden der Innenpolitik (z. B. Jes 3,12–15; Jer 22,13–17), darunter auch diejenigen der Religionspolitik. Offensichtlich stimmten sie der mit Synkretismus verbundenen Erhebung der Jahwereligion zur Staatsreligion und der Allianz von Thron und Altar nicht zu. Ihr Kampf gegen den Kultus beruhte zu einem Teil wohl auch darauf, daß jener zur Stützung der Staatsreligion betrieben und für die mit ihrer Hilfe verfolgte Politik ausgenutzt wurde. Ferner verurteilten die Propheten die Außenpolitik – dieses treulose und ränkevolle Hin und Her, mit dessen Hilfe die kleinen Staaten Juda und Israel eine Rolle zwischen den Großmächten spielen wollten. Letztlich zeigt sich darin die abgrundtiefe Dummheit und Verderbtheit der Staatsmänner, die dabei dem Willen Jahwes doch nicht entgehen können (Hos 7,11 f.). Denn jede Politik, die in eitlem Machtstreben auf der Weltbühne eine Rolle spielen will, den eigentlichen Herrn der Welt jedoch außer acht läßt, ist von vornherein zum Scheitern verurteilt. Damit kann auch der Krieg nicht mehr als Mittel der Politik gelten. Die Propheten betrachteten ihn vielmehr als Ausdruck der Sünde Israels, gerade gut genug, um als heimsuchende Mahnung zur Umkehr zu dienen oder um als Strafe am Tage des Vernichtungsgerichts angedroht zu werden. Demgemäß war der Friede für die Prophetie nicht eine Atempause zwischen zwei Kriegen, sondern der natürliche Zustand der Welt. Da der Krieg, der im Vertrauen auf die eigene Macht und auf diejenige der Bundesgenossen geführt wird, Sünde ist, sollte eigentlich stets Friede herrschen. Daß dies nicht der Fall ist, beruht auf der Schuld der Menschen. Der Friede wird ihnen genommen, der Krieg aber, der ihn ablöst, wird ihnen zum Gericht. Nur Umkehr könnte davor bewahren. Da aber keiner der Propheten das Volk dazu willig gefunden hat, rückte der Friede für sie in die Zeit nach dem richtenden oder erlösenden Eingreifen Jahwes (Zeph 3,12 f.; Hos 2,20) – eine Erwartung, die die spätere eschatologische Prophetie zu derjenigen des ewigen Friedens weitergebildet hat.

Die Kritik der Propheten richtete sich freilich nicht gegen die Staatsordnung überhaupt; in ihrem Niedergang, in der Anarchie, konnte Jesaja gerade das Gericht sich auswirken sehen (Jes 3,1–9). Der Staat wurde als Form geordneten menschlichen Zusammenlebens durchaus anerkannt. Aber die Propheten bezweifelten die naive Selbstverständlichkeit, mit der man im Handeln des Königs und in der Politik seiner Beamten das Walten Jahwes erblickte, und trugen damit die Spannung zwischen dem menschlichen und dem göttlichen Willen in das öffentliche Leben hinein. Sie zeigten die Doppelseite des Staates, der im menschlichen Zusammenleben eine Aufgabe zu erfüllen hat und der an sich weder göttlich noch widergöttlich ist, indem er sie erfüllt, der aber nur zu leicht davon abweicht und sich selbst gottähnliche Vollmacht und letztgültige Entscheidungen anmaßt. Wenn letzteres eintritt, muß man ihm widerstehen und ihn in seine Schranken zurückweisen.

Wie die Propheten keine Abhängigkeit des Glaubens von der Politik wünschten, so erstrebten sie nicht die Bevormundung des staatlich-politischen Handelns durch die Vertreter des Glaubens. Statt dessen forderten sie wie Jesaja gegenüber Ahas (Jes 7,1–9) glaubende Staatsmänner, die in eigener Verantwortung ihre Entscheidungen zu treffen wagen, weil sie – wie in ihrem ganzen Dasein – auch in staatlich-politischen Fragen als Glaubende und nicht wie der von Jesaja gescholtene assyrische König aus eigener Kraft und in Überheblichkeit handeln (Jes 10,5–15).

3. Verhältnis zur Tradition

In den großen Einzelpropheten lebten einmal die Glaubensimpulse der mosaischen Zeit wieder auf – wenn nicht in der gleichen Art, so doch in geläuterter und weiterführender Form. Sie erfuhren von neuem Jahwes wunderbares Handeln und seinen unabdingbaren, Entscheidung fordernden Willen. Maßgeblich für sie war ferner das eigene Erleben und Erfahren, das vor allem in den „geheimen Erfahrungen" deutlich wird (vgl. § 19,2). Hier stellt sich nun die Frage nach ihrem Verhältnis zu den Traditionen, insbesondere zur israelitischen Tradition. Es fragt sich, ob sie sich darauf beschränkt haben, solche Traditionen in ihrer Verkündigung zu benutzen und in welcher Weise dies geschah, oder ob sie den Traditionen gänzlich verhaftet waren, in ihnen gelebt haben, von ihnen abhängig waren und sie rezitiert, aktualisiert oder radikalisiert haben.

Die einfachste Lösung des vielbehandelten Problems besteht in der Annahme, daß die Propheten lediglich die alten Traditionen der jeweils neuen Situation anpaßten und auf sie praktisch anwendeten[9]. Jedoch haben sie

---

[9] So J. Bright, Geschichte Israels, 1966, 263.

die herkömmlichen Glaubensströmungen eher verworfen als anerkannt und sind mit den Traditionen anders verfahren, als ihnen unterstellt wird. Jeremia hat nicht die Anpassung der alten Verpflichtung Israels an seine Zeit, sondern eine völlig neue Verpflichtung angekündigt (Jer 31,31–34). Die Auffassung, daß die Prophetie in der Tradition wurzelt, hat am nachdrücklichsten von Rad vertreten[10]. Er sieht die Propheten an drei große und umfassende Traditionskomplexe oder -ströme gebunden: an die Exodus-, David- und Ziontradition, die sämtlich Erwählungstraditionen sind. Zu diesen trat bei Deuterojesaja die Schöpfungstradition. Demgemäß hängen die Unterschiede zwischen den Propheten davon ab, in welchem Traditionsstrom sie standen und welche seiner Aspekte sie betonten. Ferner ist es wesentlich, daß sie die Erwählungstraditionen eschatologisch interpretierten, so daß daraus die Schau der neuen, zukünftigen Heilstaten Jahwes in der Geschichte erwuchs.

Für diese Ansicht gibt es allerdings eine grundlegende Schwierigkeit, die von Rad dadurch umgeht, daß er die Geschichtstraditionen gesondert behandelt. Zur Zeit der vorexilischen Propheten bestanden die Geschichtstraditionen, auf die er sich beruft, nämlich erst bruchstückhaft und in Ansätzen. Gerade diejenigen, die theologisch am stärksten betont sind, waren zugleich die jüngsten – die deuteronomistische Überlieferung und die priesterschriftliche Quellenschicht des Hexateuchs. Sie konnten noch gar keinen wesentlichen Einfluß auf die Propheten ausüben, sondern sind ihrerseits von der prophetischen Theologie beeinflußt, wie Vriezen am Beispiel der deuteronomischen Erwählungsvorstellung gezeigt hat[11]. Gewiß haben sie manches ältere Material in sich verarbeitet, aber der ihnen eigentümliche religiöse und theologische Nachdruck, mit dem sie bestimmte Aspekte hervorheben, ist ihnen als letztes aufgeprägt worden.

Auch abgesehen davon ist von Rads These, die die Wurzel der prophetischen Verkündigung in jenen drei Erwählungstraditionen sieht, anfechtbar. So betrachtet er als die beiden Themen Jesajas die Bedrohung oder den Schutz des Zion und den davidischen Messias. Jedoch ist es fraglich, ob die beiden messianischen Texte Jes 9,1–6 und 11,1–9 von Jesaja herzuleiten sind. Gewiß wird nicht selten die gegenteilige Ansicht vertreten, aber die Gründe sind keineswegs so einleuchtend, daß man die Traditionsverwurzelung Jesajas zur Hälfte auf diese messianischen Texte stützen kann. Ferner sollte Jerusalem nach der Verkündigung Jesajas nicht einfachhin gerettet oder bewahrt werden. Es gibt kein einziges Jesajawort, das dergleichen verheißt. Selbst als der Prophet die Assyrer als göttliches Strafwerkzeug verwarf, änderte sich an seiner Drohung gegen die Stadt nichts; ja, nach dem Abzug der Assyrer von Jerusalem im Jahre 701 verschärfte sie sich eher (Jes 22,1–14; 32,9–14). Eine Rettung hat Jesaja immer von der radikalen Reue über die Sünde und von der Umkehr zu Jahwe abhängig gemacht. Für die Notwendigkeit solcher Umkehr, die eine unerläßliche Voraussetzung für die Rettung bildet, ist auf v. 4 in 29,1–8, v. 15 in 30,15–17 und v. 6 in 31,4–9 hinzuweisen. Und in Jes 1,19–20 wird das

---

[10] G. von Rad, Theologie des Alten Testaments, II 1965⁴.
[11] Th. C. Vriezen, Die Erwählung Israels nach dem Alten Testament, 1953.

große „Entweder-Oder" unmißverständlich klar. Ähnliches gilt für die Interpretation der anderen Propheten.

Nicht anders verhält es sich mit den Annahmen, daß Propheten in Rechts- oder Weisheitstraditionen wurzelten. Für Amos reichen die spärlichen Hinweise auf das sog. apodiktisch formulierte Recht[12] – das in Wirklichkeit kein „Gottesrecht", sondern Lebens- und Verhaltensregeln darstellte (vgl. § 6,3) – zum Nachweis einer Bindung daran keineswegs aus. Ebenso steht es bei Micha, für den auf Mi 6,8 verwiesen wurde[13]. Abgesehen davon, daß 6,1–8 schwerlich von Micha stammt, sondern wesentlich jünger ist, kann man weder מִשְׁפָּט (mišpaṭ) als Ausdruck für das „amphiktyonische Recht" noch הִגִּיד (higgîd) für dessen „kultische Verkündigung" in Anspruch nehmen. Außerdem redet 6,8 gar nicht den Israeliten, sondern den *Menschen* (אָדָם, 'adam) an und blickt über Israel hinaus. Daß Amos in alter Sippenweisheit wurzele[14], wird höchst fragwürdig, sobald man die Einzelheiten genauer prüft[15]. Bei ihm und erst recht bei Jesaja bedeutet die Beziehung zur Weisheitslehre nichts wesentlich anderes als das Ergebnis einer bestimmten Schulausbildung, so daß ein Vorkommen weisheitlicher Elemente und Berührungspunkte nicht mehr besagt, als daß der betreffende Prophet ein gebildeter Mann mit gesundem Menschenverstand war.

Gewiß standen die Propheten mit allem, was sie sagten und taten, in einer langen und umfangreichen Tradition – nicht nur des prophetischen Auftretens, sondern auch der altorientalischen und israelitischen Kultur und Religion. Doch kann man sie deswegen nicht in eine angebliche altorientalische Einheitskultur eingliedern und mit den mesopotamischen oder kanaanäischen Kultpropheten gleichsetzen. Ebensowenig lassen sie sich als bloße Hüter einer israelitischen Überlieferung verstehen, zu der sie zurückgerufen, die sie reformiert oder in aktueller Weise verkündigt hätten. Sie standen den Überlieferungen anders gegenüber. Sie waren zwar mit der israelitischen religiösen Tradition verbunden und durch sie mit der umfassenderen der altorientalischen Völker. Aber nicht das ist für ihre Daseinshaltung eigentlich bestimmend geworden, sondern das eigene Erleben Jahwes. Dadurch bildeten die Propheten etwas Eigenes. Sie gaben die aus dem Kompromiß mit anderen Vorstellungen und Gebräuchen entstande-

---

[12] R. Bach, Gottesrecht und weltliches Recht in der Verkündigung des Propheten Amos, in: Dehn-Festschrift, 1957, 23–34.

[13] W. Beyerlin, Die Kulttraditionen Israels in der Verkündigung des Propheten Micha, 1959.

[14] H. W. Wolff, Amos' geistige Heimat, 1964.

[15] J. L. Crenshaw, The Influence of the Wise upon Amos, ZAW 79 (1967), 42–52. – G. Wanke, אוֹי und הוֹי, ebd. 78 (1966), 215–218.

nen Glaubensformen auf und handelten aus einer als existentiell
erfahrenen Wahrheit. Sie haben dabei die Tradition nicht ausgeschaltet, sondern durchaus für ihre Verkündigung benutzt. Aber die
alten Überlieferungen waren für ihren Glauben nicht grundlegend;
sie wurden außerdem für die prophetische Verkündigung umgebildet
und neu ausgelegt und verstanden, damit die Propheten mit ihrer
Hilfe ausdrücken konnten, was sie sagen wollten. So verfuhr Jesaja
mit der Vorstellung vom *Tag Jahwes* (Jes 2,12–17 im Anschluß an
Am 5,18–20), mit den zuversichtlichen Ausdrücken *Fels* und *Stein*
für Jahwe, über die man vielmehr stolpern und fallen wird (Jes
8,14), mit der Redewendung *der auf dem Zionsberg wohnt,* jedoch
als Garant für den Untergang der Stadt (Jes 8,16–18), und mit
der Erinnerung an Jahwes siegreiches Kämpfen unter David, das
sich bald wiederholen wird – jedoch gegen Juda (Jes 28,21). Dieses
Denken gründete bei Jesaja in seinem Berufungserlebnis. Seine an
Jahwe gerichtete Frage *Wie lange?* setzte nach der herkömmlichen
Ansicht seiner Zeit voraus, daß Jahwe zwar plagen, aber nicht vernichten wird. Doch Jahwe kündigte in seiner Antwort die völlige
Verwüstung an (Jes 6,11). Damit war dem Jesaja die Tradition
zerschlagen und er auf einen neuen Weg geschickt worden.

Von da aus wird verständlich, daß die Propheten den Traditionen
nicht verhaftet und von ihnen nicht abhängig waren, sondern sie frei
für bestimmte Zwecke benutzten, die mit ihrer Botschaft gegeben
waren. Wie sie trotz aller gemeinsamen israelitischen Züge jeweils
ein unverwechselbares Ich besaßen, so waren sie nicht an den gemeinsamen Traditionen, sondern an der jeweils eigentümlichen Botschaft interessiert, die sie zu verkündigen hatten. Daher verwendeten
sie die Überlieferungen im Interesse dieser Botschaft. Genauer gesagt, gehörten die Traditionen und ihre Interpretation nicht zu den
grundlegenden Elementen, sondern zu den späteren Stadien der
Entstehung der Prophetensprüche: der Deutung der geheimen Erfahrung im Zusammenhang des prophetischen Glaubens oder der
verstandesmäßigen Bearbeitung für die Verkündigung.

In diesem Rahmen bestand der Zweck der Verwendung von Traditionen und ihrer Interpretation darin, das lebendige Wort Jahwes
für die Verkündigung verständlich zu machen und die neue Einsicht
des Propheten in die Beziehung des Menschen zu Jahwe und zur Welt
zu illustrieren. Wegen eben jener neuen Einsicht riefen die Propheten
nicht zur Tradition zurück, sondern wiesen in ihrer erläuternden

und entfaltenden Interpretation den Weg zu einem neuen Verhältnis
zu Jahwe. Die Änderung, die die Tradition dabei erfuhr, entsprach
der inneren und äußeren Änderung des Sünders bei seiner Wandlung
in einen neuen Menschen.

4. Verhältnis zu anderen Glaubensströmungen

Die großen Einzelpropheten haben sich mehr oder weniger ausdrücklich und ausführlich mit den anderen Glaubensströmungen auseinandergesetzt, die sie vorgefunden haben. Eine einzige Ausnahme
bildete in gewissem Sinne die restaurative Frömmigkeit, die nur eine
geringe Rolle spielte und keine besondere Beachtung beanspruchen
konnte. Die Propheten haben zwar wie Jeremia den Ernst und die
lauteren Absichten ihrer Vertreter anerkannt (Jer 35), aber keinen
Augenblick daran gedacht, die Jahwereligion in ihrer ältesten Form
zu konservieren oder gar die nomadische Lebensweise als religiös
erstrebenswertes Ideal zu betrachten. Immerhin wurde das, was diese
Richtung eigentlich wollte, in der prophetischen Botschaft in anderer
und neuer Weise erfüllt: die Reinerhaltung der Jahwereligion und
ihre Bewährung im Leben. Dagegen wurde die Bindung an eine
überholte Lebensform überwunden.

Was sich darin andeutungsweise enthüllt, war überhaupt kennzeichnend und maßgeblich für das Verhältnis der prophetischen Daseinshaltung zu den anderen, die sich beobachten ließen: Es handelte
sich immer wieder um deren Überwindung und gleichzeitig um die
Erfüllung der eigentlichen Absichten der anderen Glaubensformen.

a) Die Propheten haben zunächst die Magie überwunden und erfüllt. Dies wird am Beispiel ihrer symbolischen Handlungen deutlich.
Diese haben ihren eigentlichen Ursprung in magischen Handlungen,
wie sie bei allen Völkern vorkommen. Von solchen magischen Handlungen wird erwartet, daß sie ihre Wirksamkeit in sich selber tragen
und durch ihre eigene Zauberkraft die gewünschte Wirkung herbeiführen. Der Prophet dagegen erwartete nicht, daß die Gegenstände
seiner Handlung krafthaltig waren und das Geschehen kraftwirkend,
daß also auf den Vollzug seiner Handlung die Wirkung automatisch
erfolgen mußte. Statt dessen symbolisierte er den gewünschten Erfolg; ihn Wirklichkeit werden zu lassen, blieb Jahwe anheimgestellt.

War dadurch das magische Element überwunden und ausgeschaltet,
so vollzog der Prophet die Handlung doch in der Gewißheit, daß

das symbolisierte Geschehen sich tatsächlich ereignen werde. Die symbolische Handlung war die wirksame Ankündigung eines Ereignisses, weil Jahwe es nach seinem Willen heraufführen wollte. Damit wurde in der symbolischen Handlung die Magie nicht nur überwunden, sondern auch erfüllt: Das Symbolisierte konnte eintreffen.

b) Die Propheten haben ferner die kultische Frömmigkeit überwunden und erfüllt. Sie beseitigten die kultischen Schranken, die das Dasein sichern sollten, besonders vor seiner völligen Infragestellung durch die lebendige Erfahrung Jahwes. Der Kultus ist kein Heilsmittel (Jes 1,10–17); sofern er in dieser Weise verwendet wird, muß er untergehen. Alles das, womit man bisher das göttliche Heil zu behalten oder zu erlangen geglaubt hatte – Tempel und Priestertum, Gottesbilder und Altäre, Opfer und Lieder, Gesänge und Reigen, Gelübde und Feiertage –, alles das sind untaugliche Mittel, um sich den Segen Jahwes zu sichern. Ja, überall im Lande zeigt sich, daß dieser Kultus letztlich nur der Sünde dient, ja im Grunde selber schon die Sünde ist, weil sich der Mensch mit seiner Hilfe gerade dem göttlichen Anspruch entzieht, anstatt sich ihm auszuliefern. Solange dies der Fall ist, führt der Kultus kein Heil herbei, sondern ist eher ein Zeichen für die menschliche Verderbtheit, die dem Gericht anheimfällt.

Doch die Propheten haben die kultische Frömmigkeit nicht nur überwunden, sondern auch ihre eigentliche Absicht im Gebet erfüllt. Im Gebet des glaubenden Menschen vollzieht sich die eigentliche Verehrung Jahwes. Das bezeichnendste Beispiel ist das Leben Jeremias, das von Gebet in dreifacher Art erfüllt ist: als inneres Ringen mit Jahwe (Klagelieder oder Konfessionen Jeremias), als Fürbitte für das irrende Volk und als Versenkung des Propheten in Jahwe, wodurch ihm dessen jeweiliger Wille klar wurde. Hier war die selbstsüchtige kultische Haltung überwunden und im Gebet im tiefsten erfüllt.

c) Die Propheten haben ferner die national-religiöse Daseinshaltung überwunden und ihre nationalen Schranken gesprengt. Denn der Gott, den sie verkündigten, läßt über sich nicht zugunsten eines Volkes oder Staates verfügen und ist nicht der Garant der nationalen Macht oder der völkischen Kultur. Vor seinem Willen verblassen Volk und Staat, Königtum und Erwählungsglaube, vorteilhafte Bündnisse und siegreiche Heere. Daraus ist die prophetische Kritik am Königtum zu verstehen; gleiches gilt für die Beurteilung des Volkes. Die

alleinige Bindung Jahwes an Israel wurde überwunden. Jahwe waltet
nach dem Glauben der Propheten vielmehr im Schicksal aller Völker.
Aus dem Nationalgott wurde der Herr der Welt. Die nationale
Geschichte weitete sich zur Weltgeschichte und wurde in ihrem Rahmen geschaut. Der Blick erhob sich über die Grenzen des Volkes
zur glaubenden Deutung des Weltgeschehens. Darin lag zugleich
die Erfüllung des nationalen Glaubens. Er erblickte die Offenbarung
Jahwes ja nicht im Kreislauf der Jahreszeiten und in der Fruchtbarkeit des Ackers, sondern in den Ereignissen des Menschen- und
Völkerlebens, die das natürliche Geschehen durchbrechen. Es mußte
nur die Bindung an das Volk und das nationale Erleben überwunden
und Jahwe als Herr der Völker erkannt werden. Eben dies geschah
in der Prophetie. So galt nun Jahwes Wille allen Völkern. Daher
wandten die Propheten sich so oft mit einem Jahwewort an sie,
daher wurde auch ihnen das Gericht angedroht, wenn sie sich gegen
seine Forderungen vergangen hatten – sogar wenn nur die Moabiter
an den Edomitern schändlich gehandelt hatten (Am 2,1–3). Für die
spätere eschatologische Prophetie werden alle Völker sogar am endzeitlichen Heil teilhaben.

d) Die Überwindung der weisheitlichen Daseinshaltung ist bei Jesaja
gegeben, der sich als einziger Prophet ausdrücklich mit ihr befaßt
hat. Er wandte sich gegen die „Weisen", die ihre politischen Pläne
selbstsicher auf ihre Weisheit gründen, sich auf ihre eigene Einsicht
und auf die Macht ihrer ägyptischen Bundesgenossen verlassen,
Jahwes Weisheit aber bezweifeln. Ihre selbstsichere Weisheit ver-
schließt sich gegen die rechte göttliche Weisheit. Aber Jahwe ist allein
weise und macht die Klugheit der irdischen Weisen zunichte. Es gilt
gerade nicht, klug und weltgewandt nach einem Ausweg zu suchen
und dabei vorsichtig nach rechts und links zu blicken, sondern aus
dem Glauben heraus zu handeln, umzukehren und zu vertrauen
(Jes 7,9; 30,15). Auch die weisheitliche Daseinshaltung ist damit überwunden, in ihrer Absicht – Rettung und Stärke – aber erfüllt.

e) Ebenso ist die von der letzten vorexilischen Zeit an begegnende,
mit der kultischen oft verbundene gesetzliche Daseinshaltung als
durch die Prophetie überwunden zu bezeichnen. Die Erfüllung des
Gesetzes erschien unter dem Gesichtspunkt der prophetischen Verkündigung nur als ein weiterer Versuch des frommen Menschen,
Jahwe durch sein Handeln zu verpflichten. Man darf nämlich nicht
beim Wortlaut und Buchstaben des Gesetzes stehenbleiben, sondern

muß seinen Geist erkennen und erfüllen. An die Stelle sachlicher Leistung und bloß äußerer Befolgung muß die persönliche Hingabe treten. Im Schema von Leistung und Belohnung beansprucht der Mensch nur Rechte gegenüber Jahwe, anstatt seinen Willen anzuerkennen, vor dem er ein Nichts ist. Daher wird die Gesetzesfrömmigkeit auch in ihrer feineren Form, erst recht in ihrer gröberen, durch die prophetische Verkündigung ausgeschlossen.

Freilich haben gerade die Propheten immer wieder ethische Mahnungen ausgesprochen, aber nicht als Einzelgesetze, sondern als konkrete und der Situation angepaßte Anwendungen der Grundforderungen Jahwes. Vor allem wurden sie auch anders eingeordnet: Sie sind die Folge und Auswirkung des rechten Daseins vor Jahwe und in der Welt, nicht dessen Grundlage und Bedingung. In ihrer Befolgung ohne geheime Nebenabsichten drückt sich äußerlich die Ergriffenheit des Menschen durch Jahwe und seine gläubige Hingabe an ihn aus.

Daher ist es verständlich, daß Jeremia der josianischen Reform nicht freudig zugestimmt, sondern zunächst abwartend und vielleicht auch schon kritisch geschwiegen hat. Denn wenn auch manche prophetischen Beschwerden behoben wurden, war doch das kultische und gesetzliche Interesse da. Später hat Jeremia sich auch offen kritisch geäußert. Ebensowenig hat Ezechiel in der deuteronomischen Haltung das Heil erblickt. Er sah durch die Reform Jerusalem nicht gerettet, sondern nach wie vor dem Untergang geweiht. Vor allem griff er den deuteronomischen Gedanken der Erwählung Israels auf, der dort – ohne den Ernst der Lage zu verwischen – als leitender Gedanke dazu helfen sollte, das Volk zu einem neuen Leben aufzurufen und als ganzes zu retten. Indem Ez 20,1 ff. diesen Gedanken aufgreift, dann aber den ständigen Abfall Israels von Jahwe schildert, gab der Prophet zu erkennen, daß er den deuteronomischen Versuch für mißglückt hielt.

f) Zusammenfassend läßt sich sagen: Das Verhältnis der prophetischen Daseinshaltung zu den anderen Glaubensströmungen zeigt, daß diese alle von der prophetischen überwunden und gleichzeitig in ihren tiefsten und eigentlichen Absichten erfüllt worden sind. Ein Vergleich läßt die Überlegenheit des prophetischen Glaubens erkennen. Freilich findet sich diese Haltung nicht nur bei den wenigen großen Einzelpropheten, sondern mehr oder minder deutlich fast überall im AT. Ihre Grundlage bildete ja schon die mosaische Jahwereligion, von der echte Impulse auch in der kultischen und der national-religiösen Daseinshaltung lebendig waren. Ebenso hat die Verkündigung der Propheten selbst wieder starke Einflüsse ausgeübt: auf die Erzähler mit national-religiöser Haltung, auf die Vertreter der deuteronomischen Theologie, auf die spätere Weisheitslehre und die ganze nachexilische Zeit.

5. Die religionsgeschichtliche Bedeutung der großen Einzelpropheten

a) Die prophetische Daseinshaltung bedeutete den Übergang von der noch überwiegenden Frühreligion zur vollen Hochreligion. Es ist beachtenswert, daß sich dieser Übergang in der gleichen Zeitspanne auch an anderen Orten vollzogen hat[16]. So ereignete sich in der griechischen Welt in der Zeit von etwa 800–500 v. Chr. der Übergang vom Mythus zum Logos, von der Mythologie zur Theologie. Am Anfang dieses Prozesses standen die kosmologischen Spekulationen Hesiods, die Göttervielheit entwickelte sich zur Einheit des ϑεῖον. Von da aus führten einerseits eine theistische Linie von Anaxagoras zu Aristoteles, andererseits eine mystische Linie zu der All-Einslehre der Eleaten, Platos und der Stoa. Beide aber führten zur Einheit des Absoluten und damit zur Hochfrömmigkeit.

In Indien enthielt die Frühreligion des Veda die Keime der späteren Entwicklung, die sich von etwa 800–500 v. Chr. vollzog und ihren Ausdruck in der Literatur der Upanishaden fand. Der frühreligiöse Untergrund der Opferspekulation und der Mythologie ist darin noch erkennbar, aber die Einheit des Absoluten bricht allmählich durch. Buddha bildete den Abschluß.

In China erfolgte die Erfassung des Absoluten wie in Griechenland auf zwei Wegen. Sie wurden von den beiden markanten Religionsstiftern des Ostens gewiesen: der theistische Weg von Konfuzius, der mystische von Laotse. Beide lebten um 500 v. Chr.

Schließlich vollzog sich ein ähnlicher Prozeß in der israelitischen Prophetie. Denn in Israel waren es eben die Propheten, die von etwa 800–500 v. Chr. zu einer vollen Hochreligion führten. Als deren erstes Element war die Erfahrung des einen absoluten Gottes in einem praktischen Monotheismus schon vorher weitgehend vor-

---

[16] R. Otto, Vischnu-Nārāyana, 1923, 203–229: Das Gesetz der Parallelen in der Religionsgeschichte.

handen, wenn auch erst Deuterojesaja die vollen Konsequenzen in einem theoretischen Monotheismus zog. Aber das zweite Element stammte erst aus der Prophetie selbst: Es betraf den Menschen und war die in jener absoluten Gotteserfahrung wurzelnde Erkenntnis eines existentiellen Unheils, dem er ausgesetzt war. Das findet sich vorher nicht; daher war der prophetische Hochglaube den anderen Glaubensströmungen überlegen, die bestenfalls ein erstes Übergangsstadium von der Früh- zur Hochreligion bildeten.

b) Die prophetische Daseinshaltung bedeutete ferner den Übergang von der Volksreligion zur Weltreligion. In ihr fielen Volks- und Glaubensgemeinschaft nicht mehr zusammen, vielmehr war der einzelne Mensch der Träger des Glaubens, der sich mit anderen zu einer besonderen religiösen Gemeinschaft zusammenschließen konnte. Es ging um den einzelnen Menschen, der selbständig geworden war und dessen Leben eine eigene innere Problematik entwickelt hatte. Konnte der einzelne in der Volksreligion das Heil verlieren, wenn er sich aus der Gemeinschaft löste, so war es nun umgekehrt: Als vorgegeben erschien durchweg das existentielle Unheil, in dem sich der einzelne vorfand; gewonnen und nicht nur bewahrt werden mußte das Heil. Es handelte sich dabei immer um den Menschen, um die menschliche Existenz, um eine ganz persönliche Not rein religiöser Art unabhängig von aller volklichen Gebundenheit. Deswegen bezogen die Propheten auch andere Völker in ihre Verkündigung ein. Dementsprechend war die prophetische Botschaft wie die jeder Weltreligion universal; der universalen Notlage entsprach die universale Botschaft, die zu einem universalen Heil führen wollte. Denn die Universalität der Botschaft bestand nicht nur darin, daß sie alle anging und an alle gerichtet war, sondern auch darin, daß in ihr von einer universalen Sache die Rede war: von der Möglichkeit und Notwendigkeit des Lebens unter der Gottesherrschaft und in der Gottesgemeinschaft und von dem Wege dazu. Es lag ein universales Angebot vor (Wandlung durch Umkehr oder Erlösung), in dessen Annahme das Heil (neues Dasein) begründet lag. Es handelte sich um eine zutiefst lebenswichtige Sache, von der die Existenz oder Nichtexistenz des Menschen abhingen. Es gab im Menschen keine Grenze und keine begrenzten Bezirke für die prophetische Botschaft und ihre Wirksamkeit. Der prophetische Glaube als Weltreligion hatte es mit dem innersten Seinsmittelpunkt der menschlichen Persönlichkeit zu tun, von der aus alle übrigen Bezirke der menschlichen

Existenz ihre neue Bedeutung und Wirksamkeit erhalten. Darüber hinaus suchte der prophetische Glaube, anders als die Mystik, alle Lebens- und Weltbereiche von jenem Mittelpunkt aus zu beeinflussen und alles Geschehen von jener neuen Bindung an Jahwe her zu gestalten.

4. Kapitel

Die deuteronomische Theologie als Folge und als vierter Impuls

§ 21 Die religionsgeschichtlichen Ereignisse

A. Alt, Die Heimat des Deuteronomiums, in: Kleine Schriften zur Geschichte des Volkes Israel, II 1953, 250–275. – W. Baumgartner, Der Kampf um das Deuteronomium, ThR NF 1 (1929), 7–25. – A. Bentzen, Die josianische Reform und ihre Voraussetzungen, 1926. – K. Budde, Das Deuteronomium und die Reform Josias, ZAW 44 (1926), 177–224. – R. Frankena, The Vassal-Treaties of Esarhaddon and the Dating of Deuteronomy, OTS XIV, 1965, 122–154. – H. Greßmann, Josia und das Deuteronomium, ZAW 42 (1924), 313–337. – A. Jepsen, Die Reform des Josia, in: Baumgärtel-Festschrift, 1959, 97–108. – S. Loersch, Das Deuteronomium und seine Deutungen, 1967. – N. Lohfink, Die Bundesurkunde des Königs Josia, Bibl 44 (1963), 261–288. 461–498. – V. Maag, Erwägungen zur deuteronomischen Kultzentralisation, VT 6 (1956), 10–18. – G. von Rad, Deuteronomium-Studien, 1948². – D. W. B. Robinson, Josiah's Reform and the Book of the Law, 1951. – M. Weinfeld, The Provenance of Deuteronomy and the Deuteronomic School, Diss. Jerusalem 1964.

1. Vorgeschichte und Grundlage

a) Obwohl unter der völlig von Assyrien abhängigen Regierung des judäischen Königs Manasse die Opposition zum Schweigen verurteilt war, setzte sich ihr Widerstand gegen den wachsenden Synkretismus im stillen fort. Die beiden Hauptströmungen der Opposition, levitische Landpriester und prophetische Kreise, scheinen sich damals auf Grund ihres kultisch-konservativen Charakters verbunden zu haben. Beide erblickten den Schaden ihrer Zeit im Abfall Judas von Jahwe. Beide sahen eine wachsende Gefahr in den zahlreichen unkontrollierbaren Heiligtümern im Lande, die den Einflüssen kanaanäischer Kulte ausgesetzt waren, ferner im assyrischen Götterdienst in Jerusalem und in den mancherlei Winkelkulten. Könnte dies alles beseitigt werden, so müßte es gelingen, die reine

Jahwereligion wieder zu Ehren zu bringen. Daraufhin könnte man auch hoffen, die politischen, sozialen und kulturellen Schäden zu heilen.

Die Voraussetzung dafür, daß diese Bestrebungen verwirklicht werden konnten, ergab sich in der letzten Regierungszeit des assyrischen Königs Assurbanipal (gest. 626 v. Chr.) und nach seinem Tode, als das Weltreich sich aufzulösen begann. Als Folge dessen ließ der assyrische Druck auf die syrisch-palästinischen Kleinstaaten nach, so daß sie zeitweilig praktisch keinen Oberherrn mehr hatten. Deswegen konnten sich in Juda diejenigen politischen und religiösen Kräfte durchsetzen, die als eine Art nationale Freiheitspartei das Land von der assyrischen Fremdherrschaft befreien, sich aber statt ihrer nicht an Ägypten anlehnen, sondern die Souveränität des eigenen Staates herstellen wollten. Dazu gehörte die Säuberung des Lebens und des Kultus vom fremden Wesen.

Der noch junge König Josia konnte für diese Absicht gewonnen werden und sagte sich spätestens im Jahre 622 v. Chr. von Assyrien los, wobei die Lossage von der assyrischen Herrschaft diejenige von der assyrischen Religion nach sich zog; die letztere war ohne die erstere nicht denkbar. Es ist umstritten, ob alle Maßnahmen in einem einzigen Schritt oder vorsichtigerweise in mehreren Stufen im Verlauf mehrerer Jahre durchgeführt worden sind. Am wahrscheinlichsten dürfte es sein, daß Josias Maßnahmen bald nach dem Tode Assurbanipals begannen und mit der kultischen Reform im Jahre 622 v. Chr. ihren krönenden Abschluß fanden. Es handelte sich jedenfalls um einen zusammenhängenden Vorgang, der noch in der abschließenden Reform ein zugleich politisches und religiöses Unternehmen war. Die Reform beseitigte im Kultus alles, was sich nicht mit der Jahwereligion vereinbaren ließ, und war ein Bekenntnis des Staates zu Jahwe, der allein über sein Volk herrschen sollte. Sie war einerseits antiassyrisch, andererseits eine konservative Revolution mit nationaler, kultischer und gesetzlicher Tendenz.

b) Die Grundlage für die kultische Reform bildete ein Rechtsbuch, das Josia vorgelegt wurde. Es ist fast allgemein anerkannt, daß es sich um eine frühe Form des Buches Deuteronomium, das sog. Urdeuteronomium, gehandelt hat; danach heißt die Reform Josias auch die deuteronomische Reform[1]. Die Gründe für die Gleichsetzung des

---

[1] BHH I 336–338. – RGG II 101–103. – IDB I 831–838.

Reformrechtsbuches mit dem Urdeuteronomium sind zwingend, zumal dieses Rechtsbuch über die Beseitigung des Kultus der assyrischen Staatsgötter aus dem Jerusalemer Tempel hinaus zu weiteren Maßnahmen geführt hat, die im Reformbericht II Reg 22 f. erwähnt und nur im Deuteronomium gefordert werden: die Aufhebung aller Heiligtümer außerhalb des Tempels in Jerusalem, die Reinigung des Tempels von sämtlichen fremden Kulten und die Feier des Passa im Tempel. So bestehen folgende Übereinstimmungen zwischen dem Reformbericht und dem Deuteronomium:

Kultuszentralisation	II Reg 23,8 f. 19	Dtn 12,13 ff.
Abschaffung des Gestirnkultus	23,11 f.	17,3
Entfernung der Qedeschen	23,7	23,18
Vertilgung der Totenbeschwörer	23,24	18,11 ff.
Verbot der Kinderopfer	23,10	18,10
Passafeier im Tempel	23,21 ff.	16,1 ff.

Die einzige Abweichung in der unterschiedlichen Einstufung der Priester der Landheiligtümer in II Reg 23,8 f. gegenüber Dtn 18,6 f. erklärt sich aus den örtlichen Gegebenheiten.

Der Umfang und damit der Inhalt des Urdeuteronomiums oder Reformrechtsbuches ist schwer zu bestimmen. Man wird ihn lediglich in großen Zügen und keinesfalls mehr im Wortlaut erfassen können, weil die spätere Bearbeitung sehr tiefgreifend war. Jedenfalls hat das Rechtsbuch außer dem Rechtskorpus eine Einleitung und einen Schlußteil besessen, wahrscheinlich den jetzigen inneren Rahmen des Deuteronomiums. Folgende Zusammensetzung läßt sich wahrscheinlich machen[2]:

1. Einleitung mit der Sanktionierung des Rechtsbuches als Jahwes Wille, predigtartigen Ausführungen und eindrücklichen Mahnungen: 4,44 bis 11,32 (ohne 9,7–10,11);
2. die Bestimmungen über die Kultuszentralisation: 12; 14,22–29; 15,19–23; 16,1–17; ferner wohl 17,8–13; 26,1–15;
3. die im kasuistischen Stil gehaltenen Bestimmungen über das „bürgerliche" Recht: Kern von 21–25;
4. die Greuel-Rechtssätze, deren Schlußformel erklärt, daß diese oder jene Handlungsweise Jahwe ein Greuel sei: 16,21–17,1; 18,9–14; 22,5; 23,19; 25,13–16; vielleicht auch 22,9–12;
5. die sog. Humanitätsgesetze: 22,1–4; 23,16 f. 20 f.; 24,6–25,4; dazu vielleicht die „Kriegsgesetze": 20; 21,10–14; 23,10–15, meist in Gruppe 3. eingefügt;

[2] Vgl. S-F § 25,3.

6. die aus dem sog. Bundesbuch (Ex 20,22–23,19) entwickelten Bestimmungen, soweit sie nicht in den genannten Gruppen enthalten sind:
15,1–11. 12–18; 16,18–20; 19,1–13. 16–21;

7. Schluß mit der Anordnung, das Gesetz auf dem Berge Garizim auf
große Steine zu schreiben und einen Altar zu errichten, sowie der Ankündigung von Segen oder Fluch: 27,1–10; 28,1–68.

Dieses Rechtsbuch weist eine längere Vorgeschichte auf[3]. Vor allem die
Beziehungen zum sog. Bundesbuch und zu der Quellenschicht E führen in
der Frage nach der Entstehung des ursprünglichen Rechtsbuches in das
Nordreich Israel. Dort muß es vor dem Untergang des israelitischen
Staates, also wohl nicht später als in der ersten Hälfte des 8. Jh. v. Chr.,
geschaffen worden sein. Den Anlaß kann der letzte Aufschwung des Reiches
unter Jerobeam II. geboten haben. Nach dem Untergang Israels ist es mit
anderer israelitischer Literatur nach Jerusalem gelangt und dort noch zur
Zeit Hiskias oder von der aus der Opposition sich bildenden Reformbewegung während der Regierung Manasses zum erstenmal bearbeitet worden.
Damals wurde das Rechtskorpus mit paränetisch-ermahnenden Bemerkungen versehen und der aus Einleitung und Schluß bestehende Rahmen hinzugefügt. Doch blieb dabei der Charakter des Rechtsbuches erhalten, wie
das Beispiel anderer altorientalischer Rechtskodizes mit Einleitung und
Schluß zeigt (Lipit-ischtar-Kodex, Kodex Hammurabi). In dieser Form
wurde das Rechtsbuch zur Zeit Josias verwendet.

2. Die josianische Reform

Nach dem Reformbericht II Reg 22 f., der sich weitgehend auf die
amtlichen Annalen zu stützen scheint, während II Chr 34 f. weniger
zuverlässig ist, hat der Oberpriester Hilkia das Rechtsbuch oder
Urdeuteronomium im Jerusalemer Tempel gefunden. Die Notiz ist
auf verschiedene Weise gedeutet worden. Doch sowohl ein Priester-
betrug als auch ein „Fund" im Sinne legendärer Herkunftsangaben zur
Legitimation neu entstandener Schriften scheiden aus. Man muß
einen tatsächlichen Fund der schon längere Zeit im Tempel vorhandenen Rolle annehmen. Dem könnte die Sitte zugrunde liegen,
wichtige Dokumente im Tempel zu deponieren (I Sam 10,25; II
Reg 19,14). Ist das Urdeuteronomium aber aus einem im Nordreich
verfaßten und in Jerusalem bearbeiteten Rechtsbuch entstanden, so
liegt die Annahme am nächsten, daß man es nach der Bearbeitung im
Tempel aufbewahrt und – vielleicht im Zusammenhang mit den
ersten Maßnahmen gegen die assyrischen Kulte – mehr oder weniger
zufällig wiederentdeckt hat.

[3] Vgl. S-F § 25,4–5.

Hilkia übermittelte die Rolle dem König, der – erschreckt und bestürzt von dem drohenden Zorn Jahwes, weil man bisher nicht nach den Bestimmungen des Rechtsbuches verfahren war – eine Befragung Jahwes anordnete. Die Prophetin Hulda kündigte denn auch Unheil an, freilich noch nicht für die Lebenszeit Josias. Danach beriet der König mit den Ältesten von Juda und berief in den Tempelbezirk eine Volksversammlung ein, die das ihr vorgelesene Rechtsbuch als neues Gesetz annahm. Seine Bestimmungen erhielten dadurch allgemeine Gültigkeit. Da es außer den Kultusfragen noch viele andere Gebiete berührte – die Rechte des Königs, die Einsetzung neuer Beamter, die Aufstellung des Heeres, die Behandlung der Feinde, das soziale und ethische Verhalten usw. – und sich auf das Leben des Staates, des Volkes und des Einzelmenschen auswirken mußte, bedeutete seine Annahme die Anerkennung als Staatsverfassung und grundlegendes Staatsgesetz.

Im Anschluß daran wurden zunächst der Tempel und Jerusalem mit Umgebung gereinigt. Entfernt oder zerstört wurden die Geräte der assyrischen Kulte, sofern dies nicht bereits vorher geschehen war: das Ischtarbild, die Rosse und der Wagen des Sonnengottes und die entsprechenden Altäre. Ebenso verfuhr man mit den Einrichtungen und Geräten der kanaanäischen und der anderen fremden Kulte, mit dem Heiligtum der Bocksdämonen und der Opferstätte für die Kinder im Hinnomtal. Einen zweiten Akt bildete die Durchsetzung der Kultuszentralisation in Juda, indem sämtliche Heiligtümer im Lande kultisch unrein gemacht und alle Jahwepriester nach Jerusalem befohlen wurden. Doch während Dtn 18,6 f. diese ausdrücklich den Jerusalemer Priestern gleichstellte, erhielten sie dort lediglich das Recht, von den Priestereinkünften zu leben; am Altar durften sie nicht amtieren (II Reg 23,9)[4]. Das erklärt sich aus dem verständlichen Bemühen der Jerusalemer Priesterschaft, die für sie ungünstige Bestimmung nicht auszuführen. Den Abschluß der Maßnahmen bildete ein nach den neuen Vorschriften veranstaltetes Passa, das seit der Richterzeit nicht mehr gefeiert worden war (II Reg 23,22). Als Josia später einige Teile des früheren Nordreiches besetzen konnte, dehnte er die Reformmaßnahmen auf sie aus.

---

[4] J. A. Emerton, Priests and Levites in Deuteronomy, VT 12 (1962), 129 bis 138. – G. E. Wright, The Levites in Deuteronomy, ebd. 4 (1954), 325–330.

Die Reform Josias scheint zu seinen Lebzeiten ein voller Erfolg gewesen zu sein; zugleich wurde die Bearbeitung des Urdeuteronomiums fortgesetzt (vgl. § 22,3). Nach seinem Tode waren seine Nachfolger freilich nicht mehr an das Rechtsbuch gebunden, so daß Jojakim – abgesehen von der Kultuszentralisation – einfach über es hinweggehen konnte. Das verhinderte jedoch wiederum nicht, daß es in der exilischen und nachexilischen Zeit zum jetzigen Buche ergänzt wurde und durch seine Theologie kräftig weiterwirkte.

§ 22 Theologie und Leben nach deuteronomischen Grundsätzen

P. Altmann, Erwählungstheologie und Universalismus im Alten Testament, 1964. – A. Causse, La transformation de la notion d'alliance et la rationalisation de l'ancienne coutume dans la réforme deutéronomique, RHPhR 13 (1933), 1–29. 289–323. – F. Dumermuth, Zur deuteronomischen Kulttheologie und ihren Voraussetzungen, ZAW 70 (1958), 59–98. – A. R. Hulst, Het karakter van de kultus in Deuteronomium, 1938. – A. Jepsen, Die Quellen des Königsbuches, 1956². – B. Maarsingh, Onderzoek naar de Ethiek van de Wetten in Deuteronomium, 1961. – R. Martin-Achard, La signification théologique de l'élection d'Israël, ThZ 16 (1960), 333–341. – M. Noth, Die Gesetze im Pentateuch, 1940 (= Gesammelte Studien zum Alten Testament, 1957, 9–141). – Ders., Überlieferungsgeschichtliche Studien, I 1943. – G. von Rad, Das Gottesvolk im Deuteronomium, 1929. – Th. C. Vriezen, Die Erwählung Israels nach dem Alten Testament, 1953. – M. Weinfeld, The Origin of the Humanism in Deuteronomy, JBL 80 (1961), 241–247. – Ders., The Change in the Conception of Religion in Deuteronomy, Tarbiz 31 (1961/62), 1–17. – H. W. Wolff, Das Kerygma des deuteronomistischen Geschichtswerks, ZAW 73 (1961), 171–186 (= Gesammelte Studien zum Alten Testament, 1964, 308–324).

1. Die deuteronomische Theologie

Die deuteronomische Theologie ist von drei Grundgedanken beherrscht. Der erste ist die Einheit Jahwes gegenüber der Tendenz zur Pluralität, die durch die Vielzahl der Heiligtümer mit ihren verschiedenen Traditionen und Theologien in das Gottesbild gebracht worden war[1]. Wie die verschiedenen Beinamen, die El und Baal an den einzelnen Heiligtümern der Kanaanäer erhalten hatten, bestimmte Aspekte so stark hervorheben konnten, daß sich nahezu

[1] W. F. Bade, Der Monojahwismus des Deuteronomiums, ZAW 30 (1910), 81–90.

eine neue lokale Gottheit herausbildete, so hatte sich auch die Gefahr
ergeben, daß das Jahwebild aufsplitterte und man schließlich mehrere
Jahwes erhielt. Die Symbolisierung Jahwes durch Stierbilder im
Nordreich war ein erster Schritt in dieser Richtung gewesen. Wenn
es aber nur eine einzige Kultstätte gab, dann konnte man dort ein
einheitliches Gottesbild erzielen; daher forderte die deuteronomische
Theologie die Zentralisation des Kultus an einem Heiligtum.

Als zweiter Grundgedanke findet sich das Eifern Jahwes. Der Ausdruck, der schon vorher begegnet (vgl. § 14,1), ist gerade von der
deuteronomischen Theologie an in stärkerem Maße verwendet worden.
Er drückt das Drängen auf die Anerkennung des Herrschaftswillens
und des eigenen Rechtes unter Ausschluß anderer und gegenüber anderen aus. In ihm wird der Anspruch Jahwes auf alleinige Verehrung
laut. In der Tat richtet sich das Eifern Jahwes nach der deuteronomischen Theologie gegen die Verehrung anderer Götter durch Israel,
insbesondere gegen die Einflüsse der kanaanäischen Kulte.

Der dritte Grundgedanke ist der von der Prophetie übernommene
der Liebe Jahwes, welcher sich Israel von den Vätern an in uner-
forschlicher Zuneigung gnadenreich zugewendet hat, obwohl Israel
keine Qualitäten aufwies, die dies begründen könnten. Dieser Liebe
soll einerseits die Liebe Israels zu Jahwe, die nach seltenen früheren
Erwähnungen (Ex 20,6; Jdc 5,31; Jer 2,2 f.) in der deuteronomischen
Theologie eine wesentliche Rolle spielte[2], andererseits die Liebe zum
Mitmenschen entsprechen. Angesichts dessen lebt Israel wie in der
Mosezeit wieder im Heute der Entscheidung.

Die deuteronomische Theologie stellte das ganze Leben unter den
liebenden und fordernden Willen Jahwes. Sie griff dazu den seit
Jahrhunderten ungebräuchlichen und nur in der Abraham- und
Moseüberlieferung konservierten Begriff בְּרִית (berît) auf (vgl.
§ 2,4; 6,2; 8,3)[3] und knüpfte an dessen Doppelbedeutung *Zusiche-
rung – Verpflichtung* an, indem sie ihn einerseits für die *Verheißung*
Jahwes an die Väter und an diejenigen, die seine Gebote halten
(Dtn 7,9.12; 8,18; später 4,31; 29,11 f.), andererseits für die im

---

[2] J. Coppens, La doctrine biblique sur l'amour de Dieu et du prochain,
ALBO IV 16, 1964.

[3] BHH I 282. 287. – RGG I 1513–1516. – IDB I 714–721. – A. Jepsen,
Berith, in: Rudolph-Festschrift, 1961, 161–179. – E. Kutsch, Gesetz und
Gnade, ZAW 79 (1967), 18–35. – N. Lohfink, Die Wandlung des Bundes-
begriffes im Buch Deuteronomium, in: Rahner-Festschrift, 1964, 423–444.

Dekalog und in den deuteronomischen Gesetzen auferlegte *Verpflichtung* verwendete (Dtn 5,2 f.; später 4,13.23; 9,9.11.15; 10,8; 17,2; 28,69; 29,8). Vor allem im letzteren Sinn ist der Begriff bedeutsam geworden. Schon in der älteren Einleitung zum Deuteronomium bezieht er sich auf den Gehorsam gegen den Dekalog und die deuteronomischen Gesetze (Dtn 5,2 f.), die ausdrücklich auch in Dtn 28,69; 29,8 gemeint sind und die Mose gemäß dieser Darstellung nach der Übertretung der Sinaigesetze in Moab übermittelt haben soll. Die neue deuteronomische Fassung des Begriffs unterschied sich von der früheren nomadischen in zweifacher Hinsicht. Einmal wurde angesichts des Bruches der alten Verpflichtung in den deuteronomischen Gesetzen mit besonderem Nachdruck und mit Androhung furchtbarer Flüche für den Fall der Übertretung auf den dauernden Bestand und die ewige Gültigkeit der neuen Verpflichtung hingewiesen. Ferner wurde sie in wesentlich stärkerem Maße rechtlich-gesetzlich gefaßt, zumal das deuteronomische Rechtsbuch mannigfache und zahlreiche Fragen des täglichen Lebens zu regeln suchte. In diesem Zusammenhang hat die deuteronomische Theologie auch den Gedanken der zweiseitigen Vergeltung durch Jahwe entwickelt: Belohnung für das Halten, Bestrafung für das Übertreten des Gesetzes (vgl. § 15,4)[4].

Daß das ganze Leben unter den Willen Jahwes gestellt wurde, richtete sich gegen die Säkularisierung des Staates und des Daseins, die die kulturelle Entwicklung mit sich gebracht hatte. Insofern war die deuteronomische Theologie eine Weiterbildung der älteren kultischen und national-religiösen Glaubensströmungen (vgl. § 13,4–5); sie setzte sich gleichzeitig kritisch mit der vernünftigen, aufklärerischen und „weltlichen" Lebensweisheit auseinander (vgl. § 13,6). Die von neuem angestrebte Gottesherrschaft sollte im zentralen Heiligtum mit seinen kultischen Massenhandlungen gegenständlich symbolisiert und die gottgewollte Lebensordnung an den schriftlich niedergelegten Gotteswillen gebunden werden. Auf diese Weise hoffte man, die menschliche Schuld und das von den Propheten ihretwegen angedrohte Gericht zu vermeiden. Denn auch die prophetische Kritik an der Auffassung, daß Israel sich in einer grundsätzlichen Heilssituation befinde, hat die deuteronomische Theologie aufgenommen. Aber anders als die Propheten, die die künftigen Aussichten für

---

[4] M. Weinfeld, The Source of the Idea of Reward in Deuteronomy, Tarbiz 30 (1960/61), 8–15.

Israel im allgemeinen recht negativ beurteilten, versuchte diese Theologie, das Volk in seiner Gesamtheit vor dem angedrohten Vernichtungsgericht zu bewahren, ohne den Ernst der Lage zu verwischen. Zu diesem Zweck wandte sie sich an die für sündig erklärten Einzelmenschen, damit sie die Verpflichtungen des deuteronomischen Gesetzes auf sich nehmen sollten. Befolgte jeder einzelne es und entschieden sich alle für Jahwe, so ließe sich das Volk als Summe aller einzelnen retten. Erfolgte dieser Umschwung, so bliebe die Liebe Jahwes zu Israel bestehen. Der Fluch brauchte nicht in Kraft zu treten, die prophetische Gerichtsdrohung würde wesenlos werden. Dieser deuteronomische Versuch einer Synthese zwischen der kultischen und national-religiösen und der prophetischen Theologie unter Ausschluß des Säkularismus war eine beachtliche theologische Leistung.

Als Leitgedanke diente der Begriff der Erwählung, für den die deuteronomische Theologie das Verb בחר *(baḥär)* als Fachausdruck verwendete und den sie in den Mittelpunkt rückte, um das ganze Volk zu einem neuen Dasein aufrufen zu können[5]. Dadurch erhielt das Selbstverständnis Israels eine starke nationale und partikularistische Färbung: Israel ist Jahwes heiliges und Eigentumsvolk, das deswegen die anderen Völker in Palästina ausrotten und sich mit ihnen nicht verschwägern soll (Dtn 7,1-6). In ähnlicher Weise kündigte ein davon beeinflußter, aus Priesterkreisen stammender Text dieser Zeit an, daß Jahwe eine heilige, ihm geweihte Nation mit einem priesterlichen Königtum bzw. König schaffen werde (Ex 19,6)[6].

Die deuteronomische Theologie hat eine starke Wirkung auf die Folgezeit und die weitere Gestaltung der Jahwereligion ausgeübt, vor allem durch die Gedanken der Gesetzesverpflichtung und der Erwählung Israels. So kann man sie als einen weiteren Impuls für die Jahwereligion bezeichnen. Ob gerade dieser Impuls günstig und wünschenswert war, ist eine andere Frage. Jeremia jedenfalls hat das deuteronomische Gesetz nicht begrüßt und der gebrochenen Sinaiverpflichtung nicht dessen Bestimmungen als verpflichtende *bᵉrît* folgen lassen, sondern eine neue, verheißende *bᵉrît* Jahwes angekündigt, die nicht in einem Gesetzbuch, sondern in der Übermittlung des Grundwillens Jahwes in das Innere und das Herz des Menschen be-

---

[5] BHH I 435 f. – RGG II 610–613. – IDB II 76–82.
[6] G. Fohrer, „Priesterliches Königtum", Ex. 19,6, ThZ 19 (1963), 359–362. – H. Wildberger, Jahwes Eigentumsvolk, 1960.

stehen werde (Jer 31,31–34). Darüber hinaus hat die deuteronomische Theologie mit ihrem Interesse an dem kodifizierten Willen
Jahwes den Weg zu einem Kanon mit autoritativer Geltung betreten[7] und den Beginn der Entwicklung zu einer „Buchreligion", zu
einem lehr- und lernbaren Glauben markiert (vgl. Dtn 7,6 ff.;
30,11 ff.).

2. Das Leben unter dem deuteronomischen Gesetz

a) Auf dem kultischen Gebiet wandte das deuteronomische Gesetz
sich scharf und energisch gegen kanaanäische und andere fremdreligiöse Einrichtungen und Praktiken. Es verbot, vielfach unter Androhung der Todesstrafe, die Verehrung anderer Götter als Jahwe,
heiliger Bäume und Maṣṣeben, sakrale Prostitution und Kinderopfer, Mantik, Zauberei und Totenbeschwörung. Auch die Verbote
des Kleiderwechsels und der Zwitterverbindungen sowie der Ausschluß von Verschnittenen dürften sich gegen fremdreligiöse Bräuche
richten (Dtn 22,5.9–12; 23,2). Die Jahwereligion sollte rein gehalten
werden. Freilich war es nicht die Jahwereligion Moses oder der
großen Einzelpropheten, sondern die im Verlauf der Königszeit entstandene kultisch und national bestimmte und um vieles ursprünglich
kanaanäische Gut angereicherte Religion. Der Zorn der Verfechter
der deuteronomischen Gesetze richtete sich nur gegen fremde Einrichtungen und Bräuche, die damals noch nicht assimiliert oder überhaupt nicht assimilierbar waren. Was die Propheten kritisiert hatten,
wurde nicht reformiert[8].

Infolge der Kultuszentralisation wuchs die Bedeutung des Tempels
in Jerusalem und damit der Stadt selbst nochmals beträchtlich. Es
gab nur noch das eine Heiligtum in Jerusalem, das Jahwe erwählt
hatte. Denn auch für Jerusalem und seinen Tempel hat die deuteronomische Theologie diesen Begriff der Erwählung eingeführt und
mit der Vorstellung des Wohnens Jahwes im Tempel verbunden.
Wegen der Sonderstellung der als Stätte des Heiligtums erwählten
Stadt wurde Jerusalem für alle Israeliten zum kultischen Mittelpunkt
und zur wichtigsten Stadt überhaupt.

---

[7] In jungen Zusätzen wird das Dtn selbst schon als „Schrift" verstanden,
vgl. Dtn 17,18; 28,58.61; 29,19 f.

[8] Zum Unterschied zwischen Propheten und Dtn vgl. R. Dobbie, Deuteronomy and the Prophetic Attitude to Sacrifice, SJTh 12 (1959), 68–82.

Jahwe hat Jerusalem und den Tempel erwählt, um dort *seinen Namen wohnen zu lassen* (Dtn 12,5). Dadurch wurde die materielle Vorstellung vom wirklichen Wohnen der Gottheit im Heiligtum überwunden. Man unterschied zwischen dem überweltlichen Gott und seinem offenbarungsmäßigen Walten durch seinen Namen an dem dafür bestimmten Ort. Dieser Ort der Offenbarungsgegenwart Jahwes war der Tempel.

Dtn 16,1–17 enthält die deuteronomische Festordnung mit drei Festen (vgl. § 16,3)[9], die nunmehr ausschließlich im Jerusalemer Tempel begangen werden sollten. Über das Wochenfest und das als Laubhüttenfest bezeichnete Lesefest ist nichts Neues zu sagen. Dagegen ist das frühere Maṣṣotfest offensichtlich mit dem wiedereingeführten Passa zu einem Passa-Maṣṣotfest verbunden worden, wobei das Passa entgegen dem nomadischen Brauch zu einer Wallfahrts- und Tempelfeier umgestaltet wurde[10].

b) Die deuteronomische Stellungnahme zu anderen Völkern ist ebenfalls religiös begründet[11]. In der Haltung gegenüber den Kanaanäern ging sie von der religiös-nationalen Auffassung der Quellenschichten J und E aus (vgl. § 13,5), verschärfte diese jedoch. Während J und E überwiegend vom Vertreiben der Kanaanäer und nur gelegentlich vom Vernichten sprachen (Jos 9), forderte das Deuteronomium vor allem das Erschlagen, Ausrotten und Vertilgen der Kanaanäer – insbesondere durch den Bann[12] –, daneben auch das Vertreiben. Doch diese strengere und radikalere Forderung war gegen Ende des 7. Jh. v. Chr. praktisch von rein theoretischer Art. In ihr drückten sich in erster Linie die grundsätzliche Abneigung gegen die kanaanäischen Kulte und die Ablehnung des Synkretismus aus.

Von der Jahwegemeinde sollten Ammoniter und Moabiter ausgeschlossen werden (Dtn 23,4), ursprünglich wohl wegen ihrer für

---

[9] E. Auerbach, Die Feste im alten Israel, VT 8 (1958), 1–18. – H. J. Elhorst, Die deuteronomischen Jahresfeste, ZAW 42 (1924), 136–145.

[10] N. Füglister, Die Heilsbedeutung des Pascha, 1963. – H. Guthe, Das Passahfest nach Dtn 16, in: Baudissin-Festschrift, 1918, 217–232. – H. G. May, The Relation of the Passover to the Festival of Unleavened Cakes, JBL 55 (1936), 65–82.

[11] O. Bächli, Israel und die Völker, 1962. – Chr. Brekelmans, Le ḥerem chez les prophètes du royaume du nord et dans le Deutéronome, BEThL XII, 1959, 377–383. – N. K. Gottwald, "Holy War" in Deuteronomy, Analysis and Critique, Review and Expositor 61 (1964), 296–310.

[12] BHH I 193. – RGG I 860 f.

Israel unannehmbaren Herkunft (vgl. Gen 19,30 ff.); später wurde der Ausschluß anders begründet (Dtn 23,5–7). Gleiches galt für andere Menschen von dunkler oder zweifelhafter Herkunft (23,3). Dagegen wurden das Brudervolk der Edomiter und die Ägypter als die einstigen Schutzherren günstiger beurteilt (23,8 f.).

c) Bezeichnend für das deuteronomische Gesetz ist seine humane Tendenz, in der es sich wohltuend von anderen altorientalischen Rechtsbüchern unterscheidet. So soll man einen geflüchteten Sklaven nicht ausliefern (23,16 f.), keinen Zins von Israeliten nehmen (23,20 f.), unter bestimmten Einschränkungen den Hunger mit Weintrauben und Getreide eines anderen stillen dürfen (23,25 f.), nicht die Handmühle oder einen Teil davon pfänden (24,6) und einen gepfändeten Mantel jeweils für die Nacht zurückgeben (24,12 f.), keinen Israeliten rauben und gewalttätig behandeln oder verkaufen (24,7), dem Tagelöhner seinen Lohn am gleichen Tage zahlen (24,14 f.), die Verwandten eines Schuldigen nicht ebenfalls bestrafen (24,16), das Recht der Fremden, Waisen und Witwen nicht beugen und ihnen die Nachlese auf dem Acker und im Garten gestatten (24,17–22) und in der Prügelstrafe Maß halten (25,1–3). Auch Bestimmungen über die Kriegführung, die teilweise auf ursprünglich kanaanäischen Vorstellungen beruhen (vgl. § 9,3), gehören in diesen Zusammenhang, so diejenigen über die Befreiung vom Heeresdienst (20,5 ff.), das Verbot des Abholzens von Obstbäumen (20,19 f.) und die Heirat mit kriegsgefangenen Frauen (21,10 ff.). Nicht einmal die Tiere wurden vergessen (22,1–4; 25,4).

Schließlich verfügte das Gesetz einen allgemeinen Schuldenerlaß in jedem siebten Jahr (15,1–18), der gewährleisten sollte, daß dem sozial Schwachen in regelmäßigen Abständen eine neue Anfangsmöglichkeit gegeben wurde. Über die tatsächliche Handhabung der Bestimmungen über den Erlaß von Darlehen ist nichts bekannt. Diejenigen über die Freilassung der Schuldner sind offensichtlich nicht beachtet worden, wie Jer 34,8 ff. zeigt; danach erfolgte sie nur ein einziges Mal als zeitweilige und wieder rückgängig gemachte Maßnahme in einer besonderen Notlage. Diese Anordnungen sind – wie sicher noch weitere deuteronomische Bestimmungen – immer Theorie und Programm geblieben. Doch auch dann bleiben sie beachtens- und schätzenswert.

d) Ebenso versuchte das Gesetz, das menschliche Zusammenleben auf dem rechtlichen und ethischen Gebiet zu ordnen und zu sichern. Da die frühere örtliche Rechtsgemeinde, in der alle Vollbürger gemeinsam Gericht hielten, in den längst geänderten Verhältnissen versagt hatte, sollten überall im Lande Richter eingesetzt werden, die zu unparteiischer und unbestechlicher Amtsführung verpflichtet wurden (16,18–20). Schwierige Fälle sollten wie früher von den Priestern – nunmehr von denen in Jerusalem allein – geklärt werden (17,8 ff.). Wichtig war auch der Schutz, den Asylorte dem bloßen Totschläger vor Blutrache gewähren sollten (19,1 ff.).

Das Gesetz ordnete eine strenge sexuelle Ethik an (22,13 ff.), die sich auch gegen die leichtfertige Ehescheidung (24,1 ff.) und als schamlos empfundene Handlungen der Frau (25,11 f.) richtete.

e) Schließlich sind Staat und Königtum vom deuteronomischen Gesetz nicht unberührt geblieben[13]. Bezeichnend ist sogleich das Königsrecht, das überwiegend festlegt, was der König nicht sein und nicht tun soll (Dtn 17,14 ff.): kein Ausländer, d. h. Erhaltung der davidischen Dynastie[14]; keine vielen Pferde und keine Untertanen dafür nach Ägypten verkaufen, d. h. kein Ausbau des im Zusammenbruch des Jahres 701 weitgehend aufgelösten Söldnerheeres und Verhinderung von Angriffskriegen; keine vielen Frauen, d. h. Begrenzung des ausländischen Harems und Verminderung fremder Einflüsse durch Verschwägerung mit anderen Herrschern; keine großen Schätze, d. h. Einschränkung des Luxus und Senkung der Steuern. Der König dieses Gesetzes ist nicht der absolute Herrscher, sondern der dem göttlichen Willen, wie er sich im deuteronomischen Gesetz niedergeschlagen hat, verpflichtete Volksherrscher, der sich demselben Gesetz unterordnet, das die Volksversammlung zur eigenen Befolgung angenommen hat.

Aus dieser Gleichheit unter dem göttlichen Gesetz folgt, daß alle Israeliten Brüder sind. Aus den Brüdern stammt der König wie der Bauer und der Kaufmann, ja sogar der israelitische Sklave ist der Bruder seines Herrn. Dieses staatliche Gemeinschaftsethos wird zweifellos vom prophetischen Geist genährt; in seiner gesetzlichen Art wird freilich wieder der typische deuteronomische Akzent erkennbar.

[13] K. Galling, Die israelitische Staatsverfassung in ihrer vorderorientalischen Umwelt, 1929.

[14] Demgemäß ist die Legitimation der Dynastie in II Sam 7* von deuteronomistischer Seite in II Sam 23,5 als ewig geltende Zusage Jahwes interpretiert worden. Vgl. aber auch A. H. J. Gunneweg, Sinaibund und Davidsbund, VT 10 (1960), 335–341. – L. Rost, Sinaibund und Davidsbund, ThLZ 72 (1947), 129–134.

3. Die vorexilische deuteronomistische Schule

a) Aus der deuteronomischen Reformbewegung ging eine theologische Schule hervor, die über den Tod Josias und sogar über den Zusammenbruch des judäischen Staates hinaus wirkte. Noch zur Zeit Josias hat sie die Bearbeitung des Urdeuteronomiums fortgesetzt, indem sie die paränetisch-ermahnenden Züge verstärkte und den kriegerischen Geist in es einführte, der im Zusammenhang mit der Neubildung des Heerbanns der freien Vollbürger nach dem Vorbild aus der Zeit der alten Jahwereligion belebt wurde. Ferner wurde die in der ausgehenden vorexilischen Zeit entstandene Fluchreihe Dtn 27,15–26 aufgenommen. Es handelt sich um eine Reihe von Rechtssätzen, die nach dem Vorbild der Reihen von apodiktischen Lebens- und Verhaltensregeln gebildet worden waren. Im Rahmen des Deuteronomiums hat die Reihe der Darstellung einer fingierten Kulthandlung gedient.

In die Bücher Genesis-Numeri hat die deuteronomistische Schule wenig eingegriffen. Außer einigen ergänzenden oder überarbeitenden Bemerkungen wie im Dekalog Ex 20,1–17 lassen sich ihr die Anordnungen über Passa-Maṣṣotfest und Erstgeburt in Ex 12,24–27a; 13,3–16 zuweisen. Das Josuabuch hat zwei deuteronomistische Bearbeitungen erfahren, bei denen außer kurzen Bemerkungen vor allem Jos 1,3–9.12–18; 8,30–35; 10,16–43; 11,10–20; 22,1–8 und 23 hinzugefügt worden sind und 24 (E) bearbeitet worden ist; was davon der vorexilischen Zeit zuzuschreiben ist, läßt sich nicht sicher feststellen. Ebenso ist das Richterbuch mehrfach deuteronomistisch bearbeitet worden; von der ersten Bearbeitung stammen die Rahmenbemerkungen, die um die Einzelerzählungen oder Erzählungskomplexe gelegt worden sind und nach denen in einem gleichbleibenden Schema immer wieder Abfall Israels, Strafe Jahwes, Bekehrung Israels und Hilfe Jahwes durch Berufen eines Retters einander gefolgt sind. Der sich daraus ergebende Geschichtsverlauf ist zyklischer Art. Dagegen weisen die Samuelbücher wieder nur geringe deuteronomistische Spuren auf; die Eingriffe beschränken sich im wesentlichen auf die Bearbeitung von I Sam 2,22–36; 7; 12 und II Sam 7.

Vor allem sind die Königsbücher ein deuteronomistisches Werk, von der Hand deuteronomistischer Verfasser entworfen und ausgeführt. Freilich haben sie keine ausführliche Darstellung der Geschichte der Königszeit, sondern eine religiöse Geschichtsbetrachtung beabsichtigt. In ihr sollten der Jerusalemer Tempel mit dem Ver-

hältnis der Könige zu ihm und die Propheten im Vordergrund
stehen. Die Könige, deren Regierung dafür unergiebig war, erhielten
nur die notwendigsten Angaben; für alles Weitere wurde auf die
damals zur Verfügung stehenden Geschichtsquellen verwiesen. Alle
Könige aber wurden danach beurteilt, ob sie außerhalb des Jerusalemer Tempels andere Kulte geduldet bzw. gefördert hatten oder
nicht. Daher mußten die meisten von ihnen verurteilt werden. Ohne
Einschränkung wurden nur Hiskia und Josia wegen ihrer Kultus-
reformen anerkannt, in geringerem Maße Asa, Josaphat, Joas, Azarja
und Jotam. Der Hauptteil der Königsbücher ist nach 622 v. Chr.
niedergeschrieben und vor 609 beendet worden, da weder das babylonische Exil noch der Schlachtentod Josias (II Reg 22,20) bekannt
sind.

Dem steht die Annahme gegenüber, daß die Bücher Deuteronomium bis
Könige ein umfassendes deuteronomistisches Geschichtswerk bilden (Jepsen,
Noth)[15]. Nach Noth hatte der Verfasser des Werkes während des Exils die
bis dahin selbständigen Abschnitte erstmalig zu einer Einheit zusammen-
gefaßt und eigene Ausführungen hinzugefügt, wozu später umfangreiche
Einschübe traten. Jedoch erheben sich gegen diese Annahme schwerwiegende
Bedenken.

Einmal ist das Deuteronomium, nachdem es eine Zeitlang als selbstän-
diges Werk bestanden hatte, in den Pentateuch bzw. Hexateuch aufgenommen worden. Darauf weist schon die Fortsetzung der Quellenschichten J,
E und P in Dtn 31,14–17.23; 33–34 hin, ebenso die Aufnahme der aus P
stammenden Verse in Dtn 1,3; 4,41–43. Zudem wurde das Deuteronomium
durch die jüngere Rahmenerzählung innerlich und sachlich mit dem Pentateuch bzw. Hexateuch verknüpft. Dieser Rahmen bildet ein zusammen-
gehöriges Ganzes, so daß man 1–3 nicht aus ihm herauslösen und als den
Anfang des deuteronomistischen Geschichtswerkes betrachten kann (Noth).
Er bezieht das Deuteronomium durch die Annahme einer Verpflichtung
Israels in Moab nach der von Israel gebrochenen Verpflichtung vom Gottesberg in die Pentateuchüberlieferung ein.

Ferner bestehen deutliche Beziehungen zwischen dem Pentateuch und
dem Josuabuch, die bereits in den vorexilischen Quellenschichten vorlagen,
wie die Notizen über die Beisetzung der Gebeine Josephs (Ex 13,19; Jos
24,32) und die Einführung der Gestalt Josuas zeigen (Ex 17,8 ff.; 24,13–15;
32,17 f.; 33,11; Num 11,28 f.; Dtn 31,14.23). Außerdem setzen sich die
Quellenschichten des Pentateuchs im Josuabuche und im Anfang des Richterbuches fort, wie eine sorgsame Analyse ergibt.

Schließlich unterscheiden sich die Bücher Richter – Könige so stark voneinander, daß sie nicht Teile eines zusammenhängenden deuteronomistischen
Werkes gebildet haben können. Während in den Samuelbüchern nur ein
geringer deuteronomistischer Einfluß festzustellen ist, weisen das Richter-

[15] RGG II 100 f.

buch und die Königsbücher zwei voneinander abweichende deuteronomistische Geschichtsbilder auf: Der Geschichtsverlauf des Richterbuches mit
seiner ständigen Wiederholung ist zyklischer Art, derjenige der Königsbücher zeigt eine geradlinig abwärts in den Untergang führende Linie. Dergleichen läßt sich nicht von einem einzigen Verfasser oder Redaktor herleiten.

Daß zur gleichen Zeit noch andere Kräfte am Werke waren, ist
zumindest für die Jahre zwischen dem Tode Josias und dem Untergang des Staates als sicher anzunehmen. So dürfte in der ausgehenden
Königzeit eine erste Zusammenfassung von Einzelsammlungen und
-komplexen des späteren Heiligkeitsgesetzes (Lev 17–26; vgl. § 23,3)
entstanden und dem aus Jerusalemer Priesterkreisen stammenden
Ezechiel dort vor seiner Deportation bekannt geworden sein. Jedenfalls erklärt sich daraus die zwischen ihm und dem Heiligkeitsgesetz
bestehende Gemeinsamkeit, die schwerlich zufällig ist[16].

b) Die deuteronomistische Darstellung der Richter- und Königszeit sollte die Richtigkeit der deuteronomischen Theologie be-
weisen und erläutern. Jede Episode der Richterzeit lehrte, wie auf
den Abfall Israels die Strafe und auf seine Bekehrung die Hilfe
Jahwes folgten. Das ganze erwählte Volk konnte also gerettet werden und vor dem Untergang bewahrt bleiben, wenn es sich nur zu
Jahwe kehrte. Nur sollte es nach der vom deuteronomischen Gesetz gewünschten Hinwendung natürlich nicht nochmals in Sünde
verfallen; dazu diente eben das Gesetz.

Ebenso legte die Geschichte der Königzeit die Notwendigkeit der
radikalen Bekehrung zu Jahwe nach dem schuldvollen Versagen
Israels trotz der göttlichen Liebe dar. Gewiß waren Zustimmung und
Lob am Platze, wo der Kampf gegen das religiöse Unwesen so energisch wie von Hiskia und Josia geführt worden war. Doch dem
stand der mehr oder weniger heftige Tadel der meisten Könige gegenüber, der warnen und erziehen sollte. So gelang es der deuteronomistischen Schule, die Geschichte der Königzeit als die tausend-
fältige Illustration der Untreue Israels gegen seine Erwählung zu
schildern und dies als die Ursache allen Unglücks in jener Geschichte
eindrücklich zu machen. Diese Geschichte sollte ein Lehrbuch für
Juda sein, das zu den Quellen seines Glaubens zurückfinden mußte,
wenn es nicht untergehen wollte. Die Wichtigkeit der Verantwortung jedes einzelnen für das Schicksal der Gesamtheit wurde damit

[16] Vgl. S-F § 20,3.

in die gangbare Münze volkstümlicher Darstellung umgeprägt und zugleich ein neues Mittel der Verbreitung religiöser Lehren geschaffen.

Freilich wurde dabei die Geschichte manchmal durch massive Vergröberung und schematische Gleichschaltung verzerrt. So verhält es sich, wenn die Könige einfach nach ihrem Verhalten zum außerjerusalemischen Jahwekultus und damit mittels eines Maßstabes beurteilt wurden, von dem sie zu ihrer Zeit nichts hatten ahnen können. Gerade die pädagogische Absicht der deuteronomistischen Schule, in der sie die geschichtliche Tradition ihren Zwecken dienstbar machte, hat den religionsgeschichtlichen Wert ihrer schriftstellerischen Tätigkeit stark beeinträchtigt. Aber diese Tätigkeit verfolgte eben keine geschichtlichen, sondern religiös-pädagogische Zwecke.

3. Teil

RELIGIONSGESCHICHTE DER EXILISCHEN ZEIT

§ 23 Die religiösen Verhältnisse

A. Causse, Les origines de la diaspora juive, RHPhR 7 (1927), 97–128. – Ders., Du groupe éthnique à la communauté religieuse, ebd. 14 (1934), 285–335. – S. Cook, Le VIe siècle, moment décisif dans l'histoire du Judaïsme et dans l'évolution religieuse de l'Orient, ebd. 18 (1938), 321–331. – J. de Fraine, Individu et société dans la religion de l'Ancien Testament, Bibl 33 (1952), 324–355. 445–475. – E. Janssen, Juda in der Exilszeit, 1956. – E. Klamroth, Die jüdischen Exulanten in Babylonien, 1912. – K. Koch, Sühne und Sündenvergebung um die Wende von der exilischen zur nachexilischen Zeit, EvTh 26 (1966), 217–239. – A. Menes, Tempel und Synagoge, ZAW 50 (1932), 268–276. – J. Morgenstern, The Origin of the Synagogue, in: Studi Orientalistici G. Levi Della Vida, II 1956, 192–201. – M. Noth, La catastrophe de Jérusalem en l'an 587 avant Jésus-Christ et sa signification pour Israël, RHPhR 33 (1953), 81–102. – D. W. Thomas, The Sixth Century B. C.: a Creative Epoch in the History of Israel, JSS 6 (1961), 33–46.

1. Die Situation und ihre Widerspiegelung

a) Der Untergang des Staates Juda bedeutete für das israelitische Volk einen außerordentlich tiefen Einschnitt in seinem geschichtlichen Leben – einen Einschnitt, der sich in entsprechender Weise auch auf die Jahwereligion auswirkte und sie in einem stärkeren Maße umzuformen begann als alle vorhergehenden Ereignisse. Das beruhte einerseits auf der Zerstörung des Tempels, dem Ende des Königtums und dem weitgehenden Aufhören der Opfer, andererseits auf der Deportation eines Teils der Bevölkerung nach Babylonien und dem erzwungenen Leben in einem als unrein geltenden Lande und in einer fremdreligiösen Umgebung.

Die Deportationen hatten die führende Schicht des Volkes betroffen, soweit die Babylonier deren Angehörige nicht hingerichtet

hatten. Die Zahl der Deportierten läßt sich nicht mehr genau feststellen; jedenfalls machten sie nur einen Teil – allerdings einen wichtigen Teil – der Gesamtbevölkerung aus. Daß die Zahl der Zurückgebliebenen ungeachtet der Flucht eines Teils von ihnen nach
Ägypten im Anschluß an die Ermordung Gedaljas wesentlich größer
war, geht auch aus Ez 33,24 hervor.

Jerusalem hatte schwere Zerstörungen erlitten. Der Tempel war
verbrannt und in Trümmer gesunken. Die Babylonier hatten die
Stadtmauern zerstört, allerdings nicht bis auf den Grund, da die
spätere Mauerbauliste fast nur von ihrem Ausbessern spricht (Neh 3).
Die Stadt war nicht unbewohnt, sondern wies eine ganze Anzahl
Einwohner auf (vgl. Thr 1,4.11; 5). Freilich war ihnen übel mitge-
spielt worden: Knappheit der Lebensmittel (Thr 1,11), Kannibalis-
mus (2,20; 4,10), Leiden der kleinen Kinder (2,11 f.19), Entehrung
der Frauen (5,11), Mord an Priestern und Propheten (2,20), Erhän-
gen angesehener Männer und Entehrung der Ältesten (5,12). Auch
die babylonische Verwaltung brachte Lasten mit sich, vor allem an
Dienstleistungen (5,13) und Steuern (5,4). Erst langsam zog wieder
ein gewisser Wohlstand ein, so daß im Jahre 520 nicht wenige Jerusalemer gut eingerichtete Wohnhäuser besaßen (Hag 1,4 ff.).

Die Lage der Deportierten war verständlicherweise gleichfalls
schwer, wenn auch unter den einzelnen babylonischen Königen in
verschiedenem Maße. Während Nebukadnezar eine strenge Hand
hatte und die Ziele seiner Politik stetig und gleichmäßig verfolgte,
war sein Nachfolger Amel Marduk judäerfreundlich und schenkte
dem schon im Jahre 597 deportierten König Jojachin die Freiheit.
Für die Deportierten erwies es sich als vorteilhaft, daß sie in geschlossenen Kolonien angesiedelt blieben und daß die Babylonier es
bei dieser vorläufigen Regelung belassen haben. Die Deportierten
konnten sich Häuser bauen, Handel treiben und später sogar einen
anderen Wohnsitz suchen. Manche sind im Exil zu Wohlstand und
Reichtum gelangt, so daß nach der Befreiung durch Kyros nur ein
Teil von ihnen von dem Angebot, in ihr früheres Land zurückzukehren, Gebrauch machte.

Die Folgerungen, die die zurückgelassenen Judäer und die Deportierten aus den Ereignissen zogen, waren verschieden. Manche ur-
teilten, daß der von Josia beschrittene Weg der deuteronomischen
Reform falsch war und die anderen Götter erzürnt hatte; das bedeutete, daß man sich anderen Kulten zuwandte. Andere betrach-

teten die Katastrophe als das von den großen Einzelpropheten an-
gedrohte Gericht Jahwes und sahen sich in Schuld verstrickt, weil
Volk und Staat nach dem Tode Josias von Jahwe wieder zu anderen
Kulten abgefallen waren. Wieder andere zweifelten überhaupt an
Jahwe (vgl. 2 a). So teilte sich das Volk in mehrere Gruppen.

b) Die judäische Katastrophe spiegelte sich in der Literatur wider.
Abgesehen von der zeitgenössischen Prophetie, auf die an anderer
Stelle einzugehen ist (§ 24,1–3), sind in erster Linie die Klagelieder
und einige Psalmen anzuführen.

Die fünf in einem kleinen Buch zusammengefaßten Klagelieder[1]
sind von einem Augenzeugen der Katastrophe Jerusalems zu einem
nicht genau bestimmbaren Zeitpunkt nach dem Jahre 587 v. Chr. gedichtet worden. Offenbleiben muß auch die Frage, ob der Dichter
sich in Jerusalem oder im Exil aufgehalten hat. Die Lieder sind die
Elegien eines Gebildeten, der über den tiefen Fall Jerusalems reflek-
tierte. Während er vorher anscheinend den Kreisen angehörte, die bis
zuletzt auf eine Rettung der Stadt hofften, hat ihr Untergang ihm
die Augen für die tieferen Zusammenhänge geöffnet, ihn zur inneren
Auseinandersetzung mit dem Geschehen geführt, ihn sich für die prophetische Verkündigung öffnen und einen Versuch der Hilfe für die
in eine Glaubenskrise gestürzten Leidensgenossen unternehmen lassen.
Er erblickte die unmittelbare Ursache des Unglücks im Zorn Jahwes,
dessen Grund wieder die Sünde des Volkes mit den Priestern und
Kultpropheten als den Hauptschuldigen war, und als einzigen Ausweg aus Not und Verzweiflung das Gebet zu Jahwe, der einem buß-
fertigen Volk barmherzig und gnädig sein wird.

Ebenso spiegelt sich in einigen Psalmen, die mit mehr oder weniger
Sicherheit in die exilische Zeit zu datieren sind, die schlimme Situation wider; so in den Volksklageliedern Ps 60; 74 und 123. Auch die
Klagelieder des einzelnen Ps 77,1–16 und 102 beziehen sich darauf;
das zeigt, in welchem Maße die Ereignisse sogar die persönliche Frömmigkeit berühren konnten.

2. Palästina

a) Zweifel an Jahwe hat es bei Israeliten wohl stets gegeben (vgl.
Zeph 1,12), doch die Katastrophe Jerusalems verstärkte sie. In den

---

[1] Vgl. im einzelnen S-F § 44.

Ereignissen schien ein blindes Schicksal zu walten, das die Unschuldigen traf: *Die Väter aßen unreife Trauben, aber die Zähne der Söhne werden stumpf* (Jer 31,29; Ez 18,2). In einem Einwand anderer, den der Dichter der Klagelieder aufgriff, wurde Jahwe verneint (Thr 3,34–36). Die Folge war, daß sich ein Teil der palästinischen Judäer fremden Kulten zuwandte. Schon in der ausgehenden vorexilischen Zeit nach dem Tode Josias waren solche Kulte wieder zugelassen, sogar im Jerusalemer Tempel, wie sich aus Ez 8 und anderen Bemerkungen ergibt. Nunmehr waren die letzten schützenden Dämme um die Jahwereligion durchbrochen worden. Auch viele, die Jahwe nicht aufgaben und an ihm als dem Landesgott festhielten, huldigten einer Mischreligion oder mehreren Kulten. Jahwe war für die meisten Judäer lediglich ein Gott neben anderen, die gleichfalls verehrt wurden.

So setzte sich eine volkstümliche Religion durch, die mehr kanaanäische als jahwistische Züge trug. Hinzu kamen die insgeheim weiterüberlieferten magischen Praktiken und niederen Winkelkulte. Verstärkt wurde die Tendenz durch den Einfluß der in der Provinz Samarien, dem Kernland des früheren Nordreiches Israel, schon bestehenden Mischreligion, die ebenfalls von den kanaanäischen Kulten beeinflußt war, ferner durch das Eindringen der Kulte der ostjordanischen Völker, von deren Angehörigen sich kleinere Gruppen im früheren judäischen Gebiet festsetzten. Daher wird sich der Jahwe von Jerusalem in dieser Mischreligion nur wenig, wenn überhaupt, von dem Jahwe von Samaria, dem Milkom der Ammoniter oder dem Kamosch der Moabiter unterschieden haben. Außerdem wurden natürlich babylonische Kulte ausgeübt, die als Kulte des Sieger- und Herrscherstaates manchen Anhänger gefunden haben.

b) Dennoch ist die unverfälschte Jahwereligion nicht ausgestorben, wenn sie auch auf einen kleineren Kreis beschränkt war als zuvor. In ihm verstand man die Katastrophe als das von Jahwe wegen der Sünden Judas verhängte Gericht, das die Propheten angedroht hatten. Allerdings wurde allmählich die Frage laut, wie lange es noch währen solle. Der zerstörte Tempel war eine Verhöhnung Jahwes – wie lange sollte das noch dauern (Ps 74,9 f.)? Oder es hieß in positiver Wendung, daß es Zeit sei zu begnadigen (Ps 102,14).

Die Ruine des Tempels diente trotz aller Zerstörung zu kultischen Zwecken. Nach alter Anschauung blieb ja die Heiligkeit der Stätte über die Zerstörung hinaus erhalten, so daß wohl auch Opfergaben dargebracht wurden[2]. Unbekannt ist, ob dies regelmäßig geschah und ob ein Altar vorhanden war. Nur einmal wird erwähnt, daß Männer aus dem Gebiet des früheren Nordreiches mit Speiseopfer und Weihrauch nach Jerusalem zogen (Jer 41,5 f.). Da die heilige Stätte außerdem der Ort der Klage war (I Reg 8,33), fanden dort die Klagefeiern statt, die nunmehr wie die Feste auf bestimmte Termine festgelegt wurden (vgl. Sach 7,5). Nach Sach 8,19 (vgl. II Reg 25,1.8 f.25) sollten sie viermal im Jahr gehalten werden: im 4. Monat wegen der Eroberung Jerusalems (Juni/Juli), im 5. Monat wegen der Verbrennung des Tempels (Juli/August), im 7. Monat wegen der Ermordung Gedaljas (September/Oktober) und im 10. Monat wegen des Beginns der Belagerung Jerusalems (Dezember/Januar).

3. Exil und Diaspora[3]

a) Für die Jahwereligion mußte die Deportation der judäischen Oberschicht in ein fremdes Land mit einer überlegenen Kultur eine schwere Krise nach sich ziehen. Ein Opferkultus war im unreinen Ausland unmöglich. Vor allem schien der babylonische Gott Marduk mächtiger als Jahwe zu sein, weil er Juda mittels der Babylonier besiegt hatte. Da es vorteilhaft war, den siegreichen Gott zu verehren, und da man sich bei den babylonischen Herren dadurch möglicherweise Vorteile verschaffen konnte, sind manche Deportierte der Jahwereligion untreu geworden, ohne daß sich ihre Zahl auch nur annähernd schätzen läßt. Andere dachten daran, babylonische Götter wenigstens neben Jahwe zu verehren und ihre Bilder in den Häusern aufzustellen (Ez 14,1–11). Es gab auch Zauberinnen, die babylonische magische Praktiken anwendeten und den Objekten ihrer Besprechung Handbinden anlegten und Hüllen über den Kopf zogen (Ez 13,18).

Dennoch hat sich wie in Palästina die Jahwereligion bei den Deportierten gehalten, ja sie hat sich dort sogar fester eingewurzelt als zuvor. Dadurch wiederum haben sich auch die Deportierten in ihrer Eigenart erhalten können und sind nicht wie die Nordisraeliten mit Volkstum und Glaube überwiegend in der neuen Umgebung aufge-

[2] Anders D. Jones, The Cessation of Sacrifice after the Destruction of the Temple in 586 B. C., JThSt NS 14 (1963), 12–31.

[3] BHH I 340 f. 458–460. – RGG II 174–177. 817–819. – IDB I 854–856; II 186–188.

gangen. Dazu trug ferner bei, daß selbst die volkstümliche Jahwereligion den babylonischen Kulten weit überlegen war, nicht zuletzt
infolge der prophetischen Einflüsse.

Am schwersten hat die Deportierten die Unmöglichkeit getroffen,
Jahwe weiterhin in einem Tempel wie in Jerusalem zu verehren.
Zeitweilig scheinen sie einen Ersatz dafür gesucht zu haben, um den
gewohnten Kultus fortsetzen zu können: Sie wollten ein Gottesbild
aus *Holz und Stein* errichten, wahrscheinlich in Anlehnung an babylonische Vorbilder, unterließen es jedoch nach dem Einspruch Ezechiels (Ez 20,32).

Statt dessen bildeten sich andere Ersatzformen. An die Stelle des
Tempels trat die religiöse Schule, die spätere Synagoge[4], in der die
einfache gottesdienstliche Versammlung mit Gebet, Gesang und einem
Vortrag stattfand, wobei letzterer unter dem Einfluß der deuteronomistischen Schule vor allem geschichtsdeutenden Inhalt hatte. Manchmal nimmt man an, daß die ganze synagogale Gottesdienstform schon
in der deuteronomischen Zeit entwickelt worden sei. Aber mit Sicherheit läßt sich dies nicht nachweisen. Jedenfalls trat im Zusammenhang
damit der Stand der Gesetzeslehrer in den Vordergrund. Er bestand
wenigstens seit der letzten vorexilischen Zeit, vielleicht als Folge der
deuteronomischen Reform. Er hatte die Aufgabe, das Gesetz auszulegen und es auf die mannigfachen Einzelfälle des täglichen Lebens
anzuwenden. Die gottesdienstlichen Versammlungen fanden am Sabbat statt, der dadurch erhöhte Bedeutung erhielt[5]. Seine Feier wurde
zum wichtigsten Ersatz des Kultus, seine Heilighaltung zu einer entscheidenden religiösen Pflicht.

Bestimmte Riten und Bräuche wurden im Exil stärker als zuvor
betont. So wurde die Beschneidung[6] im Gegensatz zu den Babyloniern,
die sie nicht kannten, zu einem wichtigen Ritus; sie symbolisierte die
Zugehörigkeit zum Volke Jahwes. Ferner übte man eine Art negativen Kultus aus, indem man zu Ehren Jahwes fastete und sich des
Essens und Trinkens enthielt[7]. In dieser Weise verfuhr man besonders an den Tagen der Klagefeiern, die auch im Exil regelmäßig
stattgefunden haben. Schließlich bildete man die alten Speise- und
Reinheitsvorschriften weiter aus[8], beachtete sie sorgsam und zeigte

---

[4] BHH III 1906–1910. – RGG VI 557–559. – IDB IV 476–491.
[5] BHH III 1634. – RGG V 1259 f. – IDB IV 135–141.
[6] BHH I 223 f. – RGG II 819. – IDB I 629–631.
[7] BHH I 465 f. – RGG I 640 f. – IDB II 241–244.

dadurch, daß man sich in dem fremden, unreinen Lande nicht zu Hause wußte und einem anderen Gott angehörte als seine Bewohner. Auf diese Weise hat das Exil dazu beigetragen, den Kern der früheren judäischen Oberschicht eng an die Jahwereligion zu binden und diese selbst zu festigen. Letzteres geschah freilich in einer Ausprägung, der die großen Einzelpropheten schwerlich zugestimmt hätten, obwohl auch ihr Nachwirken spürbar ist. Aber gerade im Exil haben sich einige wesentliche Elemente des späteren Judentums gebildet oder sind in den Vordergrund gerückt. Immerhin besaß dieser Glaube eine solche werbende Kraft, daß sich ihm während des Exils Angehörige anderer Völker und Religionen angeschlossen haben, vermutlich vorwiegend Deportierte aus anderen Völkern, die in der Nachbarschaft der judäischen Siedlungen wohnten. So erwies sich gerade während der völligen Abhängigkeit von fremder Macht die sieghafte Kraft der Jahwereligion, ja wurde der Gedanke einer Sendung Israels an alle Völker, der Gedanke der Mission, geboren (vgl. § 24,3).

Umgekehrt haben, allerdings in bescheidenem Maße, Einflüsse der Umwelt auf die Jahwereligion eingewirkt, zunächst solche babylonischer, gegen Ende des Exils persischer Herkunft[9]. Sie machten sich besonders im Himmels- und Weltbild, im Engel- und Dämonenglauben bemerkbar und finden sich seitdem in irgendeiner Form überall, selbst bei Ezechiel und Deuterojesaja. Es handelt sich jedoch nicht um einen neuen Synkretismus, vielmehr wurden die neuen Elemente in die Jahwereligion eingeschmolzen und von ihrem ursprünglichen Sinn mehr oder weniger stark abgerückt.

b) Der exilische Ersatz des früheren Kultus wies deutlich einen Zug zum Gesetz auf, wie er sich schon in der deuteronomischen Reformbewegung gezeigt hatte. Nach dem Untergang des Tempels und seines Kultus suchten die Deportierten angesichts der Bedrohung durch ihre neue Umgebung etwas, woran sie sich halten konnten, wodurch sie sich vor der Bedrohung schützen und worin sie sich wie in eine Festung zurückziehen konnten. Sie fanden es im Gesetz.

[8] BHH III 1579. 1828. – RGG V 947 f.; VI 231 f. – IDB I 641–648. – J. Döller, Die Reinheits- und Speisegesetze des Alten Testaments, 1917. – W. Kornfeld, Reine und unreine Tiere im Alten Testament, Kairos 1965, 134–147. – J. Milgrom, The Biblical Diet Laws as an Ethical System, Interpr 17 (1963), 288–301.
[9] Vgl. z. B. F. Stummer, Einige keilschriftliche Parallelen zu Jes 40–66, JBL 45 (1926), 171–189.

Dazu hat zunächst die exilische deuteronomistische Schule beigetragen. Sie suchte den Deportierten deutlich zu machen, daß nach dem Willen Jahwes alles sich so hatte ereignen müssen, wie es gekommen war, ja daß Jahwe alles längst zuvor angekündigt hatte. Darum galt es, sich zu ihm zu bekehren, weil man dann wieder Hoffnung haben dürfe. Die Möglichkeit aber, die in der frühen Geschichte eidlich besiegelte göttliche Gnade von neuem zu erlangen, war durch das Gesetz gegeben. Nach der Katastrophe blieben die Gebote und Verbote Jahwes, die Anordnungen und Satzungen. Weil man sie nicht befolgt hatte, war der Zusammenbruch erfolgt; wenn man sie nunmehr endlich befolgte, war Rettung zu erhoffen. Das Gesetz war das Feste und Bleibende, an das man sich klammern konnte, um nicht im Strudel der Zeit zu versinken.

Die deuteronomistische Schule hat an der schriftlichen Überlieferung weitergearbeitet. Wahrscheinlich wurde in dieser Zeit dem Deuteronomium der zweite Rahmen hinzugefügt, der die Einleitung Dtn 1,1–4,43; 9,7–10,11 und den Schluß 28,69; 29–30 umfaßte und der dazu diente, das Deuteronomium in die Pentateuchüberlieferung einzugliedern. Zugleich erhielt das Buch den Charakter des Vermächtnisses oder der Abschiedsrede des sterbenden Mose.

Außerdem wurde die deuteronomistische Bearbeitung der Bücher Josua bis Könige fortgeführt. Am wichtigsten ist die Bearbeitung der Königsbücher durch einen Ergänzer. Von ihm stammen die Hinweise auf das Exil nebst anderen Ergänzungen und der Schluß der Bücher von II Reg 23,25 b an. Er endet mit der Begnadigung Jojachins.

Im Exil ist ferner das in Lev 17–26 enthaltene Gesetzbuch in seine endgültige Form gebracht worden. Nach der häufig vorkommenden Formel *Ihr sollt heilig sein, denn ich, Jahwe, euer Gott, bin heilig!* (oder ähnlich) wird es Heiligkeitsgesetz genannt[10]. Es enthält vor allem kultische und ethische Bestimmungen:

17	Schlachten von Tieren und Genuß von Tierfleisch,
18	geschlechtlicher Verkehr,
19	religiöse und ethische Anweisungen,
20	Todeswürdigkeit geschlechtlicher und anderer Verfehlungen,
21	Heiligkeit der Priester,
22	Heiligkeit kultischer Abgaben und Opfer,
23	Festkalender,
24,1–9	Einzelheiten zum Dienst im Heiligtum,
24,10–23	Geltung des israelitischen Rechts für Fremde,
25,1–55; (26,1–2)	Sabbat- und Jobeljahr,
26,3–46	Ankündigung von Lohn und Strafe.

[10] Vgl. im einzelnen S-F § 20,3.

Das Heiligkeitsgesetz hielt dem Volke die Forderung der Heiligkeit im Sinne kultischer und ethischer Reinheit vor. Bezeichnend ist, daß die für seine Gegenwart bestimmten Gesetze archaisierend aus der Wüstenzeit als der idealen Zeit Israels hergeleitet und an den Verhältnissen des Wanderlagers illustriert wurden. Man lebte wieder außerhalb Palästinas wie Mose mit seiner Generation und erhoffte eine neue Landnahme. Zudem sollen alle Gesetze dem Volke durch die Vermittlung Moses am Sinai gegeben worden sein, so daß Mose nunmehr zum Gesetzgeber schlechthin wurde und von nun an jedem Gesetz seine Autorität leihen mußte; noch folgerichtiger wurde dies in der späteren Priesterschrift durchgeführt. Trotz der archaisierenden Form ist das Heiligkeitsgesetz ein Programm und ein Entwurf für den Neuaufbau des Volkslebens, freilich nicht im prophetischen Sinne eines Neuaufbaus aus dem Geist, sondern durch Organisation und Gesetz.

Das früher bereits erwähnte Sabbatjahr (§ 16,3) wurde erstmals durch Lev 25,1–7 angeordnet. Schon die exilische Situation macht klar, daß es sich darin um nichts anderes als ein sozial-ethisches Programm gehandelt hat. Es beruht auf der Anschauung, daß Jahwe der wirkliche Eigentümer des palästinischen Landes und der Bauer nur sein Lehnsmann oder Pächter ist und daß das Land eigentlich Pachtbesitz des ganzen Volkes ist und sein Ertrag daher einmal den Besitzlosen zur Verfügung stehen soll. Daß dieses Gesetz in atl. Zeit jemals angewendet worden wäre, wird nirgends erwähnt; da die Verwirklichung der einschneidenden Bestimmungen schwerlich ohne Nachhall geblieben wäre, kann man das Schweigen als Eingeständnis der Nichtanwendung verstehen.

Gleichzeitig legte Lev 25,8–55 die Bestimmungen über das Jobeljahr fest[11], in denen sachlich diejenigen über das Sabbatjahr und über den Schuldenerlaß von Dtn 15 miteinander verbunden wurden. Auch sie sind bloßes Programm geblieben.

Auf diese Weise wurde während des Exils für einen Teil Israels die Forderung des Gesetzes zur Richtschnur des menschlichen Handelns, ihre Erfüllung zur gültigen Lebensform erhoben. Nach den Anfängen in der deuteronòmischen Reformbewegung läßt sich nunmehr von einer gesetzlichen Daseinshaltung und einer Gesetzesfrömmigkeit sprechen. Man kann ihr weder einen tiefen Ernst noch die Bereitschaft zum Gehorsam gegen den göttlichen Willen absprechen. Die innere Zustimmung zum Gesetz ist häufig spürbar, die über den Buchstaben hinausgehende und am Sinn und Geist des Gesetzes orientierte Erfüllung fehlte nicht. Die Einzelgesetze konnten sogar

[11] N. M. Nicolskij, Die Entstehung des Jobeljahres, ZAW 50 (1932), 216.

dem grundlegenden Verhalten gegenüber dem Mitisraeliten untergeordnet und dieses Verhalten in umfassender Weise als Liebe zum
Nächsten bezeichnet werden (Lev 19,18). Dadurch wurde auch die
gesetzlich nicht erfaßbare Hilfe für die Schwachen und Bedrängten
einbezogen.

Sind in dem zuletzt erwähnten Zug prophetische Einflüsse spürbar,
so ist die gesetzliche Daseinshaltung als ganze nicht anders als die
kultische Glaubensströmung zu beurteilen. Das Leben wurde durch
sie ritualisiert. Denn die ethischen Gesetze erhielten das gleiche
Schwergewicht wie die kultisch-rituellen, wenn ihre Bedeutung nicht
sogar überwog. Das Leben wurde in die Grenzen des Rechts ein-
geengt, reguliert und schematisiert. Maßgeblich war das rechte äußere
Handeln, wie es bei einer am Gesetz orientierten Lebenshaltung nicht
anders sein kann. Gerecht und fromm war derjenige, der die im
Gesetz niedergelegten göttlichen Forderungen erfüllte.

c) Über die in Ägypten bereits vorhandene Diaspora ist nichts
bekannt, es sei denn, daß der vor 525 v. Chr. errichtete Tempel auf
der Nilinsel Elephantine während der exilischen Zeit entstanden ist.
Die nach der Ermordung Gedaljas nach Ägypten geflüchteten Judäer
sind der Jahwereligion vielleicht verlorengegangen. Jedenfalls be-
haupteten sie damals, alles Unheil rühre daher, daß sie der Himmelskönigin, der Ischtar, nicht mehr geopfert hätten (Jer 44,17 ff.). Der
Fehler, der in der Vergangenheit gemacht worden ist und der die
Katastrophe herbeigeführt hat, lag nach dieser Auffassung in der
deuteronomischen Reform. Die Abschaffung der nichtjahwistischen
Kulte hat sich bitter gerächt. Darum müssen die beleidigten Gottheiten wieder versöhnt und ihre Kulte wieder gepflegt werden. Auch
diese Stellungnahme gehört zum Bild der exilischen Zeit und illustriert die Zerspaltenheit der Judäer.

§ 24 *Die exilische Prophetie und die beginnende Eschatologie
als fünfter Impuls*

W. Caspari, Das Ende der alttestamentlichen Prophetie, NkZ 38 (1927),
438–472. 489–500. – Th. Chary, Les prophètes et le culte à partir de
l'exil, 1955. – G. Fohrer, Die Struktur der alttestamentlichen Eschatologie,
in: Studien zur alttestamentlichen Prophetie (1949–1965), 1967, 32–58. –

S. B. Frost, Eschatology and Myth, VT 2 (1952), 70–80. – H. Greßmann, Der Ursprung der israelitisch-jüdischen Eschatologie, 1906. – J. Lindblom, Gibt es eine Eschatologie bei den alttestamentlichen Propheten?, StTh 6 (1952), 79–114. – C. Steuernagel, Strukturlinien der Entwicklung der jüdischen Eschatologie, in: Bertholet-Festschrift, 1950, 479–487. – Th. C. Vriezen, Prophecy and Eschatology, VTSuppl I, 1953, 199–229. – M. Weinfeld, Universalism and Particularism in the Period of the Exile and Restoration, Tarbiz 33 (1963/64), 228–242.

1. Ezechiel[1]

a) Während sich in der exilischen Zeit die gesetzliche Daseinshaltung entfaltete und sich in der Beurteilung der vorexilischen Propheten ein großer Umschwung ergab, indem die Abkehr von den Heilspropheten erfolgte und die Überlieferung der großen Einzelpropheten Ansehen und Autorität gewann, brachte diese Periode gleichzeitig das Ende eben jener großen Einzelprophetie, deren letzter Vertreter Ezechiel war. Die auf ihn folgenden Propheten müssen als Epigonen bezeichnet werden. Denn obwohl manche von ihnen bedeutende und richtungweisende Gestalten waren, entfernten sie sich in vielem von der Grundlinie der großen Einzelpropheten und fanden auf die Fragen ihres Zeitalters nicht mehr deren klassische Antworten, weil sie auch von anderen Strömungen – der nationalen, kultischen und gesetzlichen – beeinflußt waren.

Ezechiel war ursprünglich Priester und wurde bei der ersten Deportation (597 v. Chr.) nach Babylonien geführt und mit anderen in Tel Abib am *Fluß Kebar*, einem von Babylon über Nippur nach Uruk führenden Kanal, angesiedelt (1,1; 3,15). Seine prophetische Tätigkeit begann im 5. Jahr der Deportation und dauerte nach dem letzten Datum seines Buches bis zum Jahre 571 (19,17), so daß sie sich über etwas mehr als zwei Jahrzehnte erstreckt hat. Die Frau Ezechiels starb um 587 vor oder während der Belagerung Jerusalems (24,18).

---

[1] L. Dürr, Die Stellung des Propheten Ezechiel in der israelitisch-jüdischen Apokalyptik, 1923. – W. Eichrodt, Krisis der Gemeinschaft in Israel, 1953. – G. Fohrer, Die Hauptprobleme des Buches Ezechiel, 1952. – Ders., Das Symptomatische der Ezechielforschung, ThLZ 83 (1958), 241–250. – H. Graf Reventlow, Wächter über Israel, 1962. – J. Steinmann, Le prophète Ézéchiel et les débuts de l'exil, 1953. – W. Zimmerli, Erkenntnis Gottes nach dem Buche Ezechiel, 1954 (= Gottes Offenbarung, 1963, 41–119).

Die Richtigkeit dieser Angaben des Ezechielbuches ist häufig bezweifelt worden. Im Gegensatz zu ihnen und darüber hinaus hat man mannigfache verschiedene Auffassungen über Zeit und Ort des Wirkens Ezechiels, seine prophetische Gestalt und den Inhalt seiner Verkündigung, die Entstehung des Buches und Geschichte des Textes entwickelt. Vor allem hat man die Tätigkeit des Propheten und damit die Entstehung des Buches in eine andere als die angegebene Zeit und damit zugleich meist an einen anderen Ort verlegt. Ferner hat man angenommen, daß Ezechiel zu der in seinem Buch angegebenen Zeit ganz oder überwiegend in Jerusalem oder an zwei Orten, sowohl in Palästina als auch in Babylonien, tätig gewesen sei. Demgegenüber ist mit Entschiedenheit daran festzuhalten, daß er als Prophet in Babylonien gelebt und gewirkt und daß er sich ausschließlich zu den judäischen Deportierten gesandt gewußt hat, um ihre Hoffnung auf eine Rettung Jerusalems zu zerstören und ihre Angst vor seinem Untergang zu beheben[2]. Freilich ist seine Verkündigung nicht ohne jede Beziehung zu Jerusalem ergangen. Indem er das Gericht über die Stadt durch Wort und symbolische Handlung ankündigte, trug er nach damaliger Auffassung mittelbar zur Verwirklichung bei, weil solche Ankündigung als wirksam betrachtet wurde. Für seine Umgebung mag darin seine über den Tag hinausreichende Bedeutung gelegen haben.

Die Tätigkeit Ezechiels läßt sich in drei Perioden aufgliedern. In der ersten, die von seiner Berufung bis in die Zeit des Untergangs Jerusalems reichte (593/92–587), kündigte er das unausweichliche Unheil für Jerusalem und seinen Tempel an und suchte das Vertrauen auf deren Unantastbarkeit und auf die baldige Wendung des Geschicks zu zerstören, um die Hoffnungen und Ängste der Deportierten von der Existenz Jerusalems und des Tempels zu lösen. Nach einer kurzen Zeit des Schweigens wandelte sich im Anschluß an den Fall Jerusalems die Verkündigung Ezechiels zu einer bedingten Heilsankündigung (586/85): Heil den Frommen, Tod den Frevlern. Der Prophet war bemüht, die Verzweifelten aufzurichten und den Willen zur Umkehr in die rechte Bahn zu lenken. Freilich mußte er dessen innewerden, daß seine Forderungen die Kräfte der Deportierten überstiegen und daß die Zukunft nicht allein im Überleben weniger Frommer bestehen könne. In der dritten Periode seiner Tätigkeit (nach 585) kündigte er daher neues Heil an, von dem nur die be-

---

[2] Vgl. im einzelnen G. Fohrer (Anm. 1: Hauptprobleme).

wußt Abtrünnigen und die äußeren Feinde Israels ausgeschlossen
bleiben sollten: die durch das erlösende Handeln Jahwes bewirkte
Umwandlung der Menschen, das wieder geeinte israelitische Reich
und die Rückkehr Jahwes in den neu erbauten Tempel, von dem
ein Segensstrom ausgehen wird.

Die Ezechielüberlieferung umfaßt außer Berichten über symbolische Handlungen und visionär-ekstatische Erlebnisse zahlreiche und
oft lange Sprüche, unter denen die drohenden Formen mit 56 Sprüchen am häufigsten vertreten sind. Dazu treten einige scheltende und
mahnende und eine große Reihe von geschichtsbetrachtenden, disku-
tierenden, belehrenden und allegorischen Sprüchen, die das rationale
und reflektierende Element im Denken Ezechiels bezeugen. Schließlich sind die Verheißungen umfangmäßig beachtlich. Dem sind allmählich eine Reihe von späteren Sprüchen, die durchweg von verschiedenen Verfassern und aus verschiedenen Zeiten stammen, hinzugefügt worden[3].

b) Ezechiel war der erste Prophet, der in größerem Ausmaß nicht-
israelitische und ursprünglich mythische Überlieferungen herangezogen hat, vor allem kanaanäisch-phönizisches und mesopotami-
sches Gut. Das ist von seiner Zeit an öfters zu beobachten, so daß
die Verwendung solcher Stoffe geradezu als ein Merkmal später Entstehung gelten kann. Geringer war der Einfluß der erzählenden
Überlieferungen Israels auf Ezechiel, während er häufig auf Amos,
Hosea, Jesaja und Micha Bezug nahm. Er war ferner in der zeitgenössischen Theologie verwurzelt. So berührte er sich häufig mit
Jeremia, von dem er vielleicht sogar literarisch abhängig war; mit
der deuteronomistischen Theologie in der Geschichtsbetrachtung,
der Wertung des Gesetzes, der Hinwendung zum Einzelmenschen,
der geforderten Einheit von Kultort und Kultus und der Beurteilung
des Königtums; mit der priesterlichen Theologie des Heiligkeitsgesetzes und mit kultischen Vorstellungen und Bräuchen, die ihm als
früherem Priester bekannt waren.

Entscheidend für Ezechiel aber war sein Berufungserlebnis. Entgegen der herkömmlichen Anschauung, daß Gottheit und Land zusammengehören und man jener nur in diesem dienen könne, erfuhr er, daß die Gegenwart Jahwes nicht an einen Ort gebunden ist,
der Glaubende sie vielmehr erfahren kann, wo immer er leben mag.

[3] Vgl. im einzelnen S-F § 60,4–6.

Das bedeutete einen grundlegenden Bruch mit der Tradition. Leben und Tod sind nicht durch das Weilen in Heimat oder Fremde bedingt, sondern liegen im inneren oder äußeren Verhalten des Menschen beschlossen, wo er sich auch aufhält und unter welchen Bedingungen er lebt. Darum wandte Ezechiel sich in besonderem Maße an den Einzelmenschen.

Mehrfach hat er auch die Geschichte Israels ins Auge gefaßt und dabei gegenüber den früheren Propheten das Urteil über sie verschärft. Wie sich das in der Umdeutung der Bilder vom Weinstock Israel (15) und von der Ehe Jahwe–Israel (16) andeutete, so führte Ezechiel es in einer neuen Interpretation der ganzen Geschichte Israels folgerichtig durch, indem er bestimmte Motive auswählte, beiseite ließ oder zusätzlich einführte (20,1–32): Schon in Ägypten hat das Volk Götzendienst getrieben und war also von Anfang an sündig; seit dieser Zeit bis in die Gegenwart ist es trotz der immer härteren Drohungen und Maßnahmen Jahwes ungehorsam und aufrührerisch geblieben.

In seiner Gegenwart ging es Ezechiel vornehmlich um den Einzelmenschen[4]. Jeder ist für sich allein verantwortlich und entscheidet persönlich über sein Heil oder Verderben:

> Die Person, die sündigt, soll sterben;
> ein Sohn soll nicht an der Schuld des Vaters
> und ein Vater nicht an der Schuld des Sohnes tragen.
> Die Unbescholtenheit des Gerechten soll auf ihm ruhen,
> und die Schuld 'des Frevlers' soll auf ihm ruhen. (18,20)

Maßgebend ist das menschliche Verhalten in dem entscheidenden Augenblick, in dem Jahwe den einzelnen daraufhin prüft, so daß praktisch das Tun oder Lassen eines jeden Augenblicks für das Urteil Jahwes bestimmend sein kann und der Mensch sich ständig zur Umkehr Jahwes mahnen lassen und umkehren muß:

> Menschenkind,
> zum Wächter bestelle ich dich
> für das Haus Israel;
> und hörst du ein Wort aus meinem Munde,
> so warne sie in meinem Auftrag!

*

[4] A. Lindars, Ezekiel and Individual Responsibility, VT 15 (1965), 452 bis 467. – W. Zimmerli, „Leben" und „Tod" im Buche des Propheten Ezechiel, ThZ 13 (1957), 494–508 (= Gottes Offenbarung, 1963, 178 bis 191). – A. H. van Zyl, Solidarity and Individualism in Ezekiel, OuTWP 1961, 38–52.

> Wenn ich zum Frevler sage: Du mußt sterben!,
> du aber warnst ihn nicht, um ihn am Leben zu erhalten,
> so wird 'jener Frevler'
> infolge seiner Schuld sterben,
> aber sein Blut fordere ich von deiner Hand.
>
> *
>
> Wenn du aber 'den' Frevler warnst
> und er von seinem Frevel und seinem Wandel nicht umkehrt,
> so wird 'jener Frevler'
> infolge seiner Schuld sterben,
> du aber hast dein Leben gerettet.
>
> *
>
> Und wenn sich ein Gerechter von seiner Frömmigkeit abkehrt
> und Unrecht tut,
> so wird er sterben.
> Wenn du ihn nicht gewarnt hast,
> fordere ich sein Blut von deiner Hand.
>
> *
>
> Wenn du aber 'den Gerechten warnst',
> damit er nicht sündige,
> und er sündigt doch,
> 'so wird er infolge seiner Sünde sterben',
> du aber hast dein Leben gerettet.   (3,17–21)

Darum wiegen die Sünden der Gegenwart, die denen der ganzen Geschichte entsprechen, so schwer: die *Greuel*, d. h. die Einrichtungen und Handlungen des Götzendienstes, und die *Blutschuld* und die Frevel, d. h. die ethischen und sozialen Vergehen. Sie müssen mit innerer Notwendigkeit zu dem drohenden Vernichtungsgericht führen, das Ezechiel dann in bezug auf Jerusalem im Untergang der Stadt vollstreckt sah.

Gegenüber Sünde und Gericht hat Ezechiel zunächst die alte prophetische Mahnung zur Umkehr aufgegriffen und die geforderte Wandlung dem Bemühen des Menschen zugetraut:

> Jeden entsprechend seinem Wandel
> werde ich euch richten, Haus Israel,
> ist der Spruch Jahwes.
> Kehrt um und kehrt euch ab von all eurer Auflehnung,
> daß sie euch nicht zum Anlaß der Schuld 'wird'!
>
> *
>
> Werft von euch
> all eure Auflehnung, womit ihr euch aufgelehnt habt,
> und schafft euch ein neues Herz
> und einen neuen Geist!
> Warum wollt ihr sterben, Haus Israel?   (18,30 f.)

Später erwartete Ezechiel die Wandlung des Menschen als Folge der Erlösungstat Jahwes: durch Vergebung der Schuld, die der Mensch nicht tilgen kann (36,25), durch Erneuerung der Lebensmitte infolge eines neuen Herzens, das nicht mehr kalt, gefühllos und unfähig zur Wandlung ist (11,19 f.; 36,26), und durch Begabung mit dem göttlichen Geist, der zum Tun des göttlichen Willens antreibt (11,19; 36,27). Der erlöste und erneuerte Mensch vermag dann wie von sich aus das Rechte in Übereinstimmung mit den Geboten Jahwes zu wollen und zu tun, so daß der Wille Jahwes auf Erden geschieht. Er bildet mit anderen eine Gemeinde, die nicht nur untereinander, sondern auch und vor allem mit Jahwe in enger Gemeinschaft lebt (11,20; 36,28):

> Ich sprenge reines Wasser
> über euch, daß ihr rein werdet
> von all euren Verunreinigungen.
> Von all euren Götzen
> will ich euch reinigen.
>
> *
>
> Ich gebe euch
> ein neues Herz,
> entferne das steinerne Herz aus eurem Fleisch
> und gebe euch
> ein fleischernes Herz.
>
> *
>
> Ich lege meinen Geist in euch
> und mache, daß ihr
> in meinen Geboten wandelt,
> meinen Willen beachtet
> und 'ihn' tut.
>
> *
>
> Ihr werdet in dem Lande wohnen,
> das ich euren Vätern gegeben habe,
> und sollt mein Volk sein.
> Und ich werde
> euer Gott sein.   (36,25–28)

2. Andere Propheten

a) In der Zeit nach dem Fall Jerusalems ist der Prophet Obadja mit Drohungen gegen Edom aufgetreten, weil es auf seiten der Feinde Judas gestanden und sich an dessen Unglück geweidet habe. Von ihm stammen fünf Sprüche des nach ihm benannten kleinen

Buches (v. 1 b–4.5–7.8–11.12–14 + 15 b.15a + 16–18), zu denen ein nachexilischer Anhang getreten ist (19–21)[5].

Obadja war vielleicht ein Kultprophet unter den in Palästina zurückgelassenen Judäern und nach seiner Verkündigung ein Vertreter der von Jeremia bekämpften Heilsprophetie. Immerhin waren für ihn nicht national-religiöse Gründe, sondern der ethische Ernst der Jahwereligion und die Hoffnung auf die ausgleichende Gerechtigkeit Jahwes ausschlaggebend. Die Erwartung gerechter Vergeltung, die in v. 15 b deutlich ausgesprochen wird, durchzieht alle Sprüche. Sie verbindet sich mit der Vorstellung vom *Tag Jahwes* als Gerichtstag – nicht mehr über Israel, sondern über die Völker; an ihm wird vor allem Edom sein verdientes Geschick zuteil werden.

b) Gleichfalls ein Kultprophet kann der Verfasser von Jes 63,7–64,11 gewesen sein. Der Abschnitt, der in den ersten oder mittleren Jahrzehnten des Exils entstanden sein dürfte, schließt sich inhaltlich an die deuteronomistische Theologie an und stellt ein mit einer Geschichtsbetrachtung beginnendes Volksklagelied dar. Es bittet um die Änderung der durch den Untergang von Juda und Jerusalem entstandenen Situation.

c) Von einem anderen unbekannten Propheten stammt die in einer ekstatischen Vision und Audition empfangene Ankündigung der bevorstehenden Eroberung Babylons durch Elam und Medien in Jes 21,1–10. Der Prophet ist wahrscheinlich vor oder um 540 v. Chr. in Palästina mit dieser Botschaft aufgetreten, als sich die genannten Völker unter der Führung des Kyros zum Angriff auf das babylonische Reich rüsteten:

Er hob an

> und sprach: „Gefallen,
>   gefallen ist Babel,
> und all seine Götterbilder
>   zerschlägt's in Stücke zu Boden!"   (Jes 21,9 b)

Während der exilischen Zeit sind noch weitere Prophetensprüche gegen andere Völker entstanden, deren Urheber unbekannte Propheten waren und die später in schon bestehende Prophetenbücher aufgenommen worden sind. Allerdings sind solche Sprüche schwer zu datieren. Doch wenigstens die gegen Babylon gerichteten Worte

[5] Vgl. im einzelnen S-F § 64.

müssen aus der Zeit vor dem Untergang des babylonischen Reiches stammen. Dazu gehören Jes 13 und der Kern von Jer 50,1–51,58. In erster Linie bezeugen sie den Haß, der sich gegen das Weltreich angesammelt hatte.

3. Deuterojesaja[6]

a) Der namentlich nicht bekannte und aushilfsweise als Deuterojesaja (Zweiter Jesaja) bezeichnete Prophet, dessen Überlieferung in Jes 40–55 vorliegt, hat in den letzten Jahren des Exils unter den Deportierten in Babylonien gewirkt, als das babylonische Reich vor dem Untergang stand und der Perserkönig Kyros als Retter der unterdrückten Völker erwartet wurde[7]. Von ihm erhoffte auch der Prophet die Befreiung der deportierten Judäer sowie die Erlaubnis zur Heimkehr nach Jerusalem und zum Wiederaufbau des Tempels. Denn nach seiner Auffassung hatte Jahwe den Kyros berufen, ihn zu seinem Gesalbten erklärt (45,1) und bediente sich seiner, um Israel zu helfen.

Vielleicht läßt sich über den Propheten noch etwas aus den Sprüchen über den Knecht Jahwes (Ebed-Jahwe-Lieder) entnehmen (42,1–4.5–7; 49,1–6; 50,4–9 und 50,10 f.; 52,13–53,12)[8]. Allerdings werden sie sehr unterschiedlich verstanden: Der „Knecht" ist im kollektiven Sinn als das tatsächliche oder ideale Israel bzw. als sein leidender oder deportierter Teil zu deuten; er ist als Einzelperson zu verstehen, wobei wieder die Ansichten darüber, um wen es sich handelt, weit auseinandergehen; oder man vereinigt diese beiden Auffassungen in einer fließenden oder integralen Deutung. Sollte es aber zutreffen, daß Deuterojesaja mit dem „Knecht" sich selbst gemeint

---

[6] J. Begrich, Studien zu Deuterojesaja, 1938 (1963). – P. A. H. de Boer, Second-Isaiah's Message, 1956. – W. Caspari, Lieder und Gottessprüche der Rückwanderer, 1934. – L. Glahn–L. Köhler, Der Prophet der Heimkehr (Jesaja 40–66), 1934. – E. Hessler, Gott der Schöpfer, Diss. Greifswald 1961. – Št. Porúbčan, Il Patto Nuovo in Is 40–66, 1959. – C. Westermann, Sprache und Struktur der Prophetie Deuterojesajas, in: Forschung am Alten Testament, 1964, 92–170.

[7] E. Jenni, Die Rolle des Kyros bei Deuterojesaja, ThZ 10 (1954), 241 bis 256. – R. Kittel, Cyrus und Deuterojesaja, ZAW 18 (1898), 149–162. – C. E. Simcox, The Rôle of Cyros in Deutero-Isaja, JAOS 57 (1937), 158–171. – U. Simon, König Cyrus und die Typologie, Judaica 11 (1955), 83–89.

[8] Vgl. im einzelnen S-F § 57,4.

hat, so läßt sich den Sprüchen einiges entnehmen: In 42,1–4.5–7 hat der Prophet sich und vielleicht anderen über seinen Auftrag und sein Wirken Rechenschaft abgelegt und darin sein prophetisches Selbstverständnis entwickelt. Später hat er in 49,1–6; 50,4–9 ähnlich wie Jeremia von seinen inneren Zweifeln und Kämpfen gesprochen. Vielleicht drohte außerdem das Eingreifen der babylonischen Behörden, wie es bei seiner antibabylonischen Verkündigung zu erwarten war. In dieser Lage standen seine Lebensarbeit und sein Glaube auf dem Spiel, so daß er in den Sprüchen den Sinn seiner Aufgabe und seines Lebens festzuhalten suchte. Dagegen blicken 50,10 f.; 52,13–53,12 auf das bereits abgeschlossene Leben und Wirken des Propheten zurück; sie setzen seine Hinrichtung nach einem Gerichtsverfahren voraus. Anscheinend haben seine Anhänger besonders im letzten Lied versucht, sein Leben, Leiden und schmachvolles Sterben neu zu deuten.

In der Verkündigung Deuterojesajas traten die typischen Redeformen der vorexilischen Propheten stark zurück. In seinen rund 65 Sprüchen stehen andere Formen im Vordergrund: das voll ausgebildete Heilswort, der Hymnus wegen der bevorstehenden Heilstat, die prophetische Gerichtsrede zum Erweis der alleinigen Gottheit Jahwes und das Diskussionswort zur Abwehr von Zweifeln und Einwänden. In die Überlieferung sind auch einige sekundäre Sprüche eingedrungen (40, 18–20 + 41,7; 42,8 f.; 44,9–20; 45,8.18 f.; 46,5–8; 48,1–11; 51,11–16; 52,1–6)[9].

b) Die Verkündigung Deuterojesajas ist grundlegend von einem eschatologischen Erlösungsglauben beherrscht[10]. Dabei wird das wirklich Neue daran durch den Begriff „eschatologisch" angegeben. Denn während sich ein Erlösungsglaube schon bei Hosea, Jeremia und Ezechiel findet, war Deuterojesaja der erste Prophet, der eine eschatologische Botschaft verkündigte, da er ein neues Zeitalter heraufziehen sah (vgl. 4). Dieses Denken verband sich bei ihm mit dem Entwurf einer umfassenden Theologie, die von der Einzigkeit und Alleinigkeit Jahwes ausging. Während man bis zu dieser Zeit lediglich von einem praktischen Monotheismus sprechen kann, der Israel – ungeachtet der Existenz anderer Götter – allein auf Jahwe ver-

---

[9] Vgl. im einzelnen S-F § 57,3.5.
[10] A. Jepsen, Die Begriffe des „Erlösens" im Alten Testament, in: R. Herrmann-Festschrift, 1958, 153–162. – J. J. Stamm, Erlösen und Vergeben im Alten Testament, 1940.

pflichtete, vertrat Deuterojesaja nach einigen Ansätzen bei Jeremia
einen theoretischen Monotheismus, der die Existenz anderer Götter
ausdrücklich verneint[11]:

> So spricht der König Israels
>   und sein Erlöser, Jahwe Ṣebaot:
> Ich bin der Erste, ich der Letzte,
>   und außer mir gibt's keinen Gott.
> Wer ist wie ich? 'Er trete auf und' melde sich,
>   dann tu er's kund und lege es mir dar.
> 'Wer kündete von Urzeit an die kommenden Ereignisse?'
>   Sie sollen 'uns' voraussagen, was kommen wird!
> Erschreckt und 'fürchtet euch' nicht!
>   Habe ich es nicht längst mitgeteilt und vorausgesagt?
> So seid ihr meine Zeugen, ob es einen Gott
>   'oder' einen Fels außer mir gibt.   (44,6–8)

Existiert aber lediglich der eine Gott, so hängen alle Geschehnisse
und Erscheinungen von der Schöpfung der Welt[12] bis in Ewigkeit
mit ihm zusammen. Daher verknüpfte Deuterojesaja in einem
großen Brückenschlag Urgeschichte, Geschichte und Endzeit miteinander und mit Jahwe. Er und niemand anders war und ist in der
Schöpfung, im Geschick der Völker und Menschen und in der Herbei-
führung des ewigen Heils am Werke. Darin liegt die Garantie für
die Zukunft: Weil er Welt und Menschheit geschaffen und seither
ihr Geschick bestimmt hat, wird er es auch weiterhin im Anbruch
der Endzeit tun; und diese Endzeit steht unmittelbar bevor.

Demgemäß kündigte Deuterojesaja das neue Heil für Israel an, für
das Kyros die notwendigen politischen Voraussetzungen schaffen
wird:

> Jetzt spricht Jahwe,
>   dein Schöpfer und Bildner, Israel:
> Fürchte dich nicht, denn ich erlöse dich,
>   ich rufe dich bei deinem Namen, mir gehörst du!

---

[11] R. Mayer, Monotheismus in Israel und in der Religion Zarathustras,
BZ NF 1 (1957), 23–58. – R. A. Rosenberg, Yahweh becomes King,
JBL 85 (1966), 297–307. – N. H. Snaith, The Advent of Monotheism in
Israel, The Annual of Leeds University Oriental Society 5 (1963/65),
100–113.

[12] K. Galling, Jahwe der Weltschöpfer, ThBl 4 (1925), 257–261. – H.-J.
Kraus, Schöpfung und Weltvollendung, EvTh 24 (1964), 462–485. –
R. Rendtorff, Die theologische Stellung des Schöpfungsglaubens bei
Deuterojesaja, ZThK 51 (1954), 3–13. – C. Stuhlmueller, The Theology
of Creation in Second Isaias, CBQ 21 (1959), 429–467.

Wenn du durch Wasser gehen mußt, bin ich bei dir;
    durch Ströme – sie reißen dich nicht fort.
Wenn du durch Feuer schreitest, verbrennst du dich nicht,
    die Flamme sengt dich nicht.

       *

Denn ich, Jahwe, bin dein Gott,
    der Heilige Israels ist dein Helfer.
Ägypten gebe ich als Lösegeld für dich,
    Kusch und Saba statt deiner.
Weil du in meinen Augen kostbar bist,
    wertvoll und ich dich liebe,
gebe ich 'Länder' an deiner Statt
    und Nationen für dein Leben.

       *

Von Osten hole ich deine Nachkommen
    und sammle dich von Westen.
Zum Norden sage ich: „Gib her!",
    zum Süden: „Halte nicht zurück!
Führ' meine Söhne aus der Ferne heim
    und meine Töchter von der Erde Ende!
Sie alle tragen meinen Namen,
    zu meiner Ehre habe ich sie geschaffen."   (Jes 43,1–7)

     * * *

So spricht Jahwe zu seinem Gesalbten,
    zu Kyros, dessen Rechte ich ergriffen habe,
um ihm Völker zu unterwerfen,
    die Hüften der Könige zu entgürten,
Türen vor ihm zu öffnen,
    daß Tore nicht verschlossen bleiben:
Ich gehe vor dir her
    und ebne 'Berge' ein,
zerbreche Türen aus Bronze
    und schlage eiserne Riegel ab.
Ich gebe dir verborgene Vorräte
    und versteckte Schätze,
damit du erfährst, daß ich Jahwe bin,
    der dich beim Namen ruft – Israels Gott.   (Jes 45,1—3)

Dann werden die Befreiten quer durch die Wüste nach Palästina
wandern, ja Jahwe wird sie dorthin bringen und Jerusalem wieder
erbauen:

         Ja, in Frieden sollt ihr ausziehen
            und in Freuden geleitet werden.
         Berge und Hügel
            sind heiterer Jubel,
         alle Bäume im Feld
            klatschen Beifall.

       *

Statt Dorngestrüpp
    wächst Wacholder,
statt Brennesseln
    wachsen Myrten.
Jahwe wird es zum Ruhm gereichen,
    zum ewigen, unvertilgbaren Denkmal.   (55,12f.)

* * *

Steige auf einen hohen Berg,
    Bote für Zion!
Erhebe mächtig deine Stimme,
    Bote für Jerusalem!
Sprich zu den Städten Judas:
    „Da kommt euer Gott!"
Ja, Jahwe
    kommt 'mit Stärke',
sein Lohn mit ihm
    und sein Verdienst vor ihm her.
Er weidet seine Herde wie ein Hirt,
    sammelt sie mit seinem Arm.
Er trägt die Lämmer an der Brust,
    leitet die Muttertiere sorglich.   (40,9–11)

* * *

Du Unglückliche, Windverwehte, Ungetröstete,
    siehe, ich bette
deine Steine in harten Mörtel
    und lege deine Grundmauern in Lapislazuli.
Ich mache deine Schilde aus Rubinen,
    deine Tore aus Steinen von Beryll
und dein ganzes Gesims aus kostbaren Steinen –
    all deine 'Baumeister' sind Schüler Jahwes.
Groß wird das Gedeihen deiner Söhne sein,
    du wist dich als fest im Heil gegründet erweisen.

(54,11–14 a)

Sogar die anderen Völker sollen in das künftige Heil einbezogen
werden; darin lag für eine spätere Zeit der Antrieb zur Mission[13]:

Wendet euch zu mir und laßt euch retten,
    alle Enden der Erde!
Denn ich bin Gott und keiner sonst;
    ich habe bei mir geschworen –

---

[13] J. Hempel, Die Wurzeln des Missionswillens im Glauben des AT, ZAW
66 (1954), 244–272. – M. Löhr, Der Missionsgedanke im Alten Testament, 1896. – R. Martin-Achard, Israël et les nations, 1959. – E. Sellin,
Der Missionsgedanke im Alten Testament, Neue Allgemeine Missions-
zeitschrift 2 (1925), 33–45. 66–72.

> und von meinem Mund geht Wahrheit aus,
>   ein Wort, das unumstößlich ist –,
> daß sich ein jedes Knie mir beugen
>   und jede Zunge mich bekennen soll.

*

> Nur bei Jahwe ist 'für den Menschen'
>   Heil und Stärke.
> Zu ihm 'kommen' beschämt
>   alle, die gegen ihn erzürnt sind.
> In Jahwe finden Heil und rühmen sich
>   alle Nachkommen Israels.   (45,22–25)

Dennoch darf nicht übersehen werden, daß die Verkündigung Deuterojesajas infolge ihrer Anknüpfung an die Heilsbotschaft der früheren Berufspropheten auch bedenkliche nationale und materielle Züge enthielt. Daher bildete der Prophet nicht den Höhepunkt der israelitischen Prophetie, sondern stand am Beginn ihres Abstiegs.

4. Beginn der Eschatologie

Der Grundzug der Verkündigung der großen Einzelpropheten war, wie immer man ihn kennzeichnen will, durchaus nicht-eschatologisch. Nach einigen Ansätzen zur Umprägung des theologischen Denkens zu einer Eschatologie in den ersten Jahrzehnten des Exils (vgl. Ez 38 f.) hat Deuterojesaja diese Umprägung erstmals in vollem Ausmaß vollzogen, so daß die Eschatologie für die Prophetie nach ihm maßgeblich und ein weiterer Impuls für die künftige Gestaltung der Jahwereligion geworden ist.

Der wesentliche Gedanke der eschatologischen Erwartung war die Unterscheidung und Trennung zwischen zwei Zeitaltern. Bei Deuterojesaja wird sie in den drei einleitenden Sprüchen sogleich angedeutet (Jes 40,1–2.3–5.6–8). Sie skizzieren kurz das Ende der vorhergehenden Zeit der Schuld und Not und den Beginn der künftigen Zeit der Erlösung und des Heils. Deutlicher ist die Unterscheidung dort, wo der Prophet das *Neue* dem *Früheren* und *Vergangenen* gegenüberstellte (43,18 f.) und als *Zeit des Wohlgefallens* und *Tag des Heils* bezeichnete (49,8) oder den Gegensatz mit Hilfe des Bildes vom Zorneskelch und Taumelbecher beschrieb (51,17–23). Er sah sich und seine Generation am Ende des einen und an der Schwelle des anderen Zeitalters stehen. Das Heute war der Augenblick, in dem sich der große Wandel der Dinge abzuzeichnen oder zu vollziehen begann.

Die Unterscheidung zwischen zwei Zeitaltern und das Bewußtsein, an der Grenze zwischen ihnen zu stehen, unterschied die eschatologische Prophetie seit Deuterojesaja nicht nur von der herkömmlichen Jahwereligion, die Israel in einem vorgegebenen Heilszustand erblickte, den es zwar durch einzelne Verfehlungen stören, durch entsprechende Sühnemaßnahmen aber wiederherstellen konnte, sondern auch und noch tiefergehend von den vorexilischen großen Einzelpropheten. Nach deren Verkündigung standen nicht das Ende eines notvollen und der Anbruch eines besseren Zeitalters bevor, sondern sollte das sündige Dasein Israels und anderer Völker zunichte werden, während die übrige Welt ihren Gang weitergeht. Eine mögliche Rettung erblickten diese Propheten allein in der Wandlung des Menschen mittels der Umkehr zu Jahwe oder der Erlösung durch ihn. Sie sprachen nicht von zwei Zeitaltern, sondern vom Entweder–Oder der Vernichtung oder der Rettung als immer wiederkehrender Entscheidungsfrage.

Die eschatologische Prophetie gründete auf einer Umdeutung des Entweder–Oder in ein zeitliches Vorher–Nachher. Diese Umdeutung erfolgte während des Exils unter dem nachwirkenden Einfluß der früheren, von den großen Einzelpropheten abgelehnten Heilsprophetie. Darum rechnete sie nach wie vor mit einer – allerdings auf andere Weise – wiederherstellbaren Heilssituation für Israel und betonte einseitig den göttlichen Heilswillen. Zugleich verstand sie den Untergang Judas und das Exil als das von den großen Einzelpropheten angedrohte Gericht (vgl. Jes 40,1 f.). Und da es nicht mehr als ständig drohende Möglichkeit, sondern als ein einmaliges geschichtliches Ereignis galt, konnte nach seinem Ablauf nur mehr eine endgültige und ewige Heilszeit folgen – eine *ewige Zusicherung* (Jes 55,3) mit *ewigem Zeichen* (55,13), *ewigem Heil* (45,17; 51,6.8), *ewiger Verbundenheit* (54,8) und *ewiger Freude* (51,11).

Der große Umschwung sollte sich in einem eschatologischen Drama ereignen, das bei Deuterojesaja folgende Akte aufweist: 1. die Überwindung der Macht des Unterdrückers Babylon durch Jahwe (43,14 f. u. ö.), sein Werkzeug Kyros (41,24 u. ö.) oder Israel selbst (41,14–16); 2. die Erlösung Israels durch Befreiung (49,25 f. u. ö.), Auszug oder Flucht (48,20 u. ö.), Heimführung durch die Wüste (55,12 f. u. ö.), Ankunft in Jerusalem (40,9–11) und Sammlung der in alle Welt Verstreuten (41,8 f. u. ö.); 3. die Heimkehr Jahwes nach Zion (40,9–11 u. ö.); 4. die Umwandlung der irdischen Verhältnisse in

Wiederaufbau (44,26 u. ö.), paradieshaftem Segen (51,3) und Vermehrung der Gemeinde (44,1–5 u. ö.); 5. die Einsicht der Menschen in die Untauglichkeit ihrer Götter und Bekehrung zu Jahwe (51,4 f. u. ö.). In der nachexilischen Zeit sind diese und weitere Züge häufig anzutreffen. Sie verdeutlichen den neuen Impuls, der von der Eschatologie ausgegangen ist.

4. Teil

RELIGIONSGESCHICHTE DER NACHEXILISCHEN ZEIT

1. Kapitel

Die frühnachexilische Zeit

§ 25 Ereignisse und Gestalten

A. Alt, Die Rolle Samarias bei der Entstehung des Judentums, in:
Procksch-Festschrift, 1934, 5–28 (= Kleine Schriften zur Geschichte des
Volkes Israel, II 1953, 316–337). – Sh. H. Blank, Studies in Post-exilic
Universalism, HUCA 11 (1936), 159–191. – A. Causse, La diaspora juive
à l'époque perse, RHPhR 8 (1928), 32–65. – Th. Chary, Les prophètes et
le culte à partir de l'exil, 1955. – T. K. Cheyne, Das religiöse Leben der
Juden nach dem Exil, 1899. – J. de Fraine, Individu et société dans la
religion de l'Ancien Testament, Bibl 33 (1952), 324–355. 445–475. – K.
Galling, Syrien in der Politik der Achämeniden bis 448 v. Chr., 1937. –
Ders., Studien zur Geschichte Israels im persischen Zeitalter, 1964. – W.
Keßler, Studie zur religiösen Situation im ersten nachexilischen Jahrhundert
und zur Auslegung von Jesaja 56–66, WZ Halle-Wittenberg 6 (1956/57),
41–73. – K. Koch, Sühne und Sündenvergebung um die Wende von der
exilischen zur nachexilischen Zeit, EvTh 26 (1966), 217–239. – J. L. Myres,
Persia, Greece and Israel, PEQ 85 (1953), 8–22. – W. O. E. Oesterley, The
Early Post-exilic Community, ET 47 (1935/36), 394–398. – M. Weinfeld,
Universalism and Particularism in the Period of Exile and Restoration,
Tarbiz 33 (1963/64), 228–242.

1. Rückkehr, Tempelbau und geistig-religiöse Haltung

Der Sieg des Kyros über das neubabylonische Reich (538 v. Chr.)
brachte den deportierten Judäern bzw. ihren Nachkommen die Möglichkeit, nach Palästina zurückzukehren. Denn nach dem Willen des
neuen Herrschers sollte das persische Weltreich nicht mehr ein
politisch-militärischer Verband unterjochter Völker unter der Führung eines Herrschervolkes, sondern ein durchgebildetes Staatswesen
von gleichberechtigten Bürgern sein. Im Zuge dieser Politik erhielten
unter anderen die Judäer die Erlaubnis zur Rückkehr in ihre Heimat.
Kyros gestattete ihnen, die seinerzeit von Nebukadnezar nach Baby-

lonien gebrachten Tempelgeräte mitzunehmen, und ordnete den Wiederaufbau des Tempels in Jerusalem auf Staatskosten an; dieser Teil des königlichen Edikts ist in der aramäischen Urgestalt in Esr 6,3–5 enthalten[1].

Nur ein Teil der in Babylonien lebenden Judäer machte von der Erlaubnis zur Heimkehr Gebrauch. Als Kommissar für das der Provinz Samarien als besonderes Gebiet beigegebene Juda setzten die Perser den Davididen Scheschbaṣṣar ein, der wohl noch beim wieder gefeierten Laubhüttenfest des Jahres 537 v. Chr. den Grundstein für den neuen Tempel gelegt hat. Außerdem wurde auf dem Tempelplatz ein Altar errichtet, so daß der Opferkultus in Gang kam, bevor der Tempel erbaut war. Scheschbaṣṣar und die anderen Heimkehrer stifteten Geld und Weihegaben für die Ausstattung des Tempels und für den Kultus; auch die in Babylonien Zurückgebliebenen hatten dazu beigesteuert. Obwohl der Tempel aus persischen Mitteln errichtet werden sollte, ergab sich doch eine gegenüber der Königszeit geänderte Situation. Der salomonische Tempel war königliches Eigentum gewesen, vom König errichtet und der Dynastie gehörig. Das Volk zahlte wohl Abgaben für seine Erhaltung, aber über ihre Verwendung verfügte wieder der König. Der Unterhalt des neuen Tempels dagegen sollte nach dem Wegfall des judäischen Königtums vom Volke finanziert werden und der Tempel ihm gehören, so daß an die Stelle des früheren Königs- und Staatstempels ein Volkstempel trat. Zugleich bildete der Hohepriester an Stelle des früheren Oberpriesters die Spitze der Hierarchie.

Jedoch die Verhältnisse in Juda gestalteten sich schwierig, teilweise offenbar chaotisch; von der angekündigten Heilszeit war nichts zu bemerken. Darüber gerieten die Arbeiten am Tempel bald ins Stocken, wenn sie überhaupt über die Grundsteinlegung und die Errichtung des Altars hinaus gediehen waren. Alle Rückkehrer waren voll damit beschäftigt, für sich selbst ein Haus zu schaffen und den Lebensunterhalt zu erwerben.

Die Lage änderte sich erst im Jahre 520 v. Chr., als sich in Jerusalem eine Richtung durchsetzte, die den Tempelbau trotz aller Schwierigkeiten endlich ausführen wollte. Sie war durch innere Erschütterungen des Perserreiches begünstigt, die in Juda die Erwartung

---

[1] L. Rost, Erwägungen zum Kyroserlaß, in: Rudolph-Festschrift, 1961, 301–307. – R. de Vaux, Les décrets de Cyrus et de Darius sur la reconstruction du Temple, RB 46 (1937), 29–57.

des eschatologischen Umschwungs aller Dinge wachriefen. Sie wurde
von dem inzwischen eingesetzten neuen Kommissar Serubbabel und
dem Hohenpriester Josua getragen und von den Propheten Haggai
und Sacharja wesentlich gefördert.

Dennoch ging es nicht ohne Schwierigkeit ab. Am Tempelbau und
-kultus wollten auch Gruppen beteiligt sein, die den religiös streng
urteilenden Rückkehrern verdächtig waren, da ihre Form der Jahwereligion von fremden Einflüssen durchsetzt war. Man muß in erster
Linie an Nachkommen der bei den Deportationen in Palästina zurückgelassenen Judäer und an die Anhänger der Jahwereligion in
Samaria denken. Gegen sie wandte sich Haggai, indem er an zwei
Beispielen des Ritualgesetzes zeigte, daß kultische Reinheit nicht
übertragbar sei, kultische Unreinheit dagegen ansteckend wirke, und
daraus folgerte, daß es sich *mit diesen Leuten da* ebenso verhalte und
daß die Stätte, an der sie Opfer darbrächten, unrein werde (Hag
2,10–14). Diese Feststellung bezweckte doch wohl den Ausschluß derjenigen, deren Opfer die heilige Stätte kultisch unrein machen würde,
vom Tempelbau und Kultus. Damit setzte sich die Tendenz zur
Absonderung, die die deuteronomische Theologie eingeleitet hatte,
in verschärftem Maße fort. Zumindest ein Teil der Ausgeschlossenen,
in erster Linie diejenigen, die in Samaria ansässig waren, nahm dies
nicht widerstandslos hin. Er wandte sich an den zuständigen persischen Satrapen, der denn auch mit der Absicht nach Jerusalem kam,
den Bau des Tempels zu verbieten. Doch da sich das Edikt des Kyros
mit der Bauerlaubnis im persischen Archiv wiederfand, scheiterte der
Versuch. Die Arbeit konnte fortgeführt und der Tempel im Jahre
515 v. Chr. mit einem großen Fest eingeweiht werden. Serubbabel
weilte damals allerdings nicht mehr in Jerusalem.

Der neue Tempel war auf dem Platz des alten und in dessen
Maßen errichtet worden[2]. Ihm fehlten die Lade und die beiden
Säulen; die zehn Leuchter wurden durch einen siebenarmigen ersetzt. Nach II Chr 3,14 war das Allerheiligste durch einen Vorhang
abgeschlossen; auf Grund von I Chr 29,2 ist auf Mosaike zu schließen.
Während man anfangs befürchtete, lediglich ein ärmliches Gebäude
zu erhalten, das keinen Vergleich mit dem salomonischen Tempel
aushielte (Hag 2,1–9), scheint der Tempel allmählich so ansehnlich
geworden zu sein, daß Sir 49,12 seine Pracht rühmte. Vielleicht haben
dazu die Reparaturen und der Neubau von Säulenhallen bei-

---

[2] Vgl. die Lit. zu § 10.

getragen, die ein Erlaß Antiochus' III. um 200 v. Chr. bezeugt[3]. Allerdings wurde der Tempel danach von den Kriegen mit den Seleukiden mehrfach betroffen.

Nach seiner geistig-religiösen Haltung gliederte sich das israelitische Volk in Palästina und in der Diaspora in mehrere Richtungen. In der babylonischen Diaspora überwog eine strenge Richtung, die unbeirrbar am Gesetz festhalten und keine Konzessionen gegenüber anderen Einflüssen machen oder Erweichungen zulassen wollte. In Juda vertraten vor allem die Rückkehrer aus Babylonien die gleiche Strenge, anscheinend im Verein mit nationalen Bestrebungen und teilweise messianischen Hoffnungen. Daneben festigte sich immer mehr eine priesterlich-theokratische Richtung, die stärker auf die Vergrößerung der Gemeinde als auf einen Rigorismus bedacht war. Noch offener oder lässiger gab sich die neue jerusalemische Oberschicht[4], die sich mit der samarischen Oberschicht zu verbinden suchte. Am weitesten von einer unverfälschten Jahwereligion hatte sich längst die Militärkolonie von Elephantine in Ägypten entfernt (vgl. § 11,5)[5]. In dem entgegen der deuteronomischen Kultuszentralisation vor 525 v. Chr. errichteten Tempel wurde ein volkstümlicher Synkretismus gepflegt, gegen den sich die babylonische Diaspora in wenigstens einem Fall unter Inanspruchnahme persischer Hilfe in dem Maṣṣot-Erlaß Darius' II. gewandt hat (419 v. Chr.). Der Tempel wurde um 410 v. Chr. auf Betreiben ägyptischer Priester zerstört, vermutlich vor 402 v. Chr. nochmals errichtet und wohl wenige Jahre später endgültig zerstört. Vermutlich hat die jüdische Kolonie damals Elephantine verlassen. Auch in Arabien scheint vom 6. oder 5. Jh. v. Chr. an eine Diaspora bestanden zu haben[6], ohne daß über deren Haltung Näheres bekannt ist.

[3] Josephus, Ant. XII 3,3.
[4] Aus ihren Kreisen stammen vielleicht die Liebes- und Hochzeitslieder des Hohenliedes.
[5] E. König, Religionsgeschichtliche Hauptmomente in den Elephantine-texten, ZAW 35 (1915), 110–119. – E. G. Kraeling, New Light on the Elephantine Colony, BA 15 (1952), 50–67. – B. Porten, The Structure and Orientation of the Jewish Temple at Elephantine – a Revised Plan of the Jewish District, JAOS 81 (1961), 38–42. – A. Vincent, La religion des Judéo-Araméens d'Éléphantine, 1937. – C. G. Wagenaar, De Joodse kolonie van Jeb-Syene in de 5e eeuw v. Chr., 1928.
[6] Vgl. I. Ben-Zvi, The Origins of the Settlement of Jewish Tribes in Arabia, Eretz-Israel VI, 1960, 130–148.

Die spärlichen geschichtlichen und religionsgeschichtlichen Kenntnisse über die Zeit nach dem Tempelbau hat Morgenstern zu bereichern gesucht[7]. Aus den Klageliedern und aus einzelnen Psalmen oder Prophetentexten (vor allem Tritojesaja) erschloß er einen nationalen judäischen Aufstand gegen die Perser nach deren Niederlage bei Marathon (490 v. Chr.), der im Glauben an das von Jahwe gewollte Weltreich und an seine ewige Zusage an die davidische Dynastie geführt wurde. Jedoch nach der Einsetzung eines Königs (Ps 2) mit dem Thronnamen Menaḥem (aus Thr 1,2.9.16 f.21; Jes 51,12 f. erschlossen) am Neujahrstag 486 scheiterte der Aufstand bald. Der König ist den Edomitern in die Hände gefallen (Ps 89,39 ff.), Jerusalem erneut zerstört worden. Jedoch ist diese Hypothese unhaltbar; ein Teil der herangezogenen Texte ist falsch datiert, ein anderer Teil falsch interpretiert worden.

2. Die frühnachexilische Prophetie

a) Haggai und Sacharja sind die einzigen namentlich bekannten Propheten dieser Zeit[8]. Beiden war es gewiß, daß die seit 538 v. Chr. aus Babylonien Zurückgekehrten der heilige Rest Israels seien, der aus dem Gericht gerettet hervorgehen sollte (vgl. § 20,1). Diesem Rest, den Rückkehrern, galten demnach die prophetischen Verheißungen; sie waren das Volk der eschatologischen Heilszeit. Alles Interesse konzentrierte sich nun, nachdem das Gericht endgültig vorüber war, auf eine Frage: Wann beginnt endlich jene Heilszeit, die auf das Gericht folgen mußte und die schon Deuterojesaja angekündigt hatte? Auf der Grundlage des eschatologischen Schemas (Vorher–Nachher) und der Naherwartung wurde die Frage nach dem Wann der Heilszeit äußerst dringlich.

[7] J. Morgenstern, Jerusalem – 485 B. C., HUCA 27 (1956), 101–178; 28 (1957), 15–47; 31 (1960), 1–19. – Ders., Further Light from the Book of Isaiah upon the Catastrophe of 485 B. C., ebd. 37 (1966), 1–28.

[8] Zu Haggai vgl. A. Bentzen, Quelques remarques sur le mouvement messianique parmi les Juifs aux environs de l'an 520 avant Jésus-Christ, RHPhR 10 (1930), 493–503. – F. Hesse, Haggai, in: Rudolph-Festschrift, 1961, 109–134. – K. Koch, Haggais unreines Volk, ZAW 79 (1967), 52–66. – J. W. Rothstein, Juden und Samaritaner, 1908. – L. Waterman, The Camouflaged Purge of Three Messianic Conspirators, JNES 13 (1954), 73–78. – H. W. Wolff, Haggai, 1951. – Zu Sacharja vgl. K. Galling, Studien zur Geschichte Israels im persischen Zeitalter, 1964, 109–126. – K. Marti, Der Prophet Sacharia, der Zeitgenosse Serubbabels, 1892. – Ders., Zwei Studien zu Sacharja, ThStKr 65 (1892), 207–245. 716–734. – Ders., Die Zweifel an der prophetischen Sendung Sacharjas, in: Wellhausen-Festschrift, 1914, 279–297. – L. G. Rignell, Die Nachtgesichte des Sacharja, 1950. – J. W. Rothstein, Die Nachtgesichte des Sacharja, 1910.

Haggai betrachtete den Tag der erneuten Grundsteinlegung durch Serubbabel als den Beginn der Wende, nach dem es künftig nur mehr Segen geben werde (Hag 2,15–19), und erwartete nach der Fertigstellung des Baus ein Weltbeben als die Vollendung der Wende und den vollen Beginn der Heilszeit (2,1–9), in der der Davidide Serubbabel als messianischer König der Endzeit herrschen wird (2,20–23). In der Schilderung der Heilszeit traten angesichts der wirtschaftlichen Notlage die religiösen Erwartungen hinter dem Blick auf die künftigen irdischen Güter zurück. So hoffte Haggai, daß als Folge des Weltbebens alle Völker ihre Schätze als schuldigen Tribut an Jahwe, den Herrn der Welt, in Jerusalem abliefern werden. Damit läßt sich der Tempel prächtig ausstatten, so daß er in märchenhaftem Glanz erstrahlen wird (2,6–8). Seither begegnet der manchmal krasse Materialismus in der Ausmalung der Heilszeit, der später zu einer Eigentümlichkeit auch der apokalyptischen Schilderungen wurde.

Sacharja datierte den Beginn der Heilszeit ebenfalls von der Grundsteinlegung an (Sach 8,9–13), drängte aber nicht nur auf den Tempelbau, sondern auch auf die Entsündigung und die innere Erneuerung des Volkes vor dem vollen Anbruch der Heilszeit. Ferner unterbaute er die Erwartung materiellen Wohlergehens ethisch. Angesichts der bevorstehenden Umwälzung kam es ihm nicht mehr auf das Begehen der Klagefeiern und Fasttage, sondern auf das Halten der ethischen Gebote Jahwes an. Schließlich ließ er sich durch eine Gesandtschaft aus der babylonischen Diaspora dazu bewegen, Serubbabel als den messianischen König der Endzeit symbolisch zu krönen (6,9–15 cj.). Doch verteilte er die Messiaswürde auf zwei Repräsentanten, indem er den Hohenpriester als Träger der geistlichen Aufgaben hinzuzog (4,1–6aα.10b–14).

b) Daß der Neubau des Tempels nicht unbestritten blieb, zeigt der kühne Prophetenspruch Jes 66,1–4, der ihn in einer an die Weisheitslehre erinnernden rationalen Art ebenso wie den gesamten Opferkultus, der als Götzendienst gilt, ablehnt.

Die Heilsworte in Jes 60; 61 und 62 rühren von einem Propheten her, der sich stark an Deuterojesaja anlehnte. Allerdings fehlten ihm dessen universaler Weitblick und theozentrische Auffassung, während das volle irdische Glück für Jerusalem in den Vordergrund rückte. Diese Stadt und nicht Jahwe steht im Mittelpunkt; auf sie bleibt das Heil beschränkt, die anderen Völker sollen nur Diener der Heilsgemeinde sein. Daher kann der Prophet als Nachkomme der früheren nationalen Heilspropheten gelten.

Aus dem Anfang des 5. Jh. v. Chr. stammen Jes 56,1–8, eine
prophetische Weisung über die nach dem Neubau des Tempels
wichtige Frage der Zugehörigkeit von Eunuchen und Ausländern zur
Gemeinde; Jes 56,9–57,13, das sich gegen die Führer der Gemeinde
wendet und ihnen Pflichtversäumnis, Gewinn- und Genußsucht sowie den Abfall von Jahwe vorwirft; Jes 59, in dem ein Prophet das
Problem der Verzögerung des eschatologischen Heils nach dem
Tempelbau dadurch löst, daß er die Sünde als Hinderungsgrund
nennt.

Überwiegend aus dem 5. Jh. v. Chr. dürfte der Hauptteil der sog.
Jesaja-Apokalypse Jes 24–27 herrühren: die drei prophetischen
Liturgien 24,1–20 über das eschatologische Weltgericht mit der Auflösung der städtischen Lebensform, 24,21–25,12 über die Entmachtung der Feinde Jahwes und den Beginn der universalen Gottesherrschaft und 27,1–6.12 f. über den endzeitlichen Kampf Jahwes, die
Bewahrung Israels und die Vereinigung aller Israeliten.

Als weitere prophetische Überlieferungen, die wohl in der frühen
nachexilischen Zeit entstanden sind, ohne daß sich dies enger ein-
grenzen läßt, sind in erster Linie zu nennen: die messianischen Verheißungen in Jes 9,1–6; 11,1–9, die Sprüche über Moab in Jes 15 f.
und gegen Ägypten in Jes 19,1–15, die prophetischen Liturgien in
Jes 33,1–6.7–24, die Ausführungen über die Endzeit in Jes 34 f., die
eschatologische Verheißung in Jes 57,14–21, das Wort über das rechte
Fasten in Jes 58,1–12, der Spruch über die Sabbatheiligung in Jes
58,13 f., die Schilderung Jahwes als des eschatologischen Rächers
Israels an den Völkern in Jes 63,1–6, die Verheißungen in Mi 4–5,
die kritischen, scheltenden oder drohenden Worte in Mi 6,1–7,7 und
die Verheißung der eschatologischen Erhöhung Jerusalems in Mi
7,8–20.

3. Ergebnisse

Der Tempel war ohne Serubbabel eingeweiht worden, den die
persische Regierung wahrscheinlich als politisch verdächtig abberufen
hatte und anscheinend nicht mehr durch einen neuen Kommissar
ersetzte. Das war das äußere Kennzeichen für die sich anbahnende
Änderung der geistigen Lage. Allmählich erlosch die Hoffnung auf
den unmittelbar bevorstehenden Beginn der eschatologischen Heilszeit unter der Regierung eines messianischen Königs in Jerusalem.
Nach der Einweihung des Tempels blieb alles beim alten. Wollte man

die eschatologische Hoffnung weiterhin hegen, so stand man vor der Frage nach dem Grund für die bisherige Verzögerung, die manche mit der Sündhaftigkeit der Gemeinde beantworteten, manche mit einer verstärkten Glaubensinbrunst übergingen.

Vorerst erhielten nach dem Abtreten Serubbabels der Hohepriester und mit ihm die priesterlich-theokratische Richtung, die vor allem kultisch und gesetzlich bestimmt war, die Oberhand. Der Hohepriester als der Statthalter Jahwes wurde das wirkliche Haupt der Gemeinde. Viele alte Traditionen des Tempels lebten wieder auf. Das Tor zum Eintritt in die Gemeinde wurde weit geöffnet, auch für diejenigen, die Haggai hatte ausschließen wollen.

Die Unterschiede zwischen beiden Strömungen – der prophetisch-eschatologischen und der priesterlich-theokratischen – waren beträchtlich: Hier die Absonderung von den Unreinen, glühende Hoffnungen und Wünsche, die oft materieller Art waren, die Erwartung des baldigen Kommens Jahwes und des Anschlusses der bekehrten Völker, bis zu diesem Zeitpunkt aber Härte und Intoleranz gegen die Umgebung. Dort keinerlei eschatologische Hoffnungen, vielmehr die Verbindung der Herrschaft Jahwes mit der Erfüllung des Gesetzes, besonders des kultisch-rituellen; daher die Öffnung der Gemeinde für möglichst viele Anhänger, weil jeder, der Jahwe opfert und sein Gesetz erfüllt, zur Verwirklichung des Heils beiträgt. Unter der Herrschaft dieser letzteren Richtung nahm die Gemeinde nach dem Bau des Tempels zunächst einen guten äußeren Aufschwung, doch geriet sie bald in eine innere Krise.

§ 26 Die Entfaltung der Eschatologie

K. Baltzer, Das Ende des Staates Juda und die Messias-Frage, in: von Rad-Festschrift, 1961, 33–43. – A. Bentzen, King and Messiah, 1955. – G. R. Berry, Messianic Predictions, JBL 45 (1926), 232–237. – L. E. Browne, The Messianic Hope in its Historical Setting, 1951. – J. Coppens, L'espérance messianique, ALBO IV 9, 1964. – L. Dürr, Ursprung und Ausbau der israelitisch-jüdischen Heilandserwartung, 1925. – G. Fohrer, Messiasfrage und Bibelverständnis, 1957. – Ders., Die Struktur der alttestamentlichen Eschatologie, in: Studien zur alttestamentlichen Prophetie (1949–1965), 1967, 32–58. – H. Greßmann, Der Messias, 1929. – L. Hartmann, Prophecy Interpreted, 1966. – J. Lindblom, Gibt es eine Eschatologie bei den alttestamentlichen Propheten?, StTh 6 (1952), 79–114. – N. Messel, Die Einheitlichkeit der jüdischen Eschatologie, 1915. – S. Mowinckel, He that Cometh, 1959². – G. Pidoux, Le Dieu qui vient, 1947. – O. Plöger, Theokratie und Eschatologie, 1962². – P. Volz, Die Eschatologie der jüdischen Gemeinde, 1934.

1. Das eschatologische Geschehen

a) In der nachexilischen Zeit entfaltete sich die durch Deuterojesaja begründete eschatologische Erwartung schnell (vgl. § 24,4) und fand zunächst in weiteren Kreisen Anhänger, bis sie nach dem Fehlschlag der Naherwartung auf kleinere Gruppen beschränkt blieb. Immer wieder hat sie Vertreter gefunden; schließlich ging sie in der apokalyptischen Erwartung auf. Im folgenden soll die gesamte nachexilische Eschatologie dargestellt werden.

Die Unterscheidung und Trennung zweier Zeitalter als den wesentlichen Grundzug aller eschatologischen Erwartung verdeutlicht das in Hag 2,15–19 überlieferte Wort, das der Prophet am Tage der neuen Grundsteinlegung des Tempels im September 520 v. Chr. gesprochen hat. In ihm rief er dazu auf, den Blick auf die Zukunft zu richten, auf sie zu achten und sie mit den bisherigen Verhältnissen, die nun der Vergangenheit angehören sollen, zu vergleichen. Er verkündete für die Jerusalemer Gemeinde einen Wendepunkt, den der damalige Tag als Grenzscheide zweier Zeitalter bilden sollte. In die Vergangenheit zurückblickend, schilderte er die bisherige Not, die – in einem auf allen Nahrungsmitteln ruhendem Fluch bestehend – die Gemeinde verzweifeln ließ. Vorausblickend sah er die Zeit des Segens in Wachstum und Gedeihen, die ihren Grund in dem Jahwewort hat: *Von diesem Tage an will ich segnen!* Das „Heute" dieses Wortes ließ Haggai den Tag der Grundsteinlegung als den Tag des großen Umschwungs aller Dinge, die Wende der Zeiten im Abschluß des alten und im Beginn eines neuen Zeitalters verstehen.

In grundsätzlich gleicher Weise nahm Sacharja einen solchen Einschnitt vor. In seinem ersten Wort Sach 1,1–6 wies er in der auf die Mahnung 1,3 folgenden und sie begründenden Geschichtsbetrachtung 1,4–6 auf die vorhergehende Zeit hin, die nach dem großen Eingriff Jahwes durch sein Gericht über Juda und durch das Exil abgeschlossen vorlag. Sie war zugleich verstehbar und beurteilbar. Es zeigte sich dem Betrachter, daß sie eine Geschichte der verwirklichten Worte und Beschlüsse Jahwes war, wie die früheren Propheten sie angekündigt hatten. Daher mußte die nunmehrige Mahnung zum Tempelbau als von Jahwe geforderte Voraussetzung für den Beginn einer neuen

Zeit ernsthaft beachtet werden, damit die in den folgenden Visionen enthaltene Heilszusage sich gleichfalls verwirklichen konnte. Dementsprechend unterscheidet Sach 8,14 f. zwischen zwei Zeitaltern, die durch Jahwes Unheils- bzw. Heilsvorhaben gekennzeichnet sind.

b) Außer der Vorstellung von den beiden sich ablösenden Zeitaltern, die für die Struktur der eschatologischen Prophetie grundlegend war, entwickelte diese von Anfang an bestimmte Grundzüge des eschatologischen Geschehens, die sich manchmal geradezu als die Akte des eschatologischen Dramas voneinander abheben. An Hand der umfangreicheren Textüberlieferungen lassen sich neben der deuterojesajanischen (§ 24,4) weitere fünf Grundformen dieses Dramas erfassen, die sich am deutlichsten in der unterschiedlichen Behandlung, die den anderen Völkern zugedacht ist, voneinander unterscheiden.

1. Einander ähnlich sind die Auffassungen Haggais und Sacharjas. Für Haggai war das erste die Segenszusage am Tage der Grundsteinlegung (Hag 2,19; vgl. 2,9) mit der Reinhaltung der Gemeinde durch die Ausschließung Unreiner (2,10–14). Als nächstes erwartete er die Erschütterung der Naturwelt (2,6.21) und der Völker (2,7) mit der Vernichtung ihrer Macht (2,22) und dann die Einsetzung Serubbabels als messianischen Herrscher (2,23). Bei Sacharja scheint die Reihenfolge etwas anders zu sein, obwohl das Nacheinander seiner Visionen nicht unbedingt eine gleiche zeitliche Abfolge der geschauten Ereignisse einschließt. Das erste ist wohl die Vernichtung der Macht der Völkerwelt (2,1–4), die am Unglück Israels eigentlich schuld ist (1,15) und eine Beute ihrer bisherigen Untertanen wird (2,13). Es folgen die Schaffung wunderbarer Verhältnisse für die Jerusalemer Gemeinde (1,17; 2,5–9; 8,4 f.12), bei der Jahwe schützend Wohnung nimmt (2,14.16; 8,3), ferner die Vernichtung der Sünder in Juda (5,1–4) und die Entsündigung der Gemeinde (5,5–11), danach die Sammlung und Rückkehr der Diaspora (6,1–8; 8,7 f.). Dazu treten die Einsetzung der messianischen Regierung (3,1–7; 4; 6,9–15) und der Anschluß vieler Menschen und Völker (2,15; 8,20–22). Neu gegenüber Deuterojesaja waren vor allem die Ausdehnung der Machtvernichtung von Babylonien auf die Völker, die Reinigung der Gemeinde und der messianische Gedanke unter Nennung bestimmter Personen.

2. Die sog. Jesaja-Apokalypse Jes 24–27 enthält vor allem drei ursprünglich selbständige prophetische Liturgien. Von diesen kündigte 24,1–20 das eschatologische Weltgericht über die Erde mit ihren

348 Die frühnachexilische Zeit

Bewohnern unter Auflösung der städtischen Lebensform und über den Himmel an – wegen der Versündigung der Menschen gegen die für alle geltenden noachitischen Gebote. 24,21–25,12 erwartete die Entmachtung der Feinde Jahwes unter Zerstörung ihrer Hauptstädte, für die (noch lebenden) Völker gefolgt von dem universalen Mahl mit Jahwe auf dem Zion als Beginn der Gottesherrschaft. Israel wird jedoch laut 27,1–6.12–13 nach dem endzeitlichen Kampf Jahwes geschützt und beschirmt und seine Diaspora aus aller Welt gesammelt.

3. In der zweiten Hälfte des 4. Jh. v. Chr. teilte Deuterosacharja in Sach 9,11–17; 10,3–12 mit den bisher genannten Grundformen die Erwartung der Freigabe und Rückkehr der Gefangenen und Verstreuten und der Schaffung paradiesischer Fruchtbarkeit. Ebenso wird zur Ermöglichung der Heilszeit wie bei Deuterojesaja das herrschende Weltreich besiegt, jedoch durch Israel selbst, das in der Entscheidungsschlacht von dem in der Theophanie nahenden Gott unterstützt wird. Doch scheint nicht nur an die Vernichtung der Macht des Weltreichs, sondern auch an die Vernichtung des die Macht tragenden Volkes selbst gedacht zu sein. Dies wäre noch deutlicher, wenn Sach 11,4–16 in der vorliegenden Gestalt vom gleichen Verfasser herrühren sollte.

4. Der dem Deuterosacharja etwa gleichzeitige Joel (4. Jh. v. Chr.) schilderte zwei Phasen: a) Jahwe selbst entbietet die Völker zum eschatologischen kriegerischen Ansturm gegen sich und Israel vor Jerusalem (Joel 4,2.9 f.), tatsächlich aber zum Endgericht wegen ihrer Sünden gegen Israel (4,2 f.12). Das Gericht findet in Gestalt einer unter dem Bild der Ernte geschilderten Vernichtungsschlacht bei Jerusalem statt (4,13–17) und erweist dessen Unantastbarkeit (4,16 f.). Darin sind die von Haggai und Sacharja vorgenommene Ausdehnung auf die Völker und die von Deuterosacharja vertretene Annahme einer Vernichtungsschlacht miteinander verbunden. b) Auf das Endgericht folgen paradiesischer Segen und Frieden (4,18–21). Dieselben beiden Phasen finden sich auch in Sach 14, jedoch mit zwei Unterschieden gegenüber Joel: Jerusalem ist nicht unantastbar, sondern wird zunächst erobert, geplündert und seiner Einwohner beraubt, bis nach Theophanie und Einzug Jahwes in Jerusalem die teilweise Vernichtung der Völker erfolgt; ferner soll ihr Rest am Heil teilhaben.

5. Dagegen scheinen die sehr jungen Worte Sach 12,1–13,6; 13,7–9 bereits den Anbruch der Heilszeit vorauszusetzen, der dann wohl in

friedlicher Weise und ohne Niederwerfung der Weltmacht oder der Völker vor sich gegangen sein müßte. Jedoch folgt nunmehr zu einem späteren Zeitpunkt die Bedrohung Jerusalems und der Heilsgemeinde durch den Ansturm der Völker, in dem Jahwe selbst noch einmal alles in Frage stellt. Der Niederlage der Völker und der Rettung Jerusalems folgt die Reinigung der Gemeinde von den Sündern zum endgültigen Heil.

Als gemeinsame Grundzüge dieser verschiedenen Formen ergeben sich: 1. Vernichtung der Macht des Weltreiches bzw. der Völker oder weitgehende Vernichtung dieser selbst; 2. Erlösung und Befreiung Israels als der eschatologischen Heilsgemeinde mitsamt der Reinigung der Gemeinde und der Sammlung aller Verstreuten in Jerusalem; 3. Schaffung wunderbarer und paradiesischer Lebensverhältnisse für die Heilsgemeinde; 4. Beginn der unmittelbaren Gottesherrschaft oder der Messiasregierung; 5. Bekehrung der Völker oder ihres Restes. In diesen Erwartungen liegt weithin die eschatologische Umwandlung und Umprägung der Verkündigung der vorexilischen Heilsprophetie vor.

2. Die Struktur der Eschatologie

Die Auffassung und Darstellung des eschatologischen Geschehens und der erhofften neuen und ewigen Heilszeit waren in der eschatologischen Prophetie durch eine größere Zahl von strukturellen Einzelelementen bestimmt, die vom Ganzen nicht losgelöst werden dürfen, sondern es im einzelnen festlegen sollen. Jedes dieser Einzelelemente kreist um zwei polare Motive, die miteinander verbunden werden (a, e, h) oder zwischen denen Übergänge bestehen können (b, g).

a) Das Urteil über das bisherige, sich dem Ende zuneigende Zeitalter ist weithin von Deuterojesaja bestimmt worden: Es ist das Zeitalter der Sünde und der dadurch bedingten Strafe (Jes 40,2; 51,17; 57,17). Mit der zeitlichen Festlegung der Strafe (Untergang Judas und Exil) war der Gedanke verbunden, daß sie den Sünden der früheren Zeit galt; darin schloß das Urteil sich letztlich an die bitter-spöttische Beschwerde der Deportierten in Ez 18,2 an. Demgegenüber schilderte Jes 9,1 die bisherige Zeit allgemein als chaotisches Treiben, so daß über dem Volk das *Dunkel* als Unheil und Tod lastet und es sozusagen *im Land der Finsternis*, in der Unterwelt der Todesschatten, dahinsiecht. Diese beiden Auffassungen wurden in

der Weise miteinander verbunden, daß die notvolle Situation der
Finsternis und Krankheit, in der die Gemeinde des Lichts und der
Heilung bedarf, mit der Sünde begründet wurde – aber nicht mit der
früheren, sondern mit der gegenwärtigen (Jes 59,1.8). Das bisherige
Zeitalter ist durch die ständige und daher auch gegenwärtige Sünde
der Menschheit in Übertretung der noachitischen Gebote gekennzeichnet (Jes 24,5.20; 26,21). Ja, der Anbruch der Heilszeit kann sich
wegen dieser gegenwärtigen Sünde verzögern, sei diese nun das Un-
terlassen des Tempelbaus (Haggai) oder Blutschuld und Ungerechtigkeit (Jes 59,1–4).

b) Den Anbruch des neuen Zeitalters sah Deuterojesaja als nahe
bevorstehend an. So klingt es immer wieder aus seinen Worten (vgl.
Jes 42,10–17), besonders aus denjenigen über Kyros, dessen Taten die
Heilszeit herbeiführen helfen sollten. Der Prophet konnte das Bevorstehende sogar als gegenwärtig (48,20) oder in fingierter Rück-
schau als schon geschehen betrachten (40,9–11; 48,2). Folgte er darin
strukturell der früheren prophetischen Verkündigung, die sich stets
mit der Gegenwart und nächsten Zukunft befaßt hat, so spiegelte
sich in den beiden letzten Sprüchen über den Knecht Jahwes in Jes
50,10 f.; 52,13–53,12, sofern sie sich auf Deuterojesaja selbst beziehen,
schon die Tragödie des Scheiterns der hochgespannten Erwartungen
wider. Dennoch wurde später der Anbruch der Heilszeit wieder als
nahe bevorstehend verkündet (Jes 56,1 f.; 61,2) und geradezu als
das *Nahen Gottes* bezeichnet (Jes 58,2) oder als schon erfolgend hingestellt (Hag 2,19; Jes 57,14). Die immer neue Verzögerung dessen
jedoch führte nicht nur zu leidenschaftlichem Drängen (Jes 62), sondern auch entweder zu einem mit der gegenwärtigen Sünde begrün-
deten Hinausschieben (Jes 59) oder zum Absehen von der Bestimmung eines Zeitpunkts, so daß der Beginn der Umwälzung als eine
Möglichkeit erschien, die sich an jedem Tag verwirklichen konnte
und für die es sich durch die Erfüllung der kultischen und ethischen
Pflichten vorzubereiten galt (Maleachi). Das ist der Übergang zu dem
wegen der wiederholten Enttäuschungen schließlich erfolgenden Hinausschieben in eine unbestimmte Ferne.

c) Die eschatologischen Propheten sahen die große Umwälzung
der Zeitenwende oft mit einer begrenzten oder umfassenden Welterschütterung verbunden. Bei Deuterojesaja betraf sie die herrschende
babylonische Macht (vgl. auch Jes 13; 21,1–10; Jer 50 f.), die mit der
alten Welt als deren Symbol zerbrochen werden sollte. Es ist die Tat

Jahwes, der nach alter Vorstellung als Krieger den Kampf ausficht (Jes 42,13)[1], oder des von ihm als König eingesetzten und beauftragten Führers. Bei Haggai sollte die Welterschütterung sogar Natur und Völker (Hag 2,6f.21 f.), bei Sacharja alle Völker treffen (Sach 1,15; 2,1–4). Später richtete sich die Erwartung wieder mehr gegen die herrschende Weltmacht (Sach 9,1 ff.; 11,1 ff.), die öfters symbolisch mit geschichtlichen Namen als *Assur* (Jes 10,24–27 a), *Babel* (Jes 14,22[2]), *Moab* (Jes 25,10) oder *Edom* (Jes 34) bezeichnet wurde. In alledem wurde die Linie der gesamten früheren Prophetie, nicht zuletzt auch der Heilspropheten, aufgenommen, die Jahwe im Zusammenhang mit politischen Krisen am Werk sah. Eine ganz andere Tradition wirkte in dem Motiv des endzeitlichen Völkersturms gegen Israel oder Jerusalem nach. Es war sowohl aus Ezechiels Wort gegen Gog (Ez 38 f.), das seinerseits an Jeremias Drohung mit dem Feind aus dem Norden anknüpfte (Jer 4–6)[3], eschatologisch abgewandelt (vgl. Joel 2,10: *der Nördliche*), als auch aus ursprünglich mythischen Vorstellungen hergeleitet und teilweise mit heilsprophetischen Gedanken durchsetzt worden. Gegenüber diesen Erwartungen und Befürchtungen einer gewaltsam-kriegerischen Umwälzung trat das andere Motiv eines wundersamen Hereinbrechens der Heilszeit ohne solche äußeren Ereignisse zurück. Zumindest dachte man an Eingriffe Jahwes in die endzeitliche Gemeinde. Während sie sich für Sach 5,1–4 zusätzlich zur Welterschütterung in der Vernichtung der diebischen und meineidigen Eingesessenen ereignen, scheinen Jes 59,17 f.; 65,11 ff. nur an die Beseitigung der Frevler und Götzendiener aus der Gemeinde Israels selbst zu denken.

d) Der Grund für die eschatologische Umwälzung lag für Deuterojesaja ausschließlich im Erlösungswillen Jahwes. Bei ihm erfuhr der

---

[1] Vgl. die zusammenfassende Untersuchung von H. Fredriksson, Jahwe als Krieger, 1945.

[2] Der Rahmen von Jes 14 (v. 1–4 a. 22 f.) stammt aus nachexilischer Zeit, wie vor allem daraus hervorgeht, daß sein Verfasser sich an exilische und nachexilische Texte angeschlossen hat (Jes 49,22 f.; 56,1–8; 61,4–9; Sach 2,12–16; 8,20–23). – G. Quell, Jesaja 14,1–23, in: Baumgärtel-Festschrift, 1959, 131–157.

[3] Vgl. B. S. Childs, The Enemy from the North and the Chaos Tradition, JBL 78 (1958), 187–198. – O. Eißfeldt, Baal Zaphon, Zeus Kasios und der Durchzug der Israeliten durchs Meer, 1932. – G. Fohrer – K. Galling, Ezechiel, 1955, 212–216. – A. Lauha, Zaphon, der Norden und die Nordvölker im Alten Testament, 1943. – G. Wanke, Die Zionstheologie der Korachiten, 1966.

von Hosea über Jeremia und Ezechiel zu verfolgende Erlösungsglaube innerhalb der prophetischen Theologie seine Vollendung.
Demgemäß war die „Umkehr" weder Voraussetzung noch Mittel der
Vergebung, sondern ihre Folge: Weil Jahwe vergeben hat und vergibt, kann und soll der Mensch umkehren (Jes 44,21 f.; 55,6 f.). Gerade umgekehrt verhält es sich in Sach 1,3: *Kehrt zu mir um, so*
werde ich mich (wieder) zu euch kehren. Dabei bedeutete die als
Voraussetzung und Bedingung für den Anbruch der Heilszeit geforderte Umkehr in der Situation Sacharjas die Abkehr von der
bisherigen Vernachlässigung des Tempelbaus und die Hinwendung
zu eifriger Arbeit. In dieser kultischen Beziehung lag der größte
Unterschied zur früheren Prophetie. In Jes 56,1–8 sind es das Halten
des Sabbats und das Vermeiden des Bösen (als Ausschluß der Fremden
und Eunuchen aus der Gemeinde), in Jes 58 ist es die tätige Nächsten-
liebe an Stelle des rituellen Fastens, in Jes 59 die Abkehr von der
Sünde, die als zu erfüllende Bedingung für den Anbruch der Heilszeit und die Teilhabe an ihr genannt werden; ja, in Jes 61,8 wird
die *ewige Zusicherung* geradezu als der *Lohn* für das treue Ausharren
bezeichnet. So standen einander zwei verschiedene Auffassungen
gegenüber.

e) Die Verwirklichung der eschatologischen Wende konnte in
partikularistisch-nationaler oder in universaler Art vorgestellt werden, wobei in der ersteren, die besonders häufig erscheint, die frühere
nationale Heilsprophetie am kräftigsten nachwirkte. Nach ihr vollstreckt Jahwe bei der kommenden Welterschütterung (vgl. c) zugunsten Israels das Gericht an der Weltmacht oder an den Völkern,
vor allem sofern sie die endzeitliche Gemeinde bedrohen. Dieses Gericht, das Jahwe oder Israel selber vollstreckt, spielte in allen eschatologischen Erwartungen eine bedeutende Rolle. Jahwe wird sogar
ganze Völker als Lösegeld für die Befreiung und Sammlung der Deportierten und Verstreuten hingeben oder sie der Heilsgemeinde
künftig dienen lassen. Von den außerdem erhofften materiellen
Heilsgütern abgesehen (vgl. h), hatten diese nationalen Verheißungen
insofern auch einen universalen Aspekt, als andere oder alle Völker
von der Verwirklichung des künftigen Zeitalters betroffen werden.
Im Sinne der nationalen Heilsprophetie, die das Heil primär und
eigentlich für Israel erwartete, sollten die Völker jedoch durch Gericht und Vernichtung betroffen werden. Nur als Gerichtete und
durch das endzeitliche Geschehen Bekehrte erhalten sie einen gewis-

sen Anteil am Heil (vgl. i). Dem gegenüber stand allerdings im Anschluß an die Theologie der großen Einzelpropheten der Gedanke
einer echt universalen Verwirklichung des Heils zugunsten aller Menschen. Am deutlichsten findet er sich in Zeph 3,9 f.: Jahwe wird den
Völkern neue, reine Lippen geben, so daß sie ihn anrufen, ihm gemeinsam dienen und in aller Welt Gaben darbringen. Auch Deuterojesaja dachte einmal an die unmittelbare Zuwendung des Heils an die
harrenden Völker (Jes 51,4–6), die der Dichter von Jes 52,13–53,12
durch das stellvertretende Leiden des Knechtes Jahwes vollzogen sah,
während Jes 17,7 f. auf Grund des Schöpfungsgedankens von der
endzeitlichen Bekehrung aller Menschen ohne weitere Geschehnisse
spricht. Häufiger war eine Verbindung der nationalen und der universalen Art der Verwirklichung, indem das Heil in universaler Art
aller Welt zugesagt wurde, aber am national-religiösen Mittelpunkt
Israels, in Jerusalem, zu erlangen sein wird (Jes 2,2–4; 25,6 ff.; 56,7;
Jer 3,17; Sach 8,20 ff.; mit drohendem Aspekt in Sach 14,16 ff.).

f) Die bisherigen Beispiele zeigen, daß die eschatologische Prophetie gewöhnlich nicht ein Ende der Welt überhaupt meinte, sondern die eschatologischen Geschehnisse sich im Rahmen der Völkerwelt abspielen sah. Überwiegend sollte sich das Heil des neuen
Zeitalters in diesem Rahmen verwirklichen. Dabei knüpfte die eschatologische Prophetie an politische oder zeitgeschichtliche Gegebenheiten an (wie Deuterojesaja oder Sach 1,7–15) oder spann ohne
solche Anknüpfungspunkte theologische Überlegungen aus (vgl. Joel
4; Sach 12–14). Demgegenüber finden sich mehrfach Anschauungen,
in denen der Kosmos in die eschatologischen Ereignisse einbezogen
oder diese gar als ein kosmisches Geschehen vorgestellt wurden. Den
Ansatzpunkt dafür lieferte die Einbeziehung der Natur durch
Deuterojesaja auf Grund des für ihn wichtigen Schöpfungsglaubens.
So erwarten Hag 2,6.21 die Erschütterung der Natur neben derjenigen der Völkerwelt, Jes 13,10.13; 24,1 ff.18 ff.; Jer 4,23–26 kosmische Auswirkungen des Endgerichts, die das Ende der bestehenden
Welt herbeiführen können (Jes 34,4; 51,6). Dem Ende des alten entspricht die Schaffung eines neuen Kosmos (Sach 14,6), der dann un-
vergänglich sein (Jes 65,17 f.; 66,22) und in dem Jahwe als ewiges
Licht leuchten wird (Jes 60,19 f.).

g) Ihrer Art nach wurde die künftige Heilszeit häufig als Wiederherstellung des Früheren erwartet. Diese restaurative Eschatologie

wird äußerlich in Sach 10,6; Ps 85,5 durch das dort zu lesende שׁוב
(šûb) hiph. *wiederherstellen* gekennzeichnet, vor allem aber durch den
Ausdruck שׁוב שְׁבוּ/ית (šûb šᵉbû/ît) *das Geschick wenden* (im Sinne der
Wiederherstellung), dessen Bedeutung als Wiederherstellung sich ein-
deutig aus Ez 16,53; Hi 42,10 ergibt[4]. Der Ausdruck begegnet fast
ausschließlich in der eschatologischen Theologie und scheint ihr geradezu als stehende Wendung für die eschatologische Wiederherstellung gedient zu haben. Ebenso häufig aber meinte die eschatologische
Prophetie nicht das Wiederherstellen, sondern das Neuwerden des
Alten. Die Heilszeit sollte wesenhaft eine Welterneuerung bedeuten.
Das wird in der Gegenüberstellung des *Früheren* und des *Neuen* bei
Deuterojesaja besonders klar. Auch und gerade Jerusalem wird neu
werden, wie Sach 2,5–9 und die Parallelisierung mit der Schöpfung
in Jes 60,1 f. zeigen. Noch einen Schritt weiter gingen der Verfasser
von Jes 62, der von einem neuen Namen und damit von einer neuen,
heilvollen Wesensart Jerusalems sprach, und der von Jes 2,2, der mit
Hilfe ursprünglich mythischer Vorstellungen die Stadt als Gottesberg und Mittelpunkt des Paradieses schilderte. Die Erwartungen
gipfelten in der Ankündigung einer Neuschöpfung des Kosmos
(vgl. f).

h) Das Heilsgut des neuen Zeitalters wurde als wirkliche Segensfülle und materielles Gut verstanden (Sach 1,17). Grundlegend war
der erwartete Wiederaufbau Jerusalems, seines Tempels und der
judäischen Städte (Jes 44,26; 45,13; 54,11 f.; 58,12; 60,10.13; 61,4),
wobei Jerusalem zum Mittelpunkt der Welt und des ewigen König-
reichs Jahwes werden sollte (Jes 2,2; 24,23; 60,10 f.)[5]. Ein gewaltiger
Reichtum fließt dann für den Bedarf des Tempels oder der Heilsgemeinde dorthin, wie umgekehrt von der Stadt ein Segensstrom
ausgehen wird (Joel 4,18; Sach 14,8 im Anschluß an Ez 47,1–12).
Teils als Wirkung dessen, teils als Folge der Welterneuerung (vgl. g)
wurde erstaunlich häufig eine paradiesische Fruchtbarkeit des Landes

---

[4] E. L. Dietrich, שׁוב שבות, die endzeitliche Wiederherstellung bei den
Propheten, 1925. – Anders E. Baumann, שׁוב שבות, Eine exegetische
Untersuchung, ZAW 47 (1929). 17–44: Aufhebung der Schuldhaft. – Zur
Form des Ausdrucks vgl. R. Borger, Zu שׁוב שְׁבוּ/ית, ZAW 66 (1954),
315 f.

[5] G. Fohrer, Zion-Jerusalem im Alten Testament, ThW VII, 291–318. –
H. Groß, Weltherrschaft als religiöse Idee im Alten Testament, 1953. –
N. W. Porteous, Jerusalem-Zion: the Growth of a Symbol, in: Rudolph-
Festschrift, 1961, 235–252.

verheißen (z. B. Jes 30,23–25; 51,3; Am 9,13; Joel 4,18; Ps 144,13 f.)[6].
Zur Segensfülle gehören ferner das Wachstum Israels durch zahlreiche Nachkommen (Jes 44,3 f.; 49,19–21; 54,1–3; 60,22), die Behebung körperlicher Gebrechen (Jes 29,18; 32,3 f.; 33,23; 35,5 f.),
die Langlebigkeit der Menschen entsprechend der israelitischen Auffassung des Lebens (Jes 65,10; Sach 8,4) bis zur Vernichtung des Todes
(Jes 25,8) und der ewige Friede in Menschen- und Tierwelt (Jes 2,4;
9,4; 11,6–9; 65,25; Sach 9,10; Ps 46,10)[7]. Dem gegenüber steht das
religiös-geistige Heilsgut: die Beseitigung der Unreinheit (Sach 13,1 ff.),
die Sündlosigkeit (Jes 60,21; 65,25; Sach 5,5–11), so daß nichts Böses
mehr geschieht (Jes 11,9) und Israel *heilig* heißt, d. h. dem bisherigen
Leben entnommen und Jahwe geweiht (Jes 4,3; 62,12). Demgemäß
empfängt Israel den Geist prophetischer Begabung, der eine unmittelbare Beziehung zu Jahwe ermöglicht (Joel 3,1 f.). Darin wirkte
– freilich vergröbert – der Erlösungsglaube der früheren Prophetie
nach. Letztlich aber lassen sich beide Aspekte, äußere Segensfülle und
religiöses Heil, nur künstlich voneinander trennen; für das damalige
Verständnis gehörten sie zusammen, wie ihre Verbindung in Jes
11,6–9; 58,11 f.; Ps 85,11–13; 90,13–17 zeigt. Alles dies wird Freude
und Jubel wecken, die sowohl das Echo auf die gewährten Heilsgüter
als auch selber ein letztes Heilsgut darstellen (Jes 42,10–22; 44,23;
48,20; 49,13; 51,11; 52,8 f.; 61,3; 65,13 f.18; 66,10).

i) Die Teilnahme am Heil kommt zunächst der israelitischen
Gesamtgemeinde des neuen Zeitalters in und um Jerusalem als ihrem
Mittelpunkt zu, die häufig als der *Rest* Israels bezeichnet wurde.
Dieser Ausdruck, der ursprünglich dasjenige bezeichnete, was als
weniger wichtiger Teil nach der Vernichtung übrigbleibt (vgl. § 20,1),
wurde vom ausgehenden Exil an zur demütig-stolzen Bezeichnung
der vom Untergang Verschonten, die sich damit nicht mehr als unwerte Übriggebliebene, sondern als ausersehene Träger der Heilszukunft kennzeichneten. Die Teilhabe dieser „Rest"-Gemeinde am
Heil konnte exklusiv ausgelegt werden, zur eigenen Absonderung
und zum Ausschluß anderer führen (Hag 2,10–14; Jes 61,9). Umgekehrt konnte die Aufnahmewilligkeit der Gemeinde für andere

---

[6] A. De Guglielmo, The Fertility of the Land in Messianic Prophecies,
CBQ 19 (1957), 306–311.
[7] W. Eichrodt, Die Hoffnung des ewigen Friedens im alten Israel, 1920. –
G. Fohrer, Glaube und Welt im Alten Testament, 1948, 230–258. –
H. Groß, Die Idee des ewigen und allgemeinen Weltfriedens im Alten
Orient und im Alten Testament, 1956.

gefordert werden, wobei die Aufzunehmenden sich freilich den kul-
tisch-gesetzlichen Forderungen fügen müssen (Jes 56,1–8; Sach 9,1–8).
Gewöhnlich wurde den Völkern als einem zweiten, weiteren Kreis
die Teilhabe am Heil zugesprochen. Daß sie zu dem *Volk* der Jahweverehrer gehören werden (Sach 2,15), beruht dann auf ihrer Bekehrung angesichts des Erlebten (Jes 2,2–4; 45,3.5 f.14–17), ihrer Einsicht auf Grund der Aufforderung Jahwes (Jes 45,20–25), der Mission
unter ihnen (Jes 42,1–4.6; 49,6) oder des anzueignenden stellvertre-
tenden Leidens (Jes 52,13–53,12). Die Zugehörigkeit der Völker zu
den Jahweverehrern zeigt sich in ihrem Wunsch nach Belehrung über
den von Jahwe gewollten Lebensweg (Jes 2,3) oder in der Beteiligung
am Mahle Jahwes (Jes 25,6 ff.) sowie in dem verlangenden Anklam-
mern an ein Glied der Heilsgemeinde (Sach 8,23) oder der Pilger-
fahrt nach Jerusalem (Jes 2,2 f.; Sach 14,16 ff.). So zeigen sich wieder
partikularistisch-nationale und universale Motive (vgl. e). Stets aber
war die Teilhabe Israels und der Völker kollektiv oder korporativ
gedacht; der einzelne hat am Heil nur als Glied der Gemeinde oder
seines Volkes Anteil.

3. Die Messiaserwartung

a) Die eschatologische Prophetie besaß zwei verschiedene Auffassungen darüber, wer in der Heilszeit die Herrschaft auf Erden ausüben werde. Teilweise glaubte man, daß Jahwe selbst als König
herrschen und auf diese Weise die Gottesherrschaft vollenden wird
(Jes 24,23; 33,22; 43,15; 44,6; Ob 21; Mi 2,13; 4,7; Zeph 3,15; Sach
9,1–8; Mal 3,1; Ps 47; 96–99; 146,10; 149,2). Dagegen nahmen
andere an, daß an Stelle Jahwes ein von ihm eingesetzter menschlicher König als sein Vertreter und Statthalter regieren wird. Man
pflegt diesen Herrscher als „Messias" zu bezeichnen, obwohl das AT
den Titel nirgendwo für die heute so bezeichnete Gestalt verwendet;
das ist erst im nachalttestamentlichen Judentum und im NT geschehen. Wenn der Titel im folgenden als geläufige Bezeichnung
weiterverwendet wird, ist zu beachten, daß in den entsprechenden
atl. Verheißungen vom „Messias" keine Rede ist und daß demgemäß
nicht die frühjüdisch-urchristlichen Vorstellungen in die atl. Texte
eingetragen werden dürfen, diese vielmehr nach der ihnen eigentümlichen Erwartung befragt werden müssen.

Zu den messianischen Verheißungen gehört zunächst Jes 9,1–6, das
von dem *Kind* und *Sohn* auf dem Throne Davids mit den Thron-

namen *Wunderbarer Ratgeber, göttlicher Held, Beutebesitzer, Friedens-
wahrer* spricht. Jes 11,1–9 über das Reis aus dem *Wurzelstock Isais,*
der davidischen Dynastie, und seine Friedensherrschaft ist eindeutig
messianisch. Ähnlich sprechen Jes 11,10 und 16,5 von einem Sproß aus
der *Wurzel Isais* bzw. einem gerechten Herrscher und *Richter,* der
durch einen nachträglichen Zusatz mit David in Verbindung gebracht
wurde. Auch Jer 23,5 f. (33,15 f.) nennt einen Sproß Davids, der in
Recht und Gerechtigkeit regieren soll. Ez 17,22–24 verwendet dafür
das Bild vom Schößling des Zedernwipfels. Mi 5,1.3 spielen mit der
Erwähnung von Bet Ephrat bzw. Betlehem auf die Heimat der
Davididen an, aus der der messianische Herrscher kommen wird.
Hag 2,20–23 bezeichnet Serubbabel, den davidischen Kommissar der
Perser in Jerusalem, als den demnächstigen Messias, ebenso Sach
6,9–15 in der symbolischen Krönungshandlung, die sich ursprünglich
auf Serubbabel bezogen hat. Daneben wird in Sach 4,1–6aα.10b–14
die Messiaswürde auf einen weltlichen und einen geistlichen Würden-
träger verteilt: auf den Politiker Serubbabel und den Hohenpriester
Josua; der letztere wird hinzugezogen, weil auch priesterliche Aufgaben auszuüben sind und der politische Herrscher daher nicht
genügt. Schließlich handelt Sach 9,9 f. über den fürstlichen Einzug
des Messiaskönigs in Jerusalem.

Die schwer deutbare Gestalt des *Durchbohrten* von Sach 12,9–13,1 muß
außer acht bleiben. Nicht im strengen Sinn messianisch ist die junge Hinzufügung in Mal 3,23 f., in der Elia als Vorläufer des zum Endgericht erscheinenden Jahwe verstanden wird; der wiederkehrende Elia ist zwar eine
messianische Gestalt, aber an Stelle eines Messias wird Jahwe selbst erwartet
(Mal 3,1).

Andere gern zitierte Texte sind im Laufe der Zeit fälschlich messianisch
gedeutet worden und besagen in Wirklichkeit etwas ganz anderes:

1. Keinerlei Verheißung, geschweige denn eine messianische, enthalten
Gen 3,15; Jes 7,14 und Ps 22,19. Denn Gen 3,15 gehört in den Zusammenhang der Fluchworte über die schuldig gewordenen Menschen und spricht
von der für immer zwischen Mensch und Schlange herrschenden Feindschaft, die dazu führt, daß beide einander zu töten suchen. In Jes. 7,14 bezeichnet das von LXX durch *Jungfrau* übertragene hebräische Wort עַלְמָה
(*'älmā*) in Wirklichkeit die *junge Frau;* zudem ist das von Jesaja angekündigte Zeichen nach dem ganzen Zusammenhang und den folgenden Sprüchen
7,18–22 eine Unheilsdrohung, nach der in wenigen Jahren der Acker verlassen und verödet sein wird. Ps 22,19 ist durch das Mißverständnis des
Verfassers des Johannesevangeliums messianisch gedeutet worden, indem
die einander parallelen Versglieder des hebräischen Textes, die sich auf den
gleichen Vorgang beziehen, auf zwei verschiedene Handlungen – das Ver-

teilen der Kleider und das Loswerfen über den Rock – bezogen wurden; der Psalm ist in Wirklichkeit das Gebet eines Kranken, der erhört worden ist.

2. Ebensowenig sind die Sprüche über den Knecht Jahwes als messianische Verheißungen zu verstehen (vgl. § 24,3).

3. Schließlich beziehen sich zahlreiche andere atl. Worte, die messianisch gedeutet wurden, in Wirklichkeit auf den regierenden oder – gegebenenfalls von neuem – erhofften judäischen bzw. israelitischen König. So verhält es sich mit den auf einen König bezüglichen Psalmen sowie mit dem umstrittenen und schwer deutbaren Wort שׁילֹה (šîlō) im Judaspruch des sog.

Jakobsegens in Gen 49,10 und den Redewendungen *Stern aus Jakob* und *Zepter aus Israel* des Bileamspruchs in Num 24,17, mit denen wahrscheinlich David gemeint ist. Unmessianisch war die Erwartung Ezechiels, daß der deportierte König Jojachin wieder in seine Rechte eingesetzt (Ez 21,30–32) oder daß ein anderer Davidide künftig als *Fürst* regieren werde (Ez 37,23 bis 25; 34,23 f.). Ähnlich sind andere, wohl durchweg aus der exilischen Zeit stammende Sprüche oder Bemerkungen zu verstehen, die die Wiederherstellung des judäischen Staates und die erneute Einsetzung der davidischen Dynastie erhofften: Jes 32,1; Jer 30,9.21; Hos 3,5 a β; Am 9,11–15; Mi 4,8. Diese Zukunftserwartungen bildeten erst ein Übergangs- und Zwischenstadium, das zur Messiasvorstellung hinführte.

Insgesamt enthält das AT 11 (12) messianische Verheißungen. Schon diese geringe Zahl macht deutlich, daß die Messiasvorstellung nicht im Mittelpunkt der Eschatologie stand. Zudem rühren nur wenige Verheißungen von den Propheten her, in deren Büchern sie sich finden. Nur diejenigen in Hag 2; Sach 4 und 6 lassen sich von diesen beiden Propheten, diejenige in Sach 9 von Deuterosacharja herleiten. Alle anderen stammen von unbekannten Propheten der nachexilischen Zeit und sind jünger als Haggai und Sacharja.

b) Der spätere Titel „Messias" ist insofern treffend gewählt worden, als er die verkürzte Form der Bezeichnung מָשִׁיחַ יהוה (mešîaḥ jhwh) *Gesalbter Jahwes* darstellt, die ursprünglich dem regierenden König zukam (§ 12,2). Der Titel kennzeichnet die eschatologische Gestalt also ebenfalls als einen König. Freilich ist zu beachten, daß auch der Perserkönig Kyros so genannt wurde (Jes 45,1) und daß man später von der Salbung des Hohenpriesters (Lev 4,3 u. ö.), aller Priester (Ex 28,41), von Propheten (I Reg 19,16; Jes 61,1) und der Patriarchen sprach (Ps 105,15; I Chr 16,22). Demnach drückte die Salbung aus, daß ein Mensch in eine engere Beziehung zu Jahwe trat, als es gewöhnlich der Fall war. Auch der Titel „Messias" bezeichnet die eschatologische Gestalt als einen, der in einem besonders engen Verhältnis zu Jahwe steht.

Die Erwartung eines solchen Messias ist in der frühnachexilischen Zeit entstanden, als nach dem Untergang Judas und der Absetzung der davidischen Dynastie, nach dem Exil und der Befreiung sich in Juda unter persischer Oberhoheit eine neue Gemeinde gebildet hatte, die eschatologische Prophetie aber die ewige Heilszeit als verwirklichte Gottesherrschaft verhieß, die sich vor allem in einem neuen israelitischen Volk und Reich auf dem Boden Palästinas abspielen sollte. Volk und Reich jedoch benötigten nach der damaligen Vorstellung einen Herrscher. Der eigentliche Herrscher würde zweifellos Jahwe selbst sein. Wo man nun der Ansicht war, daß er nicht leibhaftig auf Erden erscheinen und regieren könne, erwartete man, daß er einen irdischen Stellvertreter einsetzen werde, der für ihn und in seinem Auftrag regiert. Eben dies ist der Messias: der künftige König der eschatologischen Heilszeit, der die Regierung als Jahwes Stellvertreter auf Erden ausübt. Er ist der Herrscher in dem kommenden nationalen und religiösen Reich, das Jahwe eines Tages auf wunderbare Weise errichten wird. Die Messiaserwartung ist also dort entstanden und hat dort eine Rolle gespielt, wo man eschatologisch dachte und zugleich davidisch-königstreu war. Daß sie so selten begegnet und im Hintergrund bleibt, hat seinen Grund darin, daß solche Kreise zahlenmäßig klein waren und keinen nachhaltigen Einfluß besaßen.

Daneben ist die altorientalisch-mythisch-kultische Erklärung für den Ursprung der Messiasvorstellung zu erwähnen, die früher außer anderen besonders nachdrücklich Greßmann vertreten hat. Sie betrachtete den Messias als eschatologische Gestalt, hergeleitet vom Paradieskönig – eine Vorstellung, die schon in früher Zeit aus Babylonien und Ägypten nach Israel gekommen sei. Im ganzen Alten Orient sei der König als Messias betrachtet und mit Hilfe der Messiasideologie beschrieben worden; das altorientalische Ideal des Königtums spiegele die noch älteren messianischen Vorstellungen wider. Jedoch scheitert diese Auffassung daran, daß sich im Alten Orient außerhalb Israels keine Eschatologie feststellen läßt (außer in der späten persischen Religion); es werden stets gegenwärtige Könige gepriesen und verherrlicht.

Anders S. Mowinckel. Nach seiner Erklärung verlegte man, was man zunächst beim Thronbesteigungsfest Jahwes als Wirklichkeit erlebte – das Königtum Jahwes, wobei man den irdischen König als seinen Gesalbten mitfeierte und in ihm die Hoffnungen und Aussichten der Dynastie und des Volkes repräsentiert sah –, durch die üblen Erfahrungen der späteren Königszeit ernüchtert, als Ideal in die Zukunft. Form und Inhalt der Messiashoffnung sind also von der israelitischen Vorstellung des Königtums als einem vorausgehenden Stadium der eigentlichen Messiaserwartung hergeleitet, diese israelitische Vorstellung aber wiederum mit der allgemein-

orientalischen Vorstellung vom Königtum eng verbunden. Jedoch ist ein
Thronbesteigungsfest in Israel äußerst fraglich (vgl. § 16,3); und in Babylonien, dem Land des klassischen Neujahrsfestes mit der Thronbesteigung
Marduks und des Königs, sind keine Eschatologie und Messiaserwartung
entstanden, obwohl die Enttäuschungen des Alltags keineswegs geringer
waren.

Von anderen wird die Verbindung zwischen dem altorientalischen Königtum und der Messiaserwartung noch stärker betont, indem man von einem
dem Alten Orient gemeinsamen kultischen Schema ausgeht und auf die Vorstellungen vom König, der im Mittelpunkt dieses Schemas stehe (vgl.
§ 12,2), den Ausdruck „messianisch" anwendet. Er bedeutet nicht eschatologischen Messianismus, sondern die durchgearbeitete „Königsideologie". Das
Königtum bildet nach dieser Auffassung eine religiöse und politische Einrichtung. Von Gottes Gnaden verkörperte der König die Gottheit in seiner
Person und spielte im Kultus ihre Rolle. Gleichzeitig repräsentierte er die
Gemeinschaft, das gesamte Volk. Von ihm hingen Sieg und Wohlergehen,
Regen und Fruchtbarkeit, die Unversehrtheit des natürlichen und menschlichen Lebens und die Ordnung des Kosmos ab, die er gegenüber den Chaosmächten behauptete. All dies soll in der Ideologie zusammengefaßt worden
sein, die sich mit der Gestalt des Königs verband; und da nach dieser
Ideologie der König als eine ideale Gestalt erschien, mit der eine Heilshoffnung verbunden war, muß dafür der Ausdruck „messianisch" verwendet
werden. Die Bedenken gegen diese Auffassung sind bereits dargelegt worden
(§ 12,2). Sie schließen die Ableitung der Messiaserwartung von einer angeblichen altorientalischen Königsideologie aus. Diese Erwartung konnte erst nach
der Absetzung der davidischen Dynastie im Rahmen einer eschatologischen
Hoffnung entstehen.

c) Der Person nach ist der Messias durchweg ein sterblicher Angehöriger der abgesetzten davidischen Dynastie. Als Haggai und
Sacharja wegen ihrer Naherwartung jemanden nennen mußten, der
das Herrscheramt sofort übernehmen konnte, fanden sie ihn in der
Gestalt Serubbabels, eines Enkels des früheren Königs Jojachin. Nach
dem Scheitern der an ihn geknüpften Hoffnungen legte man sich
dagegen nicht mehr auf eine bestimmte Person fest, sondern sprach
allgemein von einem Sprößling oder Wurzelschoß an dem übriggebliebenen Stumpfe Isais, von einem Abkömmling der alten betlehemitischen Linie. Es ist nicht David persönlich, der auf wunderbare
Weise zurückkehrt, kein wiedererstandener oder von neuem inkarnierter David, kein Davidus redivivus. Das ist ein für die atl. Zeit
unvollziehbarer Gedanke. Auch wenn der eschatologische Herrscher
einfach „David" genannt wurde, war es nur eine verkürzte Bezeichnung für einen Abkömmling der früheren Dynastie.

Der Messias ist kein übernatürliches Wesen, das auf die Erde herabkommt, sondern ein Mensch wie andere. Von ihnen unterscheidet er sich lediglich dadurch, daß er zu Jahwe als dessen Stellvertreter in einer besonders engen Beziehung steht und der früheren Dynastie entstammt. Nicht der Messias ist wunderbar; wunderbar werden vielmehr die von Jahwe heraufgeführte Heilszeit und das von ihm errichtete Reich sein.

Manchmal freilich geht es nicht um eine bestimmte noch um eine einzige Person. Man erwartete nicht einen individuellen Messias, sondern eine davidisch-messianische Dynastie. Auch wenn nur ein einziger Sproß genannt wurde, erschien er doch als derjenige, in dem die messianische Dynastie zuerst sichtbare Gestalt annehmen würde. Er steht lediglich am Beginn der ewigen Heilszeit und ist der erste einer endlosen Reihe.

d) Die Aufgabe des Messias wird darin bestehen, daß er als ein gerechter König auf dem Throne Davids sitzen und regieren wird. Von der Ausnahme des zweiten, priesterlichen Messias bei Sacharja abgesehen, hat man ihm von Anfang an politische Aufgaben und politische Bedeutung im weitesten Sinn des Wortes zugeschrieben. Er ist eine eschatologisch-politische Gestalt.

Negativ besagt dies, daß der Messias im AT nicht das Heil bringt und kein Heiland ist. Das künftige Heil wird stets von Jahwe geschenkt; auch nach Jes 9,1–6 ist er es, der alles vollbringt. Wie die Person des Messias gegenüber dem Gott, der ihn einsetzt, nebensächlich ist, so ist seine Tätigkeit nur die eines Beauftragten und Sachwalters Jahwes als des wahrhaften Königs. Positiv besagt es, daß der Messias – mit dem Geiste Jahwes als der Quelle seiner Kraft erfüllt – Volk und Land als kriegerischer Held gegen alle Angriffe verteidigt, den steten Frieden sichert, Glück und Wohlergehen, Ruhe und Sicherheit, Ordnung und Brüderlichkeit schafft. In alledem ist er der irdische Herrscher nach dem Beginn der Heilszeit.

e) Das Frühjudentum hat einerseits die atl. Linie fortgeführt, indem es ebenfalls einen nationalen, politischen und diesseitigen Messias erwartete. Von der atl. Gestalt unterschied er sich aber dadurch, daß die Erwartung viel partikularistischer allein auf das Judentum bezogen und daß der Messias nunmehr zum Heilbringer und Heiland wurde. Andererseits erwartete man einen über- und anderweltlichen, universalistischen Messias, den *Menschensohn*, der bereits im Danielbuch vorausgesetzt wird (vgl. § 27,6). Nur selten hat man versucht, die beiden Vorstellungen miteinander zu verschmelzen (Esra- und Baruch-Apokalypse).

4. Ergebnis

Die grundlegende Unterscheidung zweier Zeitalter und zahlreiche Einzelheiten zeigen, daß die eschatologische Prophetie eine exilisch-nachexilische Uminterpretation der Botschaft der vorexilischen großen Einzelpropheten darstellte, die mit Hilfe der von diesen längst in Frage gestellten einlinigen und unverbrüchlichen Heilserwartung für Israel erfolgte und die – vorwiegend kultprophetische – Heilsverkündigung auf einer neuen Ebene fortsetzte. Diese Heilserwartung und -verkündigung für Israel aber vereinfachte und vereinseitigte das Gottesbild durch die Vernachlässigung anderer Aspekte oder verfälschte es durch die Zuweisung des Heils an Israel und des Unheils an die Völker im national-religiösen Sinn. Der Unterschied gegenüber den großen Einzelpropheten wurde dadurch vertieft, daß die eschatologische Prophetie gewöhnlich nicht eine wesenhafte Wandlung und neue Daseinshaltung des Menschen, sondern ein neues Zeitalter und eine neue Gestalt der Umwelt erhoffte. Jahwe wandelt nach ihr nicht den Menschen und durch ihn die Welt, sondern die Welt und erst auf diesem Umweg über sie oder im Zusammenhang mit ihr den Menschen, sofern dieser nicht gar für fähig gehalten wird, sich die Teilhabe am Heil zu verdienen. Dieser verhängnisvollen Umkehrung, die Jahwe nur noch mittelbar auf dem Wege über die äußeren Lebensverhältnisse auf den Menschen einwirken und – von wenigen Ausnahmen abgesehen – nicht mehr unmittelbar in sein Leben und Wesen eingreifen sah, entsprach es, daß die erhofften Heilsverhältnisse von ewiger Dauer sein sollten und damit der Mensch, sobald er sich im Heilszustand befindet, der Notwendigkeit einer immer neuen Entscheidung entnommen und in einen Ruhestand des Genießens versetzt sein werde.

Gründete sich die eschatologische Prophetie also auf die Mißdeutung der Botschaft der großen Einzelpropheten und die heilsprophetische Illusion des ausschließlichen göttlichen Heilswillens für Israel, so war sie zugleich von Anfang an eine Prophetie der scheiternden Hoffnung und vergeblichen Erwartung. Sie hielt ja darin an einem Grundmoment der Jahwereligion fest, daß sie die Zeitenwende als nahe bevorstehend betrachtete. Diese Verkündigung des in aller Kürze hereinbrechenden neuen Zeitalters entsprach völlig dem Nachdruck, den die Jahwereligion auf das Hier und Jetzt des Menschen gelegt hat, und daher auch dem Anspruch aller übrigen prophetischen Tätigkeit, sich mit Fragen der jeweiligen Gegenwart und allernächsten

Zukunft zu befassen. Die Naherwartung aber zog als unerwartete und unbeabsichtigte Folge die Erkenntnis nach sich, daß das verheißene Heil sich nicht verwirklichte, und damit die Enttäuschung über sein Ausbleiben und die neue Vertröstung auf die demnächstige Zukunft. Schon die eigentlich eschatologischen Erwartungen Deuterojesajas, die über die auch politisch vorauszusehenden Erfolge des Kyros und ihre Auswirkungen hinausgingen, haben sich nicht verwirklicht, vielmehr zu jenem tragischen Ende des Propheten beigetragen, dem ein Anhänger in Jes 52,13–53,12 dennoch einen Sinn abzugewinnen suchte. Genauso sind die eschatologischen Hoffnungen Haggais und Sacharjas, die sich mit dem Tempelbau verknüpften, vor der Wirklichkeit verflogen und haben durch ihr Scheitern zum zeitweiligen Sieg der konkurrierenden kultisch-rituellen Frömmigkeit nichteschatologischer Art geführt, aus deren Ungenügen sich dann die Krise entwickelt hat, die das Buch Maleachi widerspiegelt und die Esra durch eine streng gesetzliche Frömmigkeit zu beheben bemüht gewesen ist.

2. Kapitel

Die spätnachexilische Zeit

§ 27 Ereignisse, Gestalten und Glaubensströmungen

G. R. Berry, The Unrealistic Attitude of Postexilic Judaism, JBL 64 (1945), 309–317. – A.-M. Brunet, La théologie du Chroniste, BEThL XII, 1959, 384–397. – H. Cazelles, La mission d'Esdras, VT 4 (1954), 113–140. – M. Delcor, Hinweise auf das samaritanische Schisma im Alten Testament, ZAW 74 (1962), 281–291. – N. N. Glatzer, Anfänge des Judentums, 1966. – U. Kellermann, Nehemia, 1967. – J. C. H. Lebram, Nachbiblische Weisheitstraditionen, VT 15 (1965), 167–237. – Ders., Die Theologie der späten Chokma und häretisches Judentum, ZAW 77 (1965), 202–211. – J. Macdonald, The Theology of the Samaritans, 1964. – G. F. Moore, The Rise of Normative Judaism, HThR 17 (1924), 307–373; 18 (1925), 1–38. – S. Mowinckel, Studien zu dem Buche Ezra-Nehemia, I–II 1964, III 1965. – J. M. Myers, The Kerygma of the Chronicler, Interpr 20 (1966), 259–273. – R. North, Theology of the Chronicler, JBL 82 (1963), 369–381. – J. Paulus, Le thème du Juste Souffrant dans la pensée grecque et israélite, RHR 121 (1940), 18–66. – O. Plöger, Theokratie und Eschatologie, 1962². – H. H. Rowley, Nehemiah's Mission and its Background, BJRL 37 (1954/55), 528 bis 561 (= Men of God, 1963, 211–245). – Ders., The Samaritan Schism in Legend and History, in: Muilenburg-Festschrift, 1962, 208–222. – H. H. Schaeder, Esra der Schreiber, 1930.

1. Die Krise der Jerusalemer Gemeinde und Maleachi

Die innere Krise der Jerusalemer Gemeinde wird aus zwei Vor-
würfen deutlich, die um 465 v. Chr. ein Prophet erhoben hat. Man
nennt ihn Maleachi (Mal 1,1), obwohl es sich darin nicht um einen
Eigennamen handelt, sondern um das aus 3,1 entnommene *mein
Bote*. Dieser Prophet rügte einmal die Leichtfertigkeit und Unred-
lichkeit in der Erfüllung der kultischen Pflichten: Die Priester brachten minderwertige Opfer dar – blinde, lahme und kranke Tiere
(1,6–2,9) –, und die Gemeinde lieferte den Zehnten an den Tempel
unvollständig ab (3,6–12). Der Kultus wurde immer äußerlicher
betrieben; während die Priester ihn hauptsächlich als Einnahme-
quelle betrachteten, suchte das Volk so wenig wie möglich zu geben.
Der Prophet traf ferner auf das Problem der Mischehen. Da aus dem
Exil wesentlich mehr Männer als Frauen heimgekehrt waren und
der Unterschied noch nicht ausgeglichen war, hatten viele Männer
ihre Frauen aus der eingesessenen Landbevölkerung genommen, ob
sie nun israelitisch waren oder nicht. In der Zeit des Propheten
scheint man versucht zu haben, solche Ehen künftig zu unterbinden
und die bestehenden Mischehen zu scheiden, nachdem die Frauen die
gewünschten Kinder geboren hatten (2,10–16). Auch gegen diese intolerante Maßnahme wandte sich Maleachi. Die Sprüche über das
Fasten in Jes 58,1–12 und über die Sabbatheiligung in Jes 58,13 f.
zeugen von weiteren Mißständen.

Außerdem wirkten zwei fremde Einflüsse auf die Gemeinde ein:
die immer noch lebendigen religiösen Vorstellungen und Gebräuche
der kanaanäischen Religion, mit denen sich Jes 56,9–57,13 ausein-
andersetzt, und die persische Religion mit dem scharfen Dualismus
zwischen dem Guten und dem Bösen, der Verwerfung des Tieropfers
und dem Nachdruck auf dem ethischen Handeln, der Vorstellung
vom Gericht über den Menschen nach seinem Tode auf der Richter-
brücke und der endlichen Verklärung der Welt zu einem Gottesreich. Verstrickte die kanaanäische Religion den Israeliten in sexuelle
Kulte, so erschütterte die persische Religion eine bloß kultische
Frömmigkeit, wie sie in Jerusalem vorherrschte. So schien die Jahwereligion in Jerusalem aufs schwerste gefährdet. Die notwendige Reform wurde von der religiös strengeren babylonischen Diaspora eingeleitet.

2. Die Priesterschrift[1]

Ausdruck der strengen religiösen Haltung der babylonischen Diaspora war die priesterschriftliche Quellenschicht des Hexateuchs, die im 5. Jh. v. Chr. geschaffen worden ist. Sie bietet ein von den älteren Quellenschichten stark abweichendes Bild der Geschichte, das die in E, Deuteronomium und Heiligkeitsgesetz begonnene Konzentration auf die Mosezeit vollendet. In der Urgeschichte erzählt sie von Schöpfung, Sintflut und Noah und beschränkt sich im übrigen wie in der Patriarchengeschichte überwiegend auf bloße Genealogien oder Stammbäume, die die einzelnen Erzählungen und Notizen miteinander verbinden. So steuert die Darstellung auf schnellstem Wege zunächst die Vorgeschichte Israels und sodann die Moseüberlieferung an. Ja, die Ur- und Patriarchengeschichte und sogar die Erzählung vom Auszug aus Ägypten wurden auf eine Einleitung zur Sinaioffenbarung reduziert, mit der aller wichtige Stoff verbunden wurde. Außer Sabbat, Speisegeboten, Beschneidung und Passa hat P alle wichtigen Anordnungen auf die Sinaioffenbarung oder die unmittelbare Folgezeit und auf Mose als Vermittler zurückgeführt.

Kennzeichnend ist die enge Verbindung von Geschichtserzählung und Gesetz, die unauflöslich miteinander verknüpft sind. Im Zusammenhang der Erzählung erläßt Jahwe die jeweiligen Anordnungen, die sowohl für die damalige Situation als auch darüber hinaus von Generation zu Generation als *ewige Satzung* gelten sollen. Die Erzählung begründet das ewige Gesetz, und das ewige Gesetz erfordert die Darbietung der Erzählung. Aus diesem Grunde ist der erzählende Stoff ungleichmäßig verteilt. Wo er nicht mit göttlichen Anordnungen im Zusammenhang steht, geht er selten über Stammbäume und knappe Notizen hinaus, die das Ganze verknüpfen sollen. Dagegen ist die Darstellung recht umfangreich, wenn kultische Einrichtungen aus der Geschichte abgeleitet werden sollen (vgl. Gen 1,1–2,4a; 6,9–9,17*; 17).

[1] K. Elliger, Sinn und Ursprung der priesterlichen Geschichtserzählung, ZThK 49 (1952), 121–143 (= Kleine Schriften zum Alten Testament, 1966, 174–198). – S. Grill, Die religionsgeschichtliche Bedeutung der vormosaischen Bündnisse (Gen 9,9–17; 17,9–14), Kairos 2 (1960), 17–22. – K. Koch, Die Eigenart der priesterschriftlichen Sinaigesetzgebung, ZThK 55 (1958), 36–51. – J. Roth, Thèmes majeurs de la tradition sacerdotale dans le Pentateuque, NRTh 90 (1958), 696–721. – W. Zimmerli, Sinaibund und Abrahambund, ThZ 16 (1960), 268–280 (= Gottes Offenbarung, 1963, 205–216).

P hat die Geschichte außer durch eine Chronologie, die Stammbäume und die Formel *Das sind die Zeugungen von* (Name) vor allem durch eine Einteilung in vier große Perioden gegliedert, die durch verschiedene Stadien der Offenbarung Jahwes und der Verpflichtung des Menschen bzw. Israels gekennzeichnet sind: Das erste Stadium beginnt mit der Weltschöpfung, bei der Jahwe dem Menschen einen Anteil an der Weltherrschaft übergeben, vegetarische Nahrung geboten und den Sabbat eingesetzt hat. Das zweite Stadium beginnt nach der Sintflut mit den noachitischen Geboten und dem Regenbogen als dem Mahnzeichen für Jahwe. Das dritte Stadium folgt bei Abraham mit dem Gebot und Zeichen der Beschneidung, das vierte und letzte ist die Sinaioffenbarung mit dem gesamten Kultusprogramm, das für alle Zeit gültig ist.

Denn was P erzählte und an Anordnungen mitteilte, hat nicht nur in der Vergangenheit gegolten, sondern sollte auch und gerade in der Gegenwart und Zukunft gelten. P enthielt wie das von ihr aufgenommene Heiligkeitsgesetz ein Programm, so daß Esra sich bei seiner Reform vorwiegend auf dessen Anordnungen stützen konnte. Daß es in die Vergangenheit zurückprojiziert war, sollte es legitimieren und ihm Autorität verleihen. Weil Jahwe seine Anordnungen schon längst als ewige Satzung erlassen hat, müssen sie unwidersprochen in der Gegenwart und in aller Zukunft gelten.

Jahwe selbst wurde bei P völlig zum transzendenten Gott. Er erscheint dem Menschen weder in Wirklichkeit noch im Traum. Nur sein כָּבוֹד (*kabôd*), seine *Herrlichkeit,* offenbart sich und auch er verhüllt, nur von Mose zu schauen. Demgemäß wird gegenüber der Vorstellung vom Wohnen und von der ständigen Gegenwart der Gottheit im Tempel der deuteronomische Gedanke von der Offenbarungsgegenwart Jahwes weitergeführt: Im Zeltheiligtum der Wüstenzeit[2], das den späteren Tempel vorbilden soll, erscheint Jahwe lediglich zeitweilig in der Wolke mit seinem כָּבוֹד.

Auch das Verhältnis zwischen dem transzendenten Gott und dem Menschen ist verändert, wie die Lagerordnung in Num 2 es versinnbildlicht[3]. Die Priester und Leviten lagern als Trenn- und Schutzwall zwischen dem Heiligtum und dem Volk. Es gibt für letzteres

---

[2] M. Haran, The Nature of the "Ōhel Môēdh" in Pentateuchal Sources, JSS 5 (1960), 50–65.

[3] A. Kuschke, Die Lagervorstellung der priesterschriftlichen Erzählung, ZAW 63 (1951), 74–105.

keinen unmittelbaren Zugang mehr zu Jahwe, der Weg führt nunmehr über den Priester als Mittler. Ebenso spricht Jahwe nicht mehr unmittelbar, sondern durch Mose und Aron zum Volk.

3. Nehemia und Esra

Die Überwindung der Krise der Jerusalemer Gemeinde ist unauflöslich mit den Namen Nehemia und Esra verbunden. Allerdings stellt die Überlieferung zahlreiche, besonders literarische und chronologische Probleme. Deswegen gehen nicht zuletzt die Ansichten darüber, in welcher Reihenfolge und zu welcher Zeit die beiden Männer gewirkt haben, weit auseinander.

Abgesehen von der Auffassung, daß lediglich Nehemia eine geschichtliche Persönlichkeit, Esra dagegen ein der späteren Zeitvorstellung entsprechender literarischer Ersatz für ihn sei, sind drei Grundansichten zu nennen, die nur gemeinsam haben, daß die Tätigkeit Nehemias während der Regierung Artaxerxes' I. in den Jahren 445–432 v. Chr. (oder etwas später) anzusetzen ist:

1. Esra und Nehemia haben in der Zeit Artaxerxes' I. in der von der Überlieferung angegebenen Reihenfolge gewirkt: Esra von 458 an, danach Nehemia.

2. Esra und Nehemia haben in der Zeit Artaxerxes' I. gewirkt: Zuerst erfolgte die Ausbesserung der Stadtmauer durch Nehemia, der danach abreiste, weil er die Notwendigkeit einer inneren Reform erkannte. Diese setzte Esra durch, wurde jedoch wegen der Unruhen infolge des Mischehengesetzes abberufen. Dann kehrte Nehemia zurück und verschaffte dem Gesetz Esras Achtung.

3. Nehemia hat zur Zeit Artaxerxes' I. in Jerusalem gewirkt, Esra dagegen unter Artaxerxes II. von 398 an. Diese Auffassung, die bei Abwägen aller Argumente eine große Wahrscheinlichkeit für sich hat[4], wird dem Folgenden zugrunde gelegt.

a) Nehemia, der einer israelitischen Familie Babylons entstammte und Mundschenk des persischen Königs war, wurde auf seine Bitte hin von diesem als Statthalter nach Jerusalem entsandt. Dies hatte zur Folge, daß Jerusalem und die weitere Umgebung, etwa von Mispa im Norden bis in die Gegend nördlich von Hebron im Süden, aus der Provinz Samarien herausgelöst und eine unabhängige Provinz wurden. Als deren Statthalter hat Nehemia zur äußeren und inneren Ordnung der Gemeinde beigetragen – zur äußeren durch die Ausbesserung der bei der babylonischen Eroberung Jerusalems teilweise zerstörten Stadtmauer (Neh 2 ff.), durch die Umsiedlung eines Teils

---

[4] J. A. Emerton, Did Ezra Go to Jerusalem in 428 B. C.?, JThSt NS 17 (1966), 1–19.

der Landbevölkerung in die nur teilweise bewohnte Stadt (11,1 f.)
und durch einen allgemeinen Schuldenerlaß (5,1 ff.); zur inneren
durch die Sorge für die Ablieferung des Zehnten an die Leviten
(12,44 ff.; 13,10 ff.) und für die Einhaltung der Sabbatruhe (13,15 ff.)
und durch sein Eintreten gegen die Mischehen (13,23 ff.). Er war
also vor allem auf politischem Gebiet tätig und hat keine neuen
religiösen Gedanken gebracht, obwohl sich vielleicht ohne oder gar
gegen seinen Willen politisch-messianische Erwartungen an ihn hef-
teten, die möglicherweise die persische Regierung zu seiner plötzlichen Abberufung veranlaßt haben (Kellermann). Immerhin hat er
die Voraussetzungen und Grundlagen dafür geschaffen, daß die
neue Provinz in Ruhe und relativer Selbständigkeit bestehen und
eine religiöse Reform vorgenommen werden konnte.

b) Die Reform ist mit dem Namen Esras verknüpft, der um 398
v. Chr. in Jerusalem wirkte, nachdem der persische König ihm weitreichende Vollmachten verliehen und ihn damit beauftragt hatte, die
Verhältnisse der Gemeinde in Juda-Jerusalem auf Grund eines in der
Hand Esras befindlichen Gesetzbuches zu ordnen. Mit Esra zog
nochmals eine Heimkehrerkarawane nach Palästina und stärkte dort
die Richtung, in deren Geist Esra zu handeln beabsichtigte.

Als erstes verlas er vor dem Volk das mitgebrachte Gesetz, dessen
Eindruck so groß und nachhaltig war, daß sich die ganze Gemeinde
darauf verpflichtete. Mit diesem Gesetz ist zumindest P gemeint, wie
die Beziehungen zwischen Neh 8,13 ff. und Lev 23,40 sowie Neh 8,18
und Lev 23,36 zeigen. Es ist möglich, daß es sich sogar um den
Pentateuch als Kombination der Quellenschichten JNEDP gehandelt
hat, da einige Maßnahmen Esras nicht auf Anordnungen von P beruhen, sondern Neh 10,31; 13,1 ff. auf Ex 34,16; Dtn 7,2 ff.; 23,4 ff.
und Neh 10,32 auf Dtn 15,2 zurückgehen. Dann müßte der Hexateuch bald nach der Schaffung von P durch das Einarbeiten dieser
Quellenschicht in Babylonien entstanden und das Buch Josua, dessen
Landverteilungsprogramm für die Perser unannehmbar war, ver-
selbständigt worden sein. Für diese Annahme spricht ferner, daß die
Samaritaner den Pentateuch im 4. Jh. v. Chr. als offiziell anerkannte
Grundlage der Religion übernahmen. Nach der im Exil erfolgten
Ergänzung und Bearbeitung der älteren Quellenschichten im deutero-
nomistischen Geist ist also gegen Ende des 5. oder Beginn des 4. Jh.
v. Chr. der Hexateuch mit P als dem maßgeblichen Rahmenwerk als
Neubearbeitung und Erweiterung des deuteronomistischen Vor-

läufers geschaffen und dann aus politischen Gründen zum Pentateuch verkürzt worden – ein Werk der babylonischen Diaspora, das Geschichtsdarstellung und Gesetzessammlung von der Weltschöpfung bis zum Tode Moses ist und das Esra zur verpflichtenden Grundlage für das werdende Frühjudentum erhob.

Als zweites suchte Esra das Gesetz auf den kritischsten Fall seiner Zeit rigoros anzuwenden: auf die Mischehen. Nach dem neuen Gesetz mußten die Ehen, in denen ein Partner nichtisraelitischer Herkunft war, geschieden werden. Da die Mehrheit des Volkes zustimmte und lediglich eine Minderheit protestierte, war bald alles im Sinne Esras geregelt; besonders gelagerte Fälle wurden von einem Ausschuß überprüft und entschieden. Damit war die durch das deuteronomische Gesetz eingeleitete und von Haggai weitergeführte Absonderung der Gemeinde praktisch vollzogen. Außerhalb der Gemeinde entstanden in Palästina freilich Empörung und Unruhe. Das hatte zur Folge, daß die persische Regierung, der an Frieden und Sicherheit in ihren westlichen Provinzen besonders gelegen war, Esra an den Hof zurückrief; er ist nicht mehr nach Jerusalem zurückgekehrt.

Dennoch wurde sein Werk für die Folgezeit grundlegend, so daß man ihn später mit Mose gleichgesetzt und als Vollender seines Werkes gepriesen hat. Tatsächlich hat er das Frühjudentum geschaffen und ihm im Pentateuch seine religiöse Grundlage gegeben. Ethisches und kultisch-rituelles Handeln wurden gleich bewertet, die priesterliche Hierarchie trat für lange Zeit an die Spitze der Gemeinde, die Selbstabsonderung brachte die Gefahr der Überheblichkeit gegenüber anderen und die gesetzliche Daseinshaltung diejenige einer Frömmigkeit des *do ut des* mit sich. Die Reform Esras leitete den Hauptstrom der Jahwereligion endgültig auf einen Weg, der von den bisher geltenden Einsichten und Grundsätzen und erst recht von der prophetischen Botschaft wegführte. Darin handelt es sich um mehr als um eine Neuformung der israelitischen Jahwereligion – es war der Weg zu einer neuen Religion.

4. Die Zeit nach der Reform Esras

a) In den Jahrzehnten nach der Reform Esras war das Leben des Frühjudentums wenigstens in Juda und in der babylonischen Diaspora weitgehend durch das Gesetz bestimmt. Die zugleich kultisch-rituell bestimmte Gesetzesfrömmigkeit ist offenbar die herrschende

Richtung geworden, nachdem sie sich seit dem Deuteronomium und
dem Exil durchzusetzen begonnen hatte. Im gleichen Maße trat der
prophetische Einfluß zurück. Beides war miteinander verbunden: Je
stärker die Gesetzesfrömmigkeit herrschte, desto schwächer war der
prophetische Glaube.

b) Daß es daneben andere Glaubensströmungen gab, zeigt sich an
den Büchern Jona und Ruth, die beide nach der Reform Esras im
4. Jh. v. Chr. entstanden sind. Das erstgenannte Buch trat dem in
dem Propheten Jona Gestalt gewordenen partikularistischen Gedanken von der Beschränkung des Heils auf Israel und der unbedingten
Gültigkeit der Drohungen gegen andere Völker entgegen und widersprach der partikularistischen Intoleranz und Überheblichkeit. Ebenso spricht aus dem Buch Ruth die Weitherzigkeit gegenüber den
Angehörigen eines anderen Volkes, in deren Geschick die gütige Vor-
sehung Jahwes waltet und denen sein Segen gewünscht wird.

c) Eine wieder andere Grundhaltung vertrat das chronistische Geschichtswerk, das nicht vor der zweiten Hälfte des 4. Jh., wahrscheinlich in der Zeit um 300 v. Chr. entstanden ist (I–II Chr, Esr, Neh)[5].
Sein Verfasser hat (außer Sauls Tod) die vordavidische und außer-
judäische Geschichte fast völlig beiseite gelassen und bei den wenigen
idealen judäischen Königen alles, was sie in ein ungünstiges Licht
rücken könnte, getilgt oder durch andere Mitteilungen ersetzt. Dadurch und durch das chronistische Eigengut ist das Bild der Königsgeschichte gegenüber demjenigen der Samuel- und Königsbücher in
starkem Maße verändert worden.

Auffällig ist die religiöse Verherrlichung Davids, der aufs engste
mit dem Tempel und seinem Kultus, für die er alle Vorbereitungen
getroffen haben soll, verbunden wird. Seine Zeit erscheint als der
erstrebenswerte und ideale Zustand. Immer wieder wird auf die

---

[5] G. J. Botterweck, Zur Eigenart der chronistischen Davidgeschichte,
Tübinger ThQ 136 (1956), 402–434. – A. Caquot, Peut-on parler de
messianisme dans l'œuvre du Chroniste?, RThPh 99 (1966), 110–120. –
N. D. Freedman, The Chronicler's Purpose, CBQ 23 (1961), 436–442. –
G. von Rad, Das Geschichtsbild des chronistischen Werkes, 1930. – Ders.,
Die levitische Predigt in den Büchern der Chronik, in: Procksch-Festschrift, 1934, 113–124 (= Gesammelte Studien zum Alten Testament,
1958, 248–261). – W. F. Stinespring, Eschatology in Chronicles, JBL 80
(1961), 209–219. – Ch. C. Torrey, The Chronicler's History of Israel,
1954. – A. C. Welch, The Work of the Chronicler, its Purpose and Date,
1939.

unerschütterlichen Zusagen und Verheißungen Jahwes für die davidische Dynastie hingewiesen. Damit trat in der Spätzeit die Sehnsucht nach dieser Dynastie hervor; wahrscheinlich hat der Chronist die Hoffnung auf eine künftige Erneuerung des davidischen Königtums gehegt. Die gleiche Auffassung spricht aus der sekundären Umarbeitung und Ergänzung am Schluß des Buches Ruth (4,17b.18–22), die es zu David in Beziehung setzten und zu einem Ausschnitt aus der frühen Geschichte des Davidhauses umgestalteten.

Bezeichnend für das chronistische Werk ist ferner die Darstellung der Ereignisse nach dem Schema der Vergeltungslehre, die der Chronist mehr auf den Einzelmenschen als auf das Volk anwendete. Das Unglück aller Art, das die Könige getroffen hatte, erklärte er als Strafe für ihre Sünden, von denen ihm die Vergehen gegen Priester und Propheten besonders schwer wogen (vgl. z. B. II Chr 33). Doch auch unmittelbare, wunderhafte Eingriffe Jahwes haben die Geschichte bestimmt (vgl. z. B. II Chr 20,1–30). Die alten Vorstellungen vom Handeln Jahwes im Geschick der Völker und Menschen und von der Korrelation zwischen seinem Handeln und dem Verhalten des Menschen begegnen also in erneuter Zuspitzung.

Schließlich zeigte der Chronist eine hohe Einschätzung des Kultus an dem allein legitimen Heiligtum des Jerusalemer Tempels, dessen Bedeutung er gegen die um 350 v. Chr. entstandene samaritanische Gemeinde (s. u. 5) verteidigte. Dabei galt sein Interesse dem Vollzug des Kultus selbst, so daß er Opferfeiern ausführlich beschrieb. Doch sind der Zugang zu heiligen Stätten und Handlungen nur dem dafür vorgesehenen Kultpersonal und der gottesdienstliche Gesang den Leviten vorbehalten.

d) In der nachexilischen Zeit sind zahlreiche Psalmen entstanden; fast zwei Drittel der im Psalter überlieferten Lieder und Gebete dürften aus dieser Periode stammen. Demgemäß kreiste der sich in ihnen ausdrückende Glaube um die beiden Brennpunkte Tempelkultus und Gesetz.

Anders als in P ist in den Psalmen die Vorstellung, daß Jahwe im Tempel seine Wohnung hat, noch recht lebendig; das Volk verband mit dem Tempel jedenfalls den Gedanken an seine ständige Gegenwart. Er hat den Zion als Wohnsitz erwählt. Darum wird er ihn unbedingt schützen, darum gehen vom Tempel Ströme des religiösen und materiellen Segens aus, darum haben dort alle Angehörigen seines Volkes ihr Bürgerrecht, wohin sie auch verstreut sein mögen. Die

Gegenwart des Tempels verlieh Jerusalem ein solches Ansehen, daß es geradezu als Mittelpunkt der Welt erschien. Dort leben zu können, stimmt zu Dank und Jubel. Gar den Tempel betreten zu dürfen, dort als Gast und Schutzbefohlener oder ständig als Priester weilen zu dürfen, ist eine besondere Gnade. Oft war die Sehnsucht groß, den Tempel besuchen und dort am Kultus teilnehmen zu können. Wenn man auch das ganze Leben dort verbringen möchte, so ist doch schon ein Tag im Heiligtum besser als tausend andere Tage. Je weiter man von ihm entfernt lebte, desto begehrenswerter war seine Herrlichkeit. Gespannte Erwartung durchzitterte den Pilger, der mit eigenen Augen sehen sollte, was er nur vom Hörensagen kannte. Schon auf der gefahrvollen Reise nach Jerusalem hatte er den Schutz Jahwes erfahren. Dann bestaunte er Stadt und Tempel, erlebte den Kultus und zog dankerfüllt heimwärts, um seinen Kindern von allen Wundern zu erzählen. Freilich wurden gelegentlich auch kritische Stimmen laut, auf die noch einzugehen ist (§ 28,4).

Den zweiten Brennpunkt des Glaubens der nachexilischen Psalmen bildet das Gesetz, das wie der Kultus eine Verbindung zwischen Jahwe und dem Menschen herstellt. Leben und Dasein sind an es gebunden, weil Jahwe gerecht richtet und jedem nach seinem Tun vergilt. Am Gesetz scheiden sich die Geister; daher unterscheiden die Psalmen immer wieder zwischen dem Gerechten und Frommen einer- und dem Frevler und Gottlosen andererseits. Die Wahrheit dieser Gesetzesfrömmigkeit liegt, wie sich gerade aus den Psalmen ergibt, in der Erkenntnis der Einheit von Glaube und Leben, von Glauben und Handeln. Ein Glaube, aus dem nicht die Folgerungen für das Tun und Lassen des Menschen gezogen werden, ist tot, wobei der Satz Augustins von der *misera necessitas non posse non peccandi* in bezug auf den Glaubenden vom AT überwiegend nicht geteilt wird. Die Vergeltungslehre wiederum macht das Pochen auf die eigene Unschuld verständlich, die der Beter bestätigt sehen möchte, um in der Öffentlichkeit nicht als von Jahwe verworfen zu gelten. Daher kam es schließlich in manchen Psalmen dazu, daß der Beter seine Feinde verflucht und ihre Vernichtung herbeiwünscht oder erbittet, damit auf diese Weise seine eigene Rechtfertigung kund wird. Daneben stehen freilich wieder andere Lösungsversuche (Ps 49; 73).

e) Trotz der Abwertung der Prophetie sind noch einzelne Propheten aufgetreten. In der ersten Hälfte des 4. Jh. v. Chr. war Joel am Jerusalemer Tempel als Kultprophet tätig[6]. Er ist anläßlich von

Dürre und Heuschreckenplagen, die er teilweise als Zeichen des Tages Jahwes deutete, aufgetreten und verkündete ferner das eschatologische Gericht Jahwes über die Völker. Ihn kennzeichnete die Verbindung von Kultprophetie und Eschatologie. Er ging von den durch Naturkatastrophen verursachten wirtschaftlichen Nöten des täglichen Lebens aus und faßte zugleich den Tag der eschatologischen Wende ins Auge. Seinem Auftrag gemäß bemühte er sich um die Abwendung der wirtschaftlichen Schäden und rief zur Hinwendung zu Jahwe in der Not auf. Er forderte zum Ausrufen kultischer Bußversammlungen mit Fasten und Klagen auf und betonte doch die Notwendigkeit einer Umkehr zu Jahwe, ohne freilich eine Schuld vorauszusetzen. Er sprach von einer universalen Weite des Tages Jahwes, jedoch nur im Gericht über die Völker, der die partikularistische Beschränkung auf das Heil des eigenen Volkes gegenüberstand.

Jes 65 enthält Schelt- und Drohworte gegen die von Jahwe Abtrünnigen in der Gemeinde und Verheißungen für die Frommen. Das Wort des unbekannten Propheten aus dem 4. Jh. kreist um die beiden Brennpunkte Heil und Verderben in der Endzeit.

Die Schrift Deuterosacharjas (Sach 9–11)[7] umfaßt einerseits eine Reihe von Sprüchen aus den letzten Jahrzehnten des 4. Jh. v. Chr., die von der geschichtlichen Situation ausgehen und sich in prophetischer Art mit den Ereignissen von der Belagerung der Stadt Tyrus durch Alexander den Großen (332 v. Chr.) bis in die Anfänge der Diadochenkämpfe befassen (9,1–8.11–17; 10,3–12; 11,4–16), andererseits eine Reihe von Einzelsprüchen verschiedener Verfasser aus der gleichen oder einer jüngeren Zeit (9,9 f.; 10,1 f.; 11,1–3.17).

Jes 66,5–24 bildet eine größere Einheit aus drei Prophetensprüchen des 3. Jh. v. Chr., die überwiegend verheißend, doch auch drohend die bevorstehende eschatologische Wende mit ihren Folgen für die Abtrünnigen und die Frommen ankündigen.

[6] J. Bourke, Le jour de Yahvé dans Joël, RB 66 (1959), 5–31. 191–212. – W. Cannon, "The Day of the Lord" in Joel, ChQR 103 (1927), 32–63. – A. S. Kapelrud, Joel Studies, 1948. – H.-P. Müller, Prophetie und Apokalyptik bei Joel, Theologia viatorum 10 (1965/66), 231–252.

[7] C. Brouwer, Wachter en herder, 1949. – B. Heller, Die letzten Kapitel des Buches Sacharja im Lichte des späteren Judentums, ZAW 45 (1927), 151–155. – P. Lamarche, Zacharie IX–XIV, 1961. – B. Otzen, Studien über Deuterosacharja, 1964.

In der Schrift Tritosacharjas (Sach 12–14) sind Worte mehrerer Verfasser aus der ersten Hälfte des 3. Jh. v. Chr. zusammengefügt. Mit Ausnahme des offenbar auf einen Justizmord anspielenden Abschnitts Sach 12,9–14 sind sie rein eschatologisch ausgerichtet und ohne Beziehung zu konkreten geschichtlichen Gegebenheiten. Im Vordergrund stehen das Geschick und die innere Entwicklung Jerusalems.

f) Im Zusammenhang mit den tiefgreifenden geistigen Wandlungen ist der Weisheitsbegriff in starkem Maße theologisch durchdacht und verwendet worden[8]. Die Weisheit wurde als göttlicher Anruf an den Menschen, als Offenbarungsmittler, als die große Erzieherin Israels und der Völker und sogar als das der Welt bei der Schöpfung eingegebene göttliche Prinzip verstanden. So konnte man das gesamte theologische Denken unter dem Oberbegriff der Weisheit in einer zuvor nicht bekannten Weise vereinheitlichen und zusammenfassen. Durch die Einbeziehung von Schöpfung und Offenbarung wurden diejenigen Gebiete erfaßt, die die ältere Lebensweisheit beiseite gelassen hatte, und ein umfassendes theologisches System geschaffen. Außer in Prov 1–9[9] und Hi 28 findet sich dieses Denken andeutungsweise in der inspirierten Weisheit Elihus, der sich in ihrem dauernden Besitz weiß (Hi 32–37)[10], aber auch in der Gottesrede des Buches Hiob, in der die natürliche Welt als Schöpfung wenigstens im Ansatz zu der an den Menschen ergehenden Offenbarung in Beziehung gesetzt wird. Auch einige Psalmen sind Zeugnisse der Weisheitstheologie (Ps 1; 19,8–15; 34; 36; 37; 49; 73; 105; 106; 112; 119; 128; 133).

Besondere Berücksichtigung erfordert der Weisheitsbegriff in Hi 28 und Prov 1–9. Obwohl die Weisheit in Hi 28 Jahwe untergeordnet, in sein Schöpfungshandeln eingegliedert und mit den Geheimnissen der göttlichen Weltschöpfung gleichgesetzt wird, schimmert noch ihre ursprüngliche Selbständigkeit durch. Danach war sie eine himmlische, präexistente und neben der Gottheit bestehende eigenständige Größe. Diese Auffassung spiegelt mythische Vorstellungen, am ehesten einen gnostischen Mythus wider. Der gleiche Mythus steht neben anderen Elementen auch im Hintergrund des Weisheitsbegriffes von Prov 1–9. Daraus erklärt sich, daß die nach Hi 28

---

[8] G. Fohrer, σοφία κτλ., ThW VII, 476–496.
[9] G. Boström, Proverbiastudien, 1935. – A. Hulsbosch, Sagesse créatrice et éducatrice, Augustinianum 1 (1961), 217–235. 433–451; 2 (1962), 5–39; 3 (1963), 5–27. – P. Humbert, La "femme étrangère" du Livre des Proverbes, RES 1937, 49–64. – W. A. Irwin, Where shall Wisdom be Found?, JBL 80 (1961), 133–142.
[10] G. Fohrer, Die Weisheit des Elihu (Hi 32–37), AfO 19 (1959/60), 83–94 (= Studien zum Buche Hiob, 1963, 87–107).

dem Menschen unzugängliche Weisheit nunmehr als Lehrmeisterin und Offenbarerin zu ihm spricht, da sie eine Wohnstätte unter den Menschen sucht (und nach dem Mythus freilich nicht findet und in den Himmel zurückkehrt). Die Weisheit besitzt nach Prov 1–9 keine urweltliche Existenz neben der Gottheit, sondern ist als Erstling von ihm geschaffen worden. Darin wirkt der Mythus vom Urmenschen ein, der vor aller Welt geschaffen worden ist und darum über eine besondere Erfahrungsweisheit verfügt. Außerdem hat auf den Weisheitsbegriff von Prov 1–9 die Vorstellung vom verkündigenden Propheten eingewirkt.

Die Weisheitstheologie teilte mit der Gesetzesfrömmigkeit den zweiseitigen Vergeltungsglauben und die Vergeltungslehre. Danach belohnt oder bestraft Jahwe jeden Menschen noch zu Lebzeiten entsprechend seinem Verhalten. Jeder erntet, was er gesät hat. Darum gerät, wer fromm und gerecht ist, nicht in Not; nur der Frevler und Gottlose wird vom Unglück als einer Strafe ereilt. Wer leidet, hat es verdient, daß ihn das Unglück traf. Er tut gut daran, nach seinen offenen oder verborgenen Sünden zu forschen. Verhält es sich aber so, so kann man umgekehrt aus dem Unglück, das einen Menschen trifft, mit Sicherheit schließen, daß er gesündigt hat und daß sein Unglück die Strafe dafür darstellt. Wem es im Leben gut geht, der ist gut; wem es schlecht geht, der muß schlecht sein. Geriet also ein Mensch in Not, so war es offensichtlich, daß er ein heimlicher Sünder war, von dem man sich vorsichtshalber fernhielt, um nicht in sein Unglück hineingezogen zu werden.

Das Buch Hiob war ein heftiger Protest gegen diese Lehre[11]. Auch der Dichter des Buches hatte erfahren, daß das Leben nicht sanft und harmonisch verläuft, doch führte er dies nicht auf eine fragwürdige Vergeltung zurück. Denn der Hiob seines Buches hat die Theologie seiner Freunde durchschaut. Als Vertreter der frommen Gemeinde und wohlanständigen Gesellschaft suchen sie, Hell und Dunkel maßvoll zu verteilen, den dunklen und geheimnisvollen Urgrund des Da-

[11] G. Fohrer, Studien zum Buche Hiob, 1963. – J. Hempel, Das theologische Problem des Hiob, ZSTh 6 (1929), 621–689 (= Apoxysmata, 1961, 114–173). – P. Humbert, Le modernisme de Job, VTSuppl III, 1955, 150–161. – A. Jepsen, Das Buch Hiob und seine Deutung, 1963. – H. Knight, Job (Considered as a Contribution to Hebrew Theology), SJTh 9 (1956), 63–76. – W. Lillie, The Religious Significance of the Book of Job, ET 68 (1956/57), 355–358. – H. H. Rowley, The Book of Job and its Meaning, BJRL 41 (1958/59), 167–206 (= From Moses to Qumran, 1963, 141–183). – A. Weiser, Das Problem der sittlichen Weltordnung im Buche Hiob, ThBl 2 (1923), 154–164 (= Glaube und Geschichte im Alten Testament, 1961, 9–19).

seins zu verschleiern und seine Tagseite ebenso wie seine nächtliche Kehrseite leichthin zu erklären. Gut und Böse, Freude und Leid, Glück und Unglück entsprechen sich jeweils und sind richtig und angemessen verteilt. Hiob dagegen durchschaut die Sinnlosigkeit der rational berechnenden Art, mit der die Vergeltungslehre auf die Frage nach den Rätseln des Daseins und dem Sinn des Leidens antwortet. Weil diese Theorie unzulänglich ist, gibt er angesichts der Erschütterung seines Daseins durch den Einbruch des Leides alle Sicherungen preis. Er entscheidet sich zur Absage an das bequeme Herkommen und sichere Rechnen und zum Aufbruch ins Neue und Unbekannte. Er anerkennt seine ausweglose Situation als gerade seine Situation und anerkennt den in allem Geschehen wirkenden Gott als gerade seinen Herrn. Wo er am Leben aus eigener Möglichkeit verzweifelt, sieht er nun ein neues Leben aus der Möglichkeit Jahwes. Darum wirft er sich ohne Bedenken und Vorbehalt in die Arme dieses Gottes; in der vertrauensvollen Hingabe an ihn findet er die Antwort auf seine brennende Frage. Darin liegt echter prophetischer Glaube vor, angewendet auf die Situation und Fragestellung einer anderen Zeit.

In ähnlicher Weise fand der Dichter von Ps 73 die Lösung des Lebensrätsels in dem Erleben der Gottesgemeinschaft, in der er die Gewißheit des Geborgen- und Geführtseins erhalten hat:

> Dennoch blieb ich stets bei dir,
> du hältst mich ja an deiner Rechten.
> Du leitest mich nach deinem Rat
> und führst mich 'an der Hand hinter dir' her.
>
> (Ps 73,23 f.)

Da dieser Gott ihm immer nahe ist, auch in dunkler und undurchsichtiger Lage, liegt bei ihm die Lösung aller Fragen, ja die Lösung besteht in der Gemeinschaft mit ihm und der Hingabe an ihn. Sie sind das Höchste, neben dem es im Himmel und auf Erden nichts gleich Begehrenswertes gibt:

> Wen könnt' ich 'neben dir' im Himmel suchen?
> Nichts außer dir begehr' ich sonst auf Erden!
> Wenn sich auch Leib und Seele verzehren,
> bleibt Gott doch allezeit mein Teil.
> Ja, die dich lassen, kommen um;
> du tilgest jeden, der dir treulos wird.
> Für mich aber ist Gott das Glück,
> beim Herrn habe ich Zuflucht gefunden.   (Ps 73,25–28)

Auch dem Qohelet war wie dem Hiobdichter ein Hauptsatz der Weisheitstheologie, die Vergeltungslehre, unglaubwürdig geworden[12]. Gewiß räumte er der Weisheitstheologie einen relativen Wert ein (2,3.14; 4,13; 10,12). Letztlich aber bringt sie keinen Gewinn (2,15; 9,11), sondern ist nicht besser als die Torheit (1,16 f.; 6,8). Damit wandte Qohelet sich gegen die Selbstsicherheit, mit der das System das Ganze der Welt und des Lebens zu umgreifen suchte, und wies auf die Grenzen hin, die jede Lebenssicherung und damit jeden Gewinn ausschließen – den Tod und die Frau (2,15 f.21; 7,26). Insgesamt hängt das Geschick des Menschen nicht von seinem gerechten und frommen Verhalten ab, wie die Lehre behauptete, sondern liegt unerforschlich und unerkennbar in der Hand Jahwes (8,17; 9,1). Taugte also das System der Weisheitstheologie nichts, so blieb nur übrig, an Stelle des umfassenden Gewinns den *Anteil* am Leben, der dem Menschen gewährt wird, in einer tätigen Existenz auszukosten (9,7–10). Der erste Teil des Rates Qohelets zu Freude und Lebensgenuß hat enge Parallelen im ägyptischen Harfnerlied und im Rat der Götterschenkin des Gilgameschepos, der die negative Abgrenzung (Tod) ebenfalls enthält. Der zweite Teil des Rates Qohelets – das Auskosten in einer tätigen Existenz – entspricht dem Trost, den Gilgamesch in seinem großen Werk, der Stadtmauer von Uruk, findet, nur daß dort das Werk als Ergebnis des Tätigseins, bei Qohelet das Tätigsein selber gemeint ist. Diese Parallelen sind schwerlich zufällig, sondern hängen mit dem konservativen Zug Qohelets zusammen. Er hat eine alte Auffassung aufgegriffen und dem kritisierten System der Weisheitstheologie entgegengestellt. Denn dieses System war dem Streben des Gilgamesch nach der Unsterblichkeit ähnlich, weil es das Einmalige, Bleibende und Endgültige schaffen sollte. Statt dessen wies Qohelet die beschränkten Möglichkeiten des Menschen auf und suchte zu dem früheren pragmatischen Stadium der Weisheitslehre zurückzulenken. Daher war er nicht skeptisch und resigniert an sich, wie meist angenommen wird, sondern nur im Hinblick auf die Möglichkeiten eines theologischen Systems, das als Allheilmittel galt, und natürlich auch im Hinblick auf die Torheit. Es bleibt die schon im Gilgameschepos angeratene Möglichkeit – jedoch neu interpretiert als eine von Jahwe gegebene Möglichkeit, die

---

[12] K. Galling, Die Krise der Aufklärung in Israel, 1952. – A. Lauha, Die Krise des religiösen Glaubens bei Kohelet, VTSuppl III, 1955, 183–191. – O. Loretz, Qohelet und der Alte Orient, 1964. – J. Pedersen, Scepticisme israélite, RHPhR 10 (1930), 317–370. – W. Zimmerli, Die Weisheit des Predigers Salomo, 1936.

der Mensch als den ihm beschiedenen *Anteil* aus seiner Hand ent-
gegennimmt (2,24 f.; 3,13; 5,17 f.).

g) Außerhalb Palästinas in der hellenistisch-römischen Welt, vor
allem in Ägypten, lebte das hellenistische Judentum[13]. Es behielt
seine volkliche und religiöse Eigenart bei und pflegte den Zusam-
menhalt mit Jerusalem; dorthin wallfahrtete es und entrichtete es
die Tempelsteuer. Noch ausschließlicher als dort stand die Synagoge
im Mittelpunkt des religiösen Lebens. Das hellenistische Judentum
hatte starke Impulse von der Jerusalemer Frömmigkeit nach der Reform Esras erhalten und sonderte sich ebenfalls durch Sabbatheiligung, Beschneidung und Reinheitsvorschriften von seiner Umgebung ab.

Jedoch ging die Kenntnis der hebräischen und der aramäischen
Sprache schnell verloren; allgemein benutzte man die griechische
Umgangssprache. Daher mußten bald die heiligen Schriften ins
Griechische übersetzt werden, damit man sie verstehen konnte. Dar-
aus erwuchs vom 3. Jh. v. Chr. an die erste griechische Übersetzung
des werdenden AT, die Septuaginta (LXX). Die Übersetzung des
Pentateuchs lag um die Mitte des 3. Jh. vor, diejenige der Bücher
Josua-Könige und der Propheten um 200 v. Chr. und diejenige der
meisten anderen Bücher im 1. Jh. v. Chr. Sie spiegelten ebenso den
Geist des von der Gedankenwelt des Hellenismus beeinflußten helle-
nistischen Judentums wider wie ein Teil der weiteren jüdischen
Literatur, die vor allem in Ägypten entstand[14].

Nicht mehr als eine Episode, obwohl von längerer Dauer, war der
jüdische Tempel in dem nördlich von Memphis gelegenen Leontopolis[15]. Ihn hat Onias, ein Sohn des auf Betreiben hellenistischer
Kreise von Antiochus IV. Epiphanes abgesetzten Jerusalemer Hohen-

---

[13] BHH II 690 f. – RGG III 209–212. 979–986.
[14] RGG V 1707–1709. – G. Bertram, Die religiöse Umdeutung altorientalischer Lebensweisheit in der griechischen Übersetzung des Alten Testaments, ZAW 54 (1936), 153–167. – Ders., Praeparatio evangelica in der
Septuaginta, VT 7 (1957), 225–249. – G. Gerleman, The Septuagint Proverbs as a Hellenistic Document, OTS VIII, 1950, 15–27. – K. Koch,
Der hebräische Wahrheitsbegriff im griechischen Sprachraum, in: Was ist
Wahrheit?, 1965, 47–65. – L. Prijs, Jüdische Tradition in der Septuaginta,
1948.
[15] M. A. Beek, Relations entre Jérusalem et la diaspora égyptienne au 2e
siècle avant J.-C., OTS II, 1943, 119–143. – H. Lietzmann, Jüdisch-
griechische Inschriften aus Tell el-Yehudieh, ZNW 22 (1923), 280–286. –
F. Stähelin, Elephantine und Leontopolis, ZAW 28 (1908), 180–182.

priesters Onias, um 160 v. Chr. gegründet. Der Opferkultus konnte
bis 73 n. Chr. durchgeführt werden. Der Tempel besaß nur geringe
Bedeutung, da das ägyptische Judentum am Jerusalemer Tempel
festhielt.

5. Die Gemeinde der Samaritaner

Im 4. Jh.v. Chr. vollzog sich die endgültige Lostrennung der
Jahweverehrer im Gebiet der Provinz Samarien, ihre Konstituierung
als eigene samaritanische Gemeinde und der Bau eines eigenen Tempels auf dem Berge Garizim[16]. Während die Lostrennung um 350
stattfand, ist die Erlaubnis zum Tempelbau vielleicht erst erteilt
worden, als mit dem Zusammenbruch des persischen Reiches die
Privilegien Jerusalems hinfällig wurden oder bestritten werden
konnten.

Der Grund für diese Ereignisse lag nicht darin, daß die Samaritaner eine synkretistische Religion gewollt hätten. Weitherzig waren
sie in den Fragen der Mischehe und der Zulassung zum Kultus, da
sie die Absonderungstendenz der Jerusalemer Gemeinde nicht teilten. In anderer Hinsicht waren sie konservativer als diese. Denn die
Grundlage ihres Glaubens bildete allein der Pentateuch, nicht jedoch
auch die weiteren Schriften, die im Frühjudentum in zunehmendem
Maße als heilig galten.

Der wirkliche Grund für die Lostrennung war der alte Gegensatz
zwischen Nord und Süd, an dem schon der davidisch-salomonische
Staat zerbrochen war, insbesondere die Abneigung gegen die davi-
dische Dynastie, die in Jerusalemer Kreisen wieder an Ansehen ge-
wonnen hatte, wie vor allem das – allerdings jüngere – chronistische
Geschichtswerk zeigt. Mit Ausnahme des Pentateuchs verwarfen die
Samaritaner alle anderen heiligen Schriften, weil sie in ihnen auf
Verherrlichungen Jerusalems und der Davididen und sogar auf die
Erwartung eines Messias aus dem Hause Davids statt aus dem Stamme
Joseph stießen. Ursache der Spaltung war also nicht der samarita-
nische Gegensatz zum Gesetz oder zum Jerusalemer Tempel, sondern

[16] BHH I 513. – RGG II 1202. – IDB II 384 f. – R. J. Bull–G. E. Wright,
Newly Discovered Temples on Mt. Gerizim in Jordan, HThR 58 (1965),
234–237. – E. J. Bull u.a., The Fifth Campaign at Balâṭah (Shechem),
BASOR 180 (1965), 7–41. – H. H. Rowley, Sanballat and the Samaritan
Temple, BJRL 38 (1955/56), 166–198 (= Men of God, 1963, 246–276).

der Gegensatz zum Führungsanspruch des Südens in politischer und religiöser Hinsicht und zu David als dem nationalen und religiösen Helden.

6. Makkabäerzeit und Apokalyptik

a) Die Herrschaft der Seleukiden in dem syrischen Nachfolgestaat des Alexanderreiches[17] führte zu schweren Auseinandersetzungen. Antiochus IV. Epiphanes (175–164 v. Chr.) beabsichtigte, die Juden wie seine übrigen Untertanen zu hellenisieren. Aber nur eine dünne jüdische Oberschicht in Jerusalem war dem geneigt, bei der Masse des Volkes verband sich die Ablehnung dagegen mit der politischen Abneigung gegen die Seleukiden. In dieser Lage griff Antiochus zu strengen und scharfen Maßnahmen. So wurde der Jerusalemer Tempel in eine Kultstätte des Zeus umgewandelt, die Beobachtung von Sabbat und Festen, die Ausübung der Beschneidung und der Besitz von Gesetzesrollen mit der Todesstrafe belegt. Überall im Lande wurden heidnische Altäre errichtet und die Juden überredet oder gezwungen, auf ihnen zu opfern.

Bald kam es zum bewaffneten Widerstand gegen Antiochus, zunächst durch den Priester Mattatias aus der Familie der Hasmonäer mit seinen Gefolgsleuten, dann auch durch die Chasidim, eine Gruppe von Juden mit außerordentlichem Eifer für das Gesetz. Sie wurden bald das Rückgrat des Kampfes um die religiöse Freiheit und bildeten die Opposition gegen die priesterliche Aristokratie, die die syrischen Hellenisierungsversuche unterstützte. Nach dem Tode des Mattatias erhielt einer seiner Söhne, Judas Makkabäus, die Führung des Widerstandes. Im Jahre 164 v. Chr. konnte er den Jerusalemer Tempel besetzen, von seiner Befleckung reinigen und wieder dem jüdischen Kultus übergeben. Damit war der Religionskampf gewonnen. Die Chasidim zogen sich zurück, die Makkabäer aber kämpften für die politische Freiheit weiter, die sie im Jahre 142 v. Chr. vorübergehend, im Jahre 129 v. Chr. endgültig erreichten. Es gab noch einmal jüdische Könige, die Hasmonäer; aber sie bewährten sich nicht, weder politisch noch religiös. Der Haß gegen sie wuchs immer mehr und führte schließlich dazu, daß das Volk im Jahre 63 v. Chr. die Römer um Übernahme der politischen Oberherrschaft bat.

[17] BHH III 1764–1768. – RGG V 1686. – IDB IV 266 f.

b) In dieser Zeit bildete sich die apokalyptische Daseinshaltung als die letzte, die noch im AT vertreten ist[18]. Nachdem die eschatologische Naherwartung der spätnachexilischen Zeit gescheitert war, weil trotz der Vertröstungen durch die Propheten alles beim alten blieb, und weite Kreise der Gemeinde sich von der Eschatologie abgewandt hatten, entwickelte sich diese unter Verwertung der Weisheitstheologie und fremder Vorstellungen, vornehmlich des iranischen kosmischen und ethischen Dualismus, zur Apokalyptik weiter. Von ihrem Schrifttum ist nur das Buch Daniel in das AT aufgenommen worden, das die Reihe der Apokalypsen eröffnet. Sie wollten die Geheimnisse der Endzeit entschleiern und boten Enthüllungen über Werden und Vergehen der Weltzeitalter, um von da aus sowohl den Zeitpunkt des Endes aller Geschichte als auch den Standort der eigenen Gegenwart zu bestimmen. Dabei wurden die Weltgeschichte als ganze und das nach einem künftigen Endgericht beginnende Gottesreich einander gegenübergestellt. Die dualistische Auffassung von Gottheit und Welt verband sich mit den Vorstellungen von der Aufhebung der bestehenden Welt durch eine Neuschöpfung und der Schaffung einer Theokratie, der die in der apokalyptischen Erwartung Lebenden unmittelbar oder nach ihrer Auferstehung angehören sollten. Damit war die ältere Prophetie endgültig durch ein neues Denken und Glauben ersetzt worden.

c) Das Buch Daniel[19] ist in den Jahren 167–164 v. Chr. geschaffen und zumindest vor Mitte Dezember 164 abgeschlossen worden, da sein Verfasser zwar die Verfolgung durch Antiochus IV. Epiphanes, dessen Rückkehr von seinem zweiten Zug nach Ägypten (169) und die Entweihung des Jerusalemer Tempels (167), nicht aber den Tod

[18] G. R. Berry, The Apocalyptic Literature of the Old Testament, JBL 62 (1943), 9–16. – J. Bloch, On the Apocalyptic in Judaism, 1953. – St. B. Frost, Old Testament Apocalyptic, 1952. – G. Hölscher, Problèmes de la littérature apocalyptique juive, RHPhR 9 (1929), 111–114. – J. Lebram, Die Weltreiche in der jüdischen Apokalyptik, ZAW 76 (1964), 328 bis 331. – M. Noth, Das Geschichtsverständnis der alttestamentlichen Apokalyptik, 1953 (= Gesammelte Studien zum Alten Testament, 1960², 248–273). – B. Reicke, Official and Pietistic Elements of Jewish Apocalypticism, JBL 79 (1960), 137–150. – H. H. Rowley, Apokalyptik, 1965. – D. S. Russell, The Method and Message of Jewish Apocalyptic, 1964. – R. Smend, Über jüdische Apokalyptik, ZAW 5 (1885), 222–251. – B. Vawter, Apocalyptic: its Relation to Prophecy, CBQ 22 (1960), 33–46.
[19] Vgl. im einzelnen S-F § 74.

des Antiochus (Dezember 164) kannte. Das Buch ist aus der damaligen Konfliktsituation erwachsen.

Als Apokalypse suchte es sowohl den Termin des Endes der Geschichte als auch den Standort der Gegenwart zu bestimmen. Wenn 8,26 das Ende in weiter Ferne zu liegen scheint, beruht dies auf der rückblickenden Darstellung der Geschichte als „Weissagung" bis zur Zeit des Verfassers. Was dem angeblichen Daniel des babylonischen Exils fern schien, war mittlerweile nahe herangerückt.

Als Weiterbildung der Eschatologie stellte das apokalyptische Geschichtsverständnis die Weltgeschichte als ganze und die Gottesherrschaft einander gegenüber. Es sah das Weltgeschehen als eine Einheit, die ihr Ende in einem von Jahwe gesetzten Ziel findet: im Endgericht, dem für die Frommen eine neue geschichtslose Zeit folgen wird. Bis dahin gliedert die Geschichte sich in die Epochen der einander ablösenden Weltreiche. Die Statue aus vielerlei Metall, die ein Stein zu Fall bringt (Dan 2), bildet die einheitlich geschaute und zugleich in Epochen gegliederte Weltgeschichte ab. Sie ist bis zur Endzeit das eigentliche Lebensgebiet des Menschen, belastet mit dem Erbe der Vergangenheit, entscheidungsreich in der Gegenwart, verantwortungsvoll gegenüber der Zukunft.

Aus der Verbindung dieser Gesichtspunkte wollte das Buch den unter der Verfolgung leidenden Frommen die Geduld und den Mut stärken, ihnen neue Hoffnung schenken und sie ermahnen, wie Daniel dem Glauben bis zum Martyrium treu zu bleiben. Es wollte sie dessen gewiß machen, daß die Zeit des Leidens bald abgelaufen sein wird, weil der Tag nahe ist, an dem Jahwe den Mächten der Welt ein Ende bereitet und seine ewige Herrschaft antritt. Im Zusammenhang damit beantwortete das Buch die Fragen, ob die im Kampf um den Glauben Gefallenen am endzeitlichen Heil teilhaben können und ob sich beim Endgericht alle Menschen vor dem Richterstuhl Jahwes verantworten müssen, mit der Verkündigung der Auferstehung (vgl. § 28,5).

Außerdem erwähnt 7,13 f. mit dem *Menschensohn* (Menschenkind, Menschenähnlichen) eine Gestalt, die in anderen Schriften des Frühjudentums und im NT neben dem davidischen Messias (§ 26,3) eine weitere Ausprägung der Messiasgestalt darstellt. Freilich meint Dan 7 mit dem Menschensohn eindeutig das eschatologische Israel, doch scheint der Verfasser eine ältere Vorstellung von einer Einzelgestalt aufgegriffen und auf das Volk umgedeutet zu haben. Abgesehen von anderen Erwägungen, die unwahrscheinlich sind, hat man einerseits auf die weitgehende Übereinstimmung der sich an jene Gestalt knüpfenden Erwartungen mit den Vorstellungen vom Urmenschen hingewiesen[20], so daß die Menschensohn-Erwartung eine jüdische Abart der allgemein-orientalischen Mythen gebildet hätte und wegen der Umdeutung in Dan 7 spätestens zu Beginn des 2. Jh. v. Chr. bekannt gewesen sein müßte. Andererseits hat man – unter Ablehnung der Beziehung des Menschensohns auf Israel – auf die Ähnlichkeit zwischen dem Verhältnis zwischen dem *Uralten* (Dan 7,9) und dem Menschensohn und dem Verhältnis zwischen El und Baal in den ugaritischen Texten hingewiesen und die Übertragung der Herrschaft vom Uralten auf den Menschensohn bis auf die Vorstellung der Erlangung der Herrschaft durch einen jungen Gott von einem alten Gott zurückgeführt, wie sie wenigstens in einem Teil der kanaanäischen Mythologie überliefert wurde und zu der die in den ugaritischen Texten bezeugte Rivalität zwischen Baal und El einstweilen die nächste Bezeugung darstellt[21]. Doch fragt es sich, ob die besondere Zusammensetzung des ugaritischen Pantheons in solcher Weise nachgewirkt haben kann und ob der Menschensohn in Dan 7 wirklich eine Einzelgestalt darstellt.

§ 28 Glaubensgegenstände und -inhalte

A. Bertholet, Die Stellung der Israeliten und Juden zu den Fremden, 1896. – W. Bousset–H. Greßmann, Die Religion des Judentums im späthellenistischen Zeitalter, 1926[3]. – A. Causse, Judaïsme et syncrétisme oriental à l'époque perse, RHPhR 8 (1928), 301–328. – W. Eiss, Der Kalender des nachexilischen Judentums (mit Ausnahme des essenischen Kalenders), WdO 3,1–2 (1964), 44–47. – I. Elbogen, Der jüdische Gottesdienst in seiner geschichtlichen Entwicklung, 1962[4]. – H. G. Judge, Aaron, Zadok and Abiathar, JThSt NS 7 (1956), 70–74. – J. Kritzinger, Qehal Jahweh: Wat dit is en wie daaraan behoort, 1957 (Diss.). – E. Langton, The Ministries of the Angelic Powers, 1937. – Ders., Essentials of Demonology, 1949. – L. Rost, Die Vorstufen von Kirche und Synagoge im Alten Testament, 1939. – H. C. M. Vogt, Studie zur nachexilischen Gemeinde in Esra-Nehemia, 1966. – H. Willrich, Juden und Griechen vor der makkabäischen Erhebung, 1895.

[20] S. Mowinckel, He that Cometh, 1959[2], 427 ff.
[21] C. Colpe, ὁ υἱὸς τοῦ ἀνθρώπου, ThW VIII, 418–425.

1. Jahwe und Engel, Satan und Dämonen

a) Für die Spätzeit waren die Einzigkeit und Transzendenz Jahwes längst gültige Grundlagen des Gottesbildes. Weniger im AT als vielmehr in den deutero- und nichtkanonischen Schriften des Frühjudentums finden sich häufig Aussagen über die Einzigkeit Jahwes. Andere Ausdrücke und Redewendungen betonen seine Erhabenheit und Transzendenz, so auch in der LXX die Ausdrücke παντοκράτωρ *der Allmächtige* und ὕψιστος (für עֶלְיוֹן , *'eljôn*) *der Höchste*[1]. Dem entsprach ein neues Verständnis des göttlichen Königtums (Mal 1,14; Ps 103,19; 145,1 ff.), das zwar wie bei Deuterojesaja universal ist, aber nicht als eschatologisches Ereignis, sondern als gegenwärtiger Zustand erscheint, auch wenn er nicht jedem einsichtig ist. Diese gegenwärtige Herrschaft des Königs Jahwe ist nicht mehr auf Israel beschränkt (§ 14,1), sondern drückt sich in dem der Ordnung der Welt dienenden Gesetz aus, dem sich der Mensch gehorsam zu fügen hat. Schließlich führte dies auf ein Königtum Jahwes, das von Uranfang an besteht und mit der Weltschöpfung gesetzt ist (vgl. I Chr 29,11; Dan 3,33; 4,31.34).

Den Geltungsanspruch des monotheistischen Grundbekenntnisses kleidete man in die Worte von Dtn 6,4, die nicht mehr die innere Einheit des Gottesbildes forderten (vgl. § 22,1), sondern besagen sollten: *Jahwe ist unser Gott, Jahwe ist einzig.* Dieser Glaubenssatz, der durch tägliche Wiederholung eingeprägt werden sollte und den Gedanken der Einzigkeit Jahwes zum wichtigsten Glaubensinhalt erhob, verlieh dem Glaubenden seine innere Überlegenheit über den orientalisch-hellenistischen Polytheismus und den persischen und gnostischen Dualismus, weil er ihn davon überzeugte, daß außer Jahwe überhaupt kein Gott existiere.

Ebenso erleichterte die Vorstellung von der Transzendenz Jahwes es weiten Kreisen des Frühjudentums, sich mit der politischen Machtlosigkeit abzufinden. Gab Jahwe, der weltdurchwaltende und doch unsichtbare und unnahbare Herrscher, seine Erhabenheit nur mittelbar in Gesetz und Kultus, nicht aber durch sein unmittelbares Eingreifen zugunsten seiner Gemeinde kund, so ging es nicht mehr

---

[1] Über den wohl aus der diplomatischen Terminologie der persischen Verwaltung stammenden Ausdruck *Himmelsgott* vgl. D. K. Andrews, Yahweh the God of Heavens, in: Meek-Festschrift, 1964, 45–57.

um politische Macht, sondern um den Sieg des einen Gottes im Menschen gegen die gottfeindliche Macht.

Diesem Gottesbild entsprach die zunehmende Scheu vor der Verwendung des Jahwenamens, den man zu entweihen fürchtete. In den heiligen Schriften außerhalb des Pentateuchs ergänzte oder ersetzte man ihn häufig durch das Wort אֲדֹנָי ('ᵃdonaj) *Herr*, das in der älteren Zeit nach kanaanäischem Vorbild als ehrendes Attribut und überwiegend als Anrede im Gebet gebraucht worden war, nunmehr aber Jahwe als den Allherrn meinte und seine absolute Weltherrschaft ausdrückte. Entsprechend hat die LXX den Jahwenamen mit κύριος *Herr* wiedergegeben[2]. Andere geläufige Umschreibungen waren *der Himmel* (Dan 4,23) und *der Name* (in der Alltagssprache), neben denen es einmalig gebildete Bezeichnungen wie *der Uralte* (Dan 7,9) gab.

Im Zusammenhang mit der Betonung der Einzigkeit und Transzendenz Jahwes entwickelten sich die göttlichen Weltkräfte allmählich zu Hypostasen, d. h. zu Wesenheiten eigener Art, die aus sich heraus handeln und in deren Wirkungen der Mensch das Wirken Jahwes selbst erfährt, ohne ihm unmittelbar zu begegnen. Die Wort-Hypostase bezeichnete das göttliche Handeln von der Schöpfung an als geistige Setzung und Durchdringung, die Geist-Hypostase betonte die Dynamik und Lebendigkeit Jahwes und schloß den Deismus aus, die Weisheit-Hypostase als der schöpferische Weltgedanke Jahwes verband mit der Anerkennung der eigengesetzlichen Zweckmäßigkeit, Ordnung und Schönheit der Welt die Unterordnung der kosmischen Kräfte unter den einen Gott.

b) Der Bereich zwischen Jahwe und dem Menschen war keineswegs leer. Vielmehr füllte man ihn angesichts der als Gottesferne empfundenen Transzendenz mit der Zwischenwelt der Engel, die ein Bindeglied zwischen dem fernen Gott und den Menschen bildeten. So wurde die frühere Vorstellung vom himmlischen Hofstaat Jahwes allmählich in eine Engellehre umgewandelt, deren Anfänge noch im AT zu beobachten sind. Man dachte an Völkerengel, die die unumschränkte Herrschaft Jahwes über alle Völker sicherstellen sollten (Dtn 32,8 f.; Jes 24,21) und denen nach Dan 4,14 geradezu die eigentliche Weltregierung unter der Oberherrschaft des höchsten Herrn übertragen zu sein scheint. Auch das Volk Israel hat einen solchen

---

[2] W. W. Graf Baudissin, Kyrios als Gottesname im Judentum und seine Stelle in der Religionsgeschichte, 1929.

Engel, der Michael heißt (Dan 10,13.21; 12,1). Einmal, in den Elihu-
reden des Buches Hiob, wird ein Mittlerengel erwähnt, der bei Jahwe
für einen Kranken Fürbitte einlegen kann, woraufhin dieser geheilt
wird (Hi 33,23 ff.)[3]. Nur in diesem einen Fall werden im AT einem
Engel Mittlerfunktionen zugeschrieben.

c) Wie das Israel der Königszeit glaubte noch Deuterojesaja, daß
alles, Gutes und Böses, von Jahwe komme, der Licht und Finsternis
schafft, Heil und Unheil bringt (Jes 45,7). Später setzte sich allmählich die Überzeugung durch, daß der eine erhabene und heilige
Gott ausschließlich Gutes wirke und daß daher das Böse einen anderen Ursprung haben müsse. Ihn sah man dann im Satan als dem
Gegenspieler Jahwes verkörpert.

In der frühnachexilischen Zeit wird erstmalig der Satan erwähnt,
jedoch als Glied der Umgebung Jahwes, als Angehöriger des himm-
lischen Hofstaates (Sach 3,1 ff.; Hi 1,6 ff.; 2,1 ff.), der wie andere zur
Audienz vor Jahwe erscheint, ihm Bericht erstattet und von ihm
Weisungen erhält. Man deutet ihn vielfach als öffentlichen Ankläger
nach dem Vorbild an altorientalischen Königshöfen, der die Schuld der
Menschen vor Jahwe bringt, und die Bezeichnung Satan als Titel
oder Funktion *Widersacher*[4]. Doch ist es treffender, das Wort als
Bezeichnung seiner Verhaltensweise zu verstehen: Er wird Satan
(*Feind, Gegner*) genannt, weil er das den Menschen feindlich und
gegnerisch gesinnte Himmelswesen ist[5]. Dagegen ist „Satan" in der
chronistischen Erzählung von der Verführung Davids zur Volkszählung zum Eigennamen geworden (I Chr 21,1, ohne Artikel); die
ihn führende Gestalt übernimmt eine Funktion Jahwes (vgl. mit
II Sam 24,1). Mit ihr wurde ferner der Anreiz zum Bösen verknüpft
und damit die Grundlage dafür geschaffen, einen Urheber und Vertreter des Bösen in den Glauben einzuführen. Die spätere Zeit hat
diese Vorstellung weitergeführt, ohne jedoch in einen Dualismus
zu verfallen, da Satan als gefallener oder vom Himmel hinab-
gestürzter Engel oder als von Jahwe geschaffener böser Geist galt.

Zugleich entfalteten sich die Vorstellung von bösen Geistern, vielleicht als Verkörperung des ursprünglich von Jahwe ausgehenden

---

[3] Vgl. S. Mowinckel, Die Vorstellungen des Spätjudentums vom heiligen
Geist als Fürsprecher und der johanneische Paraklet, ZNW 32 (1933),
97–130.

[4] Vgl. z. B. L. Randellini, Satana nell' Antico Testamento, Bibbia e Oriente
5 (1963), 127–132.

[5] Vgl. im einzelnen G. Fohrer, Das Buch Hiob, 1963, 82 f.

bösen oder Lügengeistes (vgl. I Sam 16,14; I Reg 22,22), und die alte Dämonologie. Auch die Dämonen, von denen man früher nur äußere Übel hergeleitet hatte, erschienen nunmehr als Verführer zum ethisch Bösen, zur Sünde. Aus alledem ergab sich allmählich die Vorstellung von einem geordneten Reich des Bösen, das der Herrschaft Jahwes feindlich gegenübersteht und in dem böse Wesen als Engel Satans am Werk sind, um den Menschen der Gottesherrschaft zu entziehen.

2. Jahwe, Welt und Mensch

a) Die Schöpfungserzählung von P in Gen 1,1–2,4a hat die Folgerungen aus dem veränderten Gottesbild gezogen, indem das schöpferische Wort Jahwes eine entscheidende Rolle spielt und der Mensch als nach Gottes Bild und Ähnlichkeit geschaffen gilt (Gen 1,26 f.)[6]. Denn letzteres soll einerseits die altorientalische Vorstellung von einer unmittelbaren physischen Verwandtschaft des Menschen mit der Gottheit ausschließen und die absolute Erhabenheit und Andersartigkeit Jahwes betonen, da der Mensch nicht mehr als ein ihm ähnliches Bild ist, andererseits die dennoch bestehende Verbindung zwischen beiden festhalten, da die Redewendung nach Gen 5,3 auf die Beziehung Vater-Kind hinweist. So wird die absolute Unterschiedlichkeit zwischen Jahwe und dem Menschen betont und zugleich an der Verbundenheit beider trotz und in der Verschiedenheit festgehalten.

Aus der Gottebenbildlichkeit des Menschen folgt, daß Jahwe ihn mit der Herrschaft über die Welt betraut und ihm an seiner eigenen Herrschaftsgewalt einen Anteil gibt. Ps 8, der den Menschen etwas

---

[6] Ph. Bachmann, Der Mensch als Ebenbild Gottes, in: Ihmels-Festschrift, 1928, 273–279. – P. G. Duncker, L'immagine di Dio nell'uomo (Gen 1,26. 27), Bibl 40 (1959), 384–392. – H. Groß, Die Gottebenbildlichkeit des Menschen, in: Junker-Festschrift, 1961, 89–100. – J. Hehn, Zum Terminus „Bild Gottes", in: Sachau-Festschrift, 1915, 36–52. – F. Horst, Der Mensch als Ebenbild Gottes, in: Gottes Recht, 1961, 222–234. – P. Humbert, Études sur le récit du paradis et de la chute dans la Genèse, 1940, 153–175. – L. Köhler, Die Grundstelle der Imago-Dei-Lehre, Genesis 1,26, ThZ 4 (1948), 16–22. – J. J. Stamm, Die Gottebenbildlichkeit des Menschen im Alten Testament, 1959. – Th. C. Vriezen, La création de l'homme d'après l'image de Dieu, OTS II, 1943, 87–105. – H. Wildberger, Das Abbild Gottes, Gen. 1,26–30, ThZ 21 (1965), 245–259. 481–501.

näher an Jahwe heranrückt als Gen 1, hebt diese Herrschaftsbefugnis
stärker hervor:

> Du hast ihn wenig geringer als Gott gemacht
>   und mit Glanz und Hoheit gekrönt.
> Du hast ihn zum Herrscher über das Werk deiner Hände gesetzt
>   und alles unter seine Füße gelegt:
> Kleinvieh und Rinder allesamt,
>   dazu auch die wilden Tiere,
> die Vögel des Himmels, die Fische des Meeres,
>   was die Pfade des Wassers durchzieht.   (Ps 8,6–9)

b) Wie in den Schöpfungsaussagen der Gedanke der Gottesherrschaft und Gottesgemeinschaft lebendig ist, so blieb auch lange Zeit
der Gedanke erhalten, daß Jahwe die Geschicke der Völker und
Menschen lenkt. Allerdings wurde er später durch den Glauben an
das Wirken der Engel und der bösen Mächte eingeschränkt, in der
Apokalyptik zusätzlich durch die Annahme einer längst im voraus
erfolgten strengen Festlegung des Weltlaufs.

Nach der vorherrschenden Anschauung bestimmt Jahwe das Geschick besonders des Einzelmenschen nach den Grundsätzen der Vergeltungslehre in völliger Gerechtigkeit, indem er Heil und Unheil
je nach den Taten des Menschen zumißt. Auf den Widerspruch des
Hiobdichters und des Qohelet dagegen ist bereits hingewiesen worden
(vgl. § 27,4). Ungeachtet dessen wuchs allgemein das Bewußtsein der
Sündhaftigkeit und Schuldverfallenheit jedes Menschen. Kein Mensch
ist vor Gott rein (Hi 9,2 f.); wenn dieser die Sünden bewahrt und
nicht vergibt, kann niemand vor ihm bestehen (Ps 130,3). Seinem
Gericht kann der Sünder nicht entgehen[7]. Doch ebenso war es die
Absicht der gesetzlich-kultischen Daseinshaltung, durch genaue Regelung der Buße und Sühne die Spannung zwischen dem Zorn und
der Barmherzigkeit Jahwes zu überwinden. Ganz allgemein ging man
wieder von der Voraussetzung aus, daß der Mensch frei sei, den göttlichen Willen zu befolgen und dadurch Leben und Heil zu erlangen.

c) Als eine Folge der veränderten religiösen und theologischen
Situation erschienen die Welt und das, was vor Augen liegt, nicht
mehr als die letzte Wirklichkeit, sondern erhielten einen verborgenen
Hintergrund. Es entstand der Glaube an ein jenseitiges Gottesreich,
das am Ende der Tage offenbar werden würde oder an dem der

---

[7] K.-H. Bernhardt, Zur Gottesvorstellung von Psalm 139, in: Holtz-Fest-
gabe, 1965, 20–31.

Glaubende durch den Tod hindurch Anteil erhalten könne. Im gegenwärtigen Leben aber standen sich Gott und Mensch nicht mehr allein in einer personalen Beziehung gegenüber. Vielmehr rangen zwei Mächte – Jahwe und Satan – um den Menschen und seine Seele, beide unterstützt durch ein Heer von guten bzw. bösen Engeln. Der Mensch wurde zum Kampffeld zwischen dem Guten und dem Bösen.

Darüber hinaus erklärte man auch das Weltgeschehen zum Spiegelbild des Kampfes von Engel- und Geistermächten, ja zum Kampffeld zwischen Jahwe und der gottfeindlichen Macht. Und da dieser Machtkampf in die jenseitige Daseinsform eines überirdischen Gottesreiches münden sollte, erhielt auch die Weltgeschichte einen unsichtbaren Hintergrund und ein übersinnliches Ziel.

Diese Vorstellungen bewirkten einen tiefgreifenden und folgenschweren Wandel der Jahwereligion: Das bisherige personale Verhältnis zwischen Jahwe und dem Menschen wandelte sich in den zweiseitigen Machtkampf um den Menschen; der bisherige Diesseitsglaube wandelte sich in einen Jenseitsglauben. Damit wurden grundlegende Strukturelemente der Jahwereligion aufgegeben. Eine neue Religion begann zu entstehen.

3. Das Gesetz

Stärker als je zuvor hat P die Existenz Israels durch eine ewige göttliche Stiftung begründet, die eine einseitige Festsetzung Jahwes ohne Befragen Israels war. In seiner autonomen Machtvollkommenheit hat Jahwe ihm seine Verpflichtung und sein Gesetz auferlegt, die es nur in Gehorsam und Demut bejahen konnte und kann. Demgemäß wirkt die göttliche Macht auf das irdische Leben in vollem Maße durch das Gesetz ein, während der Gehorsam ihm gegenüber das formende Prinzip der menschlichen Existenz bildet. Es kommt entscheidend auf den Gesetzesgehorsam an. Wie dadurch der Tempelkultus relativiert wurde, so wurde umgekehrt die Weisheit von der Gesetzesfrömmigkeit erfaßt und das Gesetz an Stelle der Gottesfurcht mit der Weisheitslehre (vgl. Ps 1; 19,8–15; 119) und später sogar mit dem Weisheitsbegriff verknüpft (Sir 24).

Das Gesetz bestand inzwischen aus einer Fülle von Einzelvorschriften, deren Zahl ständig wuchs; man hat einmal 613 Vorschriften, nämlich 365 Verbote und 248 Gebote, gezählt. Sie wurden vermehrt,

um einen Zaun um das Gesetz zu machen; d. h. das, was im strengen
Sinne das Gesetz darstellte, wurde von zahlreichen anderen Bestimmungen umgeben. Übertrat man zunächst eine von diesen, so war
das Gesetz selbst noch nicht verletzt worden.

Eine weitere wichtige Aufgabe bestand darin, das Gesetz auf alle
Einzelheiten des täglichen Lebens und des Kultus anzuwenden oder
in den Fällen, für die es keine konkrete Vorschrift enthielt, zu er-
gänzen. Während in der früheren Zeit die priesterliche Tradition und
Weisung solche Fragen geregelt hatte, mußte dergleichen nunmehr
aus dem schon schriftlich niedergelegten Gesetzeskodex abgeleitet
werden. Dies zu tun, war die Aufgabe der Schriftgelehrten. Als
Theologen und Juristen ausgebildet, erteilten sie verbindliche Anordnungen über Religion und Ethik, über Rechtsfragen und die
tägliche Lebensführung. Später bildete sich die Theorie von einer
mündlichen Tora, die seit der Belehrung Moses durch Jahwe weiter-
überliefert worden sei, und entstanden verschiedene Richtungen und
Schulen der schriftgelehrten Auslegung, deren Ansichten weit auseinandergehen konnten (Pharisäer – Sadduzäer). Den idealen Schriftgelehrten hat Jesus Sirach folgendermaßen geschildert[8]:

> Wer seine Seele der 'Gottesfurcht' hingibt
>   und über das Gesetz des Allerhöchsten nachsinnt,
> die Weisheit aller Vorfahren erforscht er,
>   und mit den Weissagungen beschäftigt er sich.
> Er bewahrt die Reden berühmter Männer,
>   und in die 'Tiefen' der Sinnsprüche dringt er ein.
> Die Geheimnisse der Gleichnisreden erforscht er
>   und verweilt bei den Rätseln der Sinnsprüche.
> Im Kreise der Großen tut er Dienst
>   und erscheint vor den Fürsten.
> Er durchzieht das Land fremder Völker
>   und erfährt Gutes und Böses unter den Menschen.
> Sein Herz richtet er darauf, den Herrn zu suchen,
>   und betet vor dem Allerhöchsten.
> Er öffnet seinen Mund zum Gebet
>   und fleht für seine Sünden.
> Wenn 'Gott, der Höchste', es will,
>   wird er vom Geiste der Einsicht erfüllt;
> er selbst bringt Worte der Weisheit hervor
>   und preist im Gebete den Herrn.
> Er 'versteht' Rat und Wissenschaft,
>   und über die Geheimnisse forscht er nach.

[8] Zitiert nach V. Hamp, Sirach, 1951.

Er offenbart die Zucht seiner Lehre
und rühmt sich des Gesetzes des Herrn.
Viele loben seine Einsicht,
und nimmer wird sie vergehen;
sein Andenken wird nicht aufhören,
und sein Name wird leben bis in die fernsten Geschlechter.

(Sir 38,34b–39,9)

4. Der Tempelkultus und der Synagogengottesdienst

a) Die zentrale Stellung des Gesetzes hatte zur Folge, daß der Tempel und sein Kultus trotz aller Begeisterung in manchen Psalmen (vgl. § 27,4) aufs Ganze gesehen stärker an den Rand des religiösen Lebens rückten. Der Kultus geschah, weil er im Gesetz vorgeschrieben war. Daher wurde die Bedeutung des Tempels allmählich durch die Synagoge zurückgedrängt, in der das Gesetz gelehrt wurde.

Im Tempelkultus spielte das Opfer nach wie vor eine große Rolle. Die Opferanweisungen des Pentateuchs hatten es inzwischen sorgsam und genau geregelt, um Versehen und Mißstände auszuschließen, die den Opfern ihre sühnende Kraft nehmen könnten. Denn deren Zweck war vor allem das Erlangen göttlicher Barmherzigkeit; dies kommt auch darin zum Ausdruck, daß das Sühneopfer besonderes Ansehen erhielt. Dieses Opfer sollte nach der systematischen Regelung des Opferwesens nur bei unvorsätzlicher Übertretung eines Gebotes angewendet werden (Lev 4,2; 5,1 ff.; Num 15,22 ff.) und sollte anscheinend reinigend und weihend wirken. Dem entsprachen das verwickelte Verfahren mit dem Opferblut – außer dem Ausgießen am Fuß des Altars das Streichen an die Hörner des Brandopferaltars (Lev 4,25.30) oder des Räucheraltars (Lev 4,7.18) und das siebenmalige Sprengen beim Vorhang des Heiligtums (Lev 4,6.17) –, die „Sühne" an Gegenständen wie Altar und Torpfosten des Tempels (Lev 8,15; 16,14 ff.; Ez 43,19 f.; 45,18 f.) und die Anwendung des Opfers als Weiheopfer (Lev 8,14 ff.; 14,12 ff.; Num 6,9 ff.).

Auch Musik und Gesang wurden gepflegt. Die Chronikbücher erwähnen oft feierliche Anlässe, bei denen Musik erklang (I Chr 15,16 ff.; 29,20; II Chr 5,12 f.; 20,21 ff.; 23,13; 29,27), und zeigen ein besonders großes Interesse für das Tempelpersonal, das mit Gesang und Musik befaßt war. Die Chöre der Tempelsänger trugen die Lieder vor, auf die die Gemeinde mit *Amen* oder *Halleluja* antwortete (vgl. Esr 3,11; Neh 8,6; I Chr 16,36).

An der Spitze der ausgebauten priesterlichen Hierarchie stand seit dem Beginn der nachexilischen Zeit der Hohepriester[9], der in mancher Hinsicht ursprünglich königliche Rechte und Aufgaben übernommen hatte, wie auch manche Teile seiner Kleidung von der königlichen Gewandung stammen mögen. Einen guten Eindruck von seinem Ansehen und einigen seiner Aufgaben vermittelt der Lobpreis des Hohenpriester Simon II. (218–192 v. Chr.)[10]:

> Wie herrlich war er, wenn er aus dem Zelte herausschaute
> und wenn er zwischen dem Vorhang hervortrat:
> Wie ein leuchtender Stern zwischen den Wolken
> und wie der Vollmond in den Tagen des Festes,
> wie die strahlende Sonne über dem Palast des Königs
> und wie der Regenbogen, der im Gewölk erscheint,
> wie eine Blüte an den Zweigen in den Tagen des Festes
> und wie eine Lilie an Wasserbächen,
> wie das Grün des Libanon in den Tagen des Sommers
> und wie das Weihrauchfeuer auf dem Speiseopfer,
> wie ein mit Gold überzogenes Gefäß und ein Becher,
> der besetzt ist mit Edelsteinen,
> wie ein grünender Olivenbaum voller Früchte
> und wie ein (wilder) Ölbaum mit üppigen Zweigen.
> (Wie herrlich war er), wenn er die Ehrengewänder angelegt
> und sich mit der 'ganzen' Pracht bekleidet hatte,
> wenn er emporstieg zum erhabenen Altar
> und den Vorhof des Heiligtums mit Glanz erfüllte,
> wenn er die Stücke (des Opferfleisches) aus der Hand seiner
>   Brüder nahm,
> während er selbst oben beim aufgeschichteten Opferholz
>   stand,
> rings um ihn der Söhne Kranz
> wie Zedernsetzlinge auf dem Libanon;
> und wie Weiden am Bach umgaben ihn
> alle Söhne Arons in ihrem Schmuck.
> Die Feueropfer Jahwes waren in ihrer Hand
> vor der ganzen Versammlung Israels,
> bis er den Altardienst vollendet hatte
> und die Ordnung der aufgeschichteten Brandopfer für den
>   Allerhöchsten.

[9] N. B. Barrow, The High Priest, 1947. – K. Elliger, Ephod und Choschen, VT 8 (1958), 19–35. – J. Gabriel, Untersuchungen über das alttestamentliche Hohepriestertum, 1933. – J. Morgenstern, A Chapter in the History of the Highpriesthood, AJSL 55 (1938), 360–377. – F. Stummer, Gedanken über die Stellung des Hohenpriesters in der alttestamentlichen Gemeinde, in: Episcopus, Studien über das Bischofsamt, 1949, 1–30.

[10] Zitiert nach V. Hamp, Sirach, 1951.

Nun streckte er seine Hand nach dem Becher aus
und opferte vom Traubenblute;
er goß es am Fuß des Altares aus
zum lieblichen Wohlgeruch für den Allerhöchsten, den
König des Alls.
Dann stießen die Söhne Arons
in die getriebenen Trompeten;
sie bliesen und ließen gewaltigen Schall erklingen
zur Erinnerung vor dem Allerhöchsten.
Alle Versammelten insgesamt beeilten sich
und fielen auf ihr Angesicht zur Erde nieder,
um anzubeten vor dem Allerhöchsten,
vor dem Heiligen Israels.
Da erklang der (Psalmen)gesang
und 'ließ' über die Menge hin 'süßen Schall ertönen'.
Das ganze Volk des Landes jubelte
im Gebet vor dem Barmherzigen,
bis er den 'Dienst Jahwes' vollendet
und ihm seine vorgeschriebenen Opfer dargebracht hatte.
Dann stieg er herab und erhob seine Hände
über die ganze Versammlung Israels.
Der Segen Jahwes war auf seinen Lippen,
und (der Nennung) seines Namens durfte er sich rühmen.
Da fielen sie zum zweiten Male nieder,
um 'den Segen' von ihm zu 'empfangen'.   (Sir 50,5–21)

Die Priesterschaft wurde einmal von sadoqidischen Priestern gebildet, die mit der ersten Gruppe von Heimkehrern aus Babylonien
gekommen waren. Ferner kehrten mit Esra einige Priester zurück,
die sich auf Itamar zurückführten (Esr 8,2) und daher wohl von
Abjatar abstammten (vgl. I Sam 22,20; I Chr 24,3). Ein gewisser
Ausgleich zwischen den beiden rivalisierenden Gruppen wurde dadurch erreicht, daß Aron zum gemeinsamen letzten Stammvater erklärt wurde; doch behielten die sadoqidischen Priester die führende
Stellung. Als später die Hasmonäerkönige das Amt des Hohenpriesters an sich zogen, sagten sich sadoqidische Gruppen los und
bildeten die Gemeinde von Qumran.

In geringer Zahl waren Leviten mit den Gruppen der Heimkehrer
aus dem Exil zurückgekommen. Seit ihrer Degradierung durch Ez
44,4–31 bildeten sie eine niedrigere Priesterklasse. Im Laufe der Zeit
und nach anscheinend heftigen Auseinandersetzungen gelang es anderen Gruppen, so den Sängern, Musikern und Torhütern, unter die
Leviten aufgenommen zu werden[11].

[11] H. Gese, Zur Geschichte der Kultsänger am zweiten Tempel, in: Michel-
Festschrift, 1963, 222–234.

394 Die spätnachexilische Zeit

b) In der Synagoge[12] fand der Gottesdienst am Morgen des Sabbats statt. Aus der Schilderung der Gesetzesvorlesung durch Esra (Neh 8), die einem solchen Gottesdienst nachgebildet ist, läßt sich sein Ablauf zumindest für die Zeit des Chronisten erschließen. Es war ein Lese- und Lehrgottesdienst (8,3), der mit dem Aufruf zur Toralesung begann (8,1). Der Schriftgelehrte betrat die Kanzel, auf der das Lesepult stand (8,4), öffnete die Torarolle (8,5) und pries Jahwe, worauf die Gemeinde mit Amen antwortete (8,6). Während der Lesung des hebräischen Textes erfolgte versweise die Übersetzung in die Alltagssprache (8,8). Auf die Lesung folgte die Predigt in Form einer freien Ansprache (8,9 ff.); in der älteren Zeit war sie sehr kurz und paränetisch gehalten.

Auch das šᵉmāʿ genannte Bekenntnis, das aus drei Pentateuchtexten bestand (Dtn 6,4–8; 11,13–21; Num 15,37–41), und manche Gebetsformeln scheinen alt zu sein. In der Folgezeit ist der Gottesdienst weiter ausgebaut und ausgeschmückt worden.

c) Von den Festen und Feiern wurden weiterhin Sabbat und Neumond (§ 10,2), Passa-Maṣṣot, Wochen- und Laubhüttenfest begangen (§ 16,3; 22,2), wobei P die beiden letzteren dadurch in der Geschichte Israels zu verankern suchte, daß sie die Vorgänge am Sinai auf das Wochenfest legte und die Verpflichtung des Volkes durch Jahwe mit ihm verband (vgl. Ex 19,1) und das Laubhüttenfest aus der Benutzung von Hütten durch die Israeliten beim Auszug aus Ägypten erklärte (Lev 23,42 f.). Außer dem Laubhüttenfest wurden im Herbst im 7. Monat seit dem Exil zwei weitere Feste begangen: der Neujahrstag und der Versöhnungstag.

Der 1. Tag des 7. Monats wurde als der erste Tag des im Herbst beginnenden Jahres der Neujahrstag schlechthin (neben „Jahresanfängen" für verschiedene Anlässe am 1. Tag des 1., 6. und 9. Monats), der mit *mahnendem Lärmblasen* begangen wurde (Lev 23,24 f.).

Am 10. Tag des 7. Monats fand der große Versöhnungstag statt (Lev 16; vgl. ferner 23,27–32; 25,9; Num 29,7–11)[13]. Zunächst erfolgte an ihm die Entsündigung der Priester und des Volkes, später

---

[12] BHH III 1906–1910. – RGG VI 557–559. – IDB IV 476–491.
[13] S. Adler, Der Versöhnungstag in der Bibel, sein Ursprung und seine Bedeutung, ZAW 3 (1883), 178–185. 272. – E. Auerbach, Neujahrs- und Versöhnungs-Fest in den biblischen Quellen, VT 8 (1958), 337–343. – T. K. Cheyne, The Date and Origin of the Ritual of the „Scapegoat", ZAW 15 (1895), 153–156. – S. Landersdorfer, Studien zum biblischen

auch die Reinigung des Tempels. Zu diesem Zweck wurden die Sünden in einem besonderen Ritus auf den „Sündenbock" übertragen und dieser in die Wüste zu dem dort hausenden Dämon Azazel getrieben (§ 14,3). Während der Ursprung des Ritus in einem jährlichen Abwehropfer für einen Wüstendämon zu liegen scheint (§ 13,3), ist die Entstehungszeit des Versöhnungstages unbekannt. Es ist unwahrscheinlich, daß er an die Stelle eines früheren Neujahrsfestes getreten oder ursprünglich eine nomadische Begehung vor dem Weidewechsel aus dem Kulturland in die Wüste gewesen ist. Die Feier kann frühestens in exilischer Zeit festgelegt worden sein, weil sie die Ansetzung des Laubhüttenfestes auf den 15. Tag des Monats voraussetzt.

Ferner wurde seit der spätnachexilischen Zeit das Purimfest, ein weltliches Volksfest, am 14. und 15. Adar (Februar/März) begangen[14]. Seine Festlegende liegt im Buche Esther vor. Den geschichtlichen Hintergrund hat eine nicht genauer bestimmbare Verfolgung und Rettung der Juden in der östlichen Diaspora während der Perserzeit gebildet. Der Name wird davon hergeleitet, daß der Vernichtungstag für die Juden durch den פּוּר (pûr), der dem hebräischen גּוֹרָל (gôral) Los gleichgesetzt wird, bestimmt wurde. Es handelte sich ursprünglich um ein nichtjüdisches Fest, das vielleicht persischen Ursprungs war, ohne daß sich dieser einigermaßen sicher bestimmen läßt (persisches Totenfest farvardīgān, Sakäenfest, Mithrakāna-Fest). Möglicherweise kann man lediglich von desintegrierten Zügen eines Festschemas sprechen. Jedenfalls hat das persische Fest zunächst eine mesopotamische Entwicklung durchlaufen, aus der der Name stammt (assyrisches puru'um, pūrum), und ist dann vom Judentum übernommen und durch die Festlegende legitimiert worden. Seinen Weg von der Diaspora nach Palästina hat es vor der Mitte des 1. Jh. v. Chr. gefunden; die erste Spur von ihm findet sich II Macc 15,36 f. (um 50 v. Chr.).

Versöhnungstag, 1924. – M. Löhr, Das Ritual von Lev. 16, 1925. – I. Schur, Versöhnungstag und Sündenbock, 1934.

[14] V. Christian, Zur Herkunft des Purim-Festes, in: Nötscher-Festschrift, 1950, 33–37. – Th. H. Gaster, Purim and Hanukkah in Custom and Tradition, 1950. – G. Gerleman, Studien zu Esther, 1966. – P. de Lagarde, Purim, 1887. – H. Ringgren, Esther and Purim, SEA 20 (1956), 5–24. – H. Zimmern, Zur Frage nach dem Ursprunge des Purimfestes, ZAW 11 (1891), 157–169.

Schließlich wurden die wichtigsten Erfolge der Makkabäerkämpfe
an ihren Jahrestagen gefeiert. In erster Linie ist das achttägige Tempelweihfest (Chanukka) zur Erinnerung an die Wiederweihe des
Tempels im Jahre 164 v. Chr. zu nennen[15], sodann der Nikanortag
(Sieg des Judas über den seleukidischen Feldherrn Nikanor) und der
Tag der Einnahme der „Akra" (Burg) von Jerusalem durch Simon,
der eine Zeitlang begangen worden ist.

d) Wie in der vorexilischen Zeit wurde mehrfach die Kritik am
Kultus laut, doch unterschied sie sich meist von der früheren prophetischen Kritik. So erklärte der Dichter von Ps 40:

> Schlachtopfer und Gaben gefallen dir nicht,
>   Brand- und Sündopfer begehrst du nicht.   (Ps 40,7)

Statt dessen will der Dichter das göttliche Gesetz beachten und Jahwe
in der Synagogenversammlung preisen. So wird diese Form des
Gottesdienstes dem Tempelkultus geradezu entgegengestellt. Qohelet
scheint ebenfalls den Synagogengottesdienst vorzuziehen; zu ihm
zu gehen und die Gesetzeserklärung zu hören, ist mehr als das Opfer,
das der Tor darbringt. Die Vorsicht und Zurückhaltung des Weisen
klingt aus der Mahnung, nicht voreilig zu beten und ein Gelübde
schnell zu erfüllen (Qoh 4,17–5,6). Auch Ps 69 und 141 ziehen
andere Formen des Dankes dem Opfer vor:

> Ich will den Namen Gottes im Liede rühmen
>   und ihn im Dank erheben.
> Das ist Jahwe lieber als ein Rind
>   und ein Stier mit Hörnern und Klauen.   (Ps 69,31 f.)

* * *

> Mein Gebet stehe als Weihrauchopfer vor dir,
>   das Erheben meiner Hände als Abendopfer.   (Ps 141,2)

Dies konnte sich mit einer geradezu rationalistischen Argumentation
verbinden, wenn Ps 50 Jahwe erklären läßt:

> Ich brauche den Jungstier aus deinem Stall
>   und die Böcke aus deinen Hürden nicht.
> Denn mir gehört alles Wild des Waldes,
>   die Tiere der Berge zu Tausenden.
> Ich kenne alle Vögel ‘des Himmels’,
>   was sich im Felde regt, ist mein.

---

[15] Hochfeld, Die Entstehung des Ḥanukkafestes, ZAW 22 (1902), 264–284.
– J. Morgenstern, The Chanukkah Festival and the Calendar of Ancient
Israel, HUCA 20 (1947), 1–136; 21 (1948), 365–496. – O. S. Rankin,
The Origins of the Festival of Hanukkah, 1930.

Hätte ich Hunger, so sagte ich es dir nicht,
  denn mein ist der Erdkreis und was ihn füllt.
Esse ich denn das Fleisch von Stieren
  und trinke das Blut von Böcken?
Opfere Gott Lob
  und bezahle so dem Höchsten dein Gelübde.
Rufe mich an am Tage der Not:
  Ich will dich retten, und du sollst mich ehren!   (Ps 50,9–15)

Andere Töne klingen in Mi 6 und Ps 51 in der Nachfolge der vorexilischen Prophetie an:

Womit soll ich vor Jahwe treten,
  mich vor dem Gott in der Höhe beugen?
Soll ich mit Brandopfern vor ihn treten
  mit einjährigen Jungstieren?
Gefallen ihm Tausende von Widdern,
  unzählige Bäche von Öl?
Soll ich meinen Erstgeborenen als Sühne für mich geben,
  meine Leibesfrucht als Sühne für mein Leben?
„'Es ist' dir gesagt, Mensch, was gut ist!
  Und was fordert Jahwe von dir?
Nichts als Recht tun,
  Verbundenheit lieben
und demütig wandeln vor deinem Gott!"   (Mi 6,6–8)

* * *

An Schlachtopfern hast du kein Gefallen,
  gäbe ich Brandopfer, du möchtest sie nicht.
'Mein Opfer', Gott, ist ein demütiger Geist,
  ein zerschlagenes Herz verschmähst du nicht.   (Ps 51,18 f.)

5. Das Geschick nach dem Tode[16]

a) Bis in die spätnachexilische Zeit hat die alte Vorstellung vom
trostlosen Geschick der Schattenbilder der Toten in der Unterwelt
vorgeherrscht. Wie früher sind Ausnahmen selten (vgl. § 17,3).

[16] W. Baumgartner, Der Auferstehungsglaube im Alten Orient, ZMR 48
(1933), 193–214. – G. J. Botterweck, Marginalien zum alttestamentlichen
Auferstehungsglauben, WZKM 54 (1957), 1–8. – S. H. Hooke, Israel
and the After-Life, ET 76 (1964/65), 236–239. – Ders., After Death:
the Extra-Canonical Literature, ebd. 273–276. – F. König, Zarathustras
Jenseitsvorstellungen und das Alte Testament, 1964. – N. A. Logan, The
Old Testament and a Future Life, SJTh 6 (1953), 165–172. – R. Martin-
Achard, De la mort à la résurrection d'après l'Ancien Testament, 1956. –
A. Nicolainen, Der Auferstehungsglaube in der Bibel und ihrer Umwelt,
1944. – F. Nötscher, Altorientalischer und alttestamentlicher Auferste-

Vielleicht deutet Ps 49 eine andere Hoffnung hinsichtlich des Geschicks des Menschen nach dem Tode an, wenn den selbstsicheren
Reichen, die ein unausweichliches Ende finden, der arme Fromme oder
fromme Arme gegenübergestellt wird[17], weil es für ihn eine Hoffnung
über den Tod hinaus gibt. Worin die Hoffnung besteht, ist freilich
schwer zu erkennen:

> Jedoch Gott kauft mich los
> aus der Gewalt der Unterwelt, ja nimmt mich fort.   (Ps 49,16)

Das steht im Gegensatz zum Geschick des Reichen, der sich nicht loskaufen kann. Dies vermag natürlich auch der Fromme nicht, aber
Jahwe vermag es. Und er tut es – nicht beim Reichen, sondern beim
armen Frommen. Ihn wird Jahwe von der Unterwelt loskaufen, d. h.
vor ihr bewahren oder aus ihr befreien. So verhieß der Dichter dem
Frommen die Bewahrung und Rettung vor dem Tode, so daß er die
Grube nicht sieht und noch einmal oder sogar für immer lebt. Dann
wird es sich umgekehrt wie in der Gegenwart verhalten: Der jetzt
bedrängte Fromme wird ein besseres Geschick erfahren als der Reiche,
der selbstsicher und satt gelebt hat. Freilich bleibt das Wie und Wo
des Ausgleichs und der Vergeltung für den Frommen ungeklärt: An
eine Entrückung oder Auferweckung ist sicherlich nicht gedacht, aber
die Vorstellung von einer Vergeltung für den leidenden Frommen,
die nach dem Tode in einem Jenseits des Todes auf ihn wartet, bleibt
in der Schwebe, wie es bei diesem im AT einzigartigen Gedanken nicht
anders zu erwarten ist. Vielleicht begegnet er im Gleichnis vom
reichen Mann und armen Lazarus in weitergebildeter Form (vgl.
Luk 16,19–31).

---

hungsglaube, 1926. – O. Schilling, Der Jenseitsgedanke im Alten Testament, 1951. – K. Schubert, Die Entwicklung der Auferstehungslehre von
der nachexilischen bis zur frührabbinischen Zeit, BZ NF 6 (1962), 177
bis 214. – N. H. Snaith, Justice and Immortality, SJTh 17 (1964),
309–324. – E. F. Sutcliffe, The Old Testament and the Future Life, 1946.
– G. Wied, Der Auferstehungsglaube im späten Israel in seiner Bedeutung
für das Verhältnis von Apokalyptik und Weisheit, Diss. Bonn 1964/65.

[17] Zu der für die Folgezeit wichtigen, sich im AT gelegentlich ankündi-
genden „Armenfrömmigkeit" vgl. A. Causse, La secte juive et la nouvelle
piété, RHPhR 15 (1935), 385–419. – A. Gelin, Les pauvres de Yahvé,
1953. – A. Kuschke, Arm und reich im Alten Testament mit besonderer
Berücksichtigung der nachexilischen Zeit, ZAW 57 (1939), 31–57. –
R. Martin-Achard, Jahvé et les ‘anāwīm, ThZ 21 (1965), 349–357. –
J. van der Ploeg, Les pauvres d'Israël et leur piété, OTS VII, 1950,
236–270.

Die eschatologische Prophetie ist zurückhaltender geblieben. Sie begnügte sich mit einer gesteigerten Langlebigkeit der Israeliten, ohne daß sich dadurch am Geschick nach dem Tode etwas änderte. Nur das Sterben sollte so lange wie möglich hinausgeschoben werden, so daß die Zahl der Greise und Greisinnen, die wegen der Altersbeschwerden einen Stab in der Hand brauchen, wächst (Sach 8,4) und ein Hundertjähriger noch als junger Mann gelten wird:

> Es gibt dort
> keinen Säugling mehr, der (nur wenige) Tage (alt wird),
> und keinen Greis, der nicht vollendet
> seine Lebenstage,
> sondern der junge Mann stirbt mit hundert (Jahren),
> und wer sie nicht erreicht, gilt als verflucht. (Jes 65,20)

Nur der späte Zusatz in Jes 25,8, der die dort erwähnte Trauer und die Tränen der Menschen, die Jahwe beim Anbruch der seligen Endzeit beseitigen und abwischen wird, fälschlich auf den Tod gedeutet hat, kündigte an, daß Jahwe den Tod für immer vernichten wird. Dann würde sich die Frage nach einem Geschick des Menschen nach dem Tode überhaupt nicht mehr stellen können.

b) Erst in der spätesten Zeit des AT wurde eine andere Erwartung lebendig, die sich als zukunftsträchtig und für die Folgezeit wirksam erwiesen hat: die Hoffnung auf die Auferstehung der Toten. Sie hat die Vorstellungen vom Geschick nach dem Tode radikal geändert. Im AT selbst spielt sie freilich eine sehr geringe Rolle, da es nur einen einzigen Beleg enthält. Alle anderen Texte, in denen man die Auferstehungshoffnung zu entdecken geglaubt hat, besagen in Wirklichkeit etwas anderes.

Hos 6,1–2 drückt weder eine aus dem Kultus von dahinwelkenden und wiederauflebenden Vegetationsgöttern entlehnte Hoffnung auf eine Auferstehung am dritten Tage aus, noch schimmert das Bild einer Totenerweckung durch oder handelt es sich um vorbereitende Gedankengänge. Der Text bezieht sich vielmehr auf das Genesen und Aufstehen eines Kranken. Israel wird mit einem Verwundeten verglichen, wie die Ausdrücke *heilen* und *verbinden* und die Verwendung der aus den Klagepsalmen bekannten „Krankheitsgeschichte" mit der Abfolge zerreißen-heilen, schlagen-verbinden, neue Lebenskräfte–Aufstehen vom Krankenlager zeigen. Das Volk fühlt sich demnach wie ein Verwundeter und erhofft die Heilung – wie es zahlenspruchartig heißt – schon in zwei oder drei Tagen, d. h. in ganz kurzer Zeit.

Ez 37,1–14 berichtet über eine Vision und Audition, mit denen eine ekstatische Entraffung des Propheten verbunden war: Ezechiel erlebt die Neubelebung der verdorrten Gebeine, die die Israeliten darstellen. Dieses

Bild stammt aus der Klage der nach Babylonien Deportierten, die über ihre
vernichteten Hoffnungen klagten und dabei sagten, daß ihre Gebeine ver-
dorrt seien und daß sie zugrunde gingen (37,11). Wie eine Krankheit war
das Exil eine schwächere Form des Lebens, das langsam dahinstarb. Nach
Ansicht der Deportierten war dieser Vorgang so weit vorgeschritten, daß
sie tatsächlich vom Leben abgeschnitten und Totengebeinen gleich waren.
Wie also das Bild Ezechiels aus der Klage der Deportierten stammt, so
rührte es bei ihnen aus der alten Vorstellung vom Verhältnis von Leben
und Tod her, angewendet auf das Exil. In beiden Fällen wird von Tod
und Wiederbeleben bildlich und symbolisch gesprochen. Es handelt sich
nicht um die Auferweckung tatsächlich gestorbener Israeliten, sondern um
den augenblicklichen Zustand der Deportierten, die ein totes Volk sind, und
um ihren künftigen Zustand, in dem sie wieder ein lebendiges Volk sein
werden. Ezechiel setzt also keinen Auferstehungsglauben voraus. Das ergibt
sich auch aus seiner Antwort auf die Frage Jahwes, ob die Gebeine wieder
lebendig werden können: *Du weißt es*, d. h. ich weiß es nicht, man kann
es überhaupt nicht wissen (37,3).

Ebensowenig ist die Auferstehung des hingerichteten Knechtes Jahwes
gemeint, wenn Jes 53,10 davon spricht, daß er Nachkommen sehen wird,
und 53,12 davon, daß Jahwe ihm *die Vielen* als Beute zuteilt. Damit ist
einfach gemeint, daß die Menschen sich die durch sein stellvertretendes
Leiden vollzogene Erlösung aneignen werden, so daß aus der Einsamkeit
seines Opfers die Fülle derer erwächst, die daraus leben und darum seine
Nachkommen heißen.

Der Abschnitt Jes 26,7–21 enthält vorwiegend ein klageliedartiges Gebet
über den ersehnten Anbruch der Endzeit (26,7–18a), das in die Gewißheit
der göttlichen Hilfe (26,18bf.) und eine daraus folgende Aufforderung an
Israel (26,20 f.) mündet. Nachdem das Gebet das Scheitern aller menschlichen Bemühungen, die Endzeit herbeizuführen, festgestellt hat, wird dem
die Gewißheit der göttlichen Hilfe gegenübergesetzt: Jahwe allein kann
und wird unter Vernichtung der Frevler das Volk der Gerechten aus der
Not in das eschatologische Heil geleiten. Diese Einsicht führt 26,19 in der
Anrede an Jahwe an:

> Deine Toten werden leben!
>   Meine Leichen werden aufstehen!
> 'Aufwachen' und jauchzen 'werden'
>   die Bewohner des Staubes.
> Denn Tau der Lichter ist dein Tau,
>   und die Erde wird Totengeister gebären.   (Jes 26,19)

Ähnlich Ez 37,1–14 handelt es sich um ein Bild und Symbol für das in der
Endzeit zu erwartende Heil neuen Lebens. Deine Toten, meine Leichen werden aufstehen und leben – wir, dein Volk, werden unter deiner Herrschaft
die Hilfe erfahren, die wir selbst nicht schaffen können, und das Heil
erleben, das du bringst! Auch angesichts der entschiedenen Behauptung von
26,14, daß die Toten nicht leben und auferstehen werden, zu der 26,19 als
Gegensatz gebildet ist, legt sich die Auffassung nahe, daß diese Aussage
rein bildlich gemeint ist und keinen Auferstehungsglauben voraussetzt.

Dazu tritt das zweite Bild vom Himmelstau, der die Erde befähigt, die Toten wieder zu gebären.

Ps 16 bezieht sich eindeutig auf eine Rettung aus Todesgefahr (16,10 f.), Ps 73 preist das Leben in der Gemeinschaft mit Jahwe im Diesseits (73,25 ff.). Nichts klingt auch nur entfernt an eine Auferstehungshoffnung an. Ebenso verhält es sich mit Hi 19,25–27; es ist einer der Versuche Hiobs, Jahwe zur Anerkennung seiner Unschuld zu bewegen. Er ersucht Jahwe als Schutzzeugen und Anwalt um Hilfe gegen die ihn verfolgenden Freunde und gegen die Verurteilung durch eine unwissende Nachwelt. Jahwe soll gerade auf der Erde sein Zeugnis für Hiob ablegen, und dieser möchte in seinem geschundenen, abgemagerten Körper, solange er lebt, Jahwe schauen, wie er in einer Theophanie auf Erden für ihn eintritt.

Für eine atl. Auferstehungshoffnung bleibt ein einziger Beleg aus dem 2. Jh. v. Chr. übrig: Dan 12,2.

> In jener Zeit wird auftreten
>   Michael, der große Schutzengel,
>   der für die Angehörigen deines Volkes eintreten wird.
> Es wird eine Notzeit sein,
>   die seit Bestehen eines Volkes nicht gewesen ist
>   bis zu jener Zeit.
> Doch in jener Zeit wird dein Volk gerettet,
>   jeder, der sich in dem Buche aufgeschrieben findet.
> Viele von denen, die im Staubland schlafen, werden erwachen,
>   die einen zum ewigen Leben,
>   die anderen zur ewigen Schmach.
> Doch die Weisen werden glänzen
>   wie der Glanz des Firmaments,
> und die, die viele zur Gerechtigkeit geführt haben,
>   wie die Sterne für immer und ewig.
>
> (Dan 12,1–3)

Mit dem wiederholten *in jener Zeit* verweist der Verfasser des Danielbuches auf die Verfolgung durch Antiochus IV. Epiphanes, die er zusammenfassend als die voreschatologische Notzeit kennzeichnete – schwerer als jede andere Epoche seit der Weltschöpfung –, wenn auch das Auftreten Michaels, des himmlischen Vertreters Israels, andeutet, daß dieser die himmlische Entscheidung zugunsten Israels erreicht hat. Dem entspricht es, daß in jener Notzeit die wirkliche Errettung Israels erfolgen, die Not damit ein Ende finden und die Endzeit anbrechen wird. Dann ereignet sich die doppelte Auferstehung der Toten, deren Geschick nach dem Tode damit eine Wendung erfährt. Sie beschränkt sich auf Israel und ist genau im Einklang mit den israelitischen Vorstellungen gedacht: Wie die Toten bislang *im Staubland geschlafen* haben, so *erwachen* sie. Der ganze Mensch und nicht nur ein Teil von ihm tritt ins Leben zurück. Offensichtlich ist kein jenseitiges, sondern ein neues diesseitiges Leben gemeint; nur wird es *ewig* sein, d. h. von unendlicher Dauer. Jede Ausmalung des neuen Geschicks nach dem Tode fehlt, so daß sich nicht sagen läßt, was mit der *ewigen Schmach* im Gegensatz zum *ewigen Leben* gemeint ist. Deutlich ist lediglich, daß angesichts der Ausnahmestellung der *Weisen* die zum ewigen Leben Erwachenden diejenigen sind, denen die Weisen eine Erkenntnis vermittelt haben, die von der in Form einer Auferstehung zum Leben führenden Rechtfertigung gekrönt wird: die Weisheit des eschatologischen Glaubens. Wer sich von ihr leiten läßt, gehört in Israel zu denjenigen, die der Auferstehung zum ewigen Leben teilhaftig werden.

Im Rahmen des Danielbuches bedeutet dies die Einbeziehung des glaubenden Teiles Israels in die ewige Gottesherrschaft. Entgegen der herkömmlichen Anschauung des AT werden diese Toten nicht der Gottesherrschaft für immer entzogen, sondern durch die Auferstehung in sie eingegliedert; auch über die zur ewigen Schmach Verurteilten verfügt Jahwe. Damit schließt der Verfasser des Danielbuches die alte Lücke in der Reihe derer, die der Herrschaft Jahwes unterstehen: Nicht nur die Lebenden, sondern auch die Gestorbenen nach ihrem Erwachen zu Beginn der Endzeit zählen dazu.

So führte der Weg von der Vorstellung, nach dem Tode von Jahwe getrennt und von der Gottesherrschaft und Gottesgemeinschaft endgültig ausgeschlossen zu sein, zu der Erwartung, infolge der Auferstehung zu Beginn der Endzeit wieder in die Gottesherrschaft einbezogen zu werden. Das war ein wesentlicher Schritt, der freilich nicht ganz dem entsprach, was die Dichter des Hiobbuches und des Ps 73 als entscheidend betrachteten und was den Menschen so erfüllen kann, daß für ihn die Frage nach dem Dereinst nebensächlich wird: das volle Erleben der Gottesherrschaft und Gottesgemeinschaft in diesem Leben (Ps 73,25–28).

REGISTER

1. Sachregister

In Auswahl zur Ergänzung des Inhaltsverzeichnisses

2. Stellenregister

3, 10	70		19, 12 f.	87
3, 13	54		19, 18	162
3, 14	54, 64, 65		20	69, 187
3, 15	22, 54		20, 1—17	69, 74, 309
3, 16	54		20, 2	69, 183
4, 22	183, 184		20, 3—17	187
4, 24—26	18, 170		20, 4	164
5, 1	70		20, 5 f.	192
5, 5—21	111		20, 5	166
5, 23	70		20, 6	302
6, 2 ff.	54		20, 7	149
7, 8 ff.	167		20, 10	107
7, 14—10, 29	111		20, 11	108
7, 16	70		20, 12	191
8, 16 ff.	70		20, 18 f.	185
9, 1	70		20, 22—23, 19	299
9, 13	70		20, 24—26	50, 71
10, 3	70		20, 24—23, 9	71, 112, 131
10, 12	273		20, 24	204
12	55		21, 6	93
12, 6	90		21, 12	189
12, 21	56		21, 16	189
12, 23	169		21, 17	189
12, 24—27a	309		21, 18—36	112
12, 35 f.	15		21, 23—25	112
12, 38	13		21, 28	112
13, 3—16	55, 309		21, 32	112
13, 19	310		21, 37—22, 16	112
14, 2	34		22, 7	194
14, 9	34		22, 8	112
15, 1—19	56		22, 17—21	188
15, 2	64		22, 17	149
15, 18	161		22, 19	189
15, 20 f.	108		22, 20—23	283
15, 20	212		22, 29	56
15, 21	59, 166		23, 1—9	112
15, 22 ff.	60		23, 10—19	187, 199
16 f.	111		23, 10 f.	201
16, 28	188		23, 15	56, 199
17, 8 ff.	310		23, 16	200
17, 16	64		23, 18	90
18	61		23, 20 ff.	170
18, 5 f.	61		23, 24	45
18, 16	188		23, 28	125
18, 27	61		23, 32 f.	125
19	56		24, 1 f.	25
19, 1	200, 394		24, 4	45
19, 3—8	202		24, 5	205
19, 6	304		24, 7 f.	68, 69

Stellenregister

18	263
18, 1—11	276
18, 18	155
18, 20	209
19	241, 263
19, 1	211
19, 13	160
20, 1—6	263
21, 1—23, 2	263
22, 1—5	271, 276
22, 13—19	143
22, 13—17	285
22, 18	217
23, 1 ff.	162
23, 5 f.	357
23, 9—40	263
23, 25 ff.	240
23, 29	244
24	267
24, 7	264
24, 8 f.	273
25	263
25, 3	262, 266
25, 5	266
25, 7	266
26	263
26, 18	259
27—28	263
27	269
27, 1—3	241
27, 9	224
27, 12b	241
28	237, 269
28, 10—11	241
29	263
29, 24 ff.	211
29, 26	236
30—31	267
30, 9	358
30, 21	358
31, 6	267
31, 9	183
31, 19	216
31, 20	184
31, 29	316
31, 31—34	264, 267, 274, 287, 305
32, 1	241
32, 7—15	241

32, 15	267
32, 35	39
33, 15 f.	357
34	263
34, 5	217
34, 8 ff.	307
34, 17 ff.	25
35	147, 290
35, 18 f.	267
36—45	263
36, 9	193, 203
41, 4 f.	200
41, 5 f.	317
41, 5	216
42, 2 f.	273
43, 8—13	241
44, 17 ff.	168, 322
46	263
46, 13—51, 58	263
46, 18	161
46, 21	272
47, 5	216
48, 15	161
50, 1—51, 58	330
50 f.	350
50, 27	272
50, 39	171
51, 57	161
51, 59—64	241, 263

Ezechiel

1	170
1, 1—3, 15	239
1, 1	323
1, 26 f.	164
3, 15	323
3, 16a	241
3, 17—21	327
3, 22—27	239, 242
4, 1—3	241
4, 9—17	241
5, 1—14	242
7, 5 ff.	272
7, 7	272
8	128, 316
8, 14	168
9, 2 ff.	170
9, 8	273
10	170

3. Register hebräischer Wörter